– REISEN IN BOTSWANA

Ilona Hupe Verlag
München

„Die Welt ist ein Buch. Wer nicht reist, liest nur eine Seite darin"
nach Aurelius Augustinus

REISEN IN

Botswana

EIN REISEBEGLEITER FÜR
NATUR UND ABENTEUER

mit allen
Nationalparks
interessanten
Allradstrecken
hilfreichen
GPS-Daten

Ausführliche Reiseinformationen,
detaillierte Streckenbeschreibungen,
Landeskunde und aktuelle Reisetipps

Mit 41 Landkarten und Plänen,
199 hochwertigen Farbbildern
und 269 s/w-Fotos

Ilona Hupe Verlag

Bibliografische Information der Deutschen Bibliothek
Die Deutsche Bibliothek verzeichnet diese Publikation in der Deutschen Nationalbibliografie: Detaillierte bibliografische Daten sind im Internet abrufbar über http://dnb.ddb.de

9. erweiterte Auflage 2010

Impressum

Volkartstraße 2, 80634 München
Tel. 089/16783783 Fax 089/1684474
e-mail: info@hupeverlag.de
Internet: www.hupeverlag.de

Text: Ilona Hupe, Manfred Vachal
Fotos: Manfred Vachal, Ilona Hupe, Jürgen Tiefenthaler
Karten & Grafiken: Manfred Vachal
Layout & Design: Ilona Hupe
Druck: Grafik + Druck, München

Alle Angaben ohne Gewähr.

Alle Daten und Angaben in diesem Reiseführer wurden gewissenhaft recherchiert. Dennoch sind diese Angaben und Preise häufigen Veränderungen unterworfen, auch mögliche Auslassungen sind nicht völlig auszuschließen. Für eventuelle Fehler können der Verlag und die Autoren keinerlei Verpflichtung oder Haftung übernehmen.

Haftungsausschluss: Verlag und Autoren haben keinen Einfluss auf die Inhalte von in diesem Buch genannten Internetseiten und deren weiterführenden Links.

Reiseführer aus dem Ilona Hupe Verlag sind werbefrei und werden unabhängig und neutral recherchiert. Unsere Autoren und Mitarbeiter genießen keinerlei Vorteile aus positiven Beurteilungen.

Printed in Germany

ISBN (13) 978-3-932084-42-3 [2490]

Liebe Leserinnen und Leser,

Danke, dass Sie unseren Reiseführer ausgewählt haben.

Für diese erweiterte neunte Auflage haben wir wieder mehrere ausgedehnte Reisen nach Botswana unternommen und viele Monate intensiv gearbeitet. Wir machen uns die Mühe, unsere Reiseführer vollständig selbst zu schreiben, jede Neuauflage komplett zu überarbeiten und alle Inhalte selbst zu recherchieren. Wir wissen auch, dass wir durch die hohe Aktualität unserer Reiseführer – im Schnitt erscheint bei uns jedes Jahr eine aktualisierte Neuauflage – viel Vorleistung bringen für Mitbewerber. Wir möchten daher an dieser Stelle erwähnen, dass alle Inhalte dieses Reiseführers und alle Ideen für eingestreute Anekdoten und Randbemerkungen aus unserer Feder stammen. Lassen Sie sich versichern: Sie haben das Original in der Hand.

Wir freuen uns darauf, Ihre Meinung zu diesem Botswana-Reiseführer zu erfahren.

Bitte schreiben Sie uns, wenn Ihnen Veränderungen und Korrekturen auffallen, gerne auch Tipps und Verbesserungsvorschläge, damit dieser Reiseführer auch künftig aktuell und leserfreundlich bleibt.

Wir wünschen Ihnen viel Spaß beim Lesen und **Reisen in Botswana**!

Markenzeichen der Hupe-Reiseführer

→ **Detailkenntnis**	28 Jahre reisen und arbeiten die Autoren schon in Afrika, und stets selbständig, unabhängig und intensiv. Rund 400 000 Kilometer afrikanische Pisten und Straßen haben die beiden inzwischen "auf dem Buckel".
→ **Aktualität**	Das Team reist weiterhin jedes Jahr rund vier Monate durch Afrika für neue und vertiefende Recherchen. Alle Neuigkeiten werden bis wenige Tage vor dem Druck eines Reiseführers berücksichtigt. Darüber hinaus veröffentlicht der Verlag alle wichtigen News im Internet unter www.hupeverlag.de.
→ **Spezialisierung**	Der Verlag setzt sein ganzes Augenmerk auf wenige ausgewählte Länder in Afrika. So ist er immer direkt am Ball, wenn sich Änderungen ankündigen.
→ **Neutralität**	Das Team wird nicht gesponsert und vertritt auch keine fremden Interessen. Sie dürfen die Angaben, Tipps und Infos in den Reiseführern daher als wirklich neutral und ehrlich ansehen. Aus dem gleichen Grund gibt es auch keine Werbung in den Büchern.
→ **StarkesTeam**	Recherche, Manuskript, alle Grafiken und Fotos – alles wird vom gleichen Team erstellt. Ohne den "Wasserkopf" großer Verlagshäuser gehen so auch keine wichtigen Informationen an den Schnittstellen verloren.
→ **Extra-Service**	Alle relevanten Neuigkeiten und Updates veröffentlicht der Verlag im Internet. So bleiben die Leser auch nach dem Druck einer Auflage aktuell informiert. Zusätzlich zu den News bietet die Website sinnvolle Links zu anderen Websites, veröffentlicht diverse Reiseberichte, Beiträge zu Fachthemen und vieles mehr. Die Website **www.hupeverlag.de** bietet außerdem einen **kostenlosen News-Service**. Einfach und bequem werden Ihnen so die Neuigkeiten direkt zugestellt.

Wissenswertes über Botswana

Geschichte

Bevölkerung

Kulturelles Leben

Traditionen

Wirtschaft

Ein faszinierender Naturraum

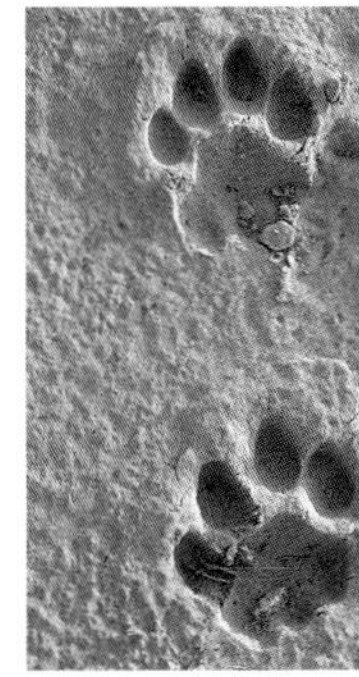

Das Reich der Tiere

Mehr als 550 Vogelarten

Unterwegs in Botswana

Gaborone und der Osten

Die Makgadikgadi-Salzpfannen

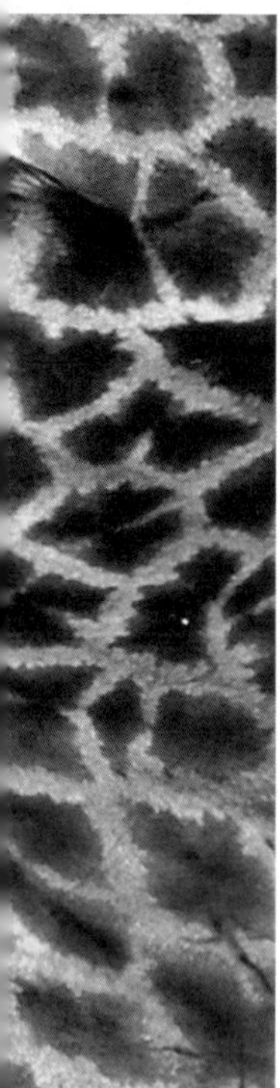

Die Kalahari

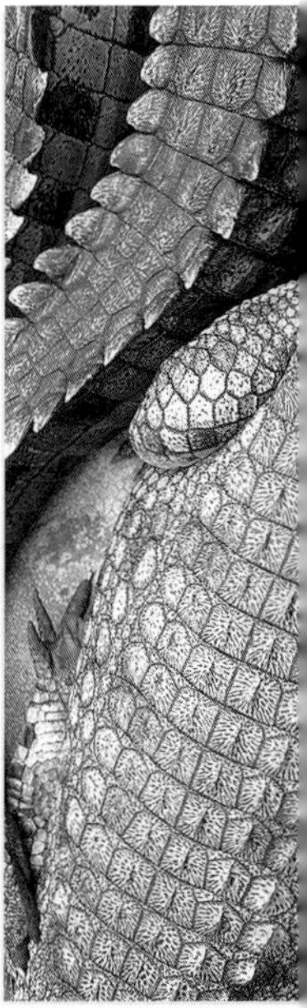

Der Okavango

Maun 247

Okavango und Okavangodelta 256

Moremi Wildlife Reserve 274

Camps und Lodges im Okavangodelta 282

Das Panhandle: Von Maun nach Shakawe 288

Tsodilo Hills 292

Aha Hills und Drotskys Cave 297

Die Chobe-Region

Kasane 301

Chobe Nationalpark 310

Die Hunter's Road 326

Wertvolle Reiseinformationen

Erzählungen und Anekdoten

Verwendete Abkürzungen und Fachbegriffe

P. O. Box	= Postfach
h	= Stunde / Uhrzeit
GPS	= Satellitennavigationsgerät
Gate	= Eingangstor
Scout	= Wildhüter
Game Drive	= Pirschfahrt
Loop	= Weg-Schleife
Fence	= Zaun (Weide- oder Büffelzaun)
Campsite	= Campingplatz
Trail	= Fuß- bzw. Wanderpfad
Pan	= Salz- oder Graspfanne
Batswana	= Volk in Botswana
Motswana	= Angehöriger der Batswana (Einzahl)
Setswana	= Sprache in Botswana
Kgotla	= Gerichtbarkeit, Diskussionsforum
Lolwapa	= gemauerter Innenhof der Batswana
Kgosi	= Oberhaupt einer Batswana-Gemeinschaft
BSAC	= British South Africa Company
LMS	= Londoner Missionsgesellschaft

GESCHICHTE

Buschleute, KhoiKhoi und unbekannte Königreiche

Die Wiege der Menschheit

Nach heutiger Erkenntnis gilt der schwarze Kontinent als Wiege der Menschheit. Hier scheint sich der entscheidende Evolutionsschub vom Affen zum Menschen vollzogen zu haben. Vor fast sechs Millionen Jahren spalteten sich die Vorfahren der Hominiden von denen der Schimpansen ab, es entstanden der noch eher affenähnliche „Millenium-Mensch" (*Orrorin tugensis*) und nachfolgend der erste so genannte Vormensch (*Australopithecus*). Aus diesem ging im südlichen Afrika vor rund 2,5 Mio. Jahren der Frühmensch der Gattung „Homo" hervor, der sich durch zunehmende Gehirngröße, die Fortbewegungsart am Boden und seine Werkzeugkultur auszeichnete. *Homo habilis* gilt als **der erste Frühmensch** und breitete sich in mehreren geographischen Varianten bis Ostafrika aus (z. B. *Homo rudolfensis*). Die Weiterentwicklung der Hominiden, erkennbar z. B. durch die Kräftigung und Vergrößerung von Skelett und Schädelknochen, führte vor 2 Mio. Jahren zum „aufgerichteten Menschen" *Homo erectus*. Spätestens ihm gelang eine Ausbreitung von Afrika bis nach Asien und Europa, wobei ihm seine anatomischen Veränderungen, wie der starke Knochenbau, behilflich waren. Gleichzeitig setzten nun Entwicklungsschritte ein, die für eine erfolgreiche Auswanderung notwendig sind: Die Nutzbarmachung des Feuers und der Einsatz von Jagdtechniken. Vor etwa 500 000 Jahren, als im eiszeitlichen Europa der kräftige Neandertaler (*Homo neandertalensis*) in Erscheinung trat, schlug in Afrika die Geburtsstunde des anatomisch **„modernen Menschen"** (*Homo sapiens*), unseres direkten Vorfahren. Biologisch betrachtet war er vor 200 000 Jahren ausgereift und hielt sich damals im südlichen und östlichen Afrika auf. Von hier aus eroberte er schließlich in einem beispiellosen Feldzug die restliche Welt. Die Auswanderung nach Indien und Europa begann vor etwa 120 000 Jahren. Homo sapiens traf dort auf den Neandertaler. Es folgte eine 50 000 Jahre währende Periode der Koexistenz beider Gattungen, ehe Homo sapiens den Neandertaler endgültig verdrängte.

Was bisher über die spannende Entwicklungsgeschichte unserer Spezies bekannt ist

Die Zeugnisse der frühesten Besiedlung dieser Region

Artefakte untermauern die menschliche Besiedlung im heutigen Botswana seit **rund 200 000 Jahren**. Steinwerkzeuge aus der mittleren Steinzeit, dem Mittelpaläolithikum von 70 000 bis 40 000 v. Chr., wurden vor allem an den Uferrändern des prähistorischen Makgadikgadisees gefunden. Kunstvoll bearbeitete Knochenteile und Pfeilspitzen sowie Felsgravuren und -zeichnungen aus der so genannten **„Wilton-Kultur"** lassen sich auf 6000 Jahre vor unserer Zeitrechnung zurück datieren. Als Ureinwohner des südlichen Afrika gelten nach heutigen Erkenntnissen die nomadisch oder halbnomadisch lebenden Khoisaniden. Dieser wissenschaftliche Name umfasst zwei Volksgruppen gleichen Ursprungs, jedoch mit unterschiedlicher Lebensweise: die Buschleute bzw. San und die KhoiKhoi bzw. Hottentotten.

Beide ethnischen Gruppen weisen erhebliche physische Ähnlichkeiten auf und sprechen Klicksprachen. Die Menschen lebten in prähistorischer Zeit in lockeren Gemeinschaften als Jäger und Sammler. Als um 200 v. Chr. zum ersten Mal Tiere domestiziert wurden, folgten dieser Errungenschaft weit reichende Veränderungen. Vermutlich haben die KhoiKhoi aus Nordbotswana den **Grundstein zur Viehzucht** gelegt. Die Domestizierung begünstigte eine halbwegs sesshafte Lebensweise und förderte die erstmalige Entstehung größerer Dörfer.

Bild rechts: Felsbilder an den Tsodilo Hills, hier die „Tanzenden Penisse" am Female Hill

Etwa 200 n. Chr. wanderten Bantu-sprechende Völker von Zentralafrika nach Süden und brachten Kenntnis von Ackerbau, Viehzucht und Eisenverarbeitung. Ausgefeilte Jagdtechniken und die Fähigkeit, im Wüstenklima zu überleben, erlernten sie von den Khoisaniden. Die Bantu vermischten sich bald mit ihnen und weiteten ihr Siedlungsgebiet bis in die Randzonen der Kalahari aus. Westlich von Molepolole, entlang des Boteti, nahe der Salzpfannen und an fossilen Flussbetten entstanden nun kleine Ansiedlungen aus ein bis zwei Familienverbänden.

Die Toutse-Tradition gibt bis heute Rätsel auf

Die Eisenzeit wurde von weiteren Migrationen geprägt. Erste Tswana- und Bakgalagadi-Gruppen erreichten bereits um 400 n. Chr. das heutige Staatsgebiet Botswanas. Aus dem Völkergemisch entwickelte sich von 650 bis 1300 n. Chr. die **Toutse-Tradition.** Ihren Namen leitet man vom Toutsemogala Hill ab, wo man die berühmtesten Siedlungsreste dieser Epoche entdeckte. Wenig ist über Aufstieg und Fall dieser Kultur bekannt. Sie beherrschte das Gebiet zwischen Sowa Pan und Tswapong Hill, und konzentrierte sich wirtschaftlich vermutlich rein auf die Rinderzucht. Die Menschen hatten ein Klassensystem eingeführt und trieben bereits Handel mit den Küstenvölkern. Warum um 1300 n. Chr. die Macht von Toutse rapide abnahm und was schließlich zum Untergang führte, lässt sich nicht mit Bestimmtheit sagen. Man vermutet die Auslöser in lang anhaltenden Dürrezeiten und Überweidung durch die bestehende Monokultur.

Königreiche, die vom Handel und Goldabbau profitieren

Wenig später erreichte eine noch weitgehend unbekannte Kultur am Zusammenfluss von Shashe und Limpopo am Mapungu Hill eine kurze Blüte, die offensichtlich auf der Kontrolle von Handelswegen basierte. Sie wurde aber bald durch das **Reich von Khami** abgelöst. Denn zwischen 1250 und 1450 errichteten die Bakalanga und Shona im heutigen Zimbabwe ein mächtiges Königreich, das bis 1840 andauern sollte. Dieses **Königreich von Butwa** breitete sich bis in den Ostteil von Botswana aus. Sein Reichtum basierte auf legendären Goldfunden, seine enorme Machtstellung auf der Überwachung des gesamten Handels bis zur Ostküste. Das Zentrum lag in **Great Zimbabwe**, der mächtigsten Stadtanlage südlich der Sahara (nahe Masvingo, Zimbabwe). Zahlreiche weitere *Zimbabwes*, wie die Siedlungen aus Steinmauer-Strukturen mit Fußwegen und Steinwällen genannt wurden, entstanden in der Folgezeit in der ganzen Region: Khami und DhloDhlo in Zimbabwe, Old Tati, Majojo und Domboshaba in Ostbotswana.

Im Laufe der Jahrhunderte herrschten verschiedene Dynastien, die ihre Vormachtstellung selbst gegen die Portugiesen, die sich an der Ostküste Afrikas niedergelassen hatten, verteidigen konnten. Während dieser Zeit wanderten die ersten Sothogruppen von Südosten in die Region des heutigen Botswana und ab dem 17. Jh. entstanden dort **Metropolen mit bis zu 15 000 Einwohnern**. Erhebliche Umwälzungen spielten sich in dieser Zeit ab, und Botswana wurde erneut von mehreren Einwanderungswellen erfasst. Unter dem zunehmenden Bevölkerungsdruck flüchteten die Buschleute in die Zentralkalahari.

Die Siedlungsstruktur zu Beginn des 19. Jahrhunderts

Um 1800 waren alle gegenwärtigen Volksgruppen in Botswana eingewandert und hatten ihre Positionen gefestigt. Die ursprünglichen Batswana hatten sich in die Königreiche Kwena, Ngwato und Ngwaketse gespalten, welche sich alle südöstlich der Zentralkalahari ausbreiteten. Buschleute, KhoiKhoi und Bakgalagadi waren dabei an die Kalahari-Randzonen gedrängt worden. Basubia, Bayei, Hambukushu und Batawana siedelten im Norden, beim Okavangodelta, Lake Ngami und Chobe. Noch bot das Land genug Platz für alle und nichts deutete auf das kommende „Zeitalter des Zermalmens" hin.

Die Difaqane, das „Zeitalter des Zermalmens"

20 Jahre Chaos, Krieg und Zerstörung gelten als das Zeitalter des Zermalmens

Die als *Difaqane* oder *Mfecane* bezeichnete Epoche heftiger kriegerischer Auseinandersetzungen und Völkerverschiebungen (ca. 1820 – 1840 n. Chr.) nahm ihre Anfänge bei den Zulu in Natal (Südafrika). Das Vordringen der Buren, europäischer Siedler, die sich im Land der Zulu niederließen, und die enorme Bevölkerungszunahme schufen eine bis dahin unbekannte Bedrohung: **Das Land wurde knapp**. Was mit Plünderungen und Raubzügen um Vieh und Land begann, weitete sich 1818 zu einem ethnischen Krieg der Ngoni-Zulu aus. Der Herrscher **Shaka Zulu**, der als genialer und grausamer Kampfstratege in die Geschichte einging, führte völlig neue Kriegstechniken und Waffen ein. Unter seiner autoritären Führung geriet der Zulustaat zur mächtigsten Militärmacht im südlichen Afrika, die sich allerdings aufgrund innerer Machtkämpfe bald aufspaltete und die ganze Region in ein blutiges Chaos stürzte. In Windeseile verbreiteten sich die Kämpfe über den Subkontinent. Vor diesem verheerenden Krieg flohen immer mehr Menschen nach Norden und Westen. Auf ihrer Flucht formierten sie sich zu neuen Einheiten, die Krieg und Plünderung weitertrugen. In mehreren Wellen fegten in den nächsten zwanzig Jahren mehrere marodierende Volksgruppen über das Südliche Afrika hinweg. Kulturen verschwanden, Volksgruppen wurden versprengt oder vertrieben, Tausende fielen den Kämpfen zum Opfer. Am Ende waren neue Staaten, Strukturen und Handelswege entstanden. Die Ausläufer dieser Völkerverschiebung waren bis Ostafrika spürbar.

Die Invasion der Kololo unter ihrem Kriegsherrn Sebitwane

Die heranstürmenden **Kololo** tauchten bereits um 1824 im Land der Tswana auf. Kriegstechnisch den ansässigen Völkern weit überlegen, zerstörten sie auf ihrem Weg nach Norden ohne nennenswerte Gegenwehr die Dörfer, plünderten und raubten. Die Tswanavölker wurden aufgerieben oder mussten fliehen. 1827 attackierten die Kololo die Bangwato in Mochudi. Unter der Führung von König Sebitwane zogen die Kololo anschließend auf der Suche nach einer neuen Heimat an den Boteti und weiter nordwestlich bis an das Okavangodelta. Niemand hatte ihre Raubzüge bis dahin aufhalten können. Als sie jedoch versuchten, noch weiter westlich bis an den Atlantik vorzudringen, stießen sie auf den massiven Widerstand von Herero und Naro-Buschleuten, die die Angreifer mit Hilfe ihrer Giftpfeile zurücktrieben. Die Kololo zogen daraufhin wieder nach Osten, unterjochten die Batawana in Ngamiland und schwenkten bald nach Norden an die Linyantisümpfe ab. 1840 überquerten sie den Sambesi und eroberten die Barotseflutebenen in Westsambia. Für fast zwei Dekaden hatten die Kololo die Völker Botswanas attackiert und nur mehr schwache Gemeinschaften zurückgelassen. Auf diese traf die zweite Invasion...

Seit der Difaqane leben in Botswana Menschen verschiedensten ethnischen Ursprungs

Mzilikazi, geb. um 1795 als Sohn Matshobanas, dem Chief des Kumalo-Zulu-Clans, war ein angesehener General unter Shaka Zulu, fiel jedoch in Ungnade, als er sich 1822 dem Herrscher widersetzte. Nach einer erfolgreichen Attacke gegen die Basuto hatte Mzilikazi die Auslieferung der erbeuteten Rinder an Shaka Zulu verweigert. Vor der Rache Shakas floh er dann zusammen mit 300 Gefolgsleuten nach Norden, ließ sich einige Jahre nieder, bevor er wegen der anhaltenden Dürre und fortwährender Bedrohung durch die Zulu bis an den Limpopo weiterzog. Unterwegs überfiel er andere Völker, integrierte die Unterjochten in seine Armee und vergrößerte sein Volk auf diese Weise beträchtlich. Bald wurden seine Soldaten von den ansässigen Sotho wegen ihrer ungewöhnlichen Waffen *Ndebele*, „die Leute mit den langen Schilden", genannt. Mzilikazis Odyssee führte ihn und viele sich freiwillig anschließenden Sothogruppen weiter nach Norden, um den stetig zunehmenden Burenattacken zu entgehen. Die Ndebele ließen auf ihrem blutigen Weg durch das Tswanaland nichts zurück: Die Überlebenden, Frauen und Kinder integrierten sie so stark in ihre Gemeinschaft, dass deren kulturelle Wurzeln völlig verschwanden. Schließlich galten um 1835 mehr als 80 % aller Ndebele als ursprünglich geborene Batswana und Sotho.

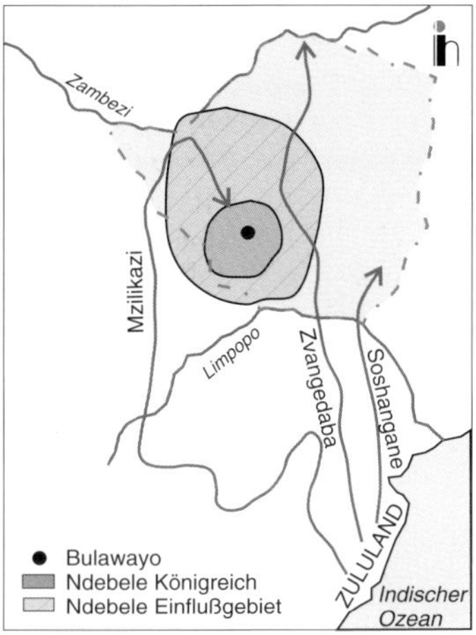

Eroberungszüge der Ndebele unter König Mzilikazi

Von unterworfenen Völkern seines Herrschaftsgebietes forderte Mzilikazi hohe **Tributzahlungen**. Wer die Zahlung verweigerte, musste mit Krieg rechnen. Die Bangweketse unter Chief Sebego zählen zu den wenigen, die sich erfolgreich gegen die Ndebele zur Wehr setzten. Nachdem sie die Tributeintreiber getötet hatten, wurden sie von Mzilikazis Armee verfolgt. Die Bangweketse flohen in die Zentralkalahari und mieden dabei absichtlich alle Wasserstellen. Ihre ortsunkundigen Verfolger gerieten in große Not, weil sie kein Wasser fanden, und unterlagen letztendlich vollständig den schwächeren Bangweketse.

Schon gewusst?

Ein anderer Ausdruck für die Zeit der Difaqane, der sich aus dem Zulu herleitet, lautet Mfecane

Mzilikazi führte sein Volk schließlich in das Hochland Westzimbabwes, wo er den mächtigen Matabele-Staat installierte und nur noch von Zeit zu Zeit Raubüberfälle im Tswanaland verübte. Die Gesellschaftsstruktur Botswanas war durch seine langjährigen Invasionen vollkommen verändert worden. Die Tswana-Königreiche waren stark geschwächt und zersplittert, Menschen aller Volksgruppen in fremden Staatenverbänden verteilt.

Buren und Briten stoßen nach Norden vor

Der große Treck mit Bibel und Vorderlader

Noch bevor sich die Volksgemeinschaften von der Difaqane erholen konnten, leiteten die ersten von Süden kommenden Buren ein neues Zeitalter ein. Bereits 1836 erreichten die Vorläufer jenes **Großen Trecks** der Buren, die die Kapprovinz mit Hab und Gut verließen, um auf neuem Land eigene Republiken zu gründen, das Gebiet der Batswana. 12 000 Buren zogen in den nächsten 15 Jahren nach Norden. Unterwegs schlachteten sie die Buschleute wie Vieh ab, und ließen sie sich nieder, vertrieben sie die Bewohner oder versklavten sie. Schließlich wurden sie sesshaft und gründeten den Freistaat Transvaal. Auch das fruchtbare Südostbotswana hätten sich die Buren gerne einverleibt, fühlten sich den Tswanagruppen, die sich dagegen zusammenschlossen, allerdings nicht gewachsen. Insbesondere Chief **Sechele I.** der Bakwena sah sich von den Buren bedroht.

Aufblühender Wirtschaftszweig: der Handel mit Waffen und Elfenbein

Während der Difaqane hatten die Batswana vor allem gelernt, wie entscheidend für eine erfolgreiche Verteidigung der Besitz von Schusswaffen war. Europäische Händler, die meisten von ihnen waren Briten, machten sich dieses Interesse zunutze. Im Gegenzug wollten sie alle nur eines: Elfenbein. Der Wildreichtum Botswanas schien unermesslich, und der Elfenbeinhandel mit der Kapprovinz entwickelte sich in Windeseile zum wichtigsten Handelsfaktor. Sechele hatte dies zum eigenen Vorteil nutzen können, er besaß eine stattliche Anzahl an Gewehren und hielt enge Handelskontakte zu den Briten. Der Kgosi der Bakwena verlieh auch als erster Tswanafürst einem christlichen Missionar das Wohnrecht (**David Livingstone** in Kolobeng). Unter Livingstones Einfluss lernte Sechele lesen, schreiben und konvertierte schließlich zum christlichen Glauben. Der intelligente Kgosi versuchte mit dieser engen Bindung an die Engländer einen gewissen Schutz vor den Buren zu erlangen. Diese forderten ihn von Transvaal aus mehrmals auf, sich zu unterwerfen und alle Waffen abzugeben. Dem Missionar David Livingstone warfen die Buren vor, die Bakwena militärisch zu unterstützen und drohten offen mit Krieg.

David Livingstone lässt sich bei den Bakwena nieder und bekehrt den König zum Christentum

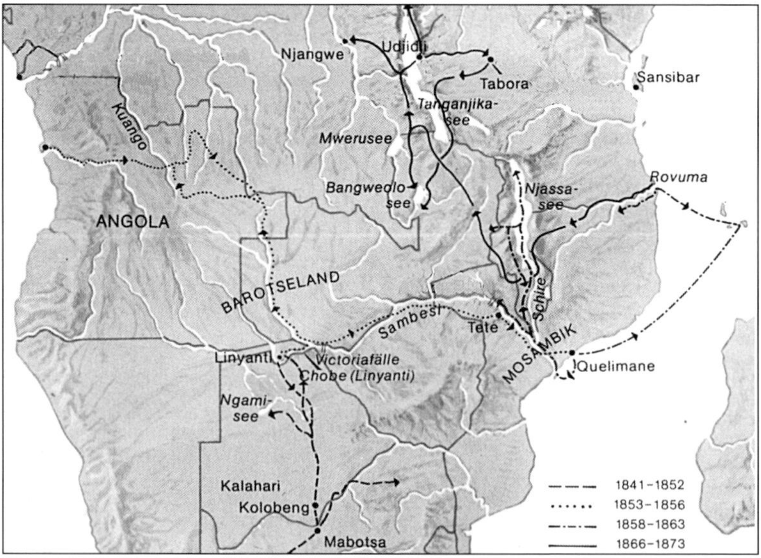

Rechts: David Livingstones Forschungsreisen. Der britische Arzt und Missionar gilt als bedeutendster Afrikaforscher

Oben: Gedenkplatte an einer Kirche in Molepolole

Die Stärke des Gegners und dessen gute Beziehungen zu den Briten hielt sie allerdings noch mehrere Jahre von einem Überfall ab. Als Livingstone 1849 als erster Weißer nach Ngamiland reisen durfte, öffnete er damit unbeabsichtigt dem Elfenbein- und Waffenhandel neue Wege. Seine enthusiastischen Berichte lenkten das Augenmerk der Händler und Glücksritter auf den bisher unbekannten wildreichen Landstrich. Um diesen aufblühenden Handel zu unterbinden, arrestierten die Transvaaler Buren mehrere britische Kaufleute. Dieses Säbelrasseln demonstrierte die politische Brisanz jener Tage: Drei Machtgruppen standen sich gegenüber. Die Briten am Kap, die ihren Einfluss nach Norden auszudehnen trachteten; die puritanischen Buren, die dem britischen Liberalismus ausgewichen waren und mit der Bibel in der Hand rassistische Staatengebilde ins Leben riefen; und die Tswanavölker, die um ihre Unabhängigkeit fürchteten. Für die Afrikaner spitzte sich die Lage zu, als im Januar 1852 Großbritannien mit Unterzeichnung der „Sand River Convention“ die Unabhängigkeit der **Südafrikanischen Republik** anerkannte. Die Buren erklärten sich ihrerseits bereit, die Sklaverei nun offiziell abzuschaffen und gestanden den Briten freien Handel in der Republik Südafrika zu. Für die Afrikaner vereinbarten die europäischen Vertragspartner hingegen ein Waffenembargo. Es roch danach, dass die Gebiete der Tswana zur billigen Beute für zwei machthungrige Partner werden sollten. Gestärkt durch diese Vereinbarung stellte die Südafrikanische Republik unter Präsident Pretorius sogleich eine Armee aus 430 Buren und 600 Afrikanern zusammen, um endlich gegen die widerspenstigen Tswanavölker vorzugehen.

Die Sand River Convention stärkt die Position der Buren

Der Batswana-Buren-Krieg

Ein halbes Jahr später marschierte die Burenarmee im Land der Bakwena ein. Am Samstag, den 28. August 1852, erreichten sie **Dimawe**, die Hauptstadt Secheles. Der gläubige Kgosi bat die Buren angesichts der drohenden Kämpfe zunächst um Einhaltung der Sonntagsruhe. Er gewährte ihnen den Zugang zur Wasserstelle, außerdem nahmen einige der Buren an Secheles Sonntagsgottesdienst teil. Doch im Morgengrauen des folgenden Montags griffen die Buren zu den Waffen. Als menschliche Schutzschilde trieben sie versklavte Afrikaner vor sich her. Nach sechs Stunden war Dimawe überrannt und Sechele mit seinen Soldaten in die Berge zurückgedrängt. Am Abend bliesen die Angreifer die Attacke ab, töteten die Verwundeten und zerstörten in den Folgetagen Dr. David Livingstones Missionsstation im nahen Kolobeng. Der Missionar war abwesend. Sein Hausrat und persönlicher Besitz wurden beschlagnahmt. Mit 143 versklavten Frauen und Kindern und den erbeuteten Viehbeständen kehrten die Buren am 3. September nach Transvaal zurück. Dennoch waren sie nicht zufrieden. Sie hatten die Bakwena nicht unterjochen oder versklaven können, der Feind war unbesiegt geblieben. 89 Bakwena und 36 Buren hatten in der Schlacht ihr Leben verloren.

Buren überfallen die Bakwena

Gemeinsamer Gottesdienst vor der ungleichen Schlacht

Wütend zerstören sie das Haus des Missionars

Sechele entschließt sich zu einem ungewöhnlichen Schritt

In den Folgemonaten unternahmen die Bakwena mehrmals Vergeltungsschläge gegen Siedler in Transvaal, bis sich Präsident Pretorius schließlich zu einem Friedensschluss bereit erklärte. Aber auch Chief Sechele fühlte sich nicht als Sieger. Er stand noch immer unter dem europäischen Waffenembargo und verweigerte daher den europäischen Händlern die Reise nach Ngamiland, solange er keine Waffen kaufen durfte. Da er die militärische Gefahr seitens der Buren weiterhin fürchten musste, entschloss sich Sechele, persönlich Königin Viktoria in Großbritannien aufzusuchen um das Ende des Embargos zu erbitten. Sechele erreichte tatsächlich Kapstadt, wo ihm aber die Mittel zur Weiterreise ausgingen und er heimkehren musste. Zwar setzte er nicht die offizielle Aufhebung des Embargos durch, doch mit Unterstützung der Händler wurde das Gesetz bald ignoriert.

Der König macht sich auf den langen Weg zu Queen Victoria

Die machtvollen Jahre der Bakwena und Bangwato

In der Folgezeit bildeten sich zwei Herrschaftszentren im Tswanaland. Molepolole, seit 1864 die Hauptstadt der Bakwena, und Shoshong als Zentrum der Bangwato. Beide Metropolen wuchsen zu bedeutenden Umschlagplätzen für das Elfenbein aus dem Norden. Bis 1875 blieb Sechele der wichtigste politische Führer in Botswana. Weise und diplomatisch hatte er seine Macht gefestigt. Streng, religiös und überaus gerecht sei er gewesen, heißt es. So ist folgende Anekdote von ihm überliefert: Eine seiner Töchter hatte ihrer Dienerin ein Auge ausgestochen. Der erzürnte Sechele brachte seine Tochter vor die *Kgotla* und urteilte "Aug' um Aug', Zahn um Zahn", woraufhin er seiner Tochter auch ein Auge ausstechen ließ.

Ein Meister des politischen Schachspiels: Sechele wechselt die Herrscher der Bangwato nach Gutdünken aus

Mit seinem großen Widersacher Mzilikazi, der noch immer die Ndebele im Hochland Zimbabwes anführte, schloss er schließlich Frieden. Er setzte durch, dass Mzilikazi seinen Gefangenen Matsheng heimkehren ließ, den rechtmäßigen Thronfolger der Bangwato von Shoshong. Sechele war mächtig genug, Matsheng an die Spitze der Bangwato zu stellen, während der abgesetzte König Sekgoma zu Sechele ins Exil ging. Als er mit Matshengs Regierungsstil unzufrieden wurde – zuviel ähnelte dieser nun den Ndebele – tauschte er die beiden Führer kurzerhand wieder aus. Dieses Spiel wiederholte sich noch zweimal, bis Sechele im Jahre 1872 **Khama III.**, den ältesten Sohn Sekgomas, als Kgosi der Bangwato einsetzte.

Khama III., ein enger Freund der Briten, wird zum mächtigsten Herrscher im ganzen Land

Doch damit waren die Führungsprobleme der Bangwato keinesfalls beseitigt. Khama, geb. 1835, hatte sich durch Secheles Einfluss bereits als 15-jähriger taufen lassen. Seine ersten Schritte als Kgosi raubten ihm rasch die Sympathie seiner Untergebenen. Denn er verbot Alkoholgenuss, das Brauen von Bier und führte christliche Gesetze ein. Das schockierte Volk unterstützte ihn daher auch nicht, als Sekgoma ihn nach nur einem Jahr vom Thron stürzte. Khama ging für zwei Jahre an den Boteti ins Exil, kehrte dann aber zurück, revoltierte und errang die Macht erneut. Nach diesem Machtkampf regierte Khama die nächsten 50 Jahre bis zu seinem Tode 1923. Er wurde **stärkster Tswanaführer** und bald politisch bedeutender als der alternde Sechele. Der gebildete, charismatische und streng religiöse Führer Khama verstand sich als Partner Großbritanniens und wurde daher von britischer Seite regelrecht hofiert. Zwar besteuerte er die vielen Händler in Shoshong, ließ sie ansonsten aber in Ruhe gewähren. Während seiner Regentschaft führte er **zahlreiche Reformen** bei den Bangwato ein: Er verbot Polygamie, Initiation und Sonntagsarbeit, gestand den Frauen eigene Besitzrechte zu, ließ vorausschauend Getreide für Dürrezeiten einlagern, stellte Wilderei und übermäßige Abholzung unter Strafe und verbot den Europäern, Waren auf Kredit zu verkaufen. Auch als der gewinnträchtige Elfenbeinhandel wegen der weitflächigen Ausrottung der Elefanten rapide nachließ und die Handelsmetropole Shoshong an Bedeutung verlor, blieb Khama der einflussreichste Mann im Tswanaland.

Cecil Rhodes und die koloniale Bewegung

Cecil Rhodes,

...der Brite mit den imperialistischen Neigungen

Die britische Kolonialverwaltung am Kap zeigte bislang wenig Interesse an dem Gebiet nördlich des Oranje. Zwar hatten **Karl Mauch** und Henry Hartley 1867 am Tatifluss Goldvorkommen entdeckt, diese erwiesen sich aber als schwer abbaubar. Landwirtschaftlich galt die Region als wenig ergiebig, außerdem zeigten die starken Tswanafürsten keine Bereitschaft, ihre Unabhängigkeit aufzugeben. Der erste Brite mit imperialistischen Neigungen gegenüber Botswana war **Cecil Rhodes**. Der machthungrige Millionär aus Börsen- und Minenspekulationen gründete die *De Beers Consolidated Mining Company* in Kapstadt. Es trieb ihn in die Politik, weil er seine Vision von der britischen Bahnlinie vom Kap nach Kairo zu verwirklichen suchte. Sein Verhalten gegenüber Afrikanern war geprägt von Arroganz und Skrupellosigkeit. Sein Vorhaben, die Macht Großbritanniens nach Norden auszuweiten, wurde durch die Präsenz der Buren in Transvaal gestört. Eine Bahnlinie durch das Land der Buren zu führen, würde zu Sabotage und Widerstand führen. So dauerte es nicht lange, bis Rhodes sein Augenmerk auf Botswana richtete.

...vergleicht das Land der Batswana mit dem Suezkanal

1883 sprach er sich erstmals öffentlich für eine britische Expansion nach Botswana aus. In seiner Rede am 16. August 1883 vor dem Parlament der Kapprovinz verglich er Botswanas strategische Bedeutung mit dem Suezkanal und nannte das Land den **Schlüssel ins Innere Zentralafrikas**. Auf den Spuren der Missionare und Händler sollte der Weg in das Matabelehochland führen. Zunächst wurden Rhodes's Ambitionen noch durch den Premierminister Thomas Scanlen gebremst. Der war noch zu sehr mit dem Krieg in Basutoland beschäftigt, als sich auf einen voraussichtlich teuren Konflikt mit den widerspenstigen Tswanafürsten einzulassen. Doch Rhodes ließ nicht nach, und in London stießen seine Ideen auf offene Ohren.

England stellt das Land großmütig 'unter seinen Schutz'

Bereits ein Jahr später hatte sich die politische Landkarte völlig verändert: Deutschland erklärte ein riesiges Gebiet im Norden der Kapkolonie zur Kolonie Deutsch-Südwestafrika (heute Namibia). Gleichzeitig drängten die Buren von Transvaal nach Norden. Jetzt musste schnell gehandelt werden, um einen Korridor zwischen den britischen Kolonien am Kap und in Ostafrika zu halten. Unverzüglich wurde General Sir Charles Warren mit 4000 Mann zu den Tswanafürsten ausgesandt. Da man mit dem Widerstand der Tswana rechnete, erklärte England mit diplomatischem Kalkül die Region nicht zur Kolonie, sondern zum britischen Schutzgebiet. Den überrumpelten Afrikanern verkaufte man das Ansinnen als partnerschaftliche Schutzgebärde gegen die Bedrohung durch die Buren. Im Gegenzug verlangte Großbritannien Landabgaben, das sog. *Crown Land*. Sechele und Gaseitsiwe, der Kgosi der Bangweketse, zögerten misstrauisch. Als jedoch Khama das britische Schutzmodell begrüßte, fügten sich auch die beiden anderen. Unblutig und ohne großes Aufhebens wurde so 1885 das **Britische Protektorat** von Betschuanaland eingerichtet. Es schloss sich direkt an die Kapprovinz an und reichte im Norden bis 22° südlicher Breite.

Cecil Rhodes: Portrait einer außergewöhnlichen Persönlichkeit

Cecil Rhodes wird am 5. Juli 1853 in einer Kleinstadt bei London geboren. Mit neun Geschwistern ist er ein typischer Sprössling der britischen Mittelschicht und durchlebt eine unauffällige Kindheit. Als 16-jähriger wird Cecil lungenkrank, die Ärzte empfehlen einen sofortigen Klimawechsel, und so wird der Jüngling nach Südafrika geschickt, wo er sich auf der Baumwollfarm seines älteren Bruders Herbert erholen soll. Im Juni 1870 betritt er erstmals afrikanischen Boden und lebt sich rasch bei seinem Bruder ein. Die Farm läuft nicht gut, und als 1871 in Kimberley Diamanten entdeckt werden, das Diamantenfieber ausbricht und im Nu 10 000 Glücksritter nach Kimberley strömen, sind auch die beiden Rhodes-Brüder mit von der Partie. Herbert kauft drei Claims in New Rush, die sich als sehr ergiebig erweisen. Cecil handelt mit Lebensmitteln, Werkzeug, Büchern und spekuliert an der Börse. Die beiden beweisen guten Instinkt und werden wohlhabend. Privat haben sie weniger Glück. Ein Herzanfall zwingt den 19-jährigen Cecil, kürzer zu treten, und wenig später verliert er seinen Bruder Herbert durch einen tödlichen Unfall während einer längeren Jagdreise. Cecil Rhodes schließt sich danach mit dem jungen Diamantenspekulanten Charles Rudd zusammen. 1873 scheinen die Diamantenfelder von Kimberley ausgelaugt zu sein und die meisten "Digger" verscherbeln ihre Claims. Rhodes und Rudd pokern hoch, sie kaufen möglichst viele Anteile auf, und tatsächlich zeigt sich bald, dass in Kimberley durchaus noch immense Diamantenfelder lagern.

Mit 20 Jahren hat Cecil Rhodes finanziell bereits ausgesorgt, doch anstatt den Erfolg zu genießen, treibt ihn sein Ehrgeiz zurück nach England, wo er sich mit einem Studium in Oxford den passenden Grundstock für eine politische Laufbahn erwerben will. Doch schon im ersten Semester erleidet er einen zweiten Herzanfall und seine Ärzte geben ihm nur noch wenige Monate zu leben. Rhodes unterbricht das Studium und kehrt zurück nach Kimberley, wo er sich allen Prophezeiungen zum Trotz wieder erholt. Geschickt spielt er hier um Macht und Geld, agiert mit Korruption und Intrigen und laviert sich durch mehrere Skandale. Dabei stellt er erstmals seine Kunst, Gegner zu überzeugen und "zu kaufen", unter Beweis. Zwischen 1876 und 1881 vollendet er sein Studium in Oxford, während Charles Rudd die Geschäfte in Kimberley organisiert. Nach seiner Rückkehr in Afrika wendet sich Rhodes endgültig der Politik zu und wird in Kapstadt sesshaft.

Zu dieser Zeit verursacht Rhodes einen medizinischen Skandal, und hierbei taucht erstmals der Name Dr. Leander Starr Jameson auf: Es bricht eine Pockenepidemie aus, die sich wie ein Lauffeuer in der Kapprovinz ausbreitet. Rhodes befürchtet eine Fluchtwelle Tausender Tagelöhner und Arbeiter aus Kimberley, wenn bekannt würde, dass die Seuche auch die Diamantenminen erreicht hat. Trotz besseren Wissens beharrt Rhodes darauf, dass Kimberley pockenfrei sei. Es bleibt schwer verständlich, wie es dem Spekulanten gelingt, den befreundeten, wohlhabenden Arzt Dr. Jameson dazu zu überreden, falsche Totenscheine auszustellen. Fakt ist, dass Jameson der Bitte nachkommt, alle Pockenfälle vertuscht und damit zum ersten Mal kriminelle Taten auf Cecil Rhodes' Geheiß unternimmt. Als der Skandal aufgedeckt und 1885 endlich auch zugegeben wird, sind hunderte Menschen unnötig an den Pocken gestorben. Mit enormem Eifer verfolgt Rhodes seine hochgesteckten Ziele, immer größere Macht und Einfluss zu erringen. 1884 wird der Millionär **Finanzminister der Kapprovinz**. 1886 wird in Witwatersrand Gold entdeckt. Rhodes investiert sofort und gründet die 'Consolidated Goldfields of South Africa'. 1887 kämpft Rhodes mit Barney Barnato um das Monopol im Diamantengeschäft – und beherrscht bald weltweit den Diamantenhandel. Zur selben Zeit beginnt er, seine ehrgeizigen Pläne, das britische Einflussgebiet auszuweiten und eine **Bahnlinie vom Kap bis Kairo** zu errichten, mit Nachdruck zu forcieren. Er intrigiert und manipuliert, macht potentielle Gegner durch finanzielle Geschenke mundtot und bereitet sorgsam den Boden für den geplanten Expansionskurs. Mit dem Moffat Treaty und der Rudd Concession setzt er 1888 den ersten Fuß ins Matabeleland. Ein Jahr später weitet er seinen Einfluss geschickt nach Norden aus, indem er dem Lozikönig von Barotseland Schutzverträge gegen die Ndebele aufschwatzt. In Nyasaland bietet er der maroden African Lakes Company seine Unterstützung an. Die weiteren Geschehnisse bis zum Einmarsch der Pionierkolonne in die spätere Kolonie Rhodesien sind nur nachvollziehbar, wenn man Rhodes' durchdachtes Pokerspiel, seine mitreißende Ausstrahlung und seine tiefe Überzeugung berücksichtigt, dass jeder Mann seinen Preis habe. Die wenigen, die Rhodes nicht kaufen kann, überzeugt er als **Visionär**. In Kürze beseitigt er alle Widerstände gegen seinen Invasionsplan. Es gelingt ihm, der britischen Krone eine "Royal Charta" abzuschwatzen, obwohl die Königin und Mitarbeiter des Auswärtigen Amtes Rhodes misstrauen. Basierend lediglich auf der Bereitschaft des Ndebelekönigs Lobengula, den Briten mäßigen Abbau von Bodenschätzen in seinem Land zu genehmigen, stellt die britische Krone schließlich einen Freibrief zur Eroberung und Inbesitznahme des souveränen Gebietes aus. Noch wenige Monate zuvor hat sich die britische Königin in einem Schreiben an den Ndebelekönig Lobengula besorgt gezeigt, zu viel Macht in die Hände eines einzelnen (britischen) Handelspartners zu legen. Jetzt berechtigt sie denselben Mann, vor dem sie gewarnt hat, das riesige, autarke Königreich auszubeuten, zu kolonisieren und zu regieren.

Die Folgen sind bekannt. Rhodes, inzwischen zum **Premierminister** der Kapprovinz aufgestiegen, gründet die **BSAC** (British South Africa Company) und lässt die Pionierkolonne ins Mashonaland einmarschieren. Finanziell verausgabt er sich dabei, dafür steht er jetzt auf dem Höhepunkt seiner Macht. Rhodes regiert über ein 1 143 000 km² großes Gebiet (fünfmal so groß wie sein Vaterland). Den Überfall auf das Matabeleland plant Rhodes von langer Hand und verkauft den Gewaltakt im heimatlichen empörten England als Akt der Notwehr. Er versteht es, die Presse für sich einzunehmen und bestimmt so die öffentliche Meinung. Nach der Vernichtung des Ndebelestaates lässt sich Rhodes als Held feiern. Südlich und nördlich des Sambesi installiert er die BSAC-Verwaltung, riesige Gebiete werden von nun an zwangskolonisiert. Fast scheint es, alles verwandle sich zu Gold, was Cecil Rhodes anpackt, da wendet sich sein Schicksal plötzlich. Vom Erfolg verwöhnt verliert er den Sinn für die Realität, als er mit einigen Verschwörern den Plan ausheckt, mit einem Blitzüberfall unter Dr. Jamesons Kommando den Burenstaat unter Paul Krüger zu annektieren. Wieder fungiert Rhodes als Drahtzieher im Hintergrund, spricht sich heimlich mit dem britischen Kolonialminister Chamberlain ab und stellt eine Kampftruppe zusammen. Doch diesmal entgleiten ihm die Zügel, er kann die unterschiedlichen Verschwörer nicht einigen und sieht sich gezwungen, den Überfall im letzten Moment abzublasen. Jedoch: Dr. Starr Jameson, der mit der kampfbereiten Truppe im

Landesinneren ausharrt, erreicht das Telegramm von Cecil Rhodes nicht, und er fällt weisungsgemäß zum verabredeten Zeitpunkt in den Burenstaat ein. Der glücklose Jameson wird von den Buren-Streitkräften schon empfangen, weil die Sache inzwischen durchgesickert ist, und muss kapitulieren. Der Fall ist ein **internationaler Skandal**, eine Blamage für Großbritannien, der Ruin für Cecil Rhodes. Er muss sofort alle politischen Ämter niederlegen, während der britische Minister Chamberlain in London seine Unschuld zu beteuern versucht und jede Mitwisserschaft abstreitet. Doch Rhodes übernimmt auch jetzt nicht die Verantwortung, sondern überlässt es seinem Freund Jameson, für die Tat geradezustehen. Dieser wird als alleiniger Initiator des Überfalls in England zu einer kurzen Haftstrafe verurteilt, wodurch Cecil Rhodes seinen Königlichen Freibrief retten kann. Als politisch geächteter Privatmann, der von der Macht und dem Schicksalspielen nicht lassen kann, engagiert er sich anschließend im Matabeleaufstand in Südrhodesien. In den Matobobergen handelt er mit den aufständischen Ndebele einen **Friedensvertrag** aus und verschafft sich dabei den Ruf eines mutigen Friedensstifters. Es ist das erste Mal in seinem Leben, dass er etwas wirklich Gutes tut. Nicht, dass er nach seinen Rückschlägen etwa geläutert wäre – sein Engagement für den Frieden deckt sich zufällig mit seinen Privatinteressen, denn der BSAC droht der finanzielle Ruin, je länger der Aufstand andauert. Außerdem bereichert sich der Patriarch bei den Verhandlungen geschickt und nennt anschließend in Rhodesien riesige Ländereien sein eigen. Eine charakterliche Wendung bleibt dagegen aus und den Shona-Aufstand lässt er später brutal und rücksichtslos niederschlagen.

Gesundheitlich wirkt Cecil Rhodes nach den turbulenten 1890er Jahren schwer angeschlagen. Der Raubbau, den er in all den Jahren mit seinem zeitlebens von Lungen- und Herzproblemen geschwächten Körper betrieben hat, rächt sich nun. Geistig ist er fit und voller Elan, doch sein Körper verfällt von Tag zu Tag. Die letzten Wochen verbringt er zurückgezogen in seinem Landhaus bei Kapstadt. Am 26. März 1902 stirbt er. Dr. Jameson, der alte Kamerad und Begleiter, der ihm so viele Steine aus dem Weg geräumt und sich dabei immer wieder strafbar gemacht hat, ist in der letzten Stunde bei ihm. Später wird Jameson erzählen, Rhodes' letzte Worte lauteten "So little done. So much to do". Doch Vertraute Jamesons berichten, dieser habe sich diese Worte selbst erdacht, um die 'Legende Cecil Rhodes' gebührend zu untermauern.

Vieles an Cecil Rhodes' **Persönlichkeit bleibt unverständlich**, so z. B. seine Einstellung zu Frauen. Das weibliche Geschlecht scheint für ihn nicht zu existieren. Niemals lässt er sich auf Affären oder Bekanntschaften ein, nur jugendliche Männer dürfen in seinem Haushalt arbeiten, und verheirateten Genossen bleibt die Karriere verwehrt. Er selbst wendet auch nie rohe Gewalt an und gilt sogar als wehleidig, während er skrupellos Tausende Menschen seinen ehrgeizigen Zielen opfert. Er glaubt an Ehre und Moral, und verrät doch seinen engsten Freund Dr. Jameson nach dem Jameson Raid. Er wird einer der reichsten Männer seiner Zeit, und trotzdem scheint Geld für ihn immer nur das Mittel zum Zweck zu sein. Er mobilisiert die Massen, liebt es, im Rampenlicht zu stehen, und hat zeitlebens doch nur sehr wenige Vertraute. Er betrügt die Ndebele, missbraucht ihr Vertrauen und kolonisiert sie gewaltsam, und dennoch wird er nach seinem Tode von ihnen verehrt. Trotz all dieser negativen historischen Fakten, die heute im Zusammenhang mit Cecil Rhodes bekannt sind, wird sein Ansehen noch immer hoch gehalten – im südlichen Afrika wie auch in Großbritannien, wo die Universität Oxford international angesehene "Cecil Rhodes-Stipendien" vergibt.

Bild S. 20: Das Grab von Cecil Rhodes in den Matobo Bergen, Zimbabwe

Das Britische Protektorat von Betschuanaland

Ein Protektorat ohne Verwaltung

Nachdem Großbritannien den eigentlichen Zweck seiner Politik, die Deutschen an einer Ausweitung ihres Einflusses in Tswanaland zu hindern, erreicht hatte, geschah zunächst wenig mehr. Es wurde keine nennenswerte Verwaltung eingerichtet, da man möglichst wenig Geld im Land investieren wollte. Khama III. ließ sich überreden, weite Landstriche an die britische Krone abzutreten. Auf diese Weise sahen sich auch andere Kgosi zu Zugeständnissen gezwungen. Besonders hart traf es die Batswana, die südlich des Molopoflusses lebten. Sie wurden um 92 % ihres Stammeslandes beraubt. 79 % verloren sie an die britische Schutzmacht, die das Land an weiße Siedler verkaufte. 13 % wurden von der neu gegründeten Burenrepublik Stellaland annektiert. Diesen ungeheuren Landraub hatte ein gewisser Sidney Shippard arrangiert, der im Protektorat bald den Namen *Lord of Lies* erhielt. Ausgerechnet dieser Mann wurde wenig später zum Administrator Betschuanalands berufen.

Landraub und die Spaltung der Batswana

Bereits im September 1885 kam es zur offiziellen Trennung der Batswana am Molopo. Land und Bevölkerung südlich des Flusses wurden zu Britisch-Betschuanaland mit der Hauptstadt Vryburg, das 1895 der Südafrikanischen Republik zugesprochen wurde. Nördlich des Molopoflusses lag das **Protektorat Betschuanaland**, welches von Mafikeng aus verwaltet wurde. Die britische Schutzmacht ließ den Kgosi zunächst weit reichende Selbstverwaltung. Nachdem Betschuanaland nur von strategischem Interesse war, gab man sich mit einer kooperativen Haltung der ansonsten selbständigen Tswanavölker zufrieden.

Indessen agierte und manipulierte Cecil Rhodes kräftig weiter. Seit 1884 war er der Finanzminister am Kap. Fünf Jahre später erhielt er von der britischen Krone eine Charta für seine private Kolonisationsgesellschaft. Er gründete die *British South Africa Company* (BSAC) und wurde 1890 zum Premierminister der Kapkolonie ernannt. Der mächtigste Mann am Kap.

Rhodes will den totalen Untergang der Matabele

1893 rüstete er zum großen Schlag gegen die Ndebele im Hochland von Westzimbabwe. 1230 Soldaten der BSAC auf der einen Seite und eine britische Armee aus 815 Protektoratspolizisten und 1760 Bangwatosoldaten, die Khama zur Unterstützung bereitstellte, auf der anderen Seite rückten nach Matabeleland vor. Hier regierte inzwischen Mzilikazis Sohn **Lobengula**. Seine Friedensgesuche, die er durch Läufer aussandte, wurden von der BSAC abgefangen und verheimlicht, denn Rhodes wollte den totalen Untergang des Matabelereiches. Der militärisch übermächtige Schlag war erfolgreich. Das einst mächtige Matabelereich wurde vollkommen zerstört und augenblicklich von der BSAC besetzt. Erst nach dieser Tragödie wurde sich Khama der wahren Absichten Rhodes' bewusst. Diese Erkenntnis führte zu einem deutlichen, aber etwas späten Sinneswandel. Als Rhodes bei der britischen Regierung intervenierte, die Verwaltung Betschuanalands der BSAC zu überlassen, erkannte Khama die Gefahr für sein Volk. Er verbündete sich rasch mit den anderen mächtigen Kgosi: Sebele, der seit dem Tod seines Vaters Sechele regierte, und Bantheon I., Oberhaupt der Bangweketse. Nach Tswanatradition riefen sie nicht zu Kampf oder Widerstand auf, sondern wollten die Problematik in Ruhe der britischen Krone darlegen – eine Tat, die nachhaltig in die Geschichte eingehen sollte.

Die BSAC greift jetzt auch nach dem Protektorat von Betschuanaland

Aus Protest reisen drei Tswanafürsten nach London...

Die drei Kgosi verließen ihr Volk, reisten nach Kapstadt und per Schiff weiter nach London. Mit Unterstützung des engagierten Reverend W. G. Willoughby legten die Tswanafürsten **Kolonialminister J. Chamberlain** ihre Besorgnis um die Zukunft Betschuanalands dar. Sie forderten eindringlich, die Verwaltung nicht an die BSAC abzugeben. Chamberlain empfahl ihnen jedoch, die Angelegenheit direkt mit der BSAC zu diskutieren und lehnte jede weitere Anhörung ab. Nach diesem Misserfolg wandten sich die Afrikaner an die **Londoner Missionsgesellschaft**, die die Geschichte an die Öffentlichkeit trug. In mehr als 40 Städten hielten die Kgosi Reden, und die Schlagzeilen der Zeitungen ließen das Kolonialbüro in die öffentliche Kritik geraten. Geschickt präsentierten sich die drei der Bevölkerung Großbritanniens als gläubige Christen, die um Fortsetzung des britischen Schutzes baten. Ihre Kampagne gegen den Alkohol, der durch die BSAC ins Land geschleppt würde, traf exakt den empfindlichen Punkt des biederen Bürgertums. Die Regierung sah sich bald genötigt, die Übergabe der Region an die BSAC hinauszuschieben.

... und gewinnen die Unterstützung der Presse und der Öffentlichkeit

Die Kgosi wurden nach ihrer Rückkehr in Betschuanaland begeistert gefeiert. Nachträglich lässt sich vermuten, dass ihr Erfolg wohl nur von kurzer Dauer geblieben wäre, wenn nicht Rhodes selbst seinen Einfluss verspielt hätte. Rhodes ging zu weit: Unter der Führung seines Freundes Dr. Leander Starr Jameson stellte er eine Armee zusammen, die heimlich in Johannesburg einmarschieren sollte, um einen Bürgerkrieg bei den unbeliebten Transvaalern anzuzetteln. Der als **Jameson Raid** bekannte Coup wurde frühzeitig aufgedeckt und löste einen internationalen Skandal aus. Rhodes verlor sein Amt als Premierminister und wurde politisch geächtet. Wenn er auch weiterhin agierte und mächtig blieb, so hatte seine BSAC trotzdem ihre Chance auf Betschuanaland verspielt. Der Gesellschaft gehörten zwar noch große Ländereien um Gaborone, Lobatse und Ghanzi sowie der Tuli Block. Außerdem besaß sie im übrigen Land die Schürfrechte. Die Verwaltung des Schutzgebietes blieb ihr aber endgültig verwehrt.

Politischer Absturz von Cecil Rhodes

Rechts: Eine Briefmarke aus dem Jahr 1905 erinnert an die Eröffnung der Brücke über die Viktoriafälle

Politisch kehrte nun eine gewisse Ruhe ein. Dennoch durchlebten die Batswanastämme in den 1890er Jahren eine sorgenvolle Zeit. In Äthiopien brach 1893 erstmals in Afrika die **Rinderpest** aus. Die Seuche breitete sich in Windeseile nach Süden aus und raffte Hunderttausende Wildtiere und Rinder dahin. Khama III. verlor etwa 80 000 Tiere und insgesamt wurden 90 % der Rinder im Tswanaland getötet. Die Katastrophe hatte verheerende Auswirkungen. Eine gleichzeitige Dürreperiode reduzierte die Ernteerträge. 20 % der Bevölkerung verhungerten. Als 1897 die Bahn von Mafikeng nach Bulawayo durch Tswanagebiet verlegt wurde, gab es kurzzeitig genug Arbeitsplätze für die notleidende Bevölkerung. Danach wurde wieder gehungert. Viele Männer verließen ihre Heimat, um in den südafrikanischen Minen Arbeit aufzunehmen. Die Daheimgebliebenen überlebten durch den Verkauf von Edelhölzern nach Südafrika. Die Briten organisierten Lebensmittelpakete, die per Bahn zu den Batswana geschickt wurden. 1899 wurde im Protektorat die **Hüttensteuer** von 1 Pfund jährlich eingeführt. Sie zwang die Männer, Bargeld zu erwirtschaften. Es entwickelte sich rasch zum Regelfall, in Südafrikas Minen zu arbeiten, und für die nächsten 70 Jahre wurde das Leben der Batswana durch diese **Wanderarbeiterschaft** geprägt. Minenagenten aus Kimberley und Johannesburg ließen sich in den Dörfern nieder. Sie schlossen mit den Arbeitswilligen einen Jahreskontrakt. Der übliche Monatslohn betrug drei Pfund, Kost und Logis frei, allerdings ohne Urlaub und ohne Ausgang.

Rinderseuche und Hungersnot lasten schwer auf den Batswana

Billige, rechtlose Arbeiter für Südafrikas Minen

Burenkrieg

Im selben Jahr brach zwischen Großbritannien und Südafrika der **Burenkrieg** aus. Fast ausnahmslos bemühten sich die Tswanafürsten, eine neutrale Haltung zu bewahren und sich nicht in die Auseinandersetzungen verwickeln zu lassen. Lediglich die Bakgatla, die einst von den Buren aus Transvaal vertrieben worden waren, beteiligten sich aktiv an den Kämpfen und erbeuteten dabei viele Rinder aus Burenbeständen. Andere Kgosi, wie Sebele, schlossen mit den Buren Neutralitätsabkommen. 1902 wurde der Burenkrieg mit dem Sieg Großbritanniens beendet.

Die Briten hatten das heutige Staatsgebiet Botswanas in Eingeborenengebiete (*Native Reserves*), Kronland und Privatland aufgeteilt. Den Zustrom europäischer Siedler begrüßte die britische Protektoratsverwaltung. Die koloniale Administration wurde nach wie vor mit möglichst geringem finanziellen Aufwand aufrecht erhalten. Die Stellung der Kgosi blieb zunächst durch dieses System der *Indirect Rule* weitgehend unangetastet.

Bereits 1903 hatten die Briten das Protektorat der **Südafrikanischen Zollunion** angeschlossen. 1907 wurde der britische Plan bekannt, die besiegten Burenstaaten, das Kapland, Natal und die britischen Protektorate Basutoland, Swaziland und Betschuanaland zur Union Südafrika zusammenzuschließen. Die Union sollte in etwa die Grundzüge der alten Burenstaaten aufweisen. Die Bevölkerung in den Protektoraten sah sich auf diese Weise der Apartheid preisgegeben und trat vehement gegen eine Union mit den Buren ein. Die Tswanavölker schlossen sich zusammen und erhielten Verstärkung durch die Sotho und Swazi. Die *„Poeple's Delegation"* wurde gegründet – der erste multi-ethnische politische Zusammenschluss im südlichen Afrika. Petitionen und Proteste gegen den Unionsplan gingen aus allen afrikanischen Lagern bei der britischen Regierung ein. Im Sommer

Die südafrikanische Union als neue Gefahr für Betschuanaland

Erneut wenden sich die Batswana direkt an das britische Volk

Rechts: Aufteilung des Protektorats in Native Reserves, Kronland und Privatland zu Beginn dieses Jahrhunderts

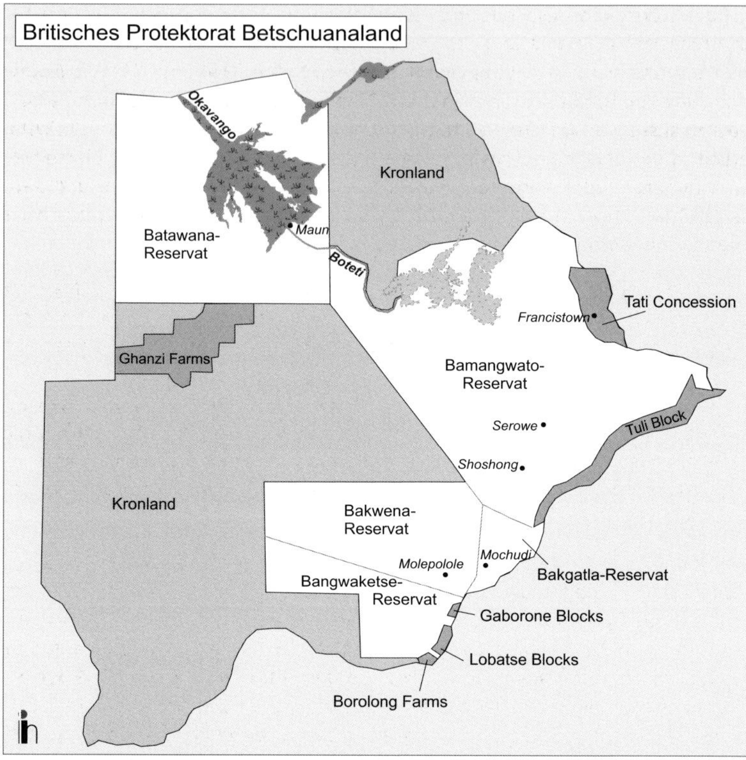

Unter dem Druck der Öffentlichkeit beugt sich die britische Regierung

1909 reisten Mitglieder der Delegation nach London. Und wieder gelang es, die britische Öffentlichkeit für das Anliegen der Batswana zu mobilisieren. Die *Times* druckte einen umfangreichen Bericht zugunsten der Afrikaner, der die Regierung in Erklärungsnot brachte. Als am 31. Mai 1910 die neue **Südafrikanische Union** gegründet wurde, blieben die Protektorate daher ausgeklammert. In den nächsten Jahrzehnten wurde allerdings wiederholt der Versuch unternommen, Betschuanaland zum Anschluss zu nötigen.

Eine Hüttensteuer zur Finanzierung der Steuerbeamten

Der Ausbau der Infrastruktur Betschuanalands verlief weiterhin nachlässig. Die wirtschaftliche Entwicklung passte man allein den Bedürfnissen des britischen Marktes an. Der kleine Verwaltungsapparat saß in Mafikeng, das außerhalb der Protektoratsgrenzen in der Südafrikanischen Union lag. Die Beamten waren hauptsächlich zur Eintreibung der seit 1908 verdoppelten Hüttensteuern eingesetzt und durch eben diese finanziert. Um die Kooperation der Kgosi sicherzustellen, sprach die Verwaltung ihnen 10 % der Steuereinnahmen zu.

Die mageren 1920er Jahre

In den 20er Jahren verlor Betschuanaland seinen europäischen Markt beim Export von Mais. Der Fleischexport brach wenig später zusammen, als Südafrika mit Sanktionen das Land zur Eingliederung in die Union zwingen wollte. Die wirtschaftliche Abhängigkeit vom starken Nachbarn wurde noch augenscheinlicher, weil nun jeder vierte Batswana in den Minen Südafrikas arbeitete. Als die Verwaltung die Rechte der Kgosi beschnitt und versuchte, sie als Regierungsbeamte einzustufen, brach erneut Widerstand aus. Das Volk sah darin einen ersten Schritt in Richtung Zusammenschluss mit der Union. Dennoch traten 1934 und 1938 die *Native Administration*-Proklamationen in Kraft. Die Kolonialverwaltung war nun befugt, Kgosi zu suspendieren. Des Weiteren wurden Distriktkommissare und Gerichtsbarkeit in den Tswanareservaten eingesetzt. Initiationsriten und das Eintreiben von Tributen wurden verboten, die Hüttensteuer erneut angehoben und eine zusätzliche *Native Tax* eingeführt. Die Batswanachiefs wurden somit tatsächlich in eine untergeordnete Rolle gezwungen.

Auch weiterhin werden die Belange der Batswana in London ausgetragen

Khama III. starb 1923 mit 88 Jahren. Sein Sohn Sekgoma regierte die Bangwato nur zwei Jahre. Nach seinem frühzeitigen Tod war der rechtmäßige **Thronfolger Seretse Khama** erst vier Jahre alt. Seretse Khama wurde viele Jahre später der erste Präsident des unabhängigen Botswana, doch zunächst übernahm sein Onkel **Tshekedi** als Khamas Regent die Herrschaft über die Bangwato. Tshekedi galt als geschickter Stratege, der es meisterhaft verstand, die britische Öffentlichkeit für die Belange der Bangwato zu mobilisieren. Anstelle langer Diskussionen mit der Protektoratsverwaltung schickte Tshekedi hunderte Briefe nach London. Auf diesem Wege setzte er manche seiner Forderungen durch.

Soldaten für den 2. Weltkrieg

Wie bereits im 1. Weltkrieg wurden auch zu Beginn des **2. Weltkriegs** hunderte Männer für den Kriegseinsatz eingezogen. Die wenigsten gingen freiwillig. Erst als die Briten die Kgosi stark unter Druck setzten, zwangen diese ihre Untertanen zum Gehorsam. Letztendlich dienten über 10 000 Batswana beim afrikanischen Pionierkorp AAPC in Italien, Nordafrika und dem Mittleren Osten. 20 % der erwachsenen Männer Betschuanalands waren beteiligt – keine andere afrikanische Kolonie stellte mehr Soldaten. Wer nicht in den Krieg ziehen wollte, floh nach Südafrika. Der plötzliche Verlust an Arbeitskräften hatte enorme Produktionseinbußen in der Landwirtschaft zur Folge. Obendrein wurden die zurück gebliebenen Batswana zu Ernteabgaben gezwungen, die die Versorgung der Kämpfenden decken sollten. Die hieraus entstehende Notsituation konnte nur durch Maisimporte aus den USA überwunden werden.

Ein Skandal für die westliche und die afrikanische Welt: Der Thronfolger der Bangwato heiratet eine Engländerin

Seretse Khama, der junge designierte Thronfolger der Bangwato, kam 1945 zur Ausbildung nach Großbritannien. Dort lernte er während seines Jurastudiums die Engländerin Ruth Williams kennen. Als der Thronfolger 1948 Ruth heiratete, löste er einen **internationalen Skandal** aus. Die Bangwato gerieten in Aufruhr, denn es vertrug sich keinesfalls mit der Würde eines Kgosi, seine Ehefrau selbst zu wählen. Die Tradition sah eine von der königlichen Familie arrangierte Heirat vor, die Braut selbst hatte Mitglied einer königlichen Batswanafamilie zu sein und keinesfalls eine moderne Europäerin. Ruth Williams trotz der Ablehnung Tshekedis zu heiraten, bedeutete einen schweren Bruch mit den Traditionen. Aus völlig gegensätzlichen Gründen brach in Südafrika und Rhodesien Entrüstung aus: Das rassistische Bild der Europäer in Afrika duldete keine gemischtrassige Heirat!

Der sensationelle Präzedenzfall findet internationale Beachtung

Seretse Khama reiste nach Betschuanaland und stellte sich seinem Volk in mehreren Sitzungen in der *Kgotla* (parlamentarisches Forum). Die überragende Mehrheit der Bangwato akzeptierte 1949 Khamas Entscheidung und bestätigte seine Kgosi-Würde. Tshekedi jedoch versagte ihm die Versöhnung noch viele Jahre.

Als Khama wenig später nach England aufbrach, um auch hier die aufgebrachte Stimmung zu glätten, hatten die Briten insgeheim dem Druck der Europäer in Afrika schon nachgegeben – kaum war er in London, verweigerten sie Khama die Wiedereinreise nach Betschuanaland. Die weißen Rassisten in Afrika zu beschwichtigen galt der britischen Regierung als dringlichstes Ziel. Alle Proteste und viele Demonstrationen vor europäischen Universitäten blieben erfolglos. Mit seiner Familie lebte Seretse Khama die folgenden Jahre im Londoner Exil. Nachdem auch Tshekedi abgedankt und das Protektorat verlassen hatte, blieben die Bangwato jahrelang ohne Führung. Alle Versuche, die Bangwato zur Wahl eines neuen Kgosi zu bewegen, schlugen dennoch fehl. Ihre Angelegenheiten wurden schließlich vom britischen Distriktkommissar in Serowe verwaltet.

Seretse Khama lebt zwangsläufig im Exil

Die Rückkehr Khamas wird triumphal gefeiert

Die 50er Jahre brachten eine allgemeine **Liberalisierung** und stärkten das Nationalgefühl in Betschuanaland. Britische Liberale und unzufriedene Tswana drängten auf eine Rückkehr Khamas in seine Heimat. Das politische Bewusstsein der Europäer hatte sich nach zwei Weltkriegen verändert. Erst jetzt gab man den Plan einer Integration Betschuanalands in die Südafrikanische Union zugunsten der Unabhängigkeit auf. 1956 ließ man Seretse Khama nach Betschuanaland zurückkehren, nachdem er auf die Bedingung, seine Ansprüche als Kgosi für immer aufzugeben, eingegangen war. Die Bangwato empfingen ihn dennoch triumphal.

Großbritannien macht den Weg frei für ein unabhängiges Botswana

Die Kolonialverwaltung unternahm nun endlich Schritte, das Land auf die künftige Unabhängigkeit vorzubereiten. Durch die Verfassung von 1960 wurden ein Legislativ- und ein Exekutivrat eingeführt. Das politische Bewusstsein der Bevölkerung weckte die Volkspartei (BPP), die der Lehrer Motsete 1960 gründete. Wegen ihrer nationalistischen Prägung fürchtete die britische Verwaltung die BPP und verunglimpfte ihre Führer als Hitzköpfe. Dementsprechend unterstützten die Briten bald die neue *Demokratische Partei von Betschuanaland* (BDP), die **Seretse Khama** und **Quett Masire**, ein Farmer aus Kanye, 1961 ins Leben riefen. Ihre Ziele waren ein friedlicher, aber zügiger Übergang in die Unabhängigkeit, die Gründung einer Hauptstadt innerhalb der Landesgrenzen und die Schaffung einer rassenfreien Gesellschaft. Die Partei fand rasch Unterstützung durch die meisten Kgosi. Die Uneinigkeit der BPP und ihre baldige Spaltung stärkten Khamas Position. Im Jahre 1963 zeigte sich deutlich, dass die BDP zur Kooperation mit der Kolonialverwaltung bereit war, während die BPP in offene Opposition ging. Mpho, einer der Mitbegründer der BPP, verließ die Partei und bildete die *Botswana Independence Party* (BIP). Einige Europäer versuchten sich den Reformen zu widersetzen und gruppierten sich vorübergehend in der *Tuli Block Democracy Party.*

Freie Wahlen und ein friedlicher Übergang in die Unabhängigkeit

Anfang 1964 wurden die **ersten freien Wahlen Betschuanalands** für den März 1965 verkündet. Darauf folgten eine Volkszählung und eine landesweite Kampagne zur politischen Aufklärung. Vor der Wahl galt die BPP als stärkste Partei in Ngamiland, die BIP versprach sich Erfolge im Nordosten des Protektorats. Die Wahlbeteiligung lag bei 75 %. Khamas BDP errang im ganzen Land eine eindeutige Mehrheit mit 80 % der Stimmen und stellte somit 28 von 31 Sitzen. Die BPP errang die übrigen drei Sitze, während die BIP eine deutliche Niederlage erlitten hatte. Dieses klare Ergebnis akzeptierten die Verlierer, die befürchteten Unruhen brachen nicht aus. Die BDP etablierte sich als dominierende politische Kraft im Lande.

Kurz nach der Wahl formierte sich eine neue Partei, die *Botswana National Union* (BNU), die Unterstützung bei den Kgosi der Bangweketse und Bakgatla im Süden des Landes fand. Nach monatelangen Gesprächen mit der Führungsspitze von BPP und BIP in Mochudi entwickelte sich aus der BNU die marxistische *Botswana National Front* (BNF) unter Dr. Kona.

Die BNF wird zur stärksten Oppositionspartei des Landes

Botswana nach der Unabhängigkeit

Seretse Khama wird erster Präsident Botswanas

Nach einem beispielhaft gewaltlosen Übergang wurde das Land am 30. September 1966 in die Unabhängigkeit entlassen, und Seretse Khama zum ersten Präsidenten der Demokratischen Republik Botswana gewählt. Er sah sich sofort einer Reihe von schwerwiegenden Problemen gegenübergestellt. Botswana galt als eines der ärmsten Länder der Welt und war durch lange Dürreperioden ausgezehrt. Die Wirtschaft war auf Monokultur ausgerichtet, das Schulwesen schwach, die Sozialfürsorge rückständig. Die BPP und die marxistische Nationalfront von Dr. Kona waren in die Opposition gegangen und nährten in den Städten Unruhen. Doch das größte Problem des jungen Staates stellte die Enklavenlage zu Südafrika dar. Botswana besaß keinen Anschluss zu einem Hafen, seine Handelswege verliefen durch südafrikanisches Gebiet und es war ungehindert den Sanktionen seines weißen Nachbarn ausgeliefert. Auch durch die Abhängigkeit von den Arbeitsplätzen in den südafrikanischen Minen war Botswana wirtschaftlich an Südafrika gebunden. Dennoch zeigte Khama von Anfang an eine **gemäßigte, blockfreie Haltung**. Er war kein Revolutionär, sondern handelte bedächtig und ausgewogen. Khamas erste Schritte galten der Umgestaltung und Ausweitung der Verwaltung. Da der junge Staat kaum qualifizierte einheimische Kräfte besaß, blieb er auf die Zusammenarbeit mit den Weißen in Botswana angewiesen.

Bedächtige Politik im Schatten der Apartheid

Außenpolitisch setzte sich Khama zusammen mit dem sambischen Präsident Kenneth Kaunda für Frieden und Entspannung in der Region ein. Zu seinem einzigen unabhängigen Nachbarn pflegte er besonders enge Kontakte. Khama unterstützte auch die Unabhängigkeitsbestrebungen in Südrhodesien, verwehrte den Befreiungskämpfern aber die Einrichtung von Trainingscamps in Botswana. Diplomatische Beziehungen zu Südafrika und Südrhodesien unterhielt Botswana nicht. Die intensiven Bemühungen um Konfliktlösungen im südlichen Afrika führten 1974 zum Zusammenschluss der **Frontstaaten** *„Front Line States"* (bestehend aus Tansania, Mosambik, Sambia, Botswana, Angola und ab 1980 auch Zimbabwe). Seit 1970 setzte ein rasantes Wirtschaftswachstum ein. 1971 wurde die gewinnträchtige Orapa-Diamantmine eröffnet. Weitere Devisen brachte die kommerzielle Rinderzucht für den europäischen Markt. 1975 folgte die Einführung der eigenen Währung „Pula". Eine eigene Armee führte der Staat erst ein, nachdem die südrhodesische Armee Botswana angriff und die Kazungula-Fähre nach Sambia zerstörte.

Außenpolitisches Engagement mit viel Fingerspitzengefühl

Botswana im Diamanten-Glück

Khama hatte Charisma und galt als Garant für Stabilität. Das Mehrparteiensystem als Grundpfeiler einer liberalen Demokratie wurde aufrecht erhalten. Aus allen Wahlen ging Khama als klarer Sieger hervor. Er starb 1980 im frühen Alter von 59 Jahren. Nachfolger wurde **Dr. Quett Masire**, der bisherige Vizepräsident und Mitbegründer der Partei. Wie schon Seretse Khama wurde auch Dr. Masire 1991 von der britischen Königin geadelt. Khamas Nachfolger genoss zwar nicht die gleiche rückhaltlose Anhängerschaft seines Volkes, blieb aber während seiner

Bild oben: Wahlplakat 2009

Karte rechts: Nationalparks, Wildreservate und Provinzen in Botswana

Amtszeit den Idealen der Partei treu. Er zeigte sich allerdings dem Kapitalismus stärker zugeneigt und förderte die wirtschaftliche Entwicklung vehement. Die damit einher gehenden sozialen Spannungen, die durch Bevölkerungswachstum, Landflucht und Arbeitslosigkeit geschürt wurden, führten der sozialistischen Opposition BNF in den 90er Jahren vor allem in den Städten Anhänger zu. Dennoch konnte die BNF kein nennenswertes Gegengewicht zur etablierten Regierungspartei bilden, denn 1998 spalteten sich die oppositionellen Kräfte der BNF und gründeten die neue „Botswana Congress Party" (BCP). Diese Spaltung stärkte letztlich die regierende BDP, und die Parlamentswahlen 1999 bestätigten erneut die scheinbar unangreifbare Regierungspartei, wenn auch mit schlechterem Wahlergebnis.

Dr. Masire hatte sein Präsidentenamt zu diesem Zeitpunkt schon aufgegeben und sich 1998 aus der aktiven Politik zurückgezogen. Sein Amt übertrug er dem bisherigen Vizepräsidenten **Festus Mogae**, der u. a. als Finanzminister seit vielen Jahren an der Regierung beteiligt gewesen war. Ihm zur Seite stand als neuer Vizepräsident ein Mann von königlicher Tradition: Generalleutnant **Ian Khama**, der älteste Sohn Seretse Khamas. Als Doppelspitze bewährt sich die Kombination Mogae und Khama wenig. Mit dem berühmten Sohn und Thronfolger der volkreichen Bangwato hatte sich der Präsident seinen größten Konkurrenten an die Seite geholt. Dennoch entschied die Regierungspartei auch die Wahlen am 27.11.2004 für sich und der 65-jährige Mogae trat seine zweite Amtszeit an. Am 01.04.2008 übergab Mogae allerdings sein Amt vorzeitig und feierlich nach 10-jähriger Dienstzeit an Ian Khama, der seither an der Spitze des Staates steht. Wie von Beobachtern vorausgesehen, bestätigten auch die Parlamentswahlen vom 16. Oktober 2009 Präsident Khama und die Regierungspartei.

Die Wahlbeteiligung ist in Botswana stets relativ gering

Es erscheint erstaunlich, dass die Opposition im Land trotz freier Wahlen seit bald einem halben Jahrhundert keine nennenswerte Herausforderung für die BDP darzustellen vermag. Die Gründe hierfür werden einerseits in der Zerstrittenheit der Oppositionskräfte gesehen, vor allem jedoch am Wettbewerbsvorsprung der royalen Politiker, die als traditionelle Respektspersonen angesehen werden.

„Die Menschen glauben nicht an die Politik, sie glauben an Chiefs"

Das „House of Chiefs"

Eine beratende, doch nicht gesetzgebende Aufgabe fällt in Botswana dem „House of Chiefs" zu.

Diese Einrichtung, bestehend aus den Chiefs der bedeutendsten Volksgruppen und weiteren gewählten Provinzvertretern, wird somit der langen botswanischen Tradition der Verhandlungen in der Kgotla gerecht. Auch ohne Entscheidungsgewalt hat das „House of Chiefs" viel Macht, da alle Gesetzesanträge dieser beratenden Instanz dem Parlament vorgelegt werden.

Nach mehr als 40 Jahren Unabhängigkeit zählt das Land politisch zu den stabilsten in Afrika. Übergriffen und Repressalien von südafrikanischer Seite, wie 1985 der militärische Überfall von Sondereinheiten in Gaborone gegen angebliche ANC-Aktivisten, bei dem 12 Zivilisten ermordet wurden, hatte Botswana stand gehalten, bis Südafrika selbst Unabhängigkeit und Demokratie errang. Botswana gilt als eine Nation der Flüchtlinge. In seiner langen Geschichte stellte das karge Land für die meisten Einwanderer eher Zuflucht als Ziel dar. Unterschiedlichste ethnische Gruppen formten sich zu starken Gemeinschaften. Selbstbewusstsein, Verhandlungsgeschick und demokratisches Denken prägten die Landesgeschichte in den letzten 150 Jahren. Botswanas innenpolitische Stabilität und Kontinuität werden daher von Beobachtern gerne auf die lange Tswanatradition der politischen Debatte in der Kgotla zurückgeführt. Bis heute wurden in Botswana alle Regierungen demokratisch und verfassungsgetreu gewählt, was wahrlich keine Selbstverständlichkeit in Afrika ist.

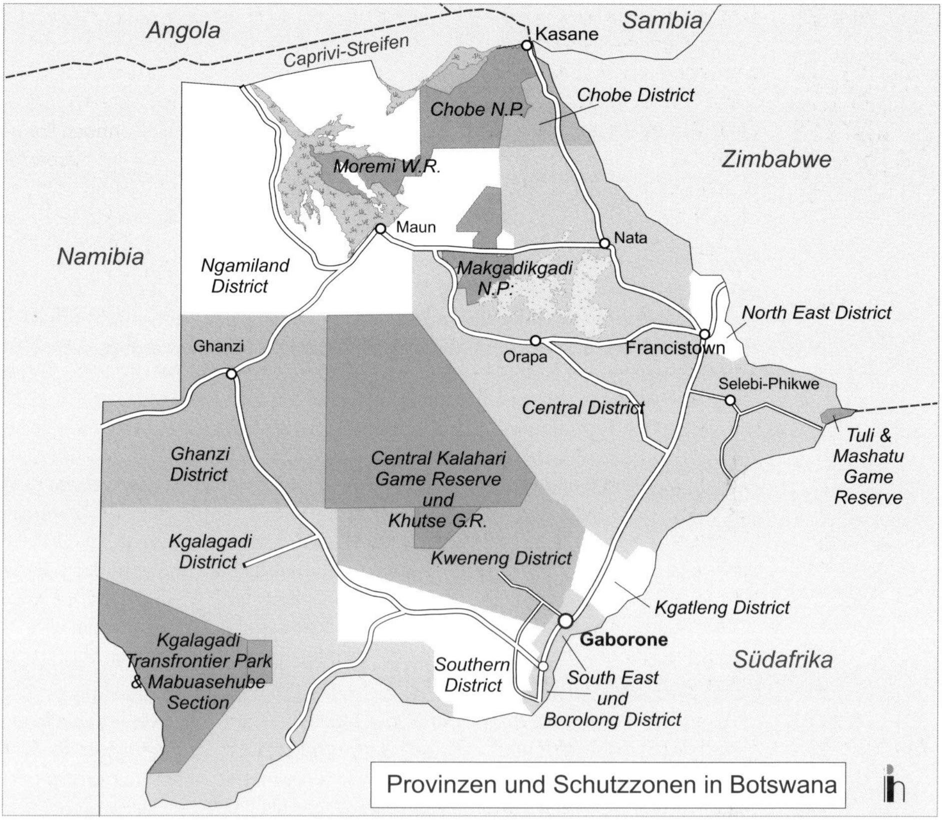

Provinzen und Schutzzonen in Botswana

Botswana in Kürze

Staatsname:	Republik Botswana
Gesamtfläche:	600 372 km², in 10 Land- und 4 Stadtdistrikte gegliedert, davon 15 000 km² Wasserflächen
Nachbarländer:	Zimbabwe, Südafrika, Namibia, Sambia
Hauptstadt:	Gaborone, ca. 190 000 Einwohner
Staatsform:	seit 1966 Präsidiale Republik, ist Mitglied im Commonwealth
Staatsoberhaupt:	Ian Khama, seit 01. April 2008
Parlament:	Nationalversammlung mit 39 Abgeordneten und vier vom Parlament gewählten Mitgliedern
Einwohner:	ca. 1,9 Mio.
Religion:	etwa zu gleichen Teilen Christen und Anhänger von Naturreligionen
Bev.-wachstum:	lt. UNO-Angaben wegen AIDS auf 1,5 % gesunken
Bev.-dichte:	durchschnittlich 3,2 Einwohner pro km² (VGL: BRD 231 Ew/km²)
Landessprache:	Setswana, Amtssprache: Englisch

KULTUR & GESELLSCHAFT

Die Bevölkerung von Botswana

Viel Platz für wenige Menschen

In Botswana, einem Land mit einer größeren Fläche als Frankreich, leben derzeit nur etwa 1,9 Mio. Menschen. Pro Quadratkilometer entspricht das 2,6 Personen (VGL: BRD 231 Ew/km²). Botswana zählte lange zu den Ländern mit den höchsten Wachstumsraten der Welt. Ein gleichzeitiger Rückgang der Kindersterblichkeit und der Anstieg der Lebenserwartung führten in den 1970er und 1980er Jahren zu einer regelrechten **Bevölkerungsexplosion.** Doch die hohe **AIDS-Infektionsrate**, mit der Botswana inzwischen zu kämpfen hat, bremste das Bevölkerungswachstum massiv ab (siehe S. 44/45).

Friedfertige Gemeinschaft

Der „Global Paece Index 2009" ermittelt für Botswana im Ländervergleich von 144 Staaten den Platz Nr. 34. Damit erreicht das Land den besten Wert Afrikas in Sachen Innerer Sicherheit, Wahrung von Menschen- und Bürgerrechten, Pressefreiheit und politischer Stabilität.

Verwirrendes Namensspiel

Botswana („Land der Tswana") bezeichnet den Staat Botswana.

Motswana bezeichnet sowohl den einzelnen Staatsbürger Botswanas also auch ein ethnisches Mitglied einer Tswana-Volksgruppe.

Batswana ist der Plural von Motswana, bezeichnet also die Staatsbürger Botswana und zugleich auch die Mitglieder der Tswana-Ethnie(n).

Soziale Schieflage

Die Tswana-Mehrheit steht heute an der Schwelle zum Wohlstand. Viele besitzen bereits ein Auto, ein Haus und Fernseher. Die Jugend nennt sich stolz "Diamant Generation", in Anspielung auf die Quelle des Wohlstands. Aber die ethnischen Minderheiten im Lande bleiben vom wirtschaftlichen Boom weitgehend ausgeschlossen. Hier entwickelt sich zusehends eine Zweiklassen-Gesellschaft.

Jede vierte Frau bekommt ihr erstes Kind vor dem 18. Lebensjahr. Im Durchschnitt gebärt sie 5,8 Kinder. 60 % der Bevölkerung sind daher jünger als 20 Jahre. Die durchschnittliche **Lebenserwartung** lag zu Beginn der 1990er Jahre bei 63 Jahren bei den Männern und 67 Jahren bei den Frauen – ein im afrikanischen Vergleich sehr hoher Wert. Doch mit der rasanten Ausbreitung von Aids fiel die allgemeine Lebenserwartung in jüngster Zeit drastisch (je nach Quelle auf 40-50 Jahre).

Lebten 1904 erst 120 000 Menschen im Protektorat Betschuanaland, hatte sich ihre Zahl bis zur Unabhängigkeit bereits auf über eine halbe Million erhöht und in den letzten 40 Jahren wiederum fast verdreifacht. Dabei ist die Verteilung sehr unausgewogen: Mehr als drei Viertel der Bevölkerung konzentrieren sich auf einen schmalen Streifen im Osten des Landes; und dort insbesondere in den Städten und der Limpopo-Region. **Jeder Zweite Batswana wohnt in einer Stadt**, ein für afrikanische Verhältnisse eher ungewöhnlich hoher Wert. 20 % der Einwohner Botswanas sind in einer der Metropolen Gaborone, Francistown, Lobatse oder Selebi-Phikwe sesshaft. Allein Gaborones Bevölkerung hat sich in 25 Jahren auf annähernd 200 000 Einwohner vervielfacht. Die Landeshauptstadt gilt deshalb als eine der schnellst wachsenden Städte Afrikas.

Ethnisch besteht die Bevölkerung zu 95 % aus Bantu-Volksgruppen, wozu die Tswana und Shona-Bakalanga gerechnet werden (woran die Tswana-Gruppen allein 79% Anteil haben). Rund 2,5 % der Bevölkerung stellen die Khoisaniden (Buschleute), den Rest bilden Weiße, Farbige (Coloureds) und Inder. Die im Vergleich zu den Nachbarstaaten geringe weiße Bevölkerung erklärt sich aus dem schwachen Interesse, welches dem Land während der Kolonialzeit entgegengebracht wurde. So hat sich hier nie eine weiße Siedlerschicht etabliert, wie in den meisten Nachbarländern, z. B. Südafrika, Namibia und Zimbabwe.

Batswana (Tswana)

Die Batswana bilden nach offizieller Angabe mit 79 % die größte Bevölkerungsgruppe des Landes. Sie gliedern sich in zahlreiche Gruppen, von denen die **Bangweketse** aus der Region Lobatse und Kanye, die **Bangwato** aus Serowe und Palapye und die **Bakwena** im Großraum Molepolole die bedeutendsten darstellen. Der weitaus größere Teil dieses rund 4 Mio. starken Volkes lebt jedoch im angrenzenden Südafrika. Ihre Sprache Setswana ist neben Englisch die wichtigste Verkehrssprache Botswanas.

Bis um 1840 blieben die Batswana eher unauffällig; nach der Difaqane (S. 14) organisierten sie sich zu starken Gemeinschaften und gründeten staatenähnliche Dynastien. Seit dieser Zeit siedeln sie traditionell in Großdörfern von bis zu 30 000 Menschen. Sie dominieren auch in der modernen Gesellschaft Botswanas.

Auffallendstes Merkmal der Batswana-Kultur ist ihre extreme Wertschätzung der Rinderzucht. Das Vermögen des Einzelnen, sein ökonomischer und sozialer Stellenwert, werden vor allem durch die Anzahl seiner Rinder bestimmt (siehe S. 52).

Human Development Index

Der HDI (Human Development Index) benennt den humanitären Entwicklungsstand eines Staates und wird alljährlich von der UNO ermittelt. Er errechnet sich aus den Kriterien Lebensstandard, Schulbildung und mittlere Lebenserwartung. Die Bewertungsskala reicht von 0,0 bis 1,0, wobei ein HDI von 1,0 die angestrebte Spitze indiziert, die bisher weltweit aber noch nicht erreicht wurde. Zum besseren Verständnis: Ein HDI von 1,0 würde ermittelt werden, wenn die mittlere Lebenserwartung der Bürger eines Staates bei 85 Jahren läge, Erwachsene zu 100 % alphabetisiert wären, 100 % aller Kinder Schulen besuchten und das reale Bruttoinlandsprodukt 40 000 US$ betragen würde. Dagegen indiziert ein HDI von 0,0 einen Staat mit Alphabetisierungs- und Einschulungsrate von 0 %, ein Bruttoinlandsprodukt von 100 US$ und eine mittlere Lebenserwartung von 25 Jahren. Alle Staaten dieser Welt liegen irgendwo zwischen diesen beiden Extremwerten. Zu den Schlusslichtern der Skala zählen seit Jahrzehnten vor allem Staaten Schwarzafrikas, wie Niger, Somalia und Sierra Leone.

Botswana erreicht mit einem mittleren HDI um 0,565 eine gute Mittelstellung innerhalb Afrikas (lt. UNDP-Listung bekleidet Botswana den Rang 128 von 177 Staaten). Die westlichen Industrienationen liegen dagegen bei HDI-Werten von 0,9-0,95.

Bakalanga

Fleißige Bauern als Nachbarn der stolzen Rinderzüchter

Sie stellen mit 11 % die zweit stärkste Volksgruppe in Botswana. Ursprünglich waren die Bakalanga im Hochland von Zimbabwe beheimatet, gelten als Verwandte der **Shona** und vermutlich als direkte Nachfahren des Butwa-Empire (s. S. 13). Während der Difaqane wichen sie der Ndebele-Invasion aus und gelangten so in ihr heutiges Hauptsiedlungsgebiet in Ostbotswana, die Region um Francistown. Die bodenständigen, bäuerlichen und fleißigen Bakalanga bewirtschaften häufig neben dem ausgeübten Beruf zusätzlich noch eigene Felder zur Selbstversorgung. Sie verleihen "ihrer Stadt" Francistown ein lebendiges, lockeres Flair.

Die Bakalanga sind Dank ihres hohen Bildungsstands die politisch aktivste Minorität im Land

Schon ihre traditionelle Lebensweise unterschied sie stets deutlich von den Batswana. Als Landwirte lebten sie in kleinen Dörfern vom Ackerbau und in geringem Maße außerdem vom Goldwaschen. Vieh wurde hauptsächlich für Opferzwecke und als Zahlungsmittel für den Brautpreis gehalten. Status und Macht verliehen dem Individuum bei den Bakalanga dagegen der Landbesitz und seine Landrechte. Da sie sich selten gegen ihre Feinde zusammenschlossen, blieben sie diesen meist unterlegen und starken Nachbarvölkern tributpflichtig.

Oben: Hererofrauen fallen auf durch ihre würdevolle Ausstrahlung und die prächtige Kleidertracht, einem Relikt der Missionare im viktorianischen Zeitalter

Herero

Die Herero (auch Ovaherero), ein traditionell nomadisch lebendes Bantuvolk, das im 19. Jh. die Region des heutigen Namibia besiedelte, betrieben wie die Batswana exzessive Rinderzucht. Die Rinder definierten auch bei den Herero den sozialen Status ihrer Besitzer. Tieropfer zu Ehren der Vorfahren oder des Gottes *Mukuru* waren häufig, und körperliche Arbeit etwa durch Landwirtschaft und Ackerbau lehnten die Herero strikt ab. Streng religiös fühlten sie sich den Ahnen eng verbunden und bekundeten dies u. a. durch eine intensive Grabpflege.

Mitte des 19. Jh. trafen die Herero mit den am Ngamisee lebenden Batawana eine Art gegenseitige Asylvereinbarung. Sekgathole von den Batawana nahm das Asylversprechen als erster in Anspruch, als der Versuch, seinen Bruder Sekgoma vom Thron zu stürzen, misslang. Ab 1897 gerieten die Herero in Bedrängnis: Die Deutschen hatten ihr Siedlungsgebiet besetzt und zur deutschen Kolonie erklärt. Die Herero, bisher die Herren im Lande, wurden damit zu Untertanen degradiert und verloren riesige Landflächen. Die Mbanderu, eine Untergruppe, zogen deshalb noch im gleichen Jahr nach Ngamiland.

Der Großteil der Herero folgte allerdings einige Jahre später als bettelarme Flüchtlinge – es waren die Opfer des Krieges zwischen den Herero und der deutschen Kolonialmacht, der mit einer vernichtenden Herero-Niederlage am Waterberg endete. Kaltblütig trieb die deutsche Armee die Herero danach in die Kalahari und Tausende verdursteten in der wasserlosen Wildnis. Die Überlebenden erreichten Ngamiland in größter Not und mussten sich als Diener und Tagelöhner bei den Batawana über Wasser halten. In den ersten Jahren gingen sie zwangsläufig selbst der verhassten Landwirtschaft nach und hüteten das Vieh wohlhabender Batawana.

Heute ist die kleine Gruppe der Herero wieder überwiegend wohlhabend

Eine neue Heimat fanden sie zunächst am **Ngamisee** und entlang des **Boteti**. Allmählich besserte sich ihre soziale und wirtschaftliche Situation, sie hielten sich Buschleute als Sklaven und erwirtschafteten auch wieder größere eigene Rinderherden. In den 1920er Jahren zogen viele Herero weiter nach Mahalapye. 1946 stellten sie ein Referendum an die britische Regierung, weil sie in ihre namibische Heimat zurückkehren wollten. Dieser Vorstoß blieb erfolglos, und es folgten fortan zahlreiche weitere vergebliche Autonomiebestrebungen. Erst seit der Unabhängigkeit Namibias steht es den Herero frei, in die alte Heimat zurückzukehren. Der Haken dabei ist, dass die Rückkehrer ihren in Botswana erwirtschafteten Besitz zurücklassen müssen. Und da die Herero heute überwiegend wohlhabend sind – sie zählen zu den größten Rinderzüchtern im Land – entscheiden sich nur sehr wenige für eine Heimkehr nach Namibia. Neusten Erhebungen zufolge zählen heute etwa 29 000 Bürger Botswanas zur Ethnie der Herero und weitere 30 000 zu den Mbanderu (auch Ova-Mbanderu).

Batawana

Die Batawana-Legende überliefert die Gründungsgeschichte dieses Volkes, das aus dem Süden nach Ngamiland emigrierte. Wie bei allen Tswanavölkern basierte ihre gesellschaftliche Ordnung auf strenger zentraler Verwaltung. In kurzer Zeit eroberten die Neulinge ganz Ngamiland, unterdrückten die ansässigen Bayei und forderten von den Unterworfenen regelmäßige Tributzahlungen. Ihre Hauptstadt verlegten sie von Toteng zunächst nach Tsau und 1915 nach **Maun**, wo sie noch heute leben. Ab Mitte des 19. Jh. dehnten sie ihre Macht bis Shakawe und hinter Ghanzi aus. Sie behielten ihre Autonomie auch noch in der Anfangsphase des britischen Protektorats und blieben bis heute die dominierende Ethnie Nordbotswanas.

2003 bestieg zum ersten Mal in der Geschichte mit Kealitile Moremi eine Frau den Thron des Paramount Chiefs. Doch wegen ihres Lebenswandels – die Dame ist geschieden – bestehen kontroverse Ansichten über ihre Eignung und ihren rechtmäßigen Anspruch auf diese hohe Position. Dies sorgte für Unruhe unter den Batawana, die auch in der lokalen Presse ausgetragen wurde.

Die Batawana-Legende

Mathiba, König der Bangwato, hatte zwei Ehefrauen. Die erste Frau kam vom Bakwenavolk, ihr Sohn hieß **Tawana**. Die zweite Frau, deren Sohn **Kgama** gerufen wurden, kam von den Bangwato. Als Mathiba alt wurde, wollte er Tawana als Thronerben einsetzten. Doch da kam es zu Aufruhr und Tumult. Das Volk teilte sich in Gegner und Befürworter Tawanas. Also wählte der alte König eine **salomonische Lösung**, um einen drohenden Bürgerkrieg zu verhindern: Kgama sollte nun der rechtmäßige Erbe des Bangwato-Thrones werden und Tawana mit seinen Anhängern die Bangwato verlassen, um irgendwo ein neues, eigenes Reich zu gründen. Tawana und seine Gefolgschaft durchzogen daraufhin die weite Kalahari und erreichten 1795 den Ngamisee, wo sie sich niederließen und ihre Hauptstadt Toteng gründeten.

Bakgalakgadi

Übersetzt bedeutet dieser Name „die Leute aus der Kalahari" und weist damit auf ihr heutiges hauptsächliches Siedlungsgebiet hin. Vermutlich migrierten die Bakgalakgadi im frühen 12. Jh. gemeinsam mit oder kurz vor den verschiedenen Tswanavölkern in diese Region und lebten zunächst im Zentrum und Südosten der heutigen Landesgrenzen. Ungefähr im 15. Jh. spalteten sie sich von den Tswanavölkern ab und näherten sich den Khoisaniden an. Dadurch galten sie bei den Tswana bald in der Rangfolge als untergeordnet, und so wurden viele Bakgalakgadi von den Tswana versklavt oder zu *Botlhanka*, Leibeigenen, denen persönliche Freiheit und Landbesitz zugestanden wurde. Später machten sich die Kolonialherren ihre hervorstechenden Fähigkeiten als Spurenleser und Jäger zunutze. Auch im modernen Botswana erfahren die Bakgalakgadi eine ethnische Diskriminierung und partizipieren wenig von den wirtschaftlichen Erfolgen des Landes. Sie leben überwiegend als ärmere Subsistenzbauern oder mittellose Viehhirten in abgelegenen Regionen am Rande der Zentralkalahari und sind häufig, wie die Buschleute, von Hilfsprojekten abhängig. Trotz ihrer untergeordneten Stellung in der staatlichen Gesellschaft fühlen sie sich aber wiederum den Buschleuten und KhoiKhoi überlegen.

Bakgalagadi leben versprengt an den Rändern der Kalahari

Rassismus exitiert auch in Botswana

Sie fühlen sich von den Tswana herabgesetzt, und diskriminieren selbst die Buschleute

Fünf Hauptgruppen mit insgesamt 272 000 Menschen zählen die Bakgalakgadi: Bangologa, Bakwateng, Bashaga, Baphaleng und Babolaongwe, worunter die Bashaga mit fast 190 000 Zugehörigen die größte Gemeinschaft bilden. Viele Ethnologen rechnen die Bakgalakgadi heute nicht mehr den Tswanagruppen zu. Physiologisch weisen sie Ähnlichkeiten zu Buschleuten auf.

Hambukushu und Bayei

Hambukushu und Bayei leben an den Ufern des Okavango

Beide Volksgruppen sind Nachkommen einst aus Zentralafrika eingewanderter Bantu. Sie unterschieden sich von den anderen Ethnien Botswanas deutlich durch ihre flussorientierte Lebensweise als Fischer, Jäger und Sammler sowie durch ihre matrilineare Ausrichtung (Erbfolge in mütterrechtlicher Linie).

Die **Bayei** (auch Wayayi, Yei und YeYe genannt) wanderten vermutlich um 1750 aus dem heutigen Angola nach Süden und ließen sich im Bereich des Panhandle am Okavango nieder. In sehr kleinen Dorfgemeinschaften lebten sie verteilt in den von Kanälen, Lagunen und Inseln durchzogenen Sümpfen. Das Dorf stellte ihre zentralste Machtordnung dar, ein staatsähnliches Gefüge errichteten sie nicht.

Im März 2003 reichten die Minderheiten am Okavango bei der UNO eine Beschwerde gegen die Rassendiskriminierung ihrer Regierung ein. Inzwischen bemüht sich der Staat mit der „Vision 2016" um eine fairere Minderheitenpolitik.

Die Heimat der **Hambukushu** war der Caprivi (heute Namibia). Als das Lozi-Empire in Westsambia seine Macht ausdehnte, flüchteten die Hambukushu nach Westen, sahen sich im angolanischen Hochland aber durch den Sklavenhandel der Portugiesen bedroht. Sie drangen daher entlang des Okavango nach Süden vor, stießen auf die dort inzwischen in lockerem Verbund lebenden Bayei und drängten diese flussabwärts bis an den Ngamisee ab.

Dort gerieten die Bayei im 19. Jh. in den aufkeimenden Machtbereich der Batawana, in den sie sich zwar durchaus eingliederten, aber als zweitklassig angesehen wurden. Ihre Stellung war die von Leibeigenen, die zu Frondiensten verpflichtet wurden. Dennoch hielten sich auch die Bayei eigene Sklaven – Buschleute, deren gesellschaftliche Stellung noch niedriger war. Die enge Verbindung zu den Batawana führte allmählich zu einer Anlehnung an deren Lebensweise.

Kleines Volk mit großer Geschichte

Einige Hambukushu-Gruppen ließen sich derweil zwischen Shakawe und Sepupa nieder und bildeten dort eine wehrhafte, selbstbewusste Gemeinschaft. Im heutigen Namibia hatten Hambukushu das **Königreich von Andara** errichtet, welches von seinen Verwandten am Okavango regelmäßigen Tribut einforderte. Ein legendärer Ruf als Beherrscher von Regen und Wasser haftete den Hambukushu an, der sie vor Übergriffen der Batawana weitgehend schützte. Man sagte dem König von Andara nach, sogar die Fluten des Okavango aufhalten zu können. Die Andara-Dynastie genoss derartigen Ruhm, dass fremde Herrscher von weit her alljährlich Geschenke und Rinder als Gegenleistung für Regengebete sandten.

Bild unten: Diese Mädchen blicken zuversichtlich in die Zukunft

Auch wenn sich die Hambukushu im Laufe der Zeit mit den Batawana assimilierten, blieben sie ihrer Lebensweise im Delta treu. Ihre Sprache weist Klicklaute auf, und für ihre Handfertigkeit beim Flechten von Körben sind sie weithin berühmt. Im modernen Staat finden Hambukushu vor allem Beschäftigung im Tourismus, wo sich beim Fischen, Boots- und Einbaumfahren ihre Erfahrung und Verbundenheit mit den Sümpfen und Gewässern auszahlt. Die etwa 60 000 Bayei und 49 000 Hambukushu stellen die stärksten Bevölkerungsgruppen in Ngamiland, werden aber trotzdem von den nur 2000 Batawana politisch dominiert.

Khoi-San: Buschleute und KhoiKhoi

Die Ureinwohner im südlichen Afrika werden wissenschaftlich als Khoi-San bezeichnet (Vorfahren der Khoi und San). Als mit den Buren die ersten Europäer vom Kap ins Innere Südafrikas vorstießen, begegneten sie diesen feingliedrigen, hellhäutigen Jägern und Sammlern, und gaben den zierlichen Menschen, die ohne Besitz und festen Wohnsitz die Wildnis durchstreiften, den Namen **Buschmänner** bzw. Buschleute.

Menschen, die dagegen halbwegs sesshaft und Ackerbau betreibend in Dörfern siedelten, nannten die Buren **Hottentotten** bzw. **KhoiKhoi**. (Entgegen dieser Einstufung durch die Buren existierten gelegentlich auch bei den Buschleuten Landbesitz – *Xhai hasi* – und Rinderzucht).

Die Hottentotten wurden von den vordringenden Buren sehr schnell versklavt. Ihre eigenständige Kultur verschwand durch die starke Assimilation mit den Europäern mehr oder weniger rasch und führte vor allem in der südafrikanischen Kapprovinz zu einer neuen Volksgemeinschaft – den sog. **Coloureds** bzw. "Farbigen".

Buschmann, San oder Basarwa - drei Namen für ein Volk

Vor allem Englisch-sprachige Forscher lehnten den abwertenden Namen **Buschmann** stets ab und bezeichnen die Urbevölkerung als **San**, was im KhoiKhoi-Dialekt 'Eingeborener' bedeutet. San kann aber auch die negative Bedeutung 'Schuft' oder 'Schurke' haben. Die Bemühungen der Regierung von Botswana um einen passenden, weniger diskriminierenden Namen führten daher zur Bezeichnung **Basarwa**, die „Leute aus dem Westen". Nun verwendet die Deutschsprachige Literatur meist den Namen *Buschleute*, die Englisch-sprachige Literatur bevorzugt den Begriff *San*, und in Botswana wird heute von *Basarwa* gesprochen. Letztendlich bezeichnen alle drei Namen dasselbe Volk.

Ein Blick in die Geschichte

Unzählige Felszeichnungen beweisen die Existenz und Verbreitung der Khoi-San im südlichen Afrika seit mindestens 20 000, vermutlich sogar 25 000 Jahren. Man hatte lange angenommen, sie siedelten erst seit einigen hundert Jahren in der Kalahari. Dagegen vertreten Gelehrte, wie I. Eibl-Eibesfeldt, die Ansicht, dass sich der hohe Anpassungsgrad der Buschleute an die speziellen Bedürfnisse in der Kalahari im Laufe von Jahrtausenden entwickelt haben müsse. Spätestens jedoch durch die massiven Bantu-Einwanderungswellen in den letzten zwei Jahrtausenden wurden die Buschleute in lebensfeindlichere Regionen abgedrängt. Die friedfertigen, besitzlosen Menschen arrangierten sich mit den starken, militärisch organisierten Neuankömmlingen, indem sie in die unwirtliche Kalahari auswichen.

Das äußerst friedfertige Volk war aggressiven Einwanderern stets unterlegen

Das Leben der San wurde erstmals vor rund 2000 Jahren gestört, als Bantu-sprechende Völker aus dem Norden einwanderten und die friedfertigen Menschen vertrieben oder versklavten. Damals begann sich der Lebensraum der San auf die unwirtlichen Regionen einzuschränken. Das viel spätere Auftreten der Buren und der darauf folgende Kampf um Land- und Siedlungsflächen zwischen Schwarzen und Weißen ging ebenfalls auf Kosten der Urbevölkerung. Bantu wie Europäer sahen die Buschleute als „minderwertige Rasse" an, zeitgenössische Wissenschaftler vermuteten in ihnen gar bis Mitte des 19. Jh. das lang gesuchte Bindeglied zwischen Mensch und Tier. In Europa hat man Buschleute als Tiere in Menschengestalt ausgestellt, in Afrika wurden sie gnadenlos ausgerottet oder von Schwarzen wie von Weißen versklavt. Nachdem die ahnungslosen, mit dem modernen Rinderbesitz nicht vertrauten Buschleute immer wieder Rinder von schwarzen und weißen Farmern jagten, wurden regelrechte Ausrottungszüge organisiert.

Der Zeitgeist im 19. Jh. führte zu schonungslosen und grausamen Massakern an den Buschleuten

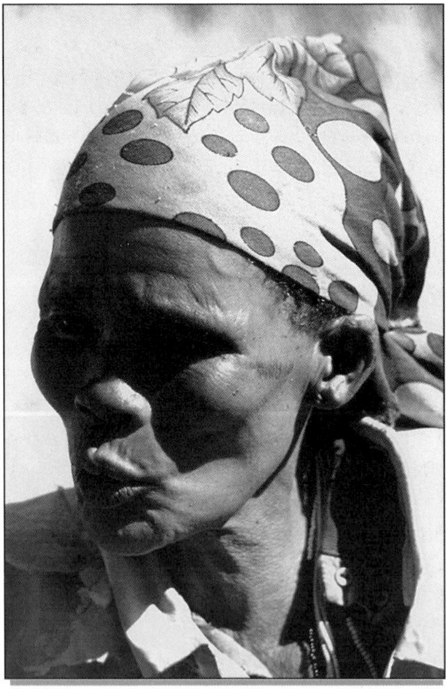

Bilder oben: Buschleute an den Tsodilo Hills. Ein schwieriges Leben zwischen Tradition und Moderne.

Aufzeichnungen von Jagdausflügen jener Zeit legen ein grausames Zeugnis ab: *"Wir hatten großes Jagdglück an diesem Tag: Vier Gazellen, sechs Antilopen und drei dieser gelben Halbaffen waren die Jagdbeute."* (Verenholdt). *Oder auch: "Am leichtesten sind diese gelben Halbaffen abzuschießen, denn sie können mit ihren zwei Beinen nicht so schnell flüchten wie die vierbeinigen Wildtiere..."*(van Toorn). Dieser makabre Volkssport tötete in 300 Jahren Hunderttausende Buschleute. Erst gegen Ende des 19. Jahrhunderts fand der Völkermord ein Ende. Doch die einstigen Ureinwohner waren bereits auf 60 000 - 100 000 Menschen zusammen geschmolzen und hatten viel von ihrer alten Kultur verloren. Nur in den Weiten der einsamen Zentralkalahari blieben einige Gruppierungen unbeschadet zurück.

Traditionelle Lebensweise

Das Besondere an den Khoi-San sind ihre Andersartigkeit und Anpassungsfähigkeit. Ihnen ist es gelungen, in einer ariden, fast wasserlosen Welt zu existieren. Sie lebten nomadisch und folgten während ihrer großen **Wanderungen** dem Wasser, den Wildtieren und dem Austrieb essbarer Pflanzen. Ihre Nahrung bestand zu 90 % aus Wildfrüchten, die die Frauen in stundenlangen Fußmärschen sammelten. Dabei legten sie pro Jahr etwa 2500 km Fußwege zurück. Mehr als hundert verschiedene nahrhafte oder medizinisch anwendbare Pflanzen waren ihnen bekannt. Alle Nahrungsmittel wurden frisch gesammelt, gejagt und zubereitet. Die Herstellung von Biltong – getrocknetem Fleisch – war die einzige Konservierungsmethode, die von den Buschleuten praktiziert wurde.

Die Buschleute blieben solange wie möglich von permanenten **Wasserstellen** fort, um deren Umgebung nicht übermäßig abzuernten. In sehr kleinen Gruppen oder Familienverbänden verbrachten sie die meiste Zeit weit verstreut im buschigen Gelände. Erst bei Wasserknappheit oder direkt während der Regenzeit hielten sie sich in etwas größeren Gemeinschaften an einer Wasserstelle auf.

Meistens gingen die Männer gemeinsam auf die **Jagd**. Durch stundenlanges Anschleichen und Beobachten näherten sie sich den Wildtieren. Hatten sie das schwächste Tier ausgewählt, verwundeten sie es durch einen Giftpfeil. Nun mussten sie dem Tier tagelang folgen, bis das Gift seine schleichende, tödliche Wirkung zeigte. Diese anstrengende, aber unauffällige Jagdmethode vertrieb das Wild nicht von seinem Weideland. Die Buschleute töteten niemals unnötig und sahen in der Jagd ein mystisches Ritual. Sie verspürten eine Seelenverwandtschaft zu den erlegten Tieren und maßen dem Akt des Tötens eine fast sakrale Bedeutung bei. (Häufigstes Motiv bei den Felszeichnungen sind die Wildtiere ihrer Umgebung).

Sie töteten nicht aus Jagdlust, sondern nur zum Überleben

Mit anderen Volksgruppen, wie den Bakgalakgadi, traten sie seit mindestens 1500 Jahren in Handelsbeziehungen. Sie tauschten Tierhäute, Straußeneier, Salz oder Biltong gegen Tabak, Metall und Getreide. Ihre traditionellen Behausungen bestanden während der Regenzeit aus **Grashütten**, und ansonsten lediglich aus **Windschirmen**, die nach oben offen blieben und während der kalten Wintermonate vor Wind und Kälte schützten.

In der Welt der Buschleute waren alle gleichwertig. Es gab keine Chiefs und keine Diener; Frauen waren gleichgestellt, und die oberste Regel gebot, alles miteinander zu teilen. Ihre Kultur war reich an Folklore und Mythen. Besonders ausgeprägt waren ihre Zeichenkunst und die Vorliebe fürs Geschichtenerzählen. Als **Monotheisten** glaubten sie an einen Gott und an ein Leben nach dem Tod. Doch auch Geister, Dämonen und Hexen schienen für sie allgegenwärtig. Sterne, Sonne und Mond waren in Ihrer **Glaubenswelt** Lebewesen, die Gefühle hatten, und Tiere waren in früheren Zeiten einmal Menschen gewesen. Gebete und Trance-Tänze stellten den Kontakt zu Verstorbenen und ihrem Gott her. Ein in Trance gefallenes Gruppenmitglied erhielt die Kraft, andere zu heilen.

Ihr Verhaltenskodex liest sich wie eine Parabel vom edlen, guten Menschen

Die Buschleute sprechen eine der phonetisch kompliziertesten **Sprachen** der Welt. Man unterscheidet sieben verschiedene Grundklicks mit jeweils bis zu 85 Abwandlungen. Diese Grundklicks heißen z. B. Dentalklick, Kussklick, Lateralklick und Sektkorkenklick. Die Dialekte der verschiedenen Gruppen unterscheiden sich voneinander zum Teil gravierend. Für viele Dinge kennen die Buschleute keinen Begriff in ihrer Sprache. Man hielt sie lange für farbenblind, weil sie keine Bezeichnungen für Farben kennen. Aber auch der Begriff *arbeiten* kommt in ihrer Sprache nicht vor. Heute nimmt man an, dass die Buschleute essentielle Dinge, wie alle alltäglichen Tätigkeiten, nicht abstrahierten, und unwichtige Dinge, wie eine Farbe, nicht ausdrücklich bezeichneten.

Linguistische Sonderlinge

Ihre Sprache gibt den Forschern Rätsel auf

Die Situation heute

Die verbliebenen Buschleute gliedern sich in mehrere regionale Untergruppen. In der Zentralkalahari leben heute noch insgesamt rund 13 000 Qana-San und Gwi-San. Diese beiden Gruppen gelten als die ursprünglichsten, und insbesondere um Xade-Pan führten bis 2002 noch 700 Gwi-San einen traditionellen Lebensstil (siehe S. 209). Die Cara-San trifft man um Kgatleng und Kweneng an, wogegen z. B. die Naro-San in Westbotswana und Namibia ihre Heimat haben. Über die Anzahl der heute noch existierenden Buschleute gibt es nur Schätzungen. In ganz Botswana leben demnach noch etwa 56 000 Khoisanide. Etwa 30 000 Buschleute sollen in Namibia beheimatet sein, und noch 2000-5000 in Südafrika, Angola, Sambia und Zimbabwe ein unauffälliges Dasein fristen. Insgesamt führen maximal noch 2000 Menschen ein traditionelles, freies Leben als Jäger und Sammler.

Die prekäre Situation zu Beginn des 21. Jh.

Oben: Die Jüngsten finden europäische Besucher interessant

In der Zentralkalahari war den Buschleuten durch die Einrichtung des Central Kalahari Game Reserves in den 1960er Jahren zunächst ein gewisser Schutz eingeräumt worden, der wenigstens einem Teil der Buschleute noch eine traditionelle Lebensführung ermöglichte. Doch dieses Schutzgebiet ist in den letzten Jahren der wirtschaftlichen Nutzung geöffnet worden: Der Norden der Zentralkalahari wurde touristisch erschlossen, von den anderen Seiten drängen die Rinderzüchter die Regierung zu Zugeständnissen. Außerdem werden unter der Zentralkalahari immense Diamantenvorkommen vermutet und für die anvisierten Bohrungen mussten 2002 auch die letzten Buschleute aus dem Schutzgebiet weichen. 2006 erstritten sie sich zwar vor Gericht das Recht auf diesen Lebensraum, doch seither hat ihnen die Regierung alle denkbaren Steine in den Weg gelegt, um die Rückkehr der unrechtmäßig Vertriebenen zu verhindern oder zumindest massiv zu erschweren. So dürfen sie Wasserstellen im Schutzgebiet nicht nützen und ihre Ziegen werden beschlagnahmt. Wieder einmal sind die Buschleute die Verlierer.

Tristesse und Armut bestimmen den modernen Alltag

Die meisten Buschleute stehen heute **frustriert und diskriminiert** am Rande der modernen Gesellschaft. Sie haben ihre Traditionen verloren und finden keinen Anschluss an die neue Zeit. Viele vegetieren unter ärmlichsten Bedingungen in verwahrlosten Ortschaften und geraten zunehmend in Abhängigkeit. Es ist ein Kreislauf: Ihre Kinder sind in den zumeist weit entfernt liegenden Setswana- und Englisch-sprachigen Schulen stark benachteiligt. Arbeit finden die ungebildeten Kräfte nur als schlecht bezahlte Viehhüter auf Farmen oder als Tagelöhner in den Dörfern. Heimat- und landlos bleiben sie so dauerhaft die unterste soziale Schicht

El Negro, der konservierte Nationalheld

Ein um 1830 verstorbener „Buschmann“ sorgte über viele Jahre für brisanten Streit zwischen Spanien und Botswana. Begonnen hatte alles vor langer Zeit mit respektlosen französischen Tierpräperatoren, die den Leichnam eines Buschmannes aus seinem Grab stahlen. Den ausgestopften Körper verscherbelten sie zunächst nach Paris, wo er wie ein seltenes Tier ausgestellt wurde, ehe er Anfang des 20. Jh. nach Nordspanien, genauer gesagt ins katalanische Banyoles, gelangte. Mehr als 80 Jahre stellte man ihn dort im örtlichen Museum pietätlos zur Schau. Halb nackt im Glaskasten zwischen ausgestopften Wildtieren trapiert entdeckten ihn dort 1992 afrikanische Teilnehmer der Olympischen Ruderwettbewerbe. Zutiefst empört brachten sie diesen ethischen Skandal weltweit in die Schlagzeilen.

Auch die UN und die OAU forderten bald die Entfernung des Toten aus dem Schaukasten. Doch die Einwohner Banyoles wehrten sich gegen den Vorwurf des Rassismus, dem sie sich plötzlich ausgesetzt sahen. Sie erklärten „El Negro“ trotzig zum Symbol ihrer Eigenständigkeit und verweigerten die Herausgabe. Das Gerangel um den Leichnam wuchs sich nun für Spanien zum peinlichen Politikum aus. 1998 ließ man den entehrten Leichnam zunächst unauffällig ins Lager des Museums verschwinden, sah sich angesichts nicht nachlassender Prosteste aber dennoch im Oktober 2000 zur Rückgabe genötigt. Der unbekannte Krieger, der einst als ehrbarer, respektierter Mann mit Anzug und Waffen beerdigt worden war, wurde bei seiner Ankunft in Botswana wie ein **Nationalheld** von den Massen gefeiert. Präsident Festus Mogae nahm den Leichnam persönlich am Flughafen in Empfang und ließ ihn mit militärischer Eskorte zur endgültigen Ruhestätte, einem kleinen Mausoleum in einer stadtnahen Parkanlage bei Gaborone, überführen. Landesweit jubelte die Presse über den symbolischen Sieg Afrikas gegenüber dem Rassismus und Kolonialismus der Weißen.

im Land. Bedürfnisse, welche die Buschleute bisher nicht kannten, werden geweckt, ohne dass eine realistische Aussicht auf den kollektiven Zugang zur Konsumwelt besteht. Der verbreitete Alkoholmissbrauch verschlimmert diese Situation.

Alljärlich am ersten Augustwochenende findet in D'kar ein Tanzfestival der San statt; finanziert durch Misereor, die deutsche und die norwegische Evangelische Kirche

Die Regierung von Botswana und **internationale Hilfsprojekte** versuchen, die Buschleute als sesshafte Viehzüchter und Landwirte in die moderne Gesellschaft einzugliedern. Doch Armut, Stagnation und Krankheiten erschweren Erfolge ebenso, wie die häufigen Konflikte um Wasser an den Brunnen zwischen Bantu und Buschleuten. Einige Programme zielen auf den Erhalt des Kunsthandwerks der Buschleute ab, wie dem Fertigen von Straußeneierschmuck und traditionellen Waffen, die an Touristen verkauft werden. Auf den Tourismus eingestellt haben sich so z. B. die Buschleute an den Tsodilo Hills.

Mit dem *Government Remote Area Dwellers Programm* unterstützt die Regierung Menschen in extrem abgelegenen Landesregionen. Anthropologen gründeten den *Kalahari People's Fund*; **Gantsicraft** vermarktet Kunsthandwerk der Buschleute in Ghanzi, und der **Kuru Development Trust** ist eine viel beachtete, kirchlich unterstützte Selbsthilfeorganisation der Buschleute mit Sitz in D'kar nahe Ghanzi.

Wohlmeinende Projekte sollen den Untergang ihrer Kultur aufhalten

Keine dieser Aktionen kann darüber hinweg täuschen, dass das Ende der Buschleute besiegelt scheint. Als *„lebende Fossilien“* tituliert haben diese friedfertigen, sanftmütigen Menschen keine Überlebenschance mehr, sie sind eine **sterbende Kultur**. Das alte Naturgesetz vom Stärkeren, der den Schwachen verdrängt und vernichtet, behält selbst in unserer aufgeklärten Zeit seine erbarmungslose Gültigkeit.

Weitere Infos zur heutigen Situation der Buschleute: siehe CKGR

Oben: Schulkinder in Letlhakeng

Englisch-Kenntnisse sind sehr weit verbreitet, denn Englisch ist ab dem 5. Schuljahr Unterrichtssprache

Sprachen: Die Brücke zwischen den Völkern

Setswana ist die erste, Englisch die zweite offizielle Amtssprache. An den Schulen wird die ersten vier Jahre in Setswana unterrichtet, danach in Englisch. Für die Bevölkerung Botswanas ist Englisch daher meistens eine Zweitsprache. Über 90 % verstehen und sprechen Setswana. Zweitstärkste Sprache ist der Shona-Dialekt Sekalanga, der bei den Bakalanga in der Region um Francistown gesprochen wird. Entlang der südafrikanischen Grenze, vor allem auf den Großfarmen, wird auch Afrikaans, die Sprache der Buren, gesprochen. Khoisanide sprechen die schwierigsten Sprachen der Welt, sog. Klicksprachen. Sie unterteilen sich in 30 zum Teil vollkommen unterschiedliche Sprachgruppen: Khoi, Zhu und !Xo (s. S. 39).

Religion genießt einen hohen Stellenwert, und manchmal werden christliche Elemente auch mit denen des afrikanischen Naturglaubens vermischt

Religion: Woran glauben die Menschen in Botswana?

Etwa die Hälfte der Bevölkerung gelten als Anhänger von Naturreligionen (siehe auch S. 55). Die andere Hälfte bekennt sich zum Christentum, welches seit Mitte des 19. Jh. von Missionaren verbreitet wird. Mischformen zwischen beiden Religionen sind häufig, nicht zuletzt, weil die Missionare oft versuchten, Traditionen des Naturglaubens, wie die Initiation, durch solche der christlichen Lehre zu ersetzen. Unter den Christen nehmen die Protestanten die größte Gruppe ein, gefolgt von afrikanischen Kirchengemeinschaften und –sekten und den Katholiken. Nur in geringem Maße findet man in Botswana Anhänger des Islam.

Aktiv nehmen rund 150 zionistische Kirchen am Alltagsleben der Menschen teil. Sie verbinden geschickt mit ihren "**Glaubensheilern**", die Kranke hauptsächlich auf dem Fundament ihrer Berufung behandeln, den afrikanischen Glauben an die traditionelle Medizin mit der Bindung an ihre Kirchenlehre.

Die Schulbildung: Vom Stiefkind zum afrikanischen Vorreiter

Nach schleppenden Anfangsjahren verfügt das Land heute über ein gutes Schulsystem

Von Anfang an entzog sich die britische Protektoratsverwaltung ihrer Aufgaben im Bildungssektor. Zu Beginn des 20. Jahrhunderts wurde der enorme Rückstand augenscheinlich: Von allen britisch verwalteten Gebieten Afrikas wiesen die Bewohner dieses Schutzgebietes die schlechteste Bildung auf. Nicht einmal 1400 Schüler wurden damals im gesamten Protektorat unterrichtet.

Bis Mitte der 1960er Jahre wurde das Schulwesen immerhin soweit ausgebaut, dass jedes dritte Kind eine Schule besuchen konnte. Große Anstrengungen seit der Unabhängigkeit haben diese Situation deutlich verbessern können. Heute liegt die Einschulungsquote bei 95 %, und 70 % aller Kinder absolvieren die ersten sieben Schuljahre. Dabei besteht bisher keine offizielle Schulpflicht im Land.

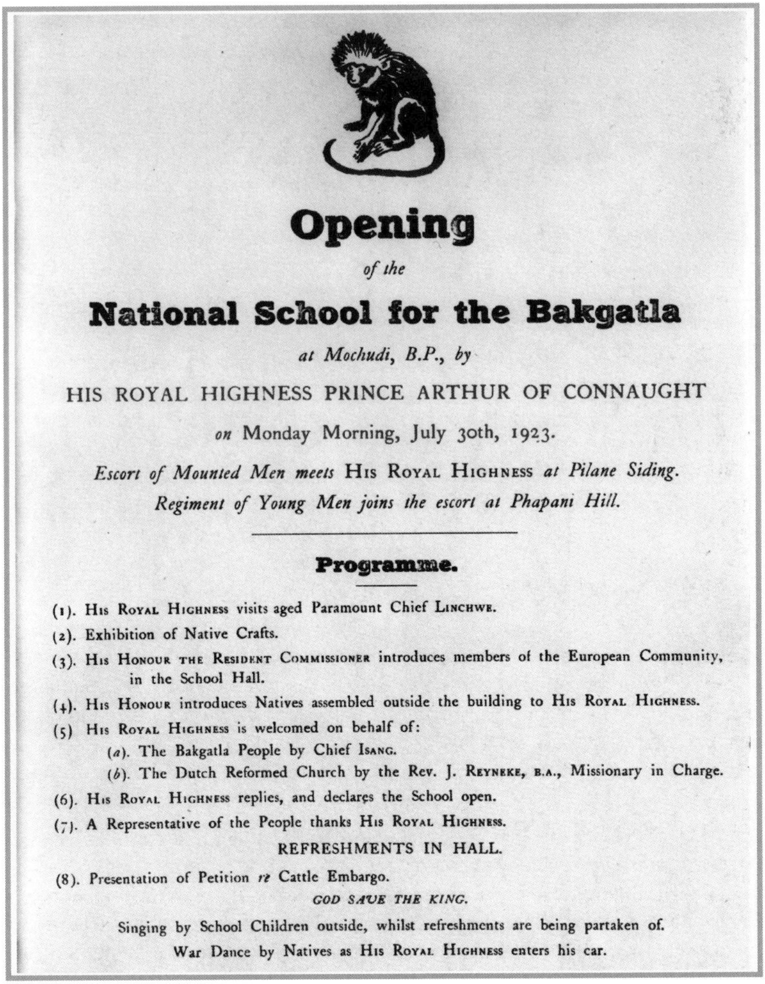

Opening

of the

National School for the Bakgatla

at Mochudi, B.P., by

HIS ROYAL HIGHNESS PRINCE ARTHUR OF CONNAUGHT

on Monday Morning, July 30th, 1923.

Escort of Mounted Men meets His Royal Highness *at Pilane Siding.*

Regiment of Young Men joins the escort at Phapani Hill.

Programme.

(1). His Royal Highness visits aged Paramount Chief Linchwe.

(2). Exhibition of Native Crafts.

(3). His Honour the Resident Commissioner introduces members of the European Community, in the School Hall.

(4). His Honour introduces Natives assembled outside the building to His Royal Highness.

(5) His Royal Highness is welcomed on behalf of:

(*a*). The Bakgatla People by Chief Isang.

(*b*). The Dutch Reformed Church by the Rev. J. Reyneke, B.A., Missionary in Charge.

(6). His Royal Highness replies, and declares the School open.

(7). A Representative of the People thanks His Royal Highness.

REFRESHMENTS IN HALL.

(8). Presentation of Petition *re* Cattle Embargo.

GOD SAVE THE KING.

Singing by School Children outside, whilst refreshments are being partaken of.

War Dance by Natives as His Royal Highness enters his car.

Links: Eröffnungsplakat der ersten Secondary School im Protektorat im Jahr 1923

Ein Schulsystem nach britischem Vorbild

Problematisch ist das Stadt-Land-Gefälle: Die meisten Schulabbrecher gibt es in ländlichen Gebieten, wo die Kinder traditionell kein Setswana oder Englisch sprechen

Von 1980 bis 2007 war die Schulausbildung kostenlos. Die seither eingeführten Schulgebühren betragen etwa 50 Euro pro Schuljahr. Ab sechs Jahren ist der Zugang zu einer der rund 600 staatlichen, siebenjährigen Grundschulen möglich (*Primary School*). Daran schließt die *Secondary School* an, welche in den zweijährigen *Junior Secondary Level* und den darauf aufbauenden dreijährigen *Senior Secondary Level* oder *Cambridge O'Level* unterteilt ist. Der Schulunterricht wird überwiegend praktisch ausgerichtet, beinhaltet eine landwirtschaftlich orientierte Ausbildung und vermittelt Hygiene- und Hauswirtschaftskenntnisse. Etwa 130 solcher Mittelschulen stehen heute landesweit zur Verfügung. Die weiteren knapp 40 berufs- und lehrerbildenden Ausbildungsstätten befinden sich überwiegend im Osten des Landes. In Maun existiert das Harry Oppenheimer Research Center. Etwa 25 000 Studenten besuchen die einzige Universität des Landes in Gaborone. Erfreulich hoch ist der Mädchenanteil an den Schulen.

Erfolgreiche Erwachsenenbildung

Im Bereich der Erwachsenenbildung wurde 1980 ein nationales Erwachsenenprogramm gestartet, wodurch die Analphabetenquote inzwischen von 59 % auf 10 % gesenkt werden konnte.

Das Gesundheitswesen

Die Struktur des Gesundheitswesens

Das Gesundheitssystem von Botswana gilt als eines der besten Afrikas. Mit geringen finanziellen Mitteln wird eine fast flächendeckende Gesundheitsversorgung erreicht. Die Kosten-Nutzen-Relation ist Dank einer ausgewogenen Gesundheitspolitik (noch) ausgesprochen günstig.

Mehrere hundert **Gesundheitsposten** im Land stellen die unterste Ebene der medizinischen Versorgung dar und erreichen fast alle Landbewohner. Sie werden von geschulten Krankenpflegern geleitet, die jeweils für etwa 500 Personen zuständig sind. Viele dieser Gesundheitsposten sind mobil und besuchen regelmäßig abgelegene Dörfer. Etwa 250 ländliche Gesundheitszentren und Kliniken ergänzen die Versorgung und stehen den Gesundheitsposten zur Seite. Über diesen Einrichtungen stehen die 16 allgemeinen Krankenhäuser von Botswana. Privatärzte gibt es derzeit nur in den Städten, und die beste medizinische Versorgung gewährleistet Gaborone. Rein statistisch kommt in Botswana ein Arzt auf 3900 Einwohner. Zum Vergleich: In Malawi muss ein Arzt rund 25 000 Menschen versorgen; die Deutschen gönnen sich dagegen einen Arzt pro 282 Bürger.

Vergleichszahlen zum Nachdenken...

Mehr als 2000 Traditionelle Heiler verfügen über eine offizielle Zulassung (s. S. 56ff). Über Spenden wird die *Flying Mission* finanziert, die einen Flugrettungs-Notdienst für abgelegene Regionen anbietet.

Kinder bis 11 Jahre werden umsonst behandelt, bei älteren Patienten wird ein kleiner Pauschalbetrag erhoben. Schwangerschaftsbetreuung und Kinder-Impfprogramme haben die Säuglingssterblichkeit deutlich verringert (sie liegt bei ca. 6 %). In Anbetracht des Bevölkerungswachstums und der Aidsverbreitung wird Botswana allerdings Mühe haben, den erreichten Standard zu halten. Zu den **häufigsten Krankheiten** zählen neben der HIV-Infektion Tuberkulose, Gelbsucht, Verdauungs- und Atmungserkrankungen. Malaria und Bilharziose kommen praktisch nur im Norden Botswanas vor. Während die Malaria massiv reduziert wurde und heute nur etwa 2000 Erkrankungen pro Jahr gemeldet werden, gelten die im

TBC, Bilharziose und Bluthochdruck

Okavangodelta Ansässigen fast ausnahmslos als an **Bilharziose** erkrankt. Auffallend hoch ist in Botswana außerdem die Anfälligkeit für Bluthochdruck und Schlaganfälle. Dies wird auf den hohen Salzverbrauch und das oft extrem salzhaltige Trinkwasser zurückgeführt.

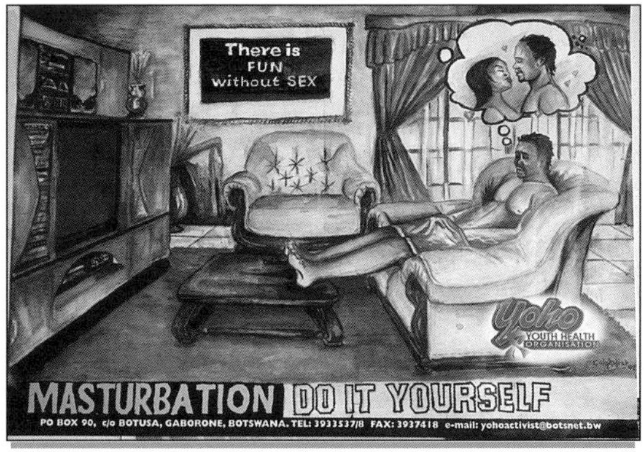

Oben: Aids-Plakat an der Grenze von Pandamatenga

Todesfalle HIV und Aids

Die erste **Aidsinfektion** Botswanas wurde Ende 1985 gemeldet, ein halbes Jahr später starb der erste Erkrankte an der Immunschwächekrankheit. Seither hat sich die Krankheit rasant verbreitet.

Das Gesundheitsministerium Botswanas und die Organisation UNAIDS spekulieren, dass heute bereits 37 % der Erwachsenen bzw. jeder Vierte Bürger des Landes die Krankheit in sich trägt. Damit leidet das Land unter einer der **höchste**n **prognostizierte**n **Infizierungsrate**n weltweit. Aids, zu dessen Krankheitsverlauf sich häufig auch noch TBC gesellt, ist zur häufigsten Todesursache geworden. Dem Aidsdrama ist zuzuschreiben, dass die durchschnittliche Lebenserwartung in Botswana zwischenzeitlich auf 35 Lebensjahre zurückfiel. Die Regierung hat im Jahr 2000 endlich reagiert: Botswana war das erste Land Afrikas, das landesweit an Betroffene **kostenlos Medikamente gegen Aids** verteilte. Jeder Patient wird inzwischen in Botswanas Kliniken automatisch auf HIV getestet. Das "MASA" genannte Projekt finanziert sich durch die Regierung, den Spenden vom Pharma-Konzern Merck und durch die Bill & Belinda Gates Foundation. Die Versorgung jedes einzelnen Patienten kostet 1200-3000 Euro pro Jahr, wodurch die jährlichen Gesamtkosten rund 30 Mio. Euro betragen. Doch die Erfolge sprechen für sich: Die Neuinfektionen konnten um ein Viertel verringert werden und Infizierte überleben Dank der Dauermedikation. Die Lebenserwartung soll auf diese Weise bereits wieder auf 50 Jahre für Frauen und 51 Jahre für Männer gestiegen sein.

Alarmstufe 1 für Botswana

Das Land führt mit Swaziland die weltweite Aidsinfizierungs-Statistik an

Streitthema: Wer findet die „Anti-Aids-Formel"?

Einhergehend mit dem neuen Bewusstsein der politischen Elite für die schleichende Katastrophe Aids, meldeten sich immer häufiger die Traditionellen Heiler zu Wort. Manche von ihnen glaubten Naturheilverfahren gegen Aids entwickeln zu können und sammelten hunderte Gläubige um sich. So auch Sophistou Nthobatsang mit seinen „Bonamodi AIDS Formula Biscuits". Während seine Kekse mit unbekannten Inhaltsstoffen für Tausende verzweifelte Kranke, die sich die teure westliche Medizin nicht leisten konnten, einen Hoffnungsschimmer darstellte, musste sich der selbst ernannte Retter unbequeme Fragen nach möglichen toxischen Wirkungsstoffen in seiner Medizin gefallen lassen. Seine Verweigerung der Bekanntgabe der Inhaltsstoffe und die Befürchtung hoher Nebenwirkungen für die Patienten rief das Misstrauen des Gesundheitsministeriums auf den Plan. Eine Untersuchung der inzwischen zahlreichen afrikanischen Anti-Aids-Heilmittel lehnen die meisten Naturheiler mit dem Argument ab, dass der Westen mit dieser Forderung wieder einmal seinen Überlegenheitsanspruch und Rassismus ausdrücke. Zahlreiche Beiträge um Hoffnungen und Kritik an den Aids-Naturheilern bestimmen immer wieder die lokalen Medien.

Bilder oben:
Geflochtene Körbe und kunstvolle Schalen der Hambukushu in Etsha am Panhandle

Kulturelles Leben

Kunsthandwerk

Korbwaren aus Botswana zählen zu den kunstvollsten und schönsten in Afrika. Besonders geschätzt werden die ausdruckstarken Objekte der Hambukushu und Bayei in Ngamiland (siehe S. 36). Die Hambukushu brachten ihre ausgefeilte **Korbflechtkunst** als Flüchtlinge aus Angola mit. Als Material finden hauptsächlich eingeweichte und gekochte Palmgräser verschiedener Palmen Verwendung. Unterschiedliche Färbung erhalten die Gräser durch den Sud verschiedener Wurzeln, Pilze, Blut, Kuhdung und Lehmerde, in dem sie getränkt werden. Das Flechten ist eine reine Frauentätigkeit. Die zum Teil uralten Muster, welche durch den Einsatz unterschiedlich gefärbter Gräser entstehen, haben eine alte traditionelle Bedeutung und werden mit blumigen Worten übersetzt, wie: „Träne der getöteten Giraffe“, „Flug der Schwalbe“, „Knie der Schildkröte“, „Lauf der Strauße“ etc.

Nicht ganz so fein gewebt und geflochten wie in Ngamiland werden die „Shashe-Baskets“ aus der Region um Francistown. Das Land der Bakalanga gilt zugleich als Hochburg für Schnitzereien in Botswana. **Schnitzen** ist typische Männerarbeit. Die Schnitzkunst entwickelte sich aus den ursprünglich hergestellten Gebrauchswaren aus Mopane und anderen Hölzern. Erst in neuerer Zeit entstehen Figuren und Masken für Touristen – ganz wie es der Markt verlangt.

Die handwerklichen Fertigkeiten der Buschleute überleben hauptsächlich durch das Interesse der Besucher und Touristen und durch Hilfsprojekte. Musikinstrumente, Jagdsets und Schmuck aus Straußeneierschalen, Früchten, Samen, Leder und Knochen werden heute fast ausschließlich für Touristen hergestellt und bilden für viele Buschleute eine Existenzgrundlage. Ihre Produkte findet man vor allem in Ghanzi.

Im Süden des Landes haben sich kommerzielle **Webereien** und **Töpfereien** etabliert. Traditionelle Tonwaren aller Art werden bei *Moratwa Pottery* in Lobatse, *Thamaga Pottery* in Thamaga und *Pelegano Pottery* in Gabane nahe Gaborone hergestellt. Die Webkunst ist kein wirklich traditionsreiches Handwerk der Batswana, sondern wurde erst später eingeführt. Die *Lentswe-la-Oodi-Weavers* in Oodi (s. S. 148) produzieren aus Karakulwolle Bettüberwürfe, Decken und Tücher, die in ganz Botswana

Absatz finden. Erwähnenswert sind auch die bunten **Puppen** der Hererofrauen, welche man insbesondere um Maun und Ghanzi findet.

Die offizielle Vermarktung des Kunsthandwerks begann mit der Gründung der staatlichen Gesellschaft Botswanacraft, welche den Absatz organisiert und fördert, um auf diese Weise Devisen zu erwirtschaften. Botswanacraft wurde später privatisiert und vertreibt heute in ganz Botswana in Läden und Hotels die gefragten Waren (www.botswanacraft.bw).

Felsbildkunst

Eine Felsbildsammlung weltweit einzigartigen Ranges und die bedeutendste Ansammlung des Landes mit rund 4000 Felsbildstätten schmücken die isolierten Tsodilo Hills in Ngamiland (siehe auch S. 292ff). Die meisten dieser Zeichnungen sind verhältnismäßig „jung" und erst zwischen 800 und 1300 n. Chr. entstanden. Die feinen Darstellungen wurden mit extrem haltbaren Farben in den Tönen Ocker, Gelb, Rot, Braun, Weiß und Schwarz aufgetragen.

Etliche Bilder ergeben Kompositionen aus einer Vielzahl einzelner Darstellungen. Jagdszenen und Tiere bilden dabei die häufigsten Motive, nur selten sind Pflanzen und Insekten erkennbar. Über die Bedeutung der Zeichnungen kursieren viele Spekulationen. Man nimmt an, dass zahlreichen Tieren eine mystische Bedeutung beigemessen wurde. Moderner wissenschaftlicher Auslegung zufolge soll z. B. das Giraffenmuster ein Symbol für Gewitter gewesen sein, die Kudu-Antilope die männliche Potenz darstellen, und die eigenwillige, mehrfach entdeckte „Blitzschlange" den einsetzenden, lebensspendenden Regen symbolisieren. Es handelt sich dabei aber stets um die Versuche einer Erklärung und Mutmaßungen, da es keinerlei verwertbare Überlieferungen zu diesem Thema gibt.

Obwohl die Tsodilo Hills rund 90 % der Felsbildstätten Botswanas beherbergen, darf man die übrigen Fundstätten nicht außer Acht lassen. Diese liegen überwiegend im östlichen Landesgebiet (z. B. Manyana-Felszeichnungen S. 145, Matsieng-Felsgravuren S. 149) und am Gutbatsaa Hill im Chobe NP, S. 320. Der überwiegende Anteil botswanischer Felsbildstätten befindet sich in gutem Zustand.

Bilder oben:
Ein klassischer Wandschmuck aus Perlen,
darunter: Felszeichnung an den Tsodilo Hills

Musik & Tanz

Musik und Tanz gehören in Afrika zum Leben wie Essen und Trinken

Alle Volksgruppen Botswanas messen der Musik und dem Tanz eine herausragende kulturelle Bedeutung bei. Die meisten traditionellen Feste fallen in die Erntezeit. Vielen Tänzen liegen spirituelle Motive zugrunde, wie das Hoffen auf Regen, der Dank für eine gute Ernte, die Zurschaustellung militärischer Stärke oder das Abwenden eines Unheils. Meist soll dabei ein spiritueller Kontakt zu den Ahnen hergestellt werden; und viele Tänzer fallen durch den ausdauernden und eindringlichen Klang der Trommeln in Trance. Im Tanz drücken die Menschen auch ihr Lob und ihre Kritik am Kgosi und an der Regierung aus. So z. B. auch beim "Dikoma", dem berühmtesten Tanz Botswanas. Die spirituelle Bedeutung des Gesangs findet auch Ausdruck in den Soul-artigen Kirchenliedern, die frei entstanden sind.

Literatur

Schwarzafrikanische Geschichten und Erzählungen wurden als so genannte Oralliteratur traditionell nur mündlich überliefert. Erst seit der europäischen Kolonisierung entwickelte sich eine eigenständige geschriebene Literatur. Beliebte Themen sind dabei die Veränderungen in der Gesellschaft, das dörfliche Leben und die Widersprüche zwischen Tradition und Moderne. Internationale Bekanntheit erlangte die Schriftstellerin **Bessie Head**, eine aus Südafrika emigrierte Farbige, die ihr Leben in Serowe verbrachte und bis zu ihrem frühen Tod 1886 zahlreiche Romane über das Alltagsleben der Batswana schrieb. In deutscher Übersetzung erschienen ihre Erzählungen „Die Schatzsammlerin", „Die Farbe der Macht" und „Sternenwende". Der Südafrikaner **Laurens van der Post** ist zwar kein Literat Botswanas, sollte aber wegen seiner Verdienste um die Auseinandersetzung mit der Kultur der Buschleute in diesem Zusammenhang Erwähnung finden. Seine Erzählungen, wie „Die verlorene Welt der Kalahari" erlauben der Nachwelt einen Einblick in die mysteriöse Welt der Kalaharibewohner.

Bild unten: Ein typisches Lokal an der Straße von Maun nach Gweta

Die großen Tswana-Traditionen

Der Kgosi: das königliche Oberhaupt

Jedes Tswanavolk wurde von einem königlichen Führer, dem Kgosi, regiert. Unter dem Kgosi und der königlichen Familie standen die Headmen oder Sub-Chiefs, und die Ältesten, die wiederum dem gemeinen Volk vorstanden. Volksfremde Zugewanderte und Flüchtlinge wurden darunter eingestuft. Den niedrigsten Rang nahmen die fast rechtlosen Leibeigenen, die Malata, ein. Der Kgosi stellte die absolute Autorität dar; als oberster Richter, Haupt der Legislative und Oberhaupt in kulturellen und religiösen Angelegenheiten. Ihm zur Seite stand der Regierungsrat, der eine beratende Funktion ausübte. Das allgemein übliche Weitervererben der königlichen Würde hat bedeutende Familiendynastien hervorgebracht.

Über die unangreifbare Stellung des Kgosi: Damals...

Die Wohnstätte des Kgosi bildete das Zentrum des traditionellen Großdorfes. Direkt neben seinem Haus befand sich die Kgotla. Nur ein Kgosi war berechtigt, auch in Friedenszeiten ein Leopardenfell zu tragen.

Die Dikgosi, auch „Paramount Chiefs" genannt, sind heute noch mit politischer Macht ausgestattet. Im „House of Chiefs" stehen sie dem Präsidenten beratend zur Seite, genießen mietfreie Wohnsitze im „Parliamentary Village" von Gaborone und erhalten staatliche Bezüge. Innerhalb der Volksgemeinschaften sind die Macht und die Stellung des Kgosi nahezu ungebrochen.

...und heute noch

Die Kgotla: ein Diskussionsform

Die Kgotla ist ein Setswana-Ausdruck mit doppelter Bedeutung. Einerseits bezeichnet sie den ummauerten oder palisadengeschützten **Versammlungsplatz** einer Dorfgemeinschaft; einen **Innenhof**, in dem Verhandlungen geführt, Probleme beraten und Empfänge abgehalten werden. Darüber hinaus stellt die Kgotla eine Institution dar, die man wohl am ehesten mit den Begriffen dörfliches Parlament oder **Ratsversammlung** umschreiben kann. Hierbei handelt es sich um die wichtigste ideelle Einrichtung jeder Tswanagesellschaft.

Die Kgotla ist eine Besonderheit Botswanas

Alle dörfliche Gemeinschaften verfügten traditionell über solche Kgotla-Einrichtungen, welche stets der königlichen Kgotla unterstanden. In der Kgotla des Kgosi fanden alle wichtigen Zeremonien und Veranstaltungen statt; hier wurde Gericht gehalten und Verträge abgeschlossen. Ein Feuer brannte permanent, um Besucher zu wärmen und Verbundenheit zu symbolisieren.

Außer den Malata und Frauen wurde allen sozialen Schichten der Zugang zur Kgotla gewährt. Jeder männliche Bürger durfte hier frei sprechen und den Kgosi sogar kritisieren. Entscheidungen des Kgosi konnten von den Ältesten oder königlichen Verwandten in Frage gestellt werden. Der Kgosi blieb stets auf die Unterstützung des Volkes angewiesen, da er bei Missfallen durchaus gestürzt werden konnte. Das historische demokratische Verständnis der Batswana beruht offensichtlich auf der langen Tradition ihrer Kgotla. Macht und Herrschaft waren seit jeher an Diskussionen und argumentative Überzeugungskraft gekoppelt. Noch heute findet sich in den Dorfgemeinschaften die Kgotla, ihr Stellenwert im gesellschaftlichen Leben ist auch in der Moderne nicht verblasst.

Frauen durften ihre Anliegen nicht selbst vorbringen, sondern ließen sich in der Kgotla von einem männlichen Verwandten vertreten

Bilder oben: Ein typisches Tswana-Haus mit Lolwapa; darunter ein Ochsen-Zugschlitten in der tiefsandigen Capriviregion

Die Wohnanlage & Lolwapa

Das traditionelle Tswana-Zentraldorf lag bevorzugt an einem Hügel und nahe einem Gewässer. Im Zentrum befanden sich das Haus des Kgosi und die Haupt-Kgotla. Die königlichen Familienmitglieder bauten ihre Wohnstätten halbkreisförmig darum. Diese Anordnung wurde auch innerhalb aller Familienverbände praktiziert; Kinder und Nebenfrauen wohnten jeweils um das Haus des Familienoberhauptes.

Diese alte Ordnung hat sich bis heute erhalten. Die Söhne lassen sich neben dem Haus ihres Vaters nieder; und von den Töchtern wird erwartet, dass sie zum Haus der angeheirateten Familie ziehen. Bemerkenswerterweise nennen die meisten Tswanafamilien **bis zu drei Wohnsitze** ihr Eigen. Der Hauptwohnsitz – *motse* – liegt im Großdorf, wo die Familie etwa von Juni bis November lebt. Daneben existiert eine einfache Hütte beim Feld, das u. U. sehr weit entfernt vom Großdorf liegen kann, und wohin die Familie traditionell während der Erntesaison übersiedelt. Dieser Wohnort heißt *masimo*. Der dritte Wohnsitz – *moraka* – liegt an der sog. Cattle Post, der Viehweide. Oftmals werden die Söhne dort für längere Zeit stationiert. In der jüngeren Vergangenheit führte die Arbeitsmigration einzelner Familienmitglieder in die großen, entfernten Städte oder nach Südafrika sogar zu einem weiteren, vierten Wohnsitz.

Der großdörfliche Hauptwohnsitz besteht aus einer eingezäunten Wohnanlage. Hier leben in der Regel mehrere Generationen einer Familie beieinander, im Durchschnitt zwölf Personen. In dieser Anlage befinden sich zwei bis fünf individuelle Wohnhäuser, die meistens an eine niedrig eingemauerte Veranda grenzen: an die **Lolwapa**, den wichtigsten Platz in der Wohnanlage. Denn die Lolwapa fungiert als Wohnzimmer und familiärer Treffpunkt bei Zeremonien, Beerdigungen und Empfängen. Entsprechend ihrer Bedeutung wird sie intensiv gepflegt und gesäubert. Den Boden glätten die Frauen regelmäßig mit Kuhdung, und die niedrigen Lehmwände werden hübsch bemalt und verziert.

Fast alle Aktivitäten spielen sich im Freien ab. Zwischen der Lolwapa und dem Zaun befinden sich Gras oder Erdboden, manchmal auch einige größere Bäume. Hühner und Ziegen können sich frei bewegen. Die Häuser werden lediglich zum Schlafen und Aufbewahren persönlicher Gegenstände genutzt. In den heißen Monaten wird auch auf der Lolwapa geschlafen. Nur die kleinsten Kinder verbringen die Nacht bei der Mutter. Ältere Kinder schlafen gemeinsam in einem Haus. Jugendliche besitzen mitunter eines der Häuser innerhalb der familiären Wohnanlage für sich alleine.

Bodenrecht – damals und heute

In der Vergangenheit galt das Land als Gemeingut eines Volkes. Verteilt wurde es durch den Kgosi. Ein einmal zugeteilter Boden konnte nur aus schwerwiegenden Gründen wieder abgesprochen werden. Verließ jemand sein Grundstück, ging es automatisch wieder in Gemeindebesitz über. Als das Britische Protektorat eingerichtet wurde, zogen die Briten Grenzen, die es bis dahin nicht gab. Weite Gebiete des Landes wurden zu *Crown Land*, über das die britische Verwaltung verfügen konnte. Oft wurde das Kronland dann an europäische Siedler verkauft und in privates Farmland umgewandelt, wie z. B. der Tuli Block, der Ghanzi Farm Block und das Barolong-Gebiet. Nach der Unabhängigkeit daklarierte man das Kronland zu Staatsland. 23% der Landesfläche trägt nun diese Bezeichnung, zu der auch die Nationalparks, Schutzgebiete und Staatsforste gehören. 71 % gelten als Kommunalland, der Rest befindet sich als Privat- bzw. Pachtland zumeist in den Händen von Weißen und einigen sehr wohlhabenden Batswana. Die Verteilung der Siedlungsflächen regelt heute der *Tribal Land Act*. Grundstücke werden bei Bedarf kostenlos zugeteilt, im Durchschnitt sind diese 1200 - 2000 m² groß.

Individueller Landbesitz war hier bis zur Ankunft der Europäer unbekannt

Schon gewusst?

Ein afrikanisches Hausrezept: Elefantendung im Lagerfeuer vertreibt die Moskitos

Traditioneller Hausbau

Hausbau und anfallende Reparaturen an Dach und Haus finden in der Regel in den Wintermonaten von Juni bis Oktober statt. Ursprünglich wurden alle Häuser rund gebaut und mit Grasbündeln gedeckt. Erst durch die europäischen Einflüsse kamen rechteckige Häuser in Mode.

Zunächst bauen die Frauen runde oder eckige Wände aus einem Lehm-, Erd- und Wassergemisch. Traditionell werden dabei feuchte Klumpen übereinander gesetzt und luftgetrocknet. Neuerdings hat sich aber die Verwendung von sonnengetrockneten Ziegeln durchgesetzt. Manchmal wird der Erdmischung **Kuhdung** beigesetzt, um die Bindefähigkeit zu verbessern, obwohl der Dung später Termitenbefall verursachen kann. Da Regen und Termiten als die größten Schädiger der Häuser angesehen werden, schließt man heute die Mauern gern oben mit einer breiten Zementschicht ab. Diese verhindert, dass Termiten die Wände entlang ins Dach wandern.

Das Fundament zu errichten ist reine Frauensache

Nachdem die Wände stehen, müssen sie nach alter Tradition dreimal per Hand mit Kuhdung verputzt werden. Gibt man der Masse färbende Substanzen bei, entstehen individuelle Farbabstufungen. Je nach Region werden die Wände innen und außen bemalt oder mit Bürsten Muster eingeritzt. Dieser Verputz muss regelmäßig ausgebessert bzw. ein bis zweimal jährlich erneuert werden. Auch der Boden des neuen Hauses wird mit Kuhdung beschmiert und ausgiebig geglättet.

Der Hausbau folgt einer strengen, bewährten Tradition

Die **hölzerne Dachkonstruktion** zu erstellen ist Männerarbeit. Hier gibt es zweierlei Varianten: Das Dach liegt entweder auf den äußeren Stützbalken auf oder muss von den Lehmwänden getragen werden. Nachdem die Konstruktion aufgestellt ist, decken die Frauen traditionell in Gemeinschaftsarbeit das Dach aus zusammengebundenen Grasbüscheln. Das Gras reicht über die Stützbalken und gibt somit rundum Schatten. Haltbarer und fester sind Dächer, die von professionellen Dachdeckern mit speziellem Werkzeug gefertigt werden. Denn sie verwenden

Steht das Fundament, sind die Männer dran...

Schon gewusst?

Singvögel können bis zu 2000 Melodien erlernen.

andere Grassorten und decken die Dächer bis zu 25 cm stark. Wie die rechteckige Form eines Hauses sind solche fachmännisch gedeckten Dachabschlüsse ein Zeichen von Wohlstand und Modernität.

Man findet heute in Botswana alle Übergänge vom traditionellen Gras-Lehm-Rondavel, das eine Familie völlig umsonst herstellen kann, zum gemauerten Zementhaus mit Stahlrahmen für Fenster und Türen. Auch Wellblechdächer finden inzwischen allerorten ihre Verwendung. Auf dem Land wird zumeist noch traditionell gebaut, in den Städten nehmen moderne Kostruktionen zu. Die im heißen, trockenen Klima des Landes sehr zweckmäßigen traditionellen Häuser haben eine Haltbarkeit von 20 bis 30 Jahren.

Bedeutung und Symbolik der Rinderzucht

Rinderbesitz anstelle eines monetären Vermögens

Rinder symbolisieren Status, Ansehen und Macht – diese Einstellung ist in der Kultur der Batswana bis heute tief verankert. Alle Tswana-Gesellschaften bauten ihre Macht auf der Anzahl ihrer Rinder auf. Ein kompliziertes Lehnsystem sicherte den direkten Zusammenhang von Rinderbesitz und Macht. Die meisten Rinder der Gemeinschaft besaß der Kgosi. Er verpachtete seine Herden an mächtige „Headmen", die anstelle von Zahlungen oder Abgaben zu ideologischem Gehorsam verpflichtet wurden. Die Headmen verpachteten nun ihrerseits an Rangniedrigere zu den gleichen Konditionen. Dieses System trug sich fort bis in die untersten Schichten.

Unten: Begegnung am Wegesrand

Da die Rinder als Statussymbol den Wohlstand der Familie sicherten, wurden sie solange wie möglich auf der Weide gelassen und höchstens als Milchlieferanten genützt. Nur bei wichtigen Anlässen, wie Hochzeiten und Zeremonien, schlachteten

sie ihre Rinder. Diese Überbewertung der Rinderzucht färbte schließlich auch auf andere Volksgruppen in Botswana ab, die traditionell keine Rinderzüchter waren.

Vielen bedeutet die Rinderherde immer noch weit mehr als Geldbesitz

Die Bevölkerungszunahme führte unweigerlich zu einer massiven Vermehrung des Viehbestands und führte spätestens seit den 1980er Jahren in die **nationale Katastrophe**: Überweidung. Auf 1,3 Mio. Einwohner Botswanas kamen 3 Mio. Rinder, die das empfindliche Ökosystem der Kalahari strapazierten. Zwischen 1980 und 1987 erlebte das Land eine lang anhaltende, verheerende Dürreperiode. Experten warnten damals vor irreparablen Schäden und forderten die Viehzüchter auf, rechtzeitig ihre Herden zu verkleinern. Doch die meisten Einheimischen schlugen diesen „abwegigen Ratschlag" in den Wind. Die Folgen waren drastisch: Ein Drittel aller Rinder verendete durch die Dürre und die fortgesetzte Überweidung. Ein Fünftel der Landesfläche gilt seither als ökologisch zerstört, und viele Landwirte verloren ihre Existenz.

Überweidung gefährdet die empfindlichen Kalahariböden

Der heutige Rinderbestand liegt wieder bei rund 3 Mio. Tieren; und der Export von Rindfleisch bildet den drittwichtigsten Devisenbringer des Landes. In den Augen der Tswana bestätigt dieser Erfolg als moderner Wirtschaftsfaktor ihre alten Traditionen. Ein Umdenken ist nicht in Sicht.

Siehe auch S. 62!

Traditionelle Initiationsriten

Bei den meisten Völkern Afrikas war die Initiation als rituelle Aufnahme der Heranwachsenden in die Gemeinschaft der Erwachsenen ein wichtiger kultureller Bestandteil. Die Batswana führten sie nur in fünf- bis zehnjährigen Abständen durch. Alle 13- bis 18-jährigen mussten sich dann gleichzeitig der Initiation unterziehen.

Initiation der Knaben

Nur bei den Bakgatla in Mochudi wird die Initiation noch in modernisierter Form praktiziert

Zusammen mit den an der Zeremonie Beteiligten verließen die Buben die Dorfgemeinschaft. Die Prozedur, der sie sich nun unterzogen, bestand aus drei Teilen und verlief außerordentlich streng und mitunter sogar brutal. Der erste Schritt war die zeremonielle Beschneidung, ein schmerzhafter und nicht ungefährlicher Eingriff. Dem folgte die physische Ausbildung: Militärische Taktik, der Umgang mit Waffen, Kämpfen und Jagen wurden unter extremen Bedingungen gelehrt. Die Jungen mussten hungern, wurden geschlagen, drangsaliert und demoralisiert. Oft gab es in dieser Phase Todesfälle, und ein Toter pro Initiation galt sogar als Opfergabe für die *Badimo* (siehe S. 55). In der dritten Phase lernten die Jugendlichen die Gesetze, Überlieferungen und Traditionen, die sie zu einem verantwortungsvollen Leben in ihrer Volksgemeinschaft befähigen sollten. Danach durften die Jungen zum Dorf zurückkehren und wurden dem Kgosi vorgestellt. Der gab jedem von ihnen einen neuen Namen und erklärte sie feierlich zu vollwertigen Mitgliedern seines Volkes.

Initiation der Mädchen

Zeitgleich mit den Buben brachte man auch die Mädchen an einen geheimen Ort weitab des Dorfes. Während ihrer Initiation wurden sie mit weißem Lehm beschmiert und trugen Kleider aus Riedgras. Auch die Mädchen wurden sehr knapp gehalten, bekamen nur wenig Nahrung und mussten immense Strecken laufen. Ihre Initiation war allerdings deutlich auf die künftige Rolle als Ehefrau und Mutter ausgerichtet. Nach etwa sechs Wochen wurden auch die Mädchen vor den Kgosi geführt, erhielten neue Namen und durften nun heiraten. Beschneidungen waren bei den Mädchen übrigens niemals üblich.

Frauen in Botswana: Die traditionelle Rolle bricht auf

Frauen hatten keine eigene Stimme in der Gesellschaft

In der streng patriarchalischen Tswana-Gesellschaft waren die vielen Aufgaben und wenigen Rechte der Frauen klar umrissen. Sie wurden verheiratet und ab diesem Zeitpunkt ein untergeordnetes Familienmitglied der angeheirateten Familie. Ihnen wurde eine eigene Hütte, etwas Ackerland und bestenfalls ein wenig Vieh zugeteilt – das war ihr und ihrer Kinder ganzer Besitz. Ein öffentliches Leben und Führungspositionen blieben den Männern vorbehalten. Frauen besaßen weder politisches Mitspracherecht, noch durften sie sich an die Kgotla wenden. Ihre Belange hatten sie an Vater, Bruder oder Ehemann zu richten.

Die Frauen waren für's Arbeiten zuständig, die Männer für das Regieren und das Viehhüten

Den Frauen oblag deutlich mehr als die Hälfte der Arbeit. Sie waren für die Landwirtschaft, Hausarbeit und die Kindererziehung zuständig, während die Männer zur Jagd gingen und das Vieh hüteten. Auch Hausbau, Dachdecken, Kochen, Töpfern und Wasserschleppen galten als typische Frauentätigkeiten. Hilfe erhielten sie nur durch ihre Kinder, welche auf jüngere Geschwister aufpassten, Mais stampften, Wasser schleppten und Holz sammeln halfen. Nachdem Frauen über den Familienbesitz nicht verfügen durften, waren sie vom Ehemann wirtschaftlich vollkommen abhängig.

Starke Frauen mit viel Verantwortung, aber ohne Macht

Ihre Situation verschlechterte sich seit dem 19. Jh. drastisch. Durch Rinderpest, Dürren und andere Notlagen sahen sich Tausende Männer zur Arbeitsmigration nach Südafrika gezwungen. Zurück blieben die Alten, Frauen und Kinder. Dies führte zu massiver Überbelastung der Frauen in den folgenden Jahrzehnten. **Der erzwungene Alleingang** machte die Frauen aber gleichzeitig stärker und selbstbewusster. Seit der Unabhängigkeit hat sich durch das enorme Wirtschaftswachstum, die verbesserte Schulbildung und die veränderte Lebensform in den Städten für die Frauen vieles verbessert. Dennoch kann nicht von Gleichberechtigung gesprochen werden. Selbst die Verfassung Botswanas weist noch immer diskriminierende Gesetze auf.

Eheschließungen sind nach zweierlei Recht möglich: *Customary Law* bedeutete die traditionelle Vereinbarung durch die Familien (Polygamie und Brautpreis sind erlaubt). Eine Heirat nach dem *Marriage Act* entspricht der Eheschließung nach bürgerlichem Recht. Da immer noch viele Männer im Ausland oder in den Städten arbeiten, bleibt vielen Frauen auf dem Land die beschriebene Arbeitsüberlastung. Wo Frauen berufstätig sind, verdienen sie bei gleicher Arbeit nur 51 % dessen,was Männer verdienen.

Der lockere Umgang mit der Sexualität hat in Botswana neben der erschreckend hohen Aids-Ausbreitung und einer hohen Rate an sexueller Gewalt gegenüber Frauen auch zur Folge, dass viele Frauen Kinder von verschiedenen Vätern haben und alleinerziehend sind.

Brautpreis und Hochzeit

Eheschließungen kamen generell nur durch die Auswahl und Vermittlung von Eltern und Verwandten zustande. Wurde eine Vereinbarung getroffen, wurde zunächst die Zahlung von **Bogadi**, dem Brautpreis, fällig. Die Zahlung erfolgte üblicherweise in Form von Rindern an die Brauteltern. Erst wenn ein Mann Bogadi gezahlt hatte, galt er auch vor Gericht als rechtmäßiges Oberhaupt der Familie. Kam es zu einer späteren Scheidung ohne Kinder, musste der Brautpreis zurückgezahlt werden. Die Briten hatten zwar bereits zu Anfang des 20. Jh. versucht, Bogadi abzuschaffen, doch hat sich der Brautpreis bis heute erhalten.

Unter wohlhabenden Familien bürgerte sich die Eheschließung zwischen Cousins und Cousinen ein, was man als **Serara** bezeichnet. Die Vorteile lagen auf der Hand: Bogadi blieb in der Familie, der soziale Status blieb gewahrt, und die Familien kannten sich bereits gut.

Naturglaube und Ahnenkult

Lehre von der Weltenordnung

Dieses komplexe Thema umfasst viel mehr als nur eine Glaubensrichtung. Im Grunde spiegelt es das mystische Weltbild der Batswana wieder und könnte auch als universelle Lebensordnung und -anschauung umschrieben werden. In diesem Zusammenhang tauchen Begriffe wie *Badimo, Boloi* und *Kgaba* auf, die noch heute eine bedeutende Rolle in jeder Tswanagemeinschaft spielen.

Die Vorfahren haben sehr viel Macht und Einfluss auf die Lebenden

Wie das Christentum kennt der traditionelle Glaube der Batswana nur einen Gott – **Modimo**. Er schuf die Welt und ist die stärkste Kraft auf Erden. Modimo wird niemals als Gestalt verehrt, sondern besitzt eine allgegenwärtige, geheimnisvolle Existenz. Ihm zur Seite stehen in der mythischen, unsichtbaren Welt die **Badimo**. Diese Geister der Vorfahren gelten als schwierige, leicht reizbare und noch recht lebendige Gesellen. Sie fungieren als Mittler zu Modimo, dem Gott, und als moralische Wächter über die Lebenden. Ein Motswana fühlt sich ein Leben lang und zu jeder Zeit von seinen Badimo kontrolliert und beeinflusst. Dem traditionellen Glauben nach mischen die Badimo derart kräftig in den Geschicken dieser Welt mit, dass sie für alle Geschehnisse – vor allem für die Widrigkeiten – verantwortlich sind. So werden Krankheit oder **persönliches** Unglück des Einzelnen den missgünstigen Badimo, jedoch **kollektives** Unglück, wie Dürre oder Krieg, dem Gott Modimo zugeordnet. Diese Einstellung zwingt alle Lebenden zu absolut korrektem, vorsichtigem und wohlüberlegtem Verhalten, um weder Modimo noch die Badimo zu erzürnen.

Opfergaben

Der Kgosi gilt als religiöser Mittler zwischen seinem Volk und den Badimo. Alle wichtigen Zeremonien werden erst durch die besonderen Fähigkeiten eines Kgosi zur spirituellen Kontaktaufnahme mit den Vorfahren ermöglicht. Es ist seit jeher üblich, regelmäßig Opfer darzubringen, um die Badimo freundlich zu stimmen. So werden noch heute jedes Jahr Teile der ersten Ernte vom Kgosi geopfert. Häufig werden auch Lebensmittel für die Badimo beiseite gestellt.

Manche Menschen haben die gefürchtete Fähigkeit, fremde Geister zu manipulieren und in das Schicksal einzugreifen

Missgunst und Strafen der Badimo werden allerdings nicht unbedingt nur durch ein Fehlverhalten der betroffenen Person ausgelöst. Der Bereich ist viel komplexer und für Außenstehende schwer verständlich: Jede Tswanagesellschaft hat Mitglieder, die der **Witchcraft** (Hexerei) fähig und damit in der Lage sind, die Badimo anderer Leute zu manipulieren. Solche Menschen nennt man **Baloi**. Kennzeichnend für einen Baloi ist, dass er seine Fähigkeit geheim hält und nur im negativen Sinne aktiv wird. Deswegen gilt als Voraussetzung für einen erfolgreichen Baloi, selbst über negative Stimmungen wie Neid, Missgunst, Hass, Rach- und Eifersucht zu verfügen. Er muss im Verborgenen taktieren und sehr verschwiegen sein. Nach außen lebt der Baloi wie ein unauffälliges Mitglied der Volksgemeinschaft. Niemand spricht offen über einen Baloi oder seine schrecklichen Fähigkeiten. Auf geheimen Wegen suchen Menschen, die einem anderen etwas Böses zufügen möchten, einen solchen Baloi auf. Je nach Situation und Absicht setzt der Baloi seine Kenntnisse ein, um den erzielten Effekt auszulösen. Dazu verwendet er unterschiedliche Materialien, wie Wurzeln, Zweige bestimmter Bäume, Insekten, Fett, Blut, Knochen, Steine und vieles mehr. Die Vielfalt seiner Möglichkeiten ist so groß wie es Anlässe gibt, warum jemand einem anderen Unglück und Schaden bis hin zum Tod wünscht. Als besonders gefährlich und verhängnisvoll gilt es, wenn

Ein Baloi kann viel Unheil anrichten

der Baloi in den Besitz von Urin, Fäkalien oder dem Sand des Fußabdrucks seines Opfers kommt. *A dimolekane* nennt man es, wenn der Baloi jemanden in die Armut treibt, *Sejeso* bedeutet, jemanden zu vergiften, *Kgothang* löst Spannungen und Konflikte aus, durch *Go thadisa* kann man eine Ehe zerstören. *Boloi* heißt die Hexerei oder der Fluch, jene Auftragsarbeit des Baloi.

Traditionelle Heiler wirken den Verwünschungen der Baloi entgegen

Die meisten Opfer sind den heimtückischen Attacken schutzlos ausgeliefert, bis der Boloi durch einen Heiler aufgedeckt und bekämpft wird. Manche Personen gelten allerdings als spirituell starke Persönlichkeiten, denen ein durchschnittlicher Boloi nichts anhaben kann. In solchen Fällen bleibt der Baloi erfolglos und setzt durch die starken Gegenkräfte seines Opfers sogar seine eigene Gesundheit aufs Spiel. Dennoch wird er nicht aufgeben, sondern den Kontakt zu anderen Baloi suchen, um gemeinsam einen stärkeren Boloi auszulösen.

Wer vom Pech verfolgt wird, erkrankt oder verarmt, wird die Hilfe eines Heilers suchen

Die Zusammenhänge sind, wie bereits erwähnt, für rationell denkende Europäer geheimnisvoll und kompliziert zugleich. In der Gedankenwelt der Batswana sind sie allerdings tief verwurzelt und bestimmen auch heute noch – und nicht nur in ländlichen Regionen – viele Entscheidungen. Der Einzelne sieht sich von zahlreichen unsichtbaren Kräften und gefährlichen Einflüssen umgeben, vor denen er sich nur durch die richtige Lebensweise schützen kann. Pechsträhnen, Unglücksfälle und Krankheiten werden immer auch in diesem Zusammenhang gesehen. Die zentrale Aufgabe eines Heilers ist in einer solchen Situation, die Ursache und Art der Blockade, des Boloi oder der Verstimmung der Badimo herauszufinden. Der traditionelle Heiler tritt immer im positiven Sinne auf und wird **Ngaka** genannt. Er ist sozusagen das Gegengewicht zum Baloi.

Ursachenforschung bei Krankheiten und Pechsträhnen

Für den Zustand eines Kranken kennt man verschiedene Ausdrücke. Leidet der Betreffende unter einer Art geheimer Blockade, wird *Kgaba* diagnostiziert. Darunter versteht man eine negative Verstrickung, die es der Person unmöglich macht, sich von der Unglückssträhne oder Krankheit zu lösen. Dieser Zustand kann eine Immunität gegen Medizin hervorrufen und bis zum Koma führen. Einzige Hilfe kann hier sein, die Badimo alle einzeln aufzurufen und um Freigabe des Opfers zu bitten. Eine andere Diagnose ist *Bohitha*. In diesen Zustand gerät jemand, der vor anderen etwas vertuscht oder verborgen hat. Dazu zählen z. B. Schwangerschaftsabbrüche und Ehebruch.

Um das traditionelle Heilwesen zu verstehen, sollte man wissen, dass es wiederum sieben verschiedene Arten von **Dingaka**, also Heilern, gibt. *Ngaka ya ditshotswa* heißen die Herbalisten, welche in einer zweijährigen Ausbildung über 450 verschiedene Kräuter anzuwenden lernen. Ein *Diviner* (in Setswana *Ngaka ya ditaola*) versteht es, die Diagnose durch das Werfen von Knochen zu stellen. Dies geschieht durch eine spirituelle Gabe, die er von seinen Ahnen geerbt hat. Er behandelt seine Patienten anschließend wie der Herbalist. Beide Techniken, das Knochenwerfen und die Kräuterbehandlung, verbindet der *Sucker* (*Ngaka ya didupang*) mit einem kleinen operativen Eingriff, dem Saugen aus einer kleinen Schnittwunde mittels eines hohlen Horns. Diese Technik weist Ähnlichkeiten mit der chinesischen Akupunktur auf. Weit verbreitet sind auch die sog. *Faith Healer* oder *Moprofiti*, die sich durch Berufung anstelle von tatsächlicher Ausbildung zum

Bild rechts: Das Werbeschild eines Traditionellen Heilers in Kazungula

Heilen geeignet fühlen. Sie sind Mitglieder der zahlreichen unabhängigen, zionistischen Kirchen in Botswana. Ihr Dienst als Heiler ist ein wichtiger Bestandteil der religiösen Tätigkeit. Den besten Ruf und eine fast selige Verehrung genießt die *Sangoma.* Sie gilt als von den Ahnen auserwählt, und kann neben der spirituellen Berufung zusätzlich eine intensive Ausbildung vorweisen. Im Gegensatz zu den anderen Dingaka wird der Berufsstand der Disangoma fast nur von Frauen ausgefüllt. Neben der üblichen Patientenbehandlung durch die Kräfte der Natur verstehen sich einige Disangoma auf Teufelsaustreibungen und heilen im Trancezustand. Darüber hinaus gibt es auch noch die Neo-Herbalisten und die traditionellen Geburtshelferinnen.

In der Regel handelt es sich bei den Dingaka, den Traditionellen Heilern, um Männer (und einige Frauen) mit sehr viel Lebenserfahrung. Sie fungieren neben ihrer Tätigkeit als Heilkraft immer auch als Ratgeber für alle Lebensfragen. Der Vorbeugung von Krankheiten messen sie ebensoviel Bedeutung bei wie der Symptom-Behandlung. Eine Bezahlung erhalten Dingaka – mit Ausnahme der Faith Healer, die gar keinen Lohn annehmen – auch nur bei erfolgreicher Behandlung.

In der kolonialen Vergangenheit hat die britische Protektoratsverwaltung erfolglos versucht, das traditionelle Heilwesen zu unterbinden. Mit der *Witchcraft Proclamation* von 1927 wollte man besonders gegen die Diviner vorgehen. Der Einfluss der Dingaka auf die armen und wenig gebildeten Bevölkerungsschichten hat sich dadurch nicht verringert. In den 1970er Jahren schlossen sie sich schließlich zu einer Dingaka-Vereinigung zusammen. Heute haben sie neben der westlichen Medizin ihren festen Platz in der modernen Gesellschaft Botswanas.

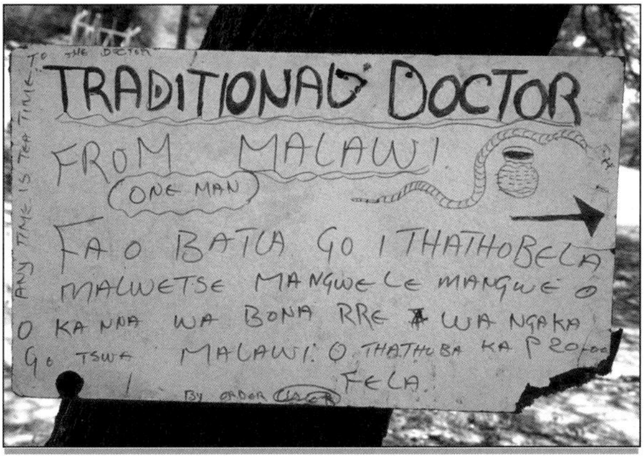

Regenmacher und Mwali-Kult

Frühere Zeremonien und Rituale

In einem so trockenen Land wie Botswana zählte das alljährliche **Regenmachen** – "gofethla pula" – zu den wichtigsten Zeremonien der Menschen. Wenn die Zeit zum Pflanzen kam, baten der Kgosi und ein ausgewählter Traditioneller Heiler die Badimo um Regen. Dafür wurde eine schwarze Kuh geopfert, und deren Blut mit Kräutern vermischt. Mit einem Mosetlha-Zweig verspritzten sie das Rinderblut auf dem ausgedörrten Boden. Nach der Zeremonie erwartete man für die nächsten Tage Regen. Blieb er aus, waren die Badimo verärgert und mussten erneut mit Opfergaben besänftigt werden.

Die Bakalanga in Ostbotswana pflegten den **Mwali-Kult**, der aus dem Butwa-Empire überliefert worden war. Mwali galt als Gottes Sohn, der in Notzeiten und Krankheitsfällen die Badimo besänftigen konnte. Priester und Priesterinnen mit der Befähigung, Kontakt zu Mwali aufzunehmen, lebten abseits der Gemeinschaft in einsamen Höhlen. Brauchte jemand ihre Hilfe, musste er Bier und Lebensmittel als Opfergabe für Mwali mitbringen. Der Priester nahm dann spirituellen Kontakt zu Mwali auf und bat diesen um Hilfe. Gleichzeitig musste der Ngaka, der Traditionelle Heiler, im Dorf in Trance durch offenes Feuer tanzen. Diese gemeinsame Anstrengung sollte die Badimo umstimmen und Dürre, Unglück oder auch Krankheit von der betreffenden Person abwenden.

WIRTSCHAFT

Vom Bettelkind zum Musterknaben...

Elfenbein

Bevor die ersten Europäer das Land erreichten, hatten die ansässigen Tswana-Fürstentümer einen bescheidenen Wohlstand erwirtschaftet. Der durch die europäischen Händler einsetzende **Elfenbeinhandel** öffnete einen neuen, stark florierenden Wirtschaftszweig. Viele Tswanafürsten wurden durch das *Weiße Gold* sehr reich. Nachdem die Elefanten aber nahezu ausgerottet wurden, versiegte die profitable Einnahmequelle rasch wieder.

Die Bevölkerung wird zum Erwerb von Bargeld genötigt

Als die Briten ihren Einfluss auf die Batswana ausdehnten und das Britische Protektorat Betschuanaland gründeten, vergaben sie weite Landstriche an weiße Farmer. Die britische Verwaltung förderte durch diese Großfarmen eine einseitig auf die Bedürfnisse des europäischen Marktes ausgerichtete Infrastruktur. Maisanbau für Großbritannien und Rinderzucht für Südafrika wurden propagiert. 1896 brach erstmalig in Afrika die **Maul- und Klauenseuche** aus und richtete zusammen mit einer lang anhaltenden Dürreperiode im Protektorat verheerende Schäden an. Die Bevölkerung verarmte und hungerte. Zeitgleich wurde eine **Hüttensteuer** erhoben, um die Verwaltung möglichst kostensparend durchzuführen. Die notleidende, mittellose Bevölkerung wurde dadurch geschickt zum Erwerb von Bargeld, also zur Lohnarbeit, gezwungen.

Plötzlich waren die Menschen nur noch als Billig-Arbeitskräfte gefragt

Zu Beginn des 20. Jh. änderte sich die wirtschaftliche Situation im südlichen Afrika drastisch. In Südafrika waren **Gold** und **Diamanten** entdeckt worden, für deren Abbau in den Bergwerken und Minen dringend billige Arbeiter benötigt wurden. Dieser Umstand veränderte das wirtschaftliche und kulturelle Leben der Batswana vollkommen. Der Export von heimischen Ressourcen und Produkten versiegte, dagegen setzte ein jahrzehntelanger Export von Arbeitskräften ein.

Zum Zeitpunkt der Unabhängigkeit zählt das Land zu den zehn am wenigsten entwickelten der Welt

Als das Land in den 1960er Jahren in die Unabhängigkeit entlassen wurde, sahen seine wirtschaftlichen Aussichten alles andere als rosig aus. Der karge Boden erlaubte kaum ertragreiche Landwirtschaft, die Großfarmen befanden sich alle in den Händen weißer Farmer, Infrastruktur und Industrialisierung waren äußerst rückständig – Botswana galt zu diesem Zeitpunkt als **eines der 25 ärmsten Länder der Welt**. Zwei Drittel der erwachsenen Männer waren in Südafrika tätig. Nur 2 % des kultivierbaren Bodens wurden damals bewirtschaftet. Doch der junge Staat hatte unerwartetes Glück: 1967 – nur ein Jahr nach der Unabhängigkeit – wurden in der Kalahari plötzlich **Diamanten** entdeckt. Für Botswana war dies ein „Sechser im Lotto". Ein enormer Aufschwung setzte ein und kurbelte die Wirtschaft an. Der beständig gute Markt für Diamanten bescherte Botswana immense Deviseneinnahmen. Schon zwanzig Jahre später konnte das Land mit unter 5 % die niedrigste Schuldenrate sowie die härteste Währung Afrikas aufweisen. Mit der zweithöchsten Wirtschaftswachstumsrate der Welt feierte man Botswana nun als **„Afrikas Erfolgsstory"**.

Bild rechts: Ein mobiler Friseursalon in Gaborone

Doch die Medaille hat auch eine Kehrseite. In weniger als einem halben Jahrhundert werden die Diamantenlager Botswanas ausgeschöpft sein, und schon jetzt zeigt die globale Wirtschaftskrise, wie verheerend abhängig Botswana von seinen Diamantexporten ist. Die Landwirtschaft ist wegen der klimatischen Bedingungen wenig ausbaufähig und die Entwicklungskosten für die Industrie sind durch die geringe Bevölkerungsdichte unrentabel. Das hohe Volkseinkommen, ohnehin sehr ungleich verteilt, wird auf Dauer schwierig zu halten sein. Schon heute ist jeder Vierte im erwerbsfähigen Alter **arbeitslos** (bei den Jugendlichen sogar jeder Dritte), und die Kluft zwischen der dünnen reichen Schicht und den breiten armen Massen vergrößert sich zusehends. Man schätzt, dass bereits 30 % der Bevölkerung unter der Armutsgrenze leben.

Die Landesregierung bleibt seiner bedächtigen Politik treu und versucht diesen Engpässen durch Umstrukturierung der Wirtschaft entgegenzuwirken. Es wird intensiv nach weiteren Bodenschätzen gesucht, der Tourismus als Devisenquelle stark gefördert, ausländische Investoren mit hohen Abschreibungsmöglichkeiten und Förderungen angelockt. Die Schaffung von Arbeitsplätzen, Entwicklungen im ländlichen Bereich, der Ausbau von Fischerei, Milchwirtschaft, Schweine- und Geflügelzucht sowie Verbesserungen auf dem Bildungssektor stehen heute an oberster Stelle. Eines der langfristigen Ziele des **„Vision 2016"**-Wirtschaftsplanes ist, der immensen Landflucht entgegenzuwirken und sich von der Abhängigkeit von Diamanten zu lösen. Die wirtschaftliche und die soziale Entwicklung des Landes muss allerdings Hand in Hand gehen, um Botswana zukunftsfähig zu halten.

Vision 2016: Der strategische Wirtschaftsplan sieht vor allem die Armutsbekämpfung, Schaffung neuer Arbeitsplätze, Bildungsprogramme, Aids-Bekämpfung, Gleichstellung von Frauen und ethnischen Minderheiten sowie ökologische Nachhaltigkeit vor

Bild oben: Das Diamantenhaus von Debswana in Gaborone

Diamantenfieber in Botswana

Nach den reichen Funden von Kimberley in Südafrika wurden von der Fachwelt seit Jahrzehnten Diamantlagerstätten in der Kalahari vermutet. Die Firma *De Beers*, die das Monopol im Diamantenhandel hält, forschte daher seit 1955 im Protektorat nach Rohdiamanten. Doch erst nach zwölf Jahren wurden die ersten Vorkommen mitten in den Kalahari entdeckt. Noch fünf Jahre vergingen, bis die kleine Stadt Orapa errichtet, eine Allwetterstraße nach Francistown gebaut und die Wasserversorgung aus dem 250 km entfernten Okavangodelta gewährleistet war. 1972 konnte mit dem Abtragen von Sandschichten begonnen und die Mine in Betrieb genommen werden. Weitere Diamantenfunde folgten. 1977 öffnete eine Mine in Letlhakane und 1982 die Mine in Jwaneng. Sie gilt als die reichste Mine der Welt. Gefördert werden die Diamanten im Tagebau durch das Unternehmen *Debswana (De Beers Botswana Mining Corporation)*. Dahinter stehen zu gleichen Teilen die Landesregierung und die Firma *De Beers Holding Mines* aus Südafrika. 75 % von Botswanas Deviseneinnahmen kommen heute aus dem Verkauf der Rohdiamanten. Dennoch finden beim Diamantenabbau nur rund 4 % der Arbeitnehmer Botswanas einen Job. Fachleute vermuten weitere Diamantenfelder in der Kalahari, nach denen intensiv gesucht wird.

Heute gilt Botswana neben Australien als **größter Diamantenproduzent der Welt**. Jährlich wurden hier zuletzt Diamanten im Wert von rund 3 Milliarden US$ gefördert und vermarktet (über 30 Mio. Karat, dies entspricht fast einem Drittel der Weltproduktion). Doch die globale Wirtschaftskrise seit 2008 ließ die weltweite Nachfrage derart einbrechen, dass die Diamanten-Förderung vorübergehend eingestellt werden musste, 4500 Arbeitsplätze abgebaut wurden, und im Jahr 2009 die Diamanten-Gesamtproduktion halbiert werden musste.

Kupfer, Nickel und Kohle

Botswanas Sorgenkind

Die Wirtschaftskrise verschlimmert die angespannte Lage, weil die Rohstoffpreise weltweit drastisch einbrechen

Zweitwichtigste Exportgüter Botswanas sind **Kupfer** und **Nickel**. Die Rohstoffe werden seit 1969 in den Minen Selebi und Phikwe abgebaut. Die beiden später zusammengelegten Minen gelten heute als größter privater Arbeitgeber im Land. Wie an allen Bergbauunternehmen ist die Regierung mit 50 % beteiligt und kann sich nicht zu einer vollständigen Privatisierung durchringen. Trotz der wirtschaftlichen Bedeutung von Selebi-Phikwe kämpft das Unternehmen seit Jahren ums Überleben. Schlechte Weltmarktpreise, steigende Kosten und ein zu geringer Metallgehalt im Gestein führen zu unprofitablen Erträgen und drohendem Bankrott. Um die Arbeitsplätze zu erhalten und ein wirtschaftliches Gegengewicht zu den Diamanten zu behalten, sicherte die Regierung mit enormen staatlichen Zuschüssen immer wieder das Weiterbestehen der Minen. Rund 17 Mrd. Tonnen

Kohle

Kohlevorkommen werden außerdem in Ostbotswana vermutet. Große Steinkohlevorkommen hat man 1973 bei Serowe entdeckt, und seit 1983 versorgt die *Morupule Power Station* Botswana mit Energie.

Die Gewinnung von Soda-Asche

Seit den 1960er Jahren ist die Existenz von Salzlauge in der Sowa-Pan bekannt, wo sie in tiefen Sand- und Tonschichten gespeichert ist. Wird sie abgepumpt und ausgetrocknet, entstehen dabei Soda (ein wichtiger Grundstoff für die chemische Industrie und die Glasherstellung), Salz und Schwefel.

Sodaabbau, hauptsächlich für den Nachbarn Südafrika

Einer der größten Interessenten für Soda ist Südafrika, das den Rohstoff bislang aus den Vereinigten Staaten importierte. Die Verhandlungen zwischen der Regierung von Botswana und den südafrikanischen Investoren gerieten allerdings jahrelang ins Stocken, weil Südafrika die finanzielle Beteiligung am Unternehmen von der Unterzeichnung eines Nichtangriffspakts abhängig machte. Da Botswana die Erfüllung der Bedingung ablehnte, drohte das Vorhaben zu scheitern. Doch durch die verschärften Sanktionen seitens der USA wurde Südafrika schließlich zum Einlenken gezwungen, um seinen Soda-Nachschub nicht zu gefährden. Auch ohne den Nichtangriffspakt übernahm es die Finanzierung der Soda-Asche-Förderung, welche schließlich im Juni 1991 begann. Riesige Investitionen waren erforderlich: Eine Stadt für 3000 Menschen, Straßen und eine 173 km lange Bahnverbindung nach Francistown mussten angelegt werden.

Schon gewusst?
Mangobäume tragen bis zu 50 Jahre lang Früchte und kommen ursprünglich aus Ostindien

Das Unternehmen bietet zwar nur rund 600 Arbeitsplätze, wird aber als wichtiger wirtschaftlicher Faktor neben dem Diamantenabbau angesehen und hilft, die einseitige Abhängigkeit vom Diamantenabbau ein wenig zu mindern. Planmäßig sollen pro Jahr 300 000 Tonnen Sodaasche und 650 000 Tonnen Salz gefördert werden.

Landwirtschaft unter erschwerten Bedingungen

Schlechte Böden und unberechenbare Klimaverhältnisse erschweren den Pflanzenanbau in Botswana. Weit verbreitet ist die **Subsistenzwirtschaft**, die der Selbstversorgung dienende Landwirtschaft. 80 % aller Bauern sind Kleinfarmer, von denen nur 7 % über die für eine Selbstversorgung erforderlichen 10 ha Anbaufläche verfügen. Ein Drittel aller Bauern stehen sogar weniger als 3 ha zur Verfügung. Sie sind deshalb dringend auf zusätzliche Einkünfte durch Wanderarbeit oder die Unterstützung durch Familienangehörige angewiesen. Der Anteil der Landwirtschaft am Bruttoinlandsprodukt beträgt lediglich 2 % (2008).

Landwirtschaft dient in vielen Fällen nur der Selbstversorgung

Kommerzielle Farmen findet man fast nur im Osten des Landes, insbesondere entlang des Limpopo. Hier befinden sich die großen **Konzessionsfarmen**, die 40 % der Ernteerzeugnisse im Land erwirtschaften. Die hauptsächlichen Anbauprodukte sind Mais, Hirse, Hülsenfrüchte, Erdnüsse, Melonen und Kürbis. Im Tuli-Block werden außerdem Baumwolle und Zitrusfrüchte angebaut. Künstliche Bewässerung findet praktisch nur auf privaten Großfarmen statt.

Kommerzielle Landwirtschaft

Um die landwirtschaftliche Situation zu verbessern, fördert der Staat das so gen. **Molapo-System** in Ngamiland. Hierbei werden saisonale Schwemmgebiete im Okavangodelta zur landwirtschaftlichen Anbaufläche freigegeben. Nach dem Wasserrückgang bauen die Farmer Mais und Hirse in den fruchtbaren Schwemmböden an. Die derzeitige Produktionsfläche von 5000 ha soll durch flutregulierende Maßnahmen künftig auf etwa das Fünffache erweitert werden.

Ein Sonderfall für Ngamiland

Viehwirtschaft, ein Reizthema mit kontroversen Positionen

Die Rinderzucht ist in Botswana immer auch eine sehr emotionale Angelegenheit

Die Rinderzucht ist noch immer der Dreh- und Angelpunkt des wirtschaftlichen und sozialen Lebens in den meisten Landesregionen von Botswana. Nach Diamanten, Kupfer und Nickel stellen Rindfleisch und seine Produkte den drittgrößten Exportartikel. Während der Abbau von Diamanten, Kupfer und Nickel nur wenig direkten Einfluss auf die Gesellschaft haben und verhältnismäßig wenige Arbeitsplätze bieten, bestimmt die Rinderzucht für einen Großteil der Bevölkerung weiterhin den Alltag.

Rinderbarone wie einst im amerikanischen "Wilden Westen"

Von Anfang an stellte die Rinderzucht einen Grundpfeiler der Tswanakultur dar (siehe S. 52). Durch verbesserte internationale Absatzmärkte hat sich der Rinderbestand seit 1950 von 400 000 zeitweise auf über drei Millionen Rinder vervielfacht. Dabei ist die Verteilung innerhalb der Bevölkerung sehr ungleich: Etwa die Hälfte der Rinder sind im Besitz von weniger als 5 % der Bevölkerung. Nur 1 % der Einwohner von Botswana zählen zu den „Rinderbaronen" mit einem Besitz von mehr als 1000 Stück Vieh. Die Hälfte der Landesbewohner besitzt dagegen überhaupt keine Rinder.

Mit der *Tribal Grazing Land Policy* versuchte der Staat seit 1975 die **zügellose Überweidung** einzuschränken, indem zahlreiche Kommunallandflächen privatisiert worden sind. Der erwünschte Effekt blieb jedoch aus, und der Arm-Reich-Konflikt verschärfte sich damit sogar noch. In den 1980er Jahren litt das südliche Afrika unter einer jahrelangen Dürreperiode. Ein Drittel der Rinder fiel den Dürrefolgen und der Überweidung zum Opfer, weil die Besitzer ihre Herden trotz aller Warnungen nicht verkleinert hatten (auf den kargen Böden des Landes benötigt ein Rind schon ohne Dürre bis zu 20 ha Fläche, um genügend Nahrung zu finden). Es heißt, nur 20 % der Fläche Botswanas eignet sich für die intensive Rinderzucht. Dennoch bildet diese 80 % der landwirtschaftlichen Erzeugung Botswanas, ein augenscheinliches Missverhältnis. Die Rinderzucht dient hauptsächlich dem Export von Fleisch und Fleischwaren (nur jedes 20. Rind verbleibt nach seiner Schlachtung im Land). Hauptabnehmer sind Staaten der EU, wie Deutschland, Großbritannien und die Niederlande (das Abkommen von Lomé gewährt Botswana bevorzugten Zugang zu den EU-Märkten).

Tausende Kilometer lange Weidezäune durchziehen das Land zum Schutze der Rinder

Nicht zuletzt weil viele Politiker selbst Großherdenbesitzer sind, unterstützte die Regierung die Viehzüchter bislang intensiv. Seit den 1950er Jahren wurden und werden noch immer quer durch Botswana weit mehr als 3000 km lange Weidezäune gezogen, um eine mögliche Übertragung der Maul- und Klauenseuche von Büffel auf Rinder zu verhindern. Veterinärstationen und Wassertränken wurden nahezu flächendeckend eingerichtet, dem Drängen der Züchter nach neuem Weideland wird in der Regel nachgegeben. 1995 brach in Ngamiland die **Rinderlungenseuche** aus. Der gesamte Bestand dieser Provinz, etwa 320 000 Rinder, wurden damals notgeschlachtet und in der Folge weitere zusätzliche Veterinärzäune errichtet, um künftige Seuchen dieser Art zu verhindern. Da die Exporterträge nur sehr wenigen Privilegierten zufallen und die Beeinträchtigung der Natur und Tierwelt durch die Zäune und massive Überweidung immer krasser zu Tage tritt, sieht sich die Regierung neuerdings zunehmender Kritik ausgesetzt (siehe S. 53 und 68ff). 2005 trat immerhin ein Gesetz in Kraft, nachdem künftig alle

Investitions- und Entwicklungsmaßnahmen vorab auf ihre Auswirkungen auf die Umwelt zu prüfen sind.

Ankauf, Schlachtung und Vermarktung der Rinder werden vom halbstaatlichen Unternehmen BMC organisiert. Die *Botswana Meat Commission* wurde 1966 als Organ zur Koordinierung der Rindfleischproduktion ins Leben gerufen. Die BMC hält das Monopol für alle Rindfleischerzeugnisse und vertreibt oder verarbeitet (z. B. zu Konservenfleisch in der Fabrik in Lobatse) 80 % aller geschlachteten Rinder in Botswana. In den Schlachthöfen von Lobatse, Maun und Francistown werden jährlich etwa 150 000 Rinder und Kälber geschlachtet. **Afrikas größter Schlachtbetrieb** in Lobatse hat ein Fassungsvermögen von 1800 Schlachtungen pro Tag. Wegen der einwandfreien hygienischen Verhältnisse und der sorgfältigen Veterinärkontrollen erfüllt Botswana die strengen Kriterien der EU, die über 50 % der Exporte aufkauft.

Bild oben: Das Pferd als beliebtes Verkehrsmittel in Botswana

Für die Klein- und Subsistenzbauern sind auch Schafe, **Ziegen** und Hühner von Bedeutung. Die über 2 Mio. Ziegen verstärken das Überweidungsproblem im Land, wogegen die rund 20 000 Schweine nur eine untergeordnete Rolle spielen. Eine interessante Nische erfüllt in kargen Regionen die **Straußenzucht**. Die genügsamen Tiere gelten nicht nur als vielseitig „verwertbar" (Eier, Fleisch, Federn und Haut), sondern ermöglichen auch eine ökologisch unbedenkliche Viehhaltung. Botswana besitzt übrigens die weltgrößte Population frei lebender Strauße.

Noch ein Problemfall: Die Forstwirtschaft

Wie die meisten afrikanischen Länder leidet Botswana unter extremer Abholzung, weil Holz noch immer als **Energiequelle und Baumaterial** für private Haushalte genutzt wird. Nur 5 % der Bäume werden für kommerzielle Zwecke geschlagen, der Rest dient als Brennmaterial. Durch die massive Überweidung im Umkreis der Siedlungen werden Neupflanzungen vielfach durch das Vieh nieder getrampelt oder abgenagt. Herrschte bis ins 19. Jh. überwiegend noch offener Baumbestand vor, so war bereits 1905 der gesamte Streifen entlang der Bahnlinie völlig abgeholzt. Inzwischen hat sich das Vegetationsbild fast überall in Botswana alarmierend verändert. Lediglich im Süden wurden kleinere Eukalyptusforste für die Bauholzgewinnung angelegt. Im Chobe-Distrikt existiert eine relativ unbedeutende Forstwirtschaft durch Nutzung einiger Edelhölzer.

Bild unten: 10 Pula für ein Bündel Feuerholz am Straßenrand

Wasserversorgung im Kalaharistaat

Insgesamt zwei Drittel des Wasserbedarfs in Botswana entstammen heute den Grundwasservorräten, davon verbraucht allein die Mine Orapa jährlich 5 Mio. m^3 Wasser. Zur Versorgung von Orapa wurde zunächst der Ablauf des Boteti zum Mopipi-Damm aufgestaut. Seit den 1980er Jahren liegt der Fluss jedoch trocken, und es muss auf die fossilen Grundwasserreserven der Kalahari zurückgegriffen werden, die zwischen 40 und 70 m unter der Oberfläche liegen. Wenn die Grundwasserreserven auch beachtlich erscheinen, so werden sie doch zunehmend aufgezehrt. Verschiedene Pläne zur Wassergewinnung werden daher geprüft und in Erwägung gezogen. Die ganzjährig Wasser führenden Flüsse Sambesi (Botswana hält einen Anteil von einigen hundert Metern) und Linyanti-Chobe sollen möglicherweise künftig zur Wasserversorgung herangezogen werden. Der geringe Höhenunterschied von etwa 150 m zwischen den Flüssen und der Kalahariebene müsste dann durch ein Pumpsystem überwunden werden. Ein anderer, vielfach angedachter, aber wegen ökologischer Bedenken immer wieder zurückgestellter Plan sieht die zweimalige Stauung des Hauptwasserarmes im Okavangodelta vor, um künftig den Zufluss in den Boteti zu regulieren (siehe dazu auch S. 273).

Schon gewusst?

Giraffen und Fledermäuse sind weltweit die einzigen Säugetiere, die gar nicht schwimmen können

Die *Water Utilities Corporation* versorgt mit Hilfe von Staudämmen etwa ein Viertel der Bevölkerung und die Industrie in den städtischen Regionen mit Trink- und Brauchwasser. Für die ländlichen Gebiete ist das *Department of Water Affairs* zuständig. 97 % der Bevölkerung erreichen innerhalb eines Radius' von 2,5 km sauberes Trinkwasser. Die meisten Haushalte verfügen inzwischen sogar über einen Wasseranschluss. Dennoch wird das Problem der dauerhaft gesicherten Wasserversorgung sicherlich zu einer der größten Herausforderungen für die Zukunft des trockenen Landes.

Handel und Verkehr

Fleischprodukte aus Botswana für den deutschen Markt

Botswanas Haupteinfuhrgüter sind Nahrungsmittel, Tabak, Maschinen, Fahrzeuge, Metallwaren, elektrotechnische Produkte und chemische Erzeugnisse. Die wichtigsten Ausfuhrgüter sind Rohdiamanten, Kupfer-Nickel-Konzentrate und Rindfleischprodukte. Zusammen mit Südafrika, Namibia, Swaziland und Lesotho bildet Botswana eine Zollunion. Seine wichtigsten Handelspartner sind Südafrikanische Zollunion und die EU, gefolgt von den USA, China und Indien. Deutschland ist der zweitgrößte Abnehmer von Fleisch und Fleischprodukten aus Botswana. Es wird aus Botswana mehr nach Deutschland exportiert als von dort eingeführt.

Fernverbindungen wurden systematisch ausgebaut und asphaltiert, um den Binnenstaat an seine Nachbarnund die Seehäfen anzuschließen

Das Verkehrsnetz umfasst landesweit etwa 6000 km überwiegend asphaltierte Hauptstraßen, 5000 km zumeist geschotterte oder befestigte Nebenstraßen und zahlreiche Tiefsandpisten. Am dichtesten und am besten gepflegt ist das Straßennetz im urbanen Osten von Botswana. Die großen Fernverbindungsstrecken, wie die 800 km lange Transkalahariroute von Jwaneng über Ghanzi nach Mamuno an der namibischen Grenze, oder von dort nach Maun, wurden zielstrebig befestigt und geteert, um die Handelswege in die Nachbarstaaten zu verbessern. Aus wirtschaftspolitischen Gründen sind auch die Strecken Kasane - Ngoma Bridge und Nata - Maun geteert und ausgebaut worden. Selbst für eine Asphaltstraße von Maun nach Ngoma, direkt durch das Naturparadies Chobe-Savuti-Linyanti, liegen seit vielen Jahren detaillierte Planungen in den Amtsstuben.

Oben: Abenteuerlich überladen steuert dieser Pick-up seinem Ziel entgegen

Die **Bahn** hat nur für den Gütertransport im Osten Botswanas eine Bedeutung. Über 640 km verläuft die Verbindung von Südafrika nach Zimbabwe durch Ostbotswana. Zwei Nebenstrecken führen zu den Berg- und Kohlewerken nach Selebi-Phikwe (56 km) und Morupule (16 km), eine dritte Verbindung zum Soda-Asche-Projekt in Sua. 1974 wurde die nationale Fluglinie *Air Botswana* gegründet. Internationale **Flughäfen** befinden sich in Gaborone, Kasane, Maun und am "Limpopo Valley Airfield" im Tuli Block.

Erwerbstätigkeit und Verdienst

Viel zu wenig gut ausgebildete Fachkräfte

Kennzeichnend für den angespannten Arbeitsmarkt in Botswana sind ein augenscheinlicher Mangel an Fachpersonal bei gleichzeitig steigender Arbeitslosigkeit. Viele ungelernte junge Menschen sind auf Arbeitssuche. Jeder achte Jugendliche zwischen 12 und 15 Jahren ist wiederum bereits erwerbstätig. Wegen der mangelnden Altersversorgung geht jeder zweite über 65-Jährige auch noch einer bezahlten Arbeit nach.

Durchschnittseinkommen

Mehr als die Hälfte der arbeitenden Bevölkerung sind in der Landwirtschaft tätig. 31 % arbeiten im Dienstleistungssektor, 9 % im Verarbeitenden Gewerbe und 5 % beim Bergbau, wo die höchsten Löhne gezahlt werden. Ein Minenarbeiter verdient zwischen 400 und 500 US$ monatlich, ein Nachtwächter dagegen nur rund 200 – 250 US$ (was im afrikanischen Vergleich immer noch ein hoher Verdienst ist). Schlecht bezahlt wird in der Landwirtschaft, Textilindustrie, dem Handel und Baugewerbe. Die Anzahl der in Südafrika tätigen Minenarbeiter ist seit Jahren rückläufig. Frauen werden bei den Löhnen deutlich diskriminiert (für gleiche Arbeit erhalten sie durchschnittlich nur 51 % des „männlichen" Lohns).

Tourismus: Ein Wirtschaftszweig mit großem Potenzial

Botswana ist sich seines besonderen Potenzials bewusst – und möchte sich das auch bezahlen lassen

Allein durch seine Artenvielfalt und Naturschönheiten im Okavangodelta und in der Kalahari verfügt Botswana über ein großartiges touristisches Potenzial. 18 % der Landesfläche stehen unter Schutz, um das Vermächtnis der Natur zu erhalten. Der Staat hat den Tourismus als devisenbringenden Wirtschaftsfaktor längst erkannt und fördert anstelle von Massen- den betuchten **Exklusivtourismus**. Eine Viertel Million Urlauber besuchen Botswana jedes Jahr, wobei die meisten nur einen Kurzaufenthalt im Delta verbringen. Die durchschnittliche Aufenthaltsdauer beträgt daher auch nur fünf Tage. Den mit 80 % allergrößten Anteil nehmen Besucher aus den Nachbarländern ein, gefolgt von rund 10 % Europäern und einer steigenden Anzahl an Besuchern aus den USA und Japan. Reisende aus Europa verbinden einen Botswanaaufenthalt auch häufig mit einer längeren Reise durch Südafrika oder Namibia.

Zur Förderung des deutschen Marktes gibt es eine eigene Tourismusvertretung in Berlin

"Klasse statt Masse" wünscht sich die Tourismusbehörde

Der Tourismus wird heute als viert wichtigster Wirtschaftszweig angesehen. Gemessen an der Besucherzahl sind die direkten Einnahmen noch relativ gering, wobei sich gleichzeitig auch die staatlichen Ausgaben in Grenzen halten. Zur Arbeitsplatzbeschaffung in entlegenen, strukturschwachen Regionen gewinnt der Tourismus zunehmend an Bedeutung. Landesweit gilt er bereits als wichtigster Arbeitgeber. Den eingeschlagenen Weg will die Regierung auch in Zukunft beibehalten, und verzichtet auf größere Besucherzahlen zugunsten von Exklusivität und Qualität. Um das Interesse der Besucher auch auf andere Regionen als das Delta und den Chobe zu lenken, werden verstärkt bislang vernachlässigte Nationalparks und Schutzgebiete erschlossen. Missstände erkennt man in Botswana darin, dass viele Einnahmen aus dem Tourismus nicht direkt ins Land sondern zu ausländischen, vor allem südafrikanischen Firmen abfließen, die als Pächter in den Schutzgebieten Lodges und organisierte Rundreisen anbieten.

Eine Safari durch Botswana hat ihren stolzen Preis

Bewusst erschwert die Landesregierung den **Individualtourismus** durch hohe Parkeintrittsgebühren und eine komplizierte, strenge Reservierungspolitik. An Gästen, die im eigenen (Miet-)Fahrzeug und zur Selbstversorgung ausgestattet vermeintlich nur mehr Eintrittsgelder im Land lassen, ist die Regierung nicht sonderlich interessiert. Als guter Tourist gilt, wer eine organisierte, luxuriöse Safari zu den Naturschönheiten Botswanas bucht. Das Selbstbewusstsein, mit der diese Einstellung vertreten wird, wird bisweilen von Touristen als arrogant empfunden. Dahinter steckt die Erfahrung und Überzeugung, dass das Okavangodelta nun einmal einzigartig ist, eines der größten Natur- und Tierparadiese dieser Welt darstellt und innerhalb Afrikas an Ruhm nur wenig Konkurrenz zu fürchten hat. Das **hohe Preisgefüge**, welches für die meisten Besucher einen Aufenthalt in Botswana zum elitären Erlebnis werden lässt, wirkt sich sicherlich auch auf die niedrige durchschnittliche Aufenthaltsdauer aus. Einige der exklusiven Lodges haben inzwischen den europäischen Markt verloren und konzentrieren sich auf zahlungskräftige Gäste aus den USA und Japan, wo kurze Reisen zu hohen Preisen üblich sind.

Bild unten: Touristen im Angesicht entspannter Elefanten

Eco-Tourism: Das neue, vielversprechende Zauberwort

Im ausklingenden 20. Jh. verbreitete sich in vielen Ländern der sog. „Dritten Welt" ein neues Tourismusmodell mit Prädikaten wie „Sanfter Tourismus" und „Ökotourismus". Kern und Ziel dessen sind die Beteiligung von ethnischen Minderheiten an den Einnahmen aus dem Tourismus, der schonende, vorsichtige Umgang mit natürlichen Ressourcen und die Schaffung von Perspektiven für betroffene Menschen und Völker. Als Folgeerscheinung anvisiert sind der Schutz von Flora, Fauna und Kultur, die Förderung von Traditionsbewusstsein und die Streuung und Sensibilisierung des Tourismus. In den Ländern des Südlichen Afrikas bildete sich dabei der **„Community Based Tourism"** heraus. Innerhalb weniger Jahre entstanden allein in Botswana mehr als 50 unterschiedliche Projekte dieser Art. Ein solches Projekt kann die Schaffung eines Campsites im Dorf bedeuten, aber auch die Produktion von handwerklichen Souvenirartikeln, die professionelle Trophäenjagd, das Einstudieren von traditionelle Tänzen und Musik oder die Herstellung von Tees und Heilmitteln nach alten Rezepturen. Die erfolgreichsten Projekte liegen oft in wildreichen Konzessionsgebieten, wo lokale Gemeinden hohe Geldsummen durch die Vergabe von Jagdgenehmigungen einnehmen. Einkünfte durch den Fototourismus und Individualreisende erscheinen zunächst viel geringer, allerdings kreiert der Tourismus viel mehr Arbeitsplätze als das saisonale Jagdgeschäft. Außerdem sind im Fototourismus Zusatzeinnahmen durch vielseitige touristische Angebote, wie geführte Buschwanderungen, Traditionelle Tänze, Küchenjobs und den Verkauf von Kunsthandwerk möglich. Die Regierung strebt deshalb seit 2009 an, den Jagdtourismus zugunsten des Fototourismus zu reduzieren. Für den Reisenden bieten solche Projekte die Möglichkeit, das Land und seine Kultur von anderer Seite zu entdecken, ist es ansonsten doch ein Markenzeichen des klassischen Tourismus in Afrika, „Von Weißen für Weiße" kreiert zu sein – mit allen Vor- und Nachteilen. Gemeindeprojekte dieser Art befinden sich z. B. in folgenden Regionen:

- Der *Kuru Development Trust* in D'kar nahe Ghanzi genießt inzwischen internationalen Ruf. Er ist eine einfühlsame Begegnungsstätte für Touristen und San (Buschleute) mit vielseitigem Angebot: Unterkunft auf der Dqae Quare Game Farm (Gästehaus oder Camping), Wanderungen, Pirschfahrten, Traditionelle Begegnungen mit Tänzen und Geschichtenerzählen, Museum etc. Info und Reservierung: Tel./Fax 6596574, email: dqae@info.bw. Siehe S. 227.
- In Seronga, am Nordostufer des Okavango gelegen, ist der Okavango Polers Trust in der Konzession NG 12 stationiert. Er bietet einen hübschen Campingplatz und geführte Mokoro-Touren im Delta an. Info und Reservierung: Tel./Fax 6876861. Siehe S. 291.
- In Ostbotswana ist das Nata Bird Sanctuary an der Sowa Pan ebenfalls ein erfolgreiches Gemeindeprojekt mit Camping und Pirschfahrten. Info: Tel. 71612762, Fax 6211227. Siehe S. 167.
- Die bizarre Halbinsel Kubu Island an der Westseite der Sowa Pan steht unter Verwaltung des Gaing-O Community Trust. Camping und geführte Touren sind hier im Angebot. Tel. 2979612. S. 174.
- Im Südwesten Botswanas, zwischen Ghanzi und dem Kgalagadi Transfrontier Park gelegen, sind die Community-Campingplätze Ukhwi, Ngwatle und Ncaang entstanden. Siehe S. 229.
- Zwischen Maun und Moremi South Gate gründete der Sankuyo Tshwaragano Management Trust den Campingplatz mit Bungalows namens Kaziikini. Tel. 6800664, Fax 6800665. Siehe S. 253.
- Im Dorf Kavimba, das zwischen Ngoma Bridge und Savuti in der Chobe Enklave liegt, entstand ebenfalls ein einfacher Gemeindecampingplatz (meist geschlossen). Tel. 6250486, Fax 6250223.
- Ähnliche Projekte wie in D'kar versucht der Cgaecgae Tlhabololo Trust nahe der Aha Hills in Xai-Xai auf die Beine zu stellen (bisher noch etwas erfolglos): mehrtägige Packages mit Reiten, Buschwandern, Besuch der Aha Hills und San-Begegnungen. Siehe S. 297.

Naturschutz & Wildlife Management

Die aktuelle Situation ist reichlich kontrovers

Einerseits beherbergt Botswana die größte freilebende Elefantenpopulation der Welt und fantastische, intakte Naturwunder am Okavangodelta und in der Kalahari. Das Land ist ein Symbol für Weite, Wildnis und unverfälschte Tiererlebnisse. 18 % der Landesfläche stehen als Nationalparks, Wildgebiete oder anderweitig unter Schutz. Zügellose Wilderei, das Problem vieler afrikanischer Staaten, ist in Botswana (fast) kein Thema.

Die beiden Seiten einer Medaille...

Andererseits treten gerade hier verheerende Umweltschäden und Tragödien auf. Durch die gigantische Ausweitung der Rinderzucht – 3 Mio. Rinder in einem Land mit 1,9 Mio. Einwohnern – wird das empfindliche ökologische Gleichgewicht der Kalahariböden schwer geschädigt. Ein Fünftel der Landesfläche gilt bereits als ökologisch zerstört. Übermäßige und einseitige Beweidung durch Rinder und Ziegen verändert die Vegetation, da nahrhafte Pflanzenarten abgefressen werden, und weniger nahrhafte übermäßige Ausbreitung finden. Die Umgebung von Wasserstellen und Siedlungen ist häufig vollkommen kahl gefressen; hier kann sich die Pflanzendecke nicht mehr erholen. Die **Überbeanspruchung der Böden** tritt spätestens in Dürrejahren mit zum Teil katastrophalen Auswirkungen zu Tage.

Naturschutz kontra Land- und Viehwirtschaft

Der wachsende Bedarf an unverbrauchtem Weideland führte in der Vergangenheit immer wieder zur **Ausweitung der Farm- und Weideflächen** (mehr als 60 % Botswanas gelten heute als Dauerwiesen und -weiden). Die Lobby der Rinderzüchter ist stärker als der Naturschutzgedanke. Riesige geschützte Regionen, wie z. B. nördlich des Okavangodeltas oder in der Zentralkalahari, werden nach und nach als Weideland freigegeben. Wassermangel, einst der natürliche Schutz der Kalahari, überwindet man heute durch das Umleiten von Okavangowasser und durch Tiefbrunnen. Dabei wird allerdings das fossile Grundwasser aufgezehrt und das Ökosystem im Delta nachhaltig bedroht.

Die Not mit den Weidezäunen

Am deutlichsten findet das Dilemma Botswanas seinen Ausdruck in den **Veterinary Cordon Fences**. Seit dem Trauma der Maul- und Klauenseuche von 1896 rangiert der Schutz der Rinder vor einer weiteren Epidemie als Staatsziel Nr. 1. Die Übertragung der Seuche von Wildtieren, insbesondere Büffeln, auf Rinder ist zwar nicht bewiesen, gilt aber als wahrscheinlich. Daher wurde schon in den 1950er Jahren mit dem Errichten von Büffelzäunen begonnen. Entlang der alten *Cattle-Routen* und im Grenzbereich von Farmgebieten verlegte man die Zäune hunderte Kilometer lang kerzengerade und etwa 1,5 m hoch durch den Busch. Lange Zaunsperren wurden noch 1996 quer durch Ngamiland gezogen, nachdem eine Lungenseuche ausgebrochen war und alle Rinder Ngamilands notgeschlachtet werden mussten. Bis heute verlaufen rund 3500 km Stahldrähte durch die Wildnis. Und das Thema Rinderzäune ist nach wie vor brandaktuell. Seit 2000 wurden Elektrozäune an der Grenze zu Zimbabwe aufgestellt, um den freien Wechsel von Rindern und Elefanten (und Wirtschaftsmigranten aus Zimbabwe) zwischen den beiden Staaten zu unterbinden. 2005 folgte der Zaun am Botetiufer des Makgadikgadi Nationalparks, ein weiterer Zaun ist nördlich von Xai-Xai zur namibischen Grenze in Bau. Botswana wird immer mehr ein kreuz und quer von riesigen Büffelzäunen durchzogenes Land. Was so gar nicht zum Image der endlosen Weite, natürlichen Wildnis und großen Freiheit passt. Und für Wildtiere zur tödlichen Falle wird.

Oben: Am Eingang zur Nxai Pan

Bild oben: Tausende Kilometer Veterinärzäune durchziehen das ganze Land

Denn diese für Rinder und die meisten Wildtiere unüberwindlichen Barrieren erweisen sich in Dürreperioden als **Killerzäune**: Riesige Wildtierherden, darunter einige Hunderttausend Gnus, lebten seit jeher im zentralen Kalaharibecken des Landes. In Dürreperioden formieren sich die Gnus instinktiv zu zwei Gruppen und beginnen eine gemeinsame Wanderung zu weit entfernten, aber permanenten Wasserstellen. Eine Wildtiergruppe sammelt sich an der Nxai-Pan und wandert westwärts an den Okavango, während die Kalahari-Gnus von Süden an den Okavango oder den Lake Xau migrieren. Während der beiden großen Dürren der 1970er und 1980er Jahre spielte sich eine Tragödie ab. Hunderttausende verdurstende Gnus und Kuhantilopen machten sich in der Kalahari auf den Weg nach Norden, wo ihnen aber plötzlich der **Kuke-Fence**, der die Nordostkalahari vom Delta trennt, den Weg versperrte. Tausende der notleidenden Tiere verharrten hier verstört und verendeten qualvoll. Der Großteil wanderte den Zaun entlang nach Osten und folgte ihm auch, als er nach Süden abknickte. Zehntausende verendeten auf der langen Strecke, bis die Gnus den schmalen offenen Korridor am Ende des Zaunes erreichten und an den Lake Xau weiterziehen konnten. Hier siedelten inzwischen Farmer, die die Gnu-Invasion von 1978 als Nahrungs- und Wasserkonkurrenz zu ihren Rindern betrachteten und deshalb Jagd auf die unglücklichen Tiere machten. Als sich 1983 die gleiche Tragödie erneut abspielte, war der Lake Xau bereits ausgetrocknet – die Gnus saßen endgültig in der Falle. Nur 15 000 Gnus haben damals überlebt – von ehemals 250 000 Gnus!

"Kuke-Fence" steht für ein Gnu-Sterben katastrophalen Ausmaßes

Das große Gnu-Sterben

Die Geschehnisse riefen damals internationale Entrüstung hervor und brachten die Veterinärzäune in Misskredit. Denn auch ohne Dürrekatastrophen sind die Zäune ein schweres Hindernis, weil die Wildtiere nicht länger auf der Suche nach frischen Pflanzen den saisonalen Regenfällen folgen können. Elefanten finden ihre Pfade, denen sie seit Urzeiten folgen, nun durch Zäune versperrt; Antilopen haben keinen Zugang mehr zu Feuchtgebieten. Insbesondere die neuen Zäune in Ngamiland, Nxai Pan Buffalo Fence, Caprivi Border Fence und Northern Buffalo Fence sperren die Wildtiere in tragischer Weise von ihren traditionellen Wanderweidegebieten, dem Okavango-Caprivi-Korridor, aus.

Im Chobe NP bricht von Zeit zu Zeit Milzbrand aus, eine Gefahr für Büffel und Elefanten

Die Regierung bemüht sich zwar um naturverträgliche Lösungen und ist sich der Dringlichkeit von Maßnahmen auch bewusst. Schon um den Tourismus nicht zu gefährden, möchte Botswana sein internationales **Image als afrikanisches Musterland** und Top-Safari-Zielgebiet nicht verlieren. Dennoch wiegen wirtschaftliche Interessen eben schwerer – nicht anders als in Europa. Ein Beispiel dafür ist der Veterinärzaun nördlich des Okavangodeltas, der gegen den Willen der Tierschützer, Safariunternehmer und örtlichen Bevölkerung errichtet wurde. 20 % der Deltaregion sind auf diese Weise zu plötzlich Weideland deklariert worden. Tierwanderungen entlang der *Selinda Spillway* vom Delta zum Linyanti werden dadurch stark behindert. Solange jedoch Botswana solch intensiven Rindfleischexport betreibt, wird das Land diesen Wirtschaftszweig fördern. Nachdem die EU der Hauptimporteur dieses Fleisches ist und nach dem Abkommen von Lomé den Absatz botswanischen Fleisches stark subventioniert, tragen auch wir Europäer einen Teil der Verantwortung. Nicht zuletzt die strengen veterinären Einfuhrbedingungen der EU beeinflussen die Verhältnisse in Botswana.

Der Zeitgeist verlangt vom Naturschutz auch einen wirtschaftlich messbaren Nutzen

Es zeigt sich als eine schwierige Aufgabe, die wirtschaftlichen Interessen der Viehzüchter mit denen der Naturschützer in Einklang zu bringen. Die Wildnis einfach in Ruhe zu lassen, scheint heute unmöglich. Die Gedanken zielen in die Richtung, das Erbe der Natur in schonender Weise – durch Exklusivtourismus – zu nutzen. Denn nur da, so heißt es, wo die Natur auch „etwas abwirft", könne sie gleichberechtigt in der modernen Welt bestehen.

Nationalparks und Wildschutzgebiete

Info Das Land zahlt seinen Bürgern hohe Kompensation für gerissene Nutztiere: Für einen Bullen gibt es (2009) 200 Euro, für eine Kuh die Hälfte. Ein Pferd ist 87 Euro wert, Ziege und Schaf je 15 Euro. Für einen verlorenen Esel zahlt die Wildlife Behörde nur 7 Euro Entschädigung.

Die Nationalparks und Wildtierreservate in Botswana zählen zu den ursprünglichsten der Welt. Selbst in den berühmten und relativ stark frequentierten Gebieten am Chobe und im Delta (Chief's Island und Moremi Wildlife Reserve) überwiegt noch immer eine unberührte Wildnis. Neben den nationalen Schutzgebieten befinden sich im Tuli Block teilweise zusammenhängende private Wildschutzgebiete, von denen das Mashatu Game Reserve das berühmteste ist. Außerdem wurden in den letzten Jahren einige kommunale Projekte zum Schutz der örtlichen Tierwelt ins Leben gerufen. Hierzu zählen das Nata Sanctuary, das zur Erhaltung der artenreichen Vogelwelt an der Sowa-Pan eingerichtet wurde, und das Khama Sanctuary bei Serowe, das einige der letzten Nashörner von Botswana aufnahm, die sich erfreulich stark vermehrt haben.

Die Wildgebiete werden vom *Department of Wildlife und National Parks* (DWNP) verwaltet. Der aktuelle Nationale Entwicklungsplan sieht eine Ausweitung der touristisch geförderten Regionen vor, um die Besucher im Land stärker

zu verteilen. Unbekannte Gebiete sollen attraktiver werden. Dabei strebt man nicht unbedingt deutlich größere Besucherzahlen an, sondern eher eine Verlängerung des durchschnittlichen Aufenthalts im Land und eine stärkere räumliche Verteilung der Besucher. Hohe Einkünfte aus dem Tourismus sollen die Exklusivität der auf der Welt einmaligen Wildgebiete erhalten helfen.

Oben: Ein älteres Wildhütercamp am Khutse-Gate,

Bilder unten: Aufruf zum umweltschonenden Verhalten in den Nationalparks

Diese Politik wird seit Jahren konsequent durchgeführt. Die Erfahrungen mit den vollständig ausgerüsteten und individuell anreisenden Südafrikanern, die bevorzugt in Botswanas Parks reisten, aber kaum Geld im Land ließen, führten 1989 zu einer drastischen Preisanhebung der Parkgebühren. Um bis zu 600 % wurden damals die Eintritts- und Aufenthaltspreise für Ausländer angehoben. Anfang 2000 folgte eine erneute massive Anhebung vor allem der Gebühren für Ausländer. Für Einheimische und in Botswana lebende Ausländer (Residents) sind die Gebühren um ein Vielfaches niedriger. Auch wer als Ausländer mit einem örtlichen Safariveranstalter unterwegs ist, bezahlt niedrigere Gebühren als der Individualreisende. Durch diese Preispolitik wird der Pauschaltourismus aktiv gefördert und der Individualist benachteiligt.

1994 ist ein zentrales Reservierungssystem eingerichtet worden, das seit 2009 noch verschärft wurde. Alle Besucher müssen nun im Voraus eine Reservierung für die Nationalparks tätigen und bezahlen (siehe S. 364ff). Aktuellen Gerüchten zufolge sei eine Privatisierung vieler Camps in den Schutzgebieten vorgesehen.

Jagd

Auch für die Erteilung von **Jagdlizenzen** ist der DWNP zuständig. Die Anzahl der Jagdlizenzen hängt jeweils von den Ergebnissen der Tierzählungen ab. So wurden z. B. 1989 nur noch 3600 Säbelantilopen gezählt, und daher nur 137 Jagdlizenzen vergeben. Im gleichen Jahr standen 1300 Abschusslizenzen für Büffel zur Verfügung, da man ihre Anzahl auf 45 000 hochrechnete. Durch die Vergabe solcher Lizenzen wird die Jagd kontrolliert und gleichzeitig fließt eine Menge Geld in die Staatskasse. Naturschützer kritisieren seit Jahren, dass für bestimmte Tierarten, wie z. B. Löwen, viel zu großzügig Lizenzen vergeben wurden. So kam immer wieder vor, dass die Jäger gar keinen erwachsenen männlichen Löwen zu Gesicht bekamen. Nachdem die Lizenz aber schon bezahlt war, wurden deshalb immer wieder viel zu junge Tiere geschossen. Auf Dauer führte der Abschuss junger Löwen zur massiven Dezimierung der Art. Diesem Problem hat sich die Regierung im August 2001 endlich gestellt und die Jagdgesetze verschärft. Löwen und Geparden gelten seither als gefährdete Arten und dürfen nicht mehr gejagt werden. Leider hat sich die Regierung nur zum Schutz dieser prestigeträchtigen Spezies durchringen können, wogegen sie Tierarten, wie insbesondere den vom Aussterben bedrohten Wild Dogs (Hyänenhunden), einen solchen Schutz weiterhin verwehrt. Seit Februar 2009 bekundet die Regierung ihre Absicht, Jagdaktivitäten in Konzessionsgebieten nahe der Nationalparks und Schutzgebiete zu verbieten. In den betroffenen „Pufferzonen“ rund um die Parks soll künftig anstelle des Jagd- lieber der Fototourismus gefördert werden.

Jagdsafaris sind lukrativ: 8000-16 000 US$ kostet der Abschuss eines Elefanten

Elefanten

Der Umgang mit der starken **Elefantenpopulation** im Norden des Landes stellt eine weitere Herausforderung dar. Zu viele Dickhäuter auf begrenztem Raum strapazieren die Vegetation; in Dürreperioden zerstören sie gar die Wälder und richten massive Schäden an. So sind die Diskussionen um die „gesunde“ Elefantenpopulation und die Maßnahmen zur Regulierung ein **Dauerstreitpunkt**. Das gezielte Abschießen von Elefantenherden, „Culling" genannt, wird von Naturschützern strikt abgelehnt. Die Alternative, solche Herden in unterversorgte Nationalparks anderer afrikanischer Staaten umzusiedeln, scheitert meistens an den hohen Kosten. So meldet Mosambik z. B. seit Jahren starkes Interesse an Elefanten und anderen Wildtieren, um seine dezimierten Bestände in den Nationalparks wieder aufzustocken, doch fehlt es an den nötigen Finanzspritzen für solche aufwändigen Aktionen. Andererseits spendete Botswana unter hohem finanziellen und organisatorischen Aufwand 2001/2002 300 Elefanten an den Quissama Nationalpark im bürgerkriegsgeplagten Angola, als dort noch nicht einmal die Sicherheit der Tiere gewährleistet werden konnte. Seit einigen Jahren gibt die Regierung auch wieder Elefanten zum Abschuss durch den Jagdtourismus frei, doch geschieht dies sehr unauffällig (da unpopulär in der Öffentlichkeit). Zum Thema Culling und Elfenbeinhandel: Siehe auch die Kurzessays auf den Seiten 159 und 328.

Schon gewusst?
Leoparden haben bis zu 300 km² große Reviere

Forschungs-projekte

Eine ganze Reihe nationaler und internationaler **Naturschutzorganisationen** sind in Botswana aktiv. Nahe der Santawani Lodge am South Gate des Moremi Wildlife Reserves betreiben seit Jahren wissenschaftliche Teams intensive Forschung an zwei vom Aussterben bedrohten Tierarten: Das *Wild Dog Research Project* (Forschung und Schutz von Hyänenhunden) und *der Cheetah Conservation Fund* (zur Rettung der Geparde) werden beide von der Frankfurter Zoologischen Gesellschaft finanziell unterstützt.

Weitere Schutzorganisationen

Seit 1982 betreibt die private Organisation *Kalahari Conservation Trust* Forschung im Bereich der Gnu- und Elefantenwanderungen. Zusammen mit anderen Gemeinschaften, wie dem *Botswana Bird Club*, der *Botswana Society* und dem *Chobe Wildlife Trust*, setzen sich diese Organisationen für Tier- und Naturschutz in Botswana ein. Als wichtiger Schritt dazu wird die **Öffentlichkeitsarbeit** zur Bewusstseinsbildung der Bevölkerung, insbesondere der Kinder, angesehen. Sehr rührig und engagiert zeigt sich auch die *Okavango Wildlife Society*. Neben Forschungszwecken widmet sich die Gesellschaft aktuellen Naturschutzfragen, wie den Veterinärzäunen, dem wechselnden Wasserstand des Deltas und dessen Überweidung, und der Förderung des Naturschutzgedankens bei der Bevölkerung.

Oben: Europa finanziert die neuen Verwaltungsgebäude in den Parks

Die EU ist der größte Förderer des Wildlife Managements in Botswana. Zwischen 1993 und 2001 flossen bereits 13,2 Mio. Euro nach Botswana. Von Juli 2002 bis 2006 wurden weitere 14 Mio. Euro von der EU bereit gestellt. Dennoch werden gerade die europäischen Reisenden durch die hohen Gebühren benachteiligt.

Wofür stehen eigentlich „NP", „GR", „FR" und „WR" ?

Als **Nationalpark (NP)** genießen Wildgebiete den größtmöglichen staatlich anerkannten Schutz. Natur- und Tierschutz haben höchste Priorität; wirtschaftliche Nutzung der Naturräume wird außer durch den Fototourismus nicht gestattet. Daher gibt es in Botswanas Nationalparks nur wenigen feste Einrichtungen oder Lodges, die sich typischerweise direkt an den Randgebieten der Parks ansiedeln. In Botswana fallen der Chobe NP, Kgalagadi Transfrontier NP und Makgadikgadi & Nxai Pan NP in diese Kategorie. Als erstem grenzüberschreitenden NP der Welt kommt dem gemeinsam mit Südafrika verwalteten Kgalagadi Transfrontier NP eine zukunftsweisende Rolle zu.

Dagegen stellen die **Game Reserves (GR)** Naturschutzgebiete dar, in denen eine eingeschränkte kommerzielle Nutzung bzw. Erschließung durch den Menschen genehmigt wird. Diese beschränkt sich in der Regel auf das Jagen und Fischen, aber auch die Diamantenförderung ist in solchen Gebieten zulässig. Die größten GR liegen in der Kalahari: Central Kalahari GR und Khutse GR. Teilweise dienen die GR auch Bildungszwecken für Schulklassen (Maun GR) bzw. dem gezielten Schutz einer gefährdeten Tierart (Manyelanong GR und Gaborone GR). Darüber hinaus existieren im Tuli Block Ostbotswanas private Schutzgebiete, die durch Zusammenschlüsse von Großfarmen ermöglicht wurden und der privaten Nutzung als auch dem Wildschutz dienen (Tuli GR, Mashatu GR).

Einen eigenen Status genießt das **Moremi Wildlife Reserve (WR)**, welches aus dem königlichen Jagdland der Batawana hervor ging und somit eine Art Schenkung der Batawana darstellt. Das überaus viel besuchte Wildschutzgebiet am Okavangodelta wird heute ebenfalls vom DWNP verwaltet, sein besonderer Status lässt sich zwischen dem eines NP und eines GR einstufen.

Forest Reserves (FR) unterstehen als Waldschutzgebiete der Forstbehörde und werden bisher nicht touristisch genutzt. Ihre Aufgabe ist der Schutz bestehender Waldreserven vor allem im Nordosten des Landes rund um den Chobe NP. Die kommerzielle Nutzung von FR ist stark eingeschränkt. Aber auch ohne der gezielten Absicht schützen die FR die einheimische Tierwelt, da sie ihnen Rückzugsmöglichkeiten und Nahrung bieten.

Schließlich kennt man auch noch den Begriff „**Sanctuary**", der regionale, kleinere Schutzgebiete deklariert. In der Regel werden sie erst durch das Engagement von Naturschutzverbänden und Wildlife-Organisationen ins Leben gerufen und dienen fast immer dem Zweck des besonderen Schutzes eines Naturraumes oder einer gefährdeten Tierart, wobei sie gleichzeitig für Forschungszwecke nützlich sind. Hierzu zählen das Nata Bird Sanctuary, Khama Rhino Sanctuary und Mokolodi Nature Reserve.

Papyrus am Okavango

Topographie

Vegetationsformen in Botswana

Zwei Drittel des Landes bedecken Trocken- und Dornsavannen, die von Norden nach Süden zunehmend lichter und arider werden. Die Wasserarmut der Kalahari schuf eigenwillige, empfindliche, semiaride Vegetationsformen. Im Norden Botswanas geht die Dornbuschsavanne allmählich in Laub- und Mischwälder, wie Mopane- und Combretumwälder, über. Sumpflandschaften mit entsprechendem feuchttropischen Bewuchs herrschen im 15 000 km² großen Okavangodelta und der Linyanti-Chobe-Region vor. 19 % des Landes werden als Waldflächen bezeichnet.

NATURRAUM BOTSWANA

Topographie des Landes

Botswana ist ein **Binnenland** und erstreckt sich zwischen 18° und 27° südlicher Breite sowie zwischen 20° und 29° östlicher Länge. Es liegt damit genau im Wüstengürtel der südlichen Hemisphäre am Wendekreis des Steinbocks. Seine Größe entspricht in etwa der Frankreichs. Die längste Nord-Süd-Ausdehnung beträgt 1100 km, von Osten nach Westen 960 km. Im Osten grenzt Botswana für rund 800 km an Zimbabwe, im Süden bilden die Flüsse Limpopo und Molopo die Grenze zu Südafrika (insg. 1840 km), der Westen und Norden (Caprivistreifen) grenzt über 1360 km an Namibia. Einige hundert Meter des Sambesi werden Botswana bei Kasane zugesprochen, wo das Land eine gemeinsame Grenze mit Sambia besitzt. Insbesondere die Grenzlinien zu Namibia wurden willkürlich gezogen und orientiert sich weder an ethnokulturellen noch an geographischen Gegebenheiten.

Der größte Teil des Landes liegt auf einer überwiegend flachen, leicht gewellten **Hochebene**. Die durchschnittliche Höhe beträgt 1000 bis 1100 m. Es gibt keinerlei Berge, lediglich im Südosten und im Nordwesten befinden sich einige Hügel und Anhebungen. Der höchste Punkt Botswanas liegt bei Lobatse in den *Otse Mountains* auf 1491 m Höhe (knapp gefolgt von den Tsodilo Hills mit 1489 m).

Mehr als 85 % der Landesfläche werden der **Kalahari** zugeordnet. Hier bedecken 5–200 m tiefe, lockere Kalaharisande die Oberfläche. Der Südwesten ist wüstenhaft mit bis zu 12 m hohen Sanddünen. Im Zentrum liegen die **größten Salzpfannen der Erde** auf dem ehemaligen Seegrund eines gigantischen Binnensees, der bis vor ca. 20 000 Jahren 60 000 bis 80 000 km² der Kalahari bedeckte. Vielfach wird die Kalahari als eine Wüste bezeichnet, dies ist jedoch falsch. Es handelt sich vielmehr um eine riesige Halbwüste mit lockerem Savannenbewuchs und ohne Oberflächenwasser.

Einzige ganzjährig wasserführende **Flüsse** in Botswana sind der Okavango und das Linyanti-Chobe-Flusssystem im Norden des Landes. Die übrigen Ströme, wie Limpopo, Shashe, Motloutse und Molopo, trocknen in der Trockenzeit ab bzw. führen nur periodisch Wasser. Am Zusammenfluss von Shashe und Limpopo im Tuli Block liegt mit 513 m der tiefste Punkt des Landes.

Im Hochland von Angola vereinigen sich auf ihrem Weg nach Süden die beiden Flüsse *Cubango* und *Cuito* zum **Okavango**, dem größten Fluss Botswanas. Er findet keinen Weg zum Meer, sondern fließt der Kalahari in südöstlicher Richtung entgegen und versickert schließlich in deren Sanden. Wegen des geringen Gefälles teilt er sich dabei in unzählige

Wasserarme und bildet das größte **Binnendelta** der Welt. Der Okavango setzt dort eine Fläche von der Größe Hessens unter Wasser und schafft ein einzigartiges **Natur- und Tierparadies** am Rande der Kalahari.

Die Samenkapsel des Falschen Mopane

Die Kalahari: Heimat außergewöhnlicher Pflanzen

Das Biotop Kalahari und seine Randzonen sind keinesfalls wüstenhafte, vegetationslose Gebiete, sondern Landschaftsräume mit abwechslungsreichem, zum Teil einzigartigem Pflanzenwuchs (siehe "Faszinierendes Ökosystem Kalahari" S. 183). Viele Pflanzen sind wichtige Nahrungs- oder Feuchtigkeitsliefanten für die Buschleute. Zu ihnen zählt die auch "Lebensbaum der Wüste" genannte **Weißstamm-Boscia** (*Boscia albitrunca*), deren Blätter extrem nahrhaft sind. Aus den Früchten des **Brandybusches** (*Grewia flava*) brauen die Buschleute eine Art Bier. Die ziemlich protein- und fettreichen Nüsse des großen **Mongongobaumes** (*Ricinodendron rautanenii*) bilden eine weitere wertvolle Nahrungsgrundlage. Die Früchte von Sauerpflaumen der *Ximenia*-Familie sind zwar nicht essbar, werden aber traditionell zu Hautöl weiter verarbeitet. In der Westkalahari findet man den lilablühenden **Korkbusch**, *Mundulea sericea*, aus dessen Rinde und Samen die Buschleute ein hochwirksames Fischgift produzieren.

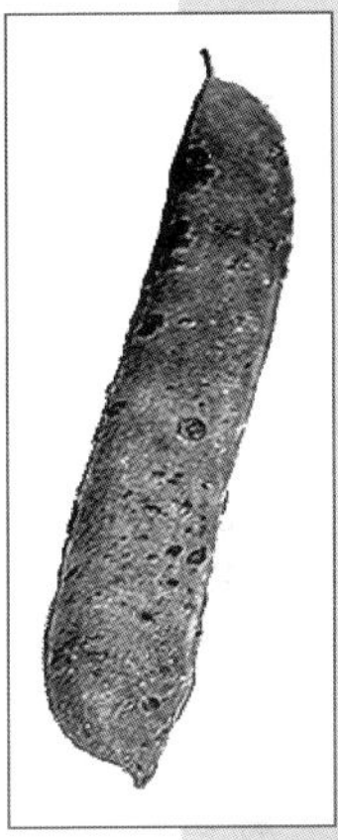

Akazien-Samenschote

Ein bemerkenswerter Baum der Südkalahari ist die **Wunderbaumfeige**, *Ficus salicifolia*, dessen weit ausladende Äste bis zum Boden reichen, sich dort verwurzeln und mitunter wieder austreiben. Der **Schotenmahagoni**, *Afzelia quanzensis*, ist ein großer, schattenspendender Baum der Nordkalahari. Seine leuchtend braunen Baumkapseln, die bis zu 10 x 17 cm groß werden, sind ein beliebtes Touristen-Andenken. Bei günstigen Bedingungen kann dieser Baum bis zu 35 m hoch wachsen. In der traditionellen Medizin werden seine Wurzeln gegen Bilharziose eingesetzt.

Die hübsche Blüte des "Kalahari-Christbaums"

Sichelbusch oder **Farbkätzchenstrauch**, *Dichrostachys cinerea,* heißt ein akazienähnlicher Busch der Mimosen-Gattung, der als Indikator für überweidete Böden angesehen wird, weil er eine typische Sekundärpflanze ist. Er lässt sich leicht an seinen Samenhülsen erkennen, die wie verschlungene Knäuel am Busch hängen. In Botswana ist dieser besonders schön blühende Busch im Nordwesten und Südosten der Kalahari vertreten. Wegen seiner gelb-rosaroten Blüten, die zwischen September und Februar blühen, trägt er hier übrigens den Beinamen „Kalahari-Christbaum".

Büffeldorn, *Ziziphus mucronata,* wird nur etwa 10 m hoch, wächst aber praktisch auf allen Böden. Er entwickelt zwischen Mai und August kleine rote, essbare Beeren. Wegen seiner spitzen Hakendornen, in denen man sich leicht verheddert, wird er in Südafrika 'Wart-ein-bisschen-Strauch' genannt. Seinen Wurzeln wird eine schmerzstillende Wirkung nachgesagt.

Kalahari-Pflanzen

oben: Tsama-Melone, unten: Blüte und Frucht vom Leberwurstbaum

Kandelaber-Euphorbien (*Euphorbia candelabrum*), deren hoch giftiger Latex als Pfeilgift von Buschleuten eingesetzt wird, sind in Ostbotswana vertreten. Combretum- und Terminaliagewächse kommen auch in der Kalahari vor, entwickeln sich hier aber meist nur zu Büschen bis zu 8 m Höhe. Zu den vielen unterschiedlichen Bodengewächsen in der Kalahari zählen kakteenähnliche *Hoodia*-Arten, Kürbisse, wie die **Tsama-Melone** (*Citrullus lanatus*), wilde Süßerbsen, dreierlei Trüffelarten – ein Leckerbissen für Schakale – und diverse Wildgurken, von denen die **Gemsbok-Gurke** (*Acathosicyos naudinidnus*) die bekannteste ist.

Besondere Erwähnung verdient ein am Boden kriechendes Rankengewächs namens **Teufelskralle** (*Harpagophytum procumbens*). Die Ranken breiten sich vom Trieb aus flach etwa 1 - 2 m in alle Himmelsrichtungen aus. In kurzen Abständen entwickeln sich daran Blattpaare und ca. 5 x 8 cm große Fruchtkapseln, die in ausgereiftem Zustand stark verholzen. Dabei verwinden sich die Früchte und bilden harte, spitze, krallenartige Auswüchse mit Dornen und Widerhaken. Berührt ein weidendes Tier diese Teufelskrallen, heften sie sich sofort an Fell, Maul oder Klauen des Opfers und verursachen bösartige Verletzungen, wenn sich das Tier zu befreien versucht, die in Ausnahmefällen sogar zum Tode führen. Aus den Wurzeln der Teufelskralle wird in Europa ein wertvolles Heilmittel gegen Nieren- und Gallenerkrankungen gewonnen (siehe unten).

Aktuell vorgestellt: Die Teufelskralle

Die Pflanze mit dem gefährlich klingenden Namen ist ein seltener Exot der Kalahari, der nirgendwo sonst auf der Welt vorkommt. In der Volksmedizin wird sie seit jeher gegen Verdauungsstörungen, Bluterkrankungen, Fieber und Schmerzen eingesetzt. 1953 gelangte die wunderliche Heilpflanze erstmals nach Europa und wurde dort eingehenden wissenschaftlichen Untersuchungen unterzogen. Die Resultate sind bemerkenswert: Nicht nur eine allgemein entzündungshemmende Wirkung wurde nachgewiesen, sondern auch dauerhaft gelenkabschwellende, schmerzlindernde, oedemhemmende und zellwachstumsbeschränkende Effekte ließen sich feststellen. Seither wird die Teufelskralle in Europa bei Stoffwechselerkrankungen, Leber-, Gallen-, Nieren- und Blasenbeschwerden, vor allem jedoch zur Rheumabehandlung eingesetzt. Die starke Nachfrage in westlichen Industrienationen ist eine ernsthafte Bedrohung für die Teufelskralle. Bislang haben die Sammler, hauptsächlich Buschleute und Nama, die Pflanze mit ihrer Wurzel vollständig aus dem Boden gerissen und damit für immer zerstört. Im Laufe der Jahrzehnte wich die ungewöhnliche Pflanze immer weiter zurück. Heute gilt es schon als Besonderheit, in der Kalahari auf dieses Unikum zu stoßen. In Namibia läuft derzeit ein groß angelegtes Projekt zur Kultivierung von Teufelskrallen, um den letzten Bestand in freier Natur zu retten. Die Ausfuhr der seltenen Kalaharipflanze aus Botswana ist inzwischen auch strikt verboten.

Das Okavangodelta: Ein artenreiches Paradies

In der **Dauerflutzone** des Okavangodeltas sind vergleichsweise wenig unterschiedliche Pflanzen lebensfähig. Zu den am weitesten verbreiteten zählt der schnell wachsende, aber zugleich kurzlebige **Papyrus**. Außerdem kommen hier fleischfressende **Wasserschlauchpflanzen** und allerlei **Schilfarten** vor.

In den **Schwemmlandschaften**, die nur saisonal überflutet werden, ist die Pflanzenwelt um ein Vielfaches artenreicher. Die Überschwemmungsgebiete sind vor allem von diversen **Gräsern** bewachsen. Daran schließt sich ein bewaldeter Saum, der zwischen einer Baumzeile und einem Kilometer breit sein kein. An den Kanälen wachsen **Wasserfeigen** (*Ficus verruculosa*) und **Wasserbeerbäume** (*Syzigium cordatum*). Ebenso sind **Wilde Dattelpalmen** (*Phoenix reclinata*) vertreten, die eng verwandt sind mit den echten Dattelpalmen Nordafrikas, und **Doumpalmen** (*Hyphaene petersiana*), die auf Sandböden und in Regionen mit salzhaltigem Grundwasser wachsen, nicht jedoch im Dauerflutbereich. Sie können bis zu 20 m hoch werden. Eine Unterart ist die sehr hoch wachsende, schlanke **Makalanipalme** *(Hyphaene benguellensis*, auch Steinnusspalme*)*, deren fächerförmige Blätter bis über 1 m Breite erreichen. Bis zu 2000 runde Früchte trägt eine einzelne Palme, die erst zwei Jahre reifen müssen und nach weiteren zwei Jahren abfallen. Diese Früchte sind ein begehrtes Elefanten- und Affenfutter, wobei die Tiere gleichzeitig als Samenverteiler dienen. Als Souvenirartikel werden die Früchte aufgesammelt und halbiert. Ihr hartes, weißes Inneres erinnert an Elfenbein, daher nennt man es „Vegetable Ivory".

Früchte der Raffiapalme (oben) und der Makalanipalme (Bild unten)

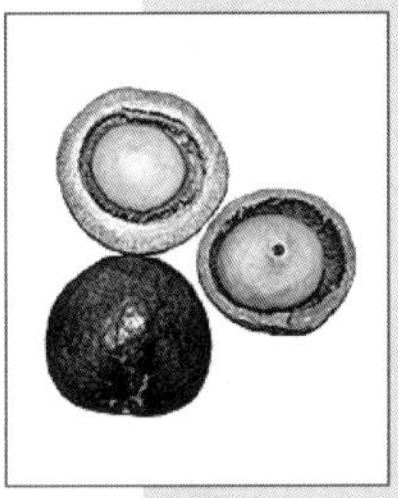

Der Greis unter den Uferwaldbäumen heißt **Ahnenbaum**, auch Bleiholz genannt (*Combretum imberbe*). Dieser Baum kann bis zu 1000 Jahre alt werden, sein hartes Holz brennt langsam und intensiv, und er gilt als Indikator für gutes Weideland. Man kann ihn leicht an seiner Rinde identifizieren, die aussieht wie eine hölzerne Krokodilhaut. Auch andere Weidengewächse der großen Combretum-Familie sind verbreitet, wie Kudubusch (*Combretum apiculatum*) und Rostbraune Buschweide (*Combretum hereoense*).

Ficus capensis, die mächtige **Kapfeige**, ist ein großer Maulbeerbaum der Wald- und Sumpfgebiete und findet starke Verwendung in der traditionellen afrikanischen Medizin. Auch der afrikanische **Mangostan** (*Garcinia livingstonei*) ist ein typischer immergrüner Baum der saisonalen Flutregionen. Während der Regenzeit fällt er besonders durch seine pink-orangefarbenen Früchte auf. Größeres Glück braucht man, um ein Exemplar der **Holzbanane** *(Entandrophragma caudatum)* zu entdecken. Sie wächst an den Ufern von Okavango und Chobe auf eher steinigem Grund. Ihre Fruchtkapseln hängen tatsächlich wie geschälte Bananen am Baum, wenn sie aufgesprungen sind. Allerlei Unsinn und Seemannsgarn ist schon über den **Marulabaum** *(Sclerocarya birrea)* berichtet worden, dessen Früchte vier Mal mehr Vitamin C als z. B.

Okavangodelta

Das Okavangodelta weist eine beachtliche Pflanzenvielfalt auf. Mehr als **1000 verschiedene Pflanzen** wachsen hier, das entspricht 50 Mal mehr als auf einer vergleichbaren Fläche Europas. Dennoch ist nur ein einziges Gewächs – eine gelbe Orchidee – im Delta endemisch. Zahlreiche Pflanzen der Sumpf- und Schwemmgebiete sind immergrün, weil sie abwechselnd durch Sommerregen und Winterflut Feuchtigkeit erhalten.

Je ein Blatt des Mopane (oben) und des Falschen Mopane (darunter) im direkten Vergleich

Orangen enthalten, und die im überreifen Zustand zum Gären neigen. Eine Überdosis solcher Früchte kann daher durchaus unangenehme Nebenwirkungen auslösen, jedoch nicht – wie in einem berühmten Tierfilm dargestellt – zur Massentrunkenheit unter Affen, Elefanten, Warzenschweinen und Antilopen führen! In Südafrika wird aus Marulafrüchten ein wohlschmeckender Likör, der auch in Botswana beliebte „Amarula" gewonnen.

Der Mopanewald

Mopanewälder sind die vorherrschende Vegetationsform in der Nordhälfte Botswanas und nach ihrem dominantesten Baum, dem **Mopane** (*Colophospermum mopane),* benannt. Sie unterscheiden sich deutlich von anderem Bewuchs. Die sandigen oder lehmig-weißen Böden sind nur spärlich mit Gras bewachsen; und in der Trockenzeit wirken die oft großflächig abgebrannten und schattenlosen Mopanewälder abweisend. Das Zirpen unzähliger Zikaden und einzelne Termitenhügel prägen ihre Atmosphäre. Der schnell wachsende, anspruchslose Mopane kann bei günstigen Bedingungen bis zu 18 m Höhe erreichen, bleibt aber bei schlechten, alkalischen Böden oft nur ein Busch. Er lässt sich leicht an seinen schmetterlingsförmigen Blättern erkennen, die sich in kurzer Zeit gelb, braun und rot färben. Mopane gibt ein gutes Feuerholz. An seinen Blättern findet man häufig sog. Mopaneraupen *(Gonimbrasia Belina).* Viele Afrikaner sammeln diese bunten Raupen, um sie gekocht und geröstet zu verzehren.

Oben: An dieser Akazie haben Siedelwebervögel ihre riesigen Gemeinschaftsnester gebaut

Falscher Mopane, *Guibourtia coleosperma,* ist ein sehr attraktiver Baum mit rosaweißem Stamm und ähnlichen Schmetterlingsblättern (siehe links oben den Vergleich). Seine Samenkapseln werden von den Buschleuten geröstet und verzehrt. Typisch sind auch die lila blühenden **Teakholzbäume** *(Baikiaea plurijuga),* die ein besonders hartes, begehrtes Holz aufweisen. Ihre Samenkapseln brechen explosiv auf und streuen die Samen dabei weit aus. Eine seltene Unterart der Kastanien ist die **Sternkastanie** *(Sterculia rogersii)*, die ein aufmerksamer Beobachter z. B. an der Sowa-Pan entdecken kann.

Die **Sandseringe** *(Burkea africana),* ein mittelgroßer Sandboden-Waldbaum, lockt wie der Mopanebaum essbare Raupen an. Auch Vertreter der Hülsenfrüchtler sind durchaus typisch für einen Mopanewald. Zu ihnen zählen die **Knopfdornakazie** *(Acacia nigrescens)*, die oft monatelang ohne Blätter bleibt und als Indikator für gutes Weideland gilt, und *Acacia sieberana*, die **Papierrindenakazie** (siehe auch S. 79). Ihre Samenhülsen bilden ein begehrtes Futter für Wildtiere, wie Elefanten, Büffel, Antilopen und selbst für Rinder.

Der Miombowald

Diese Waldart ist in Botswana nur im Chobe-Distrikt vertreten. Als Leitspezies des ausgesprochen attraktiven Miombowaldes gelten die Baumfamilien Brachystegia, Julbernardia und Isoberlinia. Als Gemeinsamkeit zeichnen diese Arten pilzförmige, ausladende Baumkronen und ein explosives Aufspringen der Samenkapseln aus. Besonders häufig ist der **Muombo** (*Brachystegia longifolia*) vertreten, dessen Plural "Miombo" bei der Namensgebung dieser Waldart Pate stand. In mittleren Höhenlagen um 1200 m trifft man vor allem auf den **Msasa** (*Brachystegia spiciformis*), dessen Samenkapseln sich nach dem krachenden Aufbrechen sofort spiralförmig eindrehen. In seiner Gesellschaft siedeln sich **Munondobäume** (*Julbernardia globiflora*) an. Die beiden bis zu 12 m hoch wachsenden Laubbäume unterscheiden sich an Blättern und Schoten: die sind beim Msasa haarlos, Munondoblätter und Samenkapseln dagegen samtweich und fein behaart. In trockeneren Gebieten weicht der Msasa dem **Mfuti** (*Brachystegia boehmii*). Die meisten Miombowaldbäume sind periodisch laubabwerfend, wobei der Austrieb neuer Blätter noch vor der Regenzeit stattfindet, weil er durch den enormen Temperaturanstieg zum Ende der Trockenzeit ausgelöst wird. Dass Blüten und Früchte oft direkt aus dem Stamm und aus starken Ästen wachsen, ist eine Besonderheit blühender Bäume in den Tropen. Die schattenreichen Miombowälder zeichnen sich in der Regel durch eine geschlossene Grasdecke aus.

Aus diesen Eiern (Bild oben) schlüpft die Mopaneraupe, „Mopane Worm" genannt (Bild unten)

Akazien, Albizien & Combretum

Akazien bevorzugen offene Waldlandschaften in überwiegend trockenen Regionen, und sind in ganz Botswana vertreten. Weil diese Hülsenfrüchtler den Stickstoff aus der Luft wie einen Dünger nützen, wachsen sie auch noch auf sehr verkarsteten Böden. Zu den häufigsten Akazien der trockenen Kalahariregionen zählt die auffällige **Ringelhülsenakazie** *(Acacia tortilis).* Sie wird bis zu 20 m hoch, hat eingeringelte Samenhülsen und gehört zu den Schirmakazien. Besonders unangenehme Dornen und eine fast schwarze Rinde zeichnen den **Giraffendorn** bzw. **Kameldorn** *(Acacia erioloba)* aus. Man findet diese Akazienart häufig an fossilen Flusstälern. Sie treibt als eine der ersten Pflanzen nach der Trockenzeit wieder neue Blätter. **Apfelringakazien** (*Acacia albida*) erreichen bis zu 30 m Höhe und bilden ein begehrtes Viehfutter. Ihre frischen Blätter treiben nämlich im südlichen Winter, wenn alle anderen Bäume noch kahl sind. Für den Nahrungszyklus der Wildtiere kommt ihnen daher eine ganz besondere Bedeutung zu. Auf Grundwassernähe deutet die Präsenz von **Wasserakazien** *(Acacia newbrowni).* Einige dieser Exemplare stehen an der Kgama Kgama Pan im Nxai Pan Nationalpark. Zu den auffallendsten Akazien zählt die **Papierrindenakazie** (*Acacia sieberana*), deren hellfarbige Rinde sich wie Papierfetzen abschält und an denen Büffelweber bevorzugt ihre Nester bauen. Einige weitere in Botswana verbreitete Akazienarten heißen Blattdorn- (*Acacia fleckii*),

Oben: Markanter Stamm der Knopfdornakazie

Miombowald

Blaudorn- (*A. erubescens*), Schwarzdorn- (*A. mellifera*) und Sandakazien (*A. arenaria*). Bei den Piper Pans in der Zentralkalahari stehen schöne Exemplare der **Duftschotenakazie** (*A. nilotica*).

Afrikanische Kastanie
Ein eindrucksvoller Vertreter im Mopanewald und in den Kalahari-Randzonen, wie z. B. in Kubu Island, ist die auffällige Afrikanische Kastanie (*Sterculia africana*, auch Mgozo oder Tick Tree genannt). Ihre pelzige Fruchtkapsel ähnelt äußerlich der des Baobabs, ist aber kleiner und rund (siehe Bild oben). Der Baum aus der Kakaofamilie wächst sehr gerne auf steinigen Böden.

Auch im Okavangodelta findet man viele Akazien, wie z. B. **Ringelhülsenakazien** (*Acacia tortilis*) und die markante, am Stamm von unzähligen Noppen und Warzen übersäte **Knopfdornakazie** (*Acacia nigrescens*, siehe Bild S. 79). Manche Exemplare dieses typischen Delta-Uferbaumes stehen dort schon seit über 300 Jahren.

Die Bäume der weit verbreiteten **Albizien** werden leicht mit Akazien verwechselt. Um sie zu unterscheiden, sollte man wissen, dass nur Akazien an den Ästen Dornen tragen. Sehr häufig begegnet man der **Bitteralbizia** (*Albizia amara*), deren Früchte in der traditionellen Medizin zur Malariabehandlung eingesetzt werden. Der Baum gilt auch als ein recht zuverlässiger Indikator für Tsetsefliegen. Die **Wurmkur-Albizia** (*Albizia anthelmintica*) trägt diesen Namen, weil aus ihrer Rinde ein hilfreiches Medikament gegen Bandwürmer gewonnen werden kann. Am auffälligsten ist die **Papierrinden-Albizia**, *Albizia tanganyicensis*, deren weiße, zarte Rinde sich wie bei der gleichnamigen Akazie permanent abschält.

Commiphora-Arten sind in der Kalahari ausgesprochen verbreitet. Auch hier gibt es eine markante Papierrinden-Art (*C. marlothii*). Für die Buschleute ist die *Commiphora africana* von großer Bedeutung, denn die Larve des *Diamphidia-simplex*-Käfers, die das wirksamste aller verwendeten Pfeilgifte liefert, ernährt sich ausschließlich von den Blättern dieser Pflanze.

Besondere Spezies

Fieberbaum

Bizarre Fieberbäume *(Acacia xanthophloea)* prägen vor allem die Ufervegetation des Limpopo. Ihre ungewöhnlich gelben Stämme heben sich während der blätterlosen Trockenzeit besonders stark hervor. Schon die ersten Forschungsreisenden und Missionare nannten diese anmutige Akazie Fieberbaum, weil sie ihn für den Auslöser von Malaria hielten. In der Tat wächst der attraktive Baum in den besonders heißen, sumpfigen Niederungen, wo auch die Malaria gerne wütet, hat ansonsten aber überhaupt nichts mit der Krankheit zu tun.

Baobab

Der berühmteste Baum Afrikas heißt Baobab bzw. Affenbrotbaum (*Adansonia digitata*). Er zählt zu den Wollbäumen und kommt nur in niedrig-heißen Regionen in Afrika vor. Dieser ungewöhnliche Baum gilt als extrem vital und zäh, manche Exemplare werden bis zu 3000 Jahre alt. Sein massiger Stamm fungiert als Wasserspeicher, der in Trockenzeiten von Elefanten angezapft wird. Seine großen, weißen Blüten trägt er nur für etwa zwei Tage im Oktober/November. Der Baobab lässt sich fast vollständig verwerten, selbst seine jungen Blätter sind wie Spinat gekocht essbar. Die ovalen, samtigen Früchte enthalten so viel Vitamin C wie kaum eine andere bekannte Pflanze. Unzählige Legenden und Mythen befassen sich mit dem Baobab, der in den meisten afrikanischen Kulturen sehr verehrt wird. Manche glauben, der Sud aus seinen Samen schütze vor Krokodilen; andere behaupten, Gott habe den knorrigen Baum versehentlich verkehrt herum eingepflanzt – sozusagen mit den Wurzeln nach oben! Hohle Baobabs wurden früher als Versteck, Unterschlupf oder auch als Gefängnis verwendet.

Baobabfrucht

Leberwurstbaum

Zu den ungewöhnlichsten Bäumen Afrikas muss man den Leberwurstbaum (*Kigelia africana*) zählen, der an Flussufern, im Okavangodelta und in offenen Waldlandschaften anzutreffen ist. Seine bis 1 m langen und bis zu 10 kg schweren Früchte enthalten sehr viel Wasser und hängen wie Leberwürste von den Ästen und Zweigen herab. Im unreifen Zustand sind sie giftig, später werden sie allerdings zum Bierbrauen verwendet. Ansonsten sind sie ein beliebtes Futter für Mangusten, Hippos, Paviane und anderes Wild. Die dunkelroten, trompetenförmigen Blüten (der Baum gehört zu den Trompetenbaumgewächsen) verströmen abends einen eher unangenehmen Duft, der Fledermäuse zum Bestäuben anlockt.

Königin der Namib

Die Königin der Namib (*Hoodia gordonii*) wirkt als kleine Kalahari-pflanze wie eine Euphorbie, denn ihre Stengel sind mit kaktusähnlichen Stacheln und Warzen besetzt. Die etwa 40 cm hohe Pflanze bildet zarte Blüten in Farbvariationen von braunviolett bis lachsrot. Sie wächst vor allem auf steinigen Böden der Kalahari und Namib. In Namibia steht sie unter Naturschutz (siehe Bild auf S. 208).

Afrikanischer Regenbaum

Besondere Erwähnung verdient der Regenbaum (*Lonchocarpus capassa*). Der mittelgroße, weit verbreitete Baum steht gerne an Flussläufen. Sein Namen verrät es schon: dieser Baum scheint gelegentlich zu regnen! Dafür ist allerdings ein kleines Insekt verantwortlich, das auf diesen Bäumen lebt. Um sich vor der starken Sonneneinstrahlung zu schützen, muss sich die Zikade (*Ptyelus grossus*) selbst mit sog. „Kuckucksspucke" bedecken. Dazu saugt sie die Rinde an, produziert Spucke und scheidet sogleich fast reines Wasser wieder aus, welches dann vom Baum zu tropfen scheint.

Mukwa

Wegen seiner großen runden Samenfrucht relativ leicht zu identifizieren ist der **Mukwabaum**, *Pterocarpus angolensis*. Die haarige Kugel weist außen herum einen weichen, wellenförmigen Flügelring von etwa 3 cm Breite auf. Diese Früchte hängen oft monatelang am Baum. Wenn man den Mukwa anschneidet, tritt eine blutähnliche Flüssigkeit aus, die zum Färben verwendet wird. Der Baum, er wird auch Blutholz genannt, ist sehr feuerresistent und bietet hervorragendes Holz für Kanus und Paddel. Ein Sud aus seinen Wurzeln soll gegen Malaria wirken. In Botswana findet man Mukwabäume vor allem am Panhandle und in den Miombowäldern im Nordosten.

Samenkapselring des Mukwa, auch "Flying Egg" genannt

Die Artenvielfalt Afrikas, insbesondere die der Vögel und Säugetiere, ist auf der Welt einmalig. Das kontrastreiche Botswana bildet die Heimat einer außergewöhnlich vielseitigen Fauna. 164 verschiedene Säugetiere leben in Botswana (BRD: 90), etwa 550 Vogelarten (BRD: 330), 157 verschiedene Reptilien (BRD: 12), darunter 72 Schlangenarten, über 80 Fischarten und 38 Amphibien (BRD: 20). Für viele Besucher stellt dieser Artenreichtum daher auch das Hauptmotiv ihrer Reise nach Botswana dar.

BOTSWANAS TIERWELT

Pflanzenfresser, Raubtiere und Primaten

Säugetiere werden wissenschaftlich in Pflanzenfresser, Fleischfresser und Herrentiere gegliedert. Die meisten Pflanzenfresser, wie Böcke und Antilopen, sind tagaktive Herdentiere, wobei sich das Weiden in der Regel auf die kühleren Stunden beschränkt. An bedeckten Tagen und in mondhellen Nächten sind die Tiere aktiver; bei starker Bejagung können sich tagaktive Wildtiere auch zu reinen Nachttieren entwickeln. Die **Pflanzenfresser** werden in verschiedene Untergruppen gegliedert: Paarhufer (Giraffen, Schweine, Flusspferde, Ducker, Böcke, Kleinantilopen, Rinder), Unpaarhufer (Zebras, Nashörner), Schliefer, Rüsseltiere, Schuppentiere, Röhrenzähner, Hasen- und Nagetiere.

Raubtiere unterteilt die Wissenschaft in Katzen (Geparde, Panther- und Ginsterkatzen), Schleichkatzen, Hunde, Marder und Hyänen. Fast alle Wildkatzen sind scheue, überwiegend nacht- und dämmerungsaktive Einzelgänger. Löwen bilden eine Ausnahme, denn sie leben und jagen als Rudel, wie auch die Hyänen und Hyänenhunde (Afrikanische Wildhunde). Beschreibung ab S. 95.

Die dritte große Gruppe bilden die **Primaten**, die auch als Herrentiere bezeichnet werden. In Botswana sind aus dieser Gruppe einige Hundsaffen (Meerkatzen, Paviane) und Halbaffen oder Loris (Galagos) vertreten. Beschreibung ab S. 102.

Elefant

Pflanzenfresser

Elefant

(Elephant)
Loxodonta africana

KH m300-400, w240-300; **G** m4,5t-6t, w2,2t-3t; **GL** m700-730, w640-660; **SL** 110-150; Rüssellänge 160-220 cm; Stoßzahnlänge m bis 350, w bis 80; **LR** Feucht- bis Trockensavanne, Galeriewälder, heiße Niederungen, Berglandschaften; **A** rund um die Uhr, mittags ruhend; **LD** in Freiheit ca. 15 J., eigentlich bis 60 J.

Größtes Landsäugetier der Welt und das Symbol für Afrika schlechthin ist der Elefant. Er kann bis zu 4 Meter groß und 5000 bis 6000 kg schwer werden. Allein sein Herz bringt 25 kg auf die Waage!

Elefanten haben einst in ganz Afrika bis auf 5000 m Höhe gelebt. Aufgrund des enormen Futter- und Wasserbedarfs (300 Liter Wasser und 100-200 kg Grünzeug pro Tag) unternehmen die Elefanten bis zu 500 km lange Streifzüge und beschäftigen sich rund 17 Stunden pro Tag mit der Nahrungsaufnahme. Wilderei und die Zerstörung der jahrhundertealten „Elefantenpfade" durch Straßen, Zäune und Ortschaften, beschränkt ihren Lebensraum heute nahezu überall auf die ausgewiesenen Nationalparks und Schutzzonen. In **Botswana** sind dagegen noch ausgedehnte Elefantenwanderungen möglich, insbesondere in der Moremi-Chobe-Region, wo die unbewohnte Wildnis erhalten blieb und den Elefanten ein freies Leben gönnt. Die **ca. 100 000-120 000 Elefanten** Botswanas führen daher ein vergleichsweise glückliches Leben mit viel Freiraum und nur wenig Bedrohung durch Wilderei.

Ein Elefant wird nach 22 Monaten Tragezeit geboren und wiegt bei seiner Geburt bereits 90 kg. Mit 10-12 Jahren wird er geschlechtsreif, interessanterweise allerdings bei starker Überpopulation erst viele Jahre später. Eine Elefantenkuh bringt in ihrem Leben etwa zehn Kälber zur Welt. Außer dem Menschen haben Elefanten keine natürlichen Feinde und können bis zu 60 Jahre alt werden. Dass ihre derzeitige durchschnittliche Lebenserwartung nur 15 Jahre beträgt, haben sie diesem einen Feind zu verdanken (in Botswana ist ihre Situation besser).

Des Dickhäuters **wichtigstes Körperteil** ist der Rüssel. Mit ihm atmet und riecht er, und er benützt ihn zum Trinken, Greifen und Schlagen. Elefanten riechen und hören ausgezeichnet. Ihr Sehvermögen ist nur mittelmäßig, allerdings in der Dämmerung deutlich besser ausgeprägt als bei Tageslicht. Die Tiere baden gerne. Anschließend suhlen sie im Schlamm oder bespritzen sich mit viel Staub, den sie später an Bäumen oder Termitenhügeln wieder abreiben. Dieser Vorgang schützt die Haut vor Austrocknung. Beim Fressen gehen die Tiere sehr verschwenderisch mit ihrer Umgebung um. Um an Zweige und Blätter zu gelangen, werden Bäume oft entwurzelt oder abgebrochen. Trotz seiner Masse kann ein Elefant nahezu lautlos schreiten.

Das beeindruckendste an diesen friedlichen Dickhäutern ist ihr **ausgeprägtes Sozialverhalten**. Die weiblichen Tiere und alle Jungtiere leben in geschlossenen Familienverbänden. Zumeist bilden mehrere Generationen von Müttern und Töchtern eine geschlossene Herde, die von einer erfahrenen, alten **Leitkuh** angeführt wird. In jungen Jahren bleiben auch die Bullen in kleinen, lockeren Gruppen zusammen, und sie treffen die weiblichen Herden nur zur Paarung. Alte Bullen werden Einzelgänger. Elefanten gehen auffallend friedlich, liebevoll und umsorgend miteinander um. Ihre Familienbande sind eng und bleiben lebenslang bestehen. Sie trauern um verletzte oder getötete Artgenossen, halten manchmal **Totenwache** und decken dann den Körper des toten Tieres mit Zweigen ab. Dieses Verhalten ist sogar schon gegenüber verletzten Menschen beobachtet worden. Eine Leitkuh muss besonders erfahren und weise sein, um zu wissen, wo z. B. in Dürrezeiten nach Wasser gegraben werden kann, welche Pfade sicher sind, wo Gefahren lauern und wie sich ihre Familie dann verhalten muss. Dieses Wissen vermittelt sie im Laufe vieler Jahre an die Jüngeren weiter. Der massive Abschuss gerade der älteren Tiere (wegen ihrer längeren Stoßzähne)

Bild links: Der Fußabdruck eines Elefanten; unten: Elefantenbulle in Savuti

Verwendete Abkürzungen

KL Körperlänge in cm
SL Schwanzlänge in cm
GL Gesamtlänge in cm
KH Körperhöhe in cm
H Hörnerlänge in cm
G Gewicht in kg
LR Lebensraum
LD Lebensdauer in Jahren
A Aktivität
m männliches Tier
w weibliches Tier

durch die **Wilderei** hat deshalb neben der allgemeinen Dezimierung der Elefantenherden auch eine besonders tragische Auswirkung auf die Überlebensfähigkeit des Nachwuchses. Wo früher alte Kühe 80 bis 100 Tiere anführten, müssen heute Kleingruppen aus fünfzehn Tieren mit einer verschreckten, unerfahrenen, vielleicht nur zwanzigjährigen Leitkuh überleben.

Elefanten haben eine klare Körpersprache, wenn sie gereizt sind

Elefanten haben eine relativ **deutliche Körpersprache**. Aggression, Angriffslust und Erregung, wie sie z. B. bei Stress und während der „Musth" (sexuelle Stimulation der Bullen) auftreten können, zeigen sich durch ein feuchtes Sekret, welches aus den Drüsen an beiden Schläfen austritt. In solchem Gemütszustand kann es zu gefährlichen Angriffen kommen.

Giraffe

(Giraffe) *Giraffa camelopardalis*

KH 270-500; **KL** 300-400; **SL** 90-110; **G** 500-900; **LR** halboffene Savannenlandschaften; **A** tagaktiv; **LD** bis 28 J.

Das höchste Lebewesen der Welt lebt seit 10 Mio. Jahren nur in Afrika. Giraffen bevorzugen Busch- und Baumsavannen, Miombo-Waldlandschaften und ganz besonders Akazienwälder.

Die Zahl der Giraffen allein im Okavangodelta schätzt man auf 6500 Tiere

Tipp: Die Ohren verraten den Gemütszustand

Nach etwa 440 Tagen Tragezeit beginnt das Leben eines 70 kg schweren Jungtiers, das bereits nach einer Stunde laufen können muss. Die Mutter-Kind-Beziehung ist nur sehr locker. Nach zehn Jahren ist das Jungtier ausgewachsen und hat nur noch wenige Feinde. Gegen die Angreifer verteidigt sich eine Giraffe mit gezielten Hufschlägen oder entkommt durch eine bis zu 50 km/h schnelle Flucht. Schutzlos und gefährdet ist sie allerdings während des Trinkens, weshalb sie oft sehr lange zögert, bevor sie sich zum Wasser niederbeugt. Sie trinkt bis zu 50 Liter auf einmal und kann damit eine ganze Woche auskommen. Die durchschnittlich 4-5 Stunden Schlaf pro Tag verbringt eine Giraffe teilweise im Stehen und nur, wenn sie sich sicher fühlt, liegend. Das Musterkleid der Langhälse ist individuell und regional verschieden. Giraffen können über einen Kilometer weit sehen und dabei auch Farben unterscheiden. Hängen die Ohren einer Giraffe nach unten, ist sie entspannt. Aufstehende Ohren signalisieren Aufmerksamkeit und Erregung. Kleine Hörner tragen sowohl männliche als auch weibliche Tiere.

Giraffen

Oribi

Warzenschwein

(Warthog)
Phacochoerus aethiopicus

KH 55-85; **KL** 105-150; **SL** 35-50; **G** m <150, w <75; **LR** vielseitig, kein dichter Wald; **A** tagaktiv; **LD** bis 18 J.

Warzenschweine leben in ganz Afrika südlich der Sahara in offenen Grasflächen und lichten Savannen. Sie meiden dichten Wald oder felsige Steilhänge. Innerhalb des Familienverbands leben sie standorttreu in festen Wohn- und Schlafhöhlen. Das Weibchen wirft 2-4 Jungtiere, die vier Monate gesäugt werden und bereits nach einer Woche der Mutter ins Freie folgen. Gerne suhlen Warzenschweine in Wasser- oder Schlammlöchern. Ihr Sehvermögen ist ausgezeichnet und ihren Feinden (Löwen und Leoparden) entkommen sie meist durch Flucht. Die bis zu 150 kg schweren Tiere verteidigen ihre Familie mutig mit den unteren Eckzähnen (Hauern). Ihre Hauptnahrung besteht aus Gräsern.

Im Allgemeinen meiden die Tiere menschliche Siedlungen. Allerdings kommt es in manchen Regionen, wie in Kasane, wo Wildlife und Tourismus aufeinander stoßen, zu einem auffälligen Verhaltenswandel: Intelligente Warzenschweine spezialisieren sich hier plötzlich auf die regelmäßige Inspektion von Mülltonnen auf Campingplätzen, z. B. in der Chobe Game Lodge!

Abkürzungen "KH", "KL", "LR"... siehe Seite 83!

Pinselohrschwein

(Bushpig)
Potamochoerus porcus

KH 55-80; **KL** 100-150; **SL** 30-45; **G** m 45-120; **LR** vielseitig; **A** nachtaktiv; **LD** 12-15 J.

Diese auch Buschschwein genannte Spezies hält sich eigentlich in allen Lebensräumen außer lichten Savannen auf und bleibt doch meist unentdeckt. Die geselligen Allesfresser leben in Kleingruppen bis etwa zwölf Tieren. Sie sind bei den Bauern recht unbeliebt, gelten die Bodenwühler doch als starke Ackerbauschädlinge. Ihre Bezeichnung verdanken die rotbraunen Tiere den auffallend langen Ohrpinseln.

Oribi

(Oribi) *Ourebia ourebi*

KH 50-65; **KL** 90-110; **SL** 6-10; **H** 8-19; **G** 12-22; **LR** Buschlandschaften; **A** Dämmerung, **LD** 8-12 J.

Oribis besiedeln offene Grassavannen mit niedrigem Bewuchs. Dabei treten sie einzeln oder in Kleingruppen auf. Bei Störung oder Gefahr ducken sie sich zunächst, um dann plötzlich mit einem pfiffartigen Laut aufzuspringen und davon zu rennen. Ein Identifikationsmerkmal ist der schwarze Fleck hinter den Ohren. Nur die männlichen Tiere tragen Hörner. In Botswana kommen Oribis nur vereinzelt im Norden, vor allem im Chobe NP, vor.

Warzenschwein

Pinselohrschwein

Schweine & Oribi

Flusspferd

(Hippo)
Hippopotamus amphibius

KH 130-165; **KL** 280-420; **SL** 35-50; **G** 1300-3500; **LR** Gewässer mit Flachufern und Sandbänken; **A** tagsüber im Wasser, nachts weidend; **LD** 40-45 J.

Abkürzungen "KH", "KL", "LR"... siehe Seite 83!

Flusspferde leben in trägen Gewässern mit flachen Uferstellen und Sandbänken bei einer Wassertemperatur von 18-35°C und vereinzelt sogar im Meer. Man trifft sie bis auf 2000 m Höhe. Am Okavango und Chobe zählen sie zu den besonders typischen Wildtieren. Ihre nackte Haut ist mit zahlreichen Schleimdrüsen übersät und an den Füßen bilden sie Ansätze von Schwimmhäuten. Gewöhnlich tauchen die **geselligen Tiere** 2-5 Minuten, doch können sie in Ausnahmesituationen bis zu 15 Minuten unter Wasser bleiben. Die meiste Zeit verbringen sie träge im Wasser oder ruhen auf Sandbänken und am Ufer. Hippos verhalten sich relativ laut, sie schnauben, brüllen und wiehern. Das Maulaufreißen ist ein Zeichen der **Aggression**. Ihr Lebensraum ist in strikte Territorien eingeteilt, die von der jeweiligen Gruppe streng verteidigt werden. Dazu zählen auch der Uferbereich und ihre fest ausgetretenen Wechsel (markierte Trampelpfade). Abends verlassen die Flusspferde das Wasser entlang dieser Wechsel, um an Land zu fressen. Pro Mahlzeit vertilgen sie bis zu 60 kg Gräser und legen dabei nicht selten 30 km lange Wanderungen zurück.

Flusspferde verteidigen ihr Territorium aggressiv und selbstbewusst

Ihr Hauptfeind ist der Mensch. Nur gelegentlich werden einzelne Hippos von Löwen angefallen oder Jungtiere von Krokodilen erlegt, da die Muttertiere in dieser Zeit sehr wachsam sind. Haben die Kleinen das erste Lebensjahr überstanden, droht ihnen eigentlich nur noch Gefahr durch den Mensch. Geboren und gesäugt wird der **Nachwuchs** übrigens unter Wasser, so wie bei den Walen. Hippos genießen die „Körperpflege“ durch Fische, wie Barben, die Parasiten von ihrer rauhen Haut abknabbern. Die faserigen Flusspferd-Exkremente bilden Nahrung für Schnecken und kleinere Fischarten.

Im Hippo-Clan herrschen ziemlich rüde Umgangsformen

Flusspferde gehen grob miteinander um. Bei den mitunter brutalen **Rangkämpfe**n der geschlechtsreifen Männchen versuchen sie, dem Gegner die Vorderfüße zu brechen, was den Hungertod zur Folge hat. Dringt ein Männchen unerlaubt in das Territorium der Mütter und Jungtiere ein, wird es mit Gewalt vertrieben. Man vermutet, dass die rohe und grobe mütterliche Erziehung die Kleinen auf das kämpferische Leben in der Herde vorbereiten soll.

Flusspferd

Ducker

Buschducker

(Common Duiker)
Sylvicapra grimmia

KH 45-55; **KL** 80-115; **SL** 10-22; **H** 8-18; **G** 10-20; **LR** vielseitig, kein Regenwald/Wüste; **A** Dämmerung **LD** 12 J.

Diese Kleinantilope ist im südlichen Afrika und ganz Botswana weit verbreitet. Die Angewohnheit, bei Störung mit gesenktem Kopf fort zu schleichen, verlieh dem Steppenducker seinen Namen. Die scheuen Tiere halten sich stets im Dickicht oder Gehölz auf, sind ortstreu und werden bei Bejagung nachtaktiv. Sie fressen neben Blättern auch Kleintiere und Bodenvögel, z. B. Perlhühner. In den buschigen Dünenlandschaften der Kalahari ist der Steppenducker häufig anzutreffen, aber nur schwer zu entdecken.

Steinantilope

(Steenbok)
Raphicerus campestris

KH 45-60; **KL** 70-90; **SL** 5-10; **H** 7-19; **G** 10-16; **LR** Savannen und Steppen; **A** Dämmerung; **LD** 10-12 J.

Offenes Flachland und lichte Savannen sind das Terrain von Steinantilopen, daher sind sie für die zentrale Kalahari so typisch. Die ortstreuen Einzelgänger glänzen durch ihr hervorragendes Gehör, das ihnen Gefahrenquellen frühzeitig verrät. Das ist überlebensnotwendig, denn die zierliche, flinke Antilope hat zahlreiche Feinde. Bei Störung oder Gefahr legt sich eine Steinantilope flach zu Boden und flüchtet erst spät mit einem jähen Satz. Männliche Steinantilopen identifiziert man leicht an ihren glatten, steil hochstehenden bzw. leicht vorgeneigten Hörnern.

Waldböcke

Böcke gliedert man in die Unterfamilien Wald-, Pferde-, Ried- und Wasserböcke. Die scheuen **Waldböcke** tragen alle in unterschiedlicher Ausprägung weiße Abzeichen auf dem Rumpf (als Linien oder Punkte). Es zeichnet sie ein ausgezeichnetes Seh-, Hör- und Riechvermögen aus, und sie vollbringen über zwei Meter weite Sprünge. Zu ihrer Gattung zählen in Botswana:

Schirrantilope

(Bushbock)
Tragelaphus scriptus

KH 65-100; **KL** 115-150; **SL** 30-35; **H** <55; **G** 25-80; **LR** deckungsreiche Wassernähe; **A** tagaktiv; **LD** 12 J.

Die rehartigen Schirrantilopen sind in Riedgräsern und Galeriewäldern nahe Gewässern beheimatet. In den Überschwemmungsgebieten des Okavangodeltas und am Chobe-Linyanti-Uferbereich fühlen sich die anmutigen Antilopen besonders wohl. Sie leben überwiegend einzelgängerisch oder in Kleingruppen, oft aber in Gesellschaft von Pavianen und Meerkatzen und sind sehr ortstreu. Störenfriede, wie Touristen, beobachten sie gerne aufmerksam aus einer Deckung heraus. Bei Gefahr verteidigen sie sich mutig und gelten als gute Schwimmer und Springer. Ihr größter Feind ist der Leopard. Nur männliche Tiere tragen die spiralförmigen langen Hörner.

Schirrantilope

Steinantilope

Antilopen

Sitatunga

Tragelaphus spekii

KH 75-125; **KL** 125-170; **SL** 18-30; **H** <92; **G** m 70-120, w55-90; **LR** deckungsreiches Dauersumpfgelände; **A** dämmerungsaktiv; **LD** <19 J.

Sitatungas, auch **Sumpfantilopen** genannt, führen ein unauffälliges Leben im Schutz dichter Papyrussümpfe oder auf Waldinseln in Dauersümpfen. Tief im Wasser stakend verlässt die Antilope nie den Schutz des Sumpfgeländes. Im Dauerflutbereich des Okavangodeltas gilt die Pirschfahrt im Mokoro gerne dem Erspähen dieser scheuen Sumpfantilopen. Trotz ihres vorsichtigen Verhaltens ist die Antilope außerhalb Botswanas nahezu überall ausgerottet. Bei Gefahr versteckt sie sich, indem sie bis zur Nasenspitze im Wasser eintaucht. Gegen ihre Feinde (Leoparden, Krokodile, Pythons, Löwen und Menschen) verteidigt sie sich sehr mutig. Ihre Erscheinung ist ausgesprochen graziös und attraktiv – wenn man sie überhaupt entdeckt!

Großer Kudu

(Kudu) *Tragelaphus strepsiceros*

KH 120-150; **KL** 185-245; **SL** 30-55; **H** <180; **G** 25-80; **LR** steinige Busch- und Berglandschaften; **A** tagaktiv; **LD** in Freiheit ca. 8 J., in Gefangenschaft < 23 J.

Diese attraktiven Antilopen sind in Botswanas Waldgebieten weit verbreitet, aber reichlich scheu. Kudus ziert eine feine, weiße Linienzeichnung über dem Rücken, und die Männchen tragen weit geschraubte Hörner, die eine begehrte Jagdtrophäe darstellen. Sie leben in kleinen Gruppen in Akazienwäldern und in steinigem Berg- und Buschland, und verlassen kaum jemals den schützenden Wald. In Gefahrensituationen fliehen Kudus frühzeitig und springen dabei mühelos über 2,5 m hohe Hindernisse. Wenn sie in Bedrängnis geraten, verteidigen sie sich jedoch nicht, sondern ergeben sich verstört in ihr Schicksal.

Elenantilope

(Eland) *Tragelaphus oryx*

KH m 140-180, w 130-160; **KL** m 240-340, w 210-270; **SL** 55-85; **H** m <120, w <65; **G** m 400-1000, w 300-600; **LR** Savannen, Halbwüsten; **A** Dämmerung **LD** 15-20 J.

Diese rinderähnliche Antilope ist mit bis zu 1000 kg Gewicht der größte Waldbock Afrikas. Sie lebt in Herden ohne feste Territorien, ist scheu, meidet Menschen, verteidigt sich und ihre Jungen bei Gefahr aber sehr mutig. In fast allen Regionen Afrikas wurde sie wegen ihres Fleisches stark gewildert und ist heute außerhalb des südlichen Afrika kaum noch in freier Wildbahn zu entdecken. Elenantilopen sind hervorragend für das Leben in der kargen Kalahari ausgestattet. Sie kalben ganzjährig, verstärkt zwischen September und Dezember. Die hellbraunen Tiere tragen eine schwache helle Linienzeichnung auf den Flanken. Männliche Tiere identifiziert man an den Hautlappen unter dem Hals.

Kudu

Elenantilopen

Pferdeböcke

Pferdeböcke nennt man pferdegroße Antilopen mit langen bogenförmigen oder locker geschraubten Hörnern, die in den offenen Buschwäldern Botswanas verbreitet sind:

Oryxantilope

Spießbock / Gemsbock (Oryx) *Oryx gazella*

KH 85-140; **KL** 160-235; **SL** 45-90; **H** bis 55; **G** 55-225; **LR** Offene Savannen, Halbwüsten; **A** tagaktiv; **LD** bis ca. 20 J.

Die stämmige, bis zu 225 kg schwere Antilope war einst in ganz Afrika und bis in den Vorderen Orient verbreitet, wurde aber fast überall außerhalb der Schutzgebiete ausgerottet. Ihre Erscheinung ist ausgesprochen imposant, die langen Hörner sind gerillt und lanzengerade.

Ohne festes Territorium ziehen Oryxantilopen nomadisch durch die Kalahari. Sie können gut in dieser Umgebung überleben, da sie monatelang ohne Frischwasseraufnahme auskommen, indem sie sich von wasserspeichernden Knollen und Melonen ernähren. Um in den heißen Tagesstunden weniger Wasser zu verbrauchen, vermögen Oryxantilopen für bis zu acht Stunden ihre Körpertemperatur auf 44°C anzuheben. Ihre Hauptfeinde sind Löwen und afrikanische Wildhunde. Um die Überlebenschancen der Jungtiere zu erhöhen, kalben alle Oryxantilopen während der Regenmonate gleichzeitig. Menschen und Fahrzeuge erspähen die wachsamen Tiere meist schon aus mehreren Kilometern Entfernung und ergreifen oft frühzeitig die Flucht.

Rappenantilope

(Sable Antelope) *Hippotragus niger*

KH m 130-145, w 130-145; **KL** m 210-230, w 190-255; **SL** 40-70; **H** m <165, w <100; **G** m 200-270, w 190-230; **LR** Buschwälder; **A** Dämmerung **LD** <17 J.

Männliche Rappenantilopen haben ein fast schwarzes Fell, die Weibchen sind dagegen mittelbraun. Wegen ihrer langen, säbelartig gebogenen Hörner wirken diese Tiere ausgesprochen elegant und zählen zweifellos zu den attraktivsten Antilopen Afrikas. Ihr bevorzugtes Habitat sind Savannenwälder mit gesunder Grasdecke, wie sie in Nordbotswana vorkommen. Hier sind schätzungsweise 2500 Rappenantilopen heimisch und im Bestand nicht gefährdet. Die Herden bestehen aus Familiengruppen von Weibchen und Jungtieren, die entweder von einer Leitkuh oder einem erwachsenen, dominanten Bullen angeführt werden. Daneben gibt es Junggesellenherden, während alte Bullen zumeist allein umherstreifen. Bei Gefahr verteidigen sich Rappenantilopen selbstbewusst mit ihren Hörnern (auch Weibchen tragen Hörner).

Oryx

Rappenantilope

Pferdeantilope

(Roan) *Hippotragus aquin.*

KH 140-160; **KL** m 240-265, w 220-245; **SL** 60-70; **H** m <100, w <80; **G** m 260-300, w 220-275; **A** Dämmerung **LD** <17 J.

Pferdeantilopen leben in kleinen Herden in den Galeriewäldern Nordbotswanas. Die nach den Elenantilopen zweitgrößte Antilopenart sucht gerne die Gesellschaft von Zebras, Büffeln oder Gnus. Bei Gefahr sind sie mutig, attackieren die Grasäser notfalls sogar selbst den Angreifer. Die Hörner beider Geschlechter sind krummsäbelartig geringelt und leicht nach hinten gebogen – ähnlich der Rappenantilope, aber deutlich kürzer. Charakteristisch ist auch die schwarzweiße Gesichtsmaske.

Kuhantilopen

Bedeutendster Vertreter der Gattung der Kuhantilopen in Botswana ist die Südafrikanische Kuhantilope.

Südafrikanische Kuhantilope

(Hartebeest)
Alcelaphus caama

KH 120-145; **KL** 175-245; **SL** 40-70; **H** <70; **G** 130-180; **LR** Buschsteppen; **A** Dämmerung **LD** 18 J.

Heimisch ist sie in Steppen, lichten Savannen oder halboffenen Hügellandschaften, und dabei hervorragend an trockene, wasserarme Lebensräume angepasst. Vor allem weibliche Kuhantilopen neigen dazu, weite Landstriche zu durchstreifen. In flachem Gelände sieht man einzelne Kuhantilopen mitunter auf Erhebungen wie Termitenhügeln „Wachestehen". Die Tiere mit der ausgeprägten Hörnerbiegung reagieren auch auf die Alarmrufe anderer Antilopenarten oder Perlhühner.

Weißbart- oder Streifengnu

(Blue Wildebeest)
Connochaetes taurinus

KH m 125-145, w 115-140; **KL** m 180-240, w 170-230; **SL** 60-100; **H** m bis 85, w <40; **G** m 165-290, w 140-260; **LR** Grassteppen; **A** tagaktiv; **LD** <18 J.

Gnus sind in den offenen Grassteppen der Kalahari und im Okavangodelta beheimatet. Die lockeren Verbände sammeln sich in Dürrezeiten, um sehr weite Wanderungen zu dauerhaften Wasserstellen zu unternehmen. Die Veterinärzäune in Botswana unterbinden diese Wanderungen, wodurch in früheren Dürrejahren Zehntausende Gnus qualvoll verendeten und nur rund 10% der Bestands überlebte (s. S. 69). Weil Gnus nur Gräser bis 10 cm Höhe abfressen, wird vermutet, dass Buschbrände für ihr Überleben notwendig sind. Ihr größter Feind ist der Löwe, dem die ängstlichen Tiere nur durch frühzeitige Flucht entkommen können. Nach der Geburt müssen die Neugeborenen bereits nach 3-5 Minuten aufstehen und den Muttertieren folgen können. Ihrem nasalen Blöken verdanken sie den Namen „Gnu".

Pferdeantilope

Gnu

Die leichteren Leierantilopen kommen im Norden Botswanas und entlang der Caprivi-Region vor. Sofern ausreichend Wasser vorhanden ist, trinken sie täglich; sie können aber auch wochenlang ohne frische Flüssigkeitszufuhr auskommen. In geselligen kleinen Trupps von bis zu zwanzig Tieren verbringen sie die Zeit und gerne mit anderen Antilopen, wie Gnus, Zebras und Straußen. Während der Trockenzeit vergesellschaften sich Leierantilopen manchmal zu großen Herden. Die Hörnerbiegung der Tsessebe ist weniger markant als die der Südafrikanischen Kuhantilope (siehe Bildervergleich).

Leierantilope

(Tsessebe) *Damaliscus lunatus*

KH 100-130; **KL** 150-205; **SL** 40-60; **H** <72; **G** 75-160; **LR** Lichte Steppen und Savannen; **A** Dämmerung; **LD** <15 J.

Ried- und Wasserböcke, wie der Großriedbock, heißen die etwa hirschgroßen Schwemmlandbewohner, die nur in Wassernähe anzutreffen sind und sich von Gräsern ernähren, die von anderen Antilopen gemieden werden.

Ried- und Wasserböcke

Saisonale Überflutungsmarschen mit bis zu 1 m Wattiefe, wie man sie im Okavangodelta und in der Linyanti-Chobe-Region findet, sind der klassische Lebensraum von Moorantilopen. Sie haben eine lebenslange Wasserbindung und sind permanent abhängig von Feuchtgebieten. Neben Löwen, Hyänen und Krokodilen zählt auch der Mensch zu ihren größten Feinden (durch Besiedlungsdruck und Jagd). In vielen Teilen Afrikas ist der Bestand daher stark gefährdet. Im Okavangodelta, das einen idealen Lebensraum für diese anmutigen Tiere darstellt, leben dagegen noch bis zu 30 000 Rote Moorantilopen. Sie sind sehr gesellig und schließen sich mitunter zu lockeren Großherden mit mehreren Tausend Tieren zusammen.

Rote Moorantilope

Litschi (Red Lechwe) *Kobus leche*

KH 85-110; **KL** 130-180; **SL** 33-45; **H** 45-92; **G** 60-130; **LR** Überflutungsmarschen; **A** Dämmerung; **LD** 15 J.

Pukus kommen eigentlich nur nördlich des Sambesi vor, die einzige Ausnahme bildet die Chobe-Uferfront des Chobe-Nationalparks. Die Grasantilopen sind etwa rehgroß und bewohnen in Gruppen bis etwa vierzig Tieren Waldränder und Schwemmgrasflächen („Puku Flats") in Ufernähe. Ihr markanter Warnruf ist ein kurzer heller Stakkatopfiff, der bis zu fünf mal wiederholt wird. Tägliche Wasserzunahme ist für Pukus unerlässlich. Die Tiere haben zahlreiche Feinde und nur jedes zweite Jungtier überlebt die ersten sieben Monate nach der Entwöhnung.

Puku

Grasantilope (Puku) *Kobus vardoni*

KH 70-105; **KL** 140-180; **SL** 20-40; **H** 30-65; **G** 50-120; **LR** Ufergebiete mit Grasauen; **A** Dämmerung; **LD** 17 J.

Leierantilope

Rote Moorantilope

Wasserbock
(Waterbock)
Kobus ellipsiprymnus

KH <130; **KL** <220; **SL** 25-45; **H** <100 **G** 170-230; **LR** wassernahe Galeriewälder **A** Dämmerung **LD** <18 J.

Wasserbockherden befinden sich aufgrund ihres hohen Flüssigkeitsbedarfs immer in Gewässernähe und stellen hohe Qualitätsanforderungen an ihre Nahrung (Gräser und Blätter). Die robusten Antilopen werden von Raubkatzen verschont, solange ausreichend anderes Wild vorhanden ist, denn ihr Fleisch ist faserig, zäh und strömt einen moschusartigen Duft aus. Auffälliges Erkennungszeichen des graubraunen Wasserbocks ist sein von einem weißen Kreis umrahmter Spiegel. In Botswana kommt der Wasserbock nur im feuchteren Norden, im Okavangodelta und am Chobe, vor.

Impala
Aepyceros melampus

KH 75-90; **KL** 120-160; **SL** 30-45; **H** <90; **G** m 200-270, w 190-230; **LR** Miombo- u. Mopanewälder; **A** Dämmerung, teilweise auch nachts; **LD** <12 J.

Impalas, die bei weitem am häufigsten Antilopen im südlichen Afrika, gelten als eigene Gattung unter den Paarhufern und sind vor allem im nördlichen Botswana (Moremi WR, Chobe NP und Nxai Pan NP) anzutreffen. Die etwa hirschgroßen geschmeidigen Antilopen bilden gesellige, große Herden bis zu 100 Tieren und halten sich gerne in Gesellschaft anderer Huftiere auf. Sie sind sehr ortstreu und bevorzugen dichte Mopane- und Miombo-wälder. Ihr Sehvermögen ist zwar schlecht, dafür riechen und hören die Grasäser ausgezeichnet. Auf der Flucht können Impalas bis zu 60 km/h schnell laufen und mit bis zu 3 m hohen und 10 m weiten Orientierungssprünge glänzen. Ihr Erfolg basiert hauptsächlich darauf, dass Impalas im Gegensatz zu anderen Antilopen, auch auf stark überanspruchtem Grasland leben können.

Antilopen

Springbock
(Springbok)
Antidorcas hofmeyeri

KH 70-90; **KL** 120-150; **SL** 20-30; **H** 16-48; **G** 20-45; **LR** Trockene, offene Savannen und Pfannen **A** Dämmerung; **LD** 15 J.

Springböcke zählen zur Gattung der Gazellen, sie bewohnen Wüsten, Halbwüsten und Buschsavannen. Zur Not decken sie ihren Flüssigkeitsbedarf allein über die Nahrung ab. Die in Botswana beheimateten Kalahari-Springböcke leben während der Trockenzeit in lockerem Verbund, bilden jedoch zur Regenzeit Großherden von mehreren Tausend Tieren. Springböcke gesellen sich gerne zu Gnus, Kuhantilopen und Straußen. Bei Erregung oder Gefahr können sie 90 km/h schnell galoppieren und dabei auffällige Hochsprünge, Prellsprünge und Weitsprünge bis 15 m vollziehen.

Impala

Wasserbock

Kaffernbüffel

(Buffalo) *Syncerus caffer*

KH 100-160; **KL** 170-260; **SL** 50-80; **H** 75-100; **G** 250-800; **LR** Wald, Sumpf, Feuchtsavannen; **A** Dämmerung und nachts; **LD** <20 J.

Die Familie der Echtrinder wird in Botswana durch die Kaffernbüffel vertreten. Die bis zu 800 kg schweren Büffel leben überwiegend in geschlossenen Herden in Wäldern, Savannen und Grassteppen, immer jedoch in Wassernähe. Büffel sehen und hören nur schlecht und müssen sich daher auf ihren Geruchssinn verlassen. Ihr Hauptfeind ist der Löwe. In der Herde neigen die scheuen Büffel in vermeintlichen Gefahrensituationen zu überstürztem Fluchtverhalten. Bei einem Angriff verteidigt sich der einzelne Büffel allerdings mutig und nicht selten wird dabei ein Löwe verletzt oder sogar getötet. Alte Einzelgänger und in die Enge getriebene Tiere greifen unter Umständen auch Menschen an.

Steppenzebra

(Zebra)
Hippotigris Equus burchellii

KH m 120-140, w 105-120; **KL** m 200-245, w 190-240; **SL** 45-60; **G** m 220-350, w 170-330; **LR** Savannen; **A** tagaktiv; **LD** 20-30 J.

Das Steppenzebra ist im östlichen und südlichen Afrika weit verbreitet und in zahlreiche Unterarten gegliedert. In Nordbotswana findet man das **Chapmanzebra**, mit einer gelblichen Grundfarbe und Schattenstreifen zwischen den braunschwarzen Hauptstreifen. Die Beine sind nur schwach gestreift. Dagegen sind beim **Burchellzebra** im südlichen Botswana Beine und Bauch völlig weiß und ungestreift. Beide Unterarten werden bis zu 350 kg schwer und leben in engen, harmonischen Familienverbänden. Sie gesellen sich gerne zu anderen Huftieren, wie Giraffen und Gnus. Ihr Gehör ist sehr gut, das Seh- und Riechvermögen dafür schwächer ausgeprägt. Ihr typischer Laut ist ein pferdeähnliches Wiehern. Neugeborene Fohlen erkennen die Mutter erst nach mehreren Tagen, bis dahin zeigen sie eine angeborene Nachfolgereaktion. Aus diesem Grund verjagen die Mütter in den ersten Tagen alle anderen Tiere aus der Nähe des Fohlens. Die Stuten werden in der Regel kräftiger und größer als Hengste.

Schliefer

(Dassie) *Heterohyrax brucei, Procavia capensis*

KH 20-30; **KL** 40-60; **G** 2,5-4,5; **LD** bis 12 J.

Die Familie der Schliefer umfasst die Baum-, Steppen- und Klippschliefer. Die possierlichen, kaninchenartigen Huftiere erinnern an Nagetiere oder an übergroße Meerschweinchen mit kleinen, runden Ohren und kurzen Beinen. Doch sind die geselligen, wendigen Pflanzenfresser näher mit Elefanten verwandt als mit irgendeinem der Tiere, denen sie ähnlich sehen.

Kaffernbüffel

Schliefer

Unpaarhufer

Zur Gruppe der Unpaarhufer zählen Einhufer (Zebras) und Nashörner.

Spitzmaulnashorn

(Black Rhino) *Diceros bicornis*

KH 140-225; **KL** 290-360; **SL** 60-70; **H** (vorne)<120;

G 0,7 t-1,6 t; **LR** trockener Busch, Savanne, auch Wald; **A** ganztags, in der Dämmerung, bei Störung auch nachts; **LD** <40 J.

Die beiden friedlichen, plumpen Pflanzenfresser der Nashorngattung sehen sehr schlecht, können aber mehrere Kilometer weit hören und riechen. Es sind **gemütliche Zeitgenossen**, die allen Konfrontationen lieber aus dem Weg gehen. Ist aber die Fluchtdistanz überschritten oder das Nashorn irritiert, kann es zu kraftvollen Angriffen oder Scheinangriffen kommen. Dabei senkt das Tier den Kopf, schnaubt und prescht mit unerwarteter Geschwindigkeit bis über 50 km/h auf sein Ziel los. Die Tiere fressen sehr unterschiedliche, nahrhafte Blätter und Gräser. Sie können dabei auch Pflanzen verdauen, die für den Menschen hoch giftig wären.

Breitmaulnashorn

(White Rhino)
Ceratotherium simum

KH 175-210; **KL** 360-380; **SL** 90-100; **H** (vorne) <150; **G** 3,5t-4,7t; **LR** deckungsreiche Buschlandschaften; **A** Dämmerung und nachts; **LD** <40 J.

Nashörner haben außer dem Menschen fast keine **Feinde**. Nur gelegentlich attackieren Löwen ein Spitzmaulnashorn. Die deutlich größeren, kräftigeren und auch helleren Breitmaulnashörner werden dagegen von allen Tieren in Ruhe gelassen.

Nashorn

Abkürzungen "KH", "KL", "LR"... siehe Seite 83!

Im Jahr 2009 leben 91 Breitmaul- und 8 Spitzmaulnashörner in Botswana

Traurig, aber leider wahr: In freier Wildnis leben fast keine Nashörner mehr in Botswana. Obwohl hier niemals die zügellose Wilderei wie in den meisten afrikanischen Staaten stattgefunden hat, fielen die faszinierenden Riesen trotzdem auch in Botswana ihren Jägern zum Opfer. Die letzten überlebenden Breitmaulnashörner wurden 1993 aus der Nogatsaa-Region des Chobe NP in das Khama Rhino Sanctuary bei Serowe umgesiedelt (s. S. 152), wo sie sich inzwischen prächtig eingelebt haben. Seit 2003 läuft außerdem beim Mombo Camp im Okavangodelta ein Auswilderungsprojekt für beide Arten. Hinzu kommen noch einige Exemplare im Gaborone GR und im Mokolodi Nature Reserve nahe Gaborone.

Bilder oben und links: Breitmaulnashörner sind recht gutmütige, behäbige Kolosse

Raubtiere

Außer in dichten Wäldern sind Löwen praktisch überall lebensfähig und in Botswana weitflächig verbreitet; ihr Bestand ist durch die Trophäenjagd jedoch zeitweise stark dezimiert worden. Deshalb ist in Botswana seit 2001 die Jagd auf Löwen verboten.

Als einzige und größte afrikanische Katzenart leben Löwen in festen Rudeln. Sie können sehr gut schwimmen und klettern. Ihr tiefes, keuchendes Brüllen ist bei entsprechenden Wetterbedingungen bis zu acht Kilometer weit hörbar. Die männlichen Tiere tragen prächtige Mähnen um den Hals und benehmen sich sprichwörtlich wie Paschas. Der „König der Tiere" ruht träge bis zu 20 Stunden am Tag, während die Löwinnen für die Jagd, Aufzucht der Jungen und das Wacheschieben zuständig sind. Ihre **Jagdmethode** besteht aus vorsichtigem Anschleichen, dann folgt ein kurzer, schneller Ansprung (bis 70 km/h) und das Töten der Beute durch Kehlbiss oder Genickbruch. Der Jagderfolg von Löwen liegt nur bei 20 %. Sie fressen bevorzugt die Eingeweide der Beutetiere und bleiben mitunter mehrere Tage bei einem Riss. Allerdings herrscht beim Fressen wenig **Familiensinn**, denn nach einem Riss fressen immer zuerst die männlichen Tiere, dann die Weibchen, die in der Regel die Beute gerissen haben, und zuletzt die Jungtiere. In Extremfällen verhungert der Nachwuchs bei Futtermangel, auch Kannibalismus kommt vereinzelt vor. Im Durchschnitt überlebt nur jedes zweite Löwenkind die ersten Jahre. Ausgewachsene Löwen haben keine natürlichen Feinde, es kann allerdings passieren, dass sie von mutigen Beutetieren getötet, z. B. aufgespießt werden. Verletzte und geschwächte Löwen greifen mitunter auch Menschen an. Die **Fortpflanzung**: Nach etwa 100 Tagen Tragezeit wirft eine Löwin 1-6 Junge, die ein halbes Jahr gesäugt werden. Nach zwei Jahren ist der Nachwuchs jagdfähig und nach 5-6 Jahre ausgewachsen. Junge Löwen erkennt man übrigens an den hellen, rosafarbenen Schnauzen, bei alten Löwen ist die Schnauze dunkel.

Löwe

(Lion) *Panthera leo*

KH 75-110; **KL** 145-200; **SL** 65-100; **G** 120-200; **LR** offene Landschaften, Halbwüsten bis zur Feuchtsavanne; **A** träge, aktiv eher morgens, abends und nachts; **LD** bis 30 J., meist aber nur 13-15 J.

Oben: Fauchende Löwin; Lauernde Löwin, Löwenspuren.
Rechts: Stolzer Kalaharilöwe mit prächtiger dunkler Mähne

Löwe

Leopard

(Leopard) *Panthera pardus*

KH 50-70; **KL** 130-190; **SL** 60-90; **G** 90-190; **LR** sehr vielseitig; **A** überwiegend nachts, teilweise auch morgens und abends; **LD** in Gefangenschaft bis 20 J.

Die muskulösen und **geschmeidigen Pantherkatzen** (die zweitgrößte Katzenart Afrikas) sind scheue Einzelgänger, die ihre erlegte Beute auf Bäume schleppen, um sie dort nach und nach zu verzehren. So bleibt der Kill vor diebischen Hyänen und Löwen geschützt. Leoparden sind sehr gewandt in steinigem, steilen Gelände und ausgezeichnete Schwimmer. Muttertiere ziehen ihre Jungen alleine auf. Besonders beliebte Beutetiere sind Affen, Schirrantilopen, Ziegen und Haushunde, wobei sie keineswegs wählerisch vorgehen. Leoparden treten außer in der Zentralkalahari praktisch flächendeckend in ganz Botswana auf, sind jedoch sehr scheu. Ihnen gelingt es von allen Raubtieren am besten, unbemerkt in der Nähe von Menschen zu existieren. Notfalls können sie auch monatelang ohne Frischwasser auskommen.

Gepard

(Cheetah) *Acinonyx jubatus*

KH 75-85; **KL** 110-140; **SL** 65-80; **G** 40-60; **LR** Wüsten, Trockensavannen, offenes Gelände; **A** tagaktiv, vor allem morgens und abends; **LD** max. bis 16 J.

Abkürzungen "KH", "KL", "LR"... siehe Seite 83!

Den Gepard kennzeichnet im Gegensatz zum kompakten, muskulösen Leopard eine windhundartige Gestalt mit sehr langen, dünnen Beinen und einem kleinen Kopf. Das drahtige Leichtgewicht lebt als Einzelgänger und weicht selbst den Begegnungen mit Artgenossen aus. Da der Gepard von Natur aus friedlich ist, kann er leicht domestiziert werden. Er bewohnt offene Vegetationsflächen bis in 2000 Meter Höhe (z. B. die Kalahari), ist aber in ganz Afrika vom Aussterben bedroht. In Botswana steht der Gepard seit 2001 unter Schutz. Geparde benötigen großflächige Territorien. Ihre Gefährdung hängt auch mit den Risiken der Aufzucht zusammen, die den Muttertieren ganz allein obliegt. Etwa die Hälfte der Jungtiere wird in den ersten Lebensjahren von anderen Raubtieren, wie Löwen und Hyänen, gefressen. Eine **Weltrekordleistung** stellt der Gepard bei der Jagd auf: Er schleicht sich zunächst an die Beute heran und legt dann die letzten hundert Meter in einem **atemberaubenden Sprint** zurück. Dabei kann er einen halben Kilometer mit 80 km/h zurücklegen, erreicht Spitzengeschwindigkeiten von 110 km/h und macht über 7 Meter weite Sprünge! In der Kalahari ernähren sich Geparde hauptsächlich von Springböcken. Sie verabscheuen Aas und kehren niemals zu ihrem Riss zurück.

Leopard

Gepard

Schakal

Schabrackenschakal
(Black Backed Jackal)
Canis mesomelas

KH 45-50; **KL** 70-90;
SL 35-40; **G** 6-12;
LR Savannen, Steppen;
A überwiegend nachts und bei Dämmerung;
LD 10-12 J.

Die fuchsähnlichen Schakale bewohnen Erdbauten in niedrig bewachsenen Savannen und Steppenlandschaften. Die nachtaktiven Tiere ernähren sich hauptsächlich von Aas, Früchten, Vögeln und Kriechtieren. Um einen Anteil vom Aas zu ergattern, nähern sie sich Löwenkills oder fressenden Hyänen mutig; nicht jedoch Geparden, deren schnelle Attacken sie fürchten. Sie zeigen insgesamt ein eher ängstliches Verhalten und verteidigen sich und ihr Revier nur schwach. Schakale gehen eine **Lebensehe** ein und ziehen die Jungen gemeinsam in Erdhöhlen auf. Je nach Gefahrensituation entwickeln sie eine tag- oder nachtaktive Lebensweise. Vor allem in der Kalahari sowie in trockenen Gebieten am Chobe und Savuti sind Schabrackenschakale heimisch. **„The Cry of the Kalahari"** – damit ist das eigentümliche nächtliche Schakalsgeheul in der Kalahari gemeint.

Hyänenhund oder Afrikanischer Wildhund

(Wild Dog, Hunting Dog, Painted Dog) *Lycaon pictus*

KH 70-75; **KL** 80-110;
SL 30-40; **G** 18-28;
LR Savannen, Steppen;
A tagaktiv, vor allem morgens und abends;
LD 10-12 J.

Hyänenhunde haben ein unverwechselbares Äußeres: Schmaler, windhundartiger Körper, lange und dünne Beine, große und rundliche Ohren, und ein auffallend geflecktes Fell in den Farbvariationen weiß, gelb, braun und schwarz. Jedes Tier weist eine andere Färbung auf, nur am Schwanzende sind alle weiß. Trotz der hundeähnlichen Erscheinung und ihres Verhaltens, sind sie nicht mit Hunden oder Hyänen verwandt. **„Wild Dogs"**, wie sie zumeist genannt werden, bilden lebenslang bestehende Familienverbände und leben in sehr engem Sozialgefüge miteinander. Nur das dominanteste Paar im Rudel vermehrt sich, und die Jungen werden von der ganzen Gruppe gemeinsam aufgezogen. Auch verletzte Rudeltiere werden von allen anderen versorgt, gefüttert und geschützt. Die Überlebenschance der Welpen ist dennoch gering, da sie sehr krankheitsanfällig sind und häufig von Löwen getötet werden. Außerdem ist der Mensch noch immer Feind Nr. 1, weil Farmer die Tiere meistens rückhaltlos abschießen. Besonders problematisch ist ihr enormer Platzbedarf, denn Wild Dogs beanspruchen **riesige Territorien**. Häufig geraten sie dabei mit den Menschen in Konflikt. Sie jagen das Großwild, wie Kudus, Impalas und Ducker, gemeinsam in einer

Wild Dogs werden oft zu Unrecht Gering geschätzt

Schakal & Wildhund

Schakal

Afrikan. Wildhund

Oben: Eine frische Hyänenspur im Sand

ausdauernden Hetz- oder Rennjagd mit Spitzengeschwindigkeiten bis 55 km/h. Mit dieser Technik sind die Jäger extrem erfolgreich (95 % Jagderfolg, bei den Löwen liegt der Anteil bei nur 20 %). Wo die natürlichen Beutetiere fehlen, reißen sie Nutztiere, wie Rinder und Ziegen. Die Rache der Farmer führte dazu, dass Wild Dogs heute stärker **vom Aussterben bedroht** sind als Nashörner. Jahrzehntelang wurden auf dem ganzen Kontinent die Tiere vehement verfolgt und getötet. Erst seit den Forschungen aus den 1990er Jahren weiß man, dass die intelligenten Tiere nur dann Nutzvieh reißen, wenn sie keine natürlichen Beutetiere, wie Kudus, Impalas und Ducker, finden. Ihr Bestand ist heute überall akut gefährdet. Man schätzt, dass in ganz Afrika kaum mehr als 2000 dieser faszinierenden Tiere überlebt haben. Rund ein Drittel davon sind vermutlich im südlichen Okavangodelta zu finden. Halbwegs gesicherte Bestände soll es nur noch in Südafrika, Zimbabwe, Tansania und Botswana geben (davon rund 700-800 in Botswana).

Hyäne

Tüpfelhyäne

(Spotted Hyaena) *Crocuta*

KH 70-90; **KL** 120-180; **SL** 25-30; **G** 55-85; **LR** Halbwüsten bis Feuchtsavannen; **A** Dämmerung und nachts; **LD** in Gefangenschaft bis 40 J.

Hyänenkot ist ganz weiß wegen der vielen Knochen, die eine Hyäne frisst

Hyänen leben in Rudeln mit etwa 20 Tieren in markierten, festen Territorien und ziehen ihre Jungen gemeinsam in Erdbauten auf. Die **ortstreuen Nachtjäger** zeichnet ein hervorragendes Seh-, Hör- und Riechvermögen aus. Innerhalb ihrer Gemeinschaft dominieren die Weibchen, die in der Regel auch größer und schwerer sind. Vor einem Angriff oder Beutezug hört man oft das typische Heulen der Hyänen: ein 2-3 Sekunden andauernder, gezogener Heulton, der bis zu 15 mal wiederholt wird. Das schaurige Gelächter, das gelegentlich zu hören ist, ist ein Angst- und Erregungsruf der Hyänen. Bei der Jagd beweisen sie viel Ausdauer. Sie warten geduldig auf den günstigsten Augenblick, ehe sie ihr Opfer mit bis zu 50 km/h niederreißen. Die Beute wird mit Haut, Haaren und Knochen verschlungen; Aas und tote Artgenossen verschmähen Hyänen auch nicht. Keineswegs fressen Hyänen nur die Reste von einem Löwenkill, vielmehr verjagen ebenso oft Löwen erschöpfte Hyänen von einem frischen Riss. Einzelne Fußgänger können nachts von einem hungrigen Hyänenrudel attackiert werden.

Tüpfelhyäne

Löffelhund

Im Gegensatz zu den Tüpfelhyänen pflegen die selteneren Braunen Hyänen eine einzelgängerische Lebensweise. Eine Besonderheit der Aasfresser ist die teilweise vegetarische Kost, die ihnen in Dürrezeiten das Überleben in der Kalahari ermöglicht, wenn Gemsbok-Gurken und Tsama-Melonen mitunter monatelang die einzige Feuchtigkeitsquelle bilden. Braune Hyänen tragen eine struppige, langhaarige, helle Mähne und kommen nur in den Trockenzonen des Südlichen Afrikas vor. Zu ihren Feinden zählen selbst die nahen Verwandten, die schwereren, im Rudel jagenden Tüpfelhyänen, weshalb sie ihnen stets aus dem Weg gehen. Dagegen profitieren sie von Löwen und Geparden, weil sie deren Beutereste vertilgen.

Braune Hyänen

(Brown Hyaena)
Hyaena brunnea

KH 70-80; **KL** 110-125; **SL** 25-30; **G** 40-55; **LR** Trockensavanne, Halbwüste, Wüste; **A** meist nachts und bei Dämmerung; **LD** bis 13 J.

Löffelhunde kommen in ganz Botswana vor. Unverwechselbar sind ihre riesigen Ohren, die innen weiß und außen schwarz gefärbt sind. Die fuchsartigen Löffelhunde praktizieren eine Lebensehe und besiedeln sandige Buschsavannen. Die drei bis vier Jungtiere pro Wurf werden in einem Erdbau aufgezogen. Sie ernähren sich von Ameisen, Käfern, Insekten, aber auch von Früchten und Wurzeln. Dank ihres extrem feinen Gehörs vermögen sie sogar Termiten im Erdinnern aufzuspüren. Ihre größten Feinde sind Hyänen und große Greifvögel. Die nachtaktiven Tiere ruhen tagsüber im Bau oder sonnen sich davor.

Löffelhund

(Bat Eared Fox)
Otocyon megalotis

KH 35-40; **KL** 60-70; **SL** 23-35; **G** 2,5-5; **LR** Sandige Savannen, Steppen; **A** meist nachts und bei Dämmerung; **LD** 5 J.

Der auch unter dem Namen Wüstenluchs bekannte Karakal ist an sich in Afrika und Zentralasien weit verbreitet, bleibt aber als vorsichtiger Einzelgänger meist unentdeckt. In der kargen Zentralkalahari bestehen gute Chancen, den geschmeidigen Jäger auch tagsüber umherschleichen zu sehen. Seine Erscheinung ist luchsartig, das weiche Fell oberseits einfarbig hellbraun, nur am Bauch mit gelblichen Flecken besetzt. Ein eindeutiges Erkennungsmerkmal sind seine langen Haarpinsel an den spitzen Ohren. Der Karakal bewohnt Felsspalten oder Erdlöcher, wo er seine Jungen aufzieht. Bei der Jagd nach Säugetieren von der Größe einer Maus bis zum Springbock schleicht er sich unbemerkt an und überwältigt seine Beute mit einem eindrucksvollen Blitzspurt oder -sprung, denn er vermag direkt aus dem Sitzen 4-5 m hoch zu springen.

Karakal

(Caracal) *Caracal caracal*

KH 40-50; **KL** 65-90; **SL** 20-30; **G** 8-18; **LR** Trockensavannen, Halbwüsten, Wüsten; **A** überwiegend nachts und bei Dämmerung; **LD** bis 17 J.

Die hochbeinige, schlanke Kleinkatze mit dem verhältnismäßig kleinen Kopf trägt breit angesetzte, große Ohren, die auf der schwarzen Rückseite einen auffälligen weißen Punkt haben. Das ockerfarbene Körperfell eines Servel ist am Rücken mit schwarzen Flecken in Längsreihen besetzt. Das Revier dieses standorttreuen Einzelgängers liegt in Feuchtsavannen mit guter Deckung (hohem Gras) und Wassernähe, wie sie das Okavangodelta bietet. Mit der Jagdtechnik einer Katze erbeutet der Serval Bodenvögel, kleine Säugetiere und Eidechsen Dank seines hervorragenden Seh- und Hörvermögens und seiner schnellen Sprungkraft.

Serval

(Serval) *Leptailurus serval*

KH 45-55; **KL** 65-90; **SL** 25-35; **G** 6-15; **LR** Deckungsreiche Savannen, Galeriewald; **A** nachtaktiv und bei Dämmerung; **LD** bis 20 J.

Katzen & Mangusten

Ginsterkatze

(Small-spotted Genet)
Genetta genetta

KH 15-20; **KL** 40-55; **SL** 40-51; **G** 1-2,3; **LR** Wald, Feuchtsavannen, Sumpf; **A** nachtaktiv; **LD** <9 J.

Die Gemeine Ginsterkatze, auch Kleinfleckginsterkatze genannt, ist von schlanker, niedriger Erscheinung: ein extrem langer Schwanz, kurze Beine, langer Rumpf und ein spitz zulaufender, fuchsartiger Kopf. Das strohfarbene Fell ist von dicken schwarzen Flecken übersät, die am Schwanz in breite Streifen übergehen. In ganz Botswana ist diese Ginsterkatze weit verbreitet. Die ihr ähnliche Großfleckginsterkatze, deren schwarze Flecken noch dunkler erscheinen, kommt nur in Nordbotswana vor.

Ginsterkatzen, die geschickten Kletterer, flüchten bei Gefahr bevorzugt in die Bäume. Auf nächtlichen Pirschfahrten gehören Ginsterkatzen zu den häufigsten Tieren, die der Reisende im Lichtkegel von Taschenlampe oder Autoscheinwerfer erspäht.

Zibetkatze

(African Civet) *Viverra civetta*

KH 25-40; **KL** 80-95; **SL** 40-53; **G** 9-20; **LR** Wald, Feucht- und Trockensavannen; **A** nachtaktiv; **LD** <14 J.

Die zur Familie der Ginsterkatzen zählende afrikanische Zibetkatze mit der Größe eines mittelgroßen Hundes trägt ein stark schwarz geflecktes Fell mit grauem Unterton. Der Schwanz ist buschig, die Hinterläufe wirken länger als die Vorderen, und ihren breiten Kopf hält eine Zibetkatze meist flach geduckt. Tagsüber versteckt sie sich in hohem Gras. Sie besitzt ein ausgezeichnetes Riech- und Hörvermögen sowie ein spezielles Dämmerungs- und Bewegungssehen. Auch bei Gefahr bleibt die Zibetkatze meist am Boden, nur selten flüchtet sie auf Bäume. Ihr Revier markiert sie mit Duftdrüsen, die ein Sekret enthalten, das bei der Parfumgewinnung eine wichtige Rolle spielt.

Zebramanguste

(Banded Mongoose)
Mungos mungo

KH18-20; **KL** 30-45; **SL** 20-30; **G** 0,6-1,5; **LR** Feucht- und Trockensavannen nahe Gewässer; **A** tagsüber; **LD** <11 J.

Zahlreiche Mangusten und Ichneumons sind in Botswana beheimatet, vor allem **Zebramangusten, Fuchsmangusten, Rotichneumons** und **Surikaten** (Erdmännchen). Die meisten Mangusten ziehen in Familientrupps mit bis zu 30 Tieren innerhalb eines Territoriums ständig umher, wo sie selbst gegrabene Erdhöhlen, hohle Baumstämme oder ausgehöhlte Termitenbauten bewohnen. Vor allem morgens und abends sind die munteren Gesellen aktiv, vormittags sonnen sie sich gerne ausgiebig. Ihren Feinden, größeren Raubtieren und Greifvögeln, entgehen die mutigen Kämpfer meist durch einen rechtzeitigen Warnruf. Sie verteidigen sich notfalls auch sehr mutig gemeinsam gegen einen Angreifer, und vermögen selbst gefährliche Giftschlangen in die Flucht zu schlagen. Die kleinen Raubtiere sind somit Jäger und Beute zugleich und bewältigen diese Herausforderung ziemlich erfolgreich durch ihre Kooperationsbereitschaft.

Abkürzungen "KH", "KL", "LR"... siehe Seite 83!

Fuchsmanguste

Die gedrungene, extrem gesellige **Zebramanguste** hat ein oliv- bis graubraunes Fell, das auf dem Rücken von abwechselnd hellen und dunklen Querbändern besetzt ist. Für die kleineren **Fuchsmangusten** sind die orangebraune Augenfarbe und ein gelbgraubraunes Fell typisch.

Zebramanguste

Honigdachs

Buschhörnchen

Honigdachs

KH 23-28; **KL** 65-75; **SL** 18-25; **G** 8-16; **LR** sehr vielseitig; **A** überwiegend nachts und bei Dämmerung; **LD** bis 24 J.

Männchen haben bis zu 800 km² Streifgebiete

Tipp: Im Kaziikini Camp stöbert nachts oft ein Honigdachs herum

In Größe und Gestalt ähnelt er dem europäischen Dachs. Auffällig ist seine weißgraue Schabracke (Oberseite von der Stirn bis zur Schwanzwurzel) gegenüber dem schwarzen Körper. Sprichwörtlich ist die Aggressivität, mit der der Honigdachs trotz seiner kleinen Körpergröße sogar büffelgroße Gegner angreift. Die meisten Tiere gehen dem Kampfwütigen daher gleich aus dem Weg. Der Honigdachs ist immun gegen Schlangengift und überlebt selbst die Bisse von Kobra und Puffotter. Er ernährt sich von Bienenhonig und kleinen Kerbtieren. Um an die Bienenwaben zu gelangen, lässt er sich von einem Vogel, dem Honiganzeiger, dorthin führen. Der Dachs zerstört die Waben, und jeder der Beiden erhält seinen Anteil an Honig und Bienenlarven. Eine faszinierende Zweckgemeinschaft! Manchmal durchwühlen die gefährlichen Dachse nachts Mülltonnen auf der Suche nach Leckerbissen.

Nagetiere

Gelbfuß-Buschhörnchen

(Smith's Bush Squirrel)
Paraxerus cepapi

KL 13-20; **G** 120-250g; **LR** Busch- und Waldlandschaften **A** tagsüber

Die zierlichen, wendigen Buschhörnchen treten in variablen Farben von grau über braun und Ocker auf. Sie sind im südlichen Afrika weit verbreitet (9 Unterarten sind bekannt), fressen am Boden, flüchten aber bei Gefahr in die Bäume. Besondere Vorliebe haben die flinken Insekten- und Pflanzenfresser für Mopanewälder, weshalb sie in Botswanas Norden und Osten heimisch sind. Dort sieht man die putzigen Nagetiere häufig in der Sonne sitzen und sich gegenseitig putzen. Das Sozialverhalten innerhalb der Familienverbände ist sehr stark ausgeprägt.

Kap-Borstenhörnchen

(Ground Squirrel)
Xerini inauris

KL 20-29; **SL** 18-25; **G** 0,5-1,1; **LR** Offenes Gelände, Savanne, Steppe; **A** tagsüber, bes. morgens/nachmittags;

In Südwesten und Zentrum Botswanas ist dagegen das Kap-Borstenhörnchen verbreitet und wird als tagaktiver Nager häufig an den Rändern von Salzpfannen, in offenen Strauchsavannen oder versandeten Flussbetten beobachtet. Die geselligen Pflanzenfresser bilden Gruppen mit bis zu 30 Tieren. Kennzeichnende Merkmale sind die hellen Seitenstreifen auf zimtfarbenem Oberfell und der buschige, schwarzweiße Schwanz. Den legen sie manchmal schirmförmig über den Körper und vermögen sich somit selbst Schatten zu bereiten, wenn sie tagsüber auf Nahrungssuche gehen. Auch bei den Borstenhörnchen spielen Körperkontakt und Fürsorge untereinander eine große Rolle.

Südafrika-Stachelschwein

(Cape Porcupine)
Hystrix africaeaustralis

KH ca. 25; **KL** 65-85; **SL** 12-17; **G** 15-27; **LR** vielseitig; **A** nachts und bei Dämmerung; **LD** 20 J.

Unverwechselbar wegen ihres langen Borstenkleides sind die größten Nagetiere Afrikas. Der plumpe Körper ist kaum zu erkennen unter der prächtigen Mähne aus bis zu 30 cm langen, schwarzweiß geringelten Hohlstacheln, die vom Kopf bis zum Schwanz reichen.

Stachelschweine sind nahezu überall in Afrika außerhalb der Sahara weit verbreitet. Meist deuten aber nur am Boden verstreute, ausgefallene Stacheln auf ihre Anwesenheit hin. Die Tiere hausen in geräumigen Wohnhöhlen mit mehreren Ausgängen. Bei Dämmerung und nachts treten sie auf festen, bis zu 15 km langen Wechseln die Nahrungssuche an (Pflanzen aller Art, abgefallene Früchte, sie nagen aber auch Knochen ab). Bei Gefahr und Verfolgung bleiben sie plötzlich stehen und lassen den Feind in die aufgestellten Stacheln laufen. Die Stacheln werden übrigens nicht abgeschossen, fallen aber leicht ab.

Springhase

(Spring Hare)
Pedetes capensis

KL 35-43; **SL** 34-49; **G** 3-4; **LR** Sandböden in Überschwemmungsland und Pfannen; **A** hauptsächlich nachts; **LD** 7 J.

Der Springhase gilt als eigene Gattung in Afrika, gehört aber zu den Nagetieren (es handelt sich nicht um einen Hasen). Der kaninchengroße Nager ähnelt mit seinen stark verkürzten Vorderbeinen im Kontrast zu den langen Hinterbeinen und riesigen Füßen einem Känguruh. Ferner sind der dichtbuschige lange Schwanz, löffelförmige Ohren und große, runde Augen auffällig. Die geselligen Tiere graben in den Sandböden zahlreiche Gänge und Wohnhöhlen, deren Ausgänge sie vor dem Schlafengehen von innen mit Sand verstopfen. Jedes Tier hat mehrere solcher Bauten, die bei Gefahr sofort aufgesucht werden. Springhasen leben paarweise, jedoch oft in enger Nachbarschaft, so dass an einem Fressplatz mitunter mehrere Dutzend Tiere wohnen. Die friedfertigen Gesellen verzehren neben vegetarischer Kost auch Kerbtiere. Als Beutetiere fallen sie Ginster- und Wildkatzen, Schakalen, Schlangen und nachtaktiven Greifvögeln zum Opfer. Bei nächtlichen Fahrten in der Kalahari bzw. an Salzpfannen, wie Piper Pans, kann man die munteren Tiere mit der lustigen Sprungtechnik gut beobachten.

Steppengalago

Primaten

Steppenpavian

(Baboon) *Papio cynocephalus*

KH 40-70; **KL** 50-120; **SL** 40-70; **G** 20-50; **LR** Savannen, Galeriewälder, felsiges Gelände; **A** tagaktiv; **LD** 30 J.

Paviane – die größte Primatenspezies im südlichen Afrika – halten sich die meiste Zeit am Boden auf. Von den zahlreichen Unterarten ist in Botswana der Kalahari-Tschakma verbreitet. Paviane bilden Gruppen von 20 bis 80 Tieren, mit festen Territorien und strengen Hierarchien innerhalb der Horde.

Pavian

Ausgewachsene Männchen können bis zu 50 kg schwer und über einen Meter groß werden und verhalten sich ausgesprochen mutig und kampflustig. Paviane greifen Feinde als geschlossene Horde an und können sich Raubtieren dadurch meist gut widersetzen. Ihre kräftigen Reißzähne verursachen schwere Verletzungen. Die größte Gefahr droht ihnen durch Leoparden, aber auch Krokodile, Pythonschlangen, Hyänenhunde und Löwen zählen zu ihren Feinden. Als Warnlaut dient ein tiefes, kehliges Bellen. Zum Schlafen ziehen sich die Primaten abends auf Bäume zurück und entfernen sich von diesen Schlafplätzen tagsüber nur 1-2 km. Paviane sind wenig wählerische Allesfresser, die ihren Speiseplan aus Grünzeug, Blattwerk und Samen gerne mit Frischfleisch anreichern. Alte Männchen fressen gelegentlich sogar Jungtiere aus der eigenen Horde.

Grünmeerkatze

Okavango-Grünmeerkatze

(Vervet Monkey)
Cercopithecus ngamiensis

KL 40-80; **SL** 50-110; **G** 3-7; **LR** vielseitig, Parklandschaften; **A** tagaktiv; **LD** in Gefangenschaft <24 J.

Diese munteren, zierlichen Gesellen mit den langen, dünnen Schwänzen sind in zahlreichen Unterarten weit verbreitet und leben in Trupps bis zu 60 Tieren. Meerkatzen gelten als ausgesprochen neugierig und aktiv. Sie bewegen sich am Boden und auf Bäumen gleichermaßen geschickt, fliehen bei Gefahr aber immer in die Bäume. Meerkatzen sind ausgezeichnete Schwimmer, Springer und wahre Kletterkünstler. Anderen Horden gegenüber verhalten sie sich feindselig. In manchen Nationalparks haben sie sich zu forschen Plagegeistern entwickelt, die geschickt Lebensmittel aus den Camps stehlen.

Riesengalago

(Thick-tailed Bushbaby)
Galago crassicaudatus

KL 27-47; **SL** 30-50; **G** 1-2; **LR** Wald, Baumsavanne; **A** nachtaktiv; **LD** in Gefangenschaft <14 J.

Steppengalago

(Lesser Bushbaby)
Galago senegalensis

KL 14-21; **SL** 20-30; **G** 150-300g; **LR** Küstenwald, Baumsavanne; **A** nachtaktiv; **LD** in Gefangenschaft <14 J.

Riesengalago

Galagos aus der Familie der Loris sind kaum je zu sehen, da sie tagsüber eingerollt auf Bäumen schlafen und nur nachts (vor allem in den ersten Abendstunden) aktiv werden. Man erkennt sie an ihrem lauten, kleinkindartigen Geschrei, hat jedoch nur selten Gelegenheit, diese scheuen und flinken Wesen zu beobachten. Dem eindringlichen Geschrei verdanken die possierlichen Gesellen ihren englischen Name **Bushbaby**. Leider werden durch Wald- und Buschbrände immer wieder tagsüber tief schlafende Galagos getötet. Die deutlich kleineren Steppengalagos turnen abends manchmal in den Bäumen von Camps und Lodges herum. Sie sind fast lautlos; man nimmt sie nur wahr, wenn sie bei Störung rasch von Baum zu Baum springen.

Meerkatze & Galago

Nilkrokodil
(Crocodile)
Crocodylus niloticus

Ob aus Krokodileiern weiblicher oder männlicher Nachwuchs schlüpft, entscheidet die Bruttemperatur: unter 30 °C wird das Geschlecht weiblich, über 30 °C männlich.

Kaltblüter und Reptilien

Krokodile besiedeln die warmen Zonen der Erde seit rund 200 Mio. Jahren und gehören damit zu den ältesten Lebewesen der Welt. Von ursprünglich 108 verschiedenen Arten haben bis heute 22 überlebt. In Afrika sind die besonders großen, bis zu 6 m langen Nilkrokodile beheimatet. Die bis zu 700 kg schweren Echsen sind mit knöchernen Hautschilden gepanzert. Sie leben in Gewässern mit flachen Uferstellen und Sandbänken. Ihrer Beute lauern sie oft stundenlang im seichten Uferbereich auf. Haben sie ihr Opfer entdeckt, gleiten sie unbemerkt heran, stoßen mit unglaublicher Energie aus dem Wasser und schnappen zu. Dann versuchen sie, die Beute unter Wasser zu ziehen und zu ertränken. Krokodile können nicht kauen. Durch Umherwirbeln um die eigene Achse reißen sie die Beute in Stücke, die sie dann herunter schlingen können.

Aus Furcht vor Angriffen, zum Schutz der Fischernetze und wegen ihrer begehrten Haut sind Krokodile intensiv bejagt worden. In den meisten besiedelten Regionen gelten sie daher als ausgerottet. In den 1950er und 1960er Jahren wurden die etwa 50 000 Krokodile im Okavangodelta durch übermäßige Jagd auf 10 000 Tiere dezimiert. Seit 1975 stehen Krokodile in Botswana unter Schutz. Sie halten sich oft in der Nähe von Flusspferden auf.

Lauernde Krokodile sind im Wasser kaum von treibendem Gehölz zu unterscheiden, daher ist in Afrika generell an allen Uferzonen große Vorsicht geboten. Meist wird auch die Geschwindigkeit unterschätzt, mit der sich die Riesenechsen bei einem Angriff aus dem Wasser zu hieven vermögen.

Nilwaran (Nile Monitor) *Varanus niloticus*

Zur Familie der Echsen zählt auch der bis 2 m lange Nilwaran, der ein äußerst flinker Jäger ist, Menschen allerdings ausweicht und als ungefährlich gilt. Die größte Echse Afrikas lebt amphibisch und gilt als ausgezeichneter Schwimmer. Der tagaktive Einzelgänger prescht blitzschnell davon, wenn man ihn aufschreckt. Er ernährt sich bevorzugt von Eiern und Jungvögeln der am Boden brütenden Vogelarten und hält sich fast immer nahe Uferzonen auf. Männliche Warane haben zwei Penisse, die vermutlich abwechselnd eingesetzt werden.

Von oben: Olivfarbene Sandrenn-Natter, Boomslang, Puffotter

Steppenwaran (Rock Monitor) *Varanus exanthematicus*

Mit maximal 1,3 m Länge ist der Steppenwaran deutlich schmächtiger als sein Vetter Nilwaran. Seine Färbung ist von hellem Graubraun. Der weit verbreitete Waran lebt in selbst gegrabenen Bodenlöchern.

Schlangen (Snakes)

Von den 72 verschiedenen Schlangen Botswanas sind 15 sehr giftig. Dazu zählen vor allem die Speikobra, die Boomslang, die Kapkobra, die sehr flinke Schwarze Mamba und die Puffotter. Zu den ungiftigen Riesenschlangen gehört der mehrere Meter lange **Felsenpython**. Er tötet seine Beute (Hühner und bis zu 25 kg schwere Antilopen), indem er sie umschlingt und erdrückt.

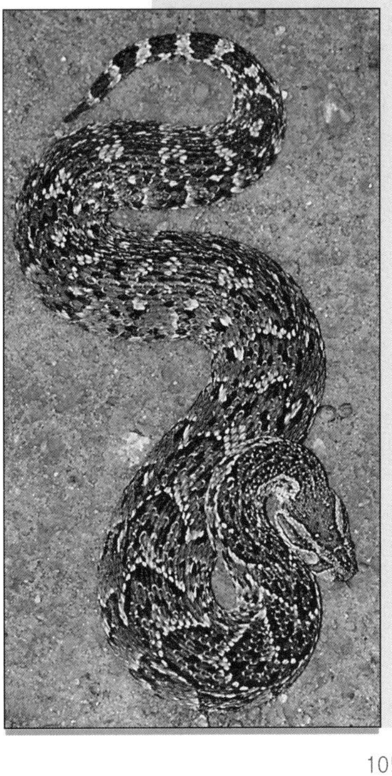

Schlangen haben Körper ohne Gliedmaßen und eine von Schuppen bedeckte Haut. Ihr Rachen, die Speiseröhre und der Magen sind weit dehnbar, um die Beute vollständig verschlingen zu können. Die Tiere sind scheu und weichen dem Menschen aus. Geräusche und das Vibrieren des Bodens schrecken sie auf, und sie ziehen sich – wenn möglich – meist sogleich zurück. Eine gefährliche Ausnahme bildet allerdings die hoch giftige **Puffotter** (*Bitis arietans*). Sie ist sehr träge, bewegt sich nur langsam und wird daher leicht übersehen. Die meisten Unfälle passieren deshalb auch mit diesen zickzackgemusterten Vipernschlangen. Die Puffotter stellt übrigens bei der Fortpflanzung einen **Weltrekord** auf: von allen Wirbeltieren der Welt gebärt sie die meisten Jungtiere mit bis zu 150 rund 15 cm großen Babyschlangen pro Wurf! Ihr größter Feind sind die truthahngroßen Kaffernhornraben, die gut und gerne ein Dutzend Puffottern pro Woche verschlingen.

Während der Trockenzeit sind Begegnungen mit Schlangen deutlich seltener als zur Regenzeit, wenn Erdlöcher und Spalten, in denen die Reptilien Unterschlupf suchen, voll Wasser laufen (siehe dazu auch S. 347).

Chamäleon

Viele Afrikaner fürchten sich vor diesen harmlosen Geschöpfen

Die faszinierenden 20-25 cm langen Echsen haben Klammerfüße, Wickelschwänze und Augen, die unabhängig voneinander frei beweglich sind. Sie zählen zu den **Wurmzünglern**, da sie ihre Beute mit der blitzschnell heraus schnellenden, langen Zunge ergreifen. Ein Chamäleon kann sich nicht verteidigen, seine Überlebensstrategie besteht aus **perfekter Tarnung**. Dazu verfügt die Echse neben den bedächtigen, wippenden Bewegungen über die Fähigkeit, ihre Körperfarbe der jeweiligen Umgebung anzupassen. Ein Chamäleon im Gebüsch zu entdecken, ist für Ungeübte fast unmöglich. Sehr viel leichter lassen sich Chamäleons beim langsamen Überqueren von Teerstraßen erspähen. Während und direkt nach der Regenzeit sind deutlich mehr Chamäleons unterwegs. Es kommen im südlichen Afrika sowohl eierlegende als auch lebend gebärende Arten vor. Weibliche Tiere werden in der Regel größer als männliche.

Die verborgene Welt der Termiten

Von den rund **3500** bekannten **Termitenarten** unserer Welt kommen etwa 400 in Afrika vor. Diese unglaublich raffinierten Insektenstaaten existieren seit mehr als 100 Mio. Jahren; ihre bis zu 6 m hohen Bauten sind somit die ältesten Wohnanlagen der Welt. Im südlichen Afrika leben vor allem solche Arten, die als Nahrungsmitteldepots rings um den Termitenbau Pilze kultivieren. Sehr vieles aus dem komplizierten Lebenszyklus der Termiten bleibt bis heute im Dunkeln. Wahr ist, dass Termiten massive Schäden anrichten und Möbel, Kleidung, ja sogar Häuser zerstören können. Es wird jedoch oft übersehen, dass ihr nützlicher Beitrag zur Verwertung von absterbenden Hölzern und der Auflockerung des Bodens weitaus größer ist. In Afrika werden Termiten auch „**White Ants**" genannt, obwohl sie näher mit Schaben als mit Ameisen verwandt sind.

Termiten leben in Staatengemeinschaften mit bis zu 3 Mio. Tieren pro Kolonie und sind lebenslang für die Gemeinschaft aktiv. Die meisten Insekten gehören der blinden, halbentwickelten Arbeiterklasse an, die unentwegt schuftet, Gänge gräbt und Tunnel bis in 40 m Tiefe aushöhlt. Nur rund 5 % von ihnen sind Soldaten. Diese größeren Termiten werden von den Arbeitern gefüttert, wenn sie nicht gerade die Gesamtanlage gegen Gefahren von außen, vornehmlich Ameisen, zu verteidigen haben. Vor jeder Regenzeit wachsen Tausende Tiere heran, die von den Arbeitern umhegt und versorgt werden, wobei sie schließlich zierliche Flügel, feste Körper und Augen entwickeln. Eines Tages, meist nach den ersten Regenfällen, strömen diese behüteten jungen Termiten einer Region gleichzeitig aus ihren Bauten aus zu einem kurzen „**Hochzeitsflug**". Viele Gefahren und etliche Feinde, die sie als wohlschmeckende Proteinquelle schätzen, warten auf diese Termiteninvasion, und nur wenigen gelingt es, eine sichere und geeignete Landefläche auf dem Boden anzusteuern. Wenn dort eine männliche und eine weibliche Termite zusammentreffen, graben sie sich sogleich gemeinsam in den Boden, um eine neue Kolonie zu gründen. Die restliche Lebensaufgabe eines solchen Weibchens wird nun ausschließlich das Produzieren Hunderttausender Eier sein.

Fährten afrikanischer Wildtieren

Hilfreich: Bei Hyäne und Hyänenhund/Wildhund kann man die Krallen im Abdruck erkennen. Bei Löwen- und Leopardenspuren sind dagegen keine Krallen zu sehen.

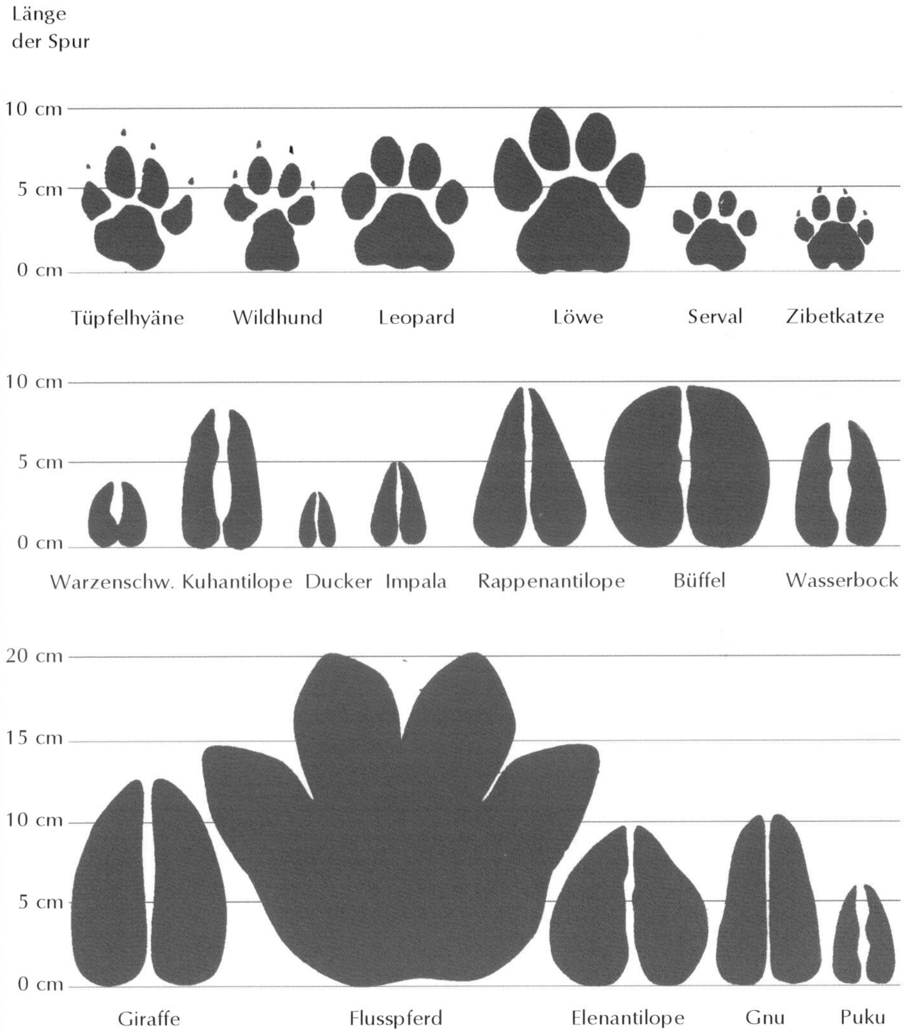

Weiblicher Gaukler

Eine besondere Stellung nimmt Kasane im Nordosten Botswanas für Vogelfreunde ein. Am Zusammenfluss von Chobe und Sambesi treten viele Vogelarten auf, die nirgendwo sonst in Botswana vorkommen. Zu ihnen zählen u. a. Narina-Trogon *(Apaloderma narina)*, Samtweber *(Euplectes capensis)*, Bülbülwürger *(Nicator gularis)*, Smaragdkuckuck *(Chrysococcyx cupreus)* und der kleine Bindennektarvogel *(Nectarinia bifasciata)*.

Schreiseeadler

Vögel

BOTSWANAS VOGELWELT

Mehr als 550 Vogelarten sind in Botswana bisher registriert worden. Manche, wie verschiedene Gänse, Enten, Stelzen und Fliegenschnäpper, kommen nur zum Überwintern aus Europa oder Asien ins südliche Afrika. Der überwiegende Teil sind jedoch Vögel des tropischen Afrikas, und einige Spezies kommen ausschließlich in Botswana vor. Um die beeindruckende Fülle an farbenprächtigen und unscheinbaren, häufigen und äußerst seltenen „Piepmatze" auseinander zu halten, empfehlen wir den Einsatz guter Bestimmungsbücher (s. S. 389) und ein vernünftiges Fernglas. Damit ausgestattet – und mit ein wenig Geduld und Muße – wird das **Bird Watching** zum größten Vergnügen! Besondere Vogel-Chancen nennen wir auch im Reiseteil, z. B. bei Camps und Lodges.

Von Greifvögeln und anderen Fleischfressern

Adler, Milane, Habichte und Falken zählen zu den verbreiteten Greifvögeln. Der **Schmarotzermilan** (*Milvus migrans parasitus*) mit dem gegabelten Schwanz und dem gelben Schnabel trägt diesen Namen, weil er mit steilem Sturzflug nicht nur Beutetiere, sondern auch Lebensmittel aus den Camps und Dörfern stiehlt. Er hält sich während der sommerlichen Regenzeit in Botswana auf und kreist dort häufig über Anwesen und Teerstraßen. **Schlangensperber** (*Polyboroides typus*), **Wanderfalken** (*Falco peregrinus*) und **Lannerfalken** (*Falco biarmicus*) sind im ganzen Land verbreitet, während **Kurzschwanzfalken** (*Falco fasciinucha*) nur in der Region um Kasane, und **Zwergfalken** (*Polihierax semitorquatus*) lediglich in Südwestbotswana vorkommen.

Adler sind in ihrer Lebensweise sehr unterschiedlich. Die braunen **Raubadler** (*Aquila rapax*) werden als Aasfresser gelegentlich in der Gesellschaft von Geiern gesichtet. **Kampfadler** (*Polemaetus bellicosus*) ernähren sich von Affen, Schliefern und kleinen Antilopen, weshalb sie häufig in Wildschutzzonen vorkommen. Ihr weißes Federkleid ist mit dunklen Flecken gemustert und sie haben einen dunklen Kopf. Doch der auffälligste und bekannteste Adler ist der markante **Schreiseeadler** (*Cuncuma vocifer*). Kopf, Brust, Rücken und Schwanz sind weiß, Bauch und Schultern braun gefärbt und die Flügel (Spannweite 50-60 cm) schwarz. Charakteristisch und seltsam eindringlich ist sein möwenartiger, weit tragender Schrei, den er auch während des Fluges ausstößt. Die bis zu 75 cm großen Raubvögel siedeln paarweise an den Flüssen Nordbotswanas. Ihre Brutzeit fällt in die Monate Mai bis August. Beim männlichen **Gaukler** (*Terathopius ecaudatus*), einem sehr hoch fliegenden, mittelgroßen schwarzen Adler, sind Schnabel und Füße rot gefärbt. Die weiße Unterseite seiner Flügel ist beim Flug deutlich sichtbar. Der englische Name „Bataleur" kommt aus dem Französischen und nimmt Bezug auf die grandiosen artistischen Flugkünste des Gauklers.

Aasfressende Geier kreisen oft hoch über Tierkadavern. Die großen Vögel mit den ausladenden Flügeln und kleinen nackten Köpfen haben ein eher abschreckendes Äußeres. In wildreichen Regionen sind **Kappengeier** (*Necrosyrtes monachus*), **Ohrengeier** (*Torgos tracheliotus*) und **Weißrückengeier** (*Gyps africanus*) vertreten. Die seltenen **Kapgeier** (*Gyps coprotheres)* kommen zum Brüten nach Südbotswana, ihre Brutstätten werden geschützt (Otse, Tswapong Hills). Ein auffälliger Bodenvogel der offenen Kalahari-Grasflächen ist der zur gleichen Familie gehörende **Sekretärsvogel** (*Sagittarius serpentarios*). Dieser langbeinige, blassgraue Vogel mit weichem Schopf und langen mittleren Schwanzfedern schreitet langsam und würdevoll. Er wurde früher wegen seiner äußeren Erscheinung fälschlich den Trappen zugeordnet.

Silhuetten von Greifvögeln

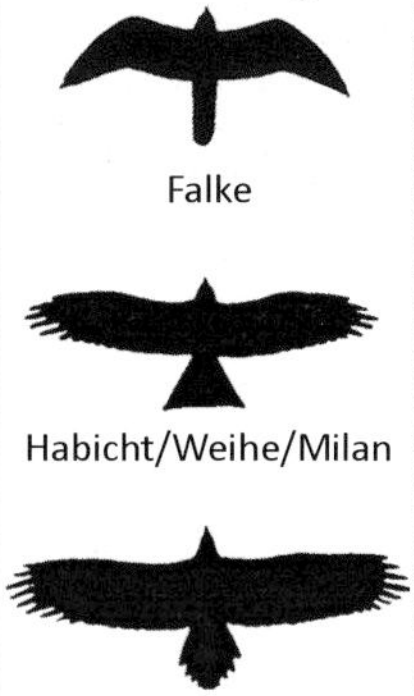

Wasservögel, Watvögel und Vögel im Uferbereich

Tümpel, Uferzonen und Flussläufe sind Tummelplätze für viele zahlreiche Vogelarten. In den Gewässern erbeuten langhalsige **Kormorane** schwimmend und tauchend Fische. Größer gewachsen ist der **Afrikanische Schlangenhalsvogel** (*Anhinga rufa*), der tief im Wasser schwimmt und – wie eine Schlange – nur den Kopf herausstreckt (Bild S. 112). Der **Hammerkopf** (*Scopus umbretta*), dessen Kopf tatsächlich dem Umriss eines Hammers ähnelt, baut mit bis zu 1,5 m Durchmesser die größten Einzelnester unter den afrikanischen Vögeln. Der braune, mittelgroße Vogel ist teilweise nachtaktiv und ernährt sich hauptsächlich von Fröschen. Die zahlreich vertretenen Reiher unterscheiden sich im Flug deutlich von Kranichen und Störchen, denn sie fliegen nicht mit ausgestreckten Hälsen, sondern mit zurückgezogenem Kopf. Aus ihrer Familie sind **Graureiher** (*Ardea cinera*), **Schwarzkopfreiher** (*Ardea melanocephala*) und die bis zu 1,5 m großen **Goliathreiher** (*Ardea goliath*) verbreitet. Die Gesellschaft von Großwild oder Nutztieren mögen die nur 50 cm großen, weißgelblichen **Kuhreiher** (*Bubulcus ibis*), um Parasiten vom Fell ihrer Wirtsträger zu picken. Eine auffällige Erscheinung in feuchteren Wildgebieten ist der bis zu 1,65 m große **Sattelstorch** (*Ephippiohynchus senegalensis*) mit seinem rot-schwarz-gelben Schnabel. Es heißt, allein im Okavangodelta leben 2500 Sattelstörche, zumeist einzeln oder paarweise. Der **Abdim**- oder **Regenstorch** (*Ciconia abdimii*) hält sich als Zugvogel von Oktober bis März in Botswana auf. Die grauweißen **Marabu** (*Leptoptilos crumeniferus*) zählen zu den geselligen Störchen. Sie leben von Aas, Fröschen und Heuschrecken. Häufig sieht man sie in Gesellschaft von Geiern. In den Marschen und Sümpfen Nordbotswanas ist der **Afrikanische Löffler** (*Platalea alba*) beheimatet, ein etwa 90 cm großer weißer Vogel mit rotem Gesicht und Beinen sowie einem auffälligen Löffelschnabel. Sieht man einen hübschen, sehr großfüßigen Vogel auf Seerosen und schwimmenden Wasserpflanzen umher stolzieren, handelt es sich um das Blaustirn-Blatthühnchen bzw. **Jacana** (*Actophilornis africanus*), ein kastanienbrauner Vogel mit blauweißem Schnabel und Stirnschild.

Marabu-Storch

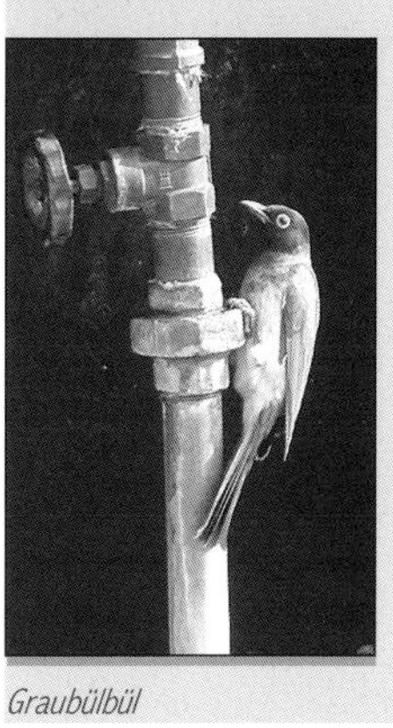

Graubülbül

Waffenkiebitz

Zu den lautesten Vogelarten mit anhaltendem Geschrei zählen Ibisse, Kiebitze, Regenpfeifer und Gänse. Der olivgraue **Hagedasch-Ibis** (*Bostrychia hagedasch*) zeichnet sich durch ein charakteristisches, eindringliches Schreien aus, das besonders zur abendlichen Dämmerung weithin zu hören ist. Auch den **Dreibandregenpfeifer** (*Charadruis tricollaris*), einen kleinen Watvogel, charakterisiert sein lang klagendes Geschrei. Der auffällig schwarzweiß gezeichnete **Waffenkiebitz** (*Hoplopterus armatus*) bevorzugt Feuchtgebiete und Sumpfregionen. Unter den Watvögeln sind neben Stelzenläufern und Wasserläufern auch Schnepfen, die vielfach nur periodisch als Zugvögel auftreten, verbreitet.

Wenn sich die Makgadikgadi-Salzpfannen in der Regenzeit mit Wasser füllen, sammeln sich dort Hunderttausende **Rosa**- und **Zwergflamingos** (*Phoenicopterus ruber, P. minor*) zum Brüten und bilden faszinierende rosafarbene Schleier auf den Salzpfannen (s. S. 201). **Kraniche** bevorzugen Sumpfgebiete und Feuchtsavannen. Die überwiegend blassgrauen **Klunkerkraniche** (*Bugeranus carunculatus*) kommen mit etwa 5000 Exemplaren besonders stark im Okavangodelta vor (kennzeichnend sind zwei vom Kinn herab hängende „Klunker“). Weite Verbreitung findet der **Kronenkranich** (*Balearica regulorum*). Seine Oberseite ist schiefergrau, dazu trägt er weiße Flügel, rostbraune Armschwingen und eine rostfarbene Federkrone. Kronenkraniche gehen eine lebenslange Einehe ein, und je ein Vogelpaar bezieht ein Revier mit 1,5 km^2 Radius. Ihre Brut verteidigen die anmutigen, großen Vögel vehement selbst gegen Löwen.

Kalahari-Vögel

Der markanteste Kalaharivogel, der flugunfähige **Strauß** (*Struthio camelus*), ist zugleich der größte Vogel der Welt. Freilebend kommt er in allen trockenen Gebieten Botswanas vor, außerdem existieren mehrere Straußenzuchtfarmen. Ungewöhnlich ist das Brutverhalten des bis zu 2 m großen Vogels, denn Strauße benützen ein kommunales Nest. Nachts brütet das Familienoberhaupt, tagsüber seine Haupthenne. Alle Nebenhennen legen ihre Eier ebenfalls in dieses Nest, um sie ausbrüten zu lassen. So fasst ein Nest manchmal bis zu hundert Straußeneier, von denen jedes einzelne so groß ist wie 24 Hühnereier und 1 kg wiegt. Während der 42-tägigen Brutphase stoßen die männlichen Tiere einen dreiteiligen Ruf aus, den man durchaus mit dem Brüllen eines Löwen verwechseln kann.

Größter noch flugfähiger Vogel der Welt darf sich die bis zu 1,5 m große und bis zu 20 kg schwere **Riesentrappe** (*Ardeotis kori*) nennen. Der würdevolle Einzelgänger ist ein stiller Vogel. Doch zur Brunftzeit (Oktober bis Februar) stößt er dumpfe, dreisilbige „Kaokaokao“-Geräusche aus, die schon so manchen Unkundigen irritiert haben; klingen seine Rufe doch wie Buschtrommeln in weiter Ferne. Sehr typisch für die Kalahari sind ferner **Gackeltrappen** (*Eupodotis afra*), die paarweise in der Grassavanne leben und bei Störung mit lautem Geschrei im Steilflug flüchten. Auch verschiedene Lerchen sind in der Kalahari vertreten, außerdem die **Kapmeise** (*Parus cinerascens*), der freundliche, neugierige **Kalahari-Heckensänger** (*Erythropygia paena*) und der **Priritschnäpper** (*Batis pririt*).

Baumvögel / Waldvögel

In den Wäldern Botswanas lebt eine Vielzahl unterschiedlicher Vogelarten. Bart- und Mausvögel sind typische Baumvögel, ebenso Spechte, Kuckucksvögel und **Nashornvögel** (Tokos). Diese sind relativ groß, haben einen auffälligen, gebogenen Schnabel und zeigen ein eigenwilliges Brutverhalten: Das Weibchen mauert sich zum Brüten in die Nesthöhle ein und wird durch eine kleine Öffnung vom Männchen gefüttert. Manche Nashornvogelmütter bleiben sogar in der Höhle, bis die Jungvögel ausfliegen. Weit verbreitet sind **Grautokos** (*Tockus nasutus*). In den trockenen Mopanewäldern Nord- und Ostbotswanas lebt der Rotschnabeltoko (*Tockus erythrorhynchus*), während man Gelbschnabeltokos (*Tockus flavirostris*) sogar in der Kalahari findet. **Kaffernhornraben** (*Bucorvus cafer*) gelten mit fast 4 kg Gewicht als die größten afrikanischen Nashornvögel. Die über 1 m großen Bodenbewohner sind schwarz gefiedert mit rotem Gesicht und ernähren sich am liebsten von Puffottern.

Gelbschnabeltoko

Eine weitere afrikanische Waldvogelfamilie bilden die Turakos bzw. Lärmvögel. Am unscheinbarsten ist der **Graulärmvogel** (*Corythaixoides concolor*), der wegen seines lauten Geschreis jeden Eindringling verrät und daher den Spitznamen „Go-away-Bird" trägt. Er lebt in trockenem Busch und Akazienwäldern. Im Okavangodelta kommt der lilafarbene **Rossturako** (*Musophaga rossae*) vor, der schimmernd grüne **Helmturako** (*Tauraco corythaix*) dagegen nur bei Kasane. Schwarzweiße Baumvögel mit langer schwarzer Schwanzfeder, die gesellig in Kleingruppen von Ast zu Ast hüpfen und dabei in hellen Tönen flöten – das sind die **Elsterwürger** (*Corvinella melanoleuca*). Die eigenwilligen Sänger können aber dennoch nicht mit dem **Senegalliest** (*Halcyon senegalensis*) konkurrieren: Der prächtige Vogel, auf englisch "Woodland Kingfisher", kommt nur während der Regenzeit zum Brüten nach Nordostbotswana (etwa von Maun bis Francistown). Dort begleitet er den Reisenden dann mit seinem herrlichen, kraftvollen und sehr ausdauernden Trillern besonders auf Campsites und in Hotelgärten.

Klunkerkranich

Hühnervögel

Zu den in Botswana vorkommenden Hühnervögeln zählen Frankoline, Wachteln und Perlhühner. **Helmperlhühner** (*Numida meleagris*) sind in trockenem Buschwald weit verbreitet, während das **Haubenperlhuhn** (*Guttera pucherani*) nur in den Miombowäldern des nördlichen Chobe-Distrikts lebt. Gemeine **Wachteln** (*Coturnix coturnix*) sind eine Besonderheit um Shakawe und den Tsodilo Hills.

Graulärmvogel

Sonstige typische Vögel

Zu den Vögeln, denen Reisende häufig begegnen, zählen der recht zutrauliche **Graubülbül** (*Pycnonotus barbatus*) und zahlreiche Stare. Der **Lappenstar** (*Creatophora cinerea*) gilt als geselliger Savannen- und Weidelandbewohner, während der **Meves-Glanzstar** (*Lamprotornis mevesii*) Mopanewälder bevorzugt. In Wildschutzgebieten sieht man gelegentlich **Rotschnabel-Madenhacker** *(Buphagus erythrorhynchus)* auf Großwild, wie Büffeln und Kudus, sitzen, denn sie ernähren sich von deren Zecken und Parasiten. **Schildraben** *(Corvus albus)* genießen

Schildrabe

Im äußersten Norden des Landes kommt der **Kappapagei** *(Poicephalus robustus)* vor, und in Kasane, als einziger Region Botswanas, auch das **Rußköpfchen** *(Lilianae nigrigensis)*. Die afrikanischen Bienenfresser sind schlanke, leuchtend gefärbte Vögel mit einem langen, gebogenen Schnabel. Der schönste ist der karminrote **Scharlachspint** *(Merops nubicoides)*, der in riesigen Kolonien gerne in sandigen Steilufern brütet.

Gabelracke

Oben: Schlangenhalsvogel, ein Meistertaucher, der seine Beute harpuniert, beim Trocknen seiner Flügel

einen Ruf als klassische Müllfresser, die häufig bei menschlichen Siedlungen und Camps leben. Sie werden etwa 45 cm groß und sind schwarz gefiedert, mit weißer Brust und einem weißen Halsband. Vielfältig und mitunter schwer identifizierbar sind die unterschiedlichen Webervögel. In trockenen Mopanewäldern und Dornbuschsavannen sind **Büffel-** *(Bubalornis albirostris)* und **Mahaliweber** *(Plocepasser mahali)* häufig anzutreffen. **Siedelweber** *(Philetairus socius)* sind dagegen auf Südwestbotswana beschränkt. Ihre riesigen Nester, in denen bis zu 300 Vögel leben, bauen sie in große Bäume und Telegrafenmasten. Sehr auffallend sind auch die **Blutschnabelweber**-Schwärme *(Quelea quelea)* in Nordbotswana, wenn die sperlingsähnlichen Vögel synchron durch die Lüfte schweben.

Nektarvögel haben sehr schlanke, lange Schnäbel, um an den Blütennektar zu gelangen. Im Chobe Nationalpark findet man **Wald**- und **Gelbbauchnektarvögel** *(Anthreptes collaris, Nectarinia venusta)*, im Kgalagadi Transfrontier Park dagegen **Rußnektarvögel** *(Nectarinia fusca)*. Ein prächtiges Gefieder präsentieren die mittelgroßen Racken, die häufig einzeln oder paarweise auf trockenen Zweigen oder Stromleitungen sitzen. In ganz Botswana sind **Gabelracken** *(Coracias caudata)* heimisch, während die **Spatelracke** *(Coracias spatulata)* nur die Miombowälder des Chobe NP bewohnt. Ein hübscher Bewohner Ngamilands ist der **Rotbauchwürger** *(Laniarius atrococcineus)*, der "Reichsvogel Namibias".

Die Nachtaktiven

Eulen, Uhus und Käuze gehören zu den Jägern mit nächtlicher Lebensweise. Sie haben meist Hakenschnäbel, große Köpfe und direkt nach vorne blickende Augen. Ihr Flug ist geräuschlos und ihr Blick starr. Weite Verbreitung finden **Schleiereulen** *(Tyto alba)*, **Zwergohreulen** *(Otus senegalensis)* und **Fleckenuhus** *(Bubo africanus)*, während der **Kapuhu** (Bubo capensis) nur im Tuli Block vorkommt. Die etwa 30 cm großen Schleiereulen wirken mit ihrem weißen Gesicht und Bauch und dem braun gefleckten Kleid besonders elegant. Am Okavango sind außerdem die etwa 60 cm großen, braun gesprenkelten **Fischeulen** *(Scotopelia peli)* häufig, die tagsüber gerne in den Baumwipfeln hoher Uferbäume ruhen. In Trocken- und Buschsavannen kann man den braunen **Perlkauz** *(Glaucidium perlatum)* mitunter auch am Tage beobachten. Er ist nur knapp 20 cm groß mit relativ langen Schwanzfedern und starren gelben Augen.

Nachtschwalben – man nennt sie auch Ziegenmelker – ziehen bei Einbruch der Dunkelheit mit ihren zum Teil extrem langen Flügeln schwingende Kreise in der Luft. Sie ernähren sich von den Insekten, die sie während dieses lautlosen Fluges jagen. Tagsüber sitzen sie getarnt und unbeweglich im Gehölz. In Botswana kommen aus ihrer Gattung besonders häufig Fleckennachtschwalben *(Caprimulgus tristigma)* und Gabunnachtschwalben *(Caprimulgus fossii)* vor.

Hagedasch-Ibis

Gelbschnabeltoko

Grautoko

Kalahari-Robin

Rotschnabeltoko

Gabelracke

Namaquataube

Haubenbartvogel

Schnurrbärtchen

Graukopfwürger

Brillentaube

Mahaliweber

Braundrosslinge

Fleckenflughuhn

Ein Drongo attackiert einen Wiedehopf

Kronenkraniche

Coquifrankolin

Doppelband-Rennvogel

Scharlachweber

Wasser-Akazie (*Acacia nebrownii*)

Farbkätzchenstrauch

Asteracea, Korbblütengewächs

Blutlilie

Nach den ersten Regenfällen zum Ende der Trockenzeit sprießen plötzlich leuchtend rote Blutlilien (*Scadoxus puniceus*) aus dem Boden. Die Pflanze wächst unterirdisch aus einer Knolle hervor und bildet einen kräftigen, leuchtend roten und orangenen Blütenstand mit bis zu 20 cm Durchmesser und lange, schmale Blätter. Die Blutlilie ist weit verbreitet im südlichen Afrika.

Baobab *(Adansonia digitata)*

Bizarrster Baum Afrikas und mit bis zu 1000 Jahren Lebensdauer ein echter Methusalem

Sing-Zikaden (Cicadidae), die lautesten Insekten der Welt

Termiten (nach dem Hochzeitsflug)

Ägyptische Schlitznase

Regenspinne

Spinnennetz im Morgentau

Falter

Fuchsmanguste

Rüsselkäfer

Puffotter

Kalahari-Zelt-Schildkröte

Pillendreher

Glitschiger Zeitgenosse

Die fetten Afrikanischen Ochsenfrösche (*Pyxicephalus edulis*) trifft man in der Regenzeit an den Pfannen der Kalahari. Der Lebenszyklus dieser mit bis zu 25 cm Länge außergewöhnlich großen und bis zu 1 kg schweren Grabfrösche ist völlig von den Regenfällen abhängig. Sobald sich Senken und Pfannen mit Feuchtigkeit füllen, kriechen die Bullfrogs an die Oberfläche und starten sofort ein pausenloses Gequake, paaren sich und laichen im seichten Wasser. Nach wenigen Tagen schlüpfen Kaulquappen und entwickeln sich innerhalb von fünf Wochen zu Fröschen. An Land gehen sie auf Beutejagd nach Mäusen, Insekten und anderen Fröschen. Die fleischigen Grabfrösche sind selbst die reinsten Leckerbissen für allerlei Raubvögel und Bodenjäger. Sobald die Tümpel abtrocknen, graben sich die Frösche rechtzeitig in den verklumpenden Schlamm in mehr als 1 m tiefen Höhlenlöchern ein. Dort harren sie aus bis zum nächsten großen Regen. Das schaffen sie bis zu zehn Jahre lang.

Nachts betreten andere Akteure die Bühne

Botswanas große Herausforderung

Etwa jeder zweite Batswana lebt auf dem Land, wo der Alltag vom spärlichen Regen – Pula – und Dürregefahren bestimmt wird.
Armut und Arbeitslosigkeit sind in ländlichen Regionen deutlich ausgeprägter als in den Städten.

Der Staat steht vor großen ökologische Gefahren durch die Überweidung fragiler Landschaftsräume und die Übernutzung der Waldbestände zur Feuerholzgewinnung.

Chibuku Shake Shake, das dickflüssige Mais- und Sorghum-Hirse-Bier für den lokalen Markt, wird in Tetra-Paks verkauft. Dieser kleinen Bar in Sehitwa dienen die leeren Chibuku-Packungen als Gartenzaun.

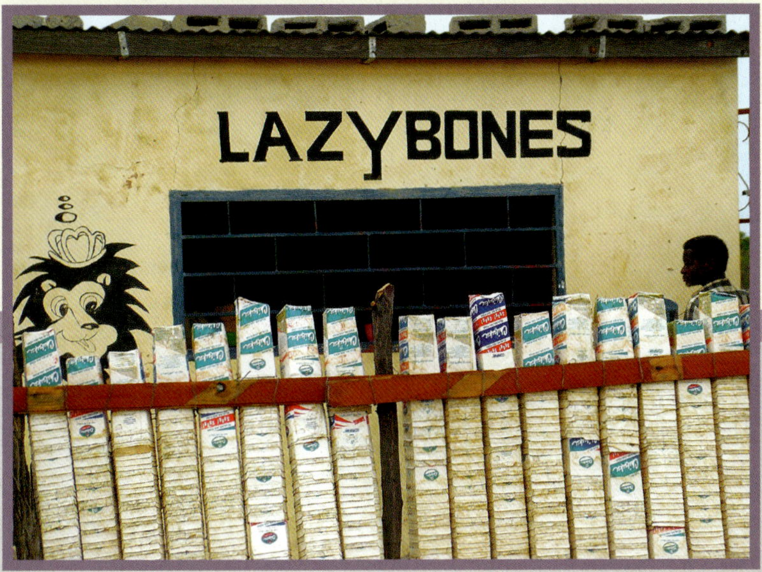

In der Regenzeit entwickeln sich in den Mopanewäldern Ostbotswanas Tausende Mopaneraupen (*Gonimbrasia belina*). Die ärmere Landbevölkerung sammelt diese eiweißreichen Insekten als begehrte Nahrungsergänzung. Die Raupen werden getrocknet oder gekocht und gesalzen verspeist.

Impressionen einer Fahrt durch das Land zwischen Okavango und Kalahari

Diese Kinder haben gut lachen: Botswana leistet sich einen für afrikanische Verhältnisse beispiellosen Wohlfahrtsstaat. 97 % der Bevölkerung hat Zugang zu sauberem Trinkwasser in höchstens 2,5 km Entfernung; die meisten sogar einen eigenen Wasseranschluss.

Botswanas Esel: Liebenswerte Geschöpfe, die niemand aus der Ruhe bringt

Eselkarren gehören zum alltäglich Bild in den Dörfern der Kalahari. Kaum jemand nimmt Notiz von diesen anspruchslosen Schwerstarbeitern; viele stören sich eher an ihnen, wenn sie in stoischer Beharrlichkeit mitten auf der Fahrbahn stehen und die Autofahrer zum Ausweichen zwingen.
Dabei sind die anspruchslosen Vegetarier durch ihre hohe Anpassungsfähigkeit und Genügsamkeit als Nutztiere ungemein wertvoll und hilfreich für den Menschen. Ihre Lieblingsnahrung besteht aus trockenem Dorngestrüpp, welches Pferde und Rinder eher verschmähen.
Weltweit gelten die Quastenschwänzler als Kleine-Leute-Tiere. Esel sind ausgesprochen geduldig, ausgeglichen und ausdauernd. Im Gegensatz zu Pferden kennen sie keine Panik, was sich so schön beim Überholen auf den Straßen zeigt. Ein Esel lässt sich bis zum Erschöpfungstod schinden und ausbeuten, niemals aber hetzen, und er behält stets seinen eigenen Willen. So hat er sich den Ruf des störrischen Esels erarbeitet. In vielen Kulturen gelten die Esel übrigens auch als Sinnbild sexueller Ausdauerkraft. Das laute „Iahh"-Gebrüll zwischen männlichen und weiblichen Tieren wird als sexuelles Vorgeplänkel interpretiert. Im römischen Reich sollen viele Frauen daher erwartungsvoll ihr Ehelager mit Eselköpfen verziert haben.
In Deutschland erlebt der treue Vierbeiner eine Renaissance als Zucht- und Haustier. Mehr als Tausend Mitglieder vereinigt hier allein die „Interessengemeinschaft für Eselfreunde".

XIIHABA CAVES
XAXA
DOBE BOARDER
GATE

CONQUEROR

Unterwegs in Botswana...

GABORONE UND DER OSTEN

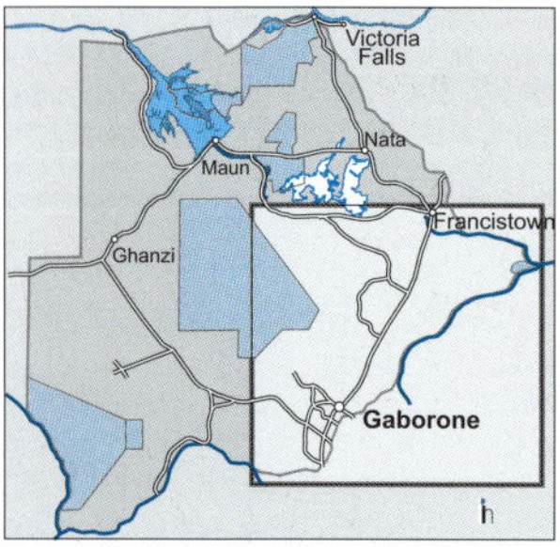

Botswanas Osten und Südosten profitierte stark von den wirtschaftlichen Errungenschaften der letzten Jahrzehnte. 80 % der Landesbevölkerung wohnen heute in dieser Region und führen ein vergleichsweise modernes, urbanes Leben. Ein ausgezeichnetes Straßennetz und umfangreiche Shopping Centres sind heute prägend für diesen Landesteil. In touristischer Hinsicht steht die Region allerdings im Schatten des Nordens. Besucher befinden sich meistens nur auf der Durchreise in die fernen Wildgebiete. Wer sich allerdings für die Kultur und Geschichte der Batswana interessiert, wird hier fündig werden.

Ein Blick in die Geschichte: 130 Jahre zurück

Schon gewusst?
Baobabs bestehen zu rund 75 % aus Wasser

Unter Führung ihres Kgosi Gaborone flüchteten die Batlokwa 1880 vor den Buren in die Region und ließen sich in Tlokweng nieder. 1895 fiel das Gebiet im Zuge des neu geschaffenen britischen Protektorats an die britische Krone und wurde bald darauf wegen des bevorstehenden Bahnbaus an die BSAC übergeben. Die ansässigen Batlokwa und Balete hatten nun die Wahl, in Reservate umzuziehen oder gegen Pachtzahlungen auf dem Gebiet der BSAC zu bleiben. Weite Ländereien teilte man damals in Farmland für Weiße, die *Lobatse- und Gaborone-Blocks*, auf. Während der folgenden Jahrzehnte fungierte die kleine Siedlung am Notwanefluss unter dem Namen *Gaberones* als Regionalverwaltung für den südlichen Teil des Protektorats. Die Zentralverwaltung ganz Betschuanalands erfolgte jedoch weiterhin von Mafikeng in Südafrika aus.

Ein Protektorat ohne Hauptstadt

Bereits vor dem 2. Weltkrieg entstanden erste Pläne, die Verwaltung des Protektorats an einen Ort innerhalb Betschuanalands zu verlegen, sie wurden jedoch immer wieder zurückgestellt. Als die Briten vor der Unabhängigkeit des Landes Verhandlungen mit den Batswanaführern aufnahmen, geriet die Situation **ins Groteske**: Weil Südafrika Seretse Khama, dem späteren Präsidenten Botswanas, wegen seiner Heirat mit einer Engländerin strikt die Einreise verweigerte, konnte dieser niemals an den Regierungstreffen in Mafikeng teilnehmen. Auch deswegen entschied sich die Verwaltung 1962 zum Ausbau des Provinznestes *Gaborone*. In dem Viertel, das heute *The Village* heißt, entstand als ältestem Stadtteil das "Government Camp". 700 Zivilbeamte und ihre Familien siedelten von Mafikeng dorthin um.

1966 – pünktlich zur Unabhängigkeit des Landes – wurde die neu gebaute Stadt mit 4000 Einwohnern zur Hauptstadt des jungen Staates Botswana ernannt. Nun setzte eine **rasante Entwicklung** ein. Die Stadtplaner hatten sich gehörig verschätzt, als sie für 1980 etwa 20 000 Einwohner voraussahen. Tatsächlich wurde diese Zahl bereits 1971 überschritten; und 1980 platzte Gaborone mit 60 000 Menschen schon aus allen Nähten. Zehn Jahre später lebten 100 000 Menschen in der Hauptstadt, bis heute hat sich ihre Zahl weiter auf annähernd 200 000 erhöht. Lange Zeit war die städtische Infrastruktur nicht einmal annähernd mit der Bevölkerung mit gewachsen. Noch Mitte der 1980er Jahre zeigte sich Gaborone als beschauliche, weit verzweigte Stadt ohne erkennbarem Zentrum und von wenigen Teerstraßen durchzogen. Erst der friedliche Übergang Südafrikas zu einer rassefreien Gesellschaft zu Beginn der 1990er Jahre bescherte auch dem grenznahen Gaborone einen plötzlichen Aufschwung und städtebauliche Konjunktur. Die Stadt veränderte sich jetzt gravierend. Es wurden Einkaufskomplexe und Bürohäuser mit modernen Fassaden errichtet, die Straßen breit ausgebaut, das Industrieviertel vergrößerte sich, und in den Randgebieten wuchsen ganz neue Wohnviertel aus dem Boden.

Gaborone (sprich: "Chaboron") ist weder eine typisch afrikanische noch besonders schöne oder aufregende Stadt. Vergeblich sucht man hier nach einem spezifischen Ambiente. Immerhin gilt die Großstadt als eine der sichersten Afrikas. In **Gabs**, wie die Stadt gerne genannt wird, herrscht viel Verkehr; die Distanzen sind weit, Fußwege gibt es kaum. Fehlende öffentliche Verkehrsmittel stellen eines der größten Probleme der Stadt dar. Wer hier ohne eigenem Transportmittel unterwegs ist, muss Geduld haben, um eines der wenigen Taxis zu erwischen, oder sollte gut zu Fuß sein.

Ein Spaziergang durch das Zentrum der Hauptstadt ermöglicht rasch einen umfassenden Überblick. Sehenswürdigkeiten und Zerstreuungsmöglichkeiten sind rar. Für den Reisenden dient Gaborone eher als gute Versorgungsstation und Einfallstor von Südafrika aus.

Info Heute zählt Gaborone zu den am schnellsten wachsenden Städten in Afrika, mit einem jährlichen Zuwachs von bis zu 19 %

Inzwischen leben 190 000 Menschen in der Hauptstadt

Die erste Orientierung

Zentrum Gaborones ist "**The Mall**", eine Fußgängerzone, die sich zwischen Queen's Road und Botswana Road erstreckt. Sie schließt westlich an den **Khama Crescent**, der in einem Halbbogen um die Regierungsgebäude führt. Das Station Road Shopping Centre am Bahnhof und die African Mall sind etwas lebendigere Plätze. Besonders in den Bars und Restaurants der African Mall ist auch abends noch etwas los. Nördlich des Nyerere Drive schließt sich das gehobenere Viertel Broadhurst mit dem North Mall Shopping Centre an. Über die Lobatse Road nach Süden gelangt man ins Industrieviertel und zum Game Shopping Centre vor dem Kgale Hill. Insgesamt fällt die erste Orientierung in dieser weitläufigen, wenig ausgeschilderten Stadt nicht leicht, weil markante Punkte fehlen und vor allem außerhalb des Zentrums zahlreiche Umgehungsstraßen den Überblick erschweren. Stadtpläne: S. 135 und S. 139.

Sehenswertes in Gaboronе

Info Die Sehenswürdigkeiten außerhalb Gaborones werden in den jeweiligen Kapiteln „Von Gaborone nach Süden"; S. 141, und „Von Gaborone nach Westen", S. 144, beschrieben

Nationalmuseum: Kunst und Wissenschaft

Das Museum befindet sich an der Independence Road und beherbergt zugleich die **Nationalgalerie**. Es besitzt eine interessante ethnologische, archäologische, kultur- und naturhistorische Sammlung. In der Galerie werden wechselnde Kunstwerke afrikanischer Künstler ausgestellt (vorwiegend zeitgenössische Kunst). Am Eingang kann man einige interessante Broschüren erstehen. Öffnungszeiten: Dienstag bis Freitag von 09.00 - 18.00 h, an Wochenenden und Feiertagen von 09.00 - 17.00 h, montags geschlossen. Der Eintritt ist frei. Adresse: Independence Drive, P/Bag 00114, Tel. 3974616.

Gaborone Game Reserve: Safari in der Hauptstadt

Am Ufer des Notwane enstand 1988 durch die Initiative der *Kalahari Conservation Society* ein 600 ha großes Reservat, in dem einst verdrängte Wildtierarten, wie Elenantilopen, Springböcke, Zebras, Warzenschweine und Schakale, wieder angesiedelt wurden. In einem Gehege leben auch einige Breitmaulnashörner. Zwischen 06.30 und 18.30 h darf man gegen eine geringe Eintrittsgebühr (ca. 1,50 €/pP, 0,50 €/Auto) Pirschfahrten unternehmen. Die Wege sind mit einem Pkw befahrbar. Es gibt hier auch Picknickplätze und zwei Beobachtungsstände. Die Zufahrt zum Schutzgebiet erfolgt über den Limpopo Drive.

Gaborone Damm: Erholung für die Großstädter

Der Staudamm südöstlich der Stadt versorgt Gaborone mit Wasser und ist besonders an den Wochenenden ein beliebtes Ausflugsziel zum Fischen, Segeln, Surfen oder für Picknicks und Vogelbeobachtungen. Schwimmen ist jedoch verboten. Wer direkt bis an die Staumauer fahren möchte, braucht eine Genehmigung der *Water Utilities Corporation* (in der Luthuli Road nahe dem Bahnhof).

Diamanten-Führung bei Debswana

Im Orapa House am Khama Crescent werden die edlen Rohdiamanten aus der Kalahari vor ihrem Weiterverkauf sortiert und ausgewählt. Strengste Sicherheitsmaßnahmen schirmen die rund 140 Millionen einzelnen Rohdiamanten, die alljährlich im Debswana House sortiert werden, ab. Mehr als 200 penibel überwachte Sortierer ordnen hier die Steine nach ihrer Qualität (Form, Reinheit, Farbe). Fast ebenso viele Sicherheitskräfte schützen das wertvollste Gebäude des Landes. Interessierte Besucher können bei der Fa. De Beers Ltd. (Debswana) im Botsalano House, P. O. Box 329, nach einer kostenlosen Führung durch das Gebäude fragen (meistens freitags). Tel. 3614200, Fax 3180778, email: info@debswana.com.

Tipp No. 1 Ladies' Opera House: Auf den Spuren der „Miss Marple von Botswana" soll Gaborone eine eigene Oper erhalten. Das Restaurant ist tagsüber schon offen, Musikvorstellungen sollen später folgen. Mo-Sa 7-16 h, am südlichen Stadtrand in Kgale Siding hinter der St. Josephs School, beschildert.

Einkaufstipps

Souvenirs: Alle größeren Hotels und die meisten Shopping Centren verfügen über eigene Souvenirläden. Darüber hinaus findet in der Mall täglich ein offener Straßenmarkt statt und auch im Nationalmuseum wird Kunsthandwerk (sehr günstig) angeboten. Zu den Läden mit guter Auswahl an hochwertigem Kunsthandwerk zählen *Botswanacraft* und *Jewel of Africa*, beide in der Mall gelegen. In der Umgebung Gaborones sind die Töpfereien *Thamaga-Pottery* in Thamaga und *Pelegano-Pottery* in Gabane besuchenswert (siehe S. 145). Hochwertige Webartikel bietet die Kooperative *Lentswe-La-Oodi-Weavers* nördlich von Gaborone (S. 148).

Lebensmittel & Alltagsbedarf: Seit Ende der 1990er Jahre schießen neue Einkaufszentren wie Pilze aus dem Boden Gaborones: *Game City* am Kgale Hill, Westgate Shopping Centre, Riverwalk Shopping Centre, Molopo Crossing Shopping Centre... Die neuen Konsumtempel haben täglich geöffnet. Gute Einkaufsmöglichkeiten bieten außerdem die Fußgängerzone *The Mall*, das *Station Road Shopping Centre*, das *Nyerere Drive Shopping Centre* und die *Broadhurst North Mall*.

Landkarten & Bücher: Große Auswahl an Reise- und sonstiger Literatur offerieren *Botswana Book Centre* in der Mall und *Botsalo Books* im Game City Shopping Centre. Topographische Detailkarten des ganzen Landes und ein Stadtplan von Gaborone werden vom *Department of Surveys & Mapping* vertrieben an der Station Road / Ecke Old Lobatse Road (P.O.Box 0037, Tel. 3953251, Fax 3956015).

Safari-Ausrüstung: Alles rund um das Campen gibt es im *Safari Centre*, im Süden der Stadt in der *Industrial Area 4* gelegen, kurz vor dem Hyundai-Auslieferungslager. Auch der Laden Game im Game City Shopping Centre bietet Campingbedarf.

Schon gewusst?
Tauben können nachweislich über 700 Muster unterscheiden

Unten: Ein Portier im Gaborone Sun Hotel; Bild links: Einkaufsmeile „The Mall"

Gaborones Nachtleben

Das Nachtleben ist im britisch-südafrikanisch geprägten Gaborone nur mäßig entwickelt. Wer Kasino, feine Bars und Gourmetrestaurants sucht, wird in den Luxushotels fündig (keine strenge Abendgarderobe notwendig). Viele Südafrikaner lieben die "Einarmigen Banditen", wie man sie im Gaborone Sun Hotel findet. In den Shopping Centres der Stadt haben abends noch diverse Nachtbars geöffnet, ebenso in der "African Mall", wo man einige Jazzkneipen und Diskos finden kann. Livemusik bietet das Gaborone Hotel an den Wochenenden. Beliebt ist auch der Irish Pub im Game Ciity Shopping Centre.

Hotels und Gästehäuser in Gaborone

Hotels und Gästehäuser

•**Gaborone Sun Hotel:** Privat Bag 0016, Chuma Drive, Tel. 3616000, Fax 3902555. email: mb_bw_Reservations @za.suninternational.com, www.suninternational.co.za. 5-Sterne-Hotel der Luxusklasse in zentraler Lage mit Kasino, Pool und diversen Restaurants. Die erste Adresse bei Geschäftsreisenden mit einem sehr elegantem Ambiente. Preise: B&B ab 120 €/EZ und ab 63 €/DZpP.

•**Walmont Ambassador „at the Grand Palm“:** P/Bag BR 105, Molepolole Road, Tel. 3912999/ 3637777, Fax 3910402, email: bwinfo@ metcourt.com, www.walmont.com. Großes 4-Sterne-Luxushotel am Stadtrand mit Kasino, Fun-Center, Pool u. v. m. Sehr beliebt, dabei etwas weniger elegant als das Gaborone Sun Hotel. Zimmerpreise ab 98 €/Nacht (auf Angebote achten!).

•**Metcourt Inn „at the Grand Palm“:** Molepolole Road, neben dem Walmont Ambassador. Tel. 3637777, Fax 3910402, email: bwinfo@ metcourt.com. Gutes Mittelklassehoten mit klimatisierten, jedoch eher kleinen Zimmern ab 46 €/Nacht (Frühstück extra für 8 €/pP).

•**Cresta Lodge:** Privat Bag 00126, Samora Machel Drive, Tel. 3975375, Fax 3900635, email: reslodge@cresta.co.bw, www.cresta-hospitality.com. Familienfreundliches 4-Sterne-Hotel in ruhiger Stadtrandlage mit Pool, Naturpfad, Restaurant. Preise: 110 €/EZ, 70 €/DZpP.

•**Cresta President Hotel:** P. O. Box 200, Botswana Road, Main Mall, Tel. 3953631, Fax 3951840, email: respresident@cresta.co.bw, www.cresta-hospitality.com. Traditionsreiches 4-Sterne-Hotel direkt an der Mall mit beliebtem Terrassenlokal. Preise: 100 €/EZ, 60 €/DZpP.

•**Gaborone Hotel:** Privat Bag 00127, Molepolole Rd. Tel. 3922777, Fax 3922727, email: gh@info.bw., www.gaboronehotel.com. Mittelklassehotel in Bahnhofsnähe mit Wechselstube, Internetcafé, Casino und Gym. Zimmerpreise: EZ 28 €/Nacht, DZ 33 €/ Nacht, Frühstück 5 €/pP.

•**Lolwapa Lodge:** Plot 2873, Chuma Drive. Tel. 3184865, email: sales@gabscafe.com, www.gabscafe.com/gc/obi/lhome.htm. Einfaches Hotel, nahe Uni und Nationalmuseum gelegen. Zimmerpreise je nach Ausstattung: EZ 16-33 €/EZ, DZ 20-40 €/DZpP.

•**Oasis Motel:** P. O. Box 30331, Tlokweng Road, Tel. 3928396, Fax 3928568, email: oasismotel@ botsnet.bw. Im Vorort Tlokweng etwa 4 km vor der Stadt ruhig gelegen, mit Pool, Restaurant, Bar und klimatisierten Zimmern. Preise: DZ 32 €/Nacht, Chalet 37 €/Nacht, Mahlzeiten 5-7 €.

•**Falcon Crest Suites:** P. O. Box 4873, Tel: 3935373, Fax: 3935374, email: falconcrest@falconcrest.co.bw, www.falconcrest.co.bw. Kleines Gästehaus mit kolonialem Touch Lodge beim Chuma Drive mit nur acht klimatisierten Zimmern und einem verspielten Restaurant. Zimmerpreis mit Frühstück 70-80 €/Nacht.

•**Yarona Country Lodge:** P. O. Box 2436, Tel. 3933680, Fax 3974914, www.yaronalodge.co.bw, email: yarona@botsnet.bw. Kleine Anlage am westlichen Stadtrand mit Pool, freiem Internetzugang und Restaurant. Preise: B&B 80 €/Nacht. Inklusive Gratis-Transfers vom Flughafen.

•**Mondior Summit** (früher Syringa Lodge): Plot 21117, Mobuto Drive/Ecke Maratadiba im Viertel „The Village“. Tel. 3190600, Fax 3190660, email: info@ gab.mondior.com. 3-Sterne-Hotel mit Pool, Restaurant und Self-Catering-Studios ab 60 €/Nacht.

•**Brackendene Lodge:** Tati Road, Plot 769. Tel. 3912886, Fax 3906246, email: felomena@it.bw. Zufahrt via Independence Ave., dort in den Ikageng Way einbiegen. Einfache, zentrale Familienzimmer und Apartments mit Kochnische/Küchenbenutzung. Zimmerpreis 23-30 €/Nacht.

Camping und Chalets zur Selbstversorgung

•**City Camp:** P. O. Box 20222, Tel./Fax 3911912. Bungalowanlage mit Campingplatz an der Legolo Road (Zufahrt sowohl von der Brücke als auch vom Nelson Mandela Drive). Recht zentral nahe dem Stadtzentrum gelegen, mit Stellflächen unter schattigen Bäumen (viele Vögel). Stromanschluss vorhanden. Jedoch ziemlich laut durch Verkehr und Bahnlinie (nur 50 m entfernt). Preise: Camping 5 €/pP, Chalets 25 €/pP.

•**Mokolodi Nature Reserve:** P. Bag 0457, Tel. 3161955, Fax 3165488, email: information@mokolodi.com, www.mokolodi.com. Die Chalets dieses Naturreservats vor den Toren der Stadt bieten sich für Ruhesuchende und Freunde der afrikanischen Wildnis an (Mokolodi liegt 13 km südlich der Stadt). Auf dem wildreichen Gelände befinden sich an einer Wasserstelle vier gemauerte Selbstversorger-Chalets mit Kühlschrank, Kochplatten, Bad/Dusche, Grillplatz, Moskitonetzen über den 3-6 Betten. Zusätzlich liegen acht Campingstellflächen versteckt im dichten Busch (kein Ausblick, aber originell). Sie bieten jeweils eigene einfache Duschen/WCs, Grillstellen und Wasser, aber keinen Stromanschluss. Preise: Wochentags ab 45 € pro Chalet, an Wochenenden ab 60 €/Nacht, Camping 9 €/ pP zzgl. Parkeintritt 6 €/pP pro Besuch. Siehe S. 138.

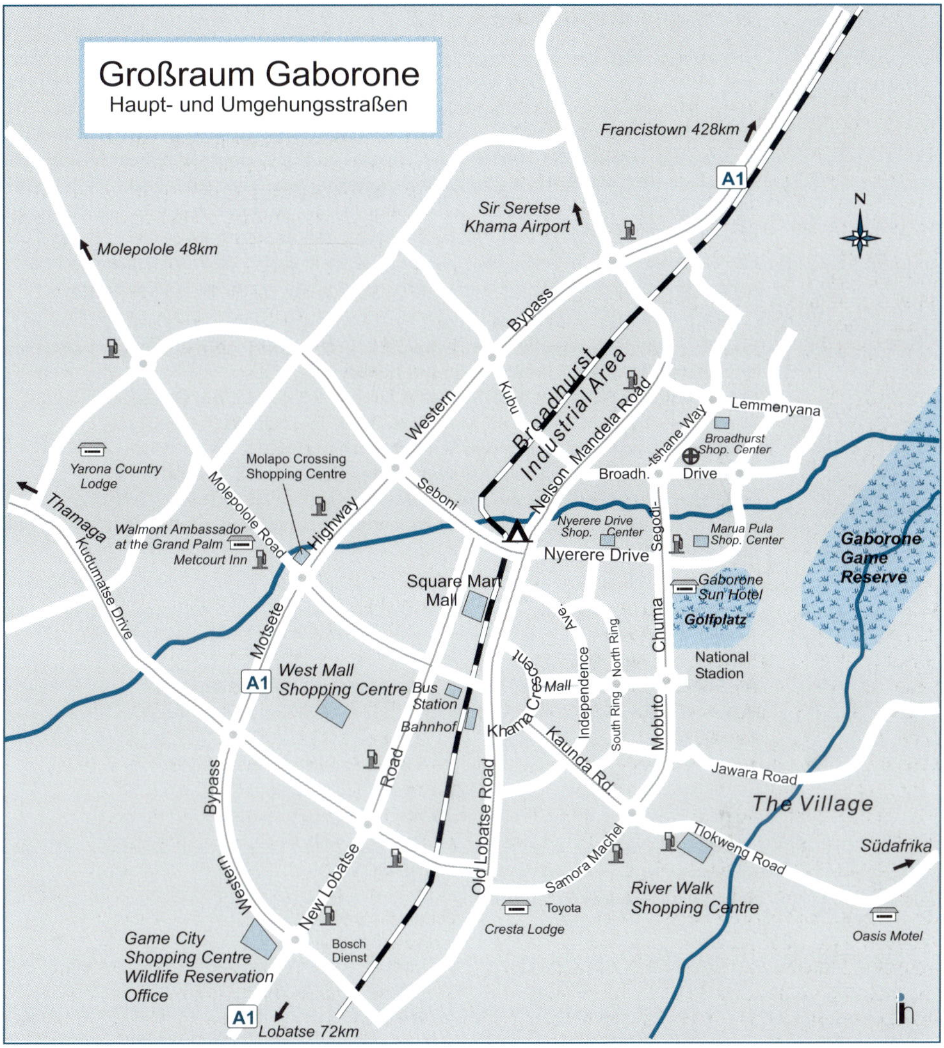
Großraum Gaborone
Haupt- und Umgehungsstraßen
Francistown 428km
A1
Sir Seretse Khama Airport
Molepolole 48km
Bypass
Broadhurst Industrial Area
Kubu
Western
Nelson Mandela Road
Lemmenyana
-tshane Way
Broadhurst Shop. Center
Broadh. Drive
Yarona Country Lodge
Molapo Crossing Shopping Centre
Seboni
Molepolole Road
Highway
Thamaga
Kudumatse Drive
Walmont Ambassador at the Grand Palm
Metcourt Inn
Nyerere Drive Shop. Center
Segodi-
Marua Pula Shop. Center
Gaborone Game Reserve
Nyerere Drive
Square Mart Mall
Gaborone Sun Hotel
Golfplatz
Motsete
Ave.
Chuma
North Ring
South Ring
Independence
National Stadion
A1
West Mall Shopping Centre
Bus Station
Bahnhof
Khama Crescent
Mall
Kaunda Rd.
Mobuto
Jawara Road
The Village
Bypass
Road
Old Lobatse Road
Samora Machel
Tlokweng Road
Südafrika
Western
New Lobatse
River Walk Shopping Centre
Toyota
Cresta Lodge
Oasis Motel
Bosch Dienst
Game City Shopping Centre Wildlife Reservation Office
A1
Lobatse 72km
N

FIVE ROSES
Nobody makes better tea than yo... FIVE ROSES

Wichtige Adressen von A bis Z

Banken & Geldwechsel

Gaborone verfügt über ein dichtes Netz an Bankfilialen. Vor allem in den zahlreichen Shopping Centren und in der Mall können Touristen unkompliziert Devisen umtauschen und Bargeldabhebungen per Kreditkarte tätigen. Ein Vergleich der Wechselkurse und Bearbeitungsgebühren lohnt sich allerdings. Vorsicht bei Travelers Cheques: Einige Filialen der Standard Chartered Bank, wie z. B. in der Lobatse Road im SS-House, wechseln Reiseschecks nur, wenn man gleichzeitig die Kaufbelege vorlegen kann, oder die Schecks im Reisepass eingetragen sind! American Express ist vertreten bei Manica Travel Service im Botslano House in der Mall (Tel. 3952021). Die Öffnungszeiten der Banken sind uneinheitlich, meistens von Mo–Fr: 08.15–12.45 h und Sa: 08.15–10.45 h. Im Zentrum haben einige Banken auch nachmittags bis 15.00 h/15.30 h geöffnet. Wechselstuben öffnen in der Regel ganztags.

Botschaften

Bundesrepublik Deutschland: P. O. Box 315, Professional House, Segoditshane Way, Broadhurst, Tel. 3953143/ 3953806, Fax 3953038.
Großbritannien: P/Bag 0023, 1079 Queens Road, Tel. 3952841, Fax 3956105.
Namibia: P. O. Box 987, Plot 186, Matsitama Road, Tel. 3902181, Fax 3902248.
Zambia: P. O. Box 362, Zambia House, The Mall, Tel. 3951951, Fax 3953952.
Zimbabwe: P. O. Box 1232, Government Enclave, Tel. 3911495, Fax 3905863.
Südafrika: P/Bag 00402, Kopanyo House, N. Mandela Dr., Tel. 3904800, Fax 3905502.
Für Österreicher und Schweizer sind die jeweiligen Ländervertretungen in Südafrika zuständig, siehe S. 355.

> **Schon gewusst?**
> Elefanten haben die längste Tragezeit aller Tiere

Fluggesellschaften

Air Botswana: P. O. Box 92, The Mall. Tel. 3952812, Fax 3974802. Air Botswana fungiert als Agent für zahlreiche nicht selbst vertretene internationale Luftfahrtgesellschaften, wie Lufthansa, Swiss Air, KLM.
Air France: P/Bag B040, Plot 1245, Haile Selassie Road. Tel./Fax 3904326
British Airways: P. O. Box 40299, Hermano Center, Broadhurst Mall, Tel. 3957025, 3972594, Fax 3957024
Kenya Airways: P. O. Box 2440, Plot 764, Botswana Road. Tel. 3974191
South African Airways: P.O.Box 1179, Plot 4793, Lobatse Road. Tel. 3972397
Comair: Privat Bag BR 78, Broadhurst Mall, Tel. 3972397 und 3905740 (Airport)

Flugcharter

Executive Charter: Tel. 3975257, Fax 3975258
Kalahari Air Service: Tel. 3951804

Flugrettung

Medical Rescue International (MRI): P/Bag 256, Broadhurst, Gaborone. Telefon: Office: 3903066, Notfälle: 3901601 oder landesweit: 911, Fax 3902117. Internet: www.mri.co.bw. Rettungsunternehmen mit eigenem Fluggerät und Krankenwägen, vor allem zur Bergung in der Wildnis ausgestattet. Zeitlich begrenzte Mitgliedschaft möglich, bei zahlreichen Reiseveranstaltern sogar automatisch inkludiert. Nähere Informationen siehe S. 349.

Immigration

Visa-Angelegenheiten regelt man bei Bedarf im Department of Immigration am Khama Crescent/Ecke State Drive, P. O. Box 942, Tel. 39611300, Fax 3952996.

Krankenhaus

Princess Marina Hospital: P.O.Box 258 North Ring Road, Tel. 3953221/3593777. Dies ist das modernste staatliche Krankenhaus des Landes.
Gaborone Private Hospital: P/Bag 130, Segoditshane Way (gegenüber der Broadhurst North Mall), Tel. 3901999. Eine moderne Privatklinik mit sehr gutem Standard, allerdings auch entsprechenden Gebühren.
Landesweiter Rettung-Notruf (Ambulanz): Tel. 997

Nationalparkbehörde und Bigfoot Tours

Das Parks and Reserves Reservation Office des DWNP, wo Touristen ihre Nationalparkbesuche reservieren können, befindet sich im Kgale Hill Shopping Centre in der New Lobaste Road, Tel. 3180774, Fax 3932205, email: dwnp@gov.bw. Öffnungszeiten: Mo-Fr von 07.30-12.30 h, 13.45-16.30 h, am Wochenende geschlossen (s. S. 364).

Anfang 2009 wurden die Campsites im Khutse GR und zahlreiche Campsites im CKGR privatisiert. Zuständig für Reservierungen dieser Campingplätze ist seither Bigfoot Tours, Mrs. Pauline, Tel. 3953360, email: bigfoot@gbs.co.bw, Adresse: Extention 10, Plot 2930, Pudulogo Crescent. Ausführliche Informationen zum Reservieren von Nationalparks und damit einhergehenden Problemen: siehe S. 364ff.

Polizei

Botswana Road, gegenüber dem President Hotel. Tel. 3951161. Landesweite Notrufnummer der Polizei: 999. Notruf der Feuerwehr: 998, Notruf der Ambulanz: 997.

Post Office

Das Hauptpostamt in der Mall liegt neben dem President Hotel. Öffnungszeiten: Mo-Fr von 08.15-13.00 h und 14.00-16.00 h. Am Sa, So und an Feiertagen nur von 08.30-11.30 h.

Reiseagentur

Adventure Safaris: Tel. 3700276, Fax 3700168, www.adventure-safaris.com, The Mall. Bieten Tagestouren zu den Sehenswürdigkeiten der Umgebung und einen Airport-Shuttledienst.
Africa Insight: Tel. 72654323, Fax 5301495, www.africainsight.com. Tagestouren und Kurzausflüge, u. a. auch „Auf den Spuren der Detektivin Mma Ramotswe".

Restaurants

Die Auswahl an Restaurants und Imbisslokalen ("Take-Aways") ist reichhaltig. In den Hotels und im Viertel Broadhurst findet man eher feinere Lokale und Spezialitätenrestaurants, während im Zentrum Imbissketten, wie Kentucky Fried Chicken, Chicken Licken und Nando's, dominieren. Beliebt sind auch die Lokale in den modernen Shopping Centren der Stadt. Wer es originell und afrikanisch mag, sollte tagsüber vielleicht einmal beim „No. 1 Ladies' Opera House" vorbeischauen (S.133).

Restaurantauswahl

- **Maharaja:** Indisches Restaurant neben dem City Camp an der Legolo Road.
- **The Bull and Bush:** Das Pub ist der angesagte Treffpunkt schlechthin, liegt neben Maharaja.
- **Taj Restaurant:** Indisches Restaurant mit guten Mittagsbuffets in der African Mall.
- **Primi Piatti:** Italienische Köstlichkeiten im Riverwalk Shopping Centre.
- **La Pergola:** Internationale Küche mit schönem Blick auf die Fußgängerzone im President Hotel.
- **Mokolodi Restaurant:** Gute Kost und Safari-Ambiente im Naturreservat Mokolodi (s. S. 138).
- **Moghul Restaurant:** Asiatische Spezialitäten beim Nyerere Drive Shopping Centre.

Taxi

Taxi-Tel. 3909927, 3902146. Taxis erkennt man am blauen Nummernschild. Der städtische Taxistand befindet sich neben dem Polizeigebäude in der Botswana Road, allerdings wird man nur mit viel Glück überhaupt ein Taxi erwischen. Leichter kann man sich in Gaborone mit einem Minibus fortbewegen. Feste Routen und Fahrzeiten gibt es nicht, doch halten die oftmals überfüllten Minibusse an allen Einkaufszentren der Stadt.

Telefon & Internet

Das große Gebäude von Botswana Telecom (BTC) steht am Khama Crescent/Ecke State Drive. Es ist montags bis freitags von 09.15-13.00 h und von 14.15-16.30 h sowie samstags von 08.15-11.30 h geöffnet. Zahlreiche Internetcafés befinden sich in der Mall und in den vielen Shopping Centren der Hauptstadt, wie z. B. Game City.

Touristeninformation

Nur ein kleines, schmuckes Büro des Department of Tourism gibt es im 2. Floor der Standard Chartered Bank in der Mall, wo einige Hochglanzprospekte ausliegen. Wer nach handfesten Infos und Traveller Tipps sucht, kann sich den Besuch getrost sparen.

Mokolodi Nature Reserve

Der 3000 ha große Wildpark südlich von Gaborone wurde 1994 durch die *Mokolodi Wildlife Foundation* mit dem Ziel eingerichtet, die Flora und Fauna Südostbotswanas zu bewahren. Damals wurden mehrere unrentable Rinderfarmen zusammengelegt und für diesen guten Zweck gestiftet. Das Reservat dient als Forschungsstation und Schulungsstätte, wird aber auch gerne touristisch genutzt. Zahlreiche Antilopen und Böcke, wie Kudus und Kuhantilopen sowie Leoparden, Warzenschweine, Giraffen, Flusspferde, Elefanten, Breitmaulnashörner und Zebras haben hier inzwischen einen sicheren Lebensraum gefunden. Das bewaldete, hügelige Gebiet mit Wasserlöchern, einem kleinen See und Aussichtspunkten kann über ein großzügiges Wegenetz erkundet werden (Allrad und gute Bodenfreiheit wird empfohlen). Das überaus vielseitige Angebot an Aktivitäten umfasst Pirschfahrten und -wanderungen, Besuche bei den zahmen Geparden, Reitsafaris und Bush-Walks mit Elefanten und Breitmaulnashörnern. Außerdem laden die ansprechenden Chalets und idyllisch einsamen Campingplätze (s. S. 134) und ein Restaurant mit Souvenirladen zum längeren Verweilen ein.

Fazit: Wer fernab der großen Wildgebiete Botswanas ein Stück Safari-Feeling spüren möchte und ungewöhnliche Tierbegegnungen sucht, ist hier genau richtig aufgehoben. Die Chalets und Campingplätze sind eine prima Alternative zu den Unterkünften in der Stadt.

Adresse: Bag 0457, Tel. 3161955, Fax 3165488, email: information@mokolodi.com, www.mokolodi.com.

Preise: Übernachtungspreise siehe S. 134. Der Eintritt betägt 55 Pula pro Person pro Besuch, für Kinder 30 Pula. Angebotene Aktivitäten: Pirschfahrten im offenen Wagen (2 Std.) kosten 120 Pula pP, Nachtpirschfahrten 170 Pula pP. Gepardenbesuche mit/ohne Pirschfahrt 290 bzw. 170 Pula pP. Walking Safaris werden für 75 Pula pP pro Stunde angeboten. "Rhino Tracking" schlägt mit 485 Pula zu Buche, „Giraffe Tracking" mit 415 Pula. Unser Tipp: Als "Member" bezahlt man für alle Aktivitäten und Unterkünfte deutlich weniger. Deshalb rechnet sich eine FOM-Mitgliedschaft, die 290 Pula pro Person bzw. 720 Pula für eine ganze Familie kostet, schon bei kurzem Aufenthalt.

Anreise: Der Zugang zum Wildpark liegt 14 km südlich von Gaborone an der Straße nach Lobatse. Wer kein eigenes Fahrzeug besitzt, verlässt einen Minibus nach Lobatse bei der Mokolodi-Zufahrt und läuft die restlichen 1,5 km bis zum Eingang. Mokolodi bietet auch Transfers ab/bis Gaborone an.

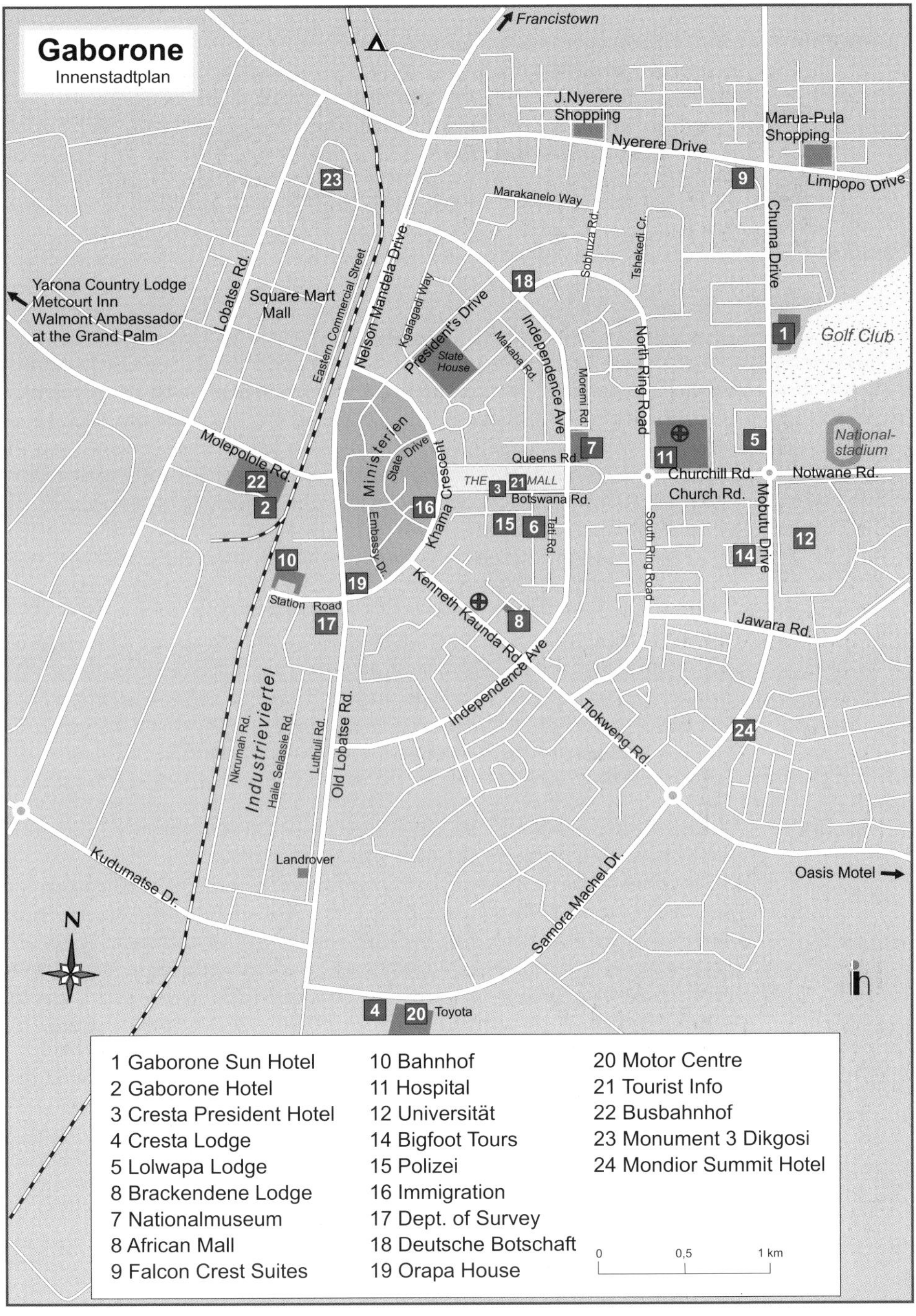
Gaborone
Innenstadtplan
Francistown
J.Nyerere Shopping
Marua-Pula Shopping
Nyerere Drive
Limpopo Drive
Marakanelo Way
Sobhuza Rd.
Tshekedi Cr.
Chuma Drive
Golf Club
Yarona Country Lodge
Metcourt Inn
Walmont Ambassador at the Grand Palm
Lobatse Rd.
Square Mart Mall
Eastern Commercial Street
Nelson Mandela Drive
Kgalagadi Way
President's Drive
State House
Makaba Rd.
Independence Ave
Moremi Rd.
North Ring Road
National-stadium
Ministerien
State Drive
Khama Crescent
Molepolole Rd.
Queens Rd.
THE MALL
Botswana Rd.
Churchill Rd.
Church Rd.
Notwane Rd.
Mobutu Drive
Embassy Dr.
Tati Rd.
South Ring Road
Station Road
Kenneth Kaunda Rd.
Jawara Rd.
Independence Ave
Tlokweng Rd.
Industrieviertel
Nkrumah Rd.
Haile Selassie Rd.
Luthuli Rd.
Old Lobatse Rd.
Landrover
Kudumatse Dr.
Samora Machel Dr.
Oasis Motel
N
Toyota
1 Gaborone Sun Hotel
2 Gaborone Hotel
3 Cresta President Hotel
4 Cresta Lodge
5 Lolwapa Lodge
8 Brackendene Lodge
7 Nationalmuseum
8 African Mall
9 Falcon Crest Suites
10 Bahnhof
11 Hospital
12 Universität
14 Bigfoot Tours
15 Polizei
16 Immigration
17 Dept. of Survey
18 Deutsche Botschaft
19 Orapa House
20 Motor Centre
21 Tourist Info
22 Busbahnhof
23 Monument 3 Dikgosi
24 Mondior Summit Hotel
0 0,5 1 km

Mietwagenagenturen

- **AVIS:** Die Zentrale von AVIS befindet sich am Flughafen: Tel. 3913093, Fax 3912205, email: reservations@avis.co.za.
- **Hertz/Imperial Car Rentals:** Flughafenbüro: Tel. 3952280, Fax 3904460. das Stadtbüro liegt in The Mall, Tel. 3907233 und 3951804, Fax 3912280.
- **Budget Rent a Car:** Zentrales Büro am Flughafen: Tel. 3902030, Fax 3902028, email: botswana@budget.co.za.

Bahnhof und Bahnverbindungen

Der Bahnhof befindet sich am Ende der Station Road. Bis April 2009 fuhren täglich Nachtzüge von Lobatse über Gaborone nach Francistown und umgekehrt. Diese Verbindung wurde allerdings gestrichen, und somit existieren im Augenblick keine Bahnverbindungen mehr innerhalb Botswanas. Kontakt: Botswana Railways, P. O. Box 125, Gaborone. Tel. 3900163 und 3951401, Fax 3974360.

Busbahnhof und Busverbindungen

Wer öffentlich nach Maun oder Kasane reisen möchte, muss in Francistown den Bus wechseln

Der städtische Busterminal, an dem Fernstreckenbusse abfahren, befindet sich westlich der Bahnlinie neben dem Gaborone Hotel. Mehrmals täglich werden von hier aus die Strecken Gaborone-Francistown (ca. 5 €) und Gaborone-Lobatse sowie regelmäßig auch die Strecke Gaborone-Ghanzi (ca. 10 €) bedient. Tipp: Zu Fuß ist der Busbahnhof vom Zentrum aus einfach über eine die Bahngleise überquerende Fußgängerbrücke zu erreichen. Minibusse für Kurzstrecken stehen dagegen direkt beim Bahnhof.

Intercape-Mainliner-Busse fahren täglich um 06.30 h an der Shell-Tankstelle „Kudu Service Station" in der Queens Road ab (ca. 18 € pro Strecke, Tel. Reservierung 3972224 und 0861-287287, Ankunft in Johannesburg um 13.05 h). Rückfahrt täglich um 14.30 h, Ankunft um 21.10 h. Zwischen Johannesburg und Gaborone verkehren außerdem täglich zahlreiche Minibusse für ca. 13 € ab dem Busbahnhof.

Die Fernstreckenbusse sind in der Regel voll besetzt. Daher besorgt man sich den Fahrschein möglichst schon am Vortag an der Busstation, wo man auch die häufig wechselnden Abfahrtszeiten erfragen kann. Während der Fahrt legen die Busse regelmäßige Tankstopps ein, dort können sich die Passagiere auch verpflegen.

Flughafen

Der Sir Seretse Khama Internationale Airport (Tel. 3958440) liegt etwa 15 km nordwestlich von Gaborone. Flugauskunft: Tel. 3914518/3952812.

Es verkehren keine öffentlichen Verkehrsmittel zwischen dem Flughafen und der Stadt, und selbst Taxis (10–15 € pro Fahrt) sind am Flughafen oft schwer zu bekommen. Die größeren Hotels der Stadt arrangieren daher kostenlose An- und Abreisetransfers für ihre Gäste. Auf Anfrage können Individualreisende manchmal gegen eine kleine Gebühr bei diesen Shuttlebussen mitfahren, ansonsten bietet auch Adventure Safaris, siehe S. 137, einen individuellen Shuttleservice an.

Weiterreise nach Südafrika

Nur 17 km östlich von Gaborone liegt der meist benützte Grenzübergang zwischen Botswana und Südafrika, **Tlokweng**. Der Übergang ist täglich zwischen 07.00 und 22.00 h geöffnet, die Abwicklung läuft routiniert und unkompliziert ab. Allerdings kommt es hier wegen des regen Urlauberstroms zu Ferienbeginn und an Wochenenden gerne zu längeren Wartezeiten, so dass sich zu diesen Zeiten das Ausweichen auf andere Grenzübergangsstellen, wie z. B. Ramotswa (täglich von 07.00-19.00 h geöffnet) empfiehlt. Jenseits der Grenze von Tlokweng führt die Teerstraße weiter ins 106 km entfernte Zeerust und von dort nach Pretoria (229 km) oder Johannesburg (287 km).

Von Gaborone nach Süden

Eine breit ausgebaute Teerstraße verlässt Gaborone nach Süden und führt durch sanft hügeliges Farm- und Buschland nach Lobatse. Auf der Strecke bieten sich mehrere Abstecher an. Schon am südlichen Stadtrand liegt rechts der Straße Gaborones Hausberg. Die Besteigung des 1287 m hohen Kgale Hill ist ein beliebter Wanderausflug für die Hauptstädter, denn von der Spitze des Hügels genießt man den besten Blick auf die Stadt. Anfahrt: 2 km südlich von Game City und kurz vor der Abzweigung zum St. Joseph College ist eine unauffällige Parkbucht. Betontreppen ermöglichen hier, über einen Weidezaun zu steigen. Dahinter weist eine Schautafel drei Wanderrouten von je etwa 1 Std. Dauer aus. Jedoch Vorsicht: Dieser Parkplatz bietet kein sicheres Parken.

Kgale Hill

Nur wenige Kilometer weiter südlich liegt die Abzweigung zum Mokolodi Nature Reserve, einem mit viel Engagement und Sachverstand geführten Wildschutzgebiet mit Übernachtungsangebot.

5 km weiter entlang der Straße liegt das neue Lion Park Resort Centre. Früher bot der Lion Park einen eher verwahrlosten Eindruck und einfache Campingstellflächen nahe der Löwenkäfige. Im Dezember 2008 eröffnete auf dem Gelände dann ein „Amusement Park" für einheimische Familien; mit Riesenrutschen, Spiel- und Picknickplätzen, Wellenpool, 4x4-Parcour und allerlei kurzweiligem Freizeitspaß für Groß und Klein – allerdings nicht unbedingt für den Geschmack von Safaritouristen. Das Gelände öffnet täglich, der Eintritt beträgt etwa 5 €.

Ein Spaßzentrum für die Mittelschicht von Gaborone

Unten: Ausfallstraße in Gaborone

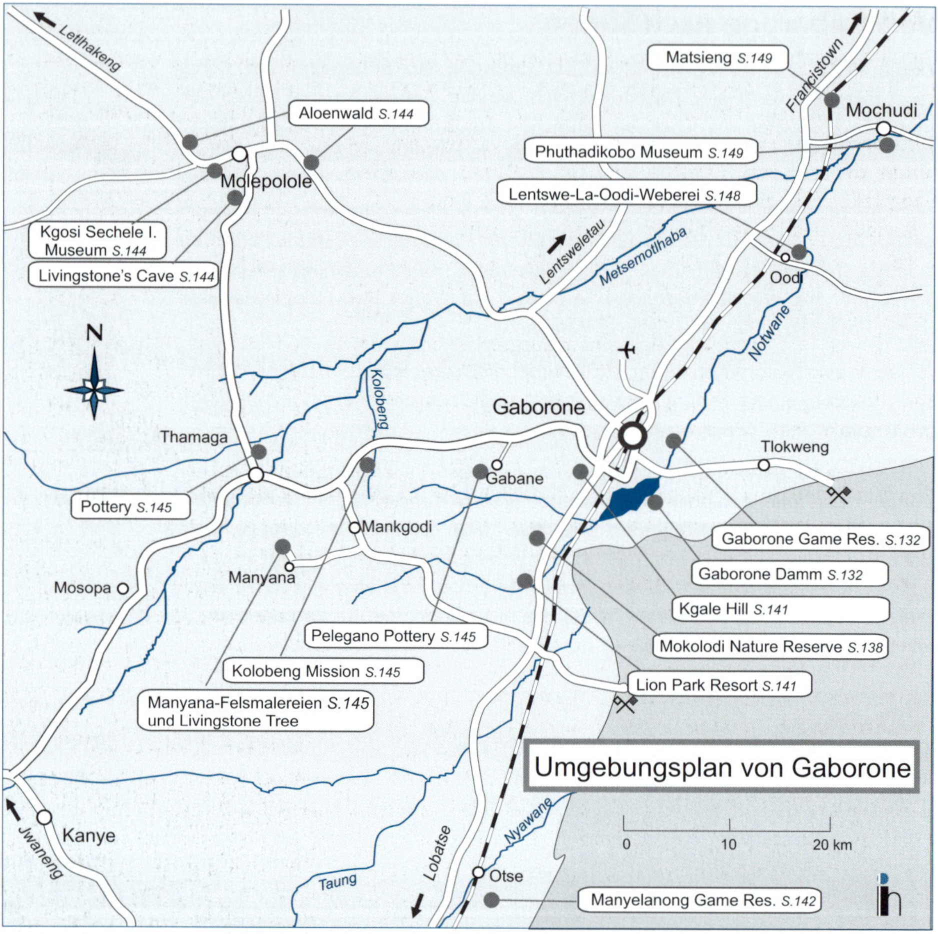

Ehe man nach 72 km Fahrt Lobatse erreicht, passiert man bei KM 45 die Abzweigung nach **Otse**. In direkter Umgebung befindet sich am Otse Hill, dem mit 1491 m höchsten „Berg" des Landes, ein kleines Schutzgebiet.

Manyelanong Game Reserve

Hier wurde eigens zum Erhalt der gefährdeten **Kapgeier** (*Gyps coprotheres)*, die seit Jahrhunderten in diesen Hügeln brüten, ein Reservat eingerichtet. Der Bestand dieser seltenen Greifvögel nahm in den letzten Jahrzehnten auf etwa 40 Brutpaare ab. Ein Besuch empfiehlt sich besonders während der Brutzeit zwischen Juni und September. Anreise: Man biegt nach Otse ab und hält direkt auf den Otse Hill zu. Nach einigen Kilometern Fahrt erreicht man das Wildhüterbüro, wo man sich ins Besucherbuch einträgt (die Besichtigung ist kostenlos). Dann fährt man noch 2 km weiter und hält am Tor, wo ein Fußweg den Hügel hinauf führt (möglichst leise verhalten, um die Tiere nicht zu verscheuchen). Das umzäunte Brutgelände darf nicht betreten werden.

Info Die Küken müssen nach dem Schlüpfen noch fünf Monate gefüttert werden

Lobatse

Die Stadt Lobatse liegt 72 km südlich von Gaborone in eine reizvoll hügelige Landschaft eingebettet und nur wenige Kilometer von der Grenze nach Südafrika entfernt. Seit Ende des 18. Jh. wird diese Region von den Bangweketse besiedelt (auf den Gelände der *Lobatse Estates* sind noch Reste von alten Bangweketse-Siedlungen zu sehen; Zugang jedoch nur mit Genehmigung des Farmers möglich). Durch den Bahnbau entstand 1897 eine kleine Versorgungsstation, die sich im Lauf der Zeit zu einer typischen weißen Kleinstadt mit strenger Rassentrennung vergrößerte. 1946 bewohnten rund 400 Weiße den Ort, während die schwarze Bevölkerung in einem ausgewiesenen Township namens Peleng am Rande Lobatses lebte. Afrikaner hatten keinen Zugang zu den Läden; auch das Krankenhaus, Hotel und die Schule blieben ihnen verwehrt *(„Whites Only")*.

Mehrfach wurde damals in Erwägung gezogen, Lobatse zur Hauptstadt Betschuanalands auszubauen. Doch wegen der günstigeren Wasserversorgung wurde schließlich Gaborone vorgezogen. Lobatse beherbergt dennoch den obersten Gerichtshof des Landes und den größten und modernsten Schlachthof Afrikas. Deshalb war Lobatse auch das Ziel jener legendären Rindertrecks, bei denen die Farmer aus dem Norden des Landes – vornehmlich aus Ghanzi – alljährlich in einem wochenlangen Gewaltmarsch mit den schlachtreifen Tieren durch die Kalahari "treckten". Seit der Fertigstellung des Transkalahari Highways 1998 erfolgt der Viehtransport aber ganz unspektakulär im Lkw.

Lobatse ist ausgesprochen langgezogen, und breite Alleestraßen geben der Stadt ein freundliches, ein wenig provinzielles Ambiente. Die Einkaufszentren befinden sich überwiegend im Bereich des Bahnhofs. Die Ortschaft bietet gute Versorgungsmöglichkeiten, hat aber ansonsten kaum Attraktionen für Touristen.

BMC Schlachthof

Der moderne Schlachtbetrieb kann bis zu 1800 Schlachtungen pro Tag vornehmen und gilt als größter Schlachthof auf dem ganzen Kontinent, der mit seiner modernen Ausstattung auch den strengen EU-Richtlinien gerecht wird. Auf dieses Attribut ist man in Botswana so stolz, dass die BMC sogar kostenlose geführte Touren durch den Schlachtbetrieb anbietet (Montags bis freitags, Tel. 5330321).

Unterkunft

Cumberland Hotel: Khama I Ave., Tel. 5330281, Fax 5332106, email: cumberland@botsnet.bw, www.cumberlandhotel.info. Zentral gelegenes Mittelklassehotel mit Sauna, Pool und Restaurant. Preise ab 25 €/EZ und 20-22 €/DZpP.

Weiterreise nach Südafrika

Nur 7 km östlich von Lobatse gelangt man über den Grenzübergang **Pioneer Gate** (täglich von 07.00-24.00 h) nach Südafrika mit Teerstraßenanschluss nach Zeerust (55 km) und weiter nach Pretoria bzw. Johannesburg. Alternativ besteht die Möglichkeit etwas weiter südlich bei **Ramatlabana** in Richtung Mafikeng auszureisen (täglich von 07.00-24.00 h). Weitere Grenzübergänge nach Südafrika befinden sich in Ramatlabama (50 km südlich von Lobatse) und Pitshane Molopo (103 km südwestlich von Lobatse).

Weiterreise entlang dem Transkalahari Highway

Lobatse hat als Endpunkt des neuen Transkalahari Highways direkten Asphaltanschluss nach Ghanzi in Westbotswana via Kanye, Jwaneng, Sekoma und Kang. Diese Strecke wird auf S. 220 beschrieben.

Oben: Highlight am Wegesrand: verworrene Luftwurzeln

Von Gaborone nach Westen

Von Gaborone führt eine breite Teerstraße in nordwestlicher Richtung nach Molepolole (50 km) und weiter nach Letlhakeng, dem "Tor zur Kalahari", wo nach 111 Gesamtkilometern der Asphaltbelag in Sandpisten übergeht (in die Allradzufahrt zum Khutse GR, S. 188). Unser Ausflug führt uns nur bis Molepolole und von dort in einem Bogen nach Gaborone zurück.

Molepolole

Die 54 000 Einwohner zählende Stadt erlebt eine rasante Entwicklung vom traditionsreichen **Zentrum der mächtigen Bakwena-Volksgruppe** zur modernen, umtriebigen Geschäftsstadt. Mit unglaublicher Geschwindigkeit öffneten hier in den letzten Jahren Supermarktketten, Tankstellen, Fast Food-Restaurants, Möbelgeschäfte und Bankfilialen. Die traditionellen kleinen Steinwälle im Ortskern, welche die Wohnhäuser verschiedener Bakwena-Familienverbände klar voneinander trennten, verschwinden bei dieser Entwicklung nach und nach. Auch das kleine Museum neben der Barclays Bank und der historische Glockenturm geraten in den Hintergrund. Für Reisende auf dem Weg in die Kalahari bzw. ins Khutse Game Reserve ist Molepolole der letzte größere Ort mit ausgezeichneten Versorgungsmöglichkeiten.

Einfache Unterkunft

Lemepe Lodge: Tel. 72170559. Bescheidene Unterkunft in Molepolole.
Mafenya Tlala Hotel: Main Road, Tel. 5920522, Fax 5920663.

Sehenswertes in Molepolole

Kgosi Sechele I. Museum, Congregational Church und Glockenturm

Das sehenswerte Museum zeigt hauptsächlich Exponate und Dokumente zur Geschichte der Bakwena. Ein Teil der kostenlosen Ausstellung liegt in einem Freiluftbereich. Öffnungszeiten: Dienstags bis freitags von 09.00-12.00 h und 14.00-16.00 h, samstags von 11.00-16.00 h. Noch ein wenig Kolonialgeschichte: Gegenüber der Abzweigung nach Letlhakeng trotzen noch die alte Kirche und ein Glockenturm von 1907 dem heißen Kalahariklima (siehe Bild oben).

Aloenwälder

In einem Radius von mehreren KM umgeben Aloenwälder die Stadt. Besonders zahlreich sind die Flachblütigen Aloen (*Aloe marlothii),* die im September/Oktober orangene Blüten tragen.

Livingstone Cave und LMS-Missionsreste

4,5 km von Molepolole in Richtung Thamaga befindet sich im rechterhand liegenden Felshang auf gut 50 m Höhe eine Höhle (von Thamaga kommend ist die Höhle von der Straße aus als großes schwarzes Viereck sichtbar; Zufahrt über die Piste zur "Moleps Poultry", GPS S 24.25.950 O 25.32.179). Der Legende nach weissagte der traditionelle Heiler von Kgosi Sechele einst Livingstones Tod, sollte dieser es wagen, die Höhle zu betreten. Der nahm die Herausforderung an und überstand den Kletterausflug unbeschadet, woraufhin Sechele zum Christentum konvertierte. 700 m nördlich der Höhle führt rechts ein schmaler Weg zu den verfallenen Resten einer LMS-Mission aus den Jahren 1866 bis 1884 (nahe dem Felshang).

Unser Vorschlag für den Rückweg nach Gaborone: Nehmen Sie in Molepolole die Teerstraße nach Thamaga und besuchen Sie das Livingstone Memorial und die Manyana Rock Paintings. **Thamaga** liegt 46 km südlich von Molepolole. Die kleine Ortschaft hat durch ihre Töpferei überregionale Bekanntheit erlangt. Täglich von 08.00-17.00 h stehen Laden und Werkstatt der Thamaga Pottery interessierten Besuchern offen (am Ortsrand in Richtung Molepolole, deutlich beschildert).

Livingstone Memorial in Kolobeng

Dieser 12 km lange Abstecher von Thamaga führt an den Kolobeng-River. Kurz vor der Brücke weist rechts ein Schild die Ruinen von David Livingstones 1845 gegründeter Missionsstation Kolobeng aus. Hier befanden sich die erste Mission, die erste Schule und die erste Kirche von Botswana. Heute sind davon nur noch einige Fundamente der Gebäude sowie zwei Gräber zu entdecken. Zur Information wurden Schautafeln angebracht, die jedoch schon stark verblichen sind. Der Zutritt ist zwar gratis, doch fehlt leider oft der Caretaker, um das umzäunte Gelände auch aufzusperren.

Siehe auch Kurzessay: David Livingstone, S. 146f).

Wer statt zu den Manyana Rock Paintings von Kolobeng direkt nach Gaborone (33 km) zurück fährt, sollte einen kurzen Stopp bei der *Pelegano Pottery*, einer bekannten Töpferei im Dorf **Gabane**, einlegen. Auch hier kann man montags bis freitags von 08.00-16.30 h kunstvolle Keramikwerke erstehen.

Manyana-Felsbilder und Livingstone Tree

Felsmalereien aus der "Zimbabwe-Epoche" (S. 13) und ein mächtiger, rund 400 Jahre alter Feigenbaum, unter dem einst David Livingstone predigte und Kranke pflegte, sind die Attraktion von Manyana.

Anreise: Südlich von Mankgodi zweigt eine schmale Teerstraße in die Ortschaft Manyana ab. Nach 6,4 km geht es mitten im Ort nach rechts weiter durch eine kleine Furt. Nach 600 m macht die Teerstraße eine 90°-Kurve nach links, während nach rechts eine breite Piste abzweigt. Dieser Piste 200 m folgen, dann links 100 m direkt zum umzäunten Bereich am Felshang fahren. Hier befinden sich unter zwei Felsüberhängen verschiedene Zeichnungen im Zimbabwe-Stil, die vermutlich etwas jünger als 1500 Jahr sind. Die leicht verwitterten, ansonsten aber unbeschädigten Darstellungen – Oryxantilopen, eine Pflanze und eine Figur mit vielen Punkten – sind wegen der Motivwahl ungewöhnlich, denn gerade Pflanzenbilder sind ausgesprochen selten. Falls kein Wächter mit Schlüssel da ist, findet man einen Führer an der Kgotla. Diese liegt am Ende der Teerstraße (kurz nach der 90°-Kurve, zu erkennen an der Steinumfriedung).

Livingstone Tree: Folgen Sie von der Kgotla aus der Piste für 500 m, die links genau auf den Wasserturm zuhält. Der alte Baum ist ebenfalls umzäunt. Anfang der 1990er Jahre ist der Feigenbaum in drei Teile zerborsten, die dennoch, auch im umgestürzten Zustand, weiter wachsen. Die Besichtigung beider Denkmäler ist täglich kostenlos möglich, die Platzwarte sind freundlich und hilfsbereit.

David Livingstone: Missionar und Forschungsreisender

David Livingstone wird am 19. März 1813 im schottischen Blantyre geboren und wächst in ärmlichen Verhältnissen auf. Bereits als Zehnjähriger muss er täglich 14 Stunden in einer Baumwollfabrik arbeiten. Zusätzlich besucht er die Abendschule und lernt wie ein Besessener. Mit etwa 20 Jahren fühlt er sich berufen, als Arzt und Missionar nach China zu gehen. Er spart für das **Medizinstudium** und bewirbt sich bei der Londoner Missionsgesellschaft (LMS). In der Probezeit fällt er fast durch, weil er so schlecht predigt, wird aber schließlich doch noch zur Missionarsausbildung zugelassen. Während dieser Ausbildungszeit zerstört der Ausbruch des Opiumkriegs alle Träume von einer Tätigkeit in China. Zufällig begegnet er gleichzeitig Robert Moffat, dem berühmten Missionar aus Kuruman in Südafrika, der vorübergehend in London weilt. David Livingstone entschließt sich nach dieser Begegnung rasch, Robert Moffat nach Afrika zu folgen.

Im Herbst 1840 verlässt der frisch gebackene Missionar Livingstone England und erreicht nach langer Reise 1841 **Kuruman**, zu jener Zeit die nördlichste Missionsstation im südlichen Afrika. Sofort begibt sich Livingstone auf ausgedehnte Reisen in den Norden. Seinen Auftrag, eine kleine Missionsstation nördlich von Kuruman zu gründen, erfüllt er zwei Jahre später in einem einsamen Dorf namens Mabotsa. Bei einem **Jagdunglück** wird er hier fast von einem Löwen getötet und seine Schulter bleibt fortan gelähmt. Schon bald verlässt er Mabotsa und versucht sich in Tchonuane niederzulassen, doch auch hier kommt er nicht zur Ruhe. Schließlich zieht er mit seiner Familie – er hat inzwischen Mary, die Tochter Moffats geheiratet – zu den Bakwena nach Kolobeng.

Bei Sechele, dem mächtigen König der Bakwena, stoßen seine Predigten auf offene Ohren. Sechele lernt lesen und schreiben, lässt sich ein viereckiges Wohnhaus bauen und konvertiert schließlich zum christlichen Glauben. Seine vielen Nebenfrauen schickt er pflichtschuldig zu ihren Familien zurück. Doch Sechele bleibt Livingstones einzige „gewonnene Seele", das Volk steht dem Christentum und den Veränderungen Secheles sehr misstrauisch gegenüber. Als eine lang anhaltende Dürre ausbricht, wird dies als Zeichen für den schlechten Einfluss der Bibel gewertet. Die Bakwena und die Missionarsfamilie leiden an Hunger und Wassermangel ; und Dr. Livingstone steckt ernsthaft in einer Sackgasse.

Von Sechele erfährt Livingstone vom fruchtbaren, tierreichen Ngamiland, das hinter jenem Durstland, der Kalahari, liegen soll. Kein Europäer hat es je betreten. Livingstone findet in William Oswell einen wohlhabenden Partner, der als Jäger und Händler mit Entdeckersinn gerne für eine Expedition aufkommen würde. Doch erst nach langem Zögern erteilt Sechele die Genehmigung zur **Reise nach Ngamiland**. Zusammen mit Bakwenaführern, Oswell und Murray, einem weiteren Händler, bricht Livingstone schließlich am 01. Juni 1849 nach Norden auf. Zwei Monate später stehen die drei als erste Europäer am Ngamisee.

Ein Jahr später unternehmen Livingstone und Oswell eine zweite Expedition zum Ngamisee, mit dem Ziel, weiter nach Norden zu den Kololo an den Chobe River zu reisen. Diesmal sind Livingstones Frau und seine beiden Kinder dabei. Im feuchten Klima werden die Kinder schwer fieberkrank und die Gruppe muss umkehren. Mary erwartet nach der Rückkehr in Kolobeng ihr drittes Kind, das aber schon wenige Wochen nach der Geburt stirbt.

Obwohl Mary bald schon wieder schwanger ist, bricht die Gruppe im April 1851 erneut nach Norden auf. Die Reise wird zur **unbeschreiblichen Tortour**. Neben der Malaria sind die Tsetsefliegen eine ständige Gefahr. Unter enormen Entbehrungen und halb verdurstet schlägt sich die Gruppe bis an den Chobe zu den Kololo durch. Während seine Familie dort im sumpfigen Klima des Chobe zurück bleibt, reisen Oswell und Livingstone weiter an den Sambesi. Hier erkennt Livingstone, dass das unbekannte innere Afrika keine öde Wüste ist, sondern ein Land voller Flüsse und Seen, und er beschließt, den Weg an den Atlantik zu erforschen. Damit trifft er innerlich die Entscheidung, sein Missionars- und Familienleben aufzugeben, behält sie aber vorerst noch für sich. Zügig kehrt er nun nach Kolobeng zurück und schickt seine Familie nach England, weil er allein, wie er sagt, im Lande der Kololo einen geeigneten Platz für seine künftige Missionsstation finden will.

Im Winter 1852 verlässt Livingstone Kolobeng endgültig und schlägt sich erneut zum Chobe durch. Hier verirrt er sich in überschwemmten Sümpfen, berichtet von undurchdringlichem Schilf und Altwassern, wo er mit seinen einheimischen Begleitern im Wasser watend umherirrt. Im Mai 1853 trifft er endlich auf die Kololo.

Von einer neuen Mission ist nicht mehr die Rede, Livingstone hat längst das **Entdeckerfieber** gepackt. Ausgiebig erforscht er die weitere Umgebung und sieht dabei als erster Europäer die Viktoriafälle (zumindest nach offizieller Aussage). Anschließend startet er vom Chobe aus seine erste große **Expedition**. Diese führt ihn den Sambesi flussaufwärts durch die Barotseflutebenen ins Reich der Lunda und weiter bis an den Atlantik. In Luanda, der portugiesischen Hafenstadt, macht er kehrt und wandert mit seinen 27 Kololo-Begleitern wieder an den Chobe zurück. Dort untersucht er zunächst auch noch den weiteren Verlauf des Sambesi bis an den Zusammenfluss mit dem Luangwa bei Zumbo.

Als er schließlich nach 16 Jahren Abwesenheit 1856 nach England zurückkehrt, ist er ein berühmter Mann. Er hat den Ngamisee, die Viktoriafälle und den Lauf des Sambesi entdeckt, aber auch den Sklavenhandel mit all seinen grausamen Auswirkungen kennen gelernt. Wie besessen ist er von dem Vorhaben, den britischen Einfluss auf das Innere Afrikas auszuweiten, um den grausamen Menschenhandel zu unterbinden. Sollte der Sambesi schiffbar sein, würde dies einen wichtigen Weg für den britischen Handel öffnen. Weder sein Beruf noch die Familie können Livingstone davon abhalten, eine zweite Expedition vorzubereiten, diesmal mit Unterstützung der Londoner Geographischen Gesellschaft.

Die **Zambezi-Expedition** (1858 – 1864) führt Livingstone von der Sambesimündung am Indischen Ozean flussaufwärts, bei der er die unschiffbaren Kahora-Bassa-Stromschnellen und den Malawisee erreicht. Die Expedition verläuft jedoch unglückselig. Er findet keinen schiffbaren Fluss ins Innere Afrikas und verliert während der Expedition viele seiner Begleiter. Schließlich kehrt er vereinsamt und ruhelos nach England zurück.

Zwei Jahre später nimmt er von der Heimat zum letzten Mal Abschied. Allein erforscht er die ganze Region um die zentralafrikanischen Seen Malawi-, Mweru- und Tanganjikasee, hängt jahrelang wie besessen dem Irrglauben nach, hier die Quellen des Nils aufzustöbern. Dabei zehrt er seine Gesundheit völlig aus und stirbt schließlich 1873 einsam in den Bangweulusümpfen (Zambia).

Von Gaborone nach Francistown

Gaborone – Francistown

Gesamtstrecke: 428 km
Fahrzeit: ca. 4-5 Std.
Zustand: breite Teerstraße, gute Treibstoffversorgung
Besonderheit: Radarkontrollen, viel Verkehr mit hoher Unfallgefahr

Als vierspuriger Highway beginnt die Fernstraße nach Francistown. An modernen Industriegebäuden und riesigen bewässerten Feldern vorbei geht es allmählich in eine weite Ebene über.

Die Abzweigung nach Mochudi liegt 40 km nördlich der Hauptstadt und führt nach 7 km in das Zentrum der Tswanavolksgruppe Bakgatla, das in einer Hügellandschaft eingebettet liegt.

Lentswe-La-Oodi-Weberei

18 km nördlich von Gaborone arbeiten die Lentswe-La-Oodi-Weavers in der kleinen Ortschaft Oodi. Das schwedische Entwicklungsprojekt entstand 1973, um der Bevölkerung eine Erwerbsquelle zu erschließen. Mit großem Erfolg werden seither Decken, Kissen, Jacken und vieles mehr hergestellt. Vom Färben und Spinnen bis zum Weben geschieht alles in Handarbeit, die Motive und abgebildeten Szenen unterliegen den individuellen Ideen ihrer Schöpfer. Besucher können wochentags bei der Arbeit zusehen. Der Laden öffnet Mo-Fr von 08.00-16.30 h, Sa/So von 10.00-16.30 h. Preise und Qualität haben internationales Niveau erreicht..

Ein Abstecher nach Mochudi

Ursprünglich waren die Bakgatla im heutigen Transvaal Südafrikas beheimatet, bis ihnen durch die vordringenden Buren Krieg, Landraub und Versklavung drohte. Sie flüchteten schließlich nach Norden und wählten Mochudi 1871 zur ihrer neuen Heimat.

Das traditionsreiche Großdorf Mochudi (heute ca. 30 000 Einwohner) erlangte durch die eingehenden ethnologischen Studien von Professor Isaac Schapera Berühmtheit. Der Brite hatte während der 1930er Jahre wie kein anderer die Batswana-Kulturen erforscht. Wer sich für traditionellen Wohnbau und die gesellschaftlichen Strukturen der Batswana interessiert, sollte die Gelegenheit zu einem Besuch des Bakgatla-Zentrums nützen. Besucher können hier frei spazieren gehen und verschiedene Sehenswürdigkeiten besichtigen. Am Ortsanfang gleicht Mochudi den modernen Ortschaften Botswanas. Fahren Sie durch bis zur T-Kreuzung in der Ortsmitte. An der Shell-Tankstelle biegt man nach links ab. Die Straße führt nun in den alten Teil Mochudis.

Tipp Auch ohne eigenem Fahruntersatz erreicht man Mochudi problemlos mit den zahlreichen Bussen und Minibussen aus Gaborone. Übernachten kann man notfalls auch im einfachen Sedibelo Motel (Tel. 3929327) nahe der Straße nach Francistown

Sehenswertes

Traditionelle Kgotla und Kirche

Hier befinden sich noch einige traditionelle Wohnanlagen mit doppelwandigen Rondaveln und die große **königliche Kgotla**. In der Nähe steht die **Dutch Reformed Church** aus dem Jahre 1903. Von der Kgotla führt ein beschilderter Fußweg den Hügel hinauf zum Museum. Dieser Weg bietet einen schönen Rundblick über den Ort, dessen große Hütten und halbkreisförmigen Wohnanlagen zunehmend durch moderne Bauten ersetzt werden. Folgt man dem Weg noch weiter, führt er schließlich zur königlichen Wohnanlage des Kgosi.

Bilder oben: Das alte Schulgebäude, heute das Muesum von Mochudi; Rätselhafte Fußabdrücke in Matsieng; Schild am Wendekreis des Steinbocks

Phuthadikobo-Museum

Im ehemaligen Schulgebäude der ersten Secondary School Betschuanalands aus dem Jahr 1923, einem hübschen Bau im kapholländischen Stil, wurde das interessante regionale Museum untergebracht. Die Geschichte der Bakgatla und kulturelle Aspekte, wie Initiationsriten, Tänze und die Zeremonie des Regenmachens, werden hier durch Texte und Fotos vorgestellt. Wochentags öffnet das Museum von 08.00-17.00 h, samstags und sonntags von 14.00-17.00 h. Der Eintritt ist frei.

Blacksmith Yard Museum

Darüber hinaus werden in Mochudi noch die traditionellen Handwerkskünste gepflegt. Besucher können im Blacksmith Yard Museum, einer traditionellen Schmiedewerkstatt und -ausstellung, den geschickten Handwerkern direkt beim Arbeiten zusehen. Die Werkstatt erreicht man, wenn man in der Ortsmitte bei der Tankstelle nach rechts abbiegt; der Weg ist auch beschildert. Mo-Fr geöffnet von 08.00-17.00 h, am Wochenende von 14.00-17.00 h.

Weiterfahrt nach Norden

6 km nördlich des Mochudi-Abzweigs sind die **Matsieng-Felsgravuren** ausgeschildert. Das umzäunte Gelände liegt 1 km abseits der Straße. Auch hier ist der Caretaker mit dem Schlüssel nicht immer anwesend. Hinter dem Zaun verbergen sich einige Felsplatten mit tiefen Pools. Vor einem dieser Wasserbecken sind mehrere dunkle Abdrücke, die an Umrisse menschlicher Füße erinnern. Einer Legende nach sollen die Urmenschen vor langer Zeit aus diesem Loch auf die Erdoberfläche gestiegen sein, gefolgt von allen Tieren der Welt. Dabei hätten die Menschen ihre Fußabdrücke in diesem Fels hinterlassen. Die eigentümlichen Abdrücke und Umrisse werden von modernen Wissenschaftlern auf mindestens 3000 Jahre zurück datiert.

Mahalapye

160 km nördlich von Gaborone, nahe der Abzweigung nach Buffels Drift, kreuzt man den **Wendekreis des Steinbock** („Tropic of Capricorn"). Nach weiteren 35 km Fahrt durch das flache Farmland erreicht man **Mahalapye**. Dieser Verkehrsknotenpunkt auf halbem Wege zwischen Francistown und Gaborone ist längst zur Stadt mit vielen Geschäften und Tankstellen angewachsen. In der Nähe des Hospitals liegt ruhig am Flussufer das Mahalapye Hotel (Tel. 4710200, sehr einfach, 20 Euro/DZpP und 35 Euro/EZ, Campinggelegenheit im Hinterhof für 3 €), und direkt an der Hauptstraße befindet sich außerdem das Tshidi Guest House (Tel. 4714784, mit sauberen, klimatisierten Zimmern).

Unterkunft

Weiterfahrt von Mahalapye

Von Mahalapye sind zwei Teerstraßen zur Weiterfahrt möglich: Die Hauptsstraße führt direkt weiter nach Palapye (69 km) und Francistown. Auch wenn man nach Serowe, zum Khama Rhino Sanctuary oder nach Orapa fahren möchte, ist die Strecke über Palapye kürzer.

Die Alternativstrecke von Mahalapye über Shoshong nach Serowe und zum Khama Reserve (153 km) bedeutet einen kleinen Umweg, ist aber viel weniger stark befahren und bietet ein wenig landschaftliche Abwechslung zum flachen, umzäunten Einerlei dieser Region. Beschreibung S. 151.

Palapye

Palapye liegt am Fuße der Tswapong Hills

Die Stadt Palapye liegt ein paar Kilometer östlich der Fernstraße und hat sich sogar einen alten Kern um den Bahnhof herum bewahrt. Mit der Entdeckung der Steinkohlevorkommen veränderte sich die einst so beschauliche Ortschaft. Seit der Inbetriebnahme der Morupule Power Station im Jahre 1983 gilt die Heimatstadt von Altpräsident Festus Mogae als das „Powerhouse of Botswana". Durchreisende finden hier zahlreiche Läden, Tankstellen und Übernachtungsplätze.

Unterkunft

Camp Itumela: Tel. 71806771, email: campitumela@botsnet.bw, http://www.palapye.com/CampItumela. Eine nette, legere Anlage in Palapye neben dem Bahnhof (5 km Zufahrt vom Highway). Sie bietet begrünte Campingplätze mit Grillstellen, Licht und Stromanschluss sowie saubere Zimmer mit Ventilator und Bad, außerdem Mietzelte und Mietcaravans. Selbstversorgern steht eine voll ausgestattete Küche zur Verfügung, alternativ gibt es ein Restaurant mit Bar und einen erfrischenden Pool. Preise: Camping kostet 6 €/pP, Stromanschluss 2 € extra. Die Zimmer kosten 17 €/DZpP, 28 €/EZ, die Zelt oder Caravan 11 €/DZpP und 17 €/EZ.

Cresta Botsalo Hotel: Tel. 4920245, Fax 4920587, email: resbotsalo@cresta.co.bw, www.crestahospitality.com. Modernes Hotel der südafrikansichen Cresta-Gruppe, das direkt an der Fernstraße nach Francistown liegt. Internationaler Standard, aber etwas nüchternes Ambiente; mit Pool, Bar, Restaurant. Preise: 95 €/EZ und 60 €/DZpP.

Desert Sands Motel: Tel. 4924400, Fax 4924361, email: reservations@desertsandsmotel.com, www.desertsandsmotel.com. Gleich neben dem Botsalo Hotel gelegen, deckt dieses Hotel den Mittelklassebedarf ab. Mit 58 klimatisierten Zimmern und Wimpy-Schnellrestaurant. Preise: 40 €/EZ und 30 €/DZpP.

Info Tswapong Hills Auf einer Fläche von rund 60 x 20 km erheben sich die Tswapong Hills bis zu 400 m Höhe aus der flachen Umgebung. Regenwasser sammelt sich hier fast ganzjährig zu kleinen Weihern, die kleine, sprudelige Bäche speisen, deren Ufervegetation zahlreichen Vögeln Unterschlupf und Nahrung bietet. 345 Spezies hat man hier registriert, darunter die seltenen Kapgeier, die in den unzugänglichen Schluchten und Klippen brüten.

Von Palapye nach Martin's Drift: Die Ausreise nach Südafrika

Südlich von Palapye liegt der beschilderte Abzweig nach Martin's Drift. Die 99 km lange, unterhalb der Tshapong Hills verlaufende Asphaltstraße gilt als Hauptanreisestrecke von Johannesburg in die Safarigebiete Botswanas. Dennoch herrscht wenig Verkehr. Dreimal unterbricht ein Veterinärgatter die eintönige Fahrt (keine Kontrollen). Sherwood ist die einzige "Ortschaft" entlang der Strecke und besteht nur aus einer Tankstelle, Post, Wechselstube mit ATM-Schalter (VISA) und einem kleinen Laden. Hier beginnt die Zufahrt zum Stevensford Game Reserve (Piste, s. S. 158). Einige Kilometer weiter erreicht man die Staatsgrenze am Limpopo und eine weitere Tankstelle. Direkt an der Grenzbrücke liegt das Kwa Nokeng Camp (s. S. 158), dessen Zufahrt an der Tankstelle beginnt. Der Grenzübertritt ist gemäß offizieller Ausschreibung von 08.00-18.00 h, einer Leserzuschrift zufolge aber von 06.00-22.00 h geöffnet, unkompliziert und beschränkt sich auf einen Immigration-Schalter (keine Zollkontrollen, denn es besteht eine Zollunion).

Die Alternativstrecke von Mahalapye nach Shoshong führt durch das Hinterland und an zahlreichen kleinen Dörfern, in denen Eselkarren zum Alltagsbild gehören, vorbei. Die einsame Straße umfährt dabei die Shoshong Hills, einen markanten Bergrücken aus rotem Felsgestein.

Von Mahalapye nach Shoshong und Serowe

Die Kleinstadt **Shoshong** mit Tankstelle und Supermarkt erreicht man nach 40 km Fahrt (hier zweigt eine neue, wenig befahrene Asphaltstraße über Lephephe nach Molepolole ab). Hinter Shoshong wird es rasch wieder einsam. Bald knickt die Straße in Richtung Norden und erreicht nach weiteren 108 km Serowe.

Serowe

Im Volksmund wird sie gelegentlich das "größte Dorf Botswanas" genannt, diese beschauliche, geschichtsträchtige Metropole der Khama-Dynastie. Ihre Lage ist durchaus reizvoll, denn die rasant wachsende Distrikthauptstadt wird von sanften Hügeln umschirmt. Sehenswert ist das hiesige Museum. Politisch Interessierte werden sich vielleicht auch die Khama-Familiengräber ansehen wollen, die man allerdings nicht individuell besuchen darf (das Serowe Hotel und die Lentswe Lodge bieten historische Tagestouren an).

Unten: Typische Straßenszene im Süden Botswanas

Khama III. Memorial Museum

Im 1910 erbauten „Roten Haus" ist das ausgesprochen interessante Museum mit Ausstellungen zur politischen und Lebensgeschichte Seretse Khamas, zur Kulturgeschichte der Bangwato allgemein, und außerdem eine Insekten- und Reptiliensammlung untergebracht. Im angeschlossenen Laden stehen meistens schöne Holzschnitzereien zum Verkauf. Öffnungszeiten: Jeden Dienstag bis Freitag von 08.00-12.30 h und 14.00-16.30 h, am Samtag von 09.00-12.30 h und 14.00-16.00 h. Der Eintritt beträgt ca. 1 €.

Thathaganyana-Hill

Auf dem Berghügel über der Kgotla liegen die königlichen Familiengräber der Khama-Dynastie. Das Grab von Khama III. wird von einem bronzenen Kronenducker, dem Totem der Bangwato, geziert. Bevor man sich auf den Weg dorthin macht, sollte man unbedingt im Museum um Erlaubnis fragen. Man nimmt es hier mit dem Schutz der königlichen Gräber sehr genau, Fotografieren ist strengstens untersagt. Vom Hügel genießt man übrigens zur richtigen Tageszeit auch einen schönen Ausblick über die Ortschaft Serowe und ihre Umgebung.

Tipp für Leseratten: Interessante Einblicke in das Leben der Bangwato von Serowe gewährt der Roman „Serowe: Village of the Rain Wind" von Bessie Head, London 1981. Einige Titel der renommierten Schriftstellerin, die in Serowe ihr Leben verbrachte, erschienen in deutscher Übersetzung beim Lamuv Verlag in Göttingen (siehe Literaturtipps).

Unterkunft

Serowe Hotel: Tel. 4630234, Fax 4630203, email: welcomebs@botsnet.bw, www.serowehotel.com. Ansprechendes Stadthotel mit Restaurant, gemütlicher Bar, Pool und 16 Zimmern mit B&B für 50 €/EZ, 31 €/DZpP.

Lentswe Lodge & Campsite: Tel. 4634333, Fax 4634332, email: reception@lentswe.com, www.lentswe.com. Die einsame Touristenlodge thront auf einem Hügel am Rande Serowes. Die Zufahrt ist schlecht ausgeschildert, ein Besuch sollte unbedingt vorreserviert werden. B&B-Preise je nach Größe der Cottages und Chalets zwischen 43 und 65 €/Nacht. Anbei liegt ein Campingplatz für ca. 5 €/pP. Es gibt ein umfangreiches Ausflugsangebot (Serowe, Kubu Island, Khama Rhino Reserve).

Khama Rhino Sanctuary

30 km nordwestlich von Serowe sichert ein 4300 ha großes Schutzreservat das Überleben der letzten Nashörner von Botswana. Eine landesweite Zählung im Jahre 1992 hatte nur mehr den Bestand von 9 Nashörner ergeben. Eilig wurde daraufhin durch Privatinitiative und den DWNP der *Khama Rhino Sanctuary Trust* ins Leben gerufen. Für das Community-Projekt wählte man bewusst diese Region, denn sie weist eine günstige Vegetation für Nashörner auf, liegt verkehrstechnisch zentral, und die Präsenz der hier stationierten *Botswana Defence Force* ermöglicht eine durchgehende 24-Stunden-Security für die Nashörner. Es wurde **höchste Zeit, die Pläne umzusetzen:** Bis das Schutzgebiet ein Jahr später geöffnet wurde, waren bereits weitere vier der neun Nashörner getötet worden. Finanziert wird das Projekt seither aus Spenden und den touristischen Einnahmen. Und es zeigt große Erfolge: Die Nashornpopulation ist inzwischen auf 37 Tiere angewachsen (2009). Besucher erfreuen sich außerdem an einem der schönsten Campingplätze des Landes. Liebevoll und mit Gespür für die Schönheiten der Natur ist das Mokongwa Camp im Ostteil des Reservats angelegt worden. Hier befinden sich mehrere Chalets und 13 einzelne, sehr großzügige Campingstellflächen. Jeder Platz wurde idyllisch und abgeschottet unter knorrigen Mokongwabäumen errichtet und mit Grill- und Feuerstellen, Wasseranschluss und Abfalltonne ausgestattet. Die rustikalen Chalets bieten je 4 Betten mit Moskitonetzen und sind zur Selbstversorgung und mit eigenem Bad/WC ausgestattet. Auch das ehemalige Camp der Scouts, Boma Camp, wurde ausgebaut und bietet ein A-Frame-Chalet für sechs Personen und drei weitere für je zwei Personen. Ein Restaurant mit kleinem Pool und ein Picknickplatz ergänzen das nicht unbedingt spektakuläre, aber sehr sympathische Angebot.

35 Breitmaul- und drei Spitzmaulnashörner teilen sich das Schutzgebiet mit Oryxantilopen, Elen- und Kuhantilopen, Giraffen, Springböcken, Straußen, Gnus, Burchells-Zebras, Steinantilopen, dicken Warzenschweinen und mehr als 230 Vogelarten, wie Rotbauchschwalben, Strauße und Königswitwen. Einige Braune Hyänen, Löffelhunde und Schakale leben ebenfalls im elektrisch umzäunten Schutzgebiet, das größtenteils von der **Serwe Pan** eingenommen wird. Der übrige Teil sind Busch- und Grasebenen. Die besten Tierbeobachtungen gelingen an der Serwe Pan und der kleineren Malema's Pan. Bei den Rundfahrten empfehlen wir den Pan's Edge Drive und den Kukuma Drive; der Phuduhudu Drive ist nämlich ziemlich buschig. Nahe der Malema's Pan können Besucher in einem „**Bird Hide**" die reiche Vogelwelt beobachten.

Info: Der Zugang zum Schutzreservat liegt direkt an der Teerstraße nach Letlhakane. Der kleine Laden am Eingang verkauft Feuerholz, Bücher, Getränke, Souvenirs und eine Wegkarte des Schutzgebiets. Man kann hier Ferngläser mieten, Nature Walks (133 Pula), Rhino Tracking (200 Pula) und Pirschfahrten buchen (333 Pula pro Fahrzeug, nachts 484 Pula pro Fahrzeug). Innerhalb des Reservats sind die meisten Wege sandig, bei entsprechender Bodenfreiheit aber auch ohne Allrad befahrbar. Öffnungszeiten: täglich 08.00-19.00 h.

Preise (pro Tag): Erwachsene 33 Pula, Kinder von 6-12 Jahren die Hälfte, Fahrzeuge unter 5 Tonnen kosten 41 Pula, über 5 Tonnen 133 Pula. Für Camping bezahlt man 53 Pula pro Person (Kinder 27 Pula), die Chalets kosten je nach Größe und Ausstattung 366-512 Pula pro Nacht. Eine Vorausbuchung für Übernachtungsgäste ist nicht erforderlich; für die Chalets an Wochenenden oder zu Ferienzeiten aber ratsam. Zahlung in Pula wird bevorzugt, es werden auch südafrikanische Rand akzeptiert. Keine Kreditkartenzahlung möglich.

Kontakt: Khama Rhino Sanctuary, Serowe, Tel. 4630713, Fax 4635808, email: krst@botsnet.bw, www.khamarhinosanctuary.com

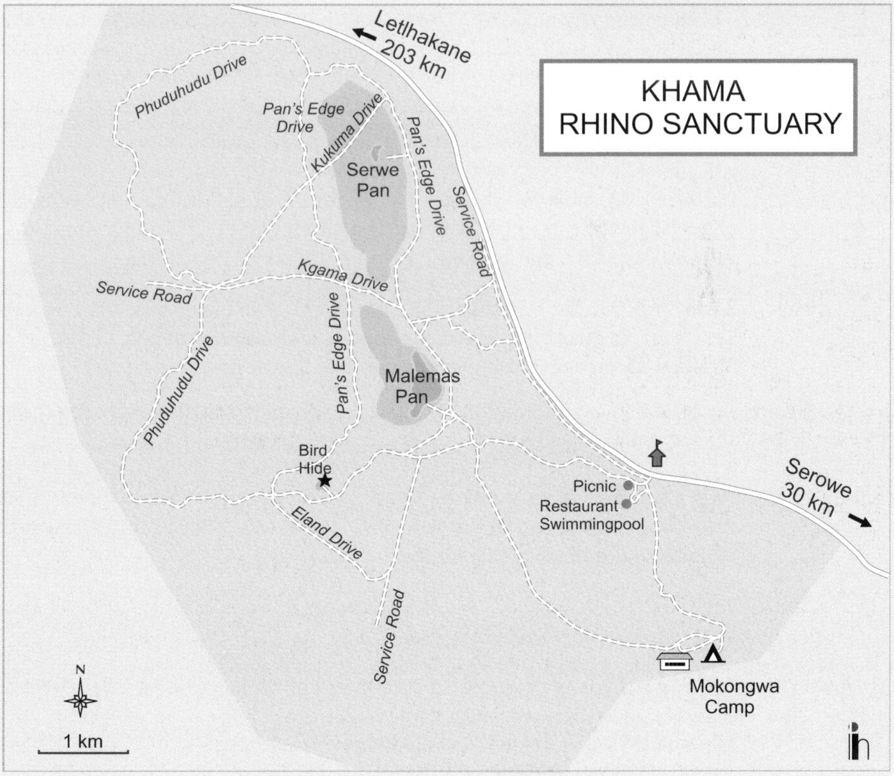

Francistown

Francistowns Flair unterscheidet sich von anderen Städten Botswanas

Francistown scheint viel "afrikanischer" als die Städte im Süden des Landes zu sein. Alles wirkt hier ungeordneter und lebendiger; die Häuser stehen weniger in Reih' und Glied, und die Straßenzüge verraten noch ein wenig vom alten Gepräge dieser Stadt. Francistowns Entstehung geht auf **Haudegen, Lebenskünstler** und **Glücksritter** zurück, war einst "Boom Town", und hat eine 140-jährige Geschichte.

Der deutsche Forscher Carl Mauch und der britische Großwildjäger Henry Hartley entdeckten 1866 am Tatifluss Gold, und lösten damit postwendend den ersten **Goldrausch** im südlichen Afrika aus. Unter den Abenteurern und Glücksrittern, die an den Tati eilten, war auch der Brite Daniel Francis. Als sich das Gold in den Quarzgängen als nur schwer abbaubar erwies, reisten die meisten Glücksritter wieder ab. Francis blieb, gründete die *Tati Company*, und erwarb von den Matabele die Schürfrechte. 1869 begann der Goldabbau in der Monarch Mine, und in der direkten Umgebung entstand zur Versorgung der Minen eine kleine Siedlung. Es ist nicht geklärt, warum sich gerade der Name Francistown durchsetzte. Im Laufe der Zeit wuchs die kleine Goldgräbersiedlung am Tati zum wichtigste Wirtschaftszentrum im Norden des Landes. Während der Kolonialzeit erhielt sie den Beinamen „The Capital of the North".

Die schwere Krise im Nachbarland Zimbabwe führte Tausende illegale Wirtschaftsflüchtlinge nach Francistown. Die Sicherheitslage hat sich dadurch spürbar verschlechtert. Alle Hotels und Camps haben ihr Sicherheitsaufgebot in den letzten Jahren stark vergrößert.

Heute leben mehr als 92 000 Menschen, überwiegend Bakalanga, in der Stadt. Die älteste und zweitgrößte Stadt Botswanas verändert ihr Gesicht wie alle Städte dieses Landes. Auch hier weichen die nostalgischen Kolonialgebäude modernen Einkaufszentren und verwandeln das alte Stadtbild allmählich zu einem neutralen Durchschnitts-Ortskern.

Supa-Ngwao-Museum

Das kleine Museum für Stadtgeschichte, regionale Kultur und Handwerk ist im ehemaligen Haus der Distriktverwaltung untergebracht. Öffnungszeiten: Mo-Sa von 09.00–13.00 h und 14.00–17.00 h. Tel. 2403088. Eintritt frei.

Einkaufen

Beste Möglichkeiten zur Reiseversorgung jeder Coleur bieten das Nzano Shopping Centre an der Hauptstraße und das neue Golden Valley Shopping Centre, an der Straße zum Marang Hotel gelegen (mit ATM, Bottle Store, Superspar).

Geldwechsel

Die Wechselstube beim Nzano Shopping Centre hat auch Sa/So vormittags geöffnet. Im Golden Valley Shopping Centre gibt es einen ATM-Schalter für VISA.

Krankenhaus

Zwei gut organisierte staatliche Krankenhäuser liegen in Francistown: Jubilee Hospital in der Haskins Street/New Maun Road, Tel. 2411544, und Nyangabgwe Hospital in der Matsiloje Road, Tel. 2411000.

Taxi

Taxi-Dienst: Cab Company, Tel. 2415200. Darüberhinaus sind zahlreiche Minibusse in der Stadt unterwegs (an den blauen Nummernschildern erkennbar).

An- und Weiterreise

Der zentrale Busbahnhof der Stadt liegt an der Bahnlinie südlich des Ortskerns. Hier starten (in der Regel frühmorgens) die Busse nach Gaborone, Orapa, Nata, Maun und Kasane. Die Bahnverbindung nach Gaborone und Lobatse wurde im April 2009 komplett eingestellt.

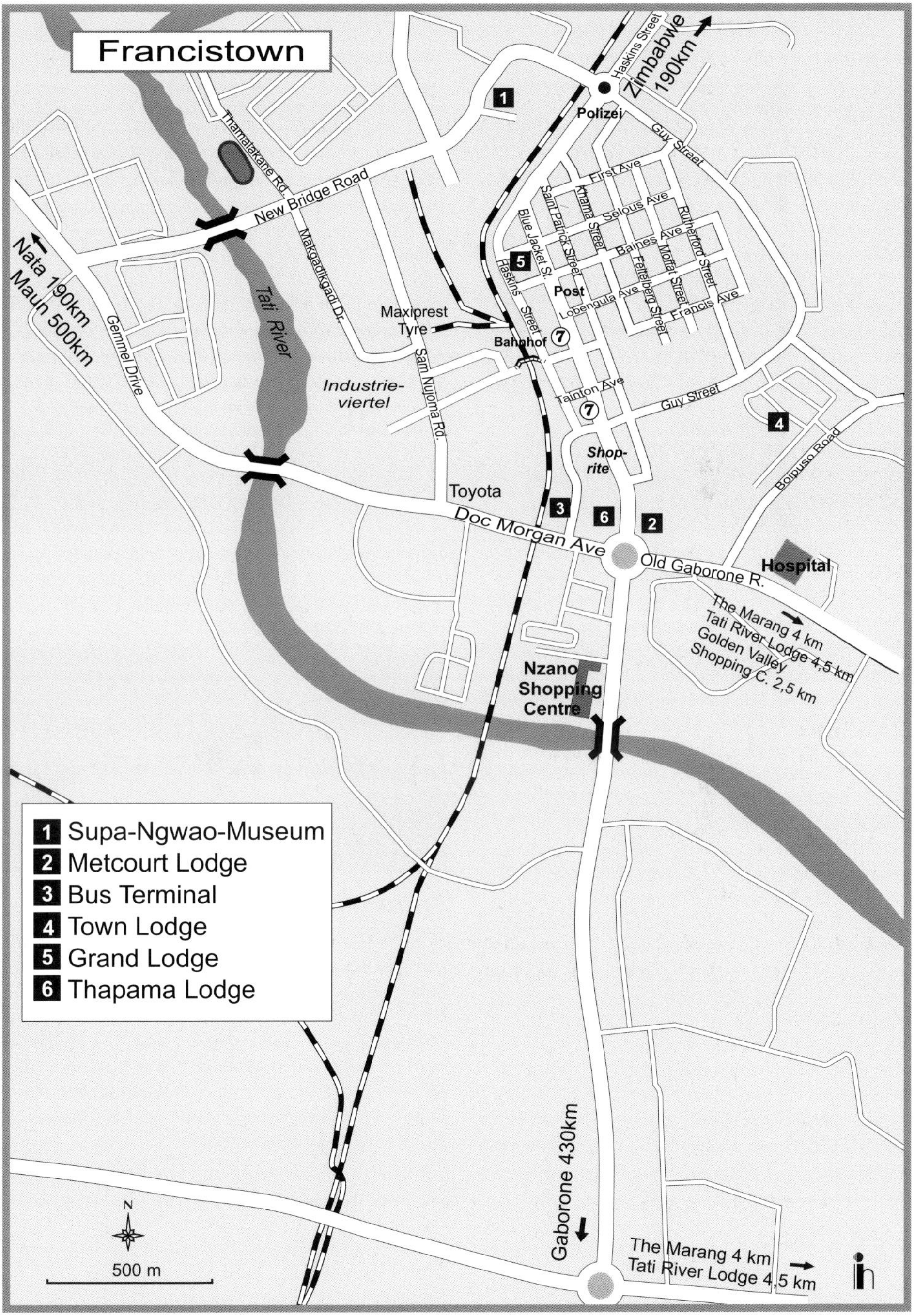
Francistown
Zimbabwe 190km
Haskins Street
Polizei
Guy Street
Thamalakane Rd.
New Bridge Road
First Ave
Selous Ave
Baines Ave
Saint Patrick Street
Khama Street
Blue Jacket St.
Haskins Street
Rutherford Street
Moffat Street
Fetteberg Street
Lobengula Ave
Francis Ave
Post
Nata 190km
Maun 500km
Tati River
Makgadikgadi Dr.
Gemmel Drive
Maxiprest Tyre
Bahnhof
Sam Nujoma Rd.
Industrie-viertel
Tainton Ave
Guy Street
Shop-rite
Boipuso Road
Toyota
Doc Morgan Ave
Old Gaborone R.
Hospital
The Marang 4 km
Tati River Lodge 4,5 km
Golden Valley Shopping C. 2,5 km
Nzano Shopping Centre
1 Supa-Ngwao-Museum
2 Metcourt Lodge
3 Bus Terminal
4 Town Lodge
5 Grand Lodge
6 Thapama Lodge
Gaborone 430km
N
500 m
The Marang 4 km
Tati River Lodge 4,5 km

Unterkunft in Francistown

•**Thapama Hotel:** Privat Bag 31, Blue Jacket Rd., Tel. 2413872, Fax 2413766, email: resthapama@cresta.co.bw, www.crestahospitality.co.bw. Das sehr zentral gelegene, elegante 4-Sterne-Hotel der Cresta-Gruppe gilt als beste Adresse am Ort und zieht daher besonders viele Geschäftsreisende an. Mit Grill-Restaurant, Pool, Kasino und Sportstudio.
Preise: B&B ab 100 €/EZ und 65 €/DZpP.
•**Metcourt Lodge** (ehemals Syringa Lodge): P. O. Box 30703, Tel. 2441100, Fax 2440775, email: info@metcourtlodge.co.bw, www.peermont.com. Modernes Mittelklassehotel im Zentrum. Es spricht mit seinem etwas nüchternen Ambiente auch vorwiegend Geschäftsreisende an. Im Komplex befindet sich ein SPUR-Restaurant.
Zimmerpreise: 56-62 €/Nacht.
•**The Marang Hotel:** P. O. Box 807, Old Gaborone Rd. Tel. 2413991, Fax 2412130, email: resmarang@cresta.co.bw, www.crestahospitality.co.bw. Früher ein persönlich geführtes, charmantes Hotel, das heute zur Cresta-Gruppe gehört. Es liegt 4 km außerhalb der Stadt am Tati und bietet klimatisierte, hölzerne Stelzenchalets und einfachere gemauerte Rondavel, im hinteren Teil des Gartens liegen einige schattige Campingplätze (viele Dauercamper). Die Anlage ist stark bewacht und mit Elektrozaun umgeben. Das Restaurant ist ansprechend (sonntagmittags Buffet), es gibt ein großes Kasino und eine weitläufige Gartenanlage mit Pool, den auch Campinggäste benützen dürfen. Preise: Stelzenchalets und Zimmer ab 95 €/EZ und 58 €/DZpP, Camping 6 €/pP.
•**Tati River Lodge:** P/Bag 333, Tel. 2406000, Fax 2406080, email: res@trl.co.bw, www.trl.co.bw. Etwa 5 km südlich der Stadt an der Matsiloje Road am Westufer des Tati gelegene Bungalowanlage (rund 500 m nach dem Marang Hotel) der guten Mittelklasse. Es gibt Rondavel zur Selbstversorgung und Zimmer ab 36 €/DZpP und 58 €/EZ, Restaurant/Bar, einen schönen Swimmingpool und einen etwas schattenlosen Campingplatz im Hintergrund (4,50 €/pP).
•**Grand Lodge:** P. O. Box 30, Tel. 2412300, Fax 2412309. Ein zentrales, ruhiges Mittelklassehotel in Bahnhofsnähe. Preise: 35 €/EZ und 20 €/DZpP.
•**Town Lodge:** Leeba Street, Minestone, Tel. 2415747, Fax 2415610, E-mail: jog@info.bw. Liegt zentral nahe dem Hospital und bietet Zimmer mit Klimaanlage.
Preise: B&B 40 €/EZ und 26 €/DZpP.
•**Satellite Guesthouse:** Tel. 2414665, Fax 2402115. In Richtung Marang Hotel gelegenes Mittelklassehotel, jedoch reichlich spröde und nüchtern.
Preise: ca. 40 Euro/EZ und 22 Euro/DZpP.

Außerhalb von Francistown

•**Woodlands Stop-Over:** Fam. West, Tel. 2440131, Fax 2440132, email: riverbend@botsnet.bw, www.woodlandscampingbots.com. 10 km nördlich von Francistown (Richtung Nata) beginnt die 7,7 km lange, gut beschilderte Zufahrt auf ruppiger Piste. Zwischen Farmland liegt diese Anlage sehr abgeschieden am Ufer des Tati Rivers. Vier gemauerte, hübsche Chalets mit je zwei Betten und vier begrünte Campingstellflächen reihen sich um einen klaren Pool (Bild unten). Neu hinzu gekommen sind „Riverview"-Apartments zur Selbstversorgung. Die Sanitäranlagen sind vorbildlich, die kleine Anlage wirkt sehr gepflegt. Alle Plätze haben Stromanschluss, Licht, Grillstand, Wasser und Abfalltonnen, jedoch wenig Schatten für Fahrzeuge, weil die Wiesen nicht befahren werden dürfen. An der Rezeption werden Getränke und Braai-Packs verkauft. Preise: Chalets ab 42 €/DZpP und 30 €/EZ, Apartments 56 €/Nacht, Camping 6 €/pP, Kinder 5 €.
•**Shumba's Place:** Tel. 71303405, Fax 2415445, email: shumba@botsnet.bw. Etwa 20 km nördlich von Francistown liegen drei klimatisierte Chalets zur Selbstversorgung am Shashe River (2,5 km abseits der Straße) auf dem Gelände einer Wildfarm. Voranmeldung ist empfehlenswert.

Von Francistown nach Bulawayo: Die Ausreise nach Zimbabwe

Der Grenzübergang Ramokgwebane ist über eine 90 km lange Teerstraße zügig zu erreichen und täglich von 06.00-22.00 h geöffnet. Vor der Grenze liegen die "Chtihawa Lodge" (Mittelklasse), und eine Tankstelle, die Pula und SA-Rand akzeptiert, aber keine Kreditkarten. Im Caravan bei den Grenzgebäuden auf Botswana-Seite befindet sich eine Wechselstube. 100 km nach der Grenze liegt die Stadt Bulawayo.

Zwischen Bulawayo/Zimbabwe und Francistown sind mehrmals täglich Mini- und Omnibusse in beiden Richtungen unterwegs. Auf dieser Strecke verkehrt außerdem mehrmals wöchentlich ein Nachtzug. Die Grenzformalitäten werden dabei im Zug erledigt (bitte die Visapflicht in Zimbabwe beachten, siehe S. 360).

Tuli-Block & Selebi-Phikwe

Südöstlich von Francistown ragt ein flaches, historisch bedeutsames Farmgebiet wie ein Horn weit nach Zimbabwe und Südafrika hinein. An seinen Grenzverlauf, den hier der Limpopo River bildet, schmiegt sich der 10-20 km schmale, aber etwa 350 km lange Tuli Block an. Im nordöstlichen Ende des Tuli Blocks liegt das rund 770 km² große **Northern Tuli Game Reserve**. Zusammen mit mehreren Schutzgebieten auf südafrikanischer Seite soll hier mittelfristig ein Transfrontier Park entstehen. Auf dem Weg in dieses kombinierte Wildpark- und Farmgebiet führt die Straße über Botswanas Bergbaustadt Selebi-Phikwe (siehe rechts).

Der Tuli Block beherbergt heute neben den kommerziellen Farmen wildreiche Schutzgebiete in einer pittoresken Naturlandschaft mit höchst luxuriösen Lodges und elitären Safaricamps. Das touristische Angebot richtet sich vornehmlich an eine wohlhabende, anspruchsvolle Kundschaft. Selbstfahrer sollten beachten: Die Reservate im Tuli Block dürfen von Individualreisenden, die nicht Gäste einer der Lodges sind, nur im Transit entlang der Hauptstraßen befahren werden. Eigenständige Pirschfahrten und freies Wildcampen sind hier strikt verboten. Trotz der eingeschränkten Bewegungsfreiheit für Individualreisende lohnt sich ein Besuch des Gebietes wegen des Tierreichtums und weil es sich durch seine abwechslungsreiche Natur vom Rest Botswanas deutlich abhebt.

Northern Tuli Game Reserve

Das Wildschutzgebiet, ein Zusammenschluss von 16 privaten Wildfarmen, liegt am Dreiländereck zu Zimbabwe und Südafrika, und ist Teil der im Aufbau befindlichen **Limpopo-Shashe Transfrontier Conservation Area**. Im Juni 2000 vereinbarten die Länder Botswana, Südafrika und Zimbabwe die Zusammenführung ihrer Schutzgebiete in der Tuli-Region zu einer 4872 km² großen grenzübergreifenden Schutzzone gemäß dem Peace Parks Modell. Auf südafrikanischer Seite wird die als Welterbe eingestufte archäologische Ausgrabungsstätte **Makungubwe** integriert, in Zimbabwe neben Wildfarmen auch ein bisheriges Jagdgebiet. Bereits heute, noch im Planungszustand, ist die Limpopo-Shashe TFCA Heimat der "Big Five" und von mehr als 2000 Elefanten.

Selebi-Phikwe

Nicht einmal 40 Jahre alt ist die drittgrößte Stadt Botswanas, die ihre Existenz nur den Kupfer- und Nickelfunden von 1967 verdankt. 1973 begann deren Abbau in den 14 km auseinander liegenden Minen Selebi und Phikwe, die später nicht nur namenstechnisch zusammengelegt wurden. Heute ist die Minengesellschaft der größte private Arbeitgeber im Land und fördert pro Jahr etwa 2,5 Mio. Tonnen Kupfer und Nickel. Doch erst durch Ausbau und Asphaltieren der Strecke Ellisras/Lephalale – Martin's Drift – Selebi-Phikwe nahm die etwa auf halbem Weg zwischen Kasane und Johannesburg liegende Stadt ihren rasanten Aufschwung. Die neue Teerstraße kurbelte die wirtschaftliche Entwicklung dieser vernachlässigten Region an. Selebi-Phikwe ist dennoch beschaulich, bietet eine moderne Shopping Mall und ein paar Hotels, die mangels touristischer Attraktionen eher auf Geschäftsreisende als auf erlebnishungrige Safaritouristen eingestellt sind.

•**Bosele Hotel:** P. O. Box 177, Tel. 2610675, Fax 2611083, email: resbosele@cresta.co.bw. Modernes Hotel der Cresta-Gruppe in der Tshekedi Road nahe der Mall, mit Pool, Kasino und einfacher Campinggelegenheit im Garten. Preise: 75 €/EZ, 50 €/DZpP, Camping 6 €/pP.
•**Syringa Lodge:** P. O. Box 254, Tel. 2610444, Fax 2610450. Am Ortsrand in Richtung Bobonong gelegene Lodge mit Kasino, Pool, SPUR-Restaurant. Preise: ab 70 €/EZ, 58 €/DZpP.
•**Phokoje Bush Lodge:** Tel. 72601586, Fax 72601586, www.phokojebushlodge.com. Neues gemütliches Bungalowcamp 6 km westlich der Stadt an der Straße nach Serule mit Restaurant und Pool. Unsere Empfehlung! Preise: 30 €/EZ, 22 €/DZpP, Camping 10 €/pP.

Im Northern Tuli GR vereinigen sich zahlreiche private Schutzgebiete, die ihre Lodges unabhängig und in Konkurrenz zueinander vermarkten:

Mashatu Game Reserve: Das 450 km² große Mashatu GR nimmt etwa die Hälfte der Gesamtfläche des Northern Tuli GR ein. Sein Name deutet auf die vielen Mashatu- bzw. Nyalabäume (*Xanthrocercis zambesiaca*) hin. Sandsteinfelsen und sandige Flusstäler stehen hier in reizvollem Kontrast zu großen Wasserakazien, Mopane, Ficcus- und Sesambäumen, Baobabs und knorrigen Commiphorabäumen. Entlang des Limpopoufers spenden Fieber- und Mashatubäume Schatten, im Hinterland dominieren Dornbüsche und Akazien. Berühmtheit erlangte das Mashatu GR durch seine riesigen Elefantenbestände. Man wirbt stolz damit, die größte Elefantenherde in Privatbesitz zu beherbergen: mehr als 1000 Tiere. Außerdem leben Zebras, Giraffen, Elenantilopen, Impalas, Steinantilopen, Buschböcke, Löwen, Leoparden, Kudus und Paviane im Reservat. Unter den 350 registrierten Vogelarten sind Spezies, wie Kaprötel und Streifenpieper, die sonst in Botswana nicht vorkommen. Drei "Game Hides", geschützte Beobachtungsstände, stehen den Besuchern des elitären Reservats an den Wasserstellen zur Verfügung.

Tuli Game Reserve: Das 75 km² große Tuli GR wird wie eine Enklave vom Mashatu GR umschlossen. Die Reservate gehen dabei unbemerkt ineinander über; nur ein paar Hinweisschilder deuten die Grenzen an.

Tipp Besuch von Salomon's Wall
Die sandige Furt durch das Flussbett des Motloutse bildet die Grenze zwischen den Tuli-Wildreservaten und dem kommerziellen Farmland. Das Flussbett wird hier zu beiden Seiten von steilen, etwa 30 m hohen Dolorit-Felswänden eingerahmt (Bild oben). Besonders im Abendlicht wirken diese Steilwände, Salomon's Wall genannt, wie imposante, wehrhafte Eingangstore am tiefsandigen Flussbett des Motloutse. Der Name Motloutse bedeutet übrigens „Großer Elefant".

Wissenswertes zur Geschichte des Tuli Block

Zwischen Buffel's Drift und Pont Drift verläuft entlang des Limpopo der 350 km lange und nur 10-20 km breite Tuli Block. Dabei handelt es sich um ehemaliges Bangwato-Land. Wegen des geplanten Bahnbaus übergab Khama III. seinerzeit den länglichen Landstreifen der britischen Protektoratsverwaltung, die ihn der BSAC zusprach. Als sich herausstellte, dass der Landstreifen wegen seiner vielen Zuflüsse in den Limpopo für den Bahnbau ungeeignet war, verlegte man die Schienen weiter im Westen, und teilte Khamas Land kurzerhand in einzelne Parzellen für weiße Siedler auf. Trotz fruchtbarer Böden erwies sich die Landwirtschaft aber als wenig profitabel, denn riesige Blutschnabelweber-Schwärme plünderten regelmäßig die Felder. So setzte sich bald die kommerzielle Rinderzucht durch. Die nahe Bahnlinie bot günstige Frachtwege in den Süden (und die Gelegenheit zu illegalem Rinderschmuggel über den Limpopo nach Südafrika). Heute wird im Tuli Block neben den Wildreservaten mit Hilfe aufwändiger Bewässerungsmaßnahmen Landwirtschaft betrieben.

Tuli Circle: Ein geographischer Sonderling

Direkt im Anschluss an den Tuli Block zeichnet der Grenzverlauf einen auffälligen Halbkreisbogen um einen scheinbar imaginären Punkt in Zimbabwe. An dieser Stelle befand sich einst ein britisches Polizeifort. 1891 hatte Khama III. mit der BSAC diesen ungewöhnlichen Grenzverlauf ausgehandelt. Die BSAC verlangte nämlich den Besitz des Landes rund um ihr Polizeifort in Reichweite eines Kanonenschusses, was ziemlich genau einem Radius von 16 km entsprach. Das alte Fort ist längst zu einer Ruine verfallen und vergessen, während die Grenzlinie noch heute dieser Vereinbarung folgt.

Findige Forscher entwickeln „Bio-Grenzen"

Im Northern Tuli Wild Dog Project sollen die gefährdeten Afrikanischen Wildhunde mit ungewöhnlichen Methoden gerettet werden

Wem ist schon bewusst, dass der Afrikanische Wildhund, auch Wild Dog, Hunting Dog, Painted Dog und Hyänenhund genannt, heute an zweiter Stelle der meist bedrohten Tierarten Afrikas steht (nach dem Abessinischen Wolf)? In Botswana leben zwar mit 700-800 Tieren noch rund ein Drittel ihres Bestands, doch sind die absoluten Zahlen viel zu gering für eine gesunde Population. Wenn man diese faszinierenden Tiere nicht verlieren will, ist es höchste Zeit, ihnen den Schutz zu gewähren, den sie brauchen.

Anfang April 2008 war es soweit: 18 Wild Dogs aus dem südafrikanischen Marakele National Park fanden ein neues Zuhause im Northern Tuli Game Reserve. Große Hoffnungen begleiteten die Tiere in ihre neue Heimat, denn sie sollen für eine gesunde, wachsende und damit überlebensfähige Population im Limpopo Valley sorgen. Das Projekt läuft bisher erfolgreich, die Hunde haben sich bereits vermehrt. Doch die größte Gefahr für die Wild Dogs ist ihr enormer Revierbedarf. Sie geraten bei ihren Streifzügen regelmäßig in Farmgebiete, wo sie sofort getötet werden. Die häufigste Todesursache von Wild Dogs ist die Begegnung mit dem Menschen (60 %). Jetzt greifen die Forscher zu findigen neuen Methoden, um die Tiere am Besuch von Farmland zu hindern: Der Biologe Craig Jackson hat durchschlagenden Erfolg mit einer simplen Idee: Er sammelt Sand aus dem Okavangodelta, den dort dominante Rudelführer eines Wildhundrudels mit ihrem **Urin markiert** haben und verteilt diesen an strategischen Punkten an den Rändern des Schutzgebietes. Allein der Geruch des fremden Rudels, den seine Wild Dogs spielend aufnehmen, hält sie davon ab, dieses vermeintliche Konkurrenzrevier zu betreten – und sie bleiben so innerhalb des schützenden Reservats. Die Methode ist so vielversprechend, dass bereits nach einer chemischen Substanz geforscht wird, die den Geruch dominanter Rudelführer gut genug imitiert, um künftig überall solche unsichtbaren „Bio-Grenzen" einsetzen zu können, möglicherweise auch für andere Raubtiere.

Interessante Neuigkeiten kommen auch aus Nordamerika, wo der Biologe Bill Given bei Wölfen und Bären erfolgreich **Geschmacksaversionen** aufbaut: Man mische Rindfleisch eine Substanz bei, die Wild Dogs zum Würgen bringt und eine sehr unangenehme Erinnerung auslöst. Die Chancen stehen gut, dass Tiere nach dem Verzehr solcher präparierter Fleischstücke kein Rindfleisch mehr anrühren wollen. Und daher auch keine Rinder mehr jagen. Erste Versuche, die Tiere so davon abzubringen, Nutztiere zu reißen, starten derzeit bei Ghanzi (Grassland Safaris).

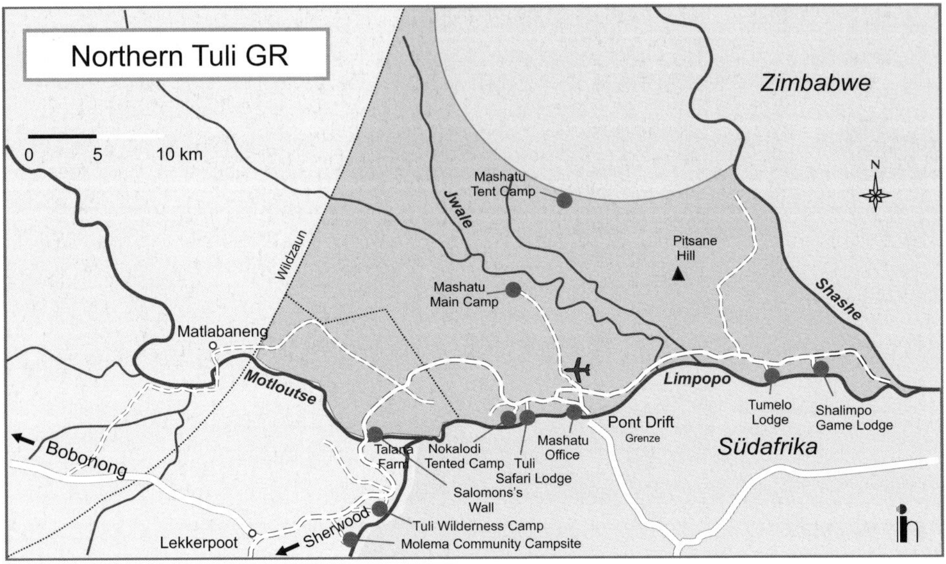

Anreise zum Tuli Game Reserve

Von Gaborone oder Francistown kann man den Tuli Block fast vollständig auf Teerstraßen erreichen (etwa 6 Stunden Fahrtzeit ab Gaborone bzw. 4 Std. ab Francistown). Von Selebi-Phikwe führt eine gute Asphaltstraße nach Sefophe und Bobonong (82 km), wo sie nach Lekkerpoot abknickt (insgesamt 189 km). Hier trifft man auf die Piste zwischen Pont Drift und Platjan/ Zanzibar. Man hält sich links in Richtung Pont Drift und erreicht nach 17 km die tiefsandige **Motloutse-Furt** (siehe S. 158, Allrad notwendig; die Durchfahrt ist nur möglich, wenn der Fluss kein Wasser führt, ansonsten muss man die Anreise via Matlhabaneng wählen). Ab hier beginnen die Privatgebiete, in denen Aussteigen, eigene Pirschfahrten, Wildcamping etc. verboten ist. 2 km nach der Furt gelangt man zur Crossroads-Gabelung (GPS S: 22.12.56 E: 28.59.36). Hier hält man sich rechts, durchquert zwei Viehgatter, kommt nach 12 km an der Zufahrt zur Tuli Lodge vorbei, und erreicht 5 km weiter die Grenze Pont Drift.

Info Alternative Anreise, wenn der Motloutse Wasser führt: Biegen Sie von der Bobonong-Lekkerpoot-Teerstraße bereits 3 km nach der Mathathane-Abzweigung links auf die Piste nach **Matlhabaneng** (16 km). Kurz vor dem Ort überquert man den Motloutse auf einer Brücke. Von Matlhabaneng führt die Piste zum Gate des Tuli GR und erreicht nach 44 km an der Crossroads-Gabelung die oben beschriebene Route.

Aus Südafrika kommend bietet sich die Einreise über **Pont Drift** an. Die sandige Furt des nördlichsten Grenzübergangs ist nur während der Trockenzeit mit Allrad befahrbar. Wenn der Limpopo Wasser führt, müssen die Besucher ihren Wagen am südafrikanischen Grenzposten zurücklassen und werden mit einer Stahlseilbahn über den Fluss transportiert (Bild S. 159). Nicht vergessen: Wer bei Pont Drift die Grenze überschreitet, darf beim Transit durch die Wildparks nicht von der Hauptroute abfahren und keine Pirschfahrten unternehmen!

Martin' Drift / Sherwood: Seit die Straße zwischen Martin's Drift und Selebi-Phikwe geteert wurde, hat dieser Grenzposten stark an Bedeutung gewonnen. Er ist täglich von 08.00-18.00 h geöffnet. Wenn der Limpopo Wasser führt, bleibt nur dieser Grenzposten bei Martin's Drift befahrbar.

Zanzibar, Platjan/Baines Drift und **Parr's Halt** sind weitere kleine Grenzübergänge am Limpopo, die, wie Pont Drift, nur von 08.00-16.00 h geöffnet sind, und schließen, wenn der Limpopo Wasser führt.

Fluganreise (ca. 180 Euro für Hin- und Rückflug ab Johannesburg): Seit 2002 landet Air Botswana mehrmals wöchentlich auf den Flügen zwischen Kasane und Johannesburg auf dem internationalen Flughafen „Limpopo Valley Airfield". Die Transfers organisieren die Lodges für ihre Gäste.

Camps und Lodges im Northern Tuli GR

•**Mashatu Game Reserve:** Tel. 2645321/2645330, Fax 2645263 oder in SA Tel. 0027-11-4422267, email: reservations@malamala.com, www.mashatu.com. Beide Camps liegen tief im Busch: Die sehr exklusive, moderne Lodge **Mashatu Main Camp** für max. 30 Gäste, und das kleine Luxuszeltcamp **Mashatu Tent Camp**. All-Inclusive-Preise: Main Camp 280 €/DZpP und 420 €/EZ, Tented Camp 185 €/DZpP und 270 €/EZ. Nahe Pont Drift befindet sich das eigene Buchungsbüro.

•**Tuli Safari Lodge:** Tel. 2645303, Fax 2645344, email: tuli@global.bw, www.tulilodge.com. Angenehme Lodge mit unterschiedlich konstruierten, klimatisierten Chalets und schönem Poolbereich direkt am Limpopo, die oft von unseren Lesern empfohlen wird. Mittelpunkt der Service-starken Anlage ist die Freiluftbar, die einen 500 Jahre alten Nyalabaum umschließt. All-Inclusive-Preise je nach Größe der Suite: 110-160 €/DZpP.

•**Nokalodi Tented Camp:** www.nokalodi.com, www.tulilodge.com (buchbar via Tuli Safari Lodge). Idyllisches Camp mit 4 Dauerzelten zur Selbstversorgung (39-46 €/DZpP). Die steinige Zufahrtspiste zweigt 2 km westlich der Tuli-Abzweigung ab. Walking Safaris und Pirschfahrten können arrangiert werden; eine Aktivität pro Tag ist im Preis inkludiert. Verpflegung mitbringen, wird vom Camppersonal zubereitet.

•**Shalimpo Game Lodge:** www.shalimpo.co.za. Ferienhaus für max. 8 Personen im Dreiländereck nahe der Mündung des Shashe in den Limpopo. Preise: ab 170 €/DZpP ohne Aktivitäten.

•**Nitani Private Game Reserve:** Südafrika, Tel. 0027-31-7642346, Fax 7642179, www.nitani.co.za. Luxus für Verwöhnte mit eigenem Privatpool vor jedem der eleganten Stelzenchalet, die sehr einsam im Nordwesten des Gebiets am Majali River liegen. All-Inclusive-Preise: ab 450 €/DZpP und 600 €/EZ.

Camps, Lodges und Camping außerhalb des Northern Tuli GR

•**Tuli Wilderness Trails:** Stuart Quinn, Tel. 71313449, email: stuartquinn@vodamail.co.za, www.tulitrails.com. In einem Konzessionsgebiet südlich des Motloutse River, in dem vor allem Walking Safaris unternommen werden, liegt das Musth Tented Camp zur Selbstversorgung. Preis bei Belegung ab 4 Personen: 50-58 €/pP (kleinere Einheiten auf Anfrage). Zwei weitere Camps, Rutt Camp und Mohave Camp, sind seit Ende 2009 nicht mehr für Touristen zugänglich.

•**Talana Farms:** Tel. 2645690. Eine riesige Farm, die auf ihrem privaten Jagdgebiet südlich des Motloutse ein Chalet-Camp auf Anfrage gelegentlich auch an Touristen vermietet.

•**Molema Community Camp:** www.tulilodge.com. Das Gemeinschaftsprojekt der Community und der Tuli Safari Lodge liegt außerhalb des Wildschutzgebietes. Die 4 km lange, beschilderte, schlechte Zufahrt endet an vier Blockhütten und drei wenig attraktiven Campingstellflächen im Dickicht am Limpopoufer. Wasser ist vorhanden, ansonsten ist das Camp ziemlich vernachlässigt. Preise: Chalets 28-30 €/pP, Camping 6 €/pP, zzgl. 15 Pula "Community Gate Fee" pro Person. Voranmeldung ratsam.

Camps, Lodges und Camping noch weiter südlich

•**Limpopo River Lodge:** Tel. 3912280/72106098, Fax 3957996, www.limpoporiverlodge.co.za. 15 km westlich von Platjan (in Richtung Baines Drift) direkt am Limpopo gelegene Selbstversorger-Rondavel und Chalets (30-35 €/DZpP) mit Pool. Etwas abseits liegt ein schattiger Campingplatz mit eigenen Sanitäranlagen (je nach Stellplatz 11-20 €/pP). Alles sehr gepflegt, viele Baobabs, hübsche Uferszenerie, sehr wildreich, oft mit Elefanten. (Eigene) Pirschfahrten und Wandern möglich.

•**Kwa Nokeng Lodge & Camping:** Tel. 4915908, Fax 4915928, www.kwanokeng.com. Dieses freundliche Mittelklassecamp liegt idyllisch am Limpopoufer, allerdings direkt an der stark befahrenen Grenzbrücke von Martin's Drift (tagsüber Verkehrslärm). Es bietet einen Pool, gute Sanitäreinrichtungen und ein Restaurant mit Bar. Preise: Klimatisierte Stelzenbungalows á 85 €/Nacht, Chalets á 50 €/Nacht, Safari-Zelte von 25-50 €/Nacht und begrünte Campingstellflächen (je nach Stellplatz 7-12 €/pP).

•**Stevensford Game Reserve:** Tel. 083-6313656, Fax 083-6400882, in Gaborone 3952757, www.stevensfordgamereserve.com. 13 km nördlich von Sherwood gelegene Wildfarm mit Selfcatering-Chalets und schattiger Campinggelegenheit (8 €/pP) am Limpopoufer. Die Ferienhäuser heißen Game Bird Lodge (8 Betten), Motswedi Lodge (12 Betten), Lecha Lecha (4 Betten) und Tree Frog Cottage (2 Betten), und kosten zwischen 30 und 42 €/DZpP. Reiten, Boot fahren und Game Drives gehören zum Angebot.

•**Limpopo Lipadi Reserve:** Privates Investitionsprojekt beim Grenzübergang Zanzibar: Aus 6 Farmen soll ein 32 000 ha großes Wildschutzgebiet mit Luxuslodges entstehen (www.limpopo-lipadi.com).

MAKGADIKGADI PANS

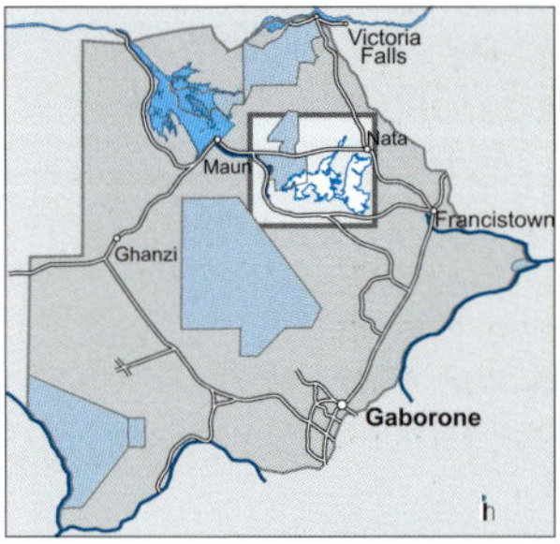

Die Makgadikgadi Pans (sprich: Mach_adich_adi) dehnen sich über eine Fläche von der Größe Belgiens aus und bilden somit die größten Salzpfannen der Welt. Neben den beiden Hauptpfannen Ntwetwe und Sowa verteilen sich unzählige weitere, viel kleinere und zumeist namenlose Salzpfannen in diesem riesigen Gebiet. Dieser vegetationsarme Raum strahlt eine eigenwillig abweisende Lebensfeindlichkeit aus, beherbergt aber dennoch eine faszinierende Tierwelt. Ein Besuch der Makgadikgadi-Pans gehört nicht zuletzt wegen seiner bizarren (Licht-)stimmungen in der surrealen, phantastischen Landschaft zu den Highlights des Landes.

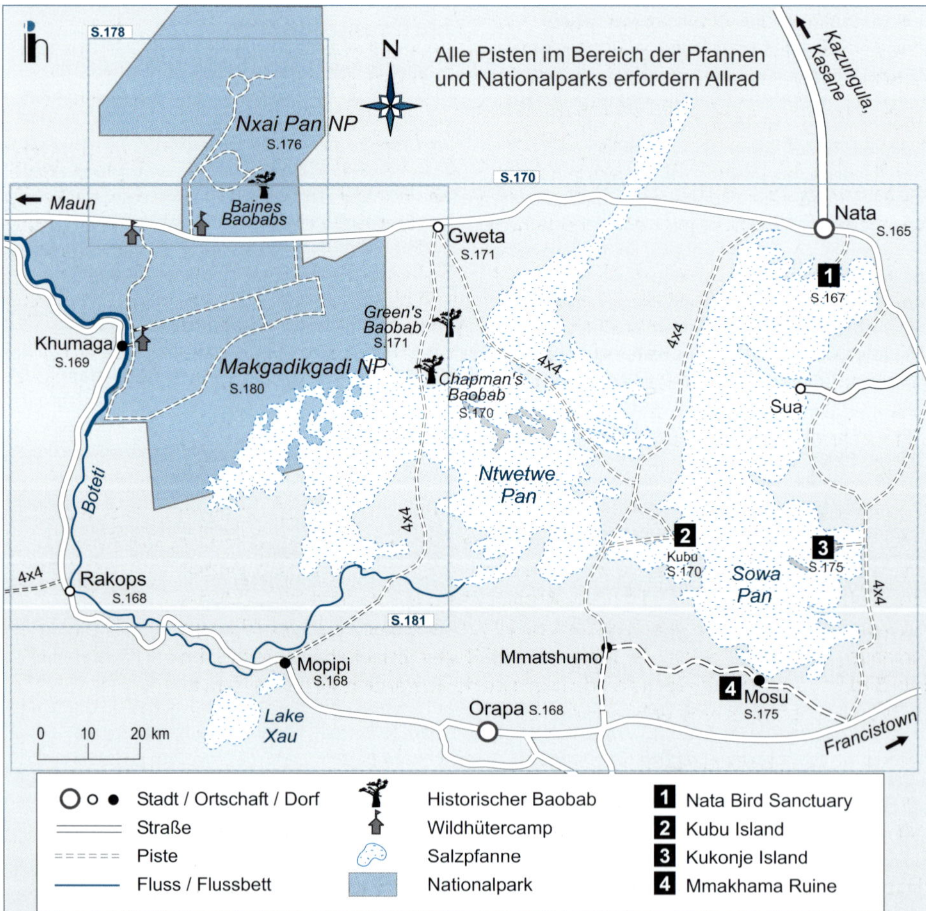

Wissenswertes zur Einstimmung

Der Eindruck endloser Weite

Die bekannte Etoscha-Pfanne in Namibia hätte fast dreimal Platz in den etwa 12 000 km² großen Salzoberflächen der Makgadikgadi-Salzpfannen. Die größte Pfanne im Makgadikgadi-Gebiet heißt **Ntwetwe Pan**. Früher wurde sie in guten Regenjahren durch den Boteti bewässert. Doch bedingt durch den Mopipi-Staudamm, der zur Versorgung der Diamantenmine in Orapa angelegt wurde, und die Trockenheit der letzten Jahrzehnte, fließt nur noch sehr selten Wasser in den unteren Teil des Boteti und damit kaum mehr bis zu den Salzpfannen. Nördlich und westlich der Ntwetwe Pan schließen sich riesige, baumlose Grasflächen an. Hier wachsen nur Gräser und Fächerpalmen, die in diesen Überschwemmungsebenen lebensfähig sind. Die Grassavannen bilden ein hervorragendes Weideland für Wildtiere und stehen zu weiten Teilen unter Schutz. Dieses Gebiet zählt mit seinen Palmenwäldern, Grassavannen und den darin verteilten, zahllosen kleinen Salzpfannen zu den beeindruckendsten, aber auch einsamsten Plätzen Botswanas.

Eine Landschaft wie aus einem Fantasy-Film

Zweitgrößte Salzpfanne und nur durch eine schmale Landzunge von der Ntwetwe Pan getrennt, ist die **Sowa Pan** (engl. Sua Pan). Ihr Name bedeutet „Salz", das hier als Nebenprodukt des Soda-Asche-Projekts in Sua gewonnen wird. Im Norden mündet der Fluss Nata in die tiefste Stelle der Sowa Pan, füllt ihn während der Regenzeit zu einem Salzsee und lockt Tausende Wasservögel zum Brüten an. Um dieses Vogelparadies, das größte Flamingo-Brutgebiet Afrikas, zu schützen, wurde 1992 das Nata Bird Sanctuary eingerichtet (S. 167). Während Ntwetwe Pan in der Trockenzeit völlig abtrocknet, bleiben in der Sowa Pan permanent nasse Bereiche zurück.

Flamingo-Kolonien tauchen die Sowa Pan in rosarote Farbe

Schon gewusst?
Im südlichen Afrika kommen 100 verschiedene Arten von Skorpionen vor

Die Tierwelt ist vielfältiger, als der erste Eindruck vermuten ließe. Achten Sie einmal auf die vielen verschiedenen Spuren auf den weißen Salzoberflächen der Pfannen: Sie verraten die Präsenz von Straußen, Oryxantilopen, Springböcken und Steinantilopen. Die Salzpfannen werden von den Wildtieren auf der Wanderung zu neuem Weideland überquert, manchmal aber auch zum Salzlecken aufgesucht. Bizarre Baobabs und knorrige Sterkulienbäume (Afrikanische Kastanien) sind markante Naturgebilde in dieser eigentümlichen Landschaft, die scheinbar nur aus weißen, ebenen Flächen und fernen, endlosen Palmenwälder zu bestehen scheint.

Saisonal ziehen riesige Zebraherden durch

Während der Trockenzeit lassen sich die Salzpfannen mit Allradfahrzeugen bereisen, jedoch sollte man stets mit größter Aufmerksamkeit und entsprechender Ausrüstung unterwegs sein (siehe Hinweise auf S. 380). Während der Regenzeit oder nach Regenfällen sind die Pfannen allerdings generell unbefahrbar. Zu dieser Zeit bleibt man besser auf den Teerstraßen, die z. B. zwischen Orapa und Rakops durchaus gute Eindrücke von der Makgadikgadi-Region erlauben. Ein Besuch im Nata Bird Sanctuary ist dagegen gerade während der Regenzeit, wenn die Flamingos brüten, besonders empfehlenswert.

Info Betreten und Befahren der Pfannen auf eigene Gefahr!

Vom Wanderzyklus der Wildtiere

Die Antilopenherden der Makgadikgadi-Region führen alljährlich einen bemerkenswerten, fast kreisförmigen Wanderzyklus durch: Während der Regenzeit, etwa von Dezember bis März, halten sie sich im nördlichen Gebiet an der Nxai Pan auf. Die relativ kleinen Pfannen dort füllen sich schnell mit Wasser, und die umliegenden fruchtbaren Grassavannen bieten eine ausreichende, frische Futterquelle.

Wie die Antilopen hier überleben

Schon gewusst?
Schnecken sind bisexuell: vorne weiblich, hinten männlich

An der Nxai Pan werden deshalb die Jungtiere geboren. So schnell die Pfannen sich füllen, trocknen sie allerdings auch wieder aus. Daher ziehen die Herden ab März oder April nach Süden weiter und verbringen die nächsten Monate an den Gras- und Schwemmgebieten der großen Makgadikgadi-Pfannen. Etwa im August trocknen aber auch hier die verbliebenen Wasserstellen, was die Tiere erneut zum Weiterziehen veranlasst. Sie wandern jetzt nach Westen an den Boteti, wo sie auch noch in den trockensten Monaten in einzelnen Tümpeln Wasser finden können. Zu Beginn der Regenzeit, im Dezember, ziehen sie schließlich wieder nach Norden an die Nxai Pan, um dort ihren Nachwuchs zu gebären.

Interessenskonflikt am Boteti

Diese Wanderungen waren ausschlaggebend für die Zusammenlegung des Nxai Pan Nationalparks und des Makgadikgadi Game Reserves im Jahre 1993. Seither stehen die Wandergebiete der Tiere fast flächendeckend unter Schutz. Allerdings kam es am Boteti in der Trockenzeit so stark zur Nahrungskonkurrenz zwischen Wildtieren und Rindern, dass dort 2006 ein Zaun errichtet wurde. Außerdem müssen die Tiere zweimal im Jahr die Straße von Nata nach Maun überqueren.

Bild unten rechts: Metzgerei in Nata

Zeugen einer feuchteren Vergangenheit: Wie die Salzpfannen entstanden

Während der Pluvialzeit bildete sich im Kalaharibecken ein **Süßwassersee** mit unvorstellbar gigantischen Ausmaßen bis zu 80 000 km² (siehe „Wie die Kalahari entstanden ist" S. 187). Starke Erdverschiebungen leiteten später die Zuflüsse des **Makgadikgadisees** ab, wodurch das Becken vor etwa 16 000 Jahren langsam wieder austrocknete. An seinen tiefsten Stellen lagerten sich Salze ab. Dies war die Geburtsstunde der Salzpfannen. Vermutlich entstanden manche Pfannen aber auch durch den Kahlfraß von Wldtieren. Starke dauerhafte Nordwinde setzten ein, die an den Südrändern der Pfannen und Senken **Sanddünen** aufwarfen. Eine neue feuchtere Periode vor ca. 10 000 Jahren füllte die Vertiefungen erneut mit Wasser. Doch dann wurde das Klima trockener und die Seen verschwanden abermals. Wieder formten Nordwinde neue kleine Dünen zwischen der Pfanne und den älteren Dünen. Die Senken wurden dabei bis zu 5 m dick mit grauem, feinstem Staub bedeckt, und nur vereinzelt blieben kleine Wasserstellen zurück. Noch vor etwa 100 Jahren gab es hier permanentes Wasser; erst die starke Überweidung führte zum völligen Austrocknen der Makgadikgadi-Pfannen.

Die lebensfeindlichen Pfannen und angrenzenden Überschwemmungsflächen boten wenig Grundlage für menschliche Siedlungen. Dagegen wurden die Randzonen der Pfannen und die Uferbereiche des Boteti seit langer Zeit bewohnt. Verschiedene **Siedlungsreste** und Steinwälle entlang der Sowa Pan, von denen die Steinmauern auf **Kubu Island** die berühmtesten sind, verweisen auf eine fruchtbarere Zeit, in der es den Menschen möglich war, an den Pfannen zu überleben.

Eine Herausforderung für die ersten Forschungsreisenden

Livingstones und Oswells Expedition zum Ngamisee öffnete Mitte des 19. Jh. den Weg in den Norden Botswanas. Bald entstanden **Handelsrouten**, die quer über die Makgadikgadi-Pfannen führten. Die bekannteste Route, auf der vermutlich auch schon David Livingstone unterwegs war, überquerte die Ntwetwe Pan an ihrer schmalsten Stelle und führte an der Gutsha Pan, wo die Reisenden wieder Wasser fassen konnten, vorbei. Die Salzpfannen wurden damals nur nachts überquert, um die gefährliche Licht- und Hitzereflexion der weißen Salzoberfläche zu vermeiden. Dabei war es lebenswichtig, nicht vom Weg abzukommen. **Baobabs** wurden in dieser monotonen, flachen Landschaft zum Wegweiser und beliebten Treffpunkt. Missionare, Forscher, Abenteurer, Jäger und Händler, wie James Chapman, Thomas Baines, Roger Price, J. Jolley, Hendrik van Zyl oder die Brüder Green reisten entlang dieser Routen und orientierten sich an den markanten Baobabs. Noch heute kann man ihre eingravierten Namenszüge in den knorrigen Baumstämmen lesen.

Routen durch die Makgadikgadi Pans

Wer ein Faible für spröde, ungewöhnliche Landschaften hat und Spaß am Fahren in schwierigem, anspruchsvollem Gelände, für den wird ein Abstecher zu den Salzpfannen wahrscheinlich zum Höhepunkt der Botswanareise. Das absolute Nichts aus strahlendem, spiegelndem Weiß und die Geschwindigkeit, mit der man über diese Leere hinweg gleiten kann, lösen ein Gefühl von grenzenloser Freiheit und Zeitlosigkeit aus. Für alle, die Wüsten, Einsamkeit und Nervenkitzel lieben, sind die Makgadikgadi-Pfannen ein Muss!

Touren in die Salzpfannen erfordern ein hohes Maß an Selbstverantwortung und Vorsicht!

Die einsamen Strecken direkt über die Salzpfannen sind allerdings kein Sonntagsausflug (unsere Routen 3 bis 6). Verliert man die Fahrspur aus den Augen, hat man sich schnell verirrt. Bei einem Autoschaden abseits befahrener Strecken gerät man rasch in (Lebens-)gefahr. Außerdem sind die Salzpfannen tückisch. Manche Stellen sind unerwartet so weich, dass ganze Fahrzeuge darin versinken können. Fahrten über die Salzpfannen beschränken sich deshalb absolut auf die Trockenzeit.

Tipp Bitte beachten Sie zuvor unsere Hinweise zum Autofahren auf Salzpfannen (S. 380)

Route 1: "Entlang dem Touristen-Highway"
Von Francistown über Nata nach Maun

Zwischen Francistown und Nata verändert sich die Vegetation kontinuierlich. Die Buschsavanne geht in trockenes Kalahari-Gestrüpp über. Nach 127 km Fahrt erreicht man das Dorf Dukwe, 5 km weiter passiert man den gleichnamigen Veterinärzaun (häufig Lebensmittelkontrollen in südlicher Fahrtrichtung; Frischfleisch und Milchprodukte sind in der Regel verboten). 36 km weiter durchquert man ein weiteres Veterinärgatter (ohne Kontrollen), 3 km dahinter liegt der Eingang zum Nata Bird Sanctuary (S. 167). Bis Nata, 190 km von Francistown, sind nun noch gut 20 km zu fahren.

Das kleine **Nata** genießt nur als Verkehrsknotenpunkt eine Bedeutung. Hier treffen sich die Straßen von Norden, Westen und Süden. Alle Fernstreckenbusse zwischen Gaborone, Maun und Kasane halten in Nata. Die Tankstellen bilden den Ortskern. Eingeschränkte Versorgungsmöglichkeiten bietet dort der North Gate Shopping Komplex mit einfachem TakeAway-Restaurant und Internetcafé.

Francistown – Maun via Nata

Gesamtstrecke: 495 km

Fahrzeit: zügig; ca. 5-6 Std.

Zustand: Asphalt, vereinzelt Schlaglöcher

Versorgung: Tankstellen in Francistown, Nata und Gweta

Besonderheit: Veterinärkontrollen bei KM 132, KM 166 und ca. 60 km vor Maun

Unterkunft in Nata

- **North Gate Lodge:** Tel. 6211156, Fax 6211154, email: northgatelodge@yahoo.com. Direkt in Ortsmitte neben der Tankstelle liegt diese freundliche Motel-ähnliche Lodge mit sauberen Chalets, klimatisierten Zimmern, Restaurant und Pool. Preise: 48 €/EZ und 33 €/DZpP.
- **Nata Lodge:** Tel. 6200070, Fax 6200071, email: natalodgereservations@gmail.com, www. natalodge.com. Die beliebte Lodge 10 km südlich von Nata an der Straße nach Francistown brannte 2008 nieder, wurde aber wieder aufgebaut und bietet Neue Stelzenchalets, Safarizelte, einen Campingplatz zwischen Palmen, Restaurant, Pool und Safaris in das Bird Sanctuary (15 €/pP). Preise: Chalets ab 64 €/EZ und 32 €/DZpP, Zelte 53 €/Nacht, Camping 6 €/pP (kein Stromanschluss).
- Campingmöglichkeit besteht auch im Nata Bird Sanctuary (S. 167).

Fahrt in den Norden: Von Nata nach Kazungula und Kasane

Die 300 km lange, zumeist eintönige und einsame Strecke von Nata nach Kasane führt durch **Elefantenland**. Vor allem im oberen Drittel der Strecke, wo die karge Kalaharivegetation bereits in dichte Laubwälder übergeht, muss man praktisch jederzeit mit Elefanten auf der Straße rechnen. Die Fahrt gestaltet sich zur Safari, denn auch Giraffen, Kudus, Rappenantilopen, Zebras und sogar Wild Dogs kann man hier oft entdecken.

Die ersten 200 km der Strecke sind die schlechteste Teerstraße des Landes. Die Schlaglöcher nehmen erschreckende Ausmaße an. Bei KM 59 passiert man das Ngwasha Vet Gate (Kontrolle nur bei Fahrtrichtung von Norden nach Süden), danach wird es einsam. In einem 20 km-Radius um **Pandamatenga** liegen riesige landwirtschaftliche Anbauflächen, die die Straße durchquert. An der Pandamatenga-Abzweigung (Grenzübergang nach Zimbabwe und Zufahrt zur Hunter's Road, s. S. 326) liegt auch die einzige Tankstelle der Gesamtstrecke.

Unterkunft entlang der Strecke

•**Elephant Sands Camp:** Tel. 72754633, www.elephantsands.com. Gemütliches kleines Naturcamp 52 km nördlich von Nata mit hübschen Zelt-Chalets (45 €/Nacht), Mietzelten (20 €/Nacht), Campinggelegenheit (7 €/pP), kleinem Pool und halboffenem Restaurant in sehr wildreicher Umgebung. Die 2 km lange Zufahrt und der Campingbereich sind sehr sandig. Es werden Bush Walks und Pirschfahrten angeboten. Elefanten besuchen abends oft die Wasserstelle beim Pool. Tipp: Eigenes Wasser mitbringen, denn hier ist es salzhaltig.
•Bei Pandamatenga liegen an der Straße nach Kasane das Panda Rest Camp und die Touch of Africa Safari Lodge, beide mit Chalets und Camping. Beschreibungen: siehe S. 327.

Schon gewusst?
Flamingos praktizieren eine Massenbalz und paaren sich stets gleichzeitig. So entstehen innerhalb der Kolonie feste Altersklassen.

Weiterfahrt Route 1: Von Nata nach Maun (305 km)

Die Teerstraße reduziert die Fahrt von Nata nach Maun auf wenige Stunden. Bis diese Strecke 1992 asphaltiert wurde, konnte die harte Wellblech-Schotterpiste nach Maun durchaus als Tortur für Fahrzeug und Fahrer bezeichnet werden.

Nach 17 km zweigt links die sandige Piste nach Kubu Island und Mmatshumo ab (siehe Route 4). Danach überquert die Teerstraße einen langgezogenen Ausläufer der **Ntwetwe Pan** und gibt dabei erstmals den Blick frei auf die blendend weiße Salzpfanne. Später geht die Pfanne wieder in Grassavanne über und macht knorrigen Baobabs Platz. Nach 100 km erreicht man die Abzweigung nach **Gweta**, das 1 km südlich der Teerstraße liegt. Hier besteht die letzte Tank-, Übernachtungs- und Versorgungsmöglichkeit bis Maun (siehe S. 171).

Etwa 15 km weiter beginnt südlich der Straße der **Makgadikgadi NP** und ab KM 143 durchschneidet das Asphaltband die beiden vereinten Nationalparks Nxai Pan und Makgadikgadi. Untertags sieht man meist nur einige Strauße und Schakale, aber bei Dämmerung und nachts sind die Wildwechsel häufig. 199 km westlich von Nata überquert man die kaum wahrnehmbare *Gidikwe Sandridge*, wo einst das Ufer des riesigen Makgadikgadisees gelegenhatte. Bei KM 244 passiert man an der Grenze zum Distrikt Ngamiland den **Makalamabedi-Veterinärzaun**. Hier muss man anhalten, das Fahrzeug wird registriert und eventuell findet eine Kontrolle der mitgeführten Lebensmittel statt (durch Befragung und/oder Kühlschrankkontrolle), denn ohne Permitt dürfen in der Regel keine Fleisch- und Milchprodukte nach Ngamiland ein- oder von dort ausgeführt werden. Entdeckte Fleisch- und Milchprodukte, die nicht den Tierzaun passieren dürfen, werden dann konfisziert bzw. man darf erst nach deren Verzehr weiterreisen. Die Art der Kontrollen ist sehr unterschiedlich, in der Regel werden Fahrzeuge, die Ngamiland verlassen, stärker kontrolliert als in der Gegenrichtung (siehe S. 388).

Info In den letzten Jahren war hier statt der Vet-Behörde die Polizei stationiert und kontrollierte die Fahrzeugpapiere

Nata Bird Sanctuary: Heimstatt für Flamingos und anderes Federvieh

Im Mündungsgebiet des Nata in die Sowa Pan, wo in der Regenzeit Tausende Vögel brüten, wurde 1992 ein 230 km² großes Schutzgebiet eingerichtet. Nicht zuletzt die Realisierung des Soda-Asche-Projekts in Sua rief Naturschützer auf den Plan, um das faszinierende Vogelparadies zu erhalten. Die Privatinitiative führte schließlich zu einem Gemeindeprojekt, bei dem alle Einnahmen in die betroffenen Gemeinden zurückfließen sollen. Im Gegenzug erklärten sich die Menschen bereit, auf das bisherige Weideland zu verzichten. Selbst die Betreiber des Soda-Asche-Projekts in Sua bemühten sich um Einklang mit der Natur. Zum Schutz der Vögel an der Sowa Pan wurden daher die Stromleitungen trotz hoher Mehrkosten unterirdisch verlegt.

45 % des Schutzgebietes umfassen Salzpfannen, der Rest ist von flachem Grasland bedeckt, das über ein kleines Wegenetz auf Pirschfahrten erkundet werden kann. Am Ufer der Sowa Pan befindet sich ein hölzerner **Beobachtungsturm** (siehe Bild), von dem sich die Wasservögel im brackigen Flachwasser hervorragend beobachten lassen.

Nach intensiven Regenfällen und wenn der Nata Regenwasser aus den Bergen Zimbabwes zur Sowa Pan führt, füllt sich der nördliche Teil der Pfanne zu einem großen, flachen See. Tausende Wasservögel und Zugvögel werden davon angezogen (doch Achtung: wenn der See trocken ist, meist von Ende Oktober bis Dezember, sind keine Vögel da!). **165** verschiedene **Vogelarten** sind hier registriert worden, wovon Flamingos und Pelikane zu den auffälligsten zählen. Typisch sind außerdem Grau- und Silberreiher, Schwarz-, Klaffschnabel-, Sattel- und Marabustörche, Löffler, Nimmersatt, verschiedene Enten und Gänse. Unter den Greifvögeln trifft man allerlei Adler, Bussarde, Habichte und Falken an. Ferner sind im Schutzgebiet zahlreiche Säugetiere, wie Kudus, Springböcke, Steinantilopen, Zebras und Kuhantilopen, vertreten. Große Raubkatzen gibt es nicht, jedoch Schakale und kleinere Wildkatzen. Abends kommen unzählige Springhasen aus ihren Erdbauten hervor.

Das umzäunte Schutzgebiet liegt 21 km südlich von Nata an der Teerstraße nach Francistown und ist täglich von 07.00–19.00 h geöffnet. Während der Regenzeit ist ein Allradfahrzeug erforderlich, wogegen man in der Trockenzeit auch mit normalen Pkws zurecht kommt. Eine Vorausbuchung ist nicht notwendig. Der **Eintritt** beträgt 35 Pula pP, 15 Pula pro Fahrzeug und 35 Pula für Camping. Wer nur zum Übernachten kommt, braucht keinen Eintritt zu bezahlen. Nicht weit vom Eingangstor, am Rand des Mopanebuschs und direkt neben dem Highway, liegt ein **Campingplatz** mit Duschen und Grillstellen. Ruhiger und stimmungsvoller campiert man allerdings am Pichnickplatz nach 300 m oder direkt an der Pan beim Hide (beides allerdings ohne Einrichtungen).

Info Die Nata Lodge bietet Pirschfahrten an.

Francistown – Maun via Rakops

Gesamtstrecke: 590 km
Fahrzeit: ca. 6-7 Std.
Zustand: gute, wenig befahrene Teerstraße
Tankstellen: Francistown, Letlhakane, Mopipi, Rakops
Besonderheit: Vet-Kontrollposten 60 km vor Maun

Die Diamanten von Orapa

1967 wurden sie entdeckt, die riesigen Diamantlagerstätten in der Kalahari. Weil der Fundort mitten in der Trockensavanne lag – ohne Wasser, Straßen und Ortschaften – dauerte es fünf Jahre, ehe mit der Förderung der begehrten Diamanten überhaupt begonnen werden konnte. Zunächst mussten eine 240 km lange Straße nach Francistown und eine Siedlung namens Orapa für mehrere Tausend Arbeiter und ihre Familien errichtet werden. Das benötigte Wasser wurde aus dem 30 km westlich gelegenen Boteti abgeleitet, wozu der Fluss bei Mopipi aufgestaut worden war. Doch bereits 1986 versiegte dieses Wasser versiegt, und seither muss das fossile Grundwasser der Kalahari herhalten (jährlich etwa 5 Mio. m³). In Spitzenzeiten förderte Orapa rund 30 Mio. Karat Rohdiamanten jährlich (1 Karat entspricht 0,2 Gramm). Für jedes einzelne gewonnene Karat wird eine Tonne Erdreich durchgewaschen!

Diamant ist der härteste natürliche Stoff (Ritzhärte 10) und bildet sich im Erdmantel unter hohem Druck und sehr hohen Temperaturen von bis zu 1400 °C. In Botswana findet man tief in den Kalahariböden primäre Diamantlagerstätten in Kimberlitschloten. Andere Fundorte, wie in der Namib, weisen sekundäre Diamantenlager auf, die sich lose im Dünensand befinden (siehe S. 60). Eifrig wird in Botswana nach weiteren neuen Lagerstätten gesucht.

Route 2: Die „Boteti-Route"
Von Francistown via Rakops nach Maun

Nach rascher Fahrt durch die eintönige trockene Dornbuschsavanne gelangt man 228 km westlich von Francistown an eine Straßenkreuzung. Sie führt nach Norden zu Kubu Island (Route 4, S. 172) und nach Süden über die 10 km entfernte Minenstadt **Letlhakane** nach Serowe. Im Gegensatz zu Orapa ist Letlhakane eine frei zugängliche, lebhafte Stadt mit Abraumhalden, Supermärkten und Tankstellen. Hier befindet sich auch ein „Paypoint" der Nationalparkbehörde, wo Besucher die Nationalparks reservieren und bezahlen können. Das Wildlife Office ist im RAC-Gebäude gegenüber dem SPAR untergebracht. Wer hier übernachten oder einkehren möchte, ist am besten in Granny's Lodge & Kitchen direkt neben der Shell-Tankstelle aufgehoben (Tel. 2978246, ca. 25 €/Nacht im Rondavel).

Weiterfahrt Route 2: Nur 20 km weiter im Westen liegt Letlhakanes Schwesterminenstadt Orapa, die südlich umfahren werden muss.

Spötter sagen, **Orapa** sei ein "Staat im Staate". Streng bewachte Sicherheitszonen schirmen die 10 000-Einwohner-Stadt weiträumig ab und nur mit einer speziellen Sondergenehmigung von Debswana (in Gaborone Tel. 3614200, Fax 3180778; in Orapa Tel. 297 0201) dürfen Ortsfremde die best gehütete Stadt Afrikas überhaupt betreten.

Die 68 km lange Teerstraße zwischen Orapa West und **Mopipi** gewährt nun erste Ausblicke auf Salzpfannen. Zweimal müssen unterwegs Veterinärzäune ohne Lebensmittelkontrollen passiert werden. Im staubigen, tristen Dorf Mopipi, das der Boteti schon seit vielen Jahren nicht mehr erreicht hat, beginnt die 152 km lange "Baobab-Route 3" nach Gweta (S. 171). Nun wird die Vegetation immer spärlicher. Nach einsamer Weiterfahrt über eine überweidete Ebene erreicht man nach 63 km die erste Abzweigung nach **Rakops**. Die Tankstelle im Ortszentrum von Rakops arbeitet in der Regel von 06.00-18.00 h. Seit die handbetriebene Zapfsäule durch eine elektrische ausgetauscht wurde, sind die Reisenden von der durchgehenden Stromversorgung

abhängig geworden. Und nicht selten passieren in Rakops vorübergehende Stromausfälle. 5 km weiter, kurz nach der zweiten Zufahrt nach Rakops, zweigt die gut ausgeschilderte Piste zum Central Kalahari Game Reserve ab (S. 211). Die Straße knickt jetzt nach Norden und erreicht nach 67 km den Abzweig nach **Khumaga** und dem Makgadikgadi NP (S. 180). Nördlich von Khumaga liegen am Westufer des Boteti zwei Luxuslodges (siehe Karte S. 179). Nach weiteren 36 km Fahrt lohnt es sich, die Oberflächengestalt der Umgebung aufmerksam zu betrachten, denn die Straße führt hier über die kaum wahrnehmbare *Gidikwe Sandridge*, einer einstigen Uferkante des Makgadikgadisees aus der Pluvialzeit. Schon vor dem Dorf **Motopi** mehren sich die Esel und Rinder wieder. In Motopi überquert man schließlich das Flussbett des Boteti auf einer neuen Brücke und trifft kurz danach auf die Hauptstraße zwischen Nata und Maun (Route 1). Von hier sind jetzt nur noch 83 km bis Maun zu fahren.

Tipp Man kann von Motopi auch am Südufer des Boteti bis Makalamabedi und darüber hinaus bis zur Samadupi Bridge weiterfahren. Diese idyllische Piste führt durch eine reizvolle Landschaft mit kleinen Bayei-Dörfern, zahlreichen frei lebenden Straußen und altem Akazien-Baumbestand (Bild oben)

Luxus-Unterkunft am Ufer des Boteti

•**Leroo la Tau Lodge:** Desert & Delta Safaris, Kontaktdaten S. 338. Die exklusive Lodge mit ausladenden Stelzenchalets über dem Boteti-Flussbett thront über einem eigenen Wasserloch, an dem sich bevorzugt Zebras aufhalten. Sie liegt ein paar Kilometer nödlich von Khumaga am Westufer des Boteti und grenzt damit direkt an den Makgadikgadi NP; ja liegt sogar innerhalb des neuen Wildtierzauns. Die Gnu- und Zebra-Migration von Juni bis September spielt sich direkt vor der Lodge ab. Früher war hier ein Campingplatz angeschlossen, der jedoch seit 2007 nicht mehr existiert. All-Inclusive-Preise: je nach Saison 280-500 €/DZpP und 280-655 €/EZ.

•**Meno a Kwena Camp:** David Dugmore, Tel. 6860981, Fax 6860493, email: kkreservations@ngami.net, www.kalaharikavango.com. Idyllisches, rustikales Zeltcamp am Botetiufer ca. 18 km südlich der Nata-Maun-Straße (Allradzufahrt). Das Camp bietet ebenfalls eine spektakuläre Wildtierdichte. Auch hier locken eigene Wasserstellen die Tiere in der Trockenzeit an. All-Inclusive-Preise: je nach Saison 260-450 €/DZpP und 370-620 €/EZ. Alternativangebot mit VP, aber ohne Aktivitäten: 170-200 €/DZpP.

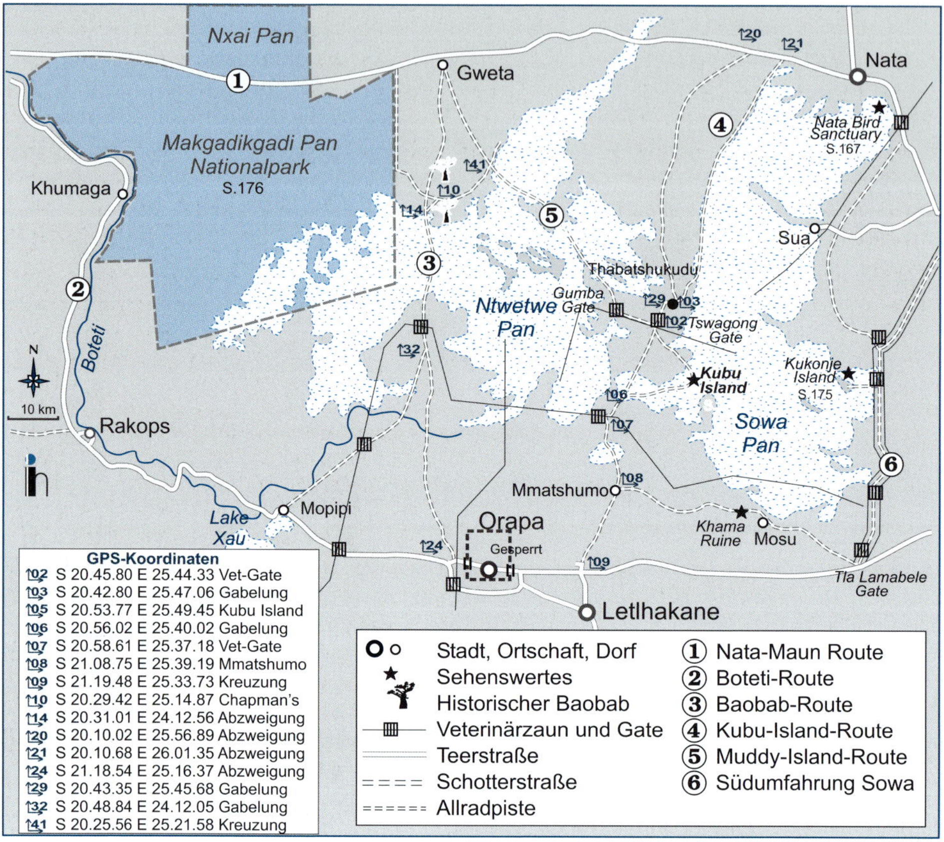

GPS-Koordinaten

02	S 20.45.80 E 25.44.33	Vet-Gate
03	S 20.42.80 E 25.47.06	Gabelung
05	S 20.53.77 E 25.49.45	Kubu Island
06	S 20.56.02 E 25.40.02	Gabelung
07	S 20.58.61 E 25.37.18	Vet-Gate
08	S 21.08.75 E 25.39.19	Mmatshumo
09	S 21.19.48 E 25.33.73	Kreuzung
10	S 20.29.42 E 25.14.87	Chapman's
14	S 20.31.01 E 24.12.56	Abzweigung
20	S 20.10.02 E 25.56.89	Abzweigung
21	S 20.10.68 E 26.01.35	Abzweigung
24	S 21.18.54 E 25.16.37	Abzweigung
29	S 20.43.35 E 25.45.68	Gabelung
32	S 20.48.84 E 24.12.05	Gabelung
41	S 20.25.56 E 25.21.58	Kreuzung

Der gigantische Koloss mit einem Gesamtumfang von 25 m hat sieben einzelne Stämme, weshalb er auch "Seven Sisters" genannt wird. Wie auf S. 164 geschildert, diente **Chapman's Baobab** den ersten Reisenden auf dem Weg nach Norden als Wegweiser beim Überqueren der Salzpfanne. Unzählige Inschriften wurden in die Stämme eingeritzt, die an die Männer jener Tage erinnern: Die unglückseligen Missionare Roger Price und Helmore (S. 319), die Abenteurer James Chapman und Thomas Baines, der Jäger J. Jolley und der deutsche Wissenschaftler Oswald Bager. Ein hohler Stamm diente damals sogar als Postfach. Das Lebensalter dieses Baobab wird auf 2500 Jahre geschätzt.

Route 3: Die „Baobab-Route“
Von Gweta nach Mopipi

Gweta, das "Tor zu den Makgadikgadi Pans" liegt inmitten von Palmenhainen 2 km südlich der Teerstraße Nata-Maun, bietet einfache Versorgungsmöglichkeiten, eine Tankstelle und ein Post Office. Von hier führt die 150 km lange Baobab-Route entlang der alten Handelswege über die **Ntwetwe Pan** (nur in der Trockenzeit mit Allrad möglich).

Die Piste beginnt an der Gabelung vor dem Gweta Restcamp (rechts halten). Nach 1,3 km gelangt man bei einem rot-weißen Pfahl an eine weitere Gabelung, wo man sich links halten muss. Nun folgt der rund 30 km lange tiefsandige Wegabschnitt, in dem sich unzählige Spuren kreuzen und jeder Fahrer sich seine eigene Spur nach Süden sucht. Siehe auch Karte und GPS-Daten auf S. 179.

Green's Baobab und Chapman's Baobab

Um Green's Baobab zu finden, nützt man idealerweise ein GPS-Gerät und orientiert sich an der weithin sichtbaren Gruppe großer Fächerpalmen, die 300 m südwestlich des Baobabs an der Gutsha Pan stehen. Der historische Baobab wurde inzwischen eingezäunt. In seinem Stamm finden sich berühmte Namenszüge, wie die der namensgebenden Brüder Green (Green's Expedition 1852).

Chapman's Baobab liegt nicht umzäunt noch etwa 9 km weiter zwischen zwei Cattle Posts (siehe links, GPS-Daten enthält die Karte auf S. 179).

6,5 km südwestlich vom Chapman's Baobab erreicht man – erneut nach einer Fahrt durch Spurengewirr – den Rand der Ntwetwe Pan. 5 km weiter weicht auch der letzte Grasbüschel zurück und es beginnt die kerzengerade Fahrt über die brettebene Salzpfanne. In der Ferne schimmert die flache Anhöhe **Gabasadi Island**, die man nach 8 km erreicht. Der südliche Pfannenrand liegt jetzt noch 9 km entfernt. 1,5 km darüber hinaus ist der Doppelzaun am Tjai Vet Checkpoint zu passieren (täglich 06.00-22.00 h). Es folgt die vegetationsarme Zone zum Festland, in der fast nur harte Gräser gedeihen, bis zur ersten Cattle Post nach 18 km. Danach folgen zwei kleine Salzpfannen und dazwischen kaum wahrnehmbar das Bett des Boteti. 44 km nach dem Tjai Vet Gate trifft die Fahrspur schräg auf einen Zaun, folgt ihm 3 km bis zum Gate, das man nach Westen durchfährt, und folgt ihm weitere 2 km, bis er nach Süden abknickt. Unsere Piste führt dagegen nach West-Süd-West. Nun sind noch 12 km bis zur Pfanne und weitere 10 km entlang ihrer Ränder bis nach Mopipi zu fahren.

Unterkünfte in Gweta und an der Ntwetwe Pan

Das Angebot wird hier klar vom Anbieter Unchartered Africa Safaris bestimmt. Einzige Alternative ist die einfache, aber gemütliche Gweta Lodge.

•**Gweta Lodge:** Tel. 6212220, Fax 6212458, www.gwetalodge.com. Legere, ältere Bungalowanlage mitten im Ort mit afrikanischem Ambiente und Pool, Bar und Restaurant. Die Besitzer bieten eine Vielzahl organisierter Touren zu den Salzpfannen, den Baobabs und Kubu Island an. Preise: Rondavel kosten 52 €/Nacht, Zimmer 25 €/DZpP und 36 €/EZ, Camping im Garten 5 €/pP.

•**Planet Baobab:** Tel. 72338344, c/o Uncharted Africa Safaris (siehe Jack's Camp). 2,5 km östlich von Gweta liegt dieses originelle Camp, das vor allem Rucksackreisende und Overlander anspricht. In einer Baobab-Landschaft verteilen sich die Graschalets (je ab 100 €/Nacht) um die Bar mit Restaurant. Der Campingplatz schließt sich dahinter an (10 €/pP). Kein Pool. Auch hier sind allerlei Aktivitäten im Angebot, vom Quadbike-Fahren bis zur Ethno-Tour.

•**Jack's Camp:** Uncharted Africa Safaris, Tel: (SA) +27-11-4471605, Fax 4476905, www.unchartedafrica.com. Höchst elitäres Luxuszeltcamp am Rande der Ntwetwe Pan, sehr abgeschieden in einem Palmenwald gelegen. Hier werden Pirschfahrten, Reitausflüge, Begegnungen mit Buschleuten und Touren in die Salzpfanne angeboten. Der Renner sind jedoch die Quadbike-Fahrten über die Salzpfannen. All-Inclusive-Preise: schlappe 900 €/DZpP und 1120 €/EZ. Flugtransfers ab/bis Maun gehen dann noch extra...

Die Firma unterhält noch zwei kleinere Ableger für die nicht ganz so potente Klientel:

•**San Camp:** Dieses Luxuscamp liegt etwas weiter nordwestlich von Jack's Camps und öffnet ebenfalls nur von April bis Oktober. All-Inclusive-Preise: 690 €/DZpP, 900 €/EZ.

•**Camp Kalahari:** Dieses Luxuszeltcamp mit kleinem Pool auf "Hyena Island", das zwischen Juni und Oktober unterhalten wird, ist das „Sonderangebot“ unter den drei Salt-Pan-Logdes. Die All-Inclusive-Preise liegen hier bei 380 €/DZpP und 490 €/EZ.

Route 4: Die „Kubu Island-Route“ Von Nata nach Letlhakane

Fahrt nach Kubu Island

Die Entfernung von Nata nach Kubu Island beträgt 113 km, wofür man etwa 4 Std. ansetzen sollte. Gesamtstrecke von Nata bis Letlhakane via Kubu Island: 187 km. Allrad und gute Bodenfreiheit sind erforderlich.

Schon gewusst?
Geckos und Eidechsen werfen bei Gefahr ihren Schwanz ab (an vorgebildeten Bruchstellen)

Fahren Sie zunächst 17 km entlang der Teerstraße in Richtung Maun und biegen Sie beim Schild "Lekhubu 72 km" auf die Sandpiste ab (die Entfernungsangabe ist geschönt!). Die Piste führt über eine einsame Grasebene bis an den Rand der Sowa Pan. Nach ca. 5 km kann man dort in der Ferne flimmernd die Soda-Asche-Fabrik erkennen. Allmählich taucht auch der weiße Belag der Salzpfanne auf. Die Sandspur verläuft nun auf dem Hochufer-Dünenkamm und gewährt weite Ausblicke nach beiden Seiten.

Tipp für Reisende ohne Fahrzeug: Die Unterkünfte in Gweta organisieren Kubu-Island-Trips

Die Gabelung bei KM 58 führt nach 700 m wieder zusammen. Auch bei KM 60 kann man wählen, welcher Spur man folgt. Beide treffen sich nach 6 km wieder, um sich allerdings gleich wieder zu gabeln. Egal, welche Spur Sie wählen, sollten Sie nur darauf achten, dass Sie tendenziell in östliche Richtung fahren. Wer mit GPS ausgetattet ist, peilt am Besten den Wegpunkt 29 an (siehe Karte, S. 170). Dort laufen die vielen Fahrspuren wieder zusammen. Der Weg nach Kubu knickt kurz danach nach Süden ab.

Nach den Dörfern nähert sich die Piste wieder der Sowa Pan und bleibt einsam, bis man bei KM 92 das Tswapong-Veterinary-Gate erreicht. 2 km nach dem Veterinärgatter gabelt sich der Weg. Rechts ginge es direkt nach Letlhakane/Orapa, links führt die Piste nach Kubu Island. Sie splittet sich nach 2 km noch einmal; es geht erneut links weiter. Erst kurz vor Kubu Island erreicht die Spur die offene Sowa Pan. Diese Salzpfannen-Piste zählt mit ihren vielen Baobas zu den schönsten.

Kubu Island (Lekhubu)

Info Siehe auch: S. 174 Beschreibung von Kubu Island, S. 194 Fotos von Kubu Island

Die Community unterhält in Kubu Island einen Campingplatz mit 14 stimmungsvollen Stellflächen zwischen den knorrigen Bäumen (besonders Nr. 1 und 5). Es gibt im Camp einige Latrinen und Duschvorrichtungen, jedoch kein Wasser. Neuankömmlinge suchen sich einen freien Stellplatz aus, wenig später kommt ein Caretaker zur Begrüßung. Preise: Camping 100 Pula pP, Kinder 50 Pula. Tagesbesucher 60 Pula pP, „Guides Walks“ 30 Pula. Info: www.kubuisland.com.

Weiterfahrt von Kubu Island

So verlockend die Salzfläche für Extratouren auch sein mag – bleiben Sie stets auf den vorhandenen Fahrspuren!

Weiterfahrt von Kubu Island nach Letlhakane (77 km): Die Strecke beginnt an den Schautafeln von Kubu Island und führt über die offene Pfanne nach WestSüdWest. Vorsicht: Bei Regen ist dieser Abschnitt unbefahrbar. Nach 17,3 km trifft man in der Grasebene an Ende der Pfanne auf eine Gabelung. Hier ginge es rechts direkt zum Tswapong Vet-Gate (siehe oben). Die andere Spur führt nach 7 km zum nächsten Veterinärgatter. Nachdem man dieses passiert und weitere 6 km Strecke gefahren hat, erklimmt die Piste die ehemalige **Uferböschung des fossilen Makgadikgadisees**, nach der sofort eine buschige Vegetation mit Bäumen einsetzt. Von rechts kommt eine Fahrspur dazu, kurz danach passiert man eine Cattle Post. Die Piste ist mal grob steinig, mal tiefsandig, mal rippig, stets aber wellig. Nach 14,2 km erreicht man das Dorf **Mmatshumo** und trifft auf die breite Wellblech-Schotterstraße zur Teerstraße zwischen Francistown und Orapa (weitere 22 km). Von dort sind es noch 10 km bis in die Stadt Letlhakane. Fahrzeit ca. 3 Std.

Route 5: Die „Muddy-Island-Route"
Von Kubu Island nach Gweta

Diese einsame Allradstrecke bietet einen landschaftlichen Hochgenuss, aber auch enorme Orientierungsschwierigkeiten, weil es keinerlei Beschilderung gibt. Außerdem: Die Ntwetwe Pan ist nach Regenfällen nicht befahrbar. GPS-Daten: siehe Karte, S. 170.

Fahren Sie zunächst, wie auf S. 172 geschildert, von Kubu Island zum **Tswapong Gate**. Fahren Sie hier nördlich des Zauns nach Westen (links sehen Sie eine kleine Salzpfanne). Nach 10 km kommen Sie am geschlossenen Gumba Vet. Gate vorbei. Die nächsten 16 km führen durch eine ausgesprochen reizvolle Grassavanne, die durchsetzt ist mit größeren Bäumen, wie Akazien, Kastanien und Commiphorabäumen. Hier hat man gute Chancen, Springbockherden, Riesentrappen und Strauße zu entdecken. Dann weichen die Bäume zurück und die Grassavanne geht über in die Ausläufer der Ntwetwe Pan. 12,5 km lang überquert die Piste eine Ausbuchtung dieser Salzpfanne, bis man eine Landzunge, Muddy Island, erreicht. Keinerlei andere Wege verlaufen über dieses abgelegene Gebiet, nichts stört hier den Frieden der Natur. Das Ende der Landzunge ist nach 13 km erreicht, dann folgt die zweite kürzere, aber noch imposantere Überquerung eines Ausläufers der Ntwetwe Pan. Auf der 10 km langen, kerzengeraden Überfahrt scheinen Pfanne und Horizont zu verschmelzen.

Am anderen Ufer verzweigt sich der Weg bald wieder in viele verschiedene Fahrspuren, die sich kreuzen und wieder trennen, bis man schließlich nach 30 km Gweta erreicht.

In umgekehrter Fahrtrichtung ist es problematisch, die richtige Ausfahrt aus Gweta zu finden. Hilfreich ist GPS41 (Karte S. 170) bzw. lassen Sie sich den Weg anfangs zeigen!

Info für Selbstfahrer, die sich noch mehr Informationen zu diesen Pisten wünschen: Alle diese anspruchsvollen Strecken über die Makgadikgadi Pans werden detailliert mit zusätzlichen Landkarten und etlichen GPS-Daten und Tracks auf der Botswana GPS-Daten-CD beschrieben (S. 343 und 399).

Bilder von oben: Impressionen der Muddy Island Route

Kubu Island **Wo man sich den Sternen näher fühlt als der Zivilisation**

Diese faszinierende, etwa 1 km lange und 20 m erhöhte Felsinsel voller skurriler Baobabs und afrikanischer Sterkulienbäume liegt an der Westseite der Sowa Pan. Unwirklich und bizarr hebt sich Kubu von der tischebenen Salzpfanne ab. Kastanien, Combretum und Baobabs haben hier die Landschaftsgestaltung übernommen. Die Felsen leuchten immer noch weiß durch den Guano von Vogelschwärmen aus einer längst vergangenen, feuchteren Epoche. Dazwischen erzeugen grüne Steine farbige Akzente.

Merkwürdige, bis zu 1,25 m hohe Steinwälle, die vermutlich aus dem 17. oder 18. Jh. stammen, überziehen die Felsinsel. Niemand weiß, wie die Erbauer einst hier leben konnten. Noch weniger ist über ihre Beweggründe, solche Steinwälle zu errichten, bekannt. Möglicherweise handelte es sich um einen geheimen Platz für Zeremonien, wo Opferungen oder Initiationsrituale stattfanden. Kubu Island wurde von der Regierung zum Nationalmonument erklärt, es dürfen daher keine Steine abgetragen oder Pflanzen entwendet werden.

Am schönsten erschließt sich die Mystik von Kubu Island, wenn man dort übernachtet. Schon die Farbenspiele bei Sonnenuntergang sind atemberaubend, und der nächtliche, blasse Mondschein versetzt Genießer in eine andere Welt. Besonders intensiv wirkt die Szenerie in der kühlen, klaren Jahreszeit. Zum Ende der Trockenzeit fegen starke Stürme über die Insel hinweg, während der Regenzeit ist sie oft nicht erreichbar. "**Lekhubu**" – so der richtige Name – genießt eine große Bekanntheit. Die einfachen Campingplätze wurden so perfekt in die Naturschönheit integriert, dass sie die Anziehungskraft der stillen Insel sogar noch steigern. Schakale, Hyänen, Springböcke und Impalas sind regelmäßige Besucher dieser ungewöhnlichen Insel. An manchen Tagen kann man hier sogar Elefanten antreffen.

Route 6: Südostumfahrung der Sowa Pan
Von Kubu Island nach Kokonje Island und Nata

Für diese Strecke benötigen Sie Allrad, ferner sollte sie wegen der Abgeschiedenheit möglichst nur im Konvoi von zumindest zwei Fahrzeugen befahren werden. Achtung: Es ist definitiv nicht möglich und lebensgefährlich, von Kubu Island direkt über die offene Salzpfanne nach Kukonje Island zu fahren!

Fahren Sie von Kubu Island nach Mmatshumo wie auf S. 172 beschrieben. Eine breite, gut ausgebaute Piste führt ab hier nach Osten. Nach 38 km erreicht man **Mosu**, das als eines der attraktivsten Dörfer in Botswana gilt. Seine Lage unterhalb des Ufersteilhangs (der mit 40 m für Botswanas Verhältnisse recht imposant ist), inmitten von Palmenhainen am Rande der weißen Sowa Pan, ist wirklich ansprechend. Nahebei befinden sich Ruinen einer alten Siedlung auf dem Escarpment.

Mmakhama's Ruine

Genau 3,3 km ab der Schule von Mosu (in Richtung Mmatshumo) führt ein schmaler Weg das Escarpment hinauf und endet nach 2 km in einem eingezäunten Bereich. Den letzten Abschnitt steigt man zu Fuß zu den Ruinen hinauf. Die Steinmauern sind vermutlich während der Zimbabwe-Dynastie (Rozwi-Reich) entstanden. Von hier bietet sich ein grandioser Ausblick über die weite Sowa Pan.

30 km östlich von Mosu trifft die Piste am Makoba Veterinärgatter auf die Teerstraße zwischen Orapa und Francistown. Biegen Sie hier direkt links in die schmale Piste innerhalb der beiden Veterinärzäune ein. Ab jetzt brauchen Sie ein Allradfahrzeug. Nach 20 eintönigen Kilometern, immer zwischen den Zäunen, erreicht man das Tlhapane Veterinary Gate, das nun schon am Ostrand der Sowa Pan liegt. Hier führt eine 4 km lange Piste nach rechts zu einem Hügel mit alten Steinruinen (ein guter Platz zum Campen liegt am Fuße des Hügels). Geradeaus erreicht man nach 29 km das Kwadiba Veterinary Gate. Hier führt links die Stichstraße über die Salzpfanne zur 7 km entfernten **Kokonje** oder **Kokoro Island**, die man schon von Weitem sehen kann. GPS-Daten von Kokonje: S 20.55.00 E 26.12.20.

Auf der Weiterfahrt vom Kwadiba Gate nach Nata wendet sich der Weg von der Salzpfanne nach Nordosten ab. Beidseitig eingezäunt geht es nun durch dichten Mopanebusch. Nach etwa 48 km trifft man bei Dukwe schließlich auf die Teerstraße zwischen Francistown und Nata.

Kokonje (auch Kokoro) Island

Die wenig bekannte, unbewohnte Insel liegt 38 km Luftlinie von ihrem Gegenstück Kubu Island entfernt (eine direkte Überfahrt ist nicht möglich). Die kleine Insel mit den zwei Namen ist kleiner und weniger spektakulär, bietet den seltenen Besuchern hingegen die Einsamkeit und Ruhe, welche man auf Kubu mitunter nicht mehr findet. Hier wachsen kaum bizarre Baobabs, aber dafür viele Commiphorabäume und Wilde Sesambüsche. Kokonje ist zudem wirklich eine Insel, deren Zufahrt meistens reichlich schlammig und glitschig ist.

Schon gewusst?
Über 50 % der weltweiten Fauna stellen die Insekten, nur 0,3 % die Wirbeltiere

Nxai Pan und Makgadikgadi National Park

1993 wurden der Nxai Pan Nationalpark und das Makgadikgadi Game Reserve erweitert und zusammengeschlossen. Der neue Nxai Pan und Makgadikgadi NP umfasst seither über 5500 km² Fläche. Der Nationalpark ist fast durchgehend von Wildzäunen umgeben. Die Straße zwischen Nata und Maun trennt den Park nach wie vor in einen nördlichen (Nxai Pan) und einen südlichen (Makgadikgadi) Sektor.

Nxai Pan-Sektor

Anreise

Nicht vergessen: Parkeintritte müssen vorab bezahlt werden. Die Wildhüter achten hier streng auf die 11.00 h-Regel beim Verlassen des Parks

Es existiert nur ein Zugang in den Nxai Pan-Sektor. Das neue Parkgate liegt direkt an der einsamen Teerstraße Nata–Maun (140 km von Maun und 160 km von Nata entfernt). Von hier führt eine 37 km lange Tiefsandpiste zum Scout Camp, das früher zugleich der Parkeingang war. Die Fahrspuren sind meistens tief ausgefahren; Allrad ist erforderlich!

Zufahrt zu den Baines Baobabs: Auf der Zufahrt zum Scout Camp zweigt nach 19 km rechts der Weg zur Kudiakam Pan und den Baines Baobabs ab. Gleich zu Beginn gabelt sich der Weg. Letztlich führen beide Spuren zu den Baines Baobabs, die rechte Spur ist mit 11 km aber deutlich kürzer. Sie führt direkt über die Kudiakam Pan, daher kann es in der Regenzeit, wenn die Pfanne Wasser hält, sinnvoll sein, die nördliche, tiefsandige Fahrspur zu wählen.

Info Auf alten Karten wird westlich der Nxai Pan die alte Rindertränke Bushman Pits markiert. Hier geben mannsgroße Löcher im Steinboden Rätsel auf. Forscher glauben, dass hier Buschleute nach Wasser gruben, oder dass sie im Schutz der Löcher Tiere jagten

Innerhalb des Nationalparks sind die Wege recht passabel und auch ohne Allrad zu bewältigen. Während der Regenzeit können die Pisten jedoch stark verschlammen. Der Park ist grundsätzlich ganzjährig zugänglich.

Ein kurzer Rückblick: Zunächst wurde 1970 nur das 1676 km² große Nxai Pan Game Reserve eingerichtet. Erst 1992 integrierte die Regierung auch die Kudiakam Pan und die Baines Baobabs, und wandelte das nun 2578 km² große Gebiet in einen Nationalpark um. Schließlich vereinigte man diesen Nationalpark mit dem südlich gelegenen Makgadikgadi Game Reserve zum Nxai Pan & Makgadikgadi Nationalpark. Der Park wird von zwei alten Rindertreckrouten durchzogen, die einst als wichtige Fernverbindungen der Rinderzucht dienten. Entlang dieser „Old Cattle Trek"-Routen zogen die Viehtreiber mit ihren Rindern aus der Region Maun nach Pandamatenga, Kazungula und Livingstone (Sambia).

Natur und Tierwelt

Fährt man auf die Kudiakam Pan zu, spiegelt sie sich wie mit Wasser gefüllt

Da die meisten Pfannen der Nxai Pan-Region höher als die Makgadikgadi-Salzpfannen liegen, lagerten sich hier keine Salze ab (eine Ausnahme bildet die Kudiakam-Salzpfanne). Sie sind daher kleiner und mit Gras bewachsen. Einzelne Bauminseln säumen die Grasflächen, dahinter schließt sich Mopanebusch an. Zur Regenzeit verwandelt sich die Savannenlandschaft in ein phantastisches grünes Meer aus frischem Gras. Neben verschiedenen Akazien sind Grewia- und Terminalia-Baumarten typisch. Eine Besonderheit stellen die Wasserakazien (*Acacia newbrownii)* an der Kgama Kgama Pan dar. Diese Pfanne hielt übrigens im 19. Jh. noch permanent Wasser und war ein wichtiger Rastplatz der Reisenden. Überweidung führte schließlich zum völligen Austrocknen der Pfanne.

Pirschfahrt im Park

Künstliche Wasserstellen erlauben vielen Tieren, ganzjährig in dieser Region zu bleiben

Als beste Reisezeit für Wildbeobachtungen im Nxai Pan-Sektor gilt die Regenzeit von Dezember bis März, wenn sich dort große Antilopenherden aufhalten. Die größte Tierdichte besteht in der Regel rund um die Nxai Pan und an der künstlichen Wasserstelle inmitten der Nxai Pan. Tierbeobachtungen sind in der Nähe des South Camps meist erfolgreicher als weit im Norden. Die größten Tierherden halten sich hier während der Regenzeit auf, um in den fruchtbaren Grassavannen ihren Nachwuchs zu gebären. Wenn die Wasserstellen in den Pfannen versiegen, ziehen die Herden nach Süden weiter. In besonders guten Regenjahren wandern Tausende Zebras von der Savuti-Region zu den Makgadikgadi-Pfannen, und halten sich dabei längere Zeit im Nxai Pan-Sektor auf.

Zu den häufigsten Tieren an der Nxai Pan zählen Springböcke, die das frische Gras besonders schätzen, Giraffen, die hier große Herden bilden, Riesentrappen und Oryxantilopen. Bemerkenswerterweise leben hier auch Impalas, da sie Nahrung im Mopanebusch und permanente Wasserstellen vorfinden. Einzelne Elefanten durchwandern das Gebiet lautlos; man sieht sie oft bereits auf der Parkzufahrt oder beim kleinen Wassertümpel vor dem Scout Camp (BIld rechts). Gelegentlich kann man im Park auch Elen- und Kuhantilopen entdecken. In der Nähe des Campsites verstecken sich Steinantilopen im Gebüsch. Zahlreich sind auch die Raubtiere, wie Löwen und Geparden, aber auch Löffelhunde, Hyänen und Honigdachse. Wildhunde besuchen selten die Region, während Karakals und Leoparden nachts und bei Dämmerung umher streifen.

Unterkunft im Bereich des Nxai Pan Nationalparks

•South Camp: Im Waldgürtel nahe dem Wildhütercamp liegt ein schattiger Campingplatz mit sechs Stellplätzen und zwei modernen, solarbeheizten Sanitäranlagen, die mit gefährlichen „Panzersperren" zur Elefantenabschreckung umgeben sind. Leider kein Ausblick zur Pan, dafür viele Vögel.

•Baines Baobabs: Stimmungsvolle Übernachtungsmöglichkeit mit Blick auf die Baines Baobabs bieten die Campingstellen an der Kudiakam Pan. Allerdings schattenlos und komplett ohne Einrichtungen.
Im Oktober 2009 wurden beide Camps dieses Parks privatisiert. Seither müssen die Übernachtungen bei Xomae Group Ltd. reserviert und vorab bezahlt werden. Adresse: P. O. Box 20975, Maun, Tel./Fax 6862221, email: xomaesites@botsnet.bw. Camping kostet 150 Pula pP; für Kinder die Hälfte. Siehe auch S. 254, 363ff.

•Nxai Pan Lodge: Kwando Safaris (Adresse S. 339). Im Waldrand an der Nxai Pan durfte Kwando Safaris 2009 eine private Luxuslodge mit acht Riedchalets und einem Pool eröffnen. Preise: All-Inclusive ab 350 €/DZpP.

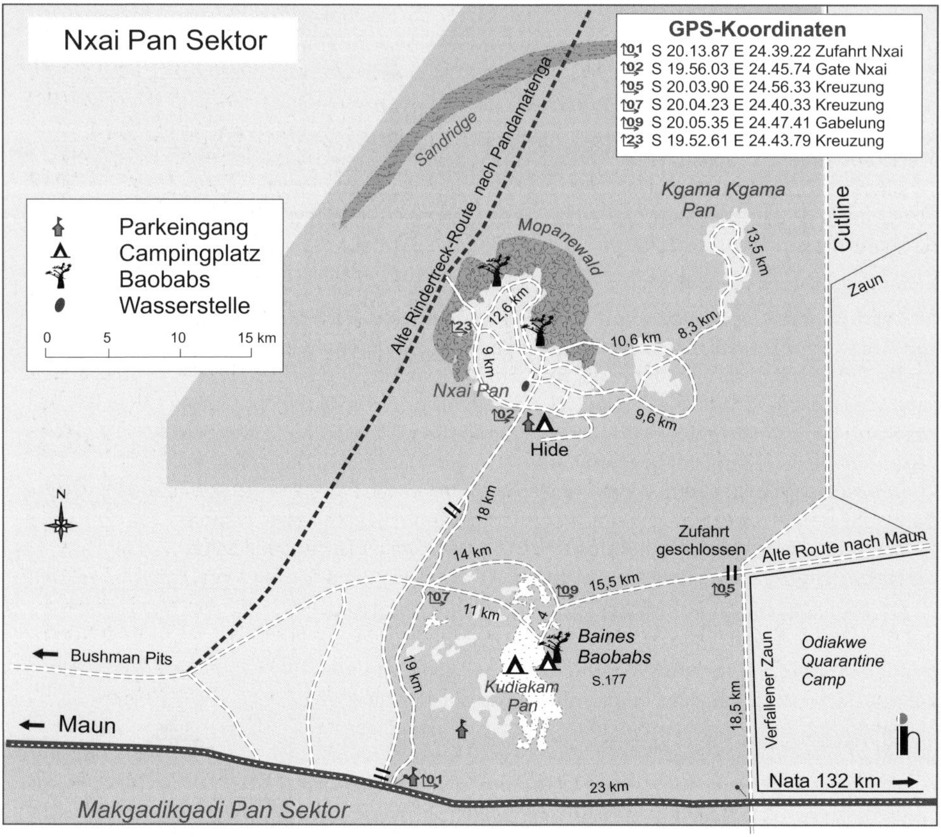

Makgadikgadi Lion Research: Ein Projekt für „Problem-Löwen"

Im Makgadikgadi-Sektor kommt es entlang dem Boteti regelmäßig zu Konflikten zwischen Rinderfarmern und Wildtieren. 25 % des erwachsenen Löwenbestands haben die Farmer getötet, weil diese ihre Rinder reißen. Drei offizielle "Problem Animal Control Officers" versuchten daraufhin wenig effizient durch ihre Patrouillen, Löwenrisse an Nutzvieh zu verhindern. Der Park wurde außerdem mit einem 500 km langen Wildzaun am Boteti abgeriegelt. Trotzdem scheinen die Löwen ihren Weg duch den Zaun zu finden, und reißen weiterhin Rinder. Tierforscher klagen an, dass die Bauern vielfach zu nachlässig ihre frei weidenden Herden beaufsichtigen und oft sogar nachts im Freien lassen, anstatt sie in den Kraal zu treiben. Dabei ist nachts die Gefahr eines Löwenangriffs am größten. Nur im schützenden Viehkraal sind die Rinder sicher, aber weil heutzutage die Jugend in die Städte abwandert und nur die Alten und Frauen zum Viehhüten zurückbleiben, sind diese mit der Aufgabe überfordert. Und auch das großzügige System der staatlichen Kompensation für Nutztierverluste durch Wildkatzen erweist sich als Bumerang: Die lukrative finanzielle Entschädigung bei Verlust verführt die Bauern zu nachlässigem Verhalten. Tierschützer fordern deshalb, eine Entschädigung nur noch an Bauern auszuzahlen, die gewisse Fürsorgestandards ihrem Vieh gegenüber erfüllen. Sie schlagen vor, die "Problem Animal Control Officers" zu Kontrolleuren für eine verantwortungsbewusste Nutztierhaltung umzuschulen. Löwen seien Opportunisten: Wenn es schwieriger würde, Rinder zu jagen, gingen sie schnell wieder auf Antilopenkost über.

Baines' Baobabs

Die berühmten, stolzen „Drei Schwestern" stehen seit fast 140 Jahren Modell

Als Thomas Baines am 22. Mai 1862 in der Einsamkeit der Kalahari eine imposante Baobabgruppe malte, konnte er kaum ahnen, dass er sie damit zu den berühmtesten Bäumen Afrikas erheben würde, die später sogar seinen Namen tragen sollten...

Der Abstecher zu den Baines Baobabs, auch "Three Sisters" genannt, ist ein absolutes Muss! Wie gewaltige Riesen heben sich die knorrigen Stämme gegen die Salzpfanne ab. Wenn die Kudiakam Pan regennass ist, spiegeln sich die Baobabs besonders eindrucksvoll im flachen Wasser. Früher wurde direkt unter den Bäumen campiert, was seit der Integration in den Nationalpark verboten ist. Am gegenüberliegenden Pfannenrand, in Sichtweite der Baobabs, hat man nun drei Campingstellen ausgewiesen, die jedoch schwierig zu finden sind und nur mit Vorabreservierung benützt werden dürfen. Übrigens: Vergleicht man heute die Baobabs mit dem 140 Jahre alten Gemälde, stellt man mit Erstaunen fest, dass sie sich kaum verändert haben.

Der bewegte Lebenslauf eines romantischen Künstlers

Thomas Baines wird 1820 im englischen Norfolk geboren und verbringt den Großteil seines Lebens in der Kapprovinz. Er hält sich mit dem Verkauf seiner Ölbilder über Wasser und träumt von abenteuerlichen Entdeckungsreisen. Von 1855 bis 1857 erhält er Gelegenheit, eine Forschungsreise durch Australien zu begleiten. Danach wird er Mitglied der von David Livingstone geführten Zambezi–Expedition. Doch während dieser Expedition kommt es zu einem Zwischenfall: Livingstones Bruder beschuldigt Baines des Diebstahls, Baines verlässt tief verletzt die Expedition und kehrt nach Kapstadt zurück. Seine Unschuld wird später zwar von David Livingstone zähneknirschend bestätigt, doch haftet Baines die Verleumdung lebenslang an.

In Kapstadt trifft er auf **James Chapman**, einen erfahrenen Großwildjäger und Händler. Er lässt sich von Chapmans Kalahariberichten begeistern, und bald planen die beiden eine waghalsige Tour: Mit eigens konstruierten Booten wollen sie den Kontinent auf dem Sambesi durchqueren. Der Plan sieht vor, zwei Kupferboote nach Walfish Bay zu bringen, von wo sie mit Ochsenkarren durch die Kalahari nach Pandamatenga und per Lastenträger weiter an den Sambesi transportiert werden sollen. Unterhalb der Viktoriafälle wollen Baines und Chapman ihre Sambesi-Schifffahrt beginnen, die sie nach Quelimane am Indischen Ozean bringen soll. Baines und Chapman reisen an den Sambesi und erwarten dort ihre Boote. Währenddessen malt Baines die ersten Bilder von den Viktoriafällen, die ihn später berühmt machen werden. Doch nichts klappt, wie es sich die beiden vorgestellt haben. Der Transport der Boote durch die Kalahari bereitet große Schwierigkeiten. Es dauert fast ein ganzes Jahr, ehe auch nur ein Boot am Sambesi eintrifft. Hier kämpft die Expeditionsgruppe inzwischen mit Malaria und leidet unter den Versorgungsengpässen. Außer Chapman und Baines geraten alle Mitglieder in Streit. Im März 1863 geben die beiden schließlich auf und kehren nach Kapstadt zurück. Ihr großer Traum von den abenteuerlichen Entdeckungen ist endgültig gescheitert. Doch Thomas Baines, der einige Hundert Ölbilder hinterlässt, als er 1875 in Durban stirbt, wird später als romantischer Maler berühmt und Namengeber der beeindruckenden Baobabs.

Makgadikgadi-Sektor

Ein Ozean aus wogendem gelben Gras, endlose Weite, und in der Ferne einzelne Palmen – so zeigt sich der Makgadikgadi-Sektor in weiten Bereichen. Im Süden wird der Palmenwald immer dichter, bis die Vegetation schließlich in die weiße Ntwetwe Pan übergeht. Das Makgadikgadi Game Reserve wurde 1970 eingerichtet und stand von Anfang an im Schatten des Nxai Pan Nationalparks und der Baines Baobabs. Das Gebiet führt ein unauffälliges Dasein, weil ihm das Spektakuläre fehlt. Seine Schönheit erschließt sich erst auf dem zweiten Blick, den eilige Reisende meist nicht haben.

Anreise

Auch für diese Parksektion wurde 2009 ein neues, großes Parkgate an der Straße Nata – Maun errichtet (11 km westlich des Nxai Pan Gates bzw. 129 km vor Maun). Eine zweite Zufahrt liegt in Khumaga am Boteti, an der Westgrenze des Parks (67 km nördlich von Rakops bzw. 58 km südlich von Motopi, siehe auch S. 169). Es existieren darüber hinaus noch ein paar weitere, unbeschilderte Zufahrten in den Makgadikgadi-Sektor, die Touristen allerdings offiziell nicht benützen dürfen. Viele Wege in diesem ganzjährig zugänglichen Park sind streckenweise äußerst tiefsandig und erfordern Allrad und hohe Bodenfreiheit. Auch für die Wege im Grasmeer ist wegen der vielen Grasstoppeln eine hohe Bodenfreiheit anzuraten.

Schon gewusst?

Ochsenfrösche leiten die Regenzeit ein. Sie kommen nach dem ersten Regen aus ihren Sandlöchern und starten sofort ihre lauten Paarungsrufe

Unterkunft im Bereich des Makgadikgadi Pan Nationalparks

Es ist geplant, auch diese Campsites zu privatisieren

- **Khumaga Campsite:** Nahe dem Khumaga Gate liegen am wildreichen Botetiufer fünf Campingstellflächen mit zwei modernen, solarbeheizten Sanitärbereichen. Die großen, schattigen Plätze Nr. 2 und 3 direkt am Steilufer bieten die beste Aussicht; Nr. 1 ist nah an den Sanitäranlagen, und Nr. 5 klein und sonnig. Abends hört man manchmal das nahe Dorf Khumaga.
- **Njuca Hills Campsite:** Auf der einzigen Erhebung inmitten des einsamen Grasmeeres wurden zwei Campingstellen ausgewiesen. Kein Wasser, aber eine Buschtoilette ist vorhanden. Herrlicher Rundblick und faszinierende Einsamkeit.

Oben: Palmenwald am Rande der Ntwetwe Pan

Außerhalb des Nationalparks liegen bei Khumaga am Boteti die beiden Luxusunterkünfte Leroo la Tau Lodge und Meno a Kwena Camp (siehe S. 169) und am Rande der Ntwetwe Pan die elitären Camps Jack's Camp und San Camp (siehe S.171).

Natur & Tierwelt

Ein Fünftel der Fläche sind **Salzpfannen**, der Rest überwiegend flache, zur Regenzeit häufig überschwemmte **Grassavannen**. Die meisten Pfannen sind mit nährstoffreichem, extrem salzresistentem Gras bewachsen. In der sich anschließenden Schwemmlandschaft wachsen außer dem hohen Gras nur **Makalanipalmen**, die auch in Stauwasser zu überleben vermögen. Den südwestlichen Teil des Nationalparks, die **Western Islands**, prägt ein regelrechtes Labyrinth aus Palmen und Pfannen. Hier und in den endlosen Palmenwäldern im Südosten des Makgadikgadi-Sektors liegt der landschaftlich eindrucksvollste Teil des Parks.

Tipp Als beste Reisezeit gelten die Monate April bis Dezember, wenn die meisten Tiere von der Nxai Pan in diesen Sektor weiterziehen und hier während der langen Trockenzeit verweilen

Völlig verschieden und nicht minder reizvoll zeigt sich die Vegetation entlang des Boteti. Hohe **Uferwaldbäume** spenden Schatten; knorrige Bäume, zumeist Mopane und Kameldorn, bieten Nahrung für viele Tierarten, wie Schirrantilopen, Ducker und Elefanten. Obwohl sich der Boteti die meiste Zeit nur als sandiges, steiles Flussbett zeigt, bleiben auch in der Trockenzeit einzelne Tümpel zurück, in denen sogar Hippos leben. Das Aufeinandertreffen von Wildtieren und Nutzvieh, vor allem Rindern, entlang des Boteti stellte lange ein Problem dar. Inzwischen wurde auch hier ein Weidezaun errichtet; leider in weiten Bereichen am Ostufer, der die Wildtiere dort vom Wasser des Boteti trennt.

Boteti River und Ntwetwe Pan begrenzen dieses Schutzgebiet

Im Jahr 2008 wurden im Park zwei stattliche männliche Breitmaulnashörner ausgesetzt, um den bereits ansässigen Weibchen potente Partner für Paarungszwecke zuzuführen.

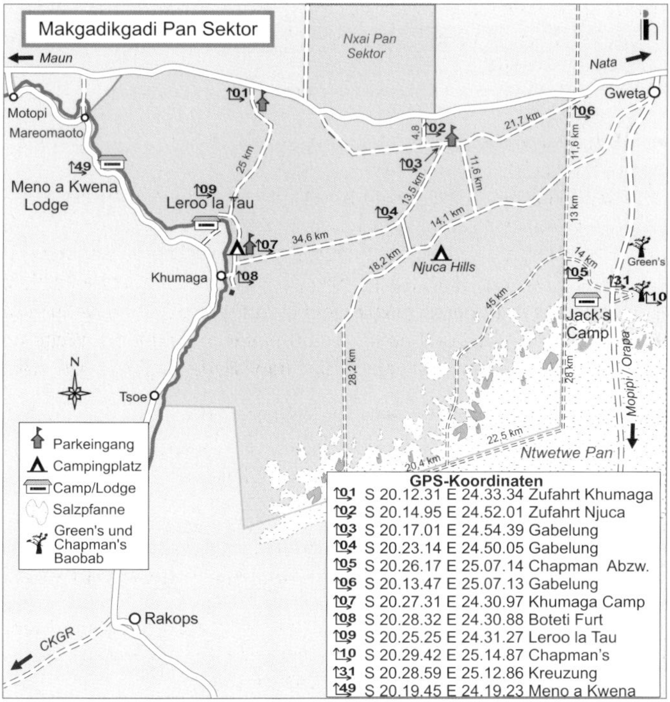

Auf Pirschfahrt

Abseits des Boteti ist man in diesem Park oft ganz allein unterwegs. Weil **das hohe Gras** in den weiten Ebenen die Sicht erschwert, geraten Pirschfahrten zum Glücksspiel. Die Grasflächen sind aber bevorzugtes Gebiet für Springböcke, Zebras, Gnus, Stein- und Kuhantilopen. Am Boteti lohnt sich wegen der vielen Zebras, Elefanten und Perlhühner der kleine Drive zum Hippo Pool (es gibt dort tatsächlich auch Nilpferde).

Vorsicht ist geboten beim Befahren der Pisten direkt an der Ntwetwe Pan. Im hohen Gras sollte man evtl. den Kühler vor Verstopfung durch Grassamen schützen (S. 380).

DIE KALAHARI

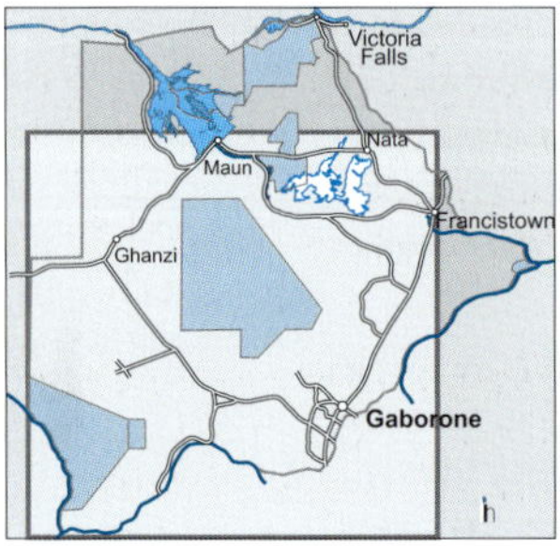

Sie nimmt den größten Teil der Fläche Botswanas ein und wird fälschlich oft als Wüste bezeichnet, obwohl diese Trockensavanne unterschiedlichste Vegetationsformen und einen erstaunlichen Artenreichtum an Flora und Fauna aufweist. Die Kalahari besitzt eine eigentümlich spröde Schönheit; ihre Wolkenstimmungen und Sonnenuntergänge sind spektakulär. Hier liegen Nationalparks und Schutzgebiete, in denen man mitunter tagelang keinem Menschen begegnet. Wildnis, Einsamkeit und Isolation prägen sie ebenso, wie die faszinierende Anpassung von Pflanzen, Tieren und Menschen an diesen anspruchsvollen Lebensraum.

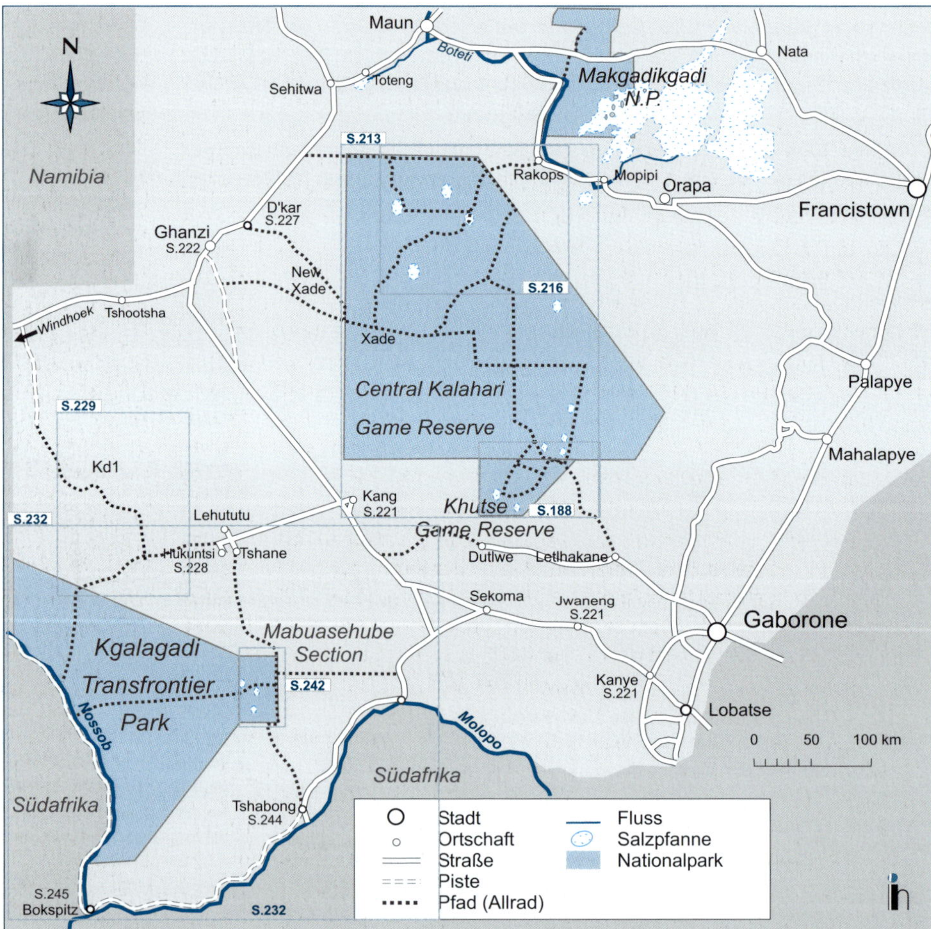

Faszinierendes Ökosystem Kalahari

Die Kalahari ist wirklich keinesfalls eine Wüste. Viel passender sind die regionalen Bezeichnungen "Durstland" oder "Trockenland". Weltregionen gelten nur dann als Wüsten, wenn sie eine jährliche Niederschlagsmenge von weniger als 100 mm aufweisen – die Kalahari hingegen erhält überall deutlich mehr Regen. Selbst ihre trockensten Bereiche im Südwesten (im Kgalagadi Transfrontier Park) messen noch 200-350 mm/Jahr. Dank der guten Feuchtigkeitsspeicherung des Sandes bedeckt Vegetation fast durchgehend die Kalahari-Oberfläche. Immense, bis zu 10 000 Jahre alte Grundwasservorräte befinden sich in 50–100 m Tiefe.

Info Die scheuen Riesentrappen müssen Schwerstarbeit leisten, wenn sie bei bis zu 19 kg Eigengewicht zum Flug ansetzen

Die Kalahari weist eine Jahresdurchschnittstemperatur von über 20° C auf (im Vergleich: BRD 6° C). Mindestens 7 Monate pro Jahr herrscht hier Trockenheit, in manchen Jahren bleibt der Regen sogar gänzlich aus. 90 % der Kalahari sind mit lockerem, unfruchtbaren Sandboden bedeckt. Und trotzdem besitzt gerade die Kalahari eine beeindruckende Pflanzenvielfalt.

Unten: Riesentrappe; Siedelweber nisten auf einem abgestorbenen Baum

Typische **Trockenpflanzen der Kalahari**, die sich im Laufe der Jahrhunderte den extremen Klima- und Bodenbedingungen angepasst haben, sind vor allem Sukkulenten, Ephemeren und Xerophyten. Sukkulenten halten selbst während Dürrezeiten in Stamm und Wurzeln bis zu 3 Liter Flüssigkeit. Viele Pflanzenarten entwickelten individuelle **Überlebenstechniken**: Um z. B. die Transpiration in der heißen Trockenheit zu verhindern, produzieren manche Arten nur kleinwüchsige Blätter und schützen sich außerdem durch eine feine Behaarung oder eine Art Wachsüberzug am Stamm. Viele Bäume tragen nur kurze Zeit im Jahr Blätter und bleiben die übrige Zeit starre Gerippe. Bei Ephemeren trocknen die oberirdischen Pflanzenteile aus, doch die Wurzeln überleben selbst längere Dürrezeiten und treiben anschließend wieder. Samenkapseln und -schoten können noch nach Jahren im trockenen Sand wieder aufbrechen und austreiben, wenn sie plötzlich mit Feuchtigkeit in Berührung kommen. Das Wunderwerk der Pflanzen zeigt sich nach Einsetzen der Regenzeit, wenn sich die Kalahari innerhalb weniger Tage in einen blühenden Garten verwandelt. Die scheinbar so trostlose Landschaft erlebt dann einen unglaublichen Wandel. Dichtes Gras bedeckt den staubigen Sandboden, Dornbüsche schlagen aus, Gräser und Sträucher beginnen zu blühen.

Von Norden nach Süden nimmt die Vegetation der Kalahari sowohl in Menge als auch in der Artenvielfalt ab. Trockenste Region der Kalahari ist der Südwesten Botswanas, wo Kgalagadi Transfrontier Park und Mabuasehube GR liegen. Hier herrschen Grasfelder und locker bewachsene Sanddünen vor, die mit Akazien und niederen Dornbüschen besetzt sind. Diese Dornstrauchsavanne geht nach Nordosten allmählich in die Kalahari-Baumsavanne über. Ein höherer Grundwasserspiegel ermöglicht dort das Vorkommen auch größerer Bäume. Typische Arten der Baumsavanne sind Schirmakazien, Commiphora, Teakholzbäume, Grewia-Arten und Combretum (Weiden). In der nördlichen Hälfte der Kalahari geht die Baumsavanne in Mopane-Laubwälder über, an die sich schließlich im Bereich des Chobe NP Mischwälder anschließen. Im Makgadikgadi-Becken und der Mababe-Senke bilden riesige, baumlose Grassavannen eine eigene Vegetationsform.

Diese Grassavannen sind durchsetzt mit **Salzpfannen** unterschiedlichster Ausmaße. Je nach Salzgehalt existiert hier allenfalls noch ein spärlicher Bewuchs mit

z. B. salzresistenten Gräsern (*Odyssea paucinervis*), welche an den mit Sand durchsetzten Rändern der Pfannen gedeihen. Die größten Salzpfannen der Kalahari sind Ntwetwe- und Sowa-Pan und die Etoscha-Pfanne in Namibia.

Die Kalahari ist durchzogen mit **fossilen Flusstälern**, von denen manche noch periodisch Wasser führen. Als stumme Zeugen erinnern sie daran, dass die Zentralkalahari einst eine fruchtbare, gut bewässerte Region war.

Oben: Tsama-Melonen auf verbranntem Kalaharisand; Unten: Eines der unzähligen Veterinärgatter in der Kalahari Bild S. 185: In der sengenden Mittagssonne sucht die Kuhantilopenherde Schutz im spärlichen Schatten einer Akazie

Die Kunst zu Überleben – Tiere in der Kalahari

Auch die Tierwelt hat sich in erstaunlicher Weise auf Dürren und Wasserlosigkeit eingestellt. Manche Antilopen, wie Oryxantilopen, Springböcke und Steinantilopen, können monatelang ohne zu trinken überleben. Sie nehmen ausreichend Flüssigkeit durch den Verzehr stark feuchtigkeitshaltiger Pflanzen und Früchte auf. Besonders beliebt sind Gemsbokgurken und die Tsama-Melonen, die während der Trockenzeit wachsen und zu 90 % aus Flüssigkeit bestehen. Um möglichst wenig Körperflüssigkeit zu verlieren, stellen viele Tiere ihre Lebensweise um, indem sie während der trockenen, heißen Jahreszeit nur in den kühlen Nachtstunden grasen bzw. Beute jagen. Oryxantilopen vermögen sogar für mehrere Stunden ihre Körpertemperatur auf bis zu 44° C anzuheben, damit sie weniger schwitzen.

Wie Raubtiere es schaffen, in Dürrezeiten in der Kalahari zu überleben, galt lange Zeit als Rätsel. Forschungen ergaben, dass Löwen und Hyänen in Notzeiten durch das Blut ihrer Beutetiere ausreichend Flüssigkeit erhalten. Auch Straußeneier auszuschlürfen bessert ihre karge Flüssigkeitsration auf. In Extremsituationen können Löwen und Hyänen mehrere Jahre auf diese Weise überleben. Erstaunlicherweise ernähren sich Braune Hyänen in Dürrezeiten sogar teilweise **vegetarisch**: Sie fressen Gemsbokgurken und Tsama-Melonen und erhalten dadurch Energie. 22 Melonen entsprechen etwa 1 kg Frischfleisch!

Schon gewusst?
Termiten bauen ihre Tunnel bis zu 40 m tief in die Erde

Auffallendstes Merkmal, das dem Leben in der Kalahari abverlangt wird, ist die **Bereitschaft zur Wanderschaft**. Die spärlichen, zumeist nur regionalen Niederschläge zwingen das weidende Wild, auf der Suche nach frischem Nahrungsangebot weite Strecken zurückzulegen. Den wandernden Wildherden wiederum müssen die Raubtiere zwangsläufig folgen. Sesshaftigkeit können sich in der Kalahari daher nur wenige leisten.

Bis der moderne Mensch in dieses System eingriff, bot die Kalahari jeweils 300 000 Gnus und Kuhantilopen sowie 100 000 Springböcken einen großzügigen Lebensraum. Doch der Bestand dieser Tierarten hat sich in nur wenigen Jahrzehnten auf höchstens noch 10 % der einstigen Zahlen reduziert (siehe dazu auch S. 68ff).

Weit weniger augenscheinlich als die großen Säugetiere der Kalahari, aber viel artenreicher und noch spezialisierter auf diese Umgebung, sind die Insekten. Von den mehreren Tausend unterschiedlichen Spezies sind die meisten noch unerforscht und unbenannt. Viele **Kalaharikäfer** sind z. B. gar nicht (mehr) flugfähig, weil der Feuchtigkeitsverlust während der Fluges zu hoch wäre, und sie tragen deshalb nur noch Flügelansätze. Tagaktive Käfer unterscheiden sich von ihren nachtaktiven Genossen vor allem durch extrem lange und hohe Beine, die eine schnelle Flucht über den Sand ermöglichen und den Körper des Käfers vom heißen Boden fernhalten. Es ist schwer vorstellbar, aber 1 cm über dem aufgeheizten Sandboden ist die Temperatur bereits um rund 15°C niedriger als direkt an der Sandoberfläche.

Geographie und Topographie

Die größte zusammenhängende Sandfläche der Welt mit 2,5 Mio. km² Fläche erstreckt sich über neun Länder Afrikas. Sie reicht im Norden bis an das Kongodelta und verläuft zwischen dem Atlantik und Westsambia nach Süden. All' diese Bereiche zählen geologisch zur Kalahari.

Unter dem engeren Begriff versteht man allerdings nur die halbaride Trockensavanne der Zentralkalahari im südlichen Afrika. Sie wird im Norden durch den Okavango, im Süden durch den Oranje River, im Westen durch die namibischen Karasberge und im Osten durch das östliche Hochland begrenzt. Die Oberfläche dieses riesigen, 800-1000 m hohen Sandbeckens weist nur wenige kleine Inselberge auf und zeigt sich ansonsten leicht wellig. Tektonische Verschiebungen haben im Laufe von Jahrtausenden zwei einmalige Besonderheiten in der Kalahari geschaffen: Das **Okavangodelta** als größtes Binnendelta der Welt und riesige **Salzpfannen**, die in den tiefsten Stellen eines gigantischen, ausgetrockneten Süßwassersees zurückgeblieben sind.

Die randtropische, kontinentale Lage der zentralen Kalahari (Setswana: Kgalagadi) führt zu langen Trockenperioden und extremen Temperaturschwankungen. Niederschläge fallen meist in kurzen, heftigen Schauern auf regional eng begrenztem Raum.

Im Südwesten und im Zentrum dominiert der "Kalahari-Sandboden", dessen hoher Eisenoxydgehalt für die rötliche Farbtönung sorgt. Im Okavango-Makgadikgadi-Gebiet findet sich dagegen ein feiner, mit Silikaten angereicherter Schlammboden. Der Ghanzi-Rücken weist Kalkstein und wasserspeichernde Lehmböden auf. Felsen aus Granit und Schiefer findet man nur am Ostrand der zentralen Kalahari.

Die Tiefe der Kalaharisandschichten ist regional sehr unterschiedlich. In manchen Regionen ist die Sandschicht nur wenige Meter dick, in der Zentralkalahari im Durchschnitt aber 100 m, und der Okavango fließt sogar über bis zu 300 m tiefen Sand.

Gefahren für die Kalahari

Oben: Einsam trottet der Löwe über den kargen Sand; Unten: Kuke Fence, ein Synonym für das ökologische Desaster

Das einzigartige Biotop Kalahari funktionierte trotz Hunderttausender Wildtiere auch dann noch, als die ersten Menschen kamen, um in der Kalahari zu leben. Doch seit dem 20. Jh. steuert sie auf eine ökologische Katastrophe zu.

Buschleute und KhoiKhoi haben seit Jahrtausenden die Kalahari bewohnt, ohne das empfindliche Ökosystem zu beeinträchtigen. In kleinen Gruppen ernährten sie sich als Jäger und Sammler vom Angebot der Natur, lange Wanderungen führten zu einem regelmäßigen Wechsel ihres Lebensraumes. Ähnlich verhielten sich Gnus und Kuhantilopen. Bei großem Nahrungs- und Wasserangebot blieben sie weit verteilt, und in Notzeiten sammelten sie sich und begannen die lange Wanderung zu entfernten Wasserstellen. Weder Überweidung noch einseitige Nutzung traten auf, lediglich bei Klimaveränderungen kam es zu einem Artenwechsel der Pflanzen.

Doch seither hat sich vieles verändert: **Exzessive Rinderzucht** führt zur Zerstörung der empfindlichen Vegetation, da nahrhafte Gräser vollkommen abgeweidet werden und sich wertlose Grassorten ungehindert vermehren können. Die unkontrollierte **Abholzung** von Bäumen beschleunigt die Verwüstung und Versteppung der Kalahari. **Veterinärzäune** unterbinden das Wanderverhalten der Wildtiere. In den Kalaharirandzonen tritt eine **Nahrungskonkurrenz** zwischen Wild- und Nutztieren zu Tage. Der Grundwasserspiegel sinkt wegen der fortgesetzten **Wasserentnahme** und führt bereits zum Absterben vieler Pflanzenarten. Und die wertvollen, nicht erneuerbaren fossilen Wasservorräte werden voraussichtlich in ca. 80 Jahren restlos aufgebraucht sein.

Eine spannende Entwicklung: Wie die Kalahari entstanden ist

Die Anfänge reichen sehr weit zurück: Vor etwa 135 Mio. Jahren, am Ende des Mesozoikums, zerfiel **Gondwanaland**, jener Urkontinent des Erdmittelalters. Einzelne Landflächen drifteten auseinander, die später die Kontinente der Südhalbkugel bilden sollten. Vor ungefähr 100 Mio. Jahren wurde der afrikanische Kontinent geboren. Seine Landmassen erhoben sich während der nächsten Jahrmillionen, und dabei entstanden drei Becken im Inneren Afrikas: Kongobecken, Tschadbecken und Kalaharibecken. Zu dieser Zeit bedeckte Lava bis zu 9 km dick die Oberfläche im südlichen Afrika. Hitze, Wind, Eis und Wasser schliffen die Erhöhungen ab und füllten das Becken allmählich mit Sand. So entstand schließlich diese größte zusammenhängende Sandfläche der Welt. Während all dieser Millionen von Jahren driftete der afrikanische Kontinent beständig nach Süden und das Klima wurde trockener.

Vor ungefähr 30 Mio. Jahren setzten massive tektonische Aktivitäten ein und schufen gigantische Falten und Spalten. Der große **Ostafrikanische Grabenbruch** – das Rift Valley – schob sich auf und trieb einen tiefen Keil zwischen dem Roten Meer und dem Süden Afrikas in den Kontinent. Vor 5 Mio. Jahren vereiste die Antarktis, was wiederum eine lange Dürreperiode in Afrika auslöste. 2 Mio. Jahre später setzten erneut mit immensem Druck gewaltige Erdverschiebungen ein, welche u. a. die Felsformationen im Osten Botswanas (zwischen Francistown und Tuli Block) hervorriefen. Gleichzeitig trieben starke Ostwinde enorme Sandmengen in die mittlere Kalahari und formten lange Ost-West-Dünen.

Dann folgte eine sehr viel feuchtere Periode. Flüsse wurden geboren, die dem Lauf der Dünen folgten und sich in die Kalaharisande ergossen. Die Urflüsse von Okavango, Sambesi und Chobe strömten damals nach Osten dem Limpopo zu und weiter in den Indischen Ozean. Vor etwa 2 Mio. Jahren hob sich die Erdkruste an und drückte Falten und Felsen nach oben. Im zentralen Zimbabwe bildete sich eine Wasserscheide, die bis in die Kalahari ragte. Dadurch wurden Flüsse umgeleitet und sie füllten das sandige Becken mit Wasser.

Zeitgleich mit den Eiszeiten der Nordhalbkugel während der letzten 500 000 Jahre erlebten die Tropen und Subtropen die **Pluvialzeit**, eine Periode starker Niederschläge. Das Kalaharibecken füllte sich nun zu einem gigantischen See von etwa 60 000 bis 80 000 km² Ausdehnung. Dieser **Makgadikgadi-See** wurde durch riesige Flüsse gespeist, bis neue Erdverschiebungen den Beckenrand anhoben und die Wasserläufe wieder einmal veränderten. Diesmal wurden sie nach Nordosten abgeleitet und der See zum Indischen Ozean hin entwässert.

Vor etwa 25 000 Jahren hatte der Binnensee zum letzten Mal seine volle Ausdehnung, dann wurde das Klima kühler und trockener und der See schrumpfte. Mit der nächsten Dürrephase trocknete er schließlich aus und zurück blieb das Sandbecken, an dessen tiefsten Stellen sich salzverkrustete Pfannen bildeten.

Vor etwa 10 000 Jahren kam es noch einmal zu einer vorübergehenden Feuchtperiode, in der die trockenen Pfannen wieder bewässert wurden. Am Okavango formte sich in dieser Phase als südwestlichste Verlängerung des Rift Valleys die **Gumare-Falte**. Diese behinderte abrupt den Flusslauf des Okavango, wodurch der Linyanti und das Okavangodelta entstanden. Die nachfolgende Trockenheit führte schließlich zu der Oberflächengestalt, wie wir sie heute erleben.

Khutse Game Reserve

Weite Kalahari-Trockenbuschsavannen und flache Graspfannen, die sich nach heftigen Regenfällen mit Wasser füllen, prägen das Khutse-Wildschutzgebiet. Von Gaborone liegt das Reservat nur gute 200 km entfernt und ist daher ein beliebtes Wochenendziel für die Hauptstädter. Internationale Gäste sind im Khutse Reservat eher selten, wenn man von den Südafrikanern einmal absieht.

Anreise

Die Hauptzufahrt erfolgt von Gaborone. Die Gesamtstrecke beträgt 214 km, für die je nach Straßenzustand 3-4 Fahrstunden kalkulliert werden sollten. Die ersten 116 km von Gaborone über Molepolole (S. 144) bis Letlhakeng sind asphaltiert. Die Bakgalakgadi-Kleinstadt **Letlhakeng** trägt den Beinamen „Tor zur Kalahari". Hier endet der Teerbelag und es besteht die letzte Möglichkeit, noch einmal Treibstoff aufzutanken. Das Khutse GR ist in diesem eher verschlafenen Nest mit grünen Wegzeichen deutlich ausgeschildert. Es geht nun auf breiter, geschotterter Wellblechpiste weiter. Nach 23 km liegt das Dorf Khudumelapye, weitere 34 km später **Salajwe**. Auch die restlichen 64 km bis zur Parkgrenze sind fast durchgehend zur breiten Piste ausgebaut worden, und die früher so berüchtigten Tiefsandpassagen heute kaum noch vorhanden. Dennoch wird die Strecke anstrengend, wenn sie länger nicht gegradet wurde.

Info Der Name Khutse, der „Ort, wo du zum Trinken niederkniest", deutet an, dass es hier einmal deutlich feuchter war, als die Landschaft heute vermuten lässt

Eine alternative Anreisevariante besteht über das Central Kalahari Game Reserve, wenn man dieses riesige Schutzgebiet nach Süden durchquert. Allerdings sollte man diese schwierige und äußerst einsame Strecke nur mit Expeditionsausrüstung und im Konvoi mindestens zweier Allradfahrzeuge unternehmen. Ferner müssen alle Übernachtungen und der Eintritt in das CKGR vorab reserviert werden. Die Streckenbeschreibung dieser Route finden Sie auf S. 212.

Bild oben: Oryxantilopen

Allgemeine Infos

Das Wildschutzgebiet wurde 1971 als zweites Reservat nach dem Moremi WR auf traditionellem Stammesland eingerichtet. Es hat eine Gesamtfläche von 2590 km^2, verfügt über ein 170 km langes Wegenetz und geht im Norden direkt in das Central Kalahari Game Reserve über. Einige seiner Pfannen und Campsites liegen geographisch im CKGR, sind aber verwaltungstechnisch dem Khutse GR unterstellt.

Wie für alle Schutzgebiete Botswanas muss seit 2009 auch ein Besuch im Khutse GR vorab reserviert und bezahlt werden. Zuständig ist dafür Bigfoot Tours in Gaborone (S. 137 und S. 366). In der Vergangenheit zeigte sich das Management am Parkeingang zum Khutse GR stets besucherfreundlich: Wer ohne Vorreservierung auftauchte, wurde dennoch eingelassen, da die Ranger gut überblicken konnten, wieviele Besucher sich im Park aufhielten. Dies wird seit der Verschärfung der Reservierungspflicht 2009 allerdings nicht mehr möglich sein! Auch die 11.00 h-Regel wurde bislang sehr moderat gehandhabt. Wer z. B. an der Moreswe Pan campierte, durfte wegen der weiten Strecke zum Gate bis gegen 14.00 h ausreisen. Wer nach 11.00 h den Park verlassen möchte, sollte dies bei der Ankunft mit den Wildhütern absprechen.

Zukunftsplanungen sehen seit mehreren Jahren die Öffnung eines zweiten Zugangs von Südwesten vor, haben bisher allerdings keine Gestalt angenommen.

Reisezeit

Das trockene Gebiet erhält tendenziell spät Regen und ergrünt daher meistens erst im Januar/Februar. In diese Zeit fallen auch die gewaltigen Wolkenstimmungen und energiegeladenen Kalaharigewitter. April und Juli locken die meisten Besucher in das Khutse GR (wegen der Ferien), zwischen diesen Monaten halten sich aber auch die meisten Tiere im Reservat auf. September/ Oktober bis Dezember sind wüstenhaft heiße, staubige und stürmische Monate.

Natur

Die etwa 60 Pfannen entstanden, als vor 15 000 Jahren einer der großen Zuflüsse in den Makgadikgadi-See, der diese Region durchfloss, austrocknete. Einzeln oder in kleinen Gruppen wachsen in der weiten Grassavanne mit ihren buschbestandenen Dünenzügen Weißdornakazien, Gelbholz und Albiziaarten.

Bilder von oben: Ruhende Steinantilope; Campsite an der Moreswe Pan; Junger Schabrackenschakal

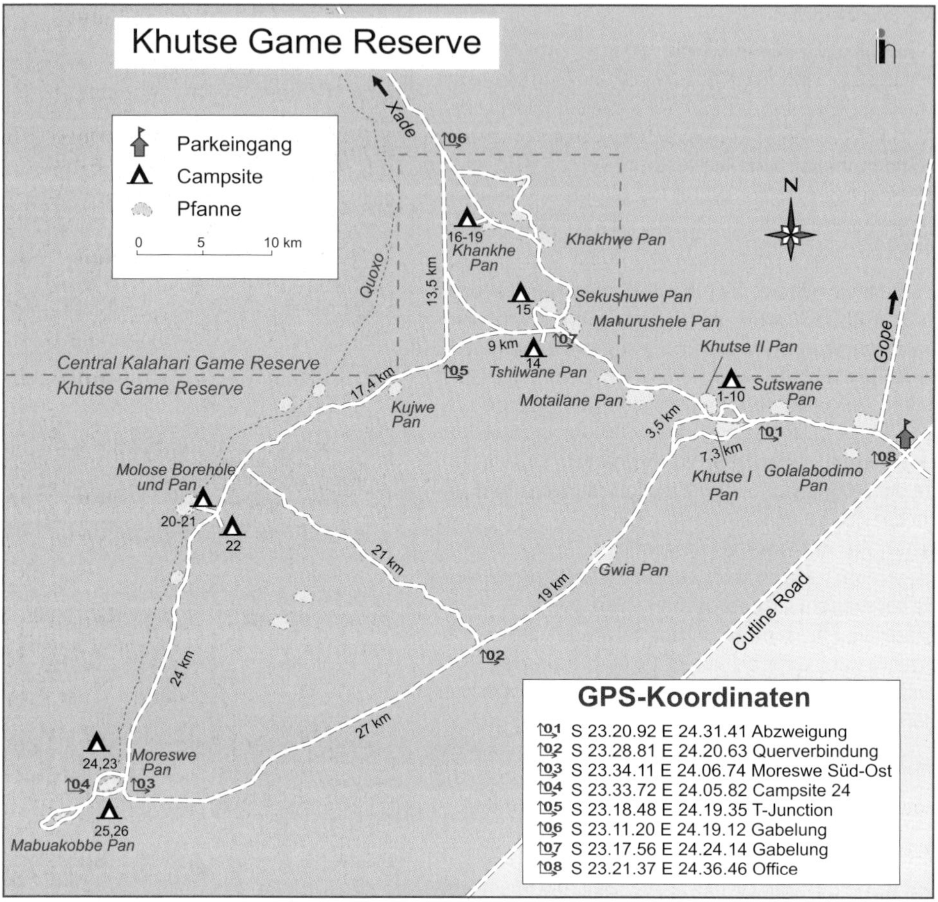

Natur und Tierwelt

Die Universität Zürich leitet im Khutse GR ein Leopardenprojekt (2000-2010). Dabei wurden bisher etwa 50 Leoparden erfasst.

Bis zu den lang anhaltenden Dürreperioden der 1980er und 1990er Jahre lebten sehr große Tierherden im Khutse-Reservat. Damals zogen die Tiere weiter in den Norden. Größere Herden kommen heute erst wieder nach heftigen Regenfällen in die Region. Während und direkt nach der Regenzeit besteht die beste Chance, größere Wildtierherden zu sehen, die auf den weiten Grassteppen frische Nahrung finden. In der späteren Trockenzeit leben die Tiere dagegen sehr verstreut, und man wird nur wenige aufspüren. Die Buschsavanne ist die Heimat von Kudus, Steinantilopen und Kuhantilopen. Auf den Pans halten sich Springböcke, Oryx, Gnus und Streifenhörnchen auf. Abends kommen Schakale, Kapfüchse, Wildkatzen und Hasen dazu. Die munteren Springhasen kann man nächtens als gelb leuchtende, hüpfende Punkte im Lichtkegel wahrnehmen. Giraffen und Geparden sind eher selten. Unter den Jägern sind vielmehr Braune Hyänen, mehrere Löwenrudel (vor allem an Moreswe Pan und Moloso Pan) und viele Leoparden vertreten. **Vogelfreunde** können hier Rotzügelmausvögel, Meisensänger, Raubadler, Kaptäubchen, Doppelbandrennvögel, Nonnenlerchen und Schleiereulen entdecken.

Auf Pirschfahrt im Park

Innerhalb des Khutse GR sind rund 170 km Sandpisten angelegt worden, die zumeist in recht passablem Zustand, teilweise aber auch tiefsandig sind. Es empfiehlt sich, nicht zuviel herum zu fahren, sondern sich Zeit zu nehmen und an den Pfannen und Wasserstellen beobachtend abzuwarten.

Tipp Am schönsten ist die Moreswe Pan; dort gibt es auch einen Rundweg auf der Pan. Zwei künstliche Bohrlöcher an der Moreswe Pan und der Molose Pan versorgen die Tiere dort ganzjährig mit Wasser. Das Wasser an der Moreswe Pan ist sehr salzhaltig, was Wildtiere zum Salzlecken anlockt. In der Regenzeit führen die salzigen Pfannen besonders mineralreiches Wasser.

Unterkunft im Bereich des Khutse GR

25 Campingstellflächen verteilen sich an den Pfannen im Khutse GR. Sie bieten wenig Schatten, und nur an der Khutse Pan, Molose Pan und Moreswe Pan verfügen die Plätze über Latrinen und Duschvorrichtungen (ohne Wasser). Am schönsten liegen die Plätze Nr. 23 und 24 an der Moreswe Pan, die als einzige Pfanne mit erhöhtem Rand ausgezeichnete Ausblicke gewährt. Wasser kann man beim Scout Camp am Parkeingang auffüllen, ansonsten gibt es keine Versorgungsmöglichkeiten.

Camps 1-10: Ohne Ausblick und nah beieinander an der Khutse II Pan. Toiletten/Duschvorrichtung vorhanden.

Camps 12-14: Lieblos ohne Ausblick im Busch an der Mahurushele Pan gelegen, keine Einrichtungen.

Camp 15: Einsam unter dem größten Baum an der Sekushuwe Pan, ohne Einrichtungen.

Camps 16-19: Vier Plätze an der Khanke Pan mit ein wenig Ausblick, keine Einrichtungen.

Camps 20-22x: Liegen ca. 4 km südlich der Molose Pan (Nr. 20 + 21 in offener Savanne). Toilette/Dusche vorhanden; sehr wildreich, da mit Wasserstelle.

Camps 23-26: Moreswe Pan. Nr. 23 + 24 mit Ausblick, Nr. 25 + 26 im Gebüsch. Alle Plätze bieten Schatten. Wildreich, da mit Wasserstelle. Toilette/Dusche vorhanden.

Info Es gibt keine Nr. 11 und 13, dafür Nr. 22 und Nr. 22x.

Khutse Kalahari Lodge: Tel. 5950001, Fax 595003, www.khutsekalaharilodge.com. Die ansprechende Lodge 10 km vor dem Khutse Gate bietet gemütliche Rundchalets, Restaurant und Pool. Preise: B&B 92 €/DZpP.

Bilder oben: Borstenhörnchen leben auf den Pfannen; Nachtfalter während der Regenzeit; Züngelnde Puffotter

Die Entstehungslegende der Buschleute

Die Geheimnisse des Lebens erklären sich die Buschleute mit einer in unseren Augen verblüffenden Phantasie. Tiere stellen in ihrer Kultur verstorbene Menschen dar; der Mond und die Sterne werden als fühlende Lebewesen wahrgenommen. Eine der schönsten Überlieferungen ist die eigene Entstehungsgeschichte:

"Vor langer Zeit lebten in der afrikanischen Savanne nur die Tiere. Da geschah ein großes Unwetter mit unglaublich schweren Regengüssen. Alle Tiere ertranken in kürzester Zeit, und nur drei von ihnen konnten sich auf einen Berg retten: eine Schakalmutter, eine Pavianmutter und eine Giraffenmutter. Sie hatten alle ihre Kinder und Verwandten verloren und weinten bitterlich. **Da hörte sie der Mond**, der alles mit angesehen hatte, und versprach, ihnen zu helfen. Die ertrunkenen Tierkinder konnte er auch nicht zurückbringen, doch schenkte er ihnen ein Kind, das sie noch nie zuvor gesehen hatten. Die drei ungleichen Mütter zogen es nun gemeinsam auf. Die Pavianmutter gab ihm zu trinken, die Giraffenmutter zeigte ihm den aufrechten Gang und die Schakalmutter lehrte ihm Scharfsinn und Weisheit. Das Kind wuchs zu einem Jüngling heran und brauchte bald nicht mehr die Milch der Pavianmutter. Da lernte es, mit der Giraffe Pflanzen und Blätter von den Bäumen zu essen. Mit der Pavianmutter verspeiste es Samen und Beeren, und mit der Schakalmutter aß es Fleisch. Bald war das Kind groß genug, um alleine zu leben. Da zog es hinaus in den Busch und lebte dort fortan glücklich als Buschmann. Seinen Müttern, der Giraffe, dem Pavian und dem Schakal, blieb der Buschmann für immer in Dankbarkeit verbunden."

Wie die Buschleute in der Kalahari Trinkwasser gewannen und jagten

In einer wasserlosen Halbwüste ohne Brunnen und Bohrlöcher zu überleben, scheint uns nahezu unmöglich zu sein. Die Buschleute haben dies geschafft, indem sie sich außergewöhnliche Fähigkeiten und raffinierte Techniken aneigneten. So sind Khoisanide in der Lage, durch einen **Anstieg der Körpertemperatur** und des körpereigenen Stoffwechsels die extremen Temperaturunterschiede der Kalahari auszugleichen.

Auch ihre traditionellen Techniken zur Gewinnung des überlebensnotwendigem Wassers sind bemerkenswert. Geschickt verstanden sie sich darauf, die **Wasserspeicherung** vieler Kalaharipflanzen anzuzapfen. Neben dem Verzehr von Tsama-Melonen gewannen sie Flüssigkeit durch das Ansaugen des Mongongobaumes, der in seinen Astgabeln Wasser speichert. Langwieriger gestaltete sich das Anzapfen von Borassuspalmen: Zuerst wurde der Stamm angebohrt und vorsichtig das Palmmark entfernt, und danach das Loch wieder sorgfältig verschlossen. Dann mussten sie warten, bis sich im ausgeschabten Hohlraum Wasser ansammelte, das aus den Wurzeln der Palme gezogen werden konnte. Auf ihren langen Wanderungen stellten sich die Buschleute regelrechte **Wasserdepots** auf, indem sie in gewissen Abständen wassergefüllte Straußeneier vergruben.

Ausgefeilt und erfolgreich waren auch die **Jagdmethoden**. Am bekanntesten ist die Jagd durch **Giftpfeile**. Eine vergiftete Pfeilspitze wurde dazu locker auf einen relativ leichten Stab aufgesetzt, damit der Pfeil schnell abbrach, wenn er ein Tier getroffen hatte, und nur die giftige Pfeilspitze im Körper zurück blieb. Das Gift wirkte langsam. Die Jäger mussten das verletzte Tier mitunter tagelang verfolgen, ehe es vor Schwäche stürzte und schließlich starb. Das Gift gewannen die Buschleute zumeist aus den Larven eines Flohkäfers. Im Osten und Nordosten der Kalahari wurde auch Gift aus Zwiebeln gekocht, im Süden verwendete man dagegen Euphorbiensaft oder das Schlangengift von Kobras und Mambas.

Viele weitere Jagdtechniken waren verbreitet: Junge Antilopen wurden manchmal zu Tode gehetzt, Schildkröten auf den Rücken gedreht, um sie in der Sonne trocknen zu lassen, Springhasen und kleine Beutetiere durch Schling- und Schwippgalgenfallen erlegt. Selbst Elefanten haben sie erlegt, indem sie mit Axthieben die Fußsehnen der Hinterbeine durchtrennten. Danach konnte der gelähmte Elefant mit Speeren getötet werden.

Die große Freiheit: Die Kalahari bietet Raum, Weite, Wildnis und Stille

Kubu Island

Stamm und Samenkapsel der Afrikanischen Kastanie (Sterculia africana)

Flugzeugabsturz in der Zentralkalahari

08. März 2000. Die Meldung des Journalisten B. Baxter geht durch Zeitungen und Internet: Eine zweimotorige Cessna 414 geriet auf dem Flug von Gaborone nach Maun durch plötzlichen Ölverlust in Schwierigkeiten und stürzte – rund 300 km abseits der üblichen Flugroute – in der öden Wildnis ab. Das Flugzeug ging sofort in Flammen auf; die fünf Insassen konnten sich mit leichten Verbrennungen aus dem Wrack retten. Doch sie waren nun vollkommen auf sich selbst gestellt. Ohne Wasser, ohne Orientierung, ohne Funkverbindung. Am Tag nach dem Unglück losten sie aus, wer aus der Gruppe nach Hilfe suchen sollte. Die Wahl fiel auf den Piloten, Costa Marcandoantos, und den Südafrikaner Carl du Plessis. Die beiden Männer machten sich sofort auf den Weg. Nach einiger Zeit entdeckten sie Elefantenpfade, denen sie folgten, gemäß der Devise, dass die Elefanten wohl am ehesten wissen, wo Wasser zu finden ist. Trinkwasser und Abkühlung fanden sie tatsächlich von Zeit zu Zeit in den Schlammlöchern, die Elefanten zum Suhlen gegraben hatten. Die frischen Regenfälle der vergangenen Tage sicherten den einsamen Wanderern das Überleben. Nach eigenem Bekunden fürchteten sie sich am meisten davor, auf Elefanten oder Löwen, die sie nachts brüllen hörten, zu stoßen. Nach vier Tagen verzweifelten Marschierens durch die Einsamkeit stießen die beiden ausgehungerten und erschöpften Männer endlich auf ein Wüstencamp, wo sie notversorgt wurden und per Funk einen Rettungshubschrauber anforderten, mit dem auch die anderen drei Verunglückten am Flugzeugwrack gerettet werden konnten.

Impressionen der Zentralkalahari: Deception Pan, die „Pfanne der Täuschung"; Ausgebranntes Autowrack am Kuke Fence; Salzpfanne bei Nässe und die Beschilderung im Reservat

Unterwegs in der Zentralkalahari

Ob Tier oder Pflanze, wie Tsama-Melone und Gemsbok-Gurke: Für aufmerksame Reisende gibt es viel zu entdecken

Nxai Pan National Park

**Am Wasserloch der Nxai Pan spielen sich oft bewegende Szenen ab.
Manchmal blockieren Löwen tagelang die einzige Tränke. Antilopen und Springböcke müssen dann ihr Leben riskieren, um an das Wasser zu gelangen. Dramatische Sonnenuntergänge untermalen das Geschehen.**

Wie weit hört man eigentlich einen Löwen brüllen?

Das ist von den Wetterbedingungen und der Landschaftsform abhängig. Bei klarem Wetter sind es in der offenen Kalahari höchstens 5 km; bei bedecktem Himmel und feuchtem Boden kann man das Brüllen aber bis zu 8 km weit hören.

Flamingos in der Sowa Pan

Wenn große Flächen der Sowa Pan in der Regenzeit zu einem flachen, nur wenige Zentimeter tiefen See aufgefüllt werden, ziehen in manchen Jahren Tausende Flamingos zum Brüten hierher – woher genau, ist bisher noch unbekannt; man vermutet, dass sie aus Ostafrika kommen. In besonders guten Regenjahren sammeln sich bis zu 1,5 Millionen Flamingos, in anderen Jahren nur einige Zehntausend und in manchen Jahren bleiben sie ganz aus.

Wenn die Pfanne austrocknet, müssen die Jungvögel flügge sein, um ihren Eltern auf dem Flug zu unbekannten Zielen folgen zu können. Gelegentlich trocknet das Flachwasser jedoch zu schnell ab. Die Jungtiere aus den südlichen Bereichen der Sowa Pan fangen dann verzweifelt an zu laufen – über 100 km weit an das Nordende der Sowa Pan, wo im Mündungsgebiet des Nata am längsten Wasser steht. Von den Altvögeln werden sie während dieses langen, traurigen Marsches durch die weiße Salzebene begleitet und versorgt, doch fast jeder dritte junge Flamingo verendet dabei qualvoll.

Beide Flamingoarten sind an der Sowa Pan vertreten und vergesellschaften sich gern untereinander: Die bis zu 1,4 m großen **Flamingos** (Greater Flamingo, *Phoenicopterus ruber*), die sich hauptsächlich von Kleinkrebsen ernähren, und die etwas kleineren **Zwergflamingos** (Lesser Flamingo, *Phoenicopterus minor*) mit dem hübschen, rosaroten Gefieder. Da sie sich von Blau- und Kieselalgen ernähren, treten sie nicht in Nahrungskonkurrenz zu ihren größeren Verwandten.

Kgalagadi Transfrontier Park

Der weltweit erste grenzüberschreitende Peace Park wurde im Mai 2000 ins Leben gerufen. Südafrika und Botswana verwalten das Schutzgebiet gemeinsam. Heute gibt es im südlichen Afrika bereits 14 Peace Park-Projekte, für die der Kgalagadi Transfrontier Park eine Vorbildfunktion hat. Die Bilder zeigen die spartanische, stimmungsvolle Ausstattung der Campsites im Parkanteil von Botswana, die Dünen auf der Strecke Nossob-Mabuasehube, das Blütenmeer im Dezember, und das seltene Schauspiel, wenn der Nossob River Wasser führt.

Junger Leopard an der Bosobogolo Pan (Mabuasehube)

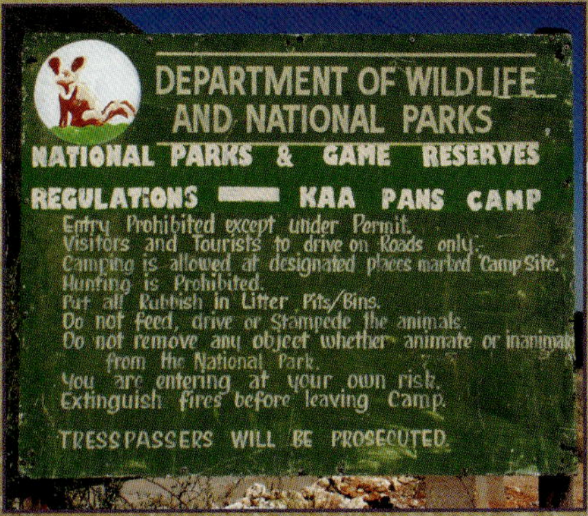
DEPARTMENT OF WILDLIFE
AND NATIONAL PARKS
NATIONAL PARKS & GAME RESERVES
REGULATIONS — KAA PANS CAMP
Entry Prohibited except under Permit.
Visitors and Tourists to drive on Roads only.
Camping is allowed at designated places marked 'Camp Site.'
Hunting is Prohibited.
Put all Rubbish in Litter Pits/Bins.
Do not feed, drive or Stampede the animals.
Do not remove any object whether animate or inanimat
from the National Park.
You are entering at your own risk.
Extinguish fires before leaving Camp.
TRESSPASSERS WILL BE PROSECUTED.

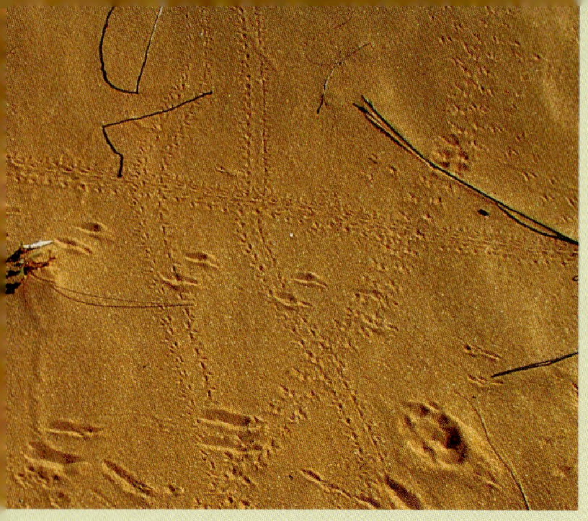

Spuren im Kalaharisand, *...die dieser Dungkäfer (Scarabaeinae) hinterlässt*

Die Vielfalt der Arten

Weltweit sind mehr als 1,8 Millionen Arten erfasst, jedoch existieren schätzungsweise zehn- bis fünzig Mal soviele Arten auf unserem Planeten.

Ihre Zahl nimmt rapide ab.

Nach Schätzungen der UN sterben in jeder Stunde drei Arten aus. Alle zwei Sekunden wird Urwald zerstört von der Größe eines Fußballfeldes.

Fotos rechte Seite von oben: Lappenchamäleon, Dickfingergecko, Chongololo, Streifenskink

U.: Fünfstreifen-Skink (Mabuya quinquetaeniata)

Klippen-Elefantenspitzmaus (Elephantulus myurus)

Pantherschildkröte (Stigmochelys pardalis)

Pirschfahrten entlang des Botetiufers im Makgadikgadi Nationalpark sind eine Augenweide. Hohe Bäume ragen aus dem wogenden Gras. Hunderte Zebras weiden entspannt im Trockenflussbett, Perlhühner gackern aufgeschreckt.

Makgadikgadi Pan Nationalpark

Männliche Helm-Perlhühner nehmen ihre Vaterpflichten sehr ernst und verteidigen ihre Brut. Damit sind sie eine Ausnahme unter den Hühnervögeln.

Genügsamkeit und eine außergewöhnliche Anpassungsfähigkeit

Die Oryxantilope vermag wie kein zweites Säugetier in Wüsten zu überleben.
Wie es ihr gelingt, ihre Körpertemperatur unbeschadet auf bis zu 45° C anzuheben, gibt der Wissenschaft Rätsel auf.

Die unscheinbare Hoodia Gordonii entwickelt sich zur Blütezeit in eine Kalahari-Schönheit. Ihre stark appetitzügelnde Wirkung half den Buschleuten, bei anstrengenden Jagdausflügen tagelang ohne Nahrung auszukommen.

Die Vertreibung der Buschleute

Seit Jahren versucht die Regierung Botswanas, die letzten noch halbwegs traditionell lebenden Buschleute aus der Zentralkalahari zu entfernen und in neu konzipierten Ortschaften am Rande der Kalahari anzusiedeln.

Dahinter stehen handfeste wirtschaftliche Interessen, wie der Ausbau des Tourismus und die Diamantenförderung, wenn auch vordergründig stets davon gesprochen wird, den Buschleuten wolle man endlich den Anschluss an die Zivilisation nahebringen. Stets trotzten vor allem im südlichen Teil des CKGR die Kalaharibewohner allen Maßnahmen zur Umsiedlung. Doch seit 2001 hat die Regierung den Druck auf die als rückständig und lästig geltenden Buschleute deutlich erhöht. Zwischen Februar und Juni 2002 wurden die knapp 700 Buschleute, die bis dahin noch in der Zentralkalahari ausharrten, **zwangsweise umgesiedelt** und aus dem Reservat in neue Ansiedlungen am Parkrand vertrieben.

Das harte und rücksichtslose Vorgehen Botswanas überrascht um so mehr, als sowohl die heimische Naturschutzbehörde Vorschläge für eine friedliche Kompromisslösung mit den Buschleuten vortrug, als auch die EU zur Bereitstellung von 14 Mio. Euro für ein Minderheitenprogramm bereit gewesen wäre, welches einen menschenwürdigen Umgang mit den Buschleuten zum Ziel gehabt hätte. Die Kontroverse entwickelte sich mit Hilfe der Medien zu einem landesweiten Skandal. Dass die Regierung keine Bereitschaft zeigte, auf humanitäre Vorschläge einzugehen, nährte die Gerüchte von den **legendären Diamantenfelder**n unter dem Sand der Zentralkalahari. Tatsächlich hat man bei Gope schon 1980 Diamantenfelder entdeckt, die sich aber angeblich als nicht rentabel erwiesen. Die Regierung dementiert bis heute heftig, diese Diamantlagerstätten stünden in einem Zusammenhang mit der Zwangsumsiedlung der Buschleute. Es gibt auch Spekulationen, dass Uran in den Tiefen der Kalahari entdeckt worden sei. Die Landesregierung beklagt dagegen, die Buschleute seien "Troublemaker", die keine staatliche Unterstützung annehmen wollten. Die Neusiedlungen New Xade, Kaudwane und Xere sollten mit Gesundheitsposten, Primärschulen und Wasseranschluss versorgt werden und böten den Buschleuten somit große Fortschritte. Tatsache ist leider, dass in den neuen Siedlungen Resignation und Frust Einzug gehalten haben, die Arbeitslosigkeit und der Alkoholismus grassieren. Die Böden der Umgebung sind für Viehwirtschaft ungeeignet, traditionelle Jagd ist den Buschleuten verboten, essbare Wildfrüchte finden sie in der überweideten Gegend keine mehr, und es fehlt an Ablenkung und Perspektiven. Die Dörfer sind so abgelegen, dass ohne Fahrzeuge keine Anbindung an den Rest des Landes besteht. Doch die verzweifelten Menschen wehrten sich mit Hilfe internationaler Aktionen, wie Protestreisen in die USA und nach Großbritannien, und reichten Klage gegen ihre Landesväter ein. **2006 errangen sie einen historischen Sieg:** Der oberste Gerichtshof bestätigte, dass die Vertreibung aus der Zentralkalahari verfassungswidrig sei und die Buschleute in ihre alte Heimat zurückkehren dürften. Doch hat ihnen dieses Urteil wenig geholfen, denn die Regierung führt seither einen Zermürbungskrieg. Zwar sind rund 200 San wieder in das CKGR zurückgekehrt, doch verwehrt ihnen die Regierung dort, die Bohrlöcher und Wasserstellen zu benützen. Im Mai 2009 konfiszierte sie kurzerhand die Ziegen der Buschleute. Jagen dürfen sie nicht, die Ziegen sind beschlagnahmt, Wasser dürfen sie auch nicht entnehmen – wie sollen die Menschen da überleben?

Die angeblich unrentablen Diamantenlagerstätten bei Gope wurden übrigens inzwischen an „Gem Diamonds“ verkauft, und das Unternehmen kündigte bereits die Inbetriebnahme der Diamantenmine an. Nur die aktuelle Rezession hat diese Pläne zunächst aufschieben lassen.

Central Kalahari Game Reserve

Dieses riesige Wildreservat umfasst weite Teile der Zentralkalahari und war jahrzehntelang für die Öffentlichkeit überhaupt nicht zugänglich. Erst seit Mitte der 1990er Jahren darf man das weitläufige Gebiet bereisen. Ein Aufenthalt in der Zentralkalahari ist wie das **Abtauchen in eine andere Welt**. Die riesige Weite, in der der Horizont zu verschwinden scheint, die eindringlichen Wolkenformationen, und die Wildheit und Einsamkeit schaffen eine faszinierende Stimmung.

Allgemeine Infos

Größter existierender Park Afrikas

Mit 52 800 km² (größer als Dänemark!) ist das Central Kalahari Game Reserve das größte und einsamste Schutzgebiet im südlichen Afrika sowie das zweit größte der Welt (nach dem kanadischen Buffalo NP). Seine Besiedlung durch Buschleute reicht etwa 25 000 Jahre zurück. Um die nomadische Lebensweise dieser indigenen Bevölkerung zu schützen, war das Reservat 1961 eigentlich eingerichtet worden. Seit den 1980er Jahren versucht die Regierung jedoch, die Buschleute außerhalb des Reservates anzusiedeln, um sie langfristig in die Gesellschaft zu integrieren und die Kalahari wirtschaftlich stärker nützen zu können (man wollte nach Erdöl und Diamanten forschen). Viele Buschleute verweigerten diese Bestrebungen und blieben im Reservat bis es 2002 zur Zwangsumsiedlung kam (siehe Exkurs S. 209). Das Zentrum Xade, wo die Regierung für 500 CKGR-Bewohner eine Schule und einfache medizinische Versorgungmöglichkeiten eingerichtet hatte, wurde auf Drängen der Regierung endgültig verlassen und alle Bewohner mussten nach New Xade umsiedeln, das ca. 70 km von Xade, aber außerhalb des Schutzgebietes liegt. Den Buschleuten hat man den Umzug in das eigens konstruierte Dorf mit Versprechungen für eine bessere infrastrukturelle Entwicklung schmackhaft machen wollen. Old Xade ist heute fast eine „Geisterstadt". Die verlassenen Wohnhütten stehen noch, doch nur noch das alte Wildhütercamp ist manchmal besetzt. Nach traditioneller Manier als Jäger und Sammler leben nun kaum noch Menschen in der Zentralkalahari.

Schon gewusst?
Je röter die Schnäbel männlicher Zebrafinken leuchten, um so bessere Paarungschancen haben sie

In den letzten Jahren entstand eine Art Zweiteilung des Reservats. Der Norden wird immer stärker touristisch erschlossen und verfügt über ein gutes Wegenetz. Auch die Wildtiere konzentrieren sich stärker auf die Nordhälfte. Der Süden ist zwar nicht mehr gesperrt, aber nur schwer zugänglich. Nachdem auch bei Gope Diamantenlager entdeckt wurden, bleibt abzuwarten, wie es mit diesem einsameren Teil des CKGR weitergehen wird.

Bild oben: Auf der Strecke vom Khutse GR nach Xade

Zufahrt von Nordosten (Rakops): Etwa 3 km nördlich von Rakops (siehe S. 168) ist die meist benützte Zufahrt zum CKGR ausgeschildert. Sie erfordert wegen der Tiefsandabschnitte Allrad . Wenn sie länger nicht gewartet wurde, ist diese wellige Piste beschwerlich und mitunter ruppig. Die schmale Sandpiste verläuft für 12 km durch eine flache Ebene und steigt dann leicht an. Diese Sandkante ist die ehemalige Uferböschung des gigantischen Makgadikgadisees. Danach wird die Landschaft ein wenig buschiger. Nach 43 km erreicht man den Veterinärzaun und das **Matswere Gate**, wo man eincheckt. Vom Matswere-Gate verläuft eine Piste am Zaun entlang nach Makalamabedi im Norden (siehe unten). 9 km nach dem Gate passiert man im Schutzgebiet auf dem Weg ins Deception Valley das verlassene frühere Wildhüter-Gate.

Zufahrt von Norden (Maun): Wer von Maun anreist und gerne im Tiefsand fährt, zweigt 57 km östlich von Maun nach Makalamabedi (20 km) ab. (Alternativ kann man bereits an der Samadupi Bridge den Boteti überqueren und auf einer Piste nach Makalamabedi fahren: reizvolle Landschaft mit kleinen Bayei-Dörfern, frei lebende Strauße und alter Baumbestand). In Makalamabedi beginnt die Zufahrt zum CKGR direkt am Veterinärzaun. Von hier führen zwei Pisten nebeneinander direkt nach Süden, die durch den Veterinärzaun voneinander getrennt sind. Es ist egal, welche der Pisten man befährt. Nach 75 km Fahrt erreicht man Kuke Corner mit einem kleinen Posten am nordöstlichen Grenzpunkt des Schutzreservats. Zaun und Pisten knicken jetzt nach Südosten ab und erreichen nach 20 km das Matswere Eintritts-Gate.

Zufahrt von Nordwesten (Kuke): 170 km von Maun bzw. 118 km von Ghanzi markiert der Kuke Vet Fence die Distriktgrenze. Direkt südlich des Zauns beginnt die einsame, beschilderte Tiefsandpiste zum neuen **Tsau Gate** in der Nordwestecke des Schutzgebiets. Wichtig: Ignorieren Sie den alten Wegweiser nördlich des Kuke Vet Fence, Sie müssen unbedingt die Piste südlich des Veterinärzaunes nehmen! Der stellenweise tiefsandige Weg mit steinigen Abschnitten folgt nun parallel dem Veterinärzaun und gelangt nach 39 km an das neue Tsau Gate. Nach dem Gate folgt die Fahrspur dem Zaun weitere 32 km, wobei der Zustand besser ist als vor dem Gate, und knickt dann südöstlich zur Motopi Pan und dem Passarge Valley ab. Landschaftlich ist diese gängige Zufahrt eher unspektakulär.

Zufahrt von Westen (Ghanzi): Von Namibia kommend hat die westliche Zufahrt von Ghanzi nach Xade eine alte Tradition, doch ist ihr Zustand so beklagenswert, dass die meisten Reisenden den Weg über das neue Tsau Gate wählen. Etwa 9 km südlich von Ghanzi zweigt die Schotterstraße nach Tswaane und Takatswaane von der neuen Teerstraße ab. Dieser breiten Piste folgt man für 26 km bis zur Abzweigung der Straße nach New-Xade, der neuen San-Siedlung, die man nach weiteren 70 km erreicht. Dieser Abschnitt verdient je nach Wartungszustand das Prädikat „flott befahrbar“ bis „extrem tiefsandig und voller Spurrillen“. Nach der großen Siedlung New Xade geht es auf Tiefsandpiste weiter zum 43 km entfernten Parkbeginn (hier wird ein neues Eingangstor errichtet). Bis dieses besetzt ist, liegt das zuständige Wildhüterbüro 22 km weiter in der verlassenen Siedlung Old Xade. Die folgenden 78 km nach Piper Pans sind stellenweise ruppig und gelegentlich auch sehr weichsandig. Für die anstrengende Strecke, insbesondere aber ab New Xade, ist ein Allradgefährt unumgänglich. Ghanzi-Old Xade: 170 km.

Anreise

Die beiden Standardzufahrten ins CKGR: Von Rakops zum Matswere Gate und von Maun oder Ghanzi zum Tsau Gate

Das neue Tsau Gate und diese Parkzufahrt gibt es erst seit 2006

Info Für den touristischen Nordteil des CKGR sind keine zwei Fahrzeuge im Konvoi nötig, aber unbedingt ein versierter Umgang mit GPS-Daten, Fahrzeugkenntnisse, ausreichend Wasser, Treibstoff und gutes Werkzeug

Detaillierte Infos zu den Strecken im CKGR bietet die Botswana GPS-Daten-CD (S. 399)

Alternative Zufahrt von Ghanzi: Eine selten befahrene Alternativstrecke zum Xade Gate ist die Anfahrt von Ghanzi/D'Kar über die Wildfarm von **Grasslands Safaris** (mit Übernachtungsgelegenheit, siehe S. 223). Die Wildfarm liegt 60 km östlich von D'Kar. Von dort sind 70 km einsame Tiefsandstrecke bis zur „Boundary Road", der westlichen Cutline des CKGR, zu fahren, der man dann weitere 10 km nach Süden bis zum neuen Xade Gate folgt.

Nur für erfahrene Kalaharireisende mit verantwortungsbewusster Ausrüstung zu empfehlen!

Zufahrt von Süden (Khutse GR): Die Piste durch das Khutse Game Reserve nach Norden hat Expeditionscharakter. Diese stellenweise, besonders in der Trockenzeit extrem tiefsandige Verbindung führt durch sehr einsame Gebiete und erfordert Allradfahrzeuge mit hoher Bodenfreiheit. Sie sollte besser im Konvoi von mindestens zwei Allradfahrzeugen und mit Expeditionsausrüstung (Sprit, Wasser, Lebensmittel, Werkzeug, Ersatzteile, GPS und gute Karten) befahren werden. Die Entfernung vom Khutse GR bis Xade beträgt 287 km, bis Deception Pan mehr als 400 km. Insgesamt summiert sich die Strecke zwischen den beiden nächstgelegenen Tankstellen in Letlhakeng und Rakops auf mindestens 630 km (auf kürzester Strecke). Rechnet man noch Pirschfahrten ein, kommt eine erforderliche Reichweite von etwa 850-900 km auf teilweise stark Sprit-schluckendem Tiefsand zusammen.

Info Die Ost-West-Cutline Road zwischen Passarge Valley und Deception Valley führt durch welliges Tiefsandgelände ohne größere Tierbestände

Wegbeschreibung: Anfahrt zum Khutse GR siehe S. 188. Ab der Khanke Pan geht es sehr einsam und sandig weiter in nordwestliche Richtung. Hier steht ein Schild „Xade 236 km". Nach 4 km überquert man eine Cutline Road, gelangt nach weiteren 32 km zum Kikao Borehole und 26 km danach zum Mothomela Borehole. Dann geht es direkt in Nordrichtung weiter am Bape Campsite vorbei (nach 18 km zwischen Bäumen gelegen) zu einer weitere 5 km entfernten Gabelung. Hier sind Xade (links, 155 km) und Molapo (geradeaus, 95 km) ausgeschildert. Biegen Sie nach links und fahren Sie auf welliger Piste 36 km strikt nach Westen, bis die Piste wieder direkt nach Norden abknickt. Nach weiteren 35 km folgt der nächste 90°-Knick, diesmal wieder nach Westen. 37 km weiter mündet von Norden eine Piste aus Molapo ein. Von nun an führt die in diesem Bereich sehr tiefsandige Fahrspur entlang dem fossilen Okwa-Flusstal bis Xade (noch 57 km), und bietet zugleich wieder größere Chancen zur Tierbeobachtung.

Schon gewusst?
Die Larven von Zikaden leben bis zu 5 Jahre im Boden; das Vollinsekt dagegen nur wenige Wochen

Fluganreise: Das Reservat verfügt über mehrere Fluglandeplätze. Die Airstrips im Deception Valley und an der Tau Pan werden für touristische Zwecke, die Fly-In-Safaris, genützt. Organisierte Safaritouren reisen wegen der beschwerlichen Anreise überwiegend per Flug zur Deception Pan an. Weitere Landeplätze bestehen in Xade, Xaxa und beim Khutse Game Scout Camp. Für ihre Nutzung muss generell vorher die Genehmigung des DWNP eingeholt werden.

Reisezeit

Als **beste Reisezeit** gelten die feuchten Monate von Dezember bis April. Zu dieser Zeit blüht die Kalahari, die Wildtiere halten sich in großen Herden an Pfannen und fossilen Flusstälern auf und die Sandpisten sind wegen des festeren Bodens einfacher zu befahren. Während der Trockenzeit und besonders in den heißen Wochen im Oktober und November zeigt sich die Kalahari von ihrer abweisenden und spröden Seite. Starker, heißer Wüstenwind wirbelt den Staub auf, flimmernde Hitze lässt die Wildtierherden am Horizont verschwimmen, und die Landschaft scheint auf übergangslose Grau- und Brauntöne reduziert. In dieser Zeit wirkt die Kalahari erbarmungslos, aber eigentlich nicht minder faszinierend.

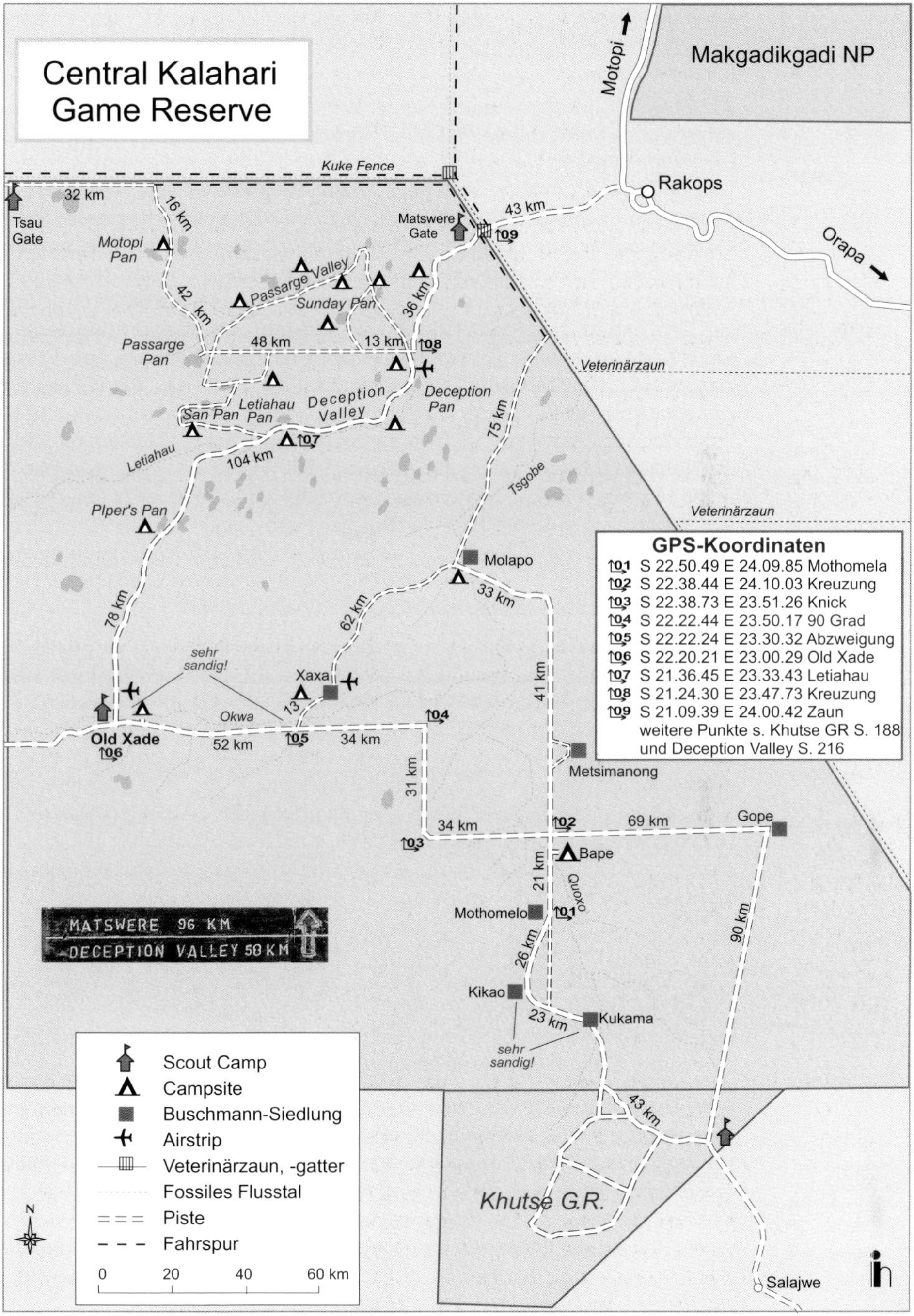
Central Kalahari Game Reserve
Makgadikgadi NP
Motopi
Rakops
Orapa
Kuke Fence
43 km
Matswere Gate
09
32 km
16 km
Tsau Gate
Motopi Pan
42 km
Passarge Valley
Sunday Pan
36 km
Passarge Pan
48 km
13 km
08
Veterinärzaun
Deception Valley
Deception Pan
Letiahau Pan
San Pan
07
104 km
Letiahau
75 km
Tsgobe
Piper's Pan
Veterinärzaun
GPS-Koordinaten
01 S 22.50.49 E 24.09.85 Mothomela
02 S 22.38.44 E 24.10.03 Kreuzung
03 S 22.38.73 E 23.51.26 Knick
04 S 22.22.44 E 23.50.17 90 Grad
05 S 22.22.24 E 23.30.32 Abzweigung
06 S 22.20.21 E 23.00.29 Old Xade
07 S 21.36.45 E 23.33.43 Letiahau
08 S 21.24.30 E 23.47.73 Kreuzung
09 S 21.09.39 E 24.00.42 Zaun
weitere Punkte s. Khutse GR S. 188
und Deception Valley S. 216
Molapo
33 km
62 km
78 km
sehr sandig!
Xaxa
13
Okwa
04
41 km
Old Xade
06
52 km
05
34 km
Metsimanong
31 km
34 km
02
69 km
Gope
03
Bape
21 km
Quoxo
Mothomelo
01
MATSWERE 96 KM
DECEPTION VALLEY 50 KM
90 km
26 km
Kikao
23 km
Kukama
sehr sandig!
43 km
Khutse G.R.
Salajwe
Scout Camp
Campsite
Buschmann-Siedlung
Airstrip
Veterinärzaun, -gatter
Fossiles Flusstal
Piste
Fahrspur
N
0 20 40 60 km

Natur und Tierwelt

Die Oberfläche der Zentralkalahari ist ein Aufschüttungsgebiet sandiger Sedimente mit nur schwachem, leicht gewelltem Relief. Seit die gewaltigen Flüsse vor etwa 16 000 Jahren austrockneten, blieben als stumme Zeugen einer einst fruchtbaren Vergangenheit vier **fossile Flusstäler** zurück: Passarge Valley und Letiahau/ Deception Valley im Norden, Okwatal und Quoxa Valley, zwei schmale, tiefere Täler mit einigen Zuflüssen, im Süden. Die **Dünenkämme** verlaufen meistens parallel in Ost-West-Richtung und weisen dabei häufig eine recht geschlossene Vegetationsdecke auf. Im nördlichen Teil gibt es sehr viele **Pfannen** und **Senken**, manche bewachsen, andere mit blanker Salzoberfläche. Zu den Pflanzen der zentralen Kalahari-Dornbuschsavanne zählen Akazien, wie Schwarzdorn (*Acacia mellifera)* und Kalahari-Sandakazie (*Acacia lüderitzii*), Commiphora-, Grewia- und einige Terminalia-Arten. Typisch sind außerdem der Shepherdbaum, auch Weißstamm-Boscia (*Boscia Albitrunca*) genannt, Kampferbusch (*Tarchonanthus Camphoratus*) und Büffeldorn (*Ziziphus mucronata*). Gelbholz (Silberterminalia) ist auf den Sandböden der Südhälfte weit verbreitet, während nördlich von Xade die Büsche und Bäume weiten Grassavannen weichen. An den Piper Pans ist der Wilde Sesambusch (*Sesamothamus lugardi*) häufig, der in seinem Aussehen an Sukkulenten erinnert. Während der Regenzeit verwandeln unzählige blühende Büsche und Gräser, wie weiß blühender Trompetendorn (*Catophractes alexandri*) und gelb blühender Teufelsdorn (*Tribulus Zeyheri*), die weiten Ebenen in farbige Flächen. Wenig später duftet es überall nach Wildem Salbei.

Tipp Ein stimmungsvolles Lesevergnügen bietet der Roman „The Cry of the Kalahari" von Delia & Mark Owens, die in den 1970er Jahren lange Zeit an der Deception Pan verbrachten, um Löwen und Braune Hyänen zu erforschen

Schon gewusst?

Riesentrappen wiegen bis zu 20 kg und können dennoch fliegen

Die **Tierwelt** der Zentralkalahari ist artenreich, und besonders zur Regenzeit halten sich im nördlichen Teil Tausende Wildtiere auf. Unter den Antilopen und Böcken sind Gnus, Kudus, Springböcke sowie Stein-, Oryx- und Kuhantilopen verbreitet, und selbst Giraffen und Warzenschweine kommen vor. Unter den Jägern sind besonders Kapfüchse, Schakale, Braune Hyänen, Löwen, Geparden und Wüstenluchse hervorzuheben. Wussten Sie, dass mit dem „Cry of the Kalahari" die eindringlichen Rufe der Schakale gemeint sind, die nachts weithin zu hören sind? Es gibt außerdem ausgesprochen viele kleine, mitunter recht unauffällige Kalaharibewohner. Zu ihnen zählen Geckos, Echsen und Schlangen, weiters Springhasen, Honigdachse, Kap-Borstenhörnchen und im Süden des Schutzgebiets auch Surikate (Erdmännchen). Nach den ersten Regenfällen zu Beginn der sommerlichen Regenzeit taucht plötzlich wie über Nacht allerlei Leben in der Kalahari auf. Tausendfüßler zum Beispiel, die sich während der Trockenzeit in der Erde vergraben. Die etwa 20 cm langen „Millipedes" sind nicht gefährlich, stoßen aber eine schmerzhafte Abwehrflüssigkeit aus, wenn man sie berührt. Auch Schildkröten und Ochsenfrösche sieht der Reisende fast nur während der Regenzeit.

Im Gegensatz zu Oryxantilopen und Springböcken benötigen Gnus und Kuhantilopen regelmäßig **Trinkwasser und** sind daher viel stärker von Wasserquellen abhängig. In schweren Dürrejahren sammeln sie sich instinktiv zu Herden mit Tausenden Tieren und beginnen eine Wanderung zu den Dauergewässern im Norden. Die Errichtung des 185 km langen **Kuke-Fence** verhindert solche Wanderungen und wurde in der Vergangenheit zur tödlichen Falle. Innerhalb von nur einer Dekade von 1976 bis 1986 reduzierte sich die Anzahl der Gnus von 250 000 auf 25 000 Tiere – 90 % waren qualvoll am Kuke-Fence verendet (S. 69f).

Im sandigen, buschigen Terrain leben als scheue Einzelgänger mit großem Revieranspruch zierliche Steinantilopen, verschiedene Trappen und Perlhühner. Mitunter sieht man hier auch scheue Kudus. Das offene Terrain der Graspfannen bevorzugen dagegen Springböcke, Oryxantilopen, Schabrackenschakale und Geparden. Flinke , gesellige Streifenhörnchen huschen über den kahlen Boden der Pfannen. Auch Löffelhunde sonnen sich gerne in der Nähe ihrer Wohnhöhlen auf den Pfannen.

Tipp ... und noch ein Buchtipp: Unter dem deutschen Titel "Ein Krokodil für Mma Ramotswe" schrieb Alexander McCall Smith eine ironisch-witzige Detektivgeschichte im sandigen Schauplatz Kalahari

Viele **Kalaharibewohner** werden erst nachts aktiv, wie z. B. Luchse, Braune Hyänen und Springhasen. Von der Anwesenheit nachtaktiver Stachelschweine zeugen meist nur die gelegentlich am Wegesrand liegenden schwarzweiß gestreiften Stacheln, die den Tieren von Zeit zu Zeit ausfallen. Wenn Sie auf einer Pfanne plötzlich etliche kleine Löcher entdecken, haben Sie mit hoher Wahrscheinlichkeit die Behausung von possierlichen Springhasen ausgemacht, die sich nachts in großer Zahl auf der Pan tummeln. Tagsüber sollte man immer genau die Konturen unter den vereinzelten Bäumen beobachten, weil in ihrem Schatten gerne Löwen und Geparden ruhen. Sie heben oftmals nur gelangweilt den Kopf, wenn Autos vorbei fahren.

Vielfältig ist auch die **Vogelwelt** der Zentralkalahari; 250 verschiedene Arten wurden bisher registriert. Weit verbreitet sind Strauße, Riesentrappen und Sekretärsvögel. Lauf- und Perlhühner, Frankoline, Milane und Schlangenadler sind ebenso vertreten wie Gabelracken, Webervögel, Tauben und Bienenfresser. An den ausgewiesenen Campingplätzen sieht man besonders häufig den munteren Kalahari-Heckensänger. Zur Regenzeit halten sich viele Adler, vor allem Kampfadler und Gaukler, und zahlreiche Weißbürzel-Singhabichte im Reservat auf.

Bild oben: Auge in Auge mit einem Strauß

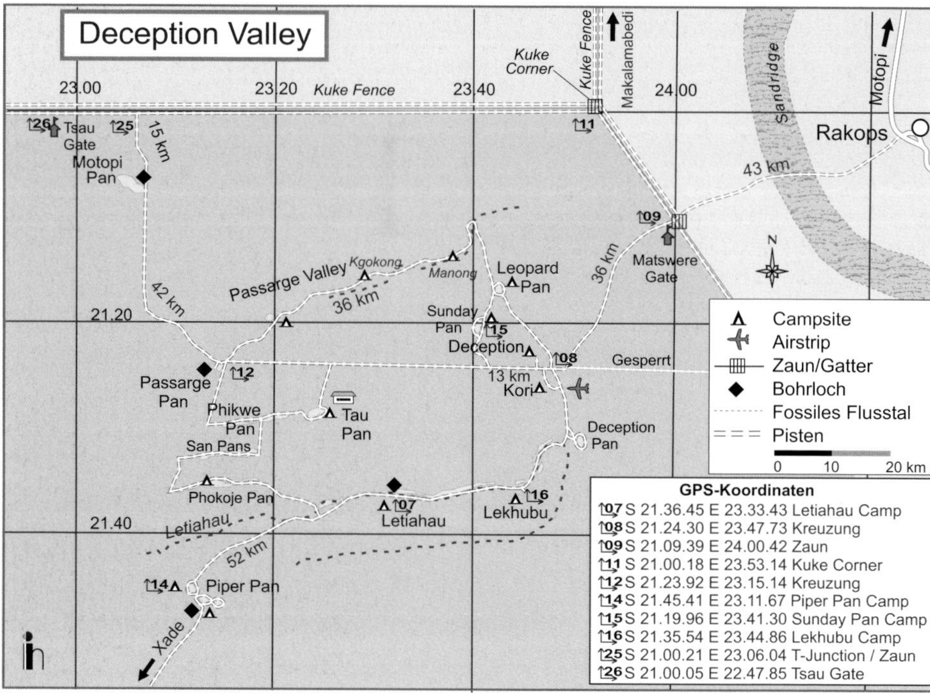

Unterwegs im CKGR (nördliche Region)

Das Wegenetz im Park ist vorbildlich ausgeschildert. An den Gates erhält man Kopien recht übersichtlichen Kartenmaterials. Die meisten Wegabschnitte im Deception Valley, Letiahau Valley und Passarge Valley sind durch ihren festen Belag auch ohne Allrad gut befahrbar. Querverbindungen über die Dünung sind dagegen meistens tiefsandig, wellig und tief ausgefahren.

36 km südwestlich des neuen Matswere-Gates erreicht man nach Durchquerung einer beschwerlichen, weichsandigen Buschebene voller Tsama-Melonen die Talkante zum Deception Valley. Geradeaus bietet sich hier ein grandioser Ausblick über das berühmte Tal. Die Piste führt nun direkt in die Talebene hinab und trifft wenig später auf die alte Cutline-Road, der sie nach einer deutlichen Rechtskurve für 2,2 km bis zu nächsten Kreuzung folgt. Von dieser Stelle aus kann man entweder durch die fossilen Täler Deception und Letiahau zu den Piper Pans fahren oder der buschigen, tiefsandigen Cutline-Road in westlicher Richtung zur Passarge Pan folgen (Beschreibung S. 217).

Durch das Deception Valley bis nach Xade

Für diese Strecke biegt man an der Kreuzung direkt in das weite Flusstal und folgt ihm nach Süden. Man befährt jetzt anstelle des Weichsands eine harte, gut befahrbaren Piste. Vereinzelte Akazienbauminsel und nach beiden Seiten eine sandige Anhöhe, die das fossile Tal abschließt, sind die einzigen Fixpunkte dieses weiten, herben Naturraums.

Deception Valley und Letiahau Valley

Deception Valley ("Tal der Täuschungen") heißt der Unterlauf des fossilen Letiahau-Flussbettes. Das sanfte, breite Tal wandelt sich zur Regenzeit in ein riesiges Grasmeer, das große Wildherden und deren Jäger anlockt. Berühmt wurde Deception

Valley durch das amerikanische Ehepaar Mark und Delia Owens, die in diesem Tal von 1974-1981 die Lebensweise der Braunen Hyänen und Kalahari-Löwen studierten (und mit „The Cry of The Kalahari" einen Bestseller schrieben). Das ehemalige Camp unter einigen Akazienbäumen wird gelegentlich ausgeschildert, bis wieder einmal jemand das Holzschild als Souvenir mitnimmt. Ihr einst selbst angelegter Airstrip befindet sich wenige hundert Meter nördlich davon und wird heute wieder benützt. Südlich vom Deception Valley schließt sich fast übergangslos das **Letiahau Valley** an. Nach insgesamt 40 km reibungsloser Fahrt seit der Abzweigung von der Cutline-Road erreicht man das Letiahau-Bohrloch, eine künstliche Wasserstelle für Wildtiere (leider steht die Wasserpumpe meistens still). Die beiden in diesem Tal ausgeschilderten Campingplätze liegen leicht erhöht am Talrand. 19 km weiter verlässt man das sanfte, weite Tal wieder. Die Piste wird nun sandiger, die buschige Landschaft wellig. 54 km nach dem Letiahau-Wasserloch beginnt die Region der Piper Pans.

Es lohnt sich unterwegs der kleine Abstecher zur Deception Pan, die mit ihrem rötlichen Bewuchs einen besonders bizarren visuellen Eindruck vermittelt.

Piper Pans

Stellen Sie sich ein gelbes Grasmeer vor und knorrige Commiphorabäume, einzelne Akazien und jede Menge Kalahari-Erdhörnchen, die im harten Boden der Piper Pans ihre Wohngänge bauen. Die Wasserpumpe wird mit Solarenergie betrieben und pumpt daher ganzjährig das lebensnotwendige Elixier an die Oberfläche. Dieser Umstand bietet ausgezeichnete Chancen, hier ganzjährig Tiere zu beobachten. Die Piper Pans liegen isoliert weit im Innern des Schutzgebietes und bieten zwei Campingplätze nahe der kleineren südlichen Pfanne. Zur Regenzeit halten sich hier gerne Kudus und Warzenschweine auf.

Tipp Wir raten, bei der Einreise ins CKGR die Wildhüter nach aktuellen Infos aus dem Reservat zu fragen, z. B. in welcher Region es kürzlich großflächige Buschbrände gab oder wo sich derzeit die Tierherden aufhalten

Nach schweren Buschfeuern sind die Piper Pans oft weitflächig abgebrannt. Das berühmte wogende, gelbe Grasmeer muss nach solchen Feuerschäden erst langsam wieder nachwachsen. Insofern ist es immer ein wenig Glückssache, ob man die Szenerie zum richtigen Zeitpunkt erlebt.

Wer von den Piper Pans noch weiter nach Süden fährt, gelangt nun auf eine sandige, eintönige Piste voller Bodenwellen, die zu langsamer Fahrt zwingt. Spätestens ab hier ist Erfahrung im Tiefsandfahren unbedingt erforderlich. Erst nach 70 sehr einsamen Kilometern trifft man im verlassenen Dorf Xade auf Reste der Zivilisation (siehe S. 209 und 211).

Passarge Valley Rundfahrt

Von unserem Startbeginn an der Cutline-Road können wir direkt nach Norden zur Leopard Pan abzweigen. Schöner ist jedoch der Umweg über die Sunday Pan. Dazu folgen wir erst 13 km der Cutline-Road nach Westen in Richtung Passarge

Bilder oben: Fuchsmanguste, Schild zu Beginn des Deception Valleys

Schon gewusst?
Passarge Valley wurde nach dem deutschen Geologen Siegfried Passarge benannt (1868-1958), der schon um 1890 hier forschte

Pan. Die Abzweigung zur 7 km entfernten **Sunday Pan** ist beschildert. Eine Dieselbetriebene Wasserpumpe versorgt das Wild hier ganzjährig mit Wasser, so dass man auch fast immer Wildtiere und Vögel, wie Marabus, Kuhreiher und Sekretärsvögel, in der nahen Umgebung beobachten kann. Im weiteren Verlauf stößt die Piste dann auf die Direktverbindung zur **Leopard Pan**, hinter der sie sich kurvenreich durch dichtes Gebüsch nach Norden windet, bis sich plötzlich das breite **Passarge Valley** öffnet. Hier knickt der Weg nach Süden ab und verläuft nun direkt im fossilen Flusstal. Glatter, harter Untergrund erlaubt rasche Fahrt (Vorsicht: bei Regen Schlammpassagen) durch das breite, nur von einzelnen Bauminseln bestandene, fossile Tal. Nach drei Campingplätzen und rund 46 km Fahrt erklimmt die Piste den Uferrand und führt über sandiges Gelände zur **Passarge Pan**.

Auch diese große Pfanne wurde mit einer Wasserpumpe ausgestattet, die das Wild während der Trockenzeit mit Wasser versorgen soll. Zahlreiche Vögel, Springböcke, Oryxantilopen, Kuhantilopen und sogar Giraffen halten sich hier gerne auf.

Von der Passarge Pan über die Motopi Pan zum Tsau Gate

Ab der Passarge Pan bestehen mehrere Fahralternativen. Eine Stichstraße führt nach Norden zur ca. 42 km entfernten **Motopi Pan**. Wenn die Pumpe funktioniert und ausreichend Wasser liefert, halten sich zahlreiche Tiere dort auf. Etwa 1 km nördlich von Passarge Pan gewinnt man auf dieser Strecke noch einmal einen guten Ausblick auf das alte Flussbett, das einst den Makgadikgadi-See speiste.

Western Link

Zu den kleinen Pfannen Tau Pan, Phikwe Pan und Phokoje Pan

Alternativ folgt man für 18 km der alten Cutline-Road gen Osten zu einer Abzweigung. Man könnte hier nach weiteren 30 km Fahrt auf der Cutline-Road den Ausgangspunkt der Rundfahrt wieder erreichen. Wir empfehlen jedoch an der Abzweigung nach Süden zu biegen und den "Western Link" zu fahren. Auf rumpeliger Piste gelangt man nach 7 km zur idyllischen **Tau Pan**, an der 2009 leider eine private Luxuslodge eröffnet wurde. Gnus, Tsessebe und Oryxantilopen werden hier häufig gesichtet. Der Weg umfährt die Pan und knickt nach Westen ab. Nach 9 km erreicht man die **Phikwe Pan,** und kann hier zurück zur Passarge Pan fahren oder nach Süden zu den **San Pans** abzweigen. Für 14 km folgt die Piste dort den zahlreichen Pfannen, ehe sie erneut nach Süden und Osten abknickt und über die **Phokoje Pan** schließlich auf die Längsachse Deception Valley-Piper Pans trifft. Zwischen Tau Pan und Phokoje Pan liegen unserer Ansicht nach die schönsten Abschnitte des Western Link.

In diesem Park ist die GPS-Navigation sehr hilfreich, weil Reisende beim Parkeingang die GPS-Koordinaten der gebuchten Campsites ausgehändigt bekommen. Die Beschilderung der Stellplätze ist mitunter etwas konfus, weil sie teilweise ausgetauscht worden ist. Weitere Infos zu den Camps im Park: siehe S. 364

Unterkunft in der Zentralkalahari

Im CKGR wurden bisher offiziell 29 Campingplätze ausgewiesen, von denen aber einige (noch) nicht existieren. Sie sind in aller Regel gut ausgeschildert, wobei auch diese Holzschilder leicht einem Buschbrand zum Opfer fallen können. Viele Plätze wurden 2004 mit Buschtoiletten und Duschvorrichtungen (ohne Wasser) versehen (Infos S. 368). Alle Camps müssen vorab reserviert werden; Piper Pan, Sunday Pan, Letiahau, Lekhubu, Passarge Valley und Motopi Pan bei Bigfoot Tours (S. 137 und S. 369), die restlichen beim DWNP. Bitte beachten Sie, dass die Zentralkalahari in den Ferienzeiten zu Weihnachten und Ostern stark besucht wird und begehrte Campingplätze lange im Voraus belegt sind. Wasser kann man bei den Wildhütern an den Parkzugängen auffüllen. Im Schutzgebiet ist man später vollkommen auf sich allein gestellt. Feuerholz zu sammeln ist im CKGR verboten, und Abfälle nimmt man wieder mit zurück in die Zivilisation.

Camp-Name	Anzahl	Nummer	Beschreibung der Campingstellplätze im CKGR
Kori Pan	4	CKK1-4	alle relativ groß und nah am Weg, kaum Schatten geboten Nr. 1 mit neuem WC/Duschvorrichtung, Nr. 2 bis 4 mit gutem Ausblick, besonders schön liegt Nr. 3
Deception	6	CKD1-6	liegen alle unattraktiv im Dickicht, Nr. 3 liegt noch am besten
Sunday Pan	4	CKS1-3 und CKL1	Nr. 1: sehr einsam, guter Ausblick, wildreich, am Rand der Pan Nr. 2 und 3: wildreiche, erhöhte Traumplätze mit weitem Blick über die Wasserstelle in der Pan, (der kleinere Platz 2 hat leichte Hanglage)
	1		Nr. 4: Einsamer Platz CKL1 an der Leopard Pan mit Ausblick, etwas Schatten
Passarge Valley	3	CKA1-3	Nr. 1: (Manong Campsite) erhöht am Ostrand des Valleys mit Ausblick Nr. 2: (Kgokong Campsite) direkt im Valley, sehr guter Rundum-Blick Nr. 3: (Kukama Campsite) außerhalb des Tals unattraktiv im Gebüsch
Tau Pan	1	CKT1	An wildreicher Pan, durch die neue Lodge jedoch nicht mehr attraktiv
Phokoje Pan	1	CKT2	klein, buschig, wenig Ausblick oder Schatten, aber herrlich einsam
Piper Pan	2	CKP1-2	Nr. 1 wurde an den Pfannenrand ohne Ausblick versetzt, wenig Schatten Nr. 2 liegt südlich der Pan im Dickicht ohne Ausblick, aber schattig
Xade	1	CKX2	neben Airstrip nahe verlassenem Dorf gelegen, etwas Schatten
Lekhubu	2	CKWIL	beide Plätze am Talrand, Blick & Lage mittelmäßig, etwas Hanglage
Letiahau	1	CKWIL	am Talrand gelegen, mittelmäßig, bisher keine Einrichtungen

An den beiden Parkzugängen Tsau Gate und Matswere Gate befinden sich fünf bzw. vier Stellplätze nahe der Wildhütersiedlung, die zwar Sanitäranlagen mit fließend Wasser (Duschen) bieten, ansonsten aber wegen der unruhigen und unattraktiven Lage nur als Notplätze eingestuft werden sollten.

Kurios wird es bei den neuen Campsites; den angeblich drei Stellplätzen an der Motopi Pan und dem Stellplatz an der San Pan. Man kann sie zwar reservieren, aber zu finden sind sie bisher trotz GPS-Daten nicht (außer einem Duschgestell an der Motopi Pan). Da waren die Planungen wohl schneller als die Umsetzung vor Ort...

Luxusunterkünfte im Park und im Konzenssionsgebiet nördlich des Kuke Fence

Privatunterkünfte im Westen und Südwesten des CKGR: S. 220 (nahe Kang) sowie S. 223 (nahe Ghanzi)

•**Tau Pan Lodge:** Kwando Safaris (Adresse S. 339). Im März 2009 öffnete die erste private Lodge im CKGR ihre Pforten direkt an der idyllischen Tau Pan. Acht Chalets reihen sich am Rande der Pan vor einem permanenten Wasserloch. Mit eigenem Aistrip, Pool. Pirschfahrten und San-Begegnungen stehen auf dem Programm. Preise: All-Inclusive ab 300-420 €/DZpP.

•**Deception Valley Lodge:** Private Bag 114, Suite 58, Maun, Tel. 0044-1212868393, email: bushmen@dvl.co.za, www.dvl.co.za. Die Anlage besteht aus einem eleganten Teakholz-Hauptgebäude, Stelzenbungalows, Pool und Sonnenterrasse. Auf dem Programm stehen Walks mit Buschleuten und Pirschfahrten. Preise: All-Inclusive ab 310-590 €/DZpP, 30% Zuschlag für EZ. Allradzufahrt.

•**Central Kalahari Game Lodge:** Footsteps in Africa, Tel. (SA) 0027-82-3556910, / www.footsteps-in-africa.com. Neue Lodge für max. 14 Gäste neben der Deception Valley Lodge. Preise: All-Inclusive ab 300-410 €/DZpP.

•**Haina Safari Lodge:** Tel. (SA) 0027-83-7582219, www.hainasafarilodge.com. Luxuriöse Zeltlodge, die neben dem klassischen Programm auch Quad Bike-Touren bietet. Preise: AI ab 160-290 €/DZpP, Camping im nahe gelegenen **Brakah Campsite** kostet 100 Pula pP und 20 Pula/Fahrzeug. Bush Walks/Game Drives möglich.

Lobatse – Ghanzi

Gesamtstrecke: 639 km
Fahrzeit: ca. 6-7 Std.
Zustand: gut ausgebaute Teerstraße, stellenweise Straßenreparaturen
Tankstellen: Kanye,Jwaneng, Sekoma, Kang
Besonderheit: viel Lkw-Verkehr
Vorsicht: Radarkontrollen

Unterkunft entlang der Strecke

Kanye

•**Motse Lodge:** Tel. 5480363, Fax 5480370, www.motselodge.com. Kleine Bungalowanlage am Ortsrand von Kanye mit klimatisierten Zimmern (ab 42 €/Nacht), Rondavel mit Küche/Ventilator (60 €/Nacht) und schmucklosem, überteuertem Campingplatz im Hinterhof (9 €/pP). 3 km Zufahrt ab der BP-Tankstelle in Kanye, beschildert.

Jwaneng

•**Mokala Lodge:** Tel. 5880835, Fax 5880839. Stadthotel in Ortsmitte mit Pool, Restaurant/Bar. Ca. 40 €/DZpP, 60 €/EZ.

Kang

•**Kang Ultra Shop:** Tel./Fax 6517293. Direkt am Highway liegen hinter der Tankstelle mit Restaurant einige Chalets (ca. 23 €/Nacht), Pool und Campingstellflächen (3 €/pP).

•**Kalahari Rest:** Tel. 6517004, www.kalaharirest.com. Auf einer Wildfarm liegt 25 km nördlich von Kang dieses ruhige Camp mit Bar/Restaurant, Ziegelchalets (43-55 €/Nacht) und parzelliertem Campingplatz (5 €/pP). Gut beschildert, 1 km Zufahrt.

Der „Transkalahari Highway“

Von Lobatse nach Ghanzi

Der berühmte Transkalahari Highway markiert die alte Viehtreckroute zwischen Ghanzi und Lobatse, auf der jahrzehntelang die schlachtreifen Rinder in einem wochenlangen Fußmarsch nach Lobatse getrieben wurden. Echte **Wildwestromantik** mitten in Afrika für die einen; ein entbehrungsreicher, harter Alltag für die anderen. Die Viehtrecks starteten immer zum Ende der Regenzeit, damit die Tiere während des langen Marsches genügend Weiden vorfanden. Eine durchgehende Kette regelmäßiger Bohrlöcher deckte den Trinkwasserbedarf. Jede Nacht mussten die Viehhirten ihre wertvolle Fracht gegen Löwen und Hyänen schützen, die den Transporten folgten. Insgesamt waren die Trecks fünf Wochen unterwegs, ehe sie den Schlachthof von Lobatse erreichten. Viele Tiere hatten bis dahin ihre angefütterten Fettreserven längst wieder aufgebraucht.

Der Bau des Transkalahari Highways nahm Jahre in Anspruch. Das letzte Teilstück dieses Asphaltbands wurde 1998 fertiggestellt. Seither rast man die vielen einsamen Kilometer in rascher Fahrt durch die endlose Weite. Kaum zu glauben, dass diese Strecke bis vor kurzer Zeit noch eine fürchterliche Tortur durch tiefste Sandspuren bedeutete. Traditionelle **Rindertrecks** finden heute nur noch vereinzelt statt. Moderne Lkws haben den naturverbundenen Viehhirten längst ersetzt. Der Highway wurde nicht nur für die Rinderbarone von Ghanzi durch die Kalahari geschlagen, sondern um die Transafrika-Achse von Swakopmund bis Maputo durchgehend zu asphaltieren.

Startpunkt des Transkalahari Highways ist Lobatse (S. 143). Von hier aus erreicht man nach 45 km Fahrt durch eine für botswanische Verhältnisse regelrecht bergige Landschaft die geschichtsträchtige Stadt **Kanye**. Von ihrer 150-jährigen Bedeutung als Hauptstadt der Bangweketse erschließt sich dem Durchreisenden jedoch kaum etwas. Kanye zeigt sich konsumfreudig (viele Supermärkte) und modern wie alle Städte Botswanas. Aber sie liegt schöner und auf 1300 m Höhe regelrecht eingebettet in den bewaldeten Hügeln (kleiner Tipp: Die Direktverbindung Kanye-Gaborone ist eine genussreiche Panoramastraße).

Schon gewusst?
Ameisen und Wespen sind nahe verwandt, erkenntlich auch an der schlanken Taille

Kurz nach Verlassen Kanyes laufen die abwechslungsreichen Hügel in die endlose, tischebene Weite der Zentralkalahari aus. Nach 122 km Fahrt gelangt man in eine der streng gehüteten Schatzkammern des Landes, die **Diamantenstadt Jwaneng**. 1976 wurde nach langen Testbohrungen bei Jwaneng das größte Diamantlager der Welt entdeckt. Das zu diesem Zeitpunkt unbedeutende Dorf expandierte in nur drei Jahren zu einer modernen Stadt mit mehreren Tausend Einwohnern. Bis zur Inbetriebnahme der Diamantmine im Jahre 1982 errichtete Debswana hier eine zeitgemäße Infrastruktur inmitten der Kalahari. Heute zählt Jwaneng etwa 15 000 Einwohner und besteht auf dem ersten Blick vor allem aus Tankstellen und Fastfood-Restaurants. Reisende finden hier auch Banken und ein modernes Krankenhaus. Die Campinggelegenheit im Game Park bei der Mine gibt es inzwischen nicht mehr. Extreme Sicherheitsvorkehrungen schotten die Mine ab. Dennoch ist Jwaneng im Gegensatz zu Orapa eine offene Stadt und für jedermann frei zugänglich.

Info Debswana bietet gelegentlich Besichtigungstouren in der bis zu 320 m tiefen, abgesperrten Tagebau-Mine an. Reservierungen müssen allerdings mindestens eine Woche vorher getätigt werden. Wenden Sie sich bei Interesse entweder an Debswana im Botsalano House, Gaborone, Tel. 3614200, Fax 3180778 oder an den Public Relations Officer in Jwaneng, Tel. 5884000, Fax 2970243.

Hinter Jwaneng wird der Verkehr endlich ruhiger. 88 km westlich liegt **Sekoma** an der Abzweigung nach Tshabong und Bokspits (siehe S. 244). Auf dieser Strecke besteht in Kakotsha, 124 km südwestlich von Sekoma, eine Zufahrt zum Mabuasehube-Sektor des KTP (s. S. 240). Im Jahr 2009 wurde in Sekoma eine Tankstelle errichtet.

Die einsame, monotone Fahrt auf dem Transkalahari Highway führt nun bald in nördliche Richtung und wird erst in **Kang** wieder unterbrochen. Die beiden Tankstellen am Transkalahari Highway nahe der Abzweigung nach Hukuntsi liegen ungefähr auf halber Strecke zwischen Jwaneng (248 km) und Ghanzi (277 km) und bieten die letzte Gelegenheit bis Ghanzi, um Sprit aufzufüllen! Die Ortschaft Kang liegt 2 km abseits der Fernstraße und ist vermutlich nur für Reisende interessant, die im DWNP-Büro ihre Nationalparkreservierungen tätigen wollen. Sie finden diesen „Central Pay Point" an der ersten Kreuzung auf der linken Seite. Einkaufsgelegenheit bieten neben dem Ultra Kang Shop an der gleichnamigen Tankstelle am Highway auch einige Läden direkt in der Ortschaft Kang. Auch die 45 km lange Tiefsandzufahrt zur Lerucama Game Ranch beginnt mitten in Kang (in Richtung Tsetseng). Hier wurden früher Chalets und Camping angeboten, inzwischen haben sich die Betreiber aber dem Jagdtourismus verschrieben.

Die von Asphaltflicken übersähte Stichstraße vom Transkalahari-Highway nach Hukuntsi mit Anschluss an den Kgalagadi Transfrontier Park wird auf S. 228 und 230 beschrieben.

Die Fahrt bleibt auch nördlich von Kang nahezu ereignislos. Das schwarze Teerband raubt der Kalahari ihren Zauber und lässt sie trist und langweilig erscheinen. Man spult die Kilometer hinunter und ist erleichtert, 233 km nach Verlassen von Kang die Abzweigung nach Namibia zu passieren (S. 226). Jetzt sind auch nur noch 44 km bis Ghanzi zu fahren.

Bild links: Der Transkalahari Highway: Kilometer um Kilometer Einsamkeit

Ghanzi

Die Romantik der großen Rindertrecks ist längst verflogen

Zwischen dem Ngamisee und Windhoek verläuft der 500 km lange, kalksteinhaltige *Ghanzi-Rücken* und stellt die geologische Basis für eine gute Grundwasserversorgung dieser Region. Dieser Teil der Kalahari bot einst einen Lebensraum für riesige Wildtierherden, Elefanten und Nashörner. Es war auch das traditionelle Siedlungsgebiet der Naro-Khoi, bis es ihnen im 19. Jh. kurzerhand abgenommen und an Rinderfarmer verteilt wurde (s. S. 207). Auch die Zeit der großen Rindertrecks ist vorüber, seit die Straßen ausgebaut wurden und der Viehtransport über Lkws abgewickelt wird. Die Überführung schlachtreifen Viehs zum Schlachthof in Lobatse erfolgt heute ganz unromantisch mit modernen Viehlastern. In Ghanzi (sprich: „Chansi") dreht sich jedoch immer noch alles um Rinder. Die einen werden durch die Rinderzucht reich, den anderen bietet sie Arbeitsplätze auf den großen, rund 200 Einzelfarmen in der knapp 7000 Einwohner zählenden Ortschaft.

Die Farmer von Ghanzi besitzen etwa 6 % der Rinder von Botswana

Die Bevölkerung Ghanzis ist ein regelrechtes Konglomerat aus allen möglichen ethnischen Gruppen. Hier leben Buschleute, KhoiKhoi, Herero, Bakgalakgadi, Batawana, Briten und Buren. Es wird auf vielen Farmen wie selbstverständlich Afrikaans, die Sprache der Buren, gesprochen. Schmucke Hererofrauen gehören ebenfalls zum Stadtbild.

Tipp Wer sich für die Buschleute interessiert, sollte auch die Projekte in D'Kar besuchen (S. 227)

Mehrere RAD-Projekte (Remote Area Development Project) versuchen, die Buschleute und Bakgalakgadi in die moderne Gesellschaft Botswanas zu integrieren. Dennoch zeigt sich auch hier die Tragödie eines aussterbenden Volkes, das den Anschluss an die Moderne nicht schafft, die eigenen Traditionen und Werte aber längst verloren hat. Viele Buschleute führen ein rückständiges Leben als abhängige Tagelöhner, nicht wenige verzweifeln an der Ausweglosigkeit ihres Daseins und werden alkoholsüchtig. Nichtsdestotrotz, vielleicht auch gerade wegen dieser Tragödie, hat sich rund um Ghanzi in wenigen Jahren eine Art "Ethno-Tourismus" etabliert. Ghanzi will nicht länger nur Durchgangslager sein, sondern auch am Tourismus teilhaben, und hat sich dafür erfolgreich eine Nische ausgesucht. Inzwischen gibt es für Reisende eine breite Auswahl an einfachen bis sehr guten Unterkünften. Außerdem bietet Ghanzi als größtem Verkehrsknotenpunkt und Wirtschaftszentrum im dünn besiedelten Westen eine prima Infrastruktur zur Vorbereitung einer Safari. Hier befinden sich moderne Supermärkte, Tankstellen, Werkstätten mit Reifendienst, Schnellimbiss-Ketten, eine Bank und ein Büro der NP-Behörde.

Unterkunft in Ghanzi und Umgebung

•**Kalahari Arms Hotel:** Tel. 6596532/6596298, Fax 6596311, www.kalahariarmshotel.com. Das alteingesessene, gepflegte und recht legere Stadthotel verströmt noch den Duft der Gründerzeit Ghanzis. Es liegt sehr zentral, bietet einen großen Garten mit herrlicher Wiese und Pool, ist dafür aber etwas laut. Das kleine, begrünte und durch hohe Bäume sehr schattige Campingarreal schmiegt sich in eine Ecke des Gartens. Preise: Zimmer im Hauptgebäude oder Rondavel im Garten je 26 €/DZpP und 46 €/EZ (klimatisiert), Camping 3 €/pP.

•**Tautona Lodge:** Tel. 6597499, Fax 6597500, email: tautonalodge@botsnet.bw, www.tautonalodge.com. Die Abzweigung zu dieser modernen, motelähnlichen Lodge liegt nur weniger Hundert Meter östlich von Ghanzi am Transkalahari Highway (von hier 4,8 km Wellblechzufahrt zur riesigen Wildfarm). Sie bietet sehr ruhige Zimmer und Chalets mit einem zentralen Pool und ein gemütliches Restaurant, in dem auch Wildgerichte aus den eigenen Farmbeständen serviert werden. Der gut ausgestattete, nicht umzäunte Campingplatz mit Zeltchalets, Aufenthaltsraum, zentraler Feuerstelle und elektrischem Licht schließt sich 800 m hinter der Lodge an (Vorsicht: sehr tiefsandig mit Dornakazien). Auf dem Gelände leben zahlreiche Wildtiere (Elen, Wasserböcke, Kudus, Giraffen, Zebras etc.) und in den Gehegen beim Eingang werden Löwen und Geparden gehalten. Preise: Zimmer ab 30 €/DZpP und 45 €/EZ, Selbstversorger-Chalets ab 33 €/DZpP und 55 €/ EZ (mit kleiner Küche), Camping 5 €/pP, Bushman Walks und Tänze jeweils 20 €/pP, Game Drive 75 €/pP.

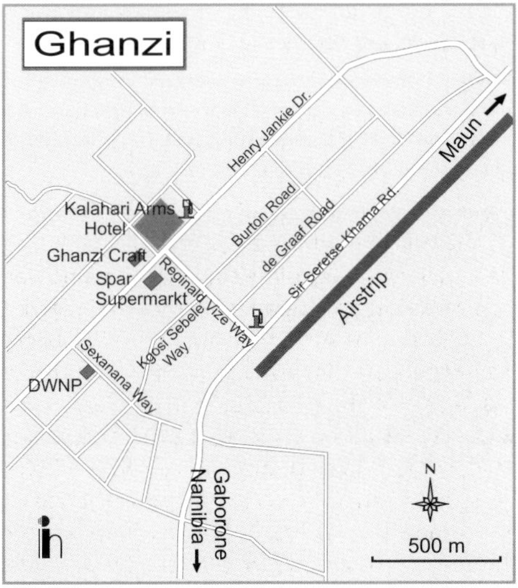

•**Thakadu Camp:** Tel. 72120695, Fax 6597959, www.thakadubushcamp.com. Das lebhafte, auch bei Overlandern sehr beliebte Camp liegt 6 km südlich von Ghanzi auf einer Farm direkt am Transkalahari Highway und bietet neben einem Pool, Bar und Restaurant (Wildgerichte!) auch Aktivitäten mit den Buschleuten und einen Laden für frische Lebensmittel und Game Meat. Preise: Safarizelte 24 €/DZpP und 35 €/EZ, einfachere Cottage-Zelte 12 €/DZpP und 17 €/EZ, Camping 5 €/pP. Bushman-Walks ab 6 €/pP, Bushman-Tänze ab 7 €/pP, Reiten ab 20 €/pP.

•**Khawa Safari Lodge:** Tel. 6597691, Fax 6597690. Große Bungalowanlage direkt am Transkalahari Highway 3 km westlich von Ghanzi mit parzellierten, gut ausgestatteten Campingstellplätzen, Pool und lebhafter Bar/Restaurant. Preise: 25 €/DZpP und 44 €/EZ, Camping 5 €/pP.

•**Motswiri Lodge:** Kanana Wilderness, Tel. 72118811, www.kanana.info. Wildreiche Farm westlich von Ghanzi, die sich auf San-Begegnungen spezialisiert hat. Anreise: Zunächst 22 km entlang der alten Piste nach Westen, dann 11 km nach Norden. Preise: HP 105 €/DZpP, 130 €/EZ. Bushman-Walks 22 €/pP, Rhino Tracking 25 €/pP, Reiten 40 €/pP und Game Viewing am Hide 10 €/ pP. Bitte beachten: Vorausbuchung ist erforderlich.

•**Ghanzi Trail Blazers:** Tel./Fax 6597525, email: trailblazers @botsnet.com. Auf der Farm 10 km südlich von Ghanzi dreht sich alles um "San-Begegnungen" (Tänze, Story-Telling, Walks, Mondschein-Dinner). Übernachtung in rudimentären Chalets ab 15 €/pP und Camping möglich für 5 €/pP. Vorausbuchung notwendig.

•**Khurrtum Khwe Traditional Camp:** Kalahari Sunset Safaris, Tel. 72155259, www.kalaharisunset.com. 22 km südwestlich von Ghanzi führt eine 4x4-Piste zur Buitsivango Farm, die ein ähnliches Programm wie Ghanzi Trail Blazers anbietet. All-Inclusive-Preise: ab 150 €/DZpP (Vorausbuchung notwendig). Einfaches Naturcamping ist möglich für 3 €/pP (mit heißen Duschen, Walks können arrangiert werden).

•**Grassland Bushman Lodge:** (auch Grassland Safari Lodge und Kalahari Game Lodge) Neeltje de Graaf, Tel. 72104270, Fax 72804270, email: degraaff@it.bw, www.grasslandlodge.com. 50 km² große, an das CKGR angrenzende Wildfarm (direkte Weiterfahrt ins CKGR möglich), die Pirschfahrten, traditionelle San-Tänze, Reiten und Bushmen Walks arrangiert. Preise: All-Inclusive 290-365 €/DZpP, 380-475 €/EZ. Bitte beachten: Vorausbuchung erforderlich, 4x4-Anreise. Camping 11 Euro pP.

•**Edo's Camp:** Luxuscamp von Ker & Downey (S. 339). Attraktion: San-Begegnungen in sehr elitärer Umgebung und Nashörner. All-Inclusive-Preise: 320-450 €/DZpP.

•Übernachtungsgelegenheit für Camping und Selbstversorger besteht auch in **D'kar** (38 km): siehe S. 227.

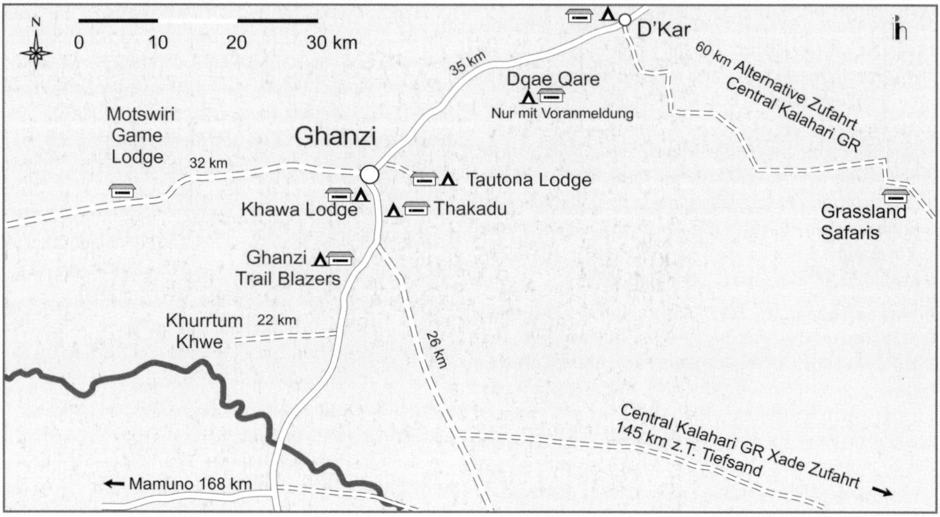

Infos rund um Ghanzi

Die **Barclays Bank** im Zentrum neben dem SPAR öffnet wochentags von 08.00–13.00 h und samstags von 09.00–11.00 h. Sie bietet auch einen ATM-Schalter für VISA. Mehrere **Tankstellen** und Reifendienste befinden sich in der Stadt; die große Shell-Tankstelle bietet einen 24 h-Service. Ghanzi verfügt über ein Immigrationsbüro, eine Post und ein kleines **Internetcafé** im kleinen, grünen Laden in der Straße gegenüber dem Kalahari Arms Hotel (zwischen Oasis Butchery und Oasis Bottle Store).

DWNP-Wildlife-Office: Das Büro ist ein „Central Pay Point" der Nationalparkbehörde, wo Touristen Parkreservierungen bezahlen können bzw. Unterstützung bei Buchungsänderungen und -wünschen erhalten. Öffnungszeiten: Mo-Fr 07:30-12:30 h und 13:45-16:30 h, Sa/So geschlossen. Adresse: Sexanana Way, der gegenüber dem Ministry of Home Affairs von der Hauptstraße im Ortszentrum abzweigt (GPS: S 21.41.864, E 21.38.777).

Einkaufen

Das breiteste Lebensmittelangebot bieten SPAR und Choppies im Ortszentrum. Alkoholika gibt es nur in Bottle Stores. Der Texas Bottle Store hat die größere Auswahl als der Laden neben dem Kalahari Arms Hotel.

Ghantsi Craft im Ortszentrum nahe dem Kalahari Arms Hotel kauft seit vielen Jahren traditionelles Kunsthandwerk der Buschleute und anderer kleiner Volksgruppen auf, und vertreibt diese im eigenen Laden und im ganzen Land. Die Einnahmen sollen direkt an die Produzenten zurückfließen. Hier ersteht man in der Regel attraktive und preisgünstige Waren, wie z. B. Schmuck aus Straußeneiern und Stachelschweinstacheln, Köcher, Felle und hübsche Ledertaschen. Der kleine Laden ist fast schon ein Museum der indigenen Bevölkerung Botswanas. Öffnungszeiten: Mo-Fr 8-17 h, Sa 8-12:30 h.

Weiterreise mit öffentlichen Verkehrsmitteln

Ghanzis Busterminal liegt am Kgosi Sebele Way. Nach Maun fahren täglich mehrere Busse (etwa 5 Std. Fahrt, ca. 4 €), nach Gaborone mehrmals wöchentlich (ca. 11 Std., 10 €), und zur namibischen Grenze in Mammuno einmal täglich (3 Std., 2,50 €). Die Abfahrten variieren, liegen aber meistens in den Morgenstunden.

Restaurants und Nachtleben

Viel ist in Ghanzi abends nicht geboten; wir empfehlen die Bar im nostalgischen Kalahari Arms Hotel und das mit gemütlichen Holzmöbeln ausgestattete Restaurant der Tautona Lodge (oft mit Buffets).

„Wildwest-Stimmung" in Afrika: Die Geschichte der Stadt Ghanzi

Um 1850 macht sich der Naro-Führer Dukuri in der Region einen Namen, weil er Kriegszüge gegen die Nachbarvölker unternimmt und einen florierenden Elfenbeinhandel mit den Europäern betreibt. Die Naro-Khoi, ausgezeichnete Schmiede und Jäger, haben hier das Sagen, bis um 1874 der Bure **Hendrik van Zyl** auftaucht.

Van Zyl ist ein selbstherrlicher, grober Zeitgenosse, der vornehmlich durch Elefantenjagd zu Macht und Reichtum kommt. Über 400 Elefanten tötet er schon im ersten Jahr in dieser Region. Die Erlöse investiert er in Waffen, so dass er seine Jagdzüge stetig ausbauen kann. Einmal schlachtet er an einem einzigen Nachmittag über 100 Elefanten ab. 1877 lässt er sich in Ghanzi nieder und gilt seither als Gründer des Ortes. Van Zyl ist unberechenbar und selbstgerecht; und bald steigt ihm die Macht zu Kopfe. Seiner Familie baut er mitten in der Wildnis ein zweistöckiges Haus und richtet es mit original französischen Möbeln ein. Wie ein mittelalterlicher Fürst stellt er seine eigenen, despotischen Gesetze auf. Als einmal ein junger Bure getötet wird, bringt er aus Rache 33 Naro-Khoi um. Doch er überspannt den Bogen, als er dem Batawana-Chief Moremi weitere Steuerzahlungen verweigert, obwohl er auf dessen Land Elefanten schießt. Die Batawana sehen dem Treiben nur eine gewisse Zeit lang zu, dann sendet Moremi eine Streitmacht nach Ghanzi, um die Zahlungen notfalls mit Gewalt einzutreiben. Van Zyl reagiert rechtzeitig mit einem **heimtückischen Gegenzug**. Er lädt Buschleute zu sich ein und flößt ihnen ordentlich Alkohol ein. Als Moremis Soldaten auftauchen, treffen sie auf die überraschten Buschleute, die sich attackiert fühlen. Es entwickelt sich schnell ein Kampf mit Moremis Soldaten, bei dem Van Zyl fliehen kann. Er treibt noch eine Zeitlang in der Umgebung sein Unwesen, bis er vermutlich im heutigen Namibia um 1880 von Buschleuten getötet wird. Genaue Hintergründe seines Todes sowie des Verbleibs seiner Familie, die vermutlich nach Transvaal zurückkehrte, bleiben unbekannt. Die meisten Zeitgenossen sind jedenfalls erleichtert, als Van Zyl ausgeschaltet ist.

1875, ein Jahr nach der Ankunft van Zyls, erreichen auch die ersten **Dorsland-Trekker** die Region (die Tragödie ihrer Reise wird später in die Geschichte eingehen). Die etwa 500 Buren haben Transvaal mit dem Ziel verlassen, sich jenseits der Kalahari, dem großen Durstland, niederzulassen und dort eine Republik zu gründen. Mit Ochsenkarren durchqueren sie in drei Gruppen die Kalahari, verirren sich und drohen zu verdursten. Nur mit Hilfe von Buschleuten kommen sie bis Ghanzi durch. Doch nach der Kalahari stehen ihnen am Okavango noch größere Qualen bevor. Malaria und Tsetsefliegen raffen den Großteil von Menschen und Tieren dahin. Nur wenige überleben und erreichen 1881 Angola, wo sie einige Jahrzehnte bleiben. Ihre Nachkommen siedeln später nach Namibia um.

Anschließend spielt die **Buschmann–Konzession** für Ghanzis Geschicke eine Rolle. Cecil Rhodes' British South Africa Company hatte sich als angeblicher Agent der britischen Königin von den Batawana die Schürfrechte in Ngamiland erschlichen. Dieser Vertrag wird 1897 von der britischen Regierung für nichtig erklärt, allerdings verlangt sie im Gegenzug die Region Ghanzi als Kronland zu erhalten. Die Batawana gehen darauf ein. Ghanzi wird britisch und die Naro-Khoi verlieren ihre Landrechte, ohne dass irgend jemand sie gefragt hätte. Kein anderes Volk Botswanas hat jemals wie die Naro-Khoi 100% seines Landes verloren. 1898 treffen die **Rhodes-Trekker** ein. Sie gründen die ersten 37 Farmen, den „Ghanzi Farm Block", doch bleiben die meisten nur kurze Zeit und verkaufen das Land bald wieder. Zehn Jahre später, 1908, ist Ghanzi fast zur Geisterstadt verkommen. Nur noch eine einzige Familie ist zurückgeblieben. Erst jetzt wird verlassenes Farmland auf Auktionen wieder versteigert und es treffen bald darauf neue Siedler ein.

1936 gibt es hier wieder 40 Farmen, und Ghanzi bildet ein ausgedehntes **Rinderzuchtgebiet** im Nordwesten der Kalahari. Nur sandige Pisten verbinden die Region mit der Außenwelt. Jetzt beginnt die Zeit der großen **Rindertrecks.** Alljährlich werden die schlachtreifen Rinder in mehrwöchigen Trecks durch die Kalahari zu den Schlachthöfen im Südosten des Landes getrieben. Als 1957 die Transkalahariroute nach Lobatse fertiggestellt wird, erhält Ghanzi verkehrstechnisch Anschluss an den Süden. Die ausgefahrene Sandpiste ist eine Tortur für Fahrzeuge und Fahrer und wird erst Mitte der 1990er Jahre geteert. Mit der Fertigstellung des Transkalahari Highways 1998 rückt Ghanzi bis auf wenige Fahrstunden an die Zentren des Südens heran und ist nun von drei Seiten auf guten Asphaltstraßen erreichbar. Für viele mag das ein Segen sein und der Stadt einen neuen Aufschwung bringen, ihren spröden „Wildwest-Charakter" hat sie dadurch aber unwiederbringlich abgelegt.

Ghanzi – Windhoek

Gesamtstrecke: 540 km
Fahrzeit: ca. 6-7 Std.
Zustand: gute Teerstraße
Tankstellen: Ghanzi, Grenze, Gobabis
Besonderheit: Radarkontrollen

Unterkünfte auf der Fahrt von Ghanzi nach Windhoek

•**Chobokwane Campsite:** Äußerst einfacher Community Campsite, der rund 37 km westlich der Kang-Abzweigung liegt (5 km Zufahrt).

•**Zelda Gästefarm & Campsite:** Tel. 00264-62-560427. Jagdfarm mit Chalets und Camping rund 20 km nach der Grenze in Namibia.

•**Kalahari Bushbreaks:** Campingplatz mit schönen Bungalows in einer ansprechenden Anlage. Empfehlenswert! www.kalaharibushbreaks.com.

•**Welcome Restcamp:** Chalets und Camping ca. 15 km vor Gobabis.

•**Onze Rust Guest House:** Tel. 00264-62-562214, Fax 565060, Familiäres Gästehaus in Gobabis.

•**Gobabis Guest House:** Tel. 00264-62-563189, Fax 564125, email: gghnam @iafrica.com.na. Ebenfalls direkt in Gobabis gelegenes Gästehaus.

•**Xain Quaz:** Tel. 00264-62-562688. Gemütlicher Campingplatz mit Pool rund 10 km westlich von Gobabis.

•**Transkalahari Inn:** Fam. Grimm, Windhoek, Tel./Fax (NA) 00264-61-222877, www.transkalahari.com. Deutsche Leitung. Hotel und Camping mit Grillplätzen, viel Service rund ums Auto, kleinem Laden und Restaurant. Der Platz bietet gute Unterstellmöglichkeit für Privatfahrzeuge an.

Von Ghanzi nach Windhoek (Namibia)

Die Asphaltstraße von Ghanzi nach Süden führt am Thakadu Camp und der Abzweigung nach Tswaane und Xade im CKGR vorbei und gelangt nach 44 km Fahrt an eine deutlich ausgeschilderte Abzweigung. Hier geht es entlang dem Transkalahari Highway geradeaus weiter nach Kang und Lobatse. Wir biegen jedoch nach rechts ab in Richtung Mamuno/Namibia. Die Farmzäune beiderseits der Straße verschwinden nun bald und man fährt durch eine flache, eintönige Dornstrauchsavanne. Gelegentlich lockern ein paar Strauße und Sekretärsvögel die unspektakuläre Szenerie auf. 7 km vor der Landesgrenze bietet Charles Hill die letzte Tankstelle Botswanas und häufige Radarkontrollen. Bei KM 212 erreicht man die stark frequentierte Grenzstation **Mamuno**.

Öffnungszeiten: täglich von 07.00-24.00 h (mit 24-Stunden-Tankstelle auf namibischer Seite). Deutsche, Österreicher und Schweizer benötigen kein Visum zur Einreise nach Namibia. Für alle Fahrzeuge ohne namibischem Kennzeichen muss eine "Cross Border Charge" bezahlt werden (Pkw/Minibus 160 N$). Zahlbar nur in N$ oder Rand; Pula in Kleinbeträgen wechseln notfalls die Tankstellen an der Grenze, da es hier bisher keine Bank oder Wechselstube gibt.

Auch auf namibischer Seite bleibt die Asphaltstraße in gutem Zustand, nun beiderseits flankiert von endlosen Weidezäunen. Nach 20 km liegt rechts der Straße die Gästefarm Zelda (2 km Zufahrt). 6 km weiter kann man bei Kalahari Bushbreaks nächtigen. Die erste Stadt seit Ghanzi erreicht man nach insgesamt 324 km: **Gobabis**. Die schmucke Kleinstadt mit dem puritanisch-südafrikanischen Touch lockt den verstaubten Reisenden mit diversen Hotels, Restaurants, Tankstellen, Werkstätten, Supermärkten und Banken. Danach wird die Fahrt wieder eintönig. Ab und zu deuten Warzenschwein-Warnschilder auf häufigen Wildwechsel hin oder zeigen aufgeschreckte Gackeltrappen ihren laut schnatternden Flucht-Steigflug. Nach rascher Fahrt und insgesamt 540 km lässt man den Windhoeker Flughafen zurück und taucht inmitten der Karasberge in die geschäftige Hauptstadt Namibias ein.

Tipp für Reisende von Windhoek nach Botswana: Theoretisch kann man in Gobabis Devisen in Pula tauschen, doch gehen den Banken die Scheine dort schon mal aus. Daher ist es ratsam, bereits in Windhoek Pula einzutauschen. Außerdem sollte man sich in Namibia statt der N$ möglichst oft südafrikanische Rand als Wechselgeld auszahlen lassen (sie stehen 1:1 und sind in Namibia offizielles Zahlungsmittel). Denn während Rand auch in Botswana und angrenzenden Ländern gerne gesehen sind, werden N$ fast nirgendwo außerhalb Namibias anerkannt.

Von Ghanzi nach Maun über D'kar

37 km nordöstlich von Ghanzi liegt 1 km abseits der Teerstraße die kleine San-Siedlung **D'kar**. Sie ist als Sitz des größten Selbsthilfeprojekts der Buschleute für Kulturinteressierte besuchenswert. Die kleine Siedlung lebt eigentlich nur vom Kuru Development Trust, einem erfolgreichen niederländischen **Entwicklungshilfeprojekt**, das mit gezielten Ausbildungsprogrammen den Bildungsstand der San und ihre landwirtschaftlichen Möglichkeiten zur Selbstversorgung verbessern hilft. Außer einem kleinen Laden, der neben Treibstoff auch kunsthandwerkliche Erzeugnisse verkauft, und wenigen Wohnhütten findet man hier nur das Missionsgelände mit Hostel, Kirche, Verwaltung und einem kleinen **Museum**, das eine anschauliche Exhibition der traditionellen Lebensweise mit Fotos und Aussagen der San präsentiert (kein Eintritt, um eine Spende wird gebeten). Für eine unvoreingenommene Kontaktaufnahme mit den San und zur Veranschaulichung der Problematik ihrer Kultur bildet D'kar eine ausgezeichnete Plattform. Das Projekt hat außerdem durch hervorragende Erzeugnisse bei der Lederverarbeitung einen überregionalen Ruf. Öffnungszeiten des Ladens: Mo-Fr 8-17 h.

Man sollte nicht außer Acht lassen, dass es sich hierbei nicht um ein touristisches Projekt handelt. Es ist nicht auszuschließen, dass man vor verschlossenen Türen steht, weil die Projektleiter evtl. gerade verreist sind. Auch die Aktivitäten rund um Dqae Qare (siehe rechts) sind auf vorausbuchende Gruppen eingestellt. Spontanbesucher werden höflich empfangen, aber mitunter lassen sich die gewünschten Unternehmungen nur mit Verzögerung realisieren. Kontakt und Info: Kuru Development Trust, Tel. 6597702, Fax 6597703, email: dqaeqare@gmail.com, kuru@botsnet.bw, www.kuru.co.bw und www.dqae.org.

Bei KM 118 von Ghanzi, kurz hinter Kuke, wird man am Polizeiposten „Kuke Fence – Food and Mouth Desease Controll Point" registriert, ehe man den **Veterinärzaun** passieren darf. Achtung: Aus Maun/Ngamiland dürfen keine Milch- und Fleischprodukte in andere Provinzen des Landes überführt werden (S. 388). An diesem Zaun beginnt die Zufahrt zum Tsau Gate des CKGR (S. 211). In **Sehitwa** erreicht man bei KM 190 die Teerstraße zwischen Shakawe und Maun (S. 288). Die trockene Zentralkalahari liegt nun endgültig zurück, die Vegetation wirkt mit ihren großen Bäumen vergleichsweise üppig. Kurz vor Maun passiert man das Sitatunga Camp mit Krokodilfarm und Campingplatz (S. 253).

Ghanzi – Maun

Gesamtstrecke: 292 km
Fahrzeit: ca. 3-3,5 Std.
Zustand: gut ausgebaute Teerstraße
Treibstoffversorgung: D'kar (ungesichert)
Besonderheit: Veterinärkontrolle in Kuke

Unterkunft entlang der Strecke

- **D'kar Kuru Trust Hostel & Campsite:** Auf dem Trust-Gelände liegen hübsche Holzunterkünfte zur Unterbringung von Projektbesuchern und Entwicklungshelfern. Sofern sie nicht belegt sind, dürfen auch Touristen darin nächtigen. Ein Bungalow mit Küche/Bad wird für rund 40 €/pP angeboten, ein Bett im Hostel für ca. 10 €/pP, Camping auf dem kleinen Grundstück hinter dem Laden kostet 3 €/pP.
- **Dqae Qare Community Farm:** 24 km östlich von Ghanzi zweigt die 8 km lange, steinig-sandige Zufahrt zur Wildfarm der Ncoakhoe-San ab. Im kolonialen Gästehaus „Rusplaas" werden Zimmer mit HP für 48 €/DZpP angeboten und Bushman Huts mit HP für 42 €/DZpP. Der Campingplatz mit heißen Duschen liegt 10 km vom Eingangstor entfernt an einem Wasserloch für die Wildtiere (5 €/pP). Tagesbesucher zahlen 3 € Eintritt. Neben den Tierbeobachtungen auf Game Drives und von den Beobachtungsständen stehen Bush-Walks (6 €/pP), Story Telling und rituelle Tänze der San (15 bzw. 90 €) auf dem Programm. Besucher sollten sich voranmelden (Tel. 6596574, Fax 6597703) oder zuerst beim Kuru Trust in D'kar erscheinen, weil die zwischen Ghanzi und D'kar gelegene Farm oft unbesetzt ist. Transfers für Nichtmotorisierte sind ebenfalls buchbar. Dqae Qare mag weniger professionell sein als die meisten Touristenlodges, aber es ist das einzige Projekt, das vollständig selbst von Buschleuten geleitet wird.
- **El-Fari Bush Camp:** Tel. 72120800, Fax 71591968, www.elfari.co.za. Ruhiger, schattiger Campingplatz 64 km von Ghanzi an der Straße nach Maun mit viel Privatsphäre und guter Ausstattung. Die 10 Stellplätze liegen 1,5 km neben der Straße (beschildert) und kosten 5 €/pP.

Südlich von Ghanzi

Kgalagadi-Dörfer und die "Kaa Kalahari Concession"

Die Region südlich und westlich von Ghanzi ist extrem dünn besiedelt. Eine stark geflickte, 112 km lange Asphaltstraße führt von Kang (S. 221) zu den vier historischen Siedlungen Hukuntsi, Tshane, Lehututu und Lokgwabe. **Hukuntsi** ist als größtes Kalaharidorf das Verwaltungszentrum der Region und verfügt über eine Tankstelle, Mini-ATM und kleine Läden. Von hier führt eine Tiefsandpiste über Zutshwa zum Kaa Gate des Kgalagadi Transfrontier Parks (S. 230). In **Tshane**, östlich von Hukuntsi, leben hauptsächlich Bakgalakgadi an der großen Tshane Pan, wo der häufige Nordostwind Sanddünen aufwirft. Die Polizei unterhält hier ein trostloses Gefängnis, ansonsten gibt es eine kleine Klinik und eine öffentliche Bücherei, aber keinen Laden. Am Ortsrand, getrennt von den Bakgalakgadi, hausen einige Buschleute in ärmlichen Hütten. Beide Minderheiten widersetzen sich den Regierungsbestrebungen, die Region stärker an das moderne Botswana anzubinden. Das nördlichste Dorf **Lehututu**, ebenfalls an einer Pfanne, wird mehrheitlich von San bewohnt. Für die Trecker und Reisenden aus der "guten alten Zeit" galt Lehututu wegen seines kleinen Ladens als wichtiger Handelspunkt. Heute ist davon aber nichts mehr zu spüren. Das Dorf **Lokgwabe** liegt 11 km südwestlich von Hukuntsi. Hier lebte und starb Simon Cooper, der Hottentottenführer, nach seiner Niederlage beim Nama-Aufstand (1904) gegen die deutsche Kolonialmacht im Exil. Hier endet auch der Teerbelag an einem Kreisverkehr (siehe Karte S. 232).

Info Während der Regenzeit wird dieser Teil der Kalahari, der bereits eine auffällige rote Erde mit leichter Dünung aufweist, von unzähligen blühenden Kriechranken (*Tribulus zeyheri*) in ein phantastisches gelbes Blütenmeer verwandelt. Der Boden ist hier deutlich fruchtbarer als in der Zentralkalahari

In dem abgelegenen, extrem einsamen Dreieck westlich von Hukuntsi bzw. zwischen Charles Hill an der Grenze zu Namibia und dem Kgalagadi Transfrontier Park, schließt sich die "**Kaa Kalahari Concession**" an. Sie bezeichnet eine vom Nqwaa Khobee Xheya Trust verwaltete Jagd- und Safarikonzession. Schilder informieren an den Zugängen zu diesem Gebiet den Durchreisenden, dass das Befahren kostenpflichtig sei. Innerhalb der Concession seien in Ukwi, Ngwatle, Zutshwa und Ncgang vier einfache Campingstellflächen ausgewiesen worden, aber einzig in **Zutshwa** lässt sich der Platz auffinden. Er liegt direkt an der Pan und bietet ein Schattendach, Grillstelle und Betontische. Ansonsten existieren keinerlei Informationen, Ausschilderungen, Preislisten oder Zahlstellen. Man erfährt nirgends, wieviel man eigentlich wofür bezahlen müsste, weil niemand so recht Bescheid weiß. Kassiert wird offensichtlich nur noch gelegentlich, dann aber sogar eine Quittung ausgestellt (z. B. 50 Pula/Fahrzeug). Reisenden, die anstelle von Wildcamping eines der vorgesehenen Camps aufsuchen möchten, empfehlen wir, im jeweiligen Dorf nach dem Chief zu fragen. Hinter der Idee mit den Campingplätzen und Wegegebühren steht der Versuch, ein touristisches Konzept für diese wirtschaftlich vernachlässigte Region anzubieten. Doch die wenigen Touristen, die hier vorbei kommen, sind eher verunsichert, und manche verweigern irritiert die Zahlung, wenn sie in den Dörfern, wie z. B. in Ukwi, doch einmal angesprochen werden. Und die Buschleute wiederum sind frustriert, weil sich die angekündigten Einnahmen so einfach nicht einstellen wollen.

Schon gewusst?
Spinnentiere haben stets acht Beine; Insekten dagegen nur sechs Beine

Unklare Situation für durchreisende Touristen

Von Charles Hill zum Kgalagadi Transfrontier Park

Fahrt durch die Kaa Kalahari Concession

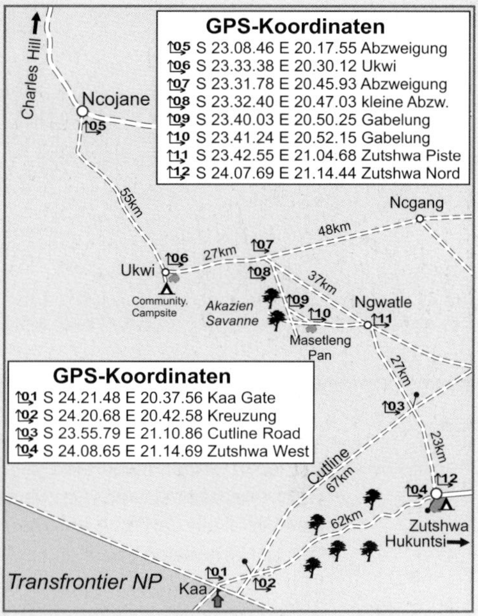

Eine Tour durch dieses Gebiet erfordert Expeditionsausrüstung (Konvoi mindestens zweier Allradfahrzeuge, Treibstoff- und Wasserreserven, Ersatzteile & Werkzeug, GPS & Detailkarten). Das Wegenetz geht auf erfolglose Erdölbohrungen der Regierung an der Masetleng Pan zurück (1989/90). Unterwegs sind nur kleine, triste San-Siedlungen anzutreffen, die von der Regierung nach Abbruch der Probebohrungen dort angesiedelt wurden.

Start der Piste ist an der Engen Tankstelle von Charles Hill (7 km östlich der Grenze zu Namibia). Eine breite, staubige Wellblechpiste führt hier nach Süden in die 105 km entfernte Ortschaft **Ncojane**. Am Ortsende von Ncojane zweigt die unbeschilderte, einspurige, aber noch verhältnismäßig breite Sandpiste nach Ukwi ab. Bei Fahrt-KM 129 betritt man die Kgalagadi Provinz und zugleich die "Hunting Concession KD1", die ein breites Schild markiert. 3 km weiter durchquert man die Urwi-Pan und erreicht nach insgesamt 160 km die San-Siedlung **Ukwi**. Mitten im Dorf beginnt eine breite, zweispurige Sandpiste nach Osten (Richtung Ncgang), der man bis zur Gabelung nach 27 km folgt. Hier rechts einbiegen in die ebenfalls zweispurige Piste nach Ngwatle. Nach 2,2 km darf man nicht die kleine, nach Süden abzweigende Sandspur übersehen, die nun direkt zu den Masetleng Pans führt. Die Spur ist zunächst von hartem Dorngestrüpp eingewachsen, gelangt jedoch nach rund 10 km unvermittelt in einen **traumhaft schönen Märchenwald**, der verschiedentlich auch "Western Woodlands" genannt wird. Prächtige Kameldornakazien auf flachem Grasboden ohne Dorngestrüpp wirken wie von einem Landschaftsgärtner gepflanzt. Uralte Bäume trotzen hier dem kargen Kalahariboden. Die gesamte Region ist ein Rückzugs- und Wanderweidegebiet für zahlreiche Wildtiere – Springböcke, Rote Kuhantilopen, Gnus, Strauße und Riesentrappen. Überall verraten hier tiefe Erdlöcher und Grabspuren die Anwesenheit von unzähligen Erdferkeln.

Durch diesen Akazienwald führt die kleine Piste zu den **Masetleng Pfannen**, die man bei Fahrt-KM 210 und 212,5 erreicht und jeweils durchquert (an der Gabelung bei KM 205 links halten). Anschließend geht es wieder durch buschiges Gestrüpp auf schmaler Sandspur in östliche Richtung bis zur San-Siedlung **Ngwatle** (KM 232). Am östlichen Ortsausgang stößt man auf die zweispurige Sandpiste nach Hukuntsi (80 km Entfernung). Nur 20 m weiter östlich, noch vor der Ngwatle Pan, zweigt aber schon die direkte Straße nach Zutshwa ab. Auch dies ist eine zweispurige Sandpiste, 27 km lang und gut befahrbar. Im Wegegewirr der verstreuten San-Siedlung **Zutshwa** ist am südwestlichen Ortsausgang die Tiefsandpiste zum Kaa Gate des Kgalagadi Transfrontier Parks ausgeschildert. Fast augenblicklich öffnet sich hier jetzt wieder eine herrliche Landschaft: Baumsavannen, mehrere Salzpfannen und einige rötliche Dünenzüge. Das gesamte Gebiet ist extrem einsam und sehr wildreich. Wegen der vielen Bodenwellen im Tiefsand kann man allerdings nur sehr langsam fahren. Die Zufahrt von Zutshwa bis zum Kaa Gate beträgt 70 km und ist eine der attraktivsten Nationalparkzufahrten im südlichen Afrika. Die beschriebene Gesamtstrecke von Charles Hill zum Kaa Gate beträgt 329 km.

Schon gewusst?
Pillendreher-Käfer navigieren beim Rollen von Dungkugeln nach dem Mondlicht !

Kgalagadi Transfrontier Park

Unter diesem Namen wurde im Mai 2000 der 26 000 km² große, unerschlossene Gemsbok Nationalpark mit dem kleineren Wildreservat Mabuasehube und dem südafrikanischen Kalahari Gemsbok Park zum ersten grenzübergreifenden Nationalpark der Welt, dem nun annähernd 38 000 km² großen KTP, zusammengeführt. Die drei Parkregionen bilden allerdings schon seit jeher eine gemeinsame ökologische Einheit ohne Barrieren. Das ehrgeizige Projekt des ersten "Peace Parks" Afrikas kam erst nach jahrelangen Verhandlungen zwischen den beiden Ländern zustande. Heute gilt er international als zukunftsweisendes Vorbild.

Das Flussbett des Nossob bildet die internationale Grenze, die jedoch seit jeher nur durch gelegentliche unauffällige Grenzsteine markiert wird. Der kleinere südafrikanische Parkanteil ist frühzeitig touristisch erschlossen und infrastrukturell gut ausgebaut worden, während der Nationalpark in Botswana überhaupt erst nach 1998 für die Öffentlichkeit zugänglich wurde und trotz aller Veränderungen der letzten zehn Jahre noch immer eine nahezu unerschlossene Wildnis birgt.

Klima und Reisezeit

Extreme Temperaturunterschiede kennzeichnen die südliche Kalahari. Zwischen Oktober und April wird es tagsüber bis über 40° C heiß und bleibt nachts relativ mild. Die Region gilt als trockenstes Gebiet Botswanas, und 70 % der jährlichen Niederschläge von lediglich 200 bis 350 mm fallen zwischen Januar und April, gerne gepaart mit dramatischen Gewittern. Ab Mai wird es sehr trocken mit deutlich sinkenden Temperaturen. Von Juni bis August sinken die Nachttemperaturen dramatisch; es besteht Frostgefahr mit Temperaturen bis - 10° C. Zwischen September und Januar sind dagegen Sand- und Staubstürme durchaus typisch.

Info Beachten Sie die südafrikanischen Ferienzeiten zu Weihnachten, zu Ostern und im Juni/Juli, denn zu dieser Zeit sind die Camps dieses beliebten Parks oft restlos überfüllt (vor allem auf südafrikanischer Seite)

Als beste Zeit für einen Besuch gelten die Monate von November bis Mai, wobei März und April explizit empfohlen werden. Zu dieser Zeit halten sich besonders viele Wildtiere und Vögel entlang des Nossob Flussbetts auf. Lieblich ist die südliche Kalahari nach starken Regenfällen in der Zeit von Januar bis März, weil sich die Landschaft in ein wogendes Gras- und Blütenmeer verwandelt hat und wie ein üppiger Garten wirkt. Antilopen sind in dieser Zeit zahlreich, aber deren Jäger durch das hohe Gras kaum zu entdecken. Die kalten Monate zur Trockenzeit bieten dagegen bessere Beobachtungschancen, weil sich das Wild nun an den Wasserpumpen sammelt.Raubkatzen und andere Jäger sind in der kühlen Jahreszeit auch tagsüber aktiv. Die guten Tierbeobachtungschancen auf den Pirschfahrten bleiben auch während der staubig-heißen Jahreszeit bestehen, bis sich die Tiere nach den ersten neuen Regenfällen wieder im Hinterland versprengen.

Natur und Tierwelt

Landschaftlich darf dieser Park sicherlich zu den eindrucksvollsten im südlichen Afrika gezählt werden. Leuchtend rote Sanddünen stehen in attraktivem Kontrast zu den baumbestandenen Flusstälern. Hier gibt es kaum noch Pfannen, die Vegetation geht bereits in die rötliche, aride Namibwüste über. Anstelle von Grasebenen herrschen **Dünenkämme** vor, die mit einzelnen Weißstamm-Boscia (Shepherd's Tree, *Boscia albitrunca*) bestanden sind. In den Flussbetten stehen bis zu 15 m große Kameldornakazien (*Acacia erioloba*). Ferner sind Kurzdorn-Granat (*Rhigozum brevispinosum*), Kerzenakazien (*Acacia habaclada*), Ringelhülsenakazien (*Acacia tortilis*) und der Graue Kameldorn (*Acacia haematoxylon*) vertreten.

In den Rastlagern Nossob und Twee Rivieren werden günstige Night Drives angeboten

Nossob und **Auob** führen nur noch periodisch Wasser, daher sichern zahlreiche Windräder an den Pans die ganzjährige Wasserversorgung der Wildtiere. Seit Beginn der Aufzeichnungen 1926 hat es nur dreimal so starke Regenfälle gegeben, dass Nossob und Auob sich gemeinsam mit Wasser füllten. Weihnachten 1999 konnte man dieses Schauspiel erleben, als in Mata Mata in vier Tagen 138 mm Regen fiel (wo die durchschnittliche Jahresmenge nur 150 mm beträgt!). Fließendes Wasser zwischen roten Dünen – ein herrlicher Anblick für die einen, Ärger für andere, weil tagelang die Wege gesperrt werden mussten und sowohl Mata Mata Camp als auch Nossob Camp von der Außenwelt abgeschnitten waren.

Wasserführende Flüsse sind in diesem Nationalpark ein sehr seltenes Naturschauspiel

Der Park ist für seine schwarzmähnigen **Kalaharilöwen** berühmt, die sich hier laut einer Studie zu 25 % von Stachelschweinen ernähren. Auch für Geparde, Luchse und Braune Hyänen bietet das offene Terrain gute Lebensbedingungen. Häufig sind auch Leoparden, Afrikanische Wildkatzen, Löffelhunde, Mangusten und Schakale. Freundliche Erdmännchen und Borstenhörnchen unterhalten die Besucher in den Camps. Acht Antilopenarten sind vertreten: Elen-, Oryx-, Kuh- und Steinantilopen, Ducker, Gnus, Kudus und Springböcke. Die größten Oryxherden treten zwischen März und Mai auf, wenn nach der Regenzeit frisches Gras sprießt.

Schon gewusst?
Viele Kalaharikäfer können nicht fliegen. Sie haben nur noch Flügelansätze, denn ihr Flüssigkeitsverlust im Flug wäre viel zu hoch.

Unter den mehr als 260 **Vogelarten** im Park zählen über 80 zu den Raubvögeln, wie Zwergfalken, Fleckenuhus und Schwarzbrust-Schlangenadler, und den Aasfressern, wie Weißrücken- und Ohrengeier. Eine auffallende Besonderheit dieser Region sind die voluminösen Nester der Siedelwebervögel, in denen jeweils bis zu 300 Vögel leben. Die riesigen Gemeinschaftsnester an Bäumen oder Telegrafenmasten schützen die Vögel und ihren Nachwuchs vor der sengenden Hitze. Die Vogelarten Rußnektarvögel und Stark's Kurzhaubenlerchen kommen sonst nirgends in Botswana vor; auch Strichelracken sieht man in anderen Landesteilen eher selten.

Tipp für Vogelfreunde: Mitten im Nossob Camp lassen sich Kapsperling, Schnurrbärtchen, Fiskalwürger, Drosselschnäpper, Kardinalspecht und Weißgesichtohreule entdecken!

Die meisten Tiere der südlichen Kalahari zeigen ein ausgeprägtes **Wanderverhalten**, daher variiert ihre Anzahl im Park von Jahr zu Jahr enorm. Südafrikanische Wildhüter ermitteln zweimal jährlich die Bestandszahlen der Antilopen. Gnus und Elenantilopen erreichen die krassesten Abweichungen: Bei einer Zählung im September 1981 wurden 13 099 Elenantilopen erfasst, 6 Monate später nur 12 Tiere. Und die Zahl der Gnus sank von September 1979 auf September 1983 von 172 105 Tieren auf nur noch 419.

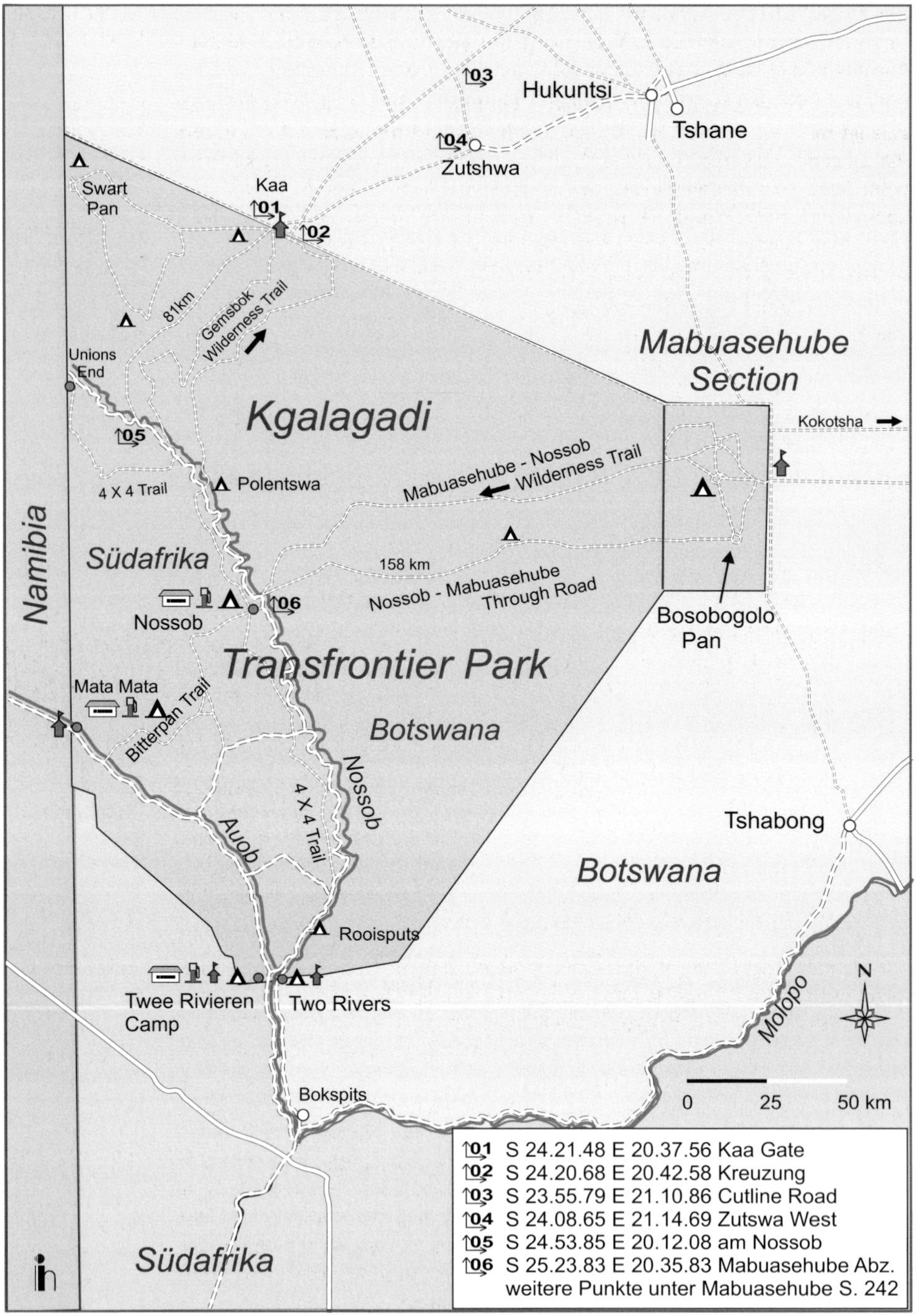
Hukuntsi
Tshane
Zutshwa
Kaa
Swart Pan
81km
Gemsbok Wilderness Trail
Unions End
Mabuasehube Section
Kokotsha
Kgalagadi
Mabuasehube - Nossob Wilderness Trail
Polentswa
4 X 4 Trail
Namibia
Südafrika
158 km
Nossob - Mabuasehube Through Road
Nossob
Bosobogolo Pan
Transfrontier Park
Mata Mata
Bitterpan Trail
Botswana
Nossob
4 X 4 Trail
Auob
Tshabong
Botswana
Rooisputs
Twee Rivieren Camp
Two Rivers
Molopo
N
Bokspits
0
25
50 km
Südafrika
01 S 24.21.48 E 20.37.56 Kaa Gate
02 S 24.20.68 E 20.42.58 Kreuzung
03 S 23.55.79 E 21.10.86 Cutline Road
04 S 24.08.65 E 21.14.69 Zutswa West
05 S 24.53.85 E 20.12.08 am Nossob
06 S 25.23.83 E 20.35.83 Mabuasehube Abz.
weitere Punkte unter Mabuasehube S. 242

Anreise zum Nationalpark

Der Park verfügt über insgesamt fünf Zugänge von drei verschiedenen Ländern. Je ein Gate ist von Namibia und Südafrika zugänglich, die restliche drei Gates von Botswana (Two Rivers, Kaa Gate und Mabuasehube Gate).

Die drei Parkzugänge in Botswana sind nur mit Allradfahrzeugen erreichbar

Zufahrt von Bokspits zum Parkeingang Two Rivers (Botswana): Von Bokspits gelangt man auf einer 53 km langen, sandigen Allradstrecke nach Norden zum Parkeingang und Camp „Two Rivers", welches dem südafrikanischen Parkeingang beim Twee Rivieren Camp in Sichtweite gegenüber liegt. Hinter dem Two Rivers Camp führt die Piste durch das Nossobflussbett zum südafrikanischen Wegenetz. Da im Nossobtal nur die südafrikanische Straße existiert, benützt man auch als Botswana-Reisender diese Schotterstraße am Westufer des Nossob.

Schon gewusst?
Siedelwebervögel ernähren sich besonders gerne von Termiten

Zufahrt von Südafrika zum Parkeingang Twee Rivieren: Alternativ bietet sich von Südafrika kommend die Hauptzufahrt in den KTP beim Twee Rivieren-Zugang an, der 265 km nördlich der Stadt Upington liegt. 58 km vor dem Parkzugang besteht eine Übernachtungsgelegenheit in der Molopo Kalahari Lodge (Tel./Fax 0027-54-5110008/9, www.molopo.co.za; Chalets und Camping mit Bar/Restaurant/Pool). Diese viel benützte Zufahrt lässt sich auch mit einem Pkw gut bewältigen.

Zufahrt von Namibia zum Mata Mata Rest Camp: Seit 13.10.2007 ist die Grenze bei Mata Mata zwischen Namibia und Südafrika wieder offen (täglich von 08.00-16.30 h). Grenzgänger müssen jedoch mindestens zwei Nächte im Nationalpark verbringen und sich außerdem beim Immigration-Schalter in Twee Rivieren melden. Dies verhindert, dass die Strecke als reiner Transitweg missbraucht wird.

Wildreiche, langsame Genuss-Strecke für erklärte Sandpistenfans

Zufahrt zum Kaa-Gate (Botswana): Von Kang führt eine 112 km lange, stark beschädigte Teerstraße in die Streusiedlung Hukuntsi (S. 221, 228). Am Ende der Fluglandebahn beginnt die beschilderte, zunächst breite Allradpiste zum Kaa Gate. Sie führt durch eine Pfanne am Ortsende von Hukuntsi und einsam weiter bis Zutshwa (60 km schwierige Piste voller Fahrrinnen von Lkws). Zutshwa ist die letzte Ansiedlung entlang dieser Strecke. Hier wird die Piste zur schmalen Tiefsandspur und führt die nächsten 70 km bis zum Kaa Gate durch eine Traumlandschaft. Siehe Beschreibung S. 229. Gesamtdistanz Kang-Kaa Gate: 242 km, ca. 6-7 Std. Fahrtzeit.

Zufahrt zum Mabuasehube-Gate (Botswana): Diese Allradzufahrt wird im Kapitel „Mabuasehube Parkgebiet" auf S. 240 beschrieben.

Unterwegs im KTP

Für alle Kalaharigebiete gilt, dass sich ein "wild durch die Gegend fahren" in der Regel nicht auszahlt. Das Hauptargument dagegen ist die eigentümliche Atmosphäre der Kalahari, die man, egal zu welcher Jahreszeit, in Hetze und Eile kaum erfahren dürfte. Die Kalahari besticht durch ihre Kargheit, Weite und Einsamkeit. Ihre Besonderheiten, wie die spezielle Vegetation und Dünenformung, fallen nur dem aufmerksamen Betrachter auf. Viele Wildtiere sind hervorragend getarnt und werden erst auf den zweiten oder dritten Blick erspäht. In der Trockenzeit lohnt es sich besonders, an einem Bohrloch auszuharren und das ständige Kommen und Gehen der Wildtiere zu beobachten. Schwieriger werden Tierbeobachtungen zur Regenzeit, wenn sich die Tiere viel stärker verteilen. Es lohnt sich auf jeden Fall, vor der Pirschfahrt die Wildhüter danach zu fragen, wo derzeit die meisten Tiere anzutreffen sind; und manchmal können auch andere Besucher wertvolle aktuelle Empfehlungen für die Tierbeobachtung geben.

Info In den südafrikanischen Camps liegen Gästebücher für die Tierbeobachtungen aus. Bei aktuellen Einträgen, wie z. B. "5 Löwen mit Kill an Melkvlei Pan", lohnt es sich, dort vorbeizuschauen

Info Die südafrikanischen Pisten im KTP sind auf 50 km/h begrenzt. Die Straße im Nossobtal leidet unter hartem Wellblech und seitlichen Sandwällen, was die Tierbeobachtung von einem niedrigen Pkw aus ziemlich erschwert

Das Wegenetz im Park gliedert sich in dreierlei Schwieirigkeitsgrade. Beim südafrikanischen Straßennetz im Nossobtal, Auobtal und zwischen den Rest Camps Twee Rivieren, Mata Mata und Nossob handelt es sich um regelmäßig gewartete Ganzjahrespisten, die keinen Allrad erfordern, denn diese Hauptwege wurden zu festen Sand- und Schotterstraßen ausgebaut. Alle anderen Strecken im Park sind unbefestigte (Tief-)Sandpisten und erfordern Allrad und eine gute Bodenfreiheit. Schwierigkeitsstufe 3 haben die so genannten „Wilderness Trails", die nur mit diversen Auflagen, bei erfolgter Vorausbuchung und gegen Zusatzgebühren befahren werden dürfen (S. 236).

Schon gewusst?
Weltweit existieren rund 3500 Schabenarten. Flinke Kakerlaken können in einer Sekunde 25 mal die Richtung wechseln und dabei 1,30 m zurücklegen

Unterwegs im Nossob- und Auob-Tal: Die Hauptstraße im Park folgt der internationalen Grenze im Nossob-Flusstal (die "Border Road"). Sie führt an zahlreichen Wasserstellen und Pfannen vorbei und erreicht nach 160 km das südafrikanische Nossob Camp. Folgt man der Straße weiter nach Norden, gelangt man über die Polentswa Pan (auch Grootbrak Pan; Beginn des Wilderness Trails) nach insgesamt 288 km Fahrt nach Union's End am nördlichen Parkende (Parkplatz, Toilette, kein Grenzübergang nach Namibia). Von Twee Rivieren führt eine weitere breite Piste durch das Auob-Tal zum Mata Mata Camp (127 km).

Im **Flussbett** von Auob und Nossob und besonders an den **Bohrlöchern** und Pfannen halten sich Gnus, Kuhantilopen und Springböcke auf. Von allen Raubtieren lassen sich Löwen am leichtesten und ausgiebigsten beobachten, denn die selbstbewussten, trägen Gesellen suchen keine Tarnung vor dem Menschen, sondern nur Schatten und ihre Ruhe. Von Fahrzeugen nehmen sie meist erstaunlich wenig Notiz. Geparde scheuen den Menschen stärker, aber auch sie ruhen in der Hitze des Tages gerne stundenlang im Schatten der Bäume. Bei Oryxherden mit Jungtieren sollte man die Umgebung absuchen, denn meist folgen einige Tüpfelhyänen den Jungtieren, die rund die Hälfte ihrer Nahrung ausmachen. Die scheuen Braunen Hyänen sind viel schwieriger zu entdecken, am ehesten noch in der Dämmerung an einem Löwenkill, den sie als Aasfresser aufsuchen. Entlang des Nossob hat das Wasser der zahlreichen Bohrlöcher höchst unterschiedliche Qualitäten. Sehr mineralhaltige Wasserstellen, wie Melkvlei, Kaspersdraai und Polentswa, werden von Oryxantilopen bevorzugt, die dafür „süße" Wasserstellen, wie Rooiputs, Union's End und Kubitje Quab, meiden. Bei den Gnus ist es genau gegensätzlich; sie bevorzugen „süßes" Wasser und meiden das Salzige, Mineralische.

Tipp für Leseratten: „Guide to the Kalahari Gemsbok National Park" (Southern Book Publishers, Gus Mills & Clem Haagner) heißt ein zwar etwas überholtes, aber sehr interessantes Werk, das sich mit der besonderen Flora und Fauna dieses Parks beschäftigt. Es wird u. a. auch in den südafrikanischen Camps verkauft.

Zwei **Querverbindungen** bestehen zwischen diesen beiden Flusstälern (auf südafrikanischem Gebiet). Diese Verbindungen zwischen den Flusstälern entführen den Reisenden in ein völlig anderes Landschaftsbild und laufen über malerische, wellige Dünenkämme. Sie sind der Lebensraum für Ducker und Steinantilopen, aber auch Elenantilopen, Strauße und Riesentrappen halten sich in den Dünen bevorzugt auf. Honigdachse kann man hier erspähen und immer wieder die munteren Erdhörnchen und Erdmännchen. Auch das schnatternde Geschimpfe aufgeschreckter Gackeltrappenmännchen ist typisch für die Dünenlandschaft.

Bitte beachten: Diese einsame Strecke wird oft tagelang nicht befahren!

Im botswanischen Parkgebiet mussten in den letzten Jahren erst Wege und Pisten angelegt werden. So ist der **Rundkurs beim Kaa Gate** erst 2002 kreiert worden und führt durch ein jungfräuliches, sehr einsames Gebiet. Eine 30 km lange, ziemlich kurvige und tiefsandige Piste führt vom Kaa Gate zur Sizatswe Pan, wo der Rundkurs beginnt. Fährt man im Uhrzeigersinn führt die Piste über die kleinen

Pfannen Thupapedi Pan und Khandu Pan zur 28 km entfernten, idyllischen Gnus Gnus Pan. Dort knickt die Piste nach Nordwesten zur Swart Pan (weitere 47 km). Diese runde Graspfanne mit Tränke für die Wildtiere und zwei schön gelegenen Campsites kann man umrunden und außerdem eine Pirschfahrt zu den kleinen Pfannen südlich der Swart Pan unternehmen. Die Rückfahrt zum Ausgangspunkt verläuft über die Kaole Pan und Thotayamakgowa Pan (45 km).

Bilder oben: Wegmarkierung im Park; darunter die Öffnungszeiten im KTP, an die man sich strikt halten muss

Fahrt vom Kaa Gate zum Nossob Camp: Die 81 km lange tiefsandige und zugleich lästig rippige Allradpiste vom Kaa Gate bis zur südafrikanischen Straße im Nossobflussbett führt durch niedriges Gebüsch und überquert zahlreiche kleine Dünenkämme. Bei KM 19, 50 und 58 ab Kaa Gate überquert man Graspfannen. Dann wird die Vegetation immer spärlicher. Im Nossobtal erlaubt die feste Sandstraße angenehme Fahrt entlang der Windräder zum 97 km entfernten Nossob Camp. Gesamtstrecke: 178 km, ca. 5-6 Std.

Fahrt von Nossob nach Mabuasehube: Zwei Pisten ermöglichen es seit 2001, das riesige Gebiet zwischen Nossob und Mabuasehube zu besuchen. Während es sich bei der nördlicheren Strecke um den reglementierten „Mabuasehube-Nossob-Wilderness Trail“ (S. 236) handelt, darf die weiter südlich verlaufende, als „Through Road“ oder „Access Track“ bezeichnete Piste frei befahren werden. Sie beginnt 3 km nördlich des Nossob Camps (beschildert), durchquert das Flussbett und gabelt sich nach 800 m. Von links mündet hier der „Mabuasehube-Nossob-Wilderness Trail“ ein, fahren Sie also rechts auf der Hauptspur weiter. Nach 18,5 km erreicht man die größte fahrtechnische Herausforderung dieser Strecke: große, malerische Sanddünen, die es zu überqueren gilt. Besonders "Düne 18,7" fordert Fahrzeug und Fahrer! An den höchsten Dünenkämmen haben sich bereits Umfahrungen gebildet. Kilometerlang geht es durch sehr tiefen Sand inmitten des rötlichen Dünenmeers – eine herrliche Szenerie mit großem Wildreichtum und unzähligen Tierspuren im Weichsand. Ab KM 28 wird der Boden wieder fester, und die Piste zur kurvenreichen, rippigen Wellblech-Tortur. Bei KM 94 liegt der erste Campingplatz im dichten Gebüsch (keine Einrichtungen, nur ein Schild). Bei KM 103 überquert man die einzige große Pfanne dieser Strecke, 2 km dahinter liegt der zweite Campingplatz (wieder reizlos im Gebüsch und ohne Einrichtungen). Von hier aus sind noch 60 km durch Dorngebüsch mit einzelnen Bäumen zu fahren, ehe man auf die Bosobogolo Pan im Mabuasehube-Gebiet trifft. Die Strecke ist sehr anstrengend wegen des vielen Wellblechs, der engen Dornbüsche und des Gegenverkehrs, mit dem man hier immer rechnen sollte. Allrad ist zwingend erforderlich, Fahrpraxis im Tiefsand sehr von Vorteil. Die Distanz von Nossob Camp zur Bosobogolo Pan beträgt 163 km, zum Mabuasehube Gate insgesamt 192 km. Es sollte ein ganzer Fahrtag eingerechnet werden.

Beschreibung des Mabuasehube-Parkbereichs: ab S. 240

Die 4 x 4 Wilderness Trails

Bei den ausgewiesenen Wilderness Trails handelt es sich um anspruchsvolle Touren mit Expeditionscharakter. „Busch-Erfahrung" und entsprechende Ausrüstung werden vorausgesetzt: Treibstoff, Reservereifen, Ersatzteile, Werkzeug, Nahrungsmittel und Trinkwasser (mind. 10 l pro Person/Tag). Fahrtechnisch fordern diese Allradpisten ebenfalls Know-how, z. B. in tiefen Sandpassagen oder in Grasebenen mit sehr hoch stehendem Gras. Bitte beachten Sie unsere Autofahrer-Hinweise (S. 380) und folgende Regeln:

Wilderness Trails in Botswana

Für beide Wilderness Trails ist eine Vorausbuchung in Gaborone zwingend vorgeschrieben. Pro Tag wird nur einer Reisegruppe erlaubt, den Trail zu befahren, was eine maximale Exklusivität sichert. Jede Reisegruppe muss aus 2-5 Allradfahrzeugen bestehen (bis 3,5 Tonnen Gewicht, keine Anhänger erlaubt). Offroad zu fahren ist streng verboten, Müll muss mitgeführt und benütztes Toilettenpapier verbrannt werden. Die Trail-Gebühren betragen derzeit 200 Pula pP/Tag.

Wilderness Trail I: Rundtrip via Gemsbok Wilderness Trail

Der 285 km lange Tiefsand-Rundkurs erfreut sich bei Offroad-begeisterten Südafrikanern großer Beliebtheit, die ihn oft weniger der Natur und Tierwelt zuliebe fahren, als um die Sandpisten in Rallye-Manier zu durchpflügen. Der Anspruch dieses Trails an Fahrzeug und Fahrer ist mit der Strecke Xade-Khutse GR vergleichbar. Treibstoff und Wasserversorgung sollten hier kaum zum Problem werden, da das Nossob Camp, 58 km südlich der Polentswa Pan, über Tankstelle und Lebensmittelladen verfügt. Somit muss nur Sprit für 400 bis 450 km Sandstrecke gebunkert werden. Beginn der ausgewiesenen Drei-Tage-Tour ist der Polentswa Campsite. Die Tiefsand-Allradstrecke führt entlang vieler Graspfannen nach Norden bis zum Kaa Gate und in einem weiten Bogen wieder zurück an den Nossob (bei der Buchung bekommt man eine gezeichnete Landkarte ausgehändigt). Auf der Strecke wurden drei Übernachtungsplätze ausgewiesen: Tweelina Rambuka nach 40 km, Setsatsewe Pan nach weiteren 55 km und Lang Rambuka Pan nach abermals 140 km. Es ist außerdem möglich, nur den halben Trail zu befahren (Kaa Gate bis Polentswa oder umgekehrt).

Wilderness Trail II: Mabuasehube-Nossob 4 x 4 Wilderness Trail

Die 163 km lange Strecke darf nur von Osten (Mabuasehube) nach Westen (Nossob) befahren werden, weil die Sanddünung von West nach Ost zu steil zum Befahren sei. Der Trail beginnt an der Malatso Pan (GPS S 25.02.60 E 21.80.43). Er führt zur Mosomane Pan (40 km), wo eine Nacht an einem ausgewiesenen Platz campiert werden muss (GPS S 25.13.02 E 21.41.13, keine Einrichtungen). Am zweiten Tag folgen die restlichen 100 km bis zum Nossob Camp. Es ist nicht erlaubt, diesen Zeitrahmen zu verkürzen oder zu verlängern. Der Trail wird wegen der hohen Gebühren kaum befahren, obwohl er als deutlich attraktivere Strecke gegenüber der "Through Road" gilt.

Wilderness Trails in Südafrika

Nossob 4x4-ECO-Trail

Beginn des drei Nächte dauernden südafrikanischen Trails ist abwechselnd in Nossob und Twee Rivieren. Auch hier sind nur Gruppen von 2 bis 5 Allradfahrzeugen zugelassen (keine Trailer erlaubt), die Anforderungen an Fahrzeuge und Ausrüstung entsprechen denen für die Botswana-Trails. Übernachtet wird auf den einfachen Rastlagern Witgat Camp, Rosyntjiebos Camp, Kameldoring Camp und Swartbas Camp, die jeweils mit Buschtoilette, Dusche und Feuerstelle ausgestattet wurden. Wer den Trail befährt, muss zusätzlich zu den Parkeintrittsgebühren eine Trail-Gebühr von 1730 Rand pro Fahrzeug bezahlen. Wenn der Trail in Nossob endet, bietet es sich an, direkt im Anschluss den Wilderness Trail I (Botswana) zu unternehmen. Für das Befahren des Nossob 4x4-Eco-Trails ist eine Treibstoffreichweite von 300 km notwendig. Die südafrikanische Parkbehörde, wo vorab reserviert werden muss, nimmt auch Einzelanfragen entgegen, um auf diese Weise Gruppen von 2-5 Fahrzeugen zu bilden. Ein Wildhüter begleitet die Teilnehmer außerdem in einem eigenen Fahrzeug. Reservierung: Tel. 0027-54-5612000, Fax 5612005, www.sanparks.org. Außerdem gibt es einen 13 km langen **Leeudril 4x4 Loop**, der 100 Rand Gebühr kostet und nur direkt in Twee Rivieren gebucht werden kann.

Praktische Infos für den Parkbesuch

Besucherpreise in Botswana: Tageseintritt 20 Pula (Kinder von 2-15 Jahren 50% Nachlass) und pro Fahrzeug 4 Pula. Campinggebühr 30 Pula pro Person, für Kinder die Hälfte. Vorreservierung zwingend notwendig. Für die Befahrung der Wilderness Trails werden zusätzlich 200 Pula pP/ Tag erhoben. Es besteht Reservierungspflicht beim DWNP in Gaborone (S. 137 und S. 364).

Besucherpreise in Südafrika: Tageseintritt 160 Rand pP, Kinder die Hälfte. Camping 150 Rand (bis zu 6 Pers.), Chalets je nach Größe und Ausstattung 520-1045 Rand. Im Zeitraum vom 10. Januar bis 15. März und 01. November bis 15. Dezember eines jeden Jahres gibt es 30 % Nachlass auf alle Übernachtungsgebühren.

Wer eine passende "Wild Card" besitzt, genießt bis zu 10 Tage freien Eintritt in SA-Parks. Infos dazu gibt es bei www.sanparks.org.

Das Vorreservieren der südafrikanischen Camps ist zwar nicht Pflicht, aber zumindest in Ferienzeiten und der Hochsaison sehr ratsam. Kontaktadresse: S. 239. Es ist möglich, online unter www.sanparks.org zu reservieren und per Kreditkartenabbuchung zu bezahlen. Sollte man Online-Buchungen später stornieren müssen, werden die Zahlungen allerdings nicht mehr erstattet. Tipp: Auf der Website kann man die freien Kapazitäten der einzelnen Camps ersehen.

Das **Kombinieren von Camps** beider Länder ist erlaubt. Man bezahlt den Eintritt und die Übernachtung stets in dem Land, auf dessen Gebiet man nächtigt. Die südafrikanischen Camps akzeptieren als **Zahlungsmittel** Rand, Pula und Namibia-Dollar; in Twee Rivieren ist auch eine Kreditkartenzahlung möglich. Auf botswanischer Seite wird bisher nur der Pula in bar akzeptiert. Zum Besuch beider Ländergebiete sind keine **Grenzformalitäten** nötig, wenn die Ein- und Ausreise in den KTP im gleichen Land – Botswana oder Südafrika – stattfindet. Nur wer über den Park in das andere Land weiterreisen möchte, muss den Pass bei den Immigration-Beamten in Two Rivers oder Twee Rivieren abstempeln lassen (täglich von 07:30 - 16:00 h) und mindestens zwei Tage im Park verbingen.

Das Hans Schwabe-Grab

Der deutsche Geologe Hans Schwabe tauchte 1958 in Twee Rivieren auf, um seiner Version zufolge den Auob entlang zur Grenze nach Südwestafrika (heute Namibia) weiterzureisen. Doch Schwabe vermutete Diamanten im Schutzgebiet, nach denen zu suchen ihm aber niemals genehmigt worden wäre. Statt dem Auob zu folgen, fuhr Schwabe deshalb heimlich den Nossob flussaufwärts. An der Kwang Pan ließ er sein Fahrzeug zurück. Darin ein hastig geschriebener Abschiedsbrief, der den Eindruck erweckte, Schwabe habe sich verirrt und sei auf der Suche nach Wasser zu Fuß weiter gelaufen. Schon am folgenden Tag wurde das Fahrzeug mit der mysteriösen Meldung entdeckt und sofort ein Suchtrupp los geschickt. Doch dann fielen immer mehr Ungereimtheiten auf: Warum hatte Schwabe, wenn er so dringend auf Wassersuche war, das Kühlwasser im Auto gelassen? Und warum war er nicht einfach an das Windrad zurückgekehrt, wo er kurz vorher noch das Wasser gesehen hatte? Auch seine Fußspuren gaben Rätsel auf: Von Zeit zu Zeit muss Hans Schwabe im Boden gegraben und Bodenproben entnommen haben. Es schien, als wäre der Geologe bewusst aufgebrochen, um heimlich nach Diamanten zu suchen, die er nach seiner „Rettung“ würde vermarkten können. Dieser Leichtsinn kostete ihm das Leben, denn als der Suchtrupp die Polentswa Pan erreichte, fanden sie dort nur noch die Leiche Schwabes. Geier und Hyänen hatten sie fast völlig zerfressen. Seine Überreste wurden noch an Ort und Stelle am 22. Oktober 1958 begraben. Das Geheimnis um seinen seltsamen Todesmarsch nahm er mit in den Tod. Sein Grab mit dem Steinhaufen und einem schmiedeeiseernen, schiefen Kreuz steht noch heute an der Polentswa Pan, auf der Zufahrt zum Polentswa Camp und dem Wilderness Trail.

Unterkunft im Kgalagadi Transfrontier Park

Ob man sich in den Botswana-Camps oder den südafrikanischen Camps aufhält unterscheidet sich enorm. Auf den Camps in Botswana nächtigt man vollkommen offen, zumeist ohne Wasseranschluss, aber in stiller Natur. Die südafrikanischen Camps sind dagegen zu regelrechten Ferienresorts ausgebaut worden und bieten den Reisenden Informationszentren, Einkaufsläden und Tankstellen. Diesen Komfort bezahlt man mit einem gewissen Verlust an Individualität und Stille.

Es ist möglich, bei einem Aufenthalt im Park die Camps beider Länder zu nützen. Die Gebühren für Eintritt und Übernachtung werden jeweils so, wie sie anfallen, in Rechnung gestellt: Wo abends genächtigt wird – ein Camp in Botswana oder Südafrika – entscheidet darüber, in welchem Land die Tagesgebühren anfallen.

Einsames, stimmungsvolles Polentswa Camp

Die Campingplätze im Parkgebiet von Botswana

Two Rivers Camp: Direkt neben dem Eingang und dem großen Wildhütercamp liegen die vier Stellflächen gegenüber dem südafrikanischen Twee Rivieren Camp. Es bietet zwar mit schattigen Stellflächen, sauberen Toiletten und warmen Duschen die beste Ausstattung der Camps in Botswana, hat aber keinen Wildnischarakter und ist eingezäunt.

Rooiputs Camp: Sechs Stellplätze mit Duschvorrichtung, Schattendach und Abfalltonnen 24 km nördlich von Two Rivers erhöht auf einem Dünenkamm mit Blick auf den Nossob gelegen. Hier werden regelmäßig Gnus, Löwen und Tüpfelhyänen gesichtet. Während der Trockenzeit ist die kurze Zufahrt nur mit Allrad zu bewältigen. Nr. 4 liegt am einsamsten und ruhigsten, Nr. 5 und 6 haben den besten Ausblick zur Tränke im Nossob.

Polentswa Camp: Das Camp 58 km nördlich des Nossob Rastlagers ist ganzjährig auch ohne Allrad erreichbar und liegt etwa 1 km neben der gleichnamigen Graspfanne mit Windrad (Südafrikaner nennen diese Pfanne Grootbrak Pan). Zahlreiche Oryx- und Kuhantilopen halten sich hier auf. Platz 1 liegt besonders schön am Pfannenrand; Platz 2 schließt sich gleich dahinter an, Nr. 3 ist weiter abseits mit gutem Ausblick. Alle Plätze bieten Schattendächer, einfache Buschtoiletten und Duschvorrichtungen (ohne Wasser).

Auf dem Rundkurs beim Kaa Gate befinden sich fünf Campsites: Leicht abschüssig liegt ein Campsite am Rand der **Sizatswe Pan** und ein weiterer an der **Thupapedi Pan** (keine Einrichtungen, kaum Schatten). Der Platz an der **Gnus Gnus Pan** besticht durch seine absolute Einsamkeit (ebenfalls ohne Einrichtungen). Die schöne, wildreiche **Swart Pan** nahe der namibischen Staatsgrenze säumen zwei reizvoll gelegene Campingplätze mit Feuerstelle, Schattenbaum und Ausblick. Hier gibt es sogar Wasserleitungen, die aber nicht verlässlich sind. Viele Hyänen und Löffenhunde! Ein wenig abseits des **Kaa Gates** gibt es zwei Campingstellen mit Toiletten und funktionierenden Duschen.

Nossob Camp: Schakal auf nächtlicher Diebestour

Auf der **Trough Road** zwischen Nossob und Mabuasehube stehen zwei unattraktive Campingplätze zur Verfügung (Motopi 1 bei GPS S 25.24.08 O 21.40.70 und Motopi 2 bei GPS S 25.24.98 O 21.51.16). Hier fallen die zahmen Gelbschnabeltokos auf.

Es besteht Vorreservierungspflicht beim DWNP in Gaborone (S. 137 und S. 364). Die Officer am Two Rivers Gate sind allerdings berechtigt, eigenständig Besucherpermitts auszustellen und Zahlungen anzunehmen. Sie dürfen auch beim Reservieren anderer botswanischer Parks behilflich sein.

Die Campingplätze und Chalets im Parkgebiet von Südafrika

Auf der südafrikanischen Seite stehen den Besuchern drei erstklassig ausgestattete, umzäunte Rastlager zur Verfügung: Twee Rivieren, Mata Mata und Nossob. Alle bieten Campingplätze und Rondavel, sehr gute Einrichtungen und Versorgungsmöglichkeiten, zuverlässige Tankstellen und in Twee Rivieren sogar Pool und Restaurant. Südafrikanische Camps und Nationalparks unterliegen einem strengen Reglement. Es wird auf die strikte Einhaltung der erlaubten Fahrzeiten geachtet und alle Pirschfahrten werden mit einer Art Laufzettel registriert. Wer sich nicht regelkonform verhält, und z. B. für bessere Fotos das Wegenetz verlässt oder sich aus dem Autofenster lehnt, läuft Gefahr, fotografiert und an der „Wall of Shame" in den Camps an den Pranger gestellt zu werden. Auch drohen Bußgelder bei Vergehen gegen die Parkordnung. Machen Sie sich daher mit den Bestimmung vertraut, die Sie an der Rezeption ausgehändigt bekommen.

Reservierungen können bei **South African National Parks**, P. O. Box 787, Pretoria 0001, Südafrika, getätigt werden: Tel. +27-12-4289111/3431991, Fax 3430905, email: reservations@sanparks.org, die Website lautet www.sanparks.org. Buchungsbüro in Kapstadt: Tel. 0027-21-4876800. Das Büro von Twee Rivieren ist direkt erreichbar unter Tel. 0027-54-5612000/5610021, Fax 5612005/5610026. Siehe auch Tipp S. 237.

Twee Rivieren: Das größte Camp im Park (31 Cottages/Chalets und 30 Campingstellflächen mit und ohne Stromanschluss) hat den Charakter einer Ferienanlage. Neben einem gut bestückten Laden (Fleisch, Konserven, Milchprodukte, Feuerholz, Souvenirs, Postkarten und Bücher) bieten Info-Centre, Kartentelefon, Pool und Restaurant mit Bar kurzweiligen Zeitvertreib. Die rechte Wildnisromantik mag hier nicht aufkommen, aber immerhin unterhalten putzige Erdmännchen die Campinggäste.

Nossob Camp: Das zweitgrößte Camp liegt 160 km nördlich des Eingangs im Nossobtal. Hier stehen den Besuchern 20 Campingplätze, 18 Selbstversorger-Chalets, ein Beobachtungsstand, ein Raubtier-Info-Centre und ein kleiner Laden (Getränke, gefrorenes Fleisch, kaum Gemüse/Frischwaren) zur Verfügung. Die Tankstelle akzeptiert nur Bargeldzahlung in Rand, Pula und N$ sowie die südafrikanische „Petrol Card", aber keine Kreditkarten. Es gibt kein Restaurant. Die Wasserqualität des Camps ist mittelmäßig (salzig). Die Gegend ist sehr wildreich, im Rastlager halten sich viele unterschiedliche und fast zahme Vögel, Streifenhörnchen und Mangusten auf. Nachts durchforsten einige Schakale das Camp nach Abfällen, und ziemlich regelmäßig besuchen Löwen abends das umzäunte Camp. Viel stimmungsvoller als Twee Rivieren!

Mata Mata Camp: Dieses kleine Camp lag nach der Grenzschließung 1990 weitab vom Geschehen am Auob. Die Grenze nach Namibia wurde jedoch im Oktober 2007 wieder geöffnet, was dem Camp neue Besucherströme bescherte. In Mata Mata, das als das idyllischste der südafrikanischen Rastlager bezeichnet werden darf, halten sich oft Schakale im Camp auf. Es bietet acht Chalets und 20 Campingstellflächen.

Neben diesen drei Traditionscamps wurden im letzten Jahrzehnt mehrere neue Unterkünfte errichtet: Nur 5 km vom Mata Mata Rastlager entfernt liegt das **Kalahari Tent Camp**, eine Anlage mit 17 Chalets unterschiedlicher Größe und einem Swimming Pool. Das idyllische **Bitterpan Camp** inmitten roter Sanddünen liegt an einer neuen Allradpiste zwischen Nossob und Mata Mata. Die Strecke darf nur von Ost nach West (Nossob bis Mata Mata) befahren werden und bleibt Geländewagen (keine Unimogs, keine Anhänger) vorbehalten. Das Camp bietet vier Zweibettchalets mit Gemeinschaftsküche. Für Pirschfahrten steht in Bitterpan allerdings nur ein einziger 15 km langer Oneway-Track zur Verfügung. Das jüngste Camp, **Gharagab Camp**, bietet vier Selbstversorgerchalets und ist mit Allradfahrzeugen über das Unions End Wasserloch nach 32 km ereichbar. Einsam liegt auch das **Grootkolk Wilderness Camp** etwa 20 km von Union's End entfernt inmitten roter Sanddünen mit vier Selbstversorgerchalets und einer gemeinsamen Küche. Ferner gibt es noch die Camps **Kielie Krankie** und **Urikaruus**. Diese neuen Selbstversorgercamps sind nicht umzäunt. Detaillierte Informationen zur Ausstattung, Lage, Preisen und der Verfügbarkeit der Camps finden Interessierte im Internet unter http://www.sanparks.org/parks/kgalagadi/tourism/accommodation.php.

Die Mabuasehube Parkregion

Der Name Mabuasehube bedeutet „Roter Sand"

Das ehemalige äußerst isolierte Mabuasehube Wildschutzgebiet bildet heute den östlichen Abschluss des Kgalagadi Transfrontier Parks. Seine auffällig roten Sanddünen weisen einen besonders hohen Eisenoxydgehalt auf. Der Bewuchs ist in Mabuasehube schon nicht mehr so wüstenhaft wie am Nossob River. Die Vegetation ist deutlich buschiger, und es gibt auch wieder mehr Akazien.

Anreise
Hierher gelangt man nur mit Allradfahrzeugen

Info Im Raum Mabuasehube gibt es weder eine Tankstelle noch etwaige andere Versorgungsmöglichkeiten!

Beschreibung der Querverbindung zwischen Nossob und Mabusehube: siehe S. 235

Es existiert nur noch ein einziger Parkeingang am Ostrand des Nationalparks. Dieser Parkzugang lässt sich von dreierlei Himmelsrichtungen erreichen, wovon die östliche **Zufahrt von Kokotsha** als die beste gilt. Kokotsha liegt 89 km südlich von Sekoma (S. 221) an der Straße nach Tshabong. Die Piste zweigt beim Richtfunkmast von Kakotsha von der Teerstraße ab und führt genau nach Westen. Die ersten 10 km sind sehr wellig und tiefsandig. Nach 15 km passiert man einen Weidezaun, nach weiteren 15 km mündet die schmale Piste in eine breite Feuerschneiße (Kokostha Cutline Road) und lässt sich nun besser befahren. Erste Wildtiere, wie Steinantilopen und Strauße, tauchen in der einsamen Gegend auf. Bei KM 45 öffnet sich nach Norden der Blick auf eine riesige Graspfanne, in der häufig Springböcke grasen. Danach führt die Cutline Road durch lockere Baumsavanne. Bei KM 108 erreicht man die Cutline Road an der Parkgrenze und folgt ihr 15 km nach Süden bis zum Parkeingang. Gesamtstrecke ab Kakotsha: 123 km, ca. 4-5 Std. Fahrtzeit.

Von Süden bietet sich die ausgeschilderte **Zufahrt von Tshabong** (S. 244) an. Die berüchtigte Tiefsandstrecke wurde 2000 verbreitert und die ersten 60 km sogar zu einer Schotterpiste ausgebaut, doch danach wird die Strecke um so tiefsandiger. Die Straße verläuft von Tshabong 77 km einsam nach Norden bis sie die Parkgrenze erreicht, wo es früher eine direkte Zufahrt zur Bosobogolo Pan gab, die jedoch verbarrikadiert wurde. Die neue Straßenführung folgt der Cutline Road entlang der östlichen Parkgrenze für weitere 35 km, bis sie auf das neue Eingangstor stößt. Gesamtstrecke ab Tshabong: 112 km, je nach Pistenzustand 3,5-5 Std. Fahrtzeit.

Von Norden besteht die Möglichkeit einer **Anreise von Hukuntsi** (S. 228). In Lokgwabe, 11 km südlich von Hukuntsi, endet die Teerstraße an einem Kreisverkehr. Direkt davor führt links eine Piste nach Süden, die rasch zu zwei parallel nebeneinander führenden Tiefsandspuren mit einem leicht erhöhten, sehr sandigen Mittelgrad mutiert. 65 km geht es geradeaus durch rötlichen Weichsand bis zur T-Kreuzung an der Parkgrenze, an der man sich links hält und nach weiteren 63 km den Parkeingang erreicht (früher konnte man geradeaus direkt zur Mabuasehube Pan weiter fahren, doch auch dieser Zugang wurde gesperrt).

Infos zur Parkentwicklung

Bis 1949 lebten an den Pfannen von Mabuasehube noch Angehörige der Molatole und Kgothi. Wegen des permanenten Wassermangels wurden sie schließlich nach Tshabong umgesiedelt und 1974 ein 1792 km² großes Wildschutzgebiet eingerichtet, das wegen seiner isolierten Lage aber nur wenige Besucher anlockte. Mit starken Finanzspritzen der EU wurde das Mabuasehube GR 1999/2000 einer Art Generalüberholung unterzogen. Für eine bessere Anbindung wurde die Verbindungspiste zwischen Nossob und Mabuasehube angelegt und zusätzlich wurden die Campingplätze mit Schattendächern und teilweise mit fest installierten Wasserrohren und Latrinen versehen. Das winzige Wildhütercamp mitten im Park wich einem überdimensionalen Eingangstor mit Verwaltungs- und Wohngebäuden an der Ostgrenze des Nationalparks.

Natur und Tierwelt

Das südliche Drittel Botswanas wird in West-Ost-Richtung von einer höher gelegenen Wasserscheide, der **Kalaharischwelle**, durchzogen. Auf dieser kaum wahrnehmbaren Erhöhung, die bestückt ist mit unzähligen kleinen Salz- und Graspfannen, liegt das Mabuasehube-Gebiet. Das Zentrum bilden drei große und mehrere kleinere Pfannen. Die **Mabuasehube Pan**, eine harte Salzpfanne, wird von den Tieren zum Salzlecken aufgesucht. Die Bosobogolo Pan im Süden ist dagegen mit kurzem Gras bewachsen. Nach stärkeren Regenfällen halten viele der Pfannen wochenlang Wasser und ziehen große Tierherden an. Die spärliche Vegetation mit Gräsern und Niedrigbewuchs verwandelt sich nach starken Regenfällen zu einem blühenden Paradies. Phantastische rötliche Dünen erreichen bis zu 30 m Höhe.

Seit Brunnen eine permanente Wasserversorgung ermöglichen, halten sich ganzjährig Wildtiere in der Region auf. Viele Herden wandern innerhalb des KTP umher und besuchen saisonal dieses Pfannengebiet. Zu den häufigsten Arten zählen Springböcke, Oryx-, Kuh- und Elenantilopen, seltener auch Gnus. Ihnen folgen Löwen, Geparden und Leoparden. Das Gebiet gilt als besonders geeignet, die seltenen **Braunen Hyänen** zu entdecken. Aber auch Löffelhunde, Erdwölfe, afrikanische Wildhunde, Kapfüchse und kleinere Katzen kann man hier aufstöbern. Mehr als 170 verschiedene Vogelarten wurden registriert. Während der Regenzeit sind zudem unzählige Schildkröten, Ochsenfrösche und Tausendfüßler unterwegs.

Inzwischen hat sich die Schönheit von Mabuasehube herumgesprochen. Die meisten Besucher kommen in den kühlen Reisemonaten und während der südafrikanischen Ferienzeiten.

Auf Pirschfahrt

Mit etwas Glück trifft man schon am Eingang auf Löwen, die manchmal an der Vogeltränke ruhen. Durch die buschige, Wildbeobachtungen erschwerende Parkvegetation hält man am besten von den Pfannenrändern aus Ausschau nach den Tieren.

Rund um die große Mabuasehube Pan halten sich gerne Antilopen auf. Der Lesholoago Loop um die kleine gleichnamige Pan empfiehlt sich, weil hier besonders oft Leoparden und Geparde gesichtet werden. Khiding Pan und ihre Umgebung sind etwas trockener als die Region um Mabuasehube Pan. Anstelle der rötlichen Dünenränder ist sie von niedrigem Dorngebüsch umringt. Von hier aus führt der Khiding Pan Loop in einem 43 km langen Bogen durch die einsame Natur. Knapp 10 km westlich der Khiding Pan liegt die für ihre Braunen Hyänen berühmte Malatso Pan. Die langgezogenen Monamodi Pans nahe dem Parkeingang weisen ebenfalls eine trockene Vegetation auf, Wildtiere sind dort nicht so häufig. Von hier wurde eine Querverbindung zur Bosobogolo Pan angelegt. Die große, attraktive Salzpfanne im Süden besticht durch ihren Wildreichtum und die einsame, stille Szenerie. Hier sind meistens Oryxantilopen anzutreffen. An allen Pfannen außer an der Bosobogolo Pan und der Khiding Pan wurden künstliche Wasserstellen für die Wildtiere errichtet. Wir empfehlen einen mehrtägigen Aufenthalt im Gebiet.

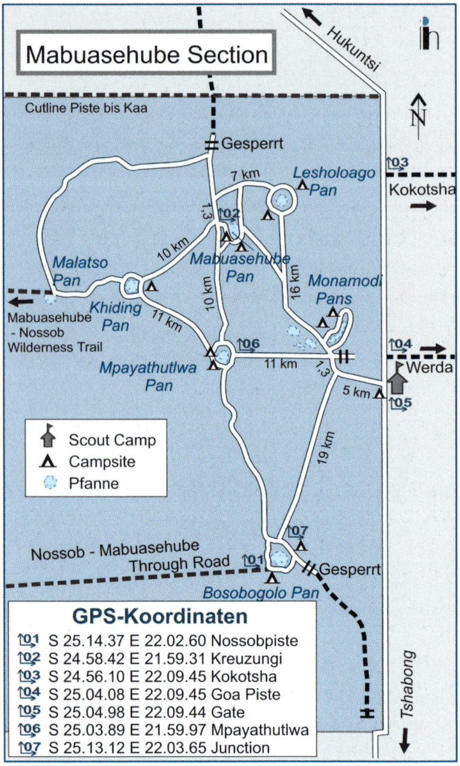

Unterkunft im Mabuasehube Parkgebiet

Alle 17 Campingplätze unterliegen der Vorreservierungspflicht beim DWNP in Gaborone (S. 137 und S. 364). Ohne Reservierung wird man nicht in den Park gelassen! Behilflich sind die Wildhüter in Two Rivers, Kang und Tshabong. Die meisten Plätze bieten Latrinen, Duschgestelle, Schattendächer, teilweise auch Wasser. Wildcamping und Feuerholz sammeln ist verboten.

Mabuasehube Pan: An der besonders schönen rötlichen Pfanne liegen vier Campingstellflächen. Campsite Nr. 1: Erhöht am westlichen Pfannenrand, erstklassiger Ausblick auf Pfanne und Wasserstelle, aber nah an der Wegkreuzung und noch kein Schattendach und Latrine/Dusche.
Nr. 2 und 3: Großflächig am westlichen Pfannenrand mit gutem Ausblick. Gemeinsame Dusche/Latrine, Wasser vorhanden, auch Betontische und Schattendächer.
Nr. 4: Isoliert, aber nah der Piste gelegen, mit Ausblick, Toilette, Betontisch und Schattendach.

Mpayathutlwa Pan: Zwei Campsites am Westrand der Pfanne. Nr. 1: Guter Ausblick durch seine erhöhte Lage auf die Pfanne und die Wasserstelle. Viel Platz, mit Schattendach, Betontisch, Latrine und Dusche (Wasser vorhanden).
Nr. 2: Ebenfalls großflächig, aber tiefsandig und etwas abschüssig. Blick auf die Pan, Schattendach, Latrine und Duschvorrichtung ohne Wasser.

Khiding Pan: Zwei Plätze nah beieinander am buschigen Pfannenrand. Mit Schattendach und Betontisch bei Nr. 1, gemeinsamer Latrine/Duschvorrichtung ohne Wasser. Nr. 2 hat leichte Hanglange.

Lesholoago Pan: Die beiden Plätze liegen sich am West- und Ostrand gegenüber und bieten gute Ausblicke, Betontische mit Dusche/Latrine und Schattendächer. Platz 2 befindet sich nahe der künstlichen Wasserstelle.

Monamodi Pan: Auf der flachen Westflanke der langen Pfanne liegen zwei Plätze ohne Ausblick. Nr. 1 hat weder Schattendach noch Dusche/Latrine. Nr. 2 ist nicht nur großzügiger angelegt, sondern bietet auch ein Schattendach und Dusche/Latrine (Wasser vorhanden).

Bosobogolo Pan: Zwei einsame Campsites mit sehr gutem Ausblick über die Pfanne, da erhöht gelegen. Beide mit Schattendach, der größere Platz 1 mit Vorrichtungen für Dusche/Latrine.

Entrance Gate: Beim Parkeingang liegen drei Plätze ohne Ausblick im Gebüsch, die dafür Sanitäreinrichtungen mit heißen Duschen und Spüle bieten. Diese Stellplätze stufen wir eher als Notlösung für Spätankommende ein.

Schattengestell an der Bosobogolo Pan

Die Suche nach der verlorenen Stadt in der Kalahari

Eine 100 Jahre alte Legende beschäftigt immer noch Forscher, Träumer und Abenteurer: Die Suche nach der **geheimnisvolle**n, **versunkene**n **Stadt**, die irgendwo nördlich des Nossobflusses, von Kalaharisanden verweht, zu finden sei. Zahlreiche Suchexpeditionen machten sich auf, diese Geisterstadt in der Kalahari zu finden, allein 13 Expeditionen zwischen 1960 und 1965.

Angefangen hatte alles mit einem Herrn G. A. Farini, der nach fünfjährigen Reisen in Afrika nach England zurückkehrte und 1886 seine Reiseberichte veröffentlichte. Darin schilderte er seine Entdeckungen und beschrieb auch die Steinmauern einer verfallenen, großen Stadt im Wüstensand. Er erregte kurzes Aufsehen, dann geriet die Geschichte in Vergessenheit.

Professor Schwarz, ein populistischer Universitätsprofessor aus Südafrika, hatte schon so manche gewagte These über die unerforschten Regionen Afrikas veröffentlicht. Er griff die Berichte Farinis 1923 auf und löste damit eine Welle von Entdeckerfieber und Phantasien aus.

Viele machten sich jetzt auf, die versunkene Stadt nördlich des Nossob am Wendekreis des Steinbocks zu finden. Manche wollten sie auch gefunden haben – erzählten von Sandstürmen, in denen sie sich verirrten, von Tempeln in arabischem und ein anderes Mal griechischem Baustil, ja sogar über eine **Verbindung mit Atlantis** wurde phantasiert. Keiner von ihnen konnte den genauen Fundort nennen, keiner brachte verwendbare Fotos mit. Je unglaublicher die Geschichten, um so phantastischer wurden die Mutmaßungen und Aktionen. 1942 irrte auf der Suche nach der versunkenen Stadt ein gewisser Albert Albath monatelang mit einem Esel durch die Kalahari, bis er aufgefunden und gerettet wurde. Sechs Jahre später wanderte Francois Balsan 300 km zu Fuß in der Kalahari umher. Vernarrt in seine versunkene Stadt machte er sich drei Jahre später wieder auf die erfolglose Suche. 1949 maß man der Legende schließlich soviel bei, dass sogar ein Suchflug der südafrikanischen Airforce ausgesandt wurde.

Die geheimnisvolle „Lost City of the Kalahari" beschäftigte in den 1960ern eine ganze Generation. Gefunden hat sie bisher niemand.

Gefunden hat die geheimnisvolle Stadt bisher dennoch niemand, und ein Blick auf Herrn Farini rückt die ganze Geschichte in zweifelhaftes Licht. Der Mann war ein Lebenskünstler und Animateur, der lange Zeit auf Londoner Bühnen mit Pygmäen auftrat und sein Publikum mit **skurrile**n **Geschichten aus Afrika** unterhielt. Die Berichte seiner Afrikareise wiesen reichlich Widersprüche und Übertreibungen auf. Obwohl sein Sohn, ein guter Fotograf, ihn begleitet hatte, brachten die Beiden nicht ein einziges Bild von dieser Sensation mit.

Was ist also dran, an der Legende von der geheimnisvollen Stadt in der Kalahari? Auch nach über 100 Jahren kann niemand mit Bestimmtheit sagen, ob irgendwo in der weiten, einsamen Kalahari Mauerreste einer vergangenen Kultur stehen, oder ob Farini damit die beste Zeitungsente seines Lebens gelungen war.

Sekoma – Bokspits

Gesamtstrecke: 530 km

Fahrzeit: ca. 6-7 Std.

Zustand: 285 km Teerstraße, 245 km Schotterpiste

Tankstellen: Werda, Tshabong

Besonderheiten: Schlaglöcher, einsame Strecke, mehrere Grenzübergänge nach SA

Unterkünfte in Tshabong

Die Kleinstadt ohne touristische Anziehungspunkte hat auch nur einfache Unterkunftsangebote.

•**Desert Motel:** P. O. Box 221, Tshabong, Tel. 6540020; dem Besitzer gehört auch die Desert Butchery im Ort. Es werden Rondavel auf der 2 km auswärts gelegenen Desert Farm angeboten (beschildert, ca. 15 €/DZpP).

•**Berry Bush Farm:** P. O. Box 209, Tshabong, Tel. 72195269/72875946, Fax 6540128. Zimmervermietung und spartanisches Farmcamping auf der gleichnamigen großen Farm, wo man auf Anfrage auch verpflegt wird. Die Besitzer organisieren bei Bedarf auch Safaris in den Kgalagadi Transfrontier Park. Die 4 km lange Zufahrt zweigt 5 km östlich von Tshabong von der Teerstraße ab (beschildert). Preise: Zimmerpreis 22 €, Ruhiges Camping mit Bar und heißer Dusche 5 €/pP.

Der äußerste Südwesten Botswanas

Fahrt von Sekoma nach Bokspits

In Sekoma zweigt eine neue breite Asphaltstraße vom Transkalahari Highway nach Südwesten ab (siehe S. 221). Sie verläuft durch eintönige Buschsavannen und Weidegebiete, die von verschlafenen, sich an Salzpfannen schmiegenden Ortschaften aufgelockert werden. Es ist eine landwirtschaftlich stark genutzte Region, in der die Viehzucht von Rindern, Straußen und Karakulschafen den Schwerpunkt bildet. Eselkarren sieht man fast ebenso häufig wie Autos. Nach 132 km Fahrt knickt die Straße bei **Werda** nach Westen ab und folgt nun dem Grenzfluss Molopo, der hier kaum mehr als ein sandiges Flussbett darstellt. Werda bietet ein paar Einkaufsmöglichkeiten und eine Tankstelle. Über den Grenzposten Makopong kann man täglich von 08.00 bis 16.00 h nach Südafrika ausreisen. Bis Tshabong sind jetzt noch 144 km auf der Teerstraße zu fahren.

Tshabong

1930 als Verwaltungszentrum des Protektorats gegründet wuchs Tshabong rasch zu einer weitläufigen Handelsstation im abgelegenen, dünn besiedelten Südwesten heran. Aus jener Zeit stammen die **Dromedare**, die einst für die britische Schutzpolizei nach Tshabong überführt wurden, und die – obwohl heute "arbeitslos" – frei lebend noch immer in Tshabong ausharren. Angehörige der unterschiedlichsten Volksgruppen Botswanas haben sich in der staubigen Distrikthauptstadt niedergelassen. Der Ort bietet einfache Versorgungsmöglichkeiten, eine Barclays Bank mit Mini-ATM (Visa-Abhebungen möglich) und mehrere Tankstellen. Im Wildlife Office, einem offiziellen „Central Pay Point“, ist man Touristen bei Reservierungen für die Nationalparks gerne behilflich (P. O. Box 4, Tel. 6540280, Fax 6540221; Mo-Fr 07.30-12.30 h und 13.45-16.30 h). Aufgrund intensiver Rinderzucht ist die Umgebung weiträumig wüstenhaft abgeweidet, und eine mächtige rötliche Sanddüne überragt inzwischen die Stadt. Die südafrikanische Grenze liegt nur 21 km entfernt (Grenzstation Mc Carthy's Rest, täglich von 08.00-18.00 h geöffnet).

In Tshabong endet der Teerbelag für alle, die nach Südwesten weiterfahren und sich nun mit einer breiten Sandpiste begnügen müssen. Sie führt bald wieder an das Flussbett des Molopo heran und folgt diesem flussabwärts. Nur nach schweren Regenfällen führt der Molopo vorübergehend Wasser. Die Strecke bleibt einsam, wird aber in der fruchtbaren Jahreszeit zunehmend zum landschaftlichen Hochgenuss, denn malerische **rote Dünen** und Kameldornakazien (*Acacia erioloba*), die zur Regenzeit leuchtend gelb blühen, zeigen die Kalahari von einer völlig neuen Seite. Nach 88 km Pistenfahrt durchquert man das weit versprengte, pittoreske Dünendorf **Kolonkwaneng**. Der Molopo ist hier schluchtartig steinig ausgehöhlt. Von jetzt an fährt man oberhalb des tief ausgeschnittenen Flussbetts entlang dem aussichtsreichen Hochufer. 12 km nach dem Dorf liegt der Grenzposten Middlespits (täglich von 08.00-18.00 h). Wenig später, bei Khuis, führt die Piste wieder in das Flussbett hinab. Die nächsten 80 km genießt man eine abwechslungsreiche Szenerie mit steilen Hängen, roten Sanddünen und reizvollen Ausblicken.

Rote Dünen

Eine für das flache Land ungewöhnlich hügelige Panoramastrecke, die vor allem in der Regenzeit viel Spaß macht

Allmählich läuft die Uferkante immer breiter und flacher aus. Die seltenen kleinen Dörfer, wie Rappelspan und Vyf Duine, liegen stets an besonders malerischen Dünen, die jedoch erst durch die jahrelange Überweidung und daraus resultierende Winderosion entstanden. Viele dieser roten Dünen sind heute umzäunt und gegen frei laufende Ziegen geschützt, damit sich der spärliche Bewuchs wieder ausbreiten kann. So sind die roten Dünen an den Rändern der Dörfer ein seltenes Beispiel „attraktiver Erosionsschäden“.

Schon gewusst?
Kamele stillen ihren Durst sogar mit Salzwasser, denn ihre Nieren filtern das Salz aus dem Harn

Die Piste folgt nun immer dem Grenzzaun zu Südafrika. Von Zeit zu Zeit sieht man auf der gegenüberliegenden Seite einsame Farmhäuser mit Windrad. 245 km nach Tshabong gerät man unmittelbar vor Bokspits erneut in eine herrliche rote Dünenlandschaft. **Bokspits** liegt direkt am Zusammenfluss von Nossob und Molopo. Nur ein paar Hütten von Bakgalakgadi und sesshaften San verteilen sich über die stille Ortschaft. Eine kleine Tankstelle vertreibt Benzin. Ein Bottlestore, eine kleine Polizeistation und eine Bankfiliale, die nur gelegentlich besetzt ist – das war's dann auch schon. Nach Norden führt die Piste weiter zum Two Rivers-Parkeingang in den KTP (53 km, beschildert). Eine richtige Grenzstation gibt es auch nicht. Wer nach Südafrika ausreist, lässt seinen Pass bei der Polizei stempeln und fährt dann direkt zum kleinen südafrikanischen Grenzposten. Bei einer Einreise aus Südafrika nach Botswana muss man sich ebenfalls bei der Polizeistation („Gemsbok Police“) melden.

Einsamer Grenzort mit viel Atmosphäre

Bild unten: Die Kinder sind scheu, aber neugierig

DER OKAVANGO

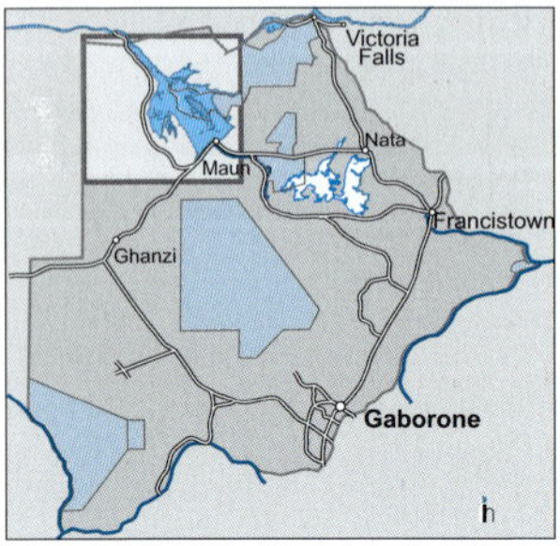

Der Norden Botswanas beherbergt die berühmtesten Highlights des Landes. Der mächtige Strom Okavango mit seinem einzigartigen Binnendelta inmitten phantastischer Wildgebiete ist eine Weltberühmtheit und stärkster Anziehungspunkt für Touristen. Exklusive Luxuslodges und einsame Buschcamps bieten ihren Gästen einen unvergesslichen Aufenthalt in der beeindruckenden Wildnis. Und nicht weit entfernt werden an den Tsodilo Hills Tausende Felsmalereien als "Louvre in der Wüste" bewundert. Savuti und die Chobe-Linyanti-Sümpfe sind weitere Höhepunkte auf einer Safari in Nordbotswana.

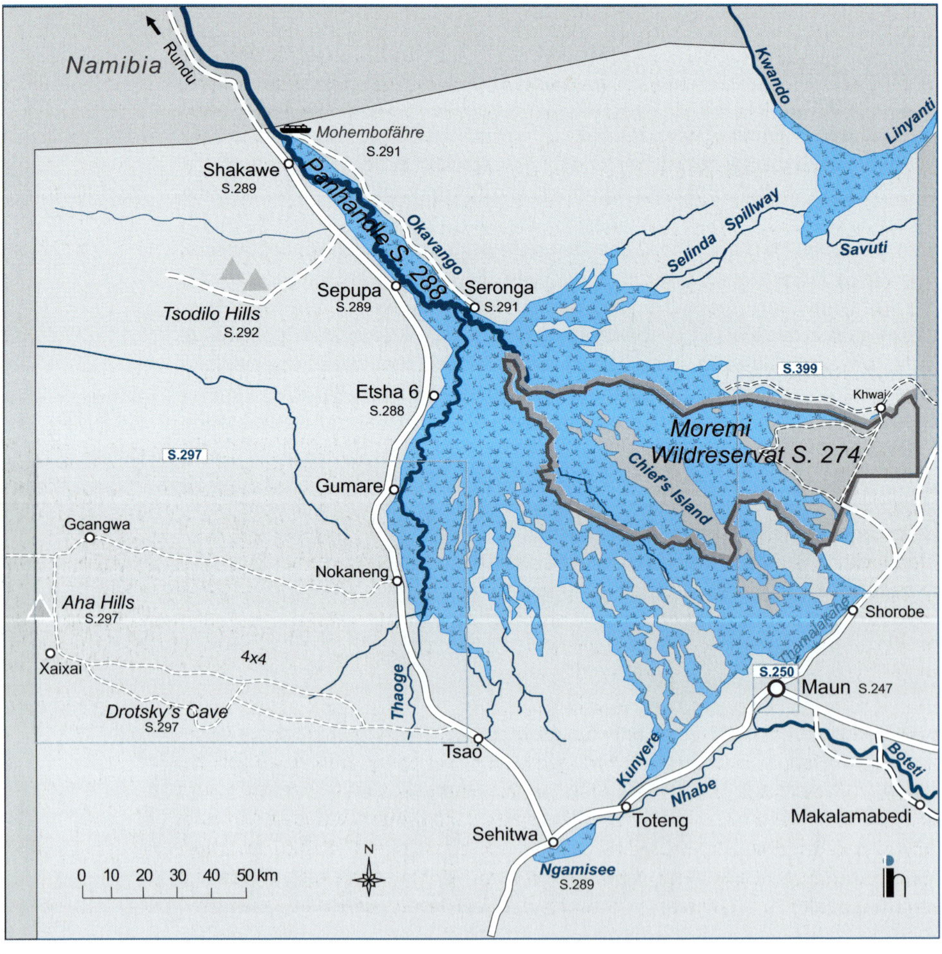

Die Safari-Hauptstadt Maun

Stadtgeschichte

Wer heute erstmals nach Maun (sprich: Maun) gelangt, mag es kaum noch nachvollziehen, doch war diese lebhafte Stadt bis vor wenigen Jahren noch ein höchst staubiger, vergessener Außenposten der Landesverwaltung. Die kleine Gemeinde, die hier aus den unterschiedlichsten Beweggründen ausharrte, entwickelte früh ein recht eigenständiges Leben und kümmerte sich wenig um die standesgemäßen Gepflogenheiten früherer Zeiten.

Früher ein Außenposten für skurrile Charaktere und unabhängige Individualisten

Die Ortsgründung geht auf die Batawana zurück, die hier am Thamalakane River 1915 ihre dritte Hauptstadt gründeten und *Maung* bzw. *Maun* nannten. Diese einsame Siedlung am Rande der Wildnis wurde bald aus Mangel an Alternativen zur Distrikthauptstadt von Ngamiland erkoren. Fast ein Fünftel der Fläche Betchuanalands nannte dieses Dorf fortan seine Hauptstadt. Maun tauchte nun auf den Landkarten auf (inmitten einer leeren Sandfläche) und ein paar Verwaltungsbeamte saßen auf Posten, die sie vermutlich als eine Strafversetzung empfanden. Ansonsten zog es nur verwegene Abenteurer, Jäger und ein paar Händler nach Maun. In den 1920er Jahren ließ sich hier der Jäger Harry Riley nieder und eröffnete zunächst „Rileys Transport", viele Jahre später die erste Bar Ngamilands und übernahm schließlich das einzige Hotel im Ort (der Vorläufer von Riley's Hotel). Bis über den Zweiten Weltkrieg hinaus dauerte eine Reise nach Maun mehrere Tage: Es gab nur eine Stichstraße von Francistown, wohin die Reisenden noch per Eisenbahn gelangten. Dort mussten sie sich „Rileys Transport" anschließen und drei Tage im Lastwagen über Tiefsandpisten rütteln. War man endlich angekommen, löschte man die staubige Kehle gerne mit viel Bier und Whiskey an Rileys Bar. Es ist überliefert, dass seine Bar zu den ersten zählte, in der Ende der 1940er Jahre auch Frauen am Tresen saßen – für puritanisch erzogene Neuankömmlinge aus dem Süden war dies ein richtiger Schocker!

Info Harry Riley war unzählige Male mit seinem Boot auf Großwildjagd gegangen. Dass er gar nicht schwimmen konnte, ahnte damals niemand in Maun. Doch bei der großen Thamalakane-Flut Ende der 1950er Jahre kenterte sein Boot und Harry Riley ertrank, zum Entsetzen seiner Landsleute.

Oben: Früher diente es als Wohnhaus für das Militär und Regierungsbeauftragte, heute residiert hier das Museum von Maun

Von der Versorgungsstation für Großwild- und Krokodiljäger entwickelte sich Maun aufgrund seiner Lage am Südrand des Okavangodeltas langsam zum Ausgangspunkt geführter Safaris ins Delta und lockte immer häufiger Touristen an. Der Ort prosperierte und veränderte seine Atmosphäre, doch noch bis in die frühen 1990er Jahre blieb Maun nur durch berüchtigte Allradsandpisten mit dem Rest des Landes verbunden. Erst mit den Teerstraßen nach Nata und Shakawe kamen die wirklich einschneidenden Veränderungen: Sportliche Pkws anstelle der robusten Geländewagen (die aber immer noch dominieren), Straßenbeleuchtung, moderne Shopping-Komplexe und Boutiquen. Schneller als jede andere Stadt im südlichen Afrika hat sich Maun vom verschlafenen Nest zur modernen **Hochburg des Tourismus** gewandelt. Die Stadt zählt heute rund 30 000 Einwohner, die fast alle direkt oder indirekt vom Safaritourismus leben. Dabei dient die Stadt meist nur als Sprungbrett für Touren ins Okavangodelta und hat selbst nur wenige Attraktionen zu bieten.

Sehenswertes in Maun

Old Bridge in Matlapaneng

Die alte, schmale Brücke über den Thamalakane stellte bis 1992 den einzigen Weg nach Norden in Richtung Moremi und Savuti dar. Nach dem Bau einer modernen Brücke wurde die Matlapaneng Bridge zum Nationaldenkmal erklärt. Eine Legende besagt, dass in den tiefen Wassertümpeln neben der alte Brücke bemerkenswerte Schätze verstorbener Großwildjäger versteckt lägen... Vermutlich wird man dort allerdings eher Krokodile und Hippos erspähen.

Museum

Im kleinen Museum von Maun zeigt sich die Geschichte der Batswana und die Entwicklungsgeschichte ihrer Hauptstadt. Auch das Gebäude ist geschichtsträchtig: 1939 vom britischen Militär erbaut, diente es im 2. Weltkrieg als Außenposten gegen die Deutschen. Zusätzlich zur Museumsausstellung werden kunstvolle Korbflechtwaren gezeigt und zum Teil auch verkauft. Auch eine wechselnde Gemäldeausstellung zeitgenössischer regionaler Künstler ist hier integriert. Der Eintritt ist frei. Öffnungszeiten: Mo-Fr 08.00-17.00 h, Sa 09.30-16.30 h. Tel./Fax 6861346.

Krokodilfarm

12 km außerhalb von Maun (in Richtung Toteng und Ghanzi) können sich Interessierte durch eine Krokodilfarm führen lassen. Sie befindet sich auf dem Gelände des Sitatunga Camps, ist Mo/Di/Do/Fr/Sa von 09.00-18.00 h und sonntags von 10.00-17.00 h zugänglich. Führungen sind angesetzt um 10.15 h, 11.30 h, 13.30 h, 14.45 h und 16.00 h. Der Eintritt beträgt etwa 2 Euro.

Education Park

Am Ostufer des Thamalakane River liegt ein knapp 8 km² großer Wildpark, in dem allerlei Antilopen, Zebras, Gnus, Giraffen und Lechweantilopen leben. Der Park dient hauptsächlich als Bildungseinrichtung für Schulklassen, doch auch Touristen sind willkommen und werden gerne durch das weitläufige Gelände geführt. Öffnungszeiten: täglich von 07.30–18.00 h.

Delta-Rundflüge

Tipp Wer zu einer Lodge ins Delta fliegt, kann sich den Rundflug sparen

Ein Höhepunkt unter den Attraktionen von Maun sind die Rundflüge über dem Okavangodelta, weil sie optimale Eindrücke von diesem weit verzweigten Wassernetz und seinen Naturschönheiten vermitteln. Alle Lodges und Safariagenturen bieten solche Rundflüge an. Die ideale Flugdauer, bei der ein weiter Bogen über das Delta gezogen werden kann, beträgt 1 bis 2 Stunden. Die Preise richten sich nach der Flugdauer, dem Fluggerät und danach, wieviele Passagiere teilnehmen. Im Durchschnitt liegen sie bei 50-110 Euro pP.

Mokoro-Trips Safaris Bootsausflüge

Die Angebotspalette für Mokoro-Trips und Bootsausflüge im Okavangodelta ist vielseitig und auf den ersten Blick regelrecht verwirrend. Besonders beliebt sind Mokorotrips, die ein- bis mehrtägig angeboten werden (siehe S. 281). Bedenken Sie, dass Sie bei Tagestouren (ca. 65 € pP) nicht allzu tief in das Delta gelangen werden. Zweitägige Safaris kosten mit Camping und Selbstverpflegung ab 100 € pP, inklusive Verpflegung und Ausrüstung das Doppelte, als Fly-In-Safari und mit Logde-Übernachtungen noch ein Vielfaches mehr. Genaue Preis- und Leistungsvergleiche lohnen sich auf alle Fälle! In Maun, dem touristischen Drehkreuz Botswanas, lässt sich mühelos auch kurzfristig eine Safari in praktisch alle Landesteile organisieren. Für Kurzentschlossene und Schnäppchenjäger ist dies daher die beste Anlaufstelle.

Restaurants & Nachtleben

Wie es sich für eine Touristenhochburg gehört, findet der Reisende in Maun zahlreiche Lokale mit einer kulinarischen Breite zwischen Fastfood, Bistro, Bar und gepflegtem Restaurant. Das Nachtleben ist rustikal und trinkfreudig. Die meisten Reisenden halten sich abends an den Bars der Touristencamps am Thamalakane auf. Direkt im Ort trifft man sich im legeren „Buck & Hunter", im gediegeneren „Bon Arrivée" oder dem gemütlichen „French Connection". Eine Auswahl:

Bon Arrivée: Empfehlenswertes Restaurant und stilvolle Bar direkt gegenüber der Einfahrt in den Flughafen. Gute Lage, beliebt auch bei den Einheimischen. Tel. 6800330.
Hilary's Coffee Shop: Etwas versteckt hinter dem Bon Arrivée gelegen (im Hintergebäude), aber immer ein Tipp für eine gelungene Kaffeepause zwischendurch! Tel. 6861610. Nur tagsüber geöffnet.
Buck & Hunter: Das frühere, legendäre Duck Inn gegenüber dem Airport ist traditionell der Ort, wo sich Safariguides und Buschpiloten zwischen ihren Einsätzen treffen. Nette Terrasse mit rustikalen Holzbänken und lockerem Ambiente. Tel. 6801001.
French Connection: Klein, aber gepflegt bietet das Lokal französisch angehauchte Küche und Sitzgelegenheit im Garten. Tel. 6800625.
Audi Camp: Hier gibt es u. a. Pizza im riesigen Bar- und Restaurantbereich des betont lässigen Camps. Tel. 6860599.
Sedia Hotel: Hier sitzt man gemütlich am Pool, mit romantischer Beleuchtung und Froschkonzert... Tel. 686860177.
Thamalakane River Lodge: Ein nettes Restaurant mit breiter Menükarte und Pizzaofen belohnt Genießer für die 19 km lange Anfahrt aus Maun. Tel. 6800217.

Die erste Orientierung

Maun ist das Paradebeispiel einer Streusiedlung, die ohne städtebaulichem Plan wuchert und wächst. Es fehlt ein gewachsenes Zentrum. Rileys Hotel und Garage bildeten einst den Ortskern. Der moderne und in touristischer Hinsicht relevante Teil befindet sich heute in etwa zwischen dem Rileys Hotel, dem Flughafen und den Einkaufszentren Maun Shopping Centre und Ngami Centre. Entlang der Sir Seretse Khama Road und der Airport Road/Mathiba I Road haben sich hier zahlreiche Safariagenturen, Souvenirläden und Charterfluggesellschaften niedergelassen. Auch das Buchungsbüro für die Nationalparks, das kleine Museum und mehrere Lokale findet man hier. Keinesfalls unterschätzen sollten Sie dabei die Entfernungen innerhalb Mauns, die nicht wirklich zum "Zu-Fuß-Erkunden" der Safaribastion animieren.

Einkaufstipps

Lebensmittel & Alltagsbedarf: Die größte Lebensmittelauswahl bieten die beiden SPAR-Supermärkte (Ngami Shopping Centre und Mall Shopping Centre), Choppies im Maun Shopping Centre und der Shoprite an der Hauptstraße nahe Riley's. Im Maun Shopping Centre befinden sich auch ein Getränkemarkt und ein Optiker. Haushaltswaren vertreibt Mercury beim Ngami Centre. „Delta Meat Deli Butchery" an der Tankstelle im Rileys Komplex bietet eine sehr gute Fleisch- und Fischauswahl (gefroren), Gemüse und Käsevariationen.
Souvenirs: Im Bereich des Ortszentrums und gegenüber dem Airport konkurrieren zahlreiche Boutiquen und Souvenirläden um die Gunst der Touristen. Eine preiswerte Alternative bietet der kleine Laden im Museum. Ausgezeichnete, aber nicht unbedingt preiswerte Töpferwaren und Bronzefiguren produziert „Game Studios Botswana", eine Farm-Werkstatt außerhalb Mauns am Boro River gelegen (Tel. 6862838).
Landkarten & Bücher: „Botswana Book Centre" im Bereich der MALL ist der größte Buchladen Mauns, doch das Sortiment ist in den letzten Jahren leider kontinuierlich geschrumpft.
Safari-Bedarf: Kalahari Kanvas, Tel. 6860568, gegenüber dem Airport neben AVIS gelegen, produziert und verkauft Safarizelte, Stühle und Campingartikel aller Art. Gaskartuschen, Coolman-Artikel und Cadac-Waren findet man beim „A to Z" Hardware Shop in der Moremi III Road. Hier können Sie auch Cadac-Gasflaschen auffüllen lassen (Easygas-Dealer).
Autobedarf: In Maun haben Toyota, Landrover und Nissan Niederlassungen (siehe Stadtplan). Als Werkstatt wird außerdem Riley's Garage neben dem gleichnamigen Hotel empfohlen. Reifenhändler haben sich vorwiegend an der Ausfallstraße nach Francistown angesiedelt, z B. Maxiprest Tyres, Kelly Tyres und Tyremax. Fahrzeugersatzteile vertreiben Midas Autospares in der Tswii Road und Motor Spare Parts in der Tsheko Tsheko Road.

Tipp Bitte beachten Sie, dass keine tierischen Frischeprodukte aus Ngamiland ausgeführt werden dürfen

Schon gewusst?
Von den faserigen, sehr energiereichen Exkrementen der Flusspferde ernähren sich Schnecken und kleine Fische

Maun

Einkaufspassagen und Restaurants

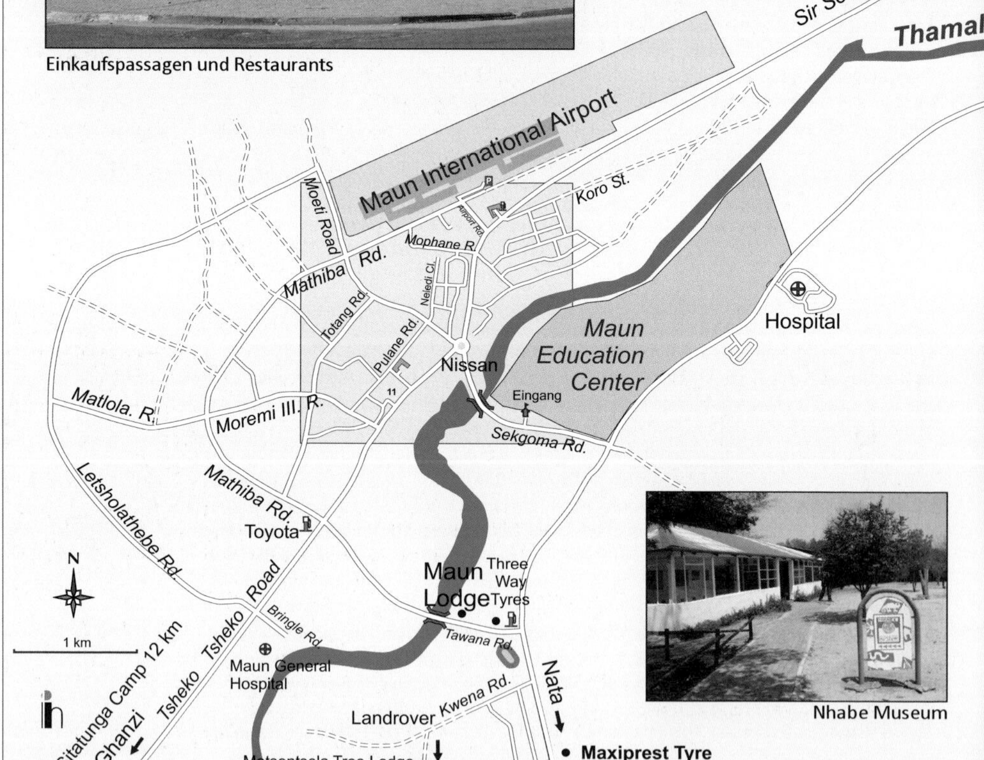

Nhabe Museum

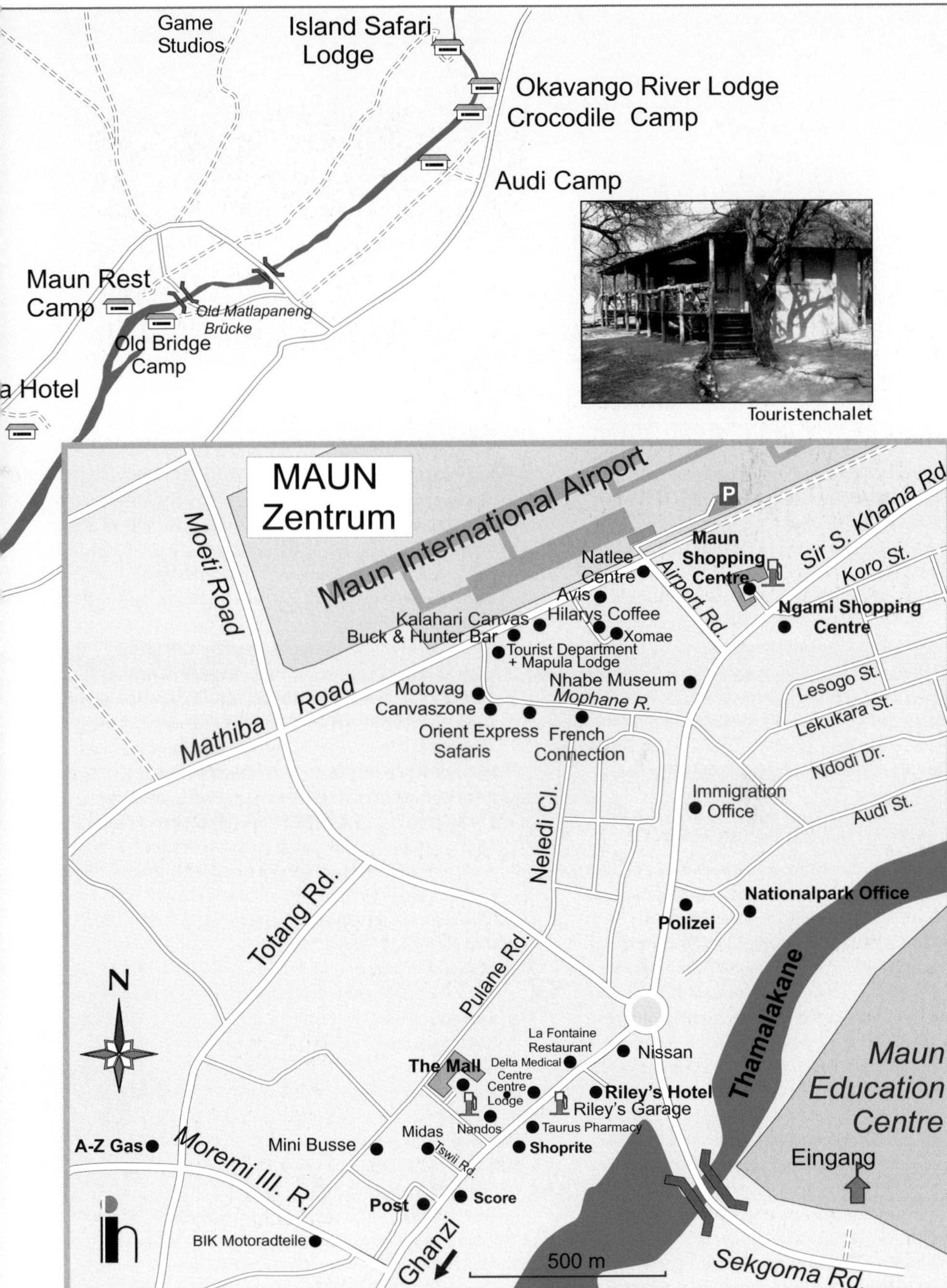

Touristenchalet

Hotels, Lodges und Camping in Maun

Die Touristenunterkünfte reihen sich mit wenigen Ausnahmen direkt an das Ufer des Thamalakane. Die meisten Lodges liegen rund 10-14 km nördlich des Stadtzentrums in Matlapaneng.

Unterkunft im Ortsbereich Maun

•**Riley's River Lodge:** P. O. Box 1, Maun. Tel. 6860320/ 6860204, Fax 6860580. email: resrileys@cresta.co.bw. Das traditionsreiche Hotel gehört heute zur Cresta-Gruppe und hat viel Charme verloren. Hier steigen vor allem Geschäftsreisende ab, Touristen bevorzugen eher die Lodges vor den Toren der Stadt.
Preise: B&B ab 55 €/DZpP, ab 80 €/EZ.

•**Maun Lodge:** Plot 459, Boseja, Maun. Tel. 6863939, Fax 6863969, www.maunlodge.com, email: maun.lodge@info.bw. An der südlichen Umgehungsstraße am Thamalakane gelegenes Hotel im gepflegten südafrikanischen Stil, das Zimmer, Chalets und ein gutes Restaurant bietet. Preise: ab 35 €/DZpP, ab 60 €/EZ, Chalets im Hinterhof ab 59 €/Nacht.

•**Sedia Hotel:** Privat Bag 58, Maun. Tel./Fax 6860177, email: sedia@info.bw, www.sedia-hotel.com. Mittelklassehotel mit klimatisierten Zimmern und Bungalows 5 km vom Ortszentrum. Im Garten liegt der viel besuchte **Campingplatz** (mit Stromanschluss). Großer Pool, Restaurant, Bar (oft mit Disko), Internetcafé. Abends oft Buffet an der Poolterrasse. Preise: B&B 60 €/ EZ und 35 €/DZpP, Chalets 56 €/ DZpP, 85 €/EZ. Camping 2 €, Mietzelte 10 €.

Unterkunft außerhalb von Maun

Viele außerhalb Mauns gelegenen Camps und Lodges bieten einen Shuttle-Service in die Stadt gegen Gebühr für nicht motorisierte Gäste an.

•**Maun Rest Camp:** Tel. 6863472, email: simonjoyce@info.bw. Ruhiger **Campingplatz** am Thamalakane River, ganz bewusst ohne Bar und Pool, dafür mit sehr großzügigen Einzelstellflächen (teilweise am Flussufer) und kleinen, aber sauberen Sanitäranlagen.Eine Empfehlung für Leute, die Privatsphäre dem Trubel vorziehen.
Preise: 4,50 € pP, Zuschlag für Strom 1,50 €/Tag.

•**The Old Bridge Backpackers:** www.maun-backpackers.com, email: camping@ dumelabotswana.com. Lässige Backpackerunterkunft neben der alten Brücke mit offenem Barbereich, Dormitory (13 € pP), Mietzelten (15-45 €/Nacht) und kleinem **Campingbereich** (4,50 € pP, Strom 3,50 €/Tag). Preiswerte Mokorotrips/Safaris im Angebot.

•**Island Safari Lodge:** P. O. Box 116, Maun. Tel. 6862992, Fax 6862934. email: island@info.bw, www.africansecrets.net. Die große Bungalowanlage mit einfachem, schattigen **Campingplatz** liegt ruhig am Westufer des Thamalakane, 12 km nördlich von Maun (3 km Zufahrt). Preise: Chalets mit B&B ab 35 €/DZpP und 56 €/EZ, 27 Euro/DZpP, Zimmer 25 €/ DZpP und 35 €/EZ, Camping ab 3 € pP. Unser Birdwatcher-Tipp für Maun: Viele halbzahme Vögel!

•**Audi Camp:** P/Bag 28, Maun. Tel. 6860599, Fax 6865388, www.okavangocamp.com. Lebhaftes, legeres Touristencamp mit sehr breitem Ausflugsangebot (Safaris, Mokorotrips) rund 12 km von Maun in Richtung Shorobe am Ostufer des Thamalakane. Mietzelte und ein eher schattenloser **Campingplatz** mit einfachen Sanitäreinrichtungen und wenig Privatsphäre, umso freundlicher wirken dafür der großzügige Bar-, Pool- und Restaurantbereich mit Internetzugang. Audi Camp ist ein beliebter Traveller-Treffpunkt für überwiegend jugendliches Publikum. Preise: Camping 4,50 € pP, Stromzuschlag 7 €/Nacht. Mietzelte kosten je nach Ausstattung 18-38 €/DZpP und 15-46 €/EZ Nacht.

•**Crocodile Camp:** P. O. Box 46, Maun. Tel. 6863707, Fax 68601256, www.crocodilecamp.com. Die tropisch eingewachsene, gemütliche ältere Lodge in direkter Nachbarschaft zum Audi Camp bietet betagte und neuere Chalets, und Pool und Bar direkt am Flussufer. Nur der **Campingplatz** wurde lieb- und schattenlos im Hintergrund der Lodge neben der Straße platziert. Preise: Ältere Chalets mit B&B 37 €/DZpP, die neueren kosten 42 €/DZpP, Camping 3,50 € pP (Strom inklusive).

•**Okavango River Lodge:** P/Bag B010, Maun. Tel. 6863707, Tel./Fax 6860298, www.okavango-river-lodge.com. **Campingplatz** und Chalets mit gutem Ausblick auf die Flussschleife neben dem Crocodile Camp. Mit Pool, Restaurant und Bar, Schatten durch hohe Bäume, alles lässig und recht einfach gehalten. Preise: Chalets 15 €/DZpP, 23 €/EZ, Dormitory 9 € pP, Camping 4,50 € pP (Strom inklusive).

•**Discovery Bed & Breakfast:** P. Bag 114, Maun. Tel./ Fax 6800627, www.discoverybedandbreakfast.com. Die niederländischen Betreiber offerieren 15 km von Maun in Richtung Shorobe „traditionelle afrikanische Gastfreundschaft" mit bunt bemalten Lehmchalets, die ein afrikanisches Dorf symbolisieren. Mit kleinem Pool und großer Feuerstelle. Preise: B&B je nach Ausstattung 18-24 €/DZpP, 22-33 €/EZ.

•**Thamalakane River Lodge:** P. O. Box 888, Maun. Tel. 6800217, Fax 6864313, www.thamalakane.com. Die neue Lodge 19 km von Maun in Richtung Shorobe besticht mit geschmackvollen Steinchalets, begrüntem Poolbereich und ansprechendem Restaurant. Preise: B&B im Chalet 60 €/DZpP, Safarizelte 25 €/ Nacht. Ab 2010 kein Camping mehr.

•**Sitatunga Camp:** P. O. Box 66, Maun. Tel. 6800380, Fax 6800381, email: info@deltarain.com, www. deltarain.com. Das einfache, saloppe Overlander-Camp liegt 11 km von Maun in Richtung Ghanzi (2 km sandige Zufahrt) und bietet einen riesigen **Campingplatz** (4 € pP), Chalets (28-65 €/Nacht), eine lebhafte Bar, Pool und eine Krokodilfarm (S. 248). Besonders beliebt ist der Platz bei Overlandern.

•**Motsentsela Tree Lodge:** P. O. Box 236, Maun. Tel. 6800757, Fax 6860493, www.motsentselatreelodge. com. Etwa 15 km südlich von Maun auf einer Wildfarm gelegene Lodge mit eleganten Safarizelten und Pool. Preise: B&B 120 €/DZpP, 155 €/EZ. Allradzufahrt, Voranmeldung erwünscht.

Unterkunft nördlich von Maun (an der Zufahrt zum Moremi WR/Chobe NP)

•**Kaziikini Community Camp:** Tel. 6800664, Fax 6800665, email: santawanistmt@botsnet.bw. Die Bayei-Dorfgemeinschaft von Sankuyo hat auf der wildreichen Zufahrt zum Moremi WR ein kleines Camp mit vier Rundhütten (je zwei Betten, Moskitonetze) und 14 **Campingstellflächen** errichtet. Es gibt Duschen, eine Bar und ein Restaurant (das aber oft geschlossen ist). Preise: Rondavel 22 €/Nacht, Camping 7 € pP. Gegenüber dem Camp liegt **Shandereka**, ein Museumsdorf, wo Besucher gegen 12 € Eintritt traditionelle Gebrauchs- und Musikgegenstände sehen und Tänze erleben können. Das Camp liegt 23,5 km nördlich von Shorobe bzw. 4,7 km nördlich des Veterinär-Gatters an der Straße zum Moremi South Gate. In der Nebensaison besteht nur eingeschränkter Betrieb, Camping ist aber immer möglich. **Tipp:** Nachts durchwühlen Honigdachse gerne die Mülltonnen und springen Bushbabys durchs Geäst.

•**Santawani Lodge:** Lodges of Botswana, P. O. Box 39, Maun, Tel. 6861154, Fax 6860589, email: info@lodgesofbotswana.com. Zuletzt eine von der Community geführte Lodge, steht sie nun unter Leitung von Lodges of Botswana. Sehr wildreiche Lage nur 11 km südlich des Moremi South Gates. Preise: All-Inclusive je nach Saison 135-210 €/DZpP.

•**Sankuyo Bush Camp:** Nordwestlich der Santawani Lodge errichtete Lodges of Botswana ein weiteres Safaricamp am Südrand des Deltas. Preise: Je nach Saison/Ausstattung 180-200 und 280-500 €/DZpP.

•**Mankwe Bush Lodge & Campsite:** Kgori Safaris, Maun, Tel. 6865788, Fax 6865787, email: mankwe@ info.bw, www.mankwe.com. Ca. 10 km nördlich von Sankuyo liegt die Lodge mit Komfortzelten auf Stelzenplattformen im dichten Mopanebusch. In der Umgebung befinden sich einsame Campingstellflächen. Preise: All-Inclusive ab 215 €/DZpP, VP ab 180 €/DZpP, EZ-Zuschlag 25 %, Camping 11 € pP.

•**Mogothlo Safari Lodge** und **Dizhaana Campsite:** Kgori Safaris (siehe oben) errichtete 2008 am wildreichen Khwai River eine Luxuszeltlodge. Etwas südlich davon liegt der Dizhaana **Campingplatz** mit guten Sanitäreinrichtungen (GPS S 13.101 E 23.57.365). Preise: All-Inclusive ab 280 €/DZpP, VP ab 230 €/DZpP, EZ-Zuschlag 25 %, Camping 15 € pP.

•**Mababe Community Camp:** 2 km südlich des Dorfes Mababe ist ein weiterer Campingplatz in Planung. Info: Mababe Development Trust, Maun, Tel. 6800010.

•**Khwai Community Camps:** P. O. Box 21991, Maun, Tel. 6801211, Fax 6801210. Beim Khwai Village am Moremi North Gate werden für "**Camping** ohne alles" auf den nur mittels eines Schildes erkennbaren Plätzen Magotho 1 und 2 satte 14 € pP verlangt (GPS S 19.06.634 E 23.51.662 und S 19.06.639 E 23.51.666). Keinerlei Einrichtungen vorhanden.

Logdes im Okavangodelta: S. 282ff.

Wichtige Adressen von A bis Z

Banken & Geldwechsel

Der ATM-Schalter im Flughafen akzeptiert sogar EC-Karten

Mehrere Wechselstuben, z. B. im Ngami Centre, Rileys Komplex und im Flughafen, wechseln täglich ganztags Devisen (Euro, US$ und Rand in bar). Erkundigen Sie sich, ob noch Gebühren anfallen, denn darin unterscheiden sich die Wechselstuben. Bei kleinen Beträgen in US$ oder Rand sind Wechselstuben in der Regel günstiger als Banken, die fast alle Kommission berechnen. Da Banken andererseits häufig einen besseren Wechselkurs anbieten, kann es sich bei größeren Beträgen lohnen, dort zu wechseln. Am Geldautomat (ATM-Schalter) darf man mit der Kreditkarte (VISA) in der Regel pro Tag bis zu 2000 Pula abheben.

Internet

Auf dem Grundstück des Sedia Hotels befindet sich das Internet-Café La Sangria, wo man außerdem Scannen und CDs Brennen kann. Comp.net befindet sich im Riley-Komplex im Stadtzentrum, PostNet findet man im Maun Shopping Centre.

Buchungsstellen für die Campingplätze in Nationalparks

Im Oktober 2009 wurden die Campsites in den Parks Nxai Pan, Chobe und Moremi privatisiert. Seither müssen Touristen im Voraus die Übernachtungen bei den privaten Anbietern reservieren und anschließend, ebenfalls vor dem Parkbesuch, beim Wildlife Office die Eintrittsgebühren begleichen. Ausführliche Informationen zum Reservieren von Nationalparks und damit einhergehenden Problemen: siehe S. 364ff.

Mapula Lodge: P. O. Box 22149, Boseja, Maun, Tel. 6865365/6865366, Fax 6865367, email: mapulalodge@info.bw. Agent für die Camps Savuti, Linyanti (Chobe NP) und Khwai/North Gate (Moremi WR). Öffnungszeiten: Mo-Fr 08.00–17.00 h, Sa 08.00–15.00 h und So 08.00–13.00 h. Preise: Camping kostet 50 US$ pP; für Kinder bzw. Bürger aus SADC-Staaten die Hälfte.
Xomae Group Ltd: P. O. Box 20975, Maun, Tel./Fax 6862221, email: xomaesites@botsnet.bw. Agent für Nxai Pan NP (inklusive Baines Baobabs), Third Bridge Campsite und Wilderness Islands (Moremi WR). Öffnungszeiten: Mo-Fr 08.00–17.00 h, Sa 08.00–16.30 h und So 08.00–12.00 h. Preise: Camping kostet 150 Pula pP (ca. 15 Euro); für Kinder die Hälfte. Eine Übernachtung auf den Wilderness Islands (während einer Bootstour von der Mboma Boat Station, siehe S. 277) kostet 400 Pula pP. Zahlbar auch per VISA und in Euro, US$ und Rand.

Nationalparkbehörde

Das Wildlife Office, bei dem alle Eintrittsgebühren für den Besuch von Nationalparks in Nordbotswana vorab bezahlt werden müssen, befindet sich hinter dem Polizeigebäude (deutlich ausgeschildert). Öffnungszeiten: Mo-Fr 07.30–16.30 h, Sa 07.30–12.45 h und 13.45–16.30 h, So 07.30–12.45 h. Tel. 6861265, Fax 6861264.

Notfälle

Polizei: Die Polizeistation liegt neben dem NP-Office. Tel. 6860223, Notruf-Tel. 999.
Krankenhaus: Maun Hospital liegt am Ortsausgang Richtung Toteng/Ghanzi, Tel. 6860444.
Delta Medical Centre: Tsheko-Tsheko Road, Tel. 6861411.
Zahnheilkunde: Delta Dental Clinic, Tel. 6861023.
MRI Flugrettung: Notruf 911, Büro in Maun Tel. 6861831.

Post Office

Das Postamt befindet sich in der Tsheko Tsheko Road. Öffnungszeiten: Montag bis Freitag von 08.15-12.45 h und 14.00-16.00 h. Am Samstag von 08.30-11.30 h.

Reisebüros

Travel Wild: P.O.Box 236, am Flughafen, Tel. 6860822, Fax 6860493.
Merlin Travel: P/Bag 13, gegenüber dem Airport, Tel. 6860635, Fax 6860036.

Touristeninformation

In der Ankunftshalle des Flughafens verteilt eine kleine Touristeninformation bunte Prospekte, kann sonst aber wenig weiterhelfen. Touristische Informationen erhält man eher in den Lodges (Infobretter) und bei den privaten Reiseagenturen.

Vorsicht!

Leider nehmen in Maun und Kasane die Kriminaldelikte gegenüber Touristen zu. Vereinzelt kommt es zu Autoaufbrüchen und Diebstählen bzw. nächtlichen Einbrüchen in den Lodges. Man sollte daher nicht unbewacht vor den Supermärkten parken und in allen Touristencamps Vorsicht walten lassen, z. B. nachts kein Gepäck im Freien stehen lassen.

An- und Weiterreise

Flughafen und Flugverbindungen

Mauns Internationaler Flughafen liegt praktisch mitten im Ortszentrum. Der kleine, überschaubare Airport ist die Basis der kleinmotorigen Buschflieger, die Touristen zu den Lodges im Delta bringen. Der Charterflugbereich macht einen Großteil des Flugverkehrs aus.

Von Maun bestehen häufige Linienflugverbindungen nach Gaborone, Kasane, Johannesburg, Kapstadt, Windhoek und Livingstone. Air Botswana ist unter Tel. 6860391 erreichbar.

Flug-Chartergesellschaften:

- Sefofane Ltd.: Tel. 6860778, Fax 6861649
- Mack Air: Tel. 6860675, Fax 6860036
- Transair: Tel. 6861374, Fax 6860907
- Moremi Air Service: Tel. 6863632, Fax 6862078
- Okavango Helicopters: Tel. 6865797, Fax 6865798

Busbahnhof und Busverbindungen

Der zentrale Bus- und Minibusbahnhof liegt hinter der MALL. Von hier fahren die Busse nach Nata/Francistown und Shakawe (jeweils etwa 12–20 Euro pro Strecke). Kasane wird nur via Nata angesteuert. Ferner besteht eine Busverbindung nach Ghanzi und weiter zur namibischen Grenze bei Mamuno. Reservierungen können direkt am Busterminal und teilweise auch bei den Reiseagenturen in Maun vorgenommen werden.

Mietwagen

- **AVIS**: am Flughafen, Tel. 6860039, Fax 6861596.
- **Budget Rent-A-Car:** am Flughafen, Tel. 6863728.

Oben: Eingang zum Lokal „Buck & Hunter„

Weiterreise von Maun

Moderne Asphaltstraßen verbinden Maun mit den Orten Shakawe, Ghanzi und Nata (Streckenbeschreibungen siehe S. 288, 227 und 165). Dagegen ist die 340 km lange Fahrt nach Kasane nur mit Allradfahrzeugen zu schaffen. Unterwegs gibt es keinerlei Tankstellen oder Versorgungsstationen. Die direkte Strecke führt von Maun über Sankuyo, Mababe, Savuti und Ngoma Bridge und durchquert somit zweimal den Chobe Nationalpark. Für den Parktransit in der Savuti-Region fallen NP-Gebühren an, die bereits vorab in einem NPWS-Büro bezahlt werden müssen. Der Transit im Nordteil des Nationalparks, zwischen Ngoma Brigde und Kasane, ist dagegen gebührenfrei, wenn man dort die Transit-Asphaltstrecke benützt. Die gesamte Strecke Maun-Kasane wird auf S. 316f beschrieben.

Info Bitte keine Hererofrauen fotografieren! Insbesondere an der MALL fallen stolze Hererofrauen in bunten, weiten Kleidern auf. Die Damen reagieren äußerst verärgert, wenn man sie unerlaubt fotografiert (die meisten lassen sich nur gegen Bezahlung ablichten)

Weiterreise ins Okavangodelta

Abgesehen vom Moremi Wildlife Reserve sind fast alle Straßen im Bereich des Deltas für den Privatverkehr gesperrt. Nur wenige Lodges sind überhaupt auf dem Landweg erreichbar. In der Regel wird die Anreise zu den Camps im Delta durch die Safariveranstalter organisiert und erfolgt per Flugtransfer, in manchen Fällen auch durch einen Bootstransfer. Alle Camps bzw. Deltalodges unterhalten eigene Fluglandebahnen (bitte beachten Sie dabei die Gepäckbeschränkung auf 10 kg pro Person).

Beschreibung der Anreise zum Moremi WR siehe S. 275.

Okavango und Okavangodelta

Der Okavango ist mit 1600 km Länge der drittgrößte Fluss im südlichen Afrika und zählt zu den bemerkenswertesten Gewässern der Welt. Seine Besonderheit: Dieser mächtige Fluss findet keinen Weg ins Meer, sondern ergießt sich statt dessen in die sandige Kalahari und erschöpft sich dort. Dabei bildet er **das größte Binnendelta der Welt** – ein Naturwunder von der Größe Schleswig-Holsteins!

Der Okavango entspringt im feuchten, angolanischen **Benguela-Plateau**. Hier regnet es vier Mal soviel wie im Delta (bis 2000 mm/Jahr). Zunächst heißt er Rio Cubango und sammelt durch viele kleine Zuflüsse beständig Wasser, bis er nach 1300 km bei Mohembo Botswana erreicht. An dieser Stelle ist der Okavango etwa 100 m breit und führt jährlich beachtliche 5 bis 12 Milliarden m^3 Wasser nach Süden. Er gerät nun in einen Ausläufer des Ostafrikanischen Grabenbruchsystems und wird für knapp 90 km durch zwei Erdfalten, das **Panhandle**, nach Südosten gedrängt. Innerhalb dieses 10 bis 15 km breiten, sehr flachen Panhandles schlingert und meandert der Okavango so stark, dass er dabei die dreifache Länge des Panhandles erreicht. Schließlich wird sein Lauf jäh durch die quer zum Fluss verlaufende **Gomarefalte** gestoppt. Der Okavango teilt sich an dieser Stelle in mehrere Wasserarme und überflutet weite Landstriche. Der Höhenverlust beträgt hier auf 250 km lediglich 65 m, daher wird die Flut träge und es entstehen riesige Sumpfgebiete. 6000 km^2 Fläche stehen permanent unter Wasser. Wenn aber das jährliche Hochwasser das Delta erreicht, werden sogar 13 000 bis 18 000 km^2 überflutet.

Die **Thamalakane-Falte**, eine Erdfalte parallel zur Gomarefalte, stoppt diese Schwemmflut nach 250 km. Was bis hierher nicht verdunstet und versickert ist, wird durch diese Falte zum Thamalakane River abgeleitet. Etwa 25 km südlich von Maun teilt sich der Thamalakane. Der kleinere Anteil fließt als Kunyere River weiter zum Ngamisee. Der größere Teil tritt jedoch durch einen Spalt aus der Erdfalte aus und führt – nun unter dem Namen **Boteti** – die verbleibenden Wasserfluten in die Kalahari ab. Früher bewässerte der Boteti dabei den Lake Xau und sogar die Ntwetwe Pan, doch versickern seine Fluten nun schon seit Jahrzehnten deutlich früher.

Relativ häufige Erdbeben bezeugen die weiterhin aktiven tektonischen Verschiebungen im Bereich des Okavangodeltas. Diese führen zu allmählichen Veränderungen des Fließsystems.

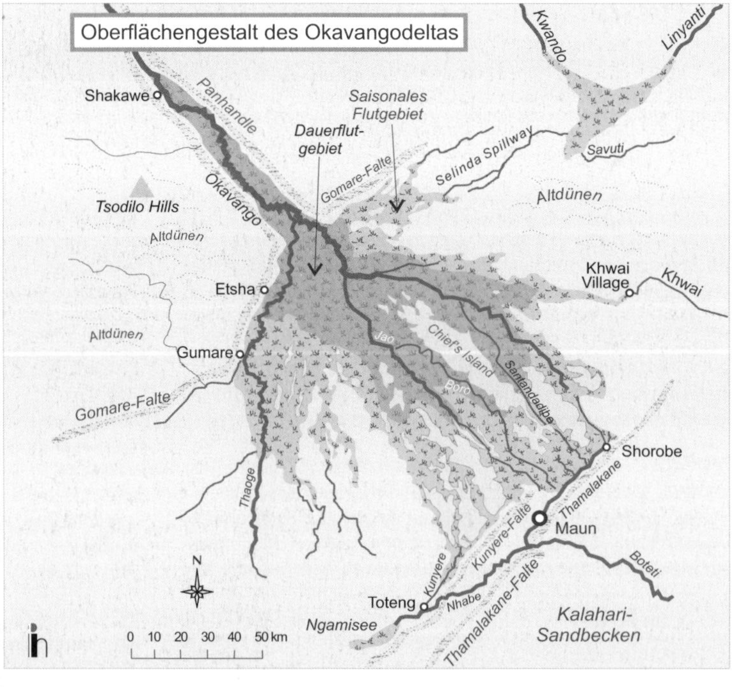

Heute bildet der Boro den Hauptstrom im Delta. Im vorletzten Jahrhundert war es der Thaoge, der anschließend vom Santantadibe abgelöst wurde. Die großen Flussarme können durch die massive Ausbreitung von Wasserpflanzen regelrecht verstopfen, manchmal werden sie auch durch ein leichtes Anheben der Oberfläche abgedrängt bzw. blockiert. Eine Folge solcher Ereignisse sind dann z. B. das Austrocknen und sich wieder Füllen des Ngamisees oder auch die sporadischen Fluten des Savuti Rivers.

Ein faszinierendes Ökosystem

Es erscheint rätselhaft, warum im Delta das Oberflächenwasser nicht salzig ist, müssten sich doch eigentlich durch die immense Wasserverdunstung Tausende Tonnen Salz anhäufen. Dass der Okavango im Delta dennoch ungewöhnlich klar und rein ist, verdankt er seiner besonderen, regulierend wirkenden Flora. Wissenschaftler haben im Delta vier dominante Vegetationsgruppen entdeckt: Das sind zunächst die **Dauersümpfe** und **Wasserkanäle**, in denen vor allem Papyrus und das störrische Hippo-Gras wachsen. In **Altkanälen** und **Brackwasserbereichen** finden sich dagegen „transpirierende" Grasfamilien, die viel Wasser an die Luft abgeben und dabei Humus bilden, der die überschüssigen Salze absorbiert. Die dritte Vegetationsgruppe bedeckt die **saisonalen Sümpfe**, in denen das Wasser auch tatsächlich salziger ist als in den beiden erstgenannten Gruppen. Als vierte Vegetationsart gelten die mit großem Artenreichtum gesegneten **Inseln**. Die hohen Bäume transpirieren enorme Mengen Wasser, weshalb ständig frische Wassermengen in das Grundwasser gespült werden. Die überschüssigen Salze reichern sich derweil an den Rändern an, die die Inseln wie Atolle umgeben. Von Zeit zu Zeit steigt der Salzgehalt in solchen Bereichen so stark an, dass die Pflanzen vergiftet werden und absterben. Auf solchen Inseln bleiben abgestorbene Wälder mit einem salzverkrusteten Boden zurück, regelrechte Salzfriedhöfe. In den folgenden Jahrzehnten greifen die toxischen Salze dann auf die restliche Insel über, deren Vegetation allmählich völlig abstirbt.

In der Zwischenzeit verändern sich aber auch andere Bereiche im Delta: Aggressive Papyruspflanzen wuchern und verstopfen Wasserkanäle, bis diese austrocknen. In solchen trockengelegten Kanälen brechen früher oder später Buschfeuer aus, die alles vertilgen – die Gräser und den Humus. Zurück bleibt dann neben der Asche auch fruchtbare Erde, die den neuen Bewuchs fördert. Die Lebensdauer eines Deltakanals scheint interessanterweise identisch zu sein mit der Zeit, welche die toxischen Salze zum völligen Einnehmen und Zerstören einer Insel benötigen (etwa 150 Jahre). Die Natur reguliert sich hier auf faszinierende Weise immer wieder selbst.

Dauerflutgebiete im nördlichen Delta

Ein sich über 6000 km² ausbreitender Bereich im nördlichen Delta steht permanent unter Wasser. Diese träge **Wasserlandschaft** wird von endlosen Schilf- und Papyrussümpfen, schwimmenden Inseln aus Riedgras, unzähligen Lagunen (*Lediba* genannt), einzelnen Makalani-Palminseln, Wasserfeigen, treibenden Wasserlilien und verschlungenen Wasserläufen geprägt. Das Gebiet ist äußerst spärlich besiedelt, und die hier eingerichteten Touristencamps versprechen einen geruhsamen Aufenthalt in faszinierender Abgeschiedenheit. Das klassische Verkehrsmittel sind hier die flachen Einbäume, Mekoro, in denen man nahezu lautlos durch das Labyrinth gleitet.

Die Dauersümpfe bieten ideale Lebensbedingungen für scheue Sitatunga, Lechwe-Antilopen, Otter und Reptilien, wie Nilwarane und Krokodile. Gelegentlich sieht man Büffel. Hippos sind hier dagegen weit seltener, als man erwarten würde, da sie im letzten Jahrhundert zu stark bejagt wurden. Auch die Vogelwelt ist weniger artenreich als am Panhandle oder im südlichen Bereich des Deltas, weil das tiefere Wasser der Dauersümpfe nur bestimmten Vögeln Lebensraum bietet. Zu ihnen zählen Marabus, Kormorane, Reiher, Schlangenhalsvögel, Fischeulen und Schreiseeadler.

Saisonale Flutzone im südlichen Delta

Der südliche Deltabereich wird alljährlich vorübergehend überflutet und trocknet anschließend wieder ab; daher weist er gegenüber der Dauerflutzone eine deutlich vielfältigere Flora und Fauna auf. In diesem 10 000-12 000 km² großen saisonalen Schwemmgebiet liegen drei weitläufige Landmassen, die niemals überflutet werden und als trockene Inseln ein dauerhaftes Rückzugsgebiet für das Wild darstellen: **Chief's Island**, die **Matsebi-Ridge** und die **Moremi-Landzunge**. Wenn etwa im April die Flut aus dem Quellgebiet des Okavango im angolanischen Hochland in das Delta spült, ergrünen dort die Graspfannen und Hunderte Blumen, vornehmlich Wasserlilien, setzen bunte Farbtupfer. Entlang der Wasserläufe und Lagunen erreicht das Riedgras bis zu vier Meter Höhe. Weil die Region nur saisonal überflutet wird, ist sie von einer üppigen Vegetationsschicht bedeckt. Hier wachsen Fächerpalmen, allerlei Wasserfarne, Leberwurstbäume, Regenbäume, Gelbholzbäume, ein paar knorrige Baobabs und zahlreiche Akazien und Albizien.

Auch die **Tierwelt** ist deutlich artenreicher als im Dauerflutgebiet. Böcke und Antilopen finden hier ganzjährig Nahrung und Wasser. Das frische Grün zieht Zebras, Wasserböcke, Gnus, Kudus und Giraffen an. Auch die legendären Büffelherden bevorzugen den unteren Deltabereich, weil hier das Gras nahrhafter als in der Dauerflutzone ist. Ihnen folgen Löwen, Hyänen und andere Jäger. Wegen massiver Bejagung hatten die Elefanten das Delta in den 1970er Jahren verlassen. Seit 1983 werden sie strikt geschützt und heute streifen auch wieder Tausende Elefanten durch das südliche Delta.

Bilder dieser Seite: Impressionen einer Safari. Rustikale Wegbeschilderung im Moremi WR; Paviane plündern einen Abfalleimer und „Birder" im Einsatz.

Die größten Landlebewesen der Erde genießen in Botswana viel Freiraum

Bis zu 150 kg Kot produziert ein Elefant täglich

Dungkäfer finden darin wertvolle Nahrung

Die Kälber bekommen Milchstoßzähne, die nach einem Jahr ausfall

rund 50 kg schweren Elefantenrüssel haben keine Knochen und Knorpel, aber etwa 40 000 Muskeln

Safari im Chobe Nationalpark

Im wildreichen nördlichen Teil des Chobe NP folgen die Pirschfahrten dem flachen Chobe-Ufe

e meisten Tiere sind an die vielen Besucher gewöhnt und wenig scheu.

SAVUTI

Savuti. Da ist schon der Name eine Legende.

Kaum ein anderer Ort in der Wildnis Botswanas ermöglicht so viele dramatische Szenen und Tiererlebnisse auf engstem Raum, wie Savuti in der Trockenzeit.

TSODILO
THE GODS

:r Zauber von Tsodilo Hills

same Inselberge mit magischer Atmosphäre, e Schatzkammer prähistorischer Felsbildkunst, ile Wanderpfade und ein paar Campingplätze er Blutfruchtbäumen (*Terminalia prunioides*). wenigen ansässigen Hambukushu und !Kung- schleute verehren die mystischen Hügel als hnstätte ihrer Götter, und die UNESCO listet seit 2001 als Weltkulturerbe.

Zebras lieben Staubbäder zur Hautreinigung und Erfrischung

Strömungszyklen im Delta

Die Ausdehnung des Okavangodeltas unterliegt enormen jahreszeitlichen Schwankungen. Wenn die Flut kommt, weitet sich das Schwemmgebiet auf mehr als die doppelte Größe aus. Die Flut erreicht das Delta jedoch nicht zur Regenzeit, sondern während der trockensten Monate in Botswana (in Maun von Juni bis August). Das Okavangodelta führt also Hochwasser, wenn im übrigen Land Trockenzeit herrscht. Zur Regenzeit hat das Delta dagegen seine kleinste Ausdehnung bei niedrigem Wasserstand.

Seinen Anfang nimnmt dieser Zyklus im angolanischen Hochland, wo der Okavango entspringt. Die heftigen Regenfälle zwischen Oktober und März führen dem Fluss dort große Wassermengen zu. Auf seinem Weg nach Botswana schwillt er durch zahlreiche kleine Zuflüsse weiter an. Im Februar erreicht die Flut Shakawe, im Mai Xaxaba, im Juli, also erst fünf Monate später, werden ihre Ausläufer in Maun erwartet. Wenn der Zufluss in den Folgemonaten nachlässt, trocknen die saisonal überschwemmten Gebiete allmählich wieder ab. Etwa im Dezember hat das Okavangodelta seinen Wassertiefstand. Im Januar und Februar, während der Regenzeit in Botswana, erhält das Delta durch diese Regenfälle auch ein wenig Wasser. Gleichzeitig schwillt der Okavango bei Shakawe bereits wieder an und schwappt in wenigen Monaten als neue Flut ins Delta.

Die jährlichen Flutmengen fallen sehr unterschiedlich aus. In schlechten Jahren fließt so wenig Wasser ins Delta, dass Boteti und Nhabe trocken bleiben. Auch der Kunyere, der das Delta im Südwesten verlässt und den Ngamisee bewässert, versiegt dann bereits bis zu 100 km vorher. Sorgen besonders starke Regenfälle in Angola allerdings für außergewöhnliches Hochwasser im Okavango, entsteht über die **Selinda Spillway** sogar eine direkte Verbindung zum Linyanti-Chobe-Flusssystem.

An der Messstation bei Mohembo wird seit fast vier Jahrzehnten die Wassermenge im Okavango gemessen. Die stärkste Flut wurde im hydrologischen Jahr (1. Oktober – 30. September) 1969/70 mit 12,027 Milliarden m^3 ermittelt, das niedrigste Ergebnis 1995/96 mit 5,319 Milliarden m^3 erzielt.

Unvorstellbar erscheint die riesige Wassermenge, die während dieser Monate spurlos versickert und verdunstet. Von den durchschnittlich 8,6 Milliarden m^3 Wasser, die der Okavango jährlich nach Botswana führt, erreichen höchstens 3 % Maun. Weitere 2 % lagern sich als Grundwasser ab. Die restlichen 95 % versickern, verdunsten, kurz: verschwinden einfach. Das langsame, aber beständige Abfließen bei einem minimalen Gefälle von nur 30 cm/km führt zu einem extrem klaren Frischwasser im Okavangodelta.

Wasserprojekte am Okavango

Seit Jahrzehnten wurde immer wieder nach Möglichkeiten gesucht, den wasserreichen Okavango zur Versorgung des Landes heranzuziehen. Das „Southern Okavango Integrated Water Development Projekt" initiierte, den Boro River, Hauptstrom im Delta, auf einer Länge von 42 km auszubaggern, zu vertiefen und zu begradigen, um die Flut zu verstärken. Staudämme und ein Wasserreservoir sollten zur Versorgung Mauns und der Bewässerung etwa 10 000 ha angrenzenden, kultivierbaren Landes errichtet werden. Ferner sollte Wasser in den Boteti geleitet werden, um die Diamantmine Orapa zu versorgen. Doch das Vorhaben löste heftige Proteste und Widerstand bei Naturschützern und den Bewohnern Ngamilands aus, die weitreichende Beeinträchtigungen des empfindlichen Ökosystems, eine Ausweitung der Malaria und eine Gefährdung des Tourismus befürchteten. Die Regierung sah sich genötigt, eine Studie über das geplante Projekt bei der IUCN (International Union for the Conservation of Nature) in Auftrag zu geben. Das Ergebnis: Auch die IUCN riet massiv vom Boro-Stauprojekt ab. Daraufhin zog die Regierung das Projekt zurück. Doch nun droht neues Unheil vom namibischen Elektrizitätskonzern NamPower, der den Fluss im Caprivi an den Popa Falls, nur wenige Kilometer vor Botswana, stauen möchte. Und seit dem Friedensschluss in Angola fürchten viele auch dort ähnliche Ambitionen für Stauprojekte. Das einzigartige Okavangodelta ließe sich gegen die Profitgier nur schützen, wenn es endlich von der **UNESCO als Welterbe eingestuft** würde.

Moremi Wildlife Reserve

Sanfte, aufgelockerte Baumsavannen mit sumpfigen Lagunen, reizvollen Waldinseln und einem bemerkenswerten Artenreichtum bestimmen das Moremi Wildschutzgebiet. Das wasserreiche Okavangodelta und seine üppige Vegetation sind ein Paradies für Wildtiere. Viele zählen diesen Wildpark zu den schönsten Afrikas.

Die Witwe Moremis III. hatte 1963 einen Teil des Batawana-Gebiets für ein Wildreservat zur Verfügung gestellt, um die Tierwelt des Deltas, die durch zügellose Jagd und die stark zunehmende Rinderzucht bedroht war, zu erhalten. Zunächst umfasste das Schutzgebiet nur Festlandbereiche. In den 1970er Jahren wurde Chief's Island eingegliedert, und 1991 folgte eine Erweiterung im Nordwesten. Seither steht fast ein Drittel des Okavangodeltas unter Schutz; eine Fläche von 4871 km².

Offiziell ist das Moremi Wildreservat ganzjährig zugänglich (Parköffnungszeiten: April-September von 06.00-18.30 h, Oktober-März von 05.30-19.00 h). Allerdings kam es in den letzten Jahren vor, dass die Khwai River Region beim Nordzugang wegen Überflutung vorübergehend unzugänglich war. Innerhalb des Wildparks bestehen keinerlei Versorgungsmöglichkeiten. Zwischen Maun/Shorobe und Ngoma Bridge/Kasane gibt es praktisch nichts als Wildnis und schlechte Sandpisten! Kein Treibstoff, keine Werkstatt und Lebensmittelversorgung. Dabei wird der **Treibstoffbedarf** von Reisenden gerne unterschätzt. Ein Toyota Hi Lux 2.7 verbraucht auf den sandigen Pisten leicht 20 l Treibstoff auf 100 km Strecke. Für die rund 650 bis 750 km lange Wegstrecke zwischen Maun und Kasane (wenn man ausgiebige Pirschfahrten im Moremi WR einrechnet) werden somit insgesamt 120 bis 150 l Treibstoff benötigt.

Schon gewusst?
Wissenschaftler vermuten, dass Zebras ein gestreiftes Fell haben, um sich besser gegen Tsetsefliegen zu schützen. Die steuern nämlich einfarbige Flächen lieber an als gestreifte.

Reisezeit

Man kann das Gebiet ganzjährig bereisen. Als optimale Reisezeit für die Tierbeobachtung gelten die Monate von Juli bis Oktober/November. Im September und Oktober brüten im Delta die Wasservögel. Ab November, wenn der Regen einsetzt, verteilt sich das Wild. Die Wildtiere, die nun ihren Nachwuchs aufziehen, sind in der Regenzeit Zeit schwerer zu entdecken. Außerdem kann es zu erheblichen Einschränkungen kommen, weil nach starken Regenfällen viele Straßenabschnitte

Rechts: Die Brücke über den Khwai River beim North Gate

stark aufweichen und verschlammen. In Extremsituationen, wie 2005/2006, wird der Park sogar vorübergehend geschlossen. Klimatisch angenehmer sind die kühlen Monate von April bis Juli. Hochsaison herrscht im Moremi WR zu den regionalen Ferienzeiten, wie Ostern, und zwischen Juni und Ende September. Zu Weihnachten füllt sich das Schutzgebiet trotz der Regenzeit erneut wegen der südafrikanischen Schulferien. Zur Info: Das Okavangodelta wird zumindest saisonal als Malariagebiet eingestuft; auch Tsetsefliegen treten vereinzelt noch auf.

Anreise

Es gibt zwei Zugänge in den Park: South Gate (84 km von Maun) und North Gate am Khwai River.

Anreise von Maun zum South Gate: Bis Shorobe ist die Straße geteert (28 km ab dem Kreisverkehr am Ostufer des Thamalakane nahe dem Audi Camp). Danach geht es auf einer breiten, staubigen Sand-Schotterstraße mit zahlreichen Spurrillen weiter. Vorsicht: Diese Piste birgt eine hohe Schleudergefahr; vor allem bei zu hoher Geschwindigkeit (ab 70 km/h) kann es den Wagen in Sekundenschnelle durch die Spurrillen verziehen. 19 km hinter Shorobe gelangt man an den Mawana Vet Fence, den Touristen ohne Kontrollen durchfahren können. 1,7 km weiter gabelt sich die Straße. Rechts führt die Transitstrecke über Sankuyo und Kudumane/Mababe zum Mababe Gate des Chobe NP (72 km, beschildert). Links führt sie dagegen am Kaziikini Community Camp vorbei (Campinggelegenheit, s. S. 253) direkt bis zum South Gate des Moremi Wildschutzgebiets (36 km, ebenfalls beschildert). Fahrtzeit: ca. zwei Stunden.

Anreise von Savuti zum North Gate: Von Norden kommend gelangt man nur über Savuti im Chobe Nationalpark in den Moremi WR. Fahren Sie zunächst zum Mababe Gate am Südausgang des Chobe NP, wie auf S. 317 beschrieben. 1,4 km südlich des Gates zweigt die Piste zum Moremi WR von der Hauptstrecke nach Maun rechts ab. Die folgenden 11 km wechseln sich im Mopanewald tiefsandige Bereiche mit berüchtigten Lehmböden ab, die nach Regenfällen verschlammen. Zudem muss die extrem tiefsandige Magwikhwe Sandridge überquert werden. An der nächsten Gabelung müssen Sie sich wieder rechts halten. Nach 7 km kommen Sie an der Borderline Road des Chobe NP vorbei und 8,5 km danach an die Abzweigung zu den Linyanti Sümpfen. Von hier sind es links noch 12 km bis Khwai Village und dem Parkeingang North Gate. (Vom North Gate nach Savuti: S. 317)

2009 wurde mit dem Bau einer neuen Straße zwischen Khwai Village und dem Mababe Gate begonnen, deren Fertigstellung jedoch unbekannt ist.

Info Landkarte Moremi: Siehe Innenseite Rückumschlag!

Die River-San vom Okavangodelta

Die **Banoka** bzw. River-San waren die ersten, die sich am Okavangodelta niederließen. Ihre Haut ist dunkler und sie sind größer als ihre Verwandten in der Kalahari. Auch kulturhistorisch unterscheiden sie sich: Die Banoka bilden zentrale Dorfgemeinschaften mit patrilinearer Hierarchie. Sie leben von der Jagd, dem Ackerbau und betreiben auch ein wenig Rinderzucht. Wie die Buschleute der Kalahari sprechen sie eine **Klicksprache**. Viele Inseln, Dörfer und Lodges im Delta tragen Banoka-Namen mit Schnalzlauten. X und Q stehen dabei für Klicklaute. Camp Xugana wird etwa als „Kugana" ausgesprochen, und Xakanaxa klingt wie „Kakanaka".

Die Banoka leben noch heute in kleinen Dörfern am Rande des Moremi WR, z. B. in Khwai Village, Kudumane und Sankuyo. Die Bewohner von Khwai Village lebten noch bis in die 1950er Jahre in Xakanaxa. Dann zogen sie zum Dombo Hippo Pool weiter, von wo man sie 1963, als das Schutzgebiet eingerichtet wurde, nach Khwai Village umsiedelte.

Schon gewusst?
Der stolze Kronenkranich verteidigt sein Revier im Umkreis von 1,5 km. Selbst Löwen und Leoparden schlägt der mutige Kranich in die Flucht.

Info Eine farbige Landkarte für Moremi finden Sie auf der Innenseite des Rückumschlags

Oben: Mülltonne am South Gate

Unterwegs im Park

Innerhalb des Parks gibt es viele Strecken, die wenig attraktiv für die Tierbeobachtung sind, weil sie durch Wald führen. Das betrifft vor allem die Strecken South Gate bis North Gate (30 km), South Gate bis kurz vor Xakanaxa (42 km) und die ersten 35 km von South Gate nach Third Bridge. Betrachten Sie diese Strecken noch als Anreise. Je näher man dem Delta und seinen Wasserläufen kommt, um so wildreicher und landschaftlich abwechslungsreicher gestaltet sich die Fahrt. Besonders beliebt sind Pirschfahrten zwischen Third Bridge und Xakanaxa sowie in der Umgebung des North Gates.

Ab dem South Gate bestehen drei Optionen für die Weiterfahrt im Schutzgebiet: Die meisten Besucher entscheiden sich für die Strecke zur Mboma Island und dem **Third Bridge** Campsite. Auf dieser Strecke erreicht man nach ca. 36 km die erste Holzbrücke (First Bridge) und bei KM 40 die zweite Brücke, die beide in tiefsandigen Bereichen liegen. Ab der zweiten Brücke kann man sich entweder für eine Rundfahrt um **Mboma Island** entscheiden oder direkt nach 10 km Fahrt zum Third Bridge Campsite an der gleichnamigen Brücke fahren. Für die 50 km lange Strecke vom South Gate zum Third Bridge Campsite sollte man ca. 2 Std. reine Fahrtzeit einkalkullieren.

Um vom South Gate direkt nach **Xakanaxa** zu kommen, befährt man die 42 km lange Verbindung über die „Mopane-Tongue". Allerdings ist diese Strecke eher langweilig. Wer genug Zeit hat, wählt für die Verbindung vom South Gate nach Xakanaxa besser den reizvolleren Umweg über Third Bridge. Zwischen dem South Gate Eingang und dem **North Gate** besteht außerdem eine Direktverbindung von 30 km Länge, die schnurgerade durch dichten Mopanewald führt.

Ausgesprochen schön ist dafür die Strecke zwischen dem North Gate und Xakanaxa. Sie folgt anfangs dem malerischen **Khwai River** und bietet sich für Tierbeobachtungen geradezu an. Etwa auf halbem Wege, westlich der Dombo Hippo Pools, ist die alte Streckenführung gesperrt worden, da sie auf Höhe der Mophiti Drift großflächig vom Deltawasser überspült wurde. Die Parkbehörde hat deshalb eine Querverbindung zur South Gate-Xakanaxa-Straße angelegt, über die man nach Xakanaxa gelangt. Diese 11 km lange Piste ist leider in schlechtem Zustand: Tiefsandig, voller Bodenwellen und mit bedrohlichen Stecken und Baumstümpfen für die Reifen durchsetzt. Für die 48 km lange Gesamtstrecke vom North Gate zum Xakanaxa Campsite sollte man je nach gewählter Route (es gibt entlang des Khwai River etliche Wege) 2-3 Std. reine Fahrtzeit ansetzen.

Innerhalb des Reservats ist ein **Allradfahrzeug** notwendig. Teilweise sind die Strecken sehr tiefsandig, z. B. in der nördlichen Mboma Halbinsel und rund um Third Birdge. Zwischen Forth Bridge und Xakanaxa hat man dagegen mit Überflutungsmarschen und Sumpfgelände zu tun. Und in den Mopanewäldern, wie zwischen Xakanaxa und South Gate, werden nach Regenfällen viele Wegpassagen schlammig.
Die Wegmarkierungen werden seit jeher stark vernachlässigt, und insbesondere zwischen Third Bridge und Xakanaxa, wo es unzählige Pisten und Wege gibt, haben die meisten Besucher große **Orientierungsschwierigkeiten**. Hier sind die Landkarte „Moremi WR" von Shell (S. 391) und eine GPS-Satellitennavigation sehr hilfreich.

Auf Pirschfahrt

Im trockenen Mopanewald der South Gate Region halten sich weniger Tiere auf als weiter nördlich. Mit etwas Glück kann man aber gerade hier die bedrohten Wildhunde aufspüren. Für Wildhunde und allerlei Raubkatzen ist auch die etwa 100 km² große **Mboma-Halbinsel** bekannt. Raubtiere halten sich hier besonders am sandigen Northern Loop auf, wogegen der Southern Loop durch herrliche Palmensavannen besticht. Die Bodumatau Road entlang der gleichnamigen Lagune wird aufgrund ihres schlechten Zustands wenig befahren.

Kgori Safaris (siehe S. 339, www.mankwe.com) unterhält auf **Mboma** Island eine **Boat Station**. Eine zweistündige Mokoro-Miete kostet hier 80 € für zwei Personen, Motorboote werden für 275 € pro Tag angeboten. Im Angebot sind auch geführte Bootsausflüge mit Inselcamping.

In der **Xakanaxa-Region** wirken viele Wildtiere nahezu zahm. Hier wird schon lange nicht mehr gejagt oder gewildert, so dass die Tiere ein entspanntes Verhältnis zu den Besuchern entwickelt haben. Ein dichtes Wegenetz ermöglicht abwechslungsreiche Pirschfahrten. Empfehlenswert ist die Fahrt zur **Dead Tree Island**, wo ein ganzer Wald wegen Überflutung abgestorben ist, und weiter zur **Nchunga Island**. Allerdings ist dieses Gebiet häufig wegen Überflutungen unzugänglich. Reizvoll ist auch ein **Bootstrip** in der Xakanaxa-Lagune, der von „Okavango Boating" direkt neben dem Xakanaxa Campsite angeboten wird (40-50 Euro pro Stunde, es haben bis zu 6 Personen Platz).

Der herrlich meandernde **Khwai River** ist berühmt für seine Elefantenherden, Flusspferde, Moorantilopen und vielen Vögel. Insbesondere zwischen Juli und November entdeckt man dort ungewöhnlich viele Raubvögel. Dabei war das Khwai-Gebiet noch in den 1950er und 1960er Jahren eine Hochburg der Krokodiljagd und wurde erst in den 1980er Jahren, als die Tsetseplage weitgehend eingedämmt war, touristisch erschlossen. Am **Dombo Hippo Pool** wurde ein hölzerner Beobachtungsstand aufgestellt, von dem aus Besucher in aller Ruhe unauffällig das Kommen und Gehen an der Lagune beobachten können.

Östlich des **North Gates** bietet ein dichtes Wegenetz weitere Möglichkeiten, um auf ausgedehnte Pirschfahrt zu gehen. Diese Region ist selten überlaufen und gilt ebenfalls als klassisches Elefanten-, Leoparden und Wildhundgebiet.

Die reinen Transitstrecken zwischen den beiden Zugangstoren und vom South Gate nach Xakanaxa führen über die sog. **Mopanezunge** und sind für Pirschfahrten weniger attraktiv, denn sie bieten wenig Abwechslung und kaum Wasserstellen für Wildtiere.

Natur & Tierwelt

80 % des niemals überfluteten Festlandes bedecken Mopanewälder

„Wo Delta und Land sich treffen" lautet die treffende Übersetzung des Namens Moremi. Weite Flächen des Reservats bedecken Dauerlagunen und permanente Wasserläufe, andere Regionen werden saisonal überschwemmt und bilden dichte Grassümpfe. Die Gewässer sind herrlich klar, ihre Ränder säumen schattenspendende Bäume. Überflutungsmarschen, weite Grasflächen, verschlungene Kanäle und lockere Baumsavannen wechseln einander ab und gehen zum Festland hin in trockene Pfannen, Mopanewald, Akazienbusch und Terminalia-Sandfelder über. Der schmale Khwai River schlängelt sich reizvoll durch eine abwechslungsreiche Waldlandschaft mit Termitenhügeln, Bleiholzbäumen, Albizia- und Akazienarten. Im Süden, beim South Gate, dominieren dagegen Mopanewald und Afrikanische Regenbäume. Fast ein Fünftel des Park nimmt **Chief's Island** ein. Diese etwa 1000 km² große, spärlich bewachsene Insel war einst das bevorzugte Jagdgebiet von Chief Moremi III. Es dominieren Graspfannen, Mopanebusch und Akazien.

Tierwelt

Ebenso vielfältig wie die Vegetation ist auch die Tierwelt im Moremi WR. Während Sitatungas ihr ganzes Leben geschützt in den Dauersümpfen verbringen, weiden an den Wasserrändern und im Flachwasserbereich grazile Rote Moorantilopen. Schwemmgrasflächen an Lagunen sind durch ihren nahrhaften Grasbewuchs beliebte Weideplätze für Ried- und Wasserböcke, Zebras, Gnus, Warzenschweine und Paviane. Im daran anschließenden Mopanewald halten sich Büffel, Impalas und Kudus auf. Weit verbreitet sind Elefanten, Giraffen und Meerkatzen. Das Moremi Wildschutzgebiet ist berühmt für seine Löwenrudel, die man tagsüber häufig im Schatten von Bäumen ruhen sieht. Im südlichen Deltabereich leben 20-30 % aller verbliebenen Afrikanischen Wildhunde. Auch Leoparden, Geparde, Hyänen, Ginsterkatzen und Schakale sind häufig. Der lockere Verbund, den Antilopenarten, Paviane, Zebras und Gnus hier miteinander einzugehen scheinen, unterstreicht die friedliche Ausstrahlung des Parks. Die satten Weiden in lieblicher Umgebung mit gut genährten, entspannten und kaum schreckhaften Wildtieren verleiten zu einem romantischen Eindruck von friedlichen, geradezu paradiesischen Zuständen (wie dies kein anderer Park in Botswana schafft).

Bilder unten: Lagune mit typischer Ufervegetation, South Gate Campsite

Die **Vogelwelt** ist mit über 350 Spezies artenreich. In den Camps entdeckt man Paradiesschnäpper, Scharlachweber, Halsbandbartvögel, Grünschwanzglanzstare und Weißbürzeldrosseln. An den Lagunen halten sich Glockenreiher, Witwenenten, Rallenreiher, Gelbschnabelenten, Sattelstörche und Kraniche auf. Sehr ergiebig sind Vogelbeobachtungen am Khwai River, wo Negerralle, Mangrovenreiher, Klaffschnabel, Hottentottenente, Bruchwasserläufer und Zwergblatthühnchen durchs Wasser waten.

Unterkunft im Moremi WR

Innerhalb des Moremi WR liegen vier Campingplätze, die im Oktober 2009 privatisiert wurden. Wie der Parkbesuch an sich müssen auch alle Übernachtungen vorab reserviert werden (siehe S. 364ff).

•**South Gate Campingplatz:** Direkt hinter dem South Gate und neben den Wildhüterwohnstätten liegt dieser Campingplatz mitten im dichten Mopanewald. Häufig klagen Besucher über Sandfliegen. Andererseits bietet dieser Campingplatz wie kein zweiter die Chance, Afrikanischen Wildhunden zu begegnen, die gelegentlich mitten durch das Camp laufen. Der Platz bietet sieben reguläre und zwei Not-Stellflächen mit Feuerstellen, Wasserhahn und Betontischen sowie zwei 2009 installierte Sanitärgebäude mit solarbeheizten Duschen und Toiletten. Keiner der Stellflächen sticht hervor, alle sind eher bescheiden, vor allem die Nr. 2, 4, und 5. Zur Buchungssituation für diesen Campingplatz beachten Sie bitte unsere Hinweise auf S. 364.

•**Third Bridge Campingplatz:** Xomae Group Ltd, P. O. Box 20975, Maun, Tel./Fax 6862221, email: xomaesites@botsnet.bw. Siehe auch S. 254 und 364ff. Dieser einsame Platz genießt seit Jahrzehnten einen nahezu legendären Ruf. Doch die besondere Atmosphäre, der er diesen Ruhm verdankt, hat Third Bridge leider mit dem Ausbau des Camps und der Übergabe an einen Privatveranstalter etwas eingebüßt. Gerüchte sprechen gar davon, den einst so idyllischen Platz in ein lebhaftes Resort mit Restaurant zu verwandeln. Derzeit findet der Reisende hier aber noch lediglich zehn weit voneinander verteilte, großzügige Campingstellflächen unter hohen Leberwurst- und Feigenbäumen. Platznummern 1 bis 3 liegen dabei nahe beieinander am nördlichen Sanitärgebäude (solarbeheizte Duschen und Toiletten). Die kleineren Plätze 4 und 5 sind abgeschiedener und wenig einsichtig. Die großzügigen Nr. 6 und 7 schließen sich mit viel Schatten nahe dem Eingangstor an. Die Plätze 8 bis 10 beim südlichen Waschhaus bieten ebenfalls viel Platz, einen schönen Ausblick in Richtung Lagune und schattige Bäume. Wer in Third Bridge übernachtet, muss mit Tierbesuchen rechnen. Elefanten- und nächtliche Hyänenbesuche sind häufig, selbst Löwen marschieren gelegentlich mitten durch den Campingplatz. Wie am South Gate werden auch hier oft Wildhundrudel gesichtet, vor allem spätnachmittags. Zutrauliche Perlhühner und Buschhörnchen leben direkt auf dem Gelände. Zur Belastung wurden die extrem frechen Paviane und Meerkatzen, die jede Gelegenheit zum Diebstahl schamlos ausnützen. Preise: Camping kostet 150 Pula pP; für Kinder die Hälfte.

•**Xakanaxa Campingplatz:** Auch hier stehen den zehn regulären und drei Not-Stellflächen, die sich großzügig entlang der von hohem Gras umschlossenen Xakanaxa-Lagune aneinander reihen, zwei moderne Sanitärgebäude mit solarbeheizten Duschen und Toiletten zur Verfügung. Anstelle forscher Affen gibt es hier besonders viele zutrauliche Vögel und Buschhörnchen, und regelmäßig streifen Hyänen nachts durch das Camp auf der Suche nach Lebensmittelabfällen. Platznummern 1 bis 3 sind auch für größere Gruppen geeignet, Nr. 4 bietet einen der seltenen Ausblicke direkt auf die Lagune (nicht nur auf Papyrusgras). Nr. 5 ist ganz nahe beim Waschhaus, wogegen die Plätze ab Nr. 7 davon schon recht weit entfernt liegen. Nahe dem Campingplatz befinden sich die Luxuslodges "Moremi", "Okuti" und "Xakanaxa" (individuelle Besuche sind unerwünscht), das Scout Camp liegt dagegen beim Airstrip. Am westlichen Ende des Xakanaxa Campsites bietet „Okavango Boating“ Bootsausflüge in die Lagune an (ca. 40-50 Euro pro Stunde inklusive Bootsführer). Zur Buchungssituation für diesen Campingplatz beachten Sie bitte S. 364.

•**North Gate Campingplatz (Khwai Campsite):** Mapula Lodge: P. O. Box 22149, Maun, Tel. 6865365/6865366, Fax 6865367, email: mapulalodge@info.bw. Direkt neben dem nördlichen Parkzugang schmiegt sich dieser Campingplatz an das südliche Khwai-Ufer. Auch hier stehen den zehn regulären und drei Not-Stellflächen wieder zwei moderne Sanitärgebäude mit solarbeheizten Duschen und Toiletten zur Verfügung. Er bietet viel Schatten, häufigen Wildtierbesuch, aber auch sehr aufdringliche Paviane und gelegentlich hört man die Zivilisationsgeräusche aus dem nahen Dorf Khwai. Die Platznummern werden hier immer wieder vertauscht. Offiziell liegen die Nr. 1-3 am Flussufer, alle anderen dahinter. Die hintersten Stellflächen, z. B. die Nr. 5 und 6, genießen einen weiten Ausblick in die Grasebene. Preise: Camping kostet 50 US$ pP; für Kinder bzw. Bürger aus SADC-Staaten die Hälfte.

Beschreibung der Luxuslodges: S. 284f, Übernachtungsgelegenheiten außerhalb des Moremi WR: S. 253

Empfehlungen für die Tierbeobachtung im Park

•**Morning Drives:** Frühmorgens bestehen die besten Chancen, Raubkatzen, die nachts gejagt haben, zu entdecken, weil sie sich oft noch bei ihrem Riss (Kill) aufhalten. Anhaltspunkte, ob Raubtiere mit einem frischen Riss in der Nähe sind, geben z. B. eintrudelnde Geier, die erst mit einsetzender Thermik fliegen können, oder Hyänen und Schakale. Manchmal verraten auch frische Tierspuren eine versteckt im Gebüsch liegende Großkatze. Antilopen halten sich morgens noch eher versteckt, dafür veranstalten die Vögel ein um so größeres Spektakel. Mangusten und Löffelhunde genießen in den ersten Sonnenstrahlen gerne ein wärmendes Morgenbad, selbst Pythonschlangen suchen die Morgenwärme auf offener Straße nach einer kühlen, feuchten Nacht. Halten Sie auch nach Leoparden Ausschau, die man meist nur für einen Augenblick entdeckt, ehe sie sogleich wieder verschwinden.

•**Tagsüber:** Während der Mittagszeit ruhen die meisten Tiere. Zebras, Wasserböcke, Impalas etc. kommen zum Trinken an die Lagunen, ansonsten halten die Tiere Siesta. Am besten macht man es ihnen gleich und verbringt die Zeit mit Fernglas und Vogelkundebuch auf dem Gelände der Lodge oder bei einer Aussichtsstelle.

•**Afternoon Drives:** Die besten Lichtverhältnisse und die schönste Stimmung bringen in der Regel die letzten beiden Stunden vor Sonnenuntergang, wenn die Hitze nachlässt und die Schatten lang werden. Kurz vor Sonnenuntergang finden sich Paviane in der Nähe ihrer Schlafplätze ein, kehren Warzenschweine zu ihren Erdbauten zurück und schließen sich viele Antilopen zu schützenden, größeren Herden zusammen. Löwen und Hyänen werden jetzt munter, Elefanten bleiben ungerührt auf Futtersuche. Keine andere Tageszeit drückt das afrikanische Klischee besser aus!

•**Night Drives:** In allen Parks sind Nachtfahrten streng untersagt. Sie bleiben den Lodges außerhalb der Schutzgebiete vorbehalten. Ihre Besonderheit liegt darin, Raubkatzen und nachtaktive Tierarten zu entdecken, die man sonst nicht zu sehen bekommt. Meist wird fieberhaft nach Leoparden, Hyänen und Wildkatzen gesucht, dabei sind Springhasen und Stachelschweine ebenso faszinierend. Die Safari Guides leuchten den Busch mit Lichtstrahlern und Fernscheinwerfer aus. Vorsicht: Elefanten und Flusspferde niemals direkt anleuchten!

•**Generelle Tipps:** Man sollte sich den Tieren nie abrupt nähern, weil sie sonst schnell die Flucht ergreifen oder sich sogar begrängt und angegriffen fühlen. Wenn man ihre Fluchtdistanz akzeptiert, kann es vorkommen, dass sich neugierige Tiere, z. B. Elefanten, Giraffen, Schirrantilopen, von sich aus dem Auto oder Menschen nähern. Schade wäre es, wenn Sie mit dem festen Ziel, eine bestimmte Tierart zu suchen, auf Game Drive gehen. Die Suche verkrampft sich dann leicht, und viele aufregende Pflanzen und Tiere am Wegesrand bleiben unbemerkt.

•**Selbstfahrer:** Es ist meist effektiver, nicht zuviel umherzufahren, sondern an Wasserläufen oder weiten Grasebenen abzuwarten. Auch wenn zuerst nichts zu sehen ist, kann sich die Situation innerhalb weniger Minuten dramatisch verändern. Interessante Zusammenhänge im Verhalten der Tiere untereinander kann man sowieso nur beobachten, wenn man sich viel Zeit an einem Standort nimmt.

•**Tierbeobachtung im Camp:** Sehr lohnenswert ist mitunter auch das Verweilen in den Camps, weil man hier vielen zutraulich gewordenen Tierarten weitaus näher kommt, als dies in der freien Wildnis möglich ist. Das gilt besonders für Vögel, Buschhörnchen und Mangusten, aber durchaus auch für Schirrantilopen, Warzenschweine, Elefanten, Flusspferde und Hyänen. Auf diese Weise ergeben sich oft ausgezeichnete Fotochancen. Sollten Sie nächtlichen Hyänen- und Elefantenbesuch erhalten, leuchten Sie die Tiere bitte nicht mit Taschenlampen an, das irritiert und verschreckt sie.

•**Auf Wandersafari:** Man wird sich bei einer Walking Safari in der Regel den Wildtieren nicht so weit nähern können wie in einem Fahrzeug, aber dafür stehen ganz andere Eindrücke im Vordergrund. Der Scout kann dem Busch viele seiner Geheimnisse entlocken: Er erklärt Tierspuren; zeigt die Plätze, wo ein Tier ein Staubbad genossen oder ein Krokodil seine Eier vergraben hat; kennt Pflanzen und Vögel; kann mit kleinen Hölzern ein Lagerfeuer entfachen etc. Allen Reisenden, bei denen sich Spaß an der Bewegung und die Leidenschaft für die afrikanische Wildnis paaren, kann man eine Walking Safari nur wärmstens empfehlen.

Safari im Einbaum: Im Mokoro durch das Okavangodelta

Im Okavangodelta ist der Mokoro, ein langgezogener Einbaum, das traditionelle Verkehrsmittel. Seine Vorteile liegen auf der Hand: Geringer Tiefgang und hohe Wendigkeit erlauben ein fast lautloses Dahingleiten im Flachwasser und das geschickte Navigieren durch schmale Papyrustunnel und Kanäle. Ein Mokoro (in der Mehrzahl: Mekoro) wird in einem Stück aus besonders hartem Holz, wie z. B. aus Mukwa, gefertigt. Diese Arbeit dauert etwa zwei bis drei Wochen. Wegen der gestiegenen Nachfrage am Delta verwendet man heute auch weicheres Holz. Umweltbewusste Lodges lassen ihre Boote lieber aus Fieberglas fertigen, um die großen Bäume zu erhalten. Ein traditionelles Mokoro ist fast immer ein wenig leck und, weil es keinen Kiel hat, eine wackelige Angelegenheit. Es hat eine durchschnittliche Haltbarkeit von fünf Jahren.

In der Regel werden die Boote für drei Personen – zwei Passagiere und einen Poler – gebaut. Der **Poler** stakt mit einem langen Gelbholzstab ins Wasser und führt den Mokoro ganz ähnlich wie eine venezianische Gondola. Die meisten Poler, die Touristen durch das Okavangodelta führen, sind vom Volk der Bayei und haben sich für diese Arbeit zertifizieren lassen.

Eine typische **Mokoro-Safari** dauert mehrere Tage. Man ist immer mit dem gleichen Poler unterwegs, der im Idealfall seinen Gästen viel von den Geheimnissen im Delta vermitteln kann. Wichtig ist, im Mokoro möglichst still zu sitzen, um das Boot nicht zum Kentern zu bringen. Machen Sie es sich bequem und genießen Sie die absolute Stille, das klare Wasser, die faszinierende Landschaft und die fremdartigen Vogelstimmen! Eine Mokoro-Safari zwingt förmlich zur Ruhe und darin besteht auch ihr größter Reiz: Mokorofahrten sind ein Erlebnis für die Sinne. Die Seele baumeln zu lassen, auf fremde Geräusche und die verschlungene Vegetation zu achten. Zwischen den Mokorofahrten werden manchmal Inselwanderungen unternommen. Wer hier mit falschen Vorstellungen anreist, wird vielleicht enttäuscht, denn reine Wildtierbeobachtungen gelingen meistens besser zu Lande bei Pirschfahrten im Geländewagen.

Wegen der verwirrenden Vielzahl an Mokoro-Angeboten in Maun lohnt sich ein **Preisvergleich** allemal. Die Angebote unterscheiden sich häufig in wichtigen Details: Muss man selbst Lebensmittel mitbringen? Für den Transfer ins Delta extra bezahlen? Führt die Tour wirklich ins Delta oder nur in die Randgebiete? Besonderen Wert sollte man auf den Poler legen, denn sein Engagement, den Gästen die Natur vertraut zu machen, wird maßgeblich über Erfolg oder Misserfolg einer Mokorotour entscheiden. Es gilt also, aus der Fülle der Anbieter den herauszufiltern, der nicht nur die Dollarnoten, sondern auch das Wohlergehen seiner Gäste im Auge hat. Lassen Sie sich genau beschreiben, worauf Sie sich einlassen. Neben dem kritischen Vergleich der angebotenen Leistungen können auch die Empfehlungen anderer Reisender hilfreich sein. Die preiswertesten Touren gehen in der Regel in die Region zwischen Maun und Moremi WR, die Ditshipi-Region im östlichen Delta. Hier hält man sich nur am Rand des Deltas in Konzessionsgebieten auf und bekommt die Dauersümpfe kaum zu Gesicht. Bei den billigsten Angeboten sind meist nur die Auto- oder Bootsanreise zum Startpunkt und der Mokorotransport mit einem Poler beinhaltet. Zelte (können gemietet werden) und Verpflegung müssen die Gäste selbst mitbringen, und ob sie mit dem (in diesen Fällen meist schlecht bezahlten und daher wenig motivierten) Poler und dem Ablauf der Tour zufrieden sind, ist nun Glücksache – dafür fühlt sich der Veranstalter eigentlich nicht mehr verantwortlich. Es gibt sogar "Mokorotrips", die in Motorbooten mit bis zu sechs Sitzplätzen durchgeführt werden... Deutlich teurer, aber auch viel ergiebiger, sind die Touren ins zentrale und nördliche Deltagebiet. In diese Dauersümpfe gelangt man erst nach einstündigem Anflug, der natürlich die Kosten in die Höhe schraubt.

Einige **praktische Tipps**: Denken Sie an Sonnen- und Mückenschutz, einen möglichst wasserdichten Behälter für die Kamera und an ein gutes Fernglas! Das Gepäck sollte während einer Mokorofahrt auf die nötigsten Dinge beschränkt bleiben. Überschüssiges Reisegepäck und Fahrzeuge können beim jeweiligen Veranstalter in Maun sicher untergestellt werden. Die Poler erwarten ein **Trinkgeld** zum Abschied, wobei auch Sachgeschenke, wie Schuhe, Jacken oder Rucksacktaschen, begehrt sind. Das Trinkgeld ist stets eine freiwillige Gabe. Fühlen Sie sich also nicht dazu gezwungen, wenn Sie ein desinteressierter, schweigender Poler enttäuscht hat, aber honorieren Sie andererseits auch besondere Leistungen. Die Höhe des Trinkgeldes sollte dem jeweiligen Standard der Tour und den Verhältnissen vor Ort angemessen bleiben.

Luxus im Okavangodelta: Lodges und Camps

Abgesehen vom Wildschutzgebiet Moremi kann man das Okavangodelta kaum individuell bereisen. Üblicherweise bucht man einen mehrtägigen Safariaufenthalt in einer Lodge inklusive der Transfers, die per Motorboot, Geländewagen oder Flug durchgeführt werden. Ein Flugtransfer dauert je nach Strecke 30-60 Minuten. In den kleinen Maschinen sind pro Passagier meistens nur 10-12 kg Gepäck erlaubt; überschüssiges Gepäck kann man jedoch im Agenturbüro in Maun zurücklassen.

All-Inclusive-Preise beinhalten die Übernachtungen, Vollpension und Tischgetränke (teilweise ohne Alkoholika), alle Aktivitäten, teilweise auch die Transfers. Doch im Detail unterschieden sich die Angebote. Hier sollte man abklären, ob die Getränke, Parkeintritte und Anreisetransfers im Preis eingeschlossen sind. Die im folgenden genannten Preisangaben dürfen bei diesen Lodges **definitv nur als Richtwerte** angesehen werden, da die Lodges international je nach Vertragspartner zu teilweise sehr unterschiedlichen Preisen angeboten werden. Oft bieten deutsche Reiseveranstalter günstigere Tarife als die Lodge selbst. In Nebensaisonzeiten oder als "Last Minute-Paket" in Maun werden zudem regelmäßig spezielle "Packages" zu reduzierten Preisen angeboten.

Tipp Wählen Sie die Lodge im Okavangodelta nach ihrem Standort aus, je nachdem, ob Sie in die Dauersümpfe oder in die Flutmarschen reisen möchten

Alle Camps sind idyllisch, sehr ruhig gelegen, und sichern durch die limitierte Gästezahl von zumeist höchstens 16 Personen die Exklusivität des Aufenthalts. In der Regel nächtigt der Gast in komfortablen **Meru-Zelten**; das sind luxuriöse, fest installierte Zweimannzelte bzw. Zelthäuser mit eigener Dusche und WC („ensuite"). Preiswerte Übernachtungsalternativen findet man im Delta neben diesen elitären Unterkünften kaum.

Die Übernachtungspreise der Lodges hängen nicht nur von der Ausstattung und dem Komfort ab, sondern auch von ihrer Lage, der maximalen Bettenanzahl und dem Image eines Camps. In den Preisen schlagen sich außerdem die aufwändigen Versorgungswege und die große Zahl an hochqualifizierten Guides nieder. Man bemüht sich hier deutlich um einen persönlichen Kontakt zu den Gästen und legt viel Wert auf gute Betreuung. Jedem Gast versucht man während seines Aufenthalts einen bestimmten Guide zuzuweisen, mit dem dieser alle Ausflüge unternimmt.

Um einen wirklich umfassenden Gesamteindruck der Dauerflutzone und der saisonalen Flutgebiete zu erhalten, empfiehlt es sich, zwei oder drei Camps im Delta miteinander zu kombinieren. Wer in erster Linie Wildbeobachtungen plant, ist im saisonale Flutgebiet besser aufgehoben als im Dauerflutgebiet.

Schon gewusst?
Der Vollmond im März löst bei allen Impalaweibchen dieser Region gleichzeitig den Eisprung aus

Eine Besonderheit der Lodges im Okavangodelta ist, dass man sie nicht einfach aufsuchen und sich einquartieren kann, sondern alle Reservierungen vorab und zentral über das jeweilige Büro in Maun oder Südafrika laufen. Diese Trennung geht so weit, dass die Manager in den Lodges mitunter nicht wissen, wieviel eine Übernachtung kostet bzw. was ihre Gäste dafür bezahlt haben. Deshalb nennen wir bei den Lodgebeschreibungen stets die für Reservierungen zuständige Safariagentur. Die Kontaktadressen der Agenturen werden auf S. 338 gelistet.

Lodges am Linyanti: S. 323, Lodges am Panhandle: S. 290, Lodges nahe Maun: S. 252f.

Die Unterkünfte in der Dauerflutzone

(Camps im nördlichen Deltagebiet)

In diesen abgeschiedenen Camps stehen die Wasseraktivitäten, wie Mokorotrips und Sportfischen im Dauersumpfgelände, eindeutig im Vordergrund. Teilweise sind Pirschfahrten zu Land überhaupt nicht möglich. Ein Aufenthalt in diesen Lodges vermittelt einen erstklassigen Eindruck von der Weite und Abgeschiedenheit der Dauersümpfe. Unter den Tiersichtungen stellen die extrem scheuen und seltenen Sumpfantilopen, Sitatungas, einen Höhepunkt dar. Alle Preise sind All-Inclusive-Preise, außer wenn extra genannt; die Anreise erfolgt in der Regel per Flug.

•**Camp Okavango:** Idyllisches Luxuscamp mit elf Zelten von Desert & Delta Safaris. Anreise per Flug oder als dreistündiger Bootstransfer vom Camp Moremi. Malerisch gelegen, viele Sitatungas in der Region. Mit einladendem Pool, einem Beobachtungsstand und einem Sonnendeck. Preise: Je nach Saison ab 280-490 €/DZpP.

•**Duba Plains Camp:** Neueres, sehr elitäres und luxuriöses Camp von Wilderness Safaris fernab im einsamen äußersten Norden des Deltas. Sechs Luxuszelte für max. 10 Gäste; ansprechender Pool und ein herrlicher, hoher Baumbestand im Camp. Preise: Je nach Saison 540-720 €/DZpP und 680-860 €/EZ.

•**Gudigwa Camp:** www.gudigwa.com, Tel. 71843657, Fax 3927770. Dieses San Community Projekt unterscheidet sich von den anderen Angeboten: Die Gäste wohnen in einfachen Grashütten mit engem Kontakt zu den Buschleuten und lernen deren Kultur kennen. Eine interessante Kombination aus kultureller Begegnung und intensivem Naturerlebnis. Preise: Je nach Saison von 240-320 €/DZpP.

•**Nguma Lagoon Camp und Nguma Island Lodge:** Die beiden Camps werden dem Panhandle zugeordnet und bieten schwerpunktmäßig Fischen und Vogelbeobachtungen. Guma Lagoon ist ein kleines Selbstversorgercamp, wogegen Guma Island zur edlen Dschungellodge ausgebaut wurde. Weitere Beschreibung und Preise: S. 290.

Jao Camp: Zu diesem Luxuszeltcamp von Wilderness Safaris, auf einer dicht bewaldeten Insel tief im Dauerflutgeiet des Deltas gelegen, ist nur Boots- oder Fluganreise möglich. Acht Zelte stehen auf hölzernen Plattformen, ein Pool ergänzt die geschmackvolle Anlage. In dieser lagunenreichen Sumpflandschaft werden besonders häufig Löwen gesichtet. Ein sehr elegantes, traditionsreiches Camp. Preise: Je nach Saison 710-1020 €/DZpP und 850-1170 €/EZ.

•**Jacana Camp:** Wilderness Safaris. Luxuscamp in den Jao Flats im Herzen des Deltas mit nur fünf komfortablen Zelten. Preise: Je nach Saison 425-640 €/DZpP und 580-790 €/EZ.

•**Kiri Fly Camp:** Okavango Horse Safaris. Ehemals ein Fishingcamp im Herzen des Deltas, das bei den Reitsafaris von Okavango Horse Safaris besucht wird. Preise: ab 260 €/DZpP, allerdings wird das Camp in der Regel nur in Verbindung mit einer mehrtägigen Reitsafari besucht.

•**Kwetsani Camp:** Elitäres Luxuscamp von Wilderness Safaris mit Zelten auf Holzplattformen und Pool auf einer kleinen Insel im Delta. Je nach Wasserstand ist dieses Camp abwechselnd ein Wasser- oder Landcamp. Max. 10 Gäste. Preise: Je Saison 425-640 €/DZpP und 580-790 €/EZ.

•**Kwara Camp** und **Little Kwara Camp:** Die beiden kleinen Luxuszeltcamps von Kwando Safaris liegen an einer Lagune im nördlichen Delta in einem ehemaligen Jagdgebiet. Preise für Kwara Camp: Je nach Saison 320-300 €/DZpP und 320-760 €/EZ. Little Kwara Camp kostet 355-620 €/DZpP und 355-810 €/EZ.

•**Macatoo Camp:** African Horseback Safaris. Das Luxuscamp dient ausschließlich den mehrtägigen Safaris hoch zu Ross. Preise: Je nach Saison 245-320 €/DZpP, der EZ-Zuschlag beträgt 50%.

•**Nxabega Camp:** 10 Luxuszelte von CCAfrica Safari Destinations/&Beyond für max. 18 Gäste. Dieses Camp am Randgebiet der Dauersümpfe stellt eine Kombination aus Wasser- und Landcamp dar (je nach Wasserstand, wie auch das Kwetsani Camp). Auffallend sind der hohe Baumbestand und das imposante, elegante Hauptgebäude. Außerdem gibt es einen kleinen Pool und eine Aussichtsplattform. Preise: Je nach Saison 370-630 €/DZpP.

•**Shinde Island Camp:** Traditionsreiches Luxuscamp von Ker&Downey mit acht komfortablen Zelten, das saisonal auch mit einem Allradfahrzeug erreicht werden kann. Viel Wild, sehr viele Vögel, hübsch gelegen auf einer Palmeninsel in der Lagune. Preise: 290-560 €/DZpP.

•**Vumbura Plains Camp:** Luxuszeltcamp mit acht Zelten und Pool von Wilderness Safaris im Nordosten des Deltas. Preise: Je nach Saison 710-1020 €/DZpP und 850-1170 €/EZ. Nahebei liegt das kleinere Schwestercamp **Little Vumbura** mit nur sechs Zelten für 425-640 €/DZpP und 580-790 €/EZ.

•**Xugana Island Lodge:** Holzchalets von Desert & Delta Safaris, die sich an eine schöne Lagune schmiegen. Max. 16 Personen, Pool. Anreise per Allradfahrzeug möglich. Preise: ab 280-490 €/DZpP.

Die Unterkünfte im Übergangsbereich

(Camps in der saisonalen Flutzone)

Diese Unterkünfte liegen in Deltabereichen, die nur vorübergehend bei Hochwasser überflutet werden. Je nach Reisemonat unterscheiden sich hier daher die möglichen Aktivitäten (zu Wasser oder zu Land) und auch das visuelle Erscheinungsbild der Umgebung. Tendenziell sind die Übergangszonen wild- und artenreicher als die Dauersümpfe. Alle Preise sind All-Inclusive-Preise, außer wenn extra genannt.

•**Abu Camp:** Das exklusivste aller Luxuscamps im Herzen des Deltas gehört zu Wilderness Safaris. Ein Camp der Superlative: Reiten auf gezähmten Elefanten, Walking Safaris und Pirschfahrten vom Feinsten. Max. zehn Gäste. Preise: schlappe 1790 €/DZpP und 2380 €/EZ... Zusätzliche Infos: www.abucamp.com.

•**Baines Camp:** Sanctuary Lodges & Camps. Neues Schwestercamp von Stanleys Camp mit fünf Luxuschalets an einer Lagune unter hohen Bäumen. Preise: Je nach Saison 410-670 €/DZpP und 410-890 €/EZ.

•**Camp Kanana:** Luxuszeltcamp von Ker & Downey. Acht Zelte im saisonalen Flutgebiet am Rand des Moremi WR gelegen. Uriger Baumbestand, zahlreiche Vögel. Preise: Je nach Saison 290-485 €/DZpP.

•**Chitabe Camp:** Luxuszeltcamp von Wilderness Safaris mit acht Stelzen-Zelten und Pool am Wassertümpel. In abwechslungsreicher Landschaft direkt am südlichen Rande des Moremi WR gelegen. Preise: Je nach Saison 425-640 €/DZpP und 580-790 €/EZ.

•**Delta Camp:** Luxuschalets von "Lodges of Botswana". Nur Fluganreise möglich, keine Motorboote erlaubt, denn in diesem Camp wird sehr stark auf ungestörte Ruhe geachtet. Max. 16 Gäste. Preise: Je nach Saison 245-490 €/DZpP.

•**Gunn's Bush Camp:** Transokavango Safaris, Tel. 6860023, Fax 6860040, www.gunns-camp.com. Die Anlage am Boro River besteht aus drei einzelnen Camps: dem luxuriösen Main Camp und zwei einfacheren Bush Camps ("Antelope" und "Buffalo" genannt). Das Luxuscamp kostet mit All-Inclusive ab 285 €/DZpP bzw. 360 €/EZ. Die einfacheren Buschcamps mit Zelten unter Palmen kosten ab 170 bzw. 210 €/DZ pP, 245 bzw. 350 €/EZ. Die Zubringerflüge kosten zusätzlich ca. 185 Euro pP.

•**Khwai River Lodge:** Dieses Camp war die erste Fotosafari-Lodge Botswanas und atmet noch ein wenig die „gute alte Zeit". Die hotelähnliche Bungalowanlage mit ihren mächtigen A-Frames von Orient-Express-Safaris liegt am Nordrand des Moremi WR am Khwai River. Mit Pool und Beobachtungsstand. Eine Eigenanreise per Fahrzeug ist möglich. Preise: Je nach Saison 380-445 €/DZpP.

•**Kujwana, Mokolwane und Fly Camp:** Idyllische Camps von Okavango Horse Safaris, die nur im Rahmen einer mehrtägigen Reitsafari besucht werden können (max. 8 Gäste). Preise: ab 260 €/DZpP.

•**Mapula Lodge:** P. O. Box 22149, Tel. 6863369, Fax 6863368, www.mapulalodge.com. Die Lodge mit den zehn eleganten Chalets und Pool liegt im nordöstlichen Deltagebiet. Preise: Je nach Saison 245-430 €/DZpP, EZ-Zuschlag 30%.

•**Oddball's Palm Island Lodge:** "Lodges of Botswana", www.okavangodelta.info. Legereres Camp für bis zu 40 Personen ohne viel Schnickschnack mit zahlreichen Strohhütten und Zelten auf Boga Island am Boro River mitten in den Sümpfen. Hier sind fast keine Pirschfahrten möglich, es überwiegen Walking Safaris und Mokorotrips. Einst war Oddball's ein Geheimtipp für den schmalen Geldbeutel und entsprechend beliebt bei Rucksackreisenden. Inzwischen ist aber auch hier viel verschönert worden, was sich auf die Preisgestaltung ausgewirkt hat. Dennoch gehört es weiterhin zu den preiswerteren Angeboten. Je nach Saison kostet die Nacht im Hauptcamp mit Gemeinschaftsbad 140-210 €/DZpP, EZ-Zuschlag 30%. In der „Oddball's Enclave" kosten Zelte mit eigenem Bad (ensuite) 180-280 €/DZpP, EZ-Zuschlag 30 %.

•**Pom Pom Camp:** Tel. 6864436, Fax 6860040, www.pompomcamp. com. Ein alteingesessenes Luxuszeltcamp mit acht komfortablen Zelten an einer einsamen, von Schilfgürteln umgebenen Lagune. Zufahrt per Geländewagen möglich. Max. 18 Gäste. Viele Vögel in der Region. Preise: Je nach Saison ab 270-460 Euro/DZpP und 350-520 €/EZ.

•**Sandibe Safari Lodge:** Ein Luxuscamp von CCAfrica Safari Destinations an einer bewaldeten, wildreichen Lagune nahe Chiefs Island (ca. 20 km entfernt am Santantadibe River gelegen) mit strohgedeckten Chalets und einem Pool. Max. 16 Gäste. Preise: Je nach Saison ab 290-700 €/DZpP.

•**Seba Camp:** Wilderness Safaris. Neueres Camp nahe dem Abu Camp von Elephant Back Safaris und Wilderness Safaris. Fünf Luxuszelte mit Pool und Gourmet-Küche. Preise: Je nach Saison ab 425-640 €/DZpP und 580-790 €/EZ.

•**Stanley's Camp:** Luxuszeltcamp mit acht Zelten an der Südspitze von Chiefs Island von Sanctuary Lodges & Camps, in dem vor allem die Begegnung mit halbzahmen Elefanten im Blickpunkt steht (jedoch kein Elefantenreiten). Preise: Je nach Saison 340-560 €/DZpP, 340-720 €/EZ.

•**Tubu Tree Camp:** Camp mit fünf Zelten von Wilderness Safaris, in abwechslungsreicher Landschaft im Jao Reserve gelegen. All-Inclusive-Preise: Je nach Saison 425-640 €/DZpP und 580-790 €/EZ.

•**Eagle Island Camp**: Ein beliebtes Camp von Orient-Express-Safaris in herrlicher Lage auf Chiefs Island (nur Fluganreise möglich). Zwölf klimatisierte, sehr geräumige Stelzenchalets mit festen Strohdächern, einem beheizbaren Pool, ansprechender Aussichtsplattform und einem insgesamt edlen Gesamtkonzept. Max. 24 Gäste. Preise: Je nach Saison 570-630 €/DZpP, es wird kein EZ-Zuschlag erhoben.

•**Xudum Delta Lodge:** Luxuscamp von CCAfrica Safari Destinations, das erst im August 2008 eröffnet wurde, und mit neun Suiten in einem wildreichen Konzessionsgebiet liegt. Das hübsche Camp lässt keine Wünsche offen. Preise: Je nach Saison 370-1000 € pP.

(Camps im Moremi WR)

Xakanaxa-Region

•**Camp Moremi:** Luxuszeltcamp von Desert & Delta Safaris in der Xakanaxa-Region des Moremi WR. Max. 22 Gäste. Mit Pool, erhöhter Bar und einem Beobachtungsstand an der Lagune eine relativ große Anlage. Bootsausflüge und Pirschfahrten im Angebot. Preise: Je nach Saison ab 280-460 €/DZpP und 280-600 €/EZ.

•**Camp Okuti:** Sympathisches, persönlich geführtes Camp von Ker & Downey in der Xakanaxa-Region des Moremi WR (sehr wildreich). Chalets für max. 22 Gäste. Preise: Je nach Saison 290-485 €/DZpP.

•**Xakanaxa Camp:** www.xakanaxa-camp.com. Reservierungen via Moremi Safaris & Tours. Auf dem Gelände des traditionsreichen Zeltcamps mit acht Zelten bei Xakanaxa im Moremi WR befand sich einst das Camp des Krokodiljägers Bobby Wilmot. Es bietet eine tolle Aussichtsplattform. Preise: Je nach Saison ab 310-550 €/DZpP, bei Eigenanreise und VP ab 210-460 €/DZpP (ohne Aktivitäten und Eintritt).

Chief's Island

•**Chief's Camp:** Elitäres Luxuscamp von Sanctuary Lodges & Camps mit zwölf Pavillons an der wildreichen Nordwestspitze von Chiefs Island in der Mombo Concession, in der man sogar Nashörner erspähen kann. Preise: Je nach Saison 600-1000 €/DZpP und 600-1190 €/EZ.

•**Mombo Camp:** Wilderness Sa
reiche Edelcamp ist nicht direkt
gelegen, daher werden hier ha
fahrten unternommen. Anreis
per Allradfahrzeug möglich. Die acht
zen genießen einen weiten Ausblick in die
wöhnlich wildreiche Umgebung. Mit Pool. Nahebei liegt das kleinere Camp „**Little Mombo**" mit nur vier Luxuszelten, das zum gleichen Preis angeboten wird. Preise: Je nach Saison 1050-1260 €/DZpP und 1410-1620 €/EZ.

•**Xigera Camp:** (sprich: Kischera) Ansprechendes Luxuszeltcamp für max. 16 Gäste von Wilderness Safaris. Liegt idyllisch auf Paradise Island (nur Fluganreise möglich) in einer grandiosen Flusslandschaft. Baden im Fluss möglich, sehr viele Sitatungas in der Umgebung. Je nach Saison 425-640 €/DZpP und 580-790 €/EZ.

So könnte ein typischer Tagesablauf in der Safarilodge aussehen

Wecken der Gäste kurz vor Sonnenaufgang. 15 Minuten später heißt es "Tea or Coffee", dann folgt der Aufbruch zum Mokorotrip, Morning Drive (Pirschfahrt) oder einer Walking Safari (Wanderung durch den Busch). Nach der Rückkehr wird ein stärkendes Frühstück serviert (Corn Flakes, Toast, Eier, Speck, Obst und Marmelade). Gäste, Guides und Lodgemanager sitzen leger beieinander, man spricht sich mit Vornamen an und unterhält sich über die Erlebnisse der Pirsch- oder Mokorofahrt. Anschließend beobachtet man genüsslich Vögel und liest einschlägige Literatur (Tier- und Pflanzenbücher liegen aus). Das Mittagessen wird durch Trommeln angekündigt. Bis 15.30 Uhr ist Freizeit angesagt, in der man ausruht oder vielleicht am Pool liegt. Dann trifft man sich erfrischt zum Afternoon Tea mit etwas Gebäck, und startet kurz danach zum Afternoon oder Night Drive. Unterwegs wird bei Sonnenuntergang eine Pause eingelegt und der Guide bietet aus der Kühlbox einen Sundowner an (Bier und Soft Drinks). Auf der Rückfahrt zur Lodge strahlt der Guide mit einem Scheinwerfer, um nachtaktive Tiere aufzustöbern. Kurze Zeit später rufen die Trommeln zum Abendessen. Anschließend genießt man vielleicht noch einen Drink an der Bar, sitzt am großen Lagerfeuer oder an der beleuchteten Wasserstelle. Spätestens gegen 22 Uhr kriechen alle ins Bett...

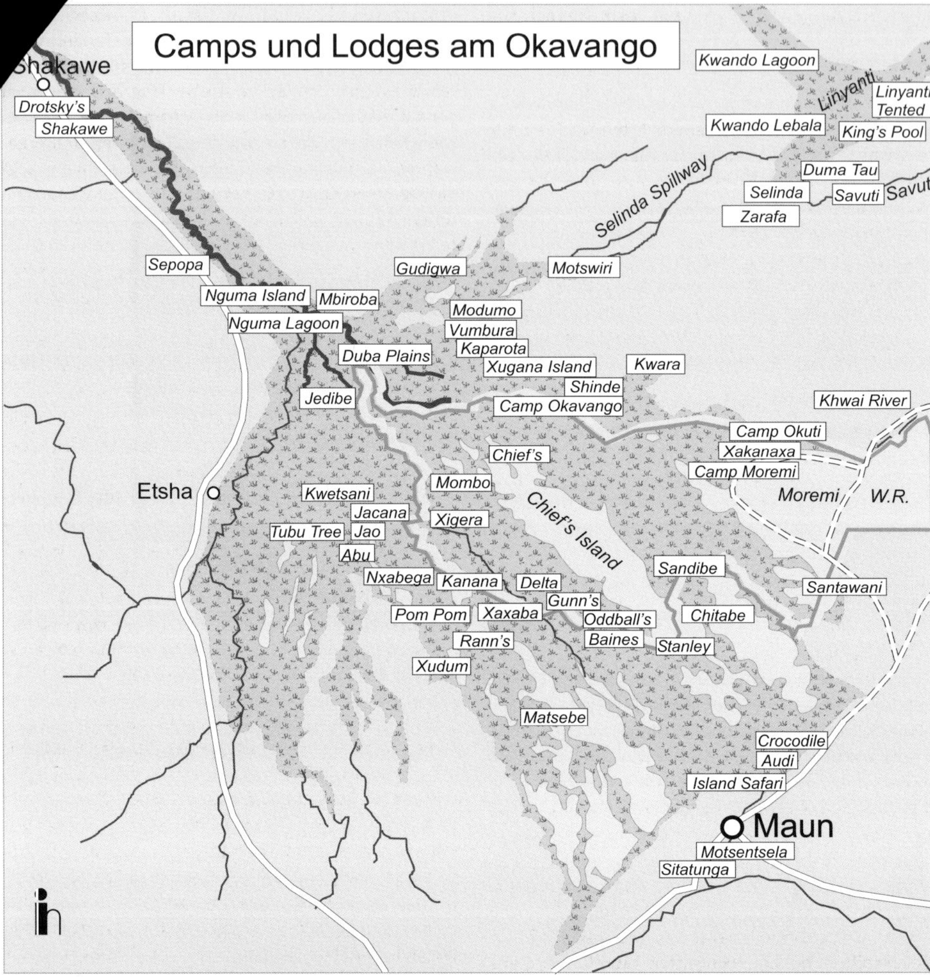
Camps und Lodges am Okavango
Shakawe
Drotsky's
Shakawe
Kwando Lagoon
Linyanti
Linyanti Tented
Kwando Lebala
King's Pool
Selinda Spillway
Duma Tau
Selinda
Savuti
Savuti
Zarafa
Sepopa
Gudigwa
Motswiri
Nguma Island
Mbiroba
Modumo
Nguma Lagoon
Vumbura
Duba Plains
Kaparota
Xugana Island
Kwara
Shinde
Jedibe
Camp Okavango
Khwai River
Camp Okuti
Xakanaxa
Chief's
Camp Moremi
Etsha
Mombo
Moremi
W.R.
Kwetsani
Chief's Island
Jacana
Xigera
Tubu Tree
Jao
Abu
Sandibe
Nxabega
Kanana
Delta
Santawani
Gunn's
Pom Pom
Xaxaba
Oddball's
Chitabe
Rann's
Baines
Stanley
Xudum
Matsebe
Crocodile
Audi
Island Safari
Maun
Motsentsela
Sitatunga

Mit Kanonen auf Spatzen geschossen:

Die Geschichte vom hartnäckigen Kampf gegen die Tsetsefliege

Im tropischen Afrika sind zweierlei Arten der Tsetsefliege verbreitet (*Glossina morsitans morsitans* und *Glossina pallidipes*), die während ihrer ein- bis zweimonatigen Lebenszeit alle drei bis vier Tage mehr als das eigene Körpergewicht an fremdem Blut saugen. Ihre Opfer finden die Krankheitsüberträger auf visuellem Wege (dunkle Farben, Bewegung). Beim Menschen kann der Stich die seltene Schlafkrankheit auslösen, bei Nutz- und Haustieren die tödliche Naganaseuche. Wildtiere bleiben von einer Ansteckung verschont.

Früher galten mehr als 10 Mio. km² der Landflächen im tropischen und subtropischen Afrika als Tsetsefliegengebiete. Seit Beginn der Kolonialzeit wurden immense Anstrengungen unternommen, den Biestern Herr zu werden. Dabei ging man freilich nicht gerade zimperlich mit der Natur um. Zwischen 1919 und 1961 praktizierte z. B. die Nachbarkolonie Südrhodesien das „Tsetse Game Hunting". Gemäß der These, dass die Insekten aussterben würden, wenn man ihre Blutopfer tötete, wurden in diesen Jahren in den Tsetsegebieten 659 334 Wildtiere getötet, vor allem Warzen- und Wildschweine, Schirrantilopen, Kudus, Elefanten, Büffel, aber auch 374 Spitzmaulnashörner. Doch trotz des jahrelangen Blutbads blieb der gewünschte Erfolg aus, denn die Blutsauger stellten sich sehr flexibel auf die jeweils verfügbaren Opfer um. Nun rodete man riesige Flächen der natürlichen Wälder, doch wieder zeigte sich die Fliege hartnäckiger. Inzwischen umschloss man infizierte Gebiete, wie im Zambezi Valley, großflächig mit „Tsetse Fences"; an den Straßen wurden Schranken und Kontrollposten stationiert, die alle durchfahrenden Fahrzeuge nach Tsetsefliegen untersuchen mussten. Auf diese Weise sollte die Plage wenigstens räumlich begrenzt bleiben. In den 1960er und 1970er Jahren sagten die Behörden den Tsetsefliegen schließlich mit chemischen Mitteln den Kampf an. Erst spritzte man weitflächig Dieldrin, dann DDT und Endosulphan, im Okavangodelta von 1967 bis 1991. Zwar vernichteten die Insektizide die Tsetsefliegen, doch gleichzeitig auch Vögel, Reptilien und kleine Säugetiere. Auch dieser massive Rundumschlag konnte kaum die Lösung sein.

Der Durchbruch im Kampf gegen das kleine Insekt gelang im Mai 1981 auf einer kleinen Insel im Karibasee bei einem Feldversuch an 11 000 gezüchteten Tsetsefliegen. Der zimbabwische Forscher Dr. Vale und sein Team hatten eine völlig neue Art der Bekämpfung entwickelt: Schwarzblaue Stoffe, an beweglichen Metallrahmen befestigt, werden mit eine[...] niert. An dem Rahmengestell hän[...] ner Acetonlösung, die einen Lockdu[...] und Bewegung des Stoffes locken die Flie[...] sobald sie auf dem Stoff landen, kommen sie mit [...] tödlichen Insektizid in Kontakt. In vielen Gebieten konnten die Tsetsefliegen mit dieser wirksamen, billigen und ökologisch vertretbaren Lösung, die seit 1992 auch im Delta eingesetzt wird, völlig ausgerottet werden. Doch mit dem Sieg über die Insektenplage wurde eine neue Gefahr heraufbeschworen: Seit die Fliegen verschwinden, drängen Bauern und Siedler in die Wildgebiete.

Im Okavangodelta hatte es bis zum Ausbruch der Rinderpest am Ende des 19. Jh. etliche Tsetsefliegen gegeben. Doch mit dem Rindersterben verendete auch ein Großteil der Wildtiere im Delta und so verschwanden die Tsetsefliegen, als sie ihrer Nahrungsgrundlage beraubt wurden. Erst nach dem 2. Weltkrieg tauchten die ersten Blutsauger wieder auf und man kann ihre Rückkehr eigentlich nur begrüßen. Denn just zu dieser Zeit drangen immer mehr Rinder in die Deltaregion vor und bedrängten den natürlichen Wildbestand. In jenen Jahren waren Natur- und Tierschutz noch kein Thema und das fruchtbare, wasserreiche Delta wäre ohne Tsetsefliegen vermutlich rasch den wirtschaftlichen Interessen der Viehzüchter zum Opfer gefallen.

Heute verhindern auch im Okavangodelta die schwarzblauen Stoffgestelle von Dr. Vale ein neuerliches Ausbreiten der Tsetsefliegen. Doch reicht dies der Regierung Botswanas nicht. Nach heftigen Diskussionen setzten sich die Hardliner mit ihrem 3-Stufen-Plan zur Ausrottung der Tsetsefliege durch. Stufe 1 des Aktionsplans wurde im Juni 2001 durchgeführt: Rund 260 000 l Deltamethrin, ein aggressives Insektizid, versprühten Kleinflugzeuge über dem nördlichen Delta. Stufe 2 sah die gleiche Aktion für den Südteil des Deltas vor., was im Jahr 2002 durchgeführt wurde. Danach sollte Stufe 3 in Kraft treten, ein biologischer Kriegszug: Über Monate hinweg sollten wöchentlich etwa 500 000 durch Bestrahlung sterilisierte männliche Tsetsefliegen ausgesetzt werden, um die verbliebenen Weibchen zu begatten. Begründet wird dieser ökologische Kahlschlag der Stufen 1 und 2 mit den Sicherheitsansprüchen des Tourismus. Tatsächlich aber waren bereits die unbedenklichen Stoffgestelle von Dr. Vale so erfolgreich, dass Touristen im Okavangodelta kaum unter der Tsetsefliegenplage zu leiden hatten. Aktuellen Untersuchungen geben Anlass zur Vermutung, dass die Tsetsefliege im Delta heute ausgerottet ist. Naturschützer befürchten, dass dies dem Missbrauch durch eine massive Ausweitung der kommerziellen Viehzucht Tür und Tor öffnen wird.

Das Panhandle: Von Maun nach Shakawe

Maun – Shakawe

Gesamtstrecke: 405 km
Fahrzeit: ca. 4-5 Std.
Zustand: gut ausgebaute Teerstraße
Tankstellen: Gumare (akzeptiert Pula, Rand, US$ und Kreditkarte), Etsha 6 (Rand/Pula), Shakawe

Tipp Etsha und Gumare sind Hambukushu-Zentren der Korbflechterei. In den Frauenkooperativen kann man die Korbwaren günstiger als in den Souvenirläden kaufen. In Gumare heißt die Kooperative „Ngwao Boswa", in Etsha 6 findet man ihre Waren im „Okavango Basket Shop". Außerdem gibt es hier auch traditionelle Musikinstrumente, wie die "Hippo-Trommel" (*Dinyamangeta)* und Sauermilch-Kalebassen (*Kahupa*).

Info In Etsha informiert ein Museum über die traditionelle Lebensweise und die palisadengeschützten Wohnanlagen der Hambukushu, Bayei und Banoka. Öffnungszeiten: Mo-Sa 08.00-17.00 h, geringer Eintritt. Zufahrt: An der T-Kreuzung kurz nach der Tankstelle rechts 1,5 km. Anbei ist der "Basket Shop" und es besteht Übernachtungsgelegenheit in gemauerten Chalets bzw. auf Campingstellflächen. Und noch ein Tipp: Wer Lust hat, kann zwischen Etsha 6 und Etsha 13 für 11 km auf der alten Straße durch malerische Palisadendörfer fahren (einfach in Etsha 6 an der T-Kreuzung nach der Tankstelle links in die Piste einbiegen).

Die ersten 101 km führen über Toteng und das unscheinbare Kunyere Flussbett entlang der Fernstraße nach Ghanzi bis nach **Sehitwa** (siehe S. 227). Die staubige Hererosiedlung liegt direkt am Lake Ngami, den man allerdings nicht so einfach zu sehen bekommt (siehe rechts). Der See füllt sich nur noch in guten Regen- und Flutjahren mit Wasser. Exzessive Rinderhaltung führte zur völligen Verwüstung dieser Region.

In **Sehithwa** zweigt die Straße nach Shakawe von der Ghanzi-Strecke ab, und sofort lässt der (Lkw-)Verkehr nach. Nach 27 km erreicht man den ersten von drei Veterinärzäunen, die seit dem Ausbruch der Rinder-Lungenseuche von 1996 errichtet wurden. 16 km weiter befindet sich die kleine Ansiedlung Tsao, 10 km nördlich davon zweigt links eine Sandpiste zu den Aha Hills und Drotsky's Cave ab (S. 298). Bei Nokaneng, einer Bayei-Siedlung 70 km nördlich von Tsao, stößt man wieder auf die Randzone des Okavangodeltas. 35 km weiter führt bei der Shell-Tankstelle (mit Mini-ATM) eine kurze Stichstraße nach **Gumare**. Der kleine Ort bietet eine Bankfiliale, einfache Versorgungsmöglichkeiten und eine Kooperative für Korbwaren (siehe links). Herero, Basarwa, Hambukushu, Bayei, Banoka und Batawana wohnen hier friedlich nebeneinander in verschiedenen Wohnvierteln, die sich durch ihre unterschiedliche Bauweise deutlich voneinander abgrenzen.

Auf der Weiterfahrt gelangt man nach 32 km zur Abzweigung nach **Etsha** (sprich: Etsa), einer weitflächigen Ansammlung von Flüchtlingssiedlungen für rund 5000 Hambukushu, die in den 1960er Jahren vor den Unruhen in Angola nach Shakawe geflohen waren. 13 Gruppen wurden damals in Etsha angesiedelt und etwas phantasielos Etsha 1 bis Etsha 13 genannt (man spricht seither von den Etshas). Eine gewisse Bedeutung hat dabei nur Etsha 6 erlangt, mit Tankstelle, Bottlestore, Museum (links) und zwei Supermärkten im Ortszentrum.

Nördlich von Etsha beginnt das **Panhandle**, was zu deutsch „Pfannengriff" bedeutet, weil die Gesamtform von Okavango und Delta an eine Pfanne erinnert. Entlang des etwa 90 km langen Panhandles wird der Okavango zwischen zwei Erdfalten nach Südosten geführt, bis er über die Gumare-Falte fließt und sich anschließend als Binnendelta verzweigt. Das Panhandle ist berühmt für seinen Fischreichtum und zieht alljährlich bei Hochwasserstand von Juni bis Oktober zahlreiche Sportfischer und Hobbyangler an. Als besonderes Ereignis gilt der **Barbel Run**, wenn zwischen September und Dezember Tausende kleinerer Fische aus den austrocknenden Deltaflüssen ins Panhandle zurück drängen. Dort werden sie allerdings bereits von regelrechten Katzenfisch-Armeen erwartet. Das kollektive Massenfressen bringt das Wasser zum Sprudeln und zieht Hunderte Raubvögel und etliche Krokodile an, die sich ihrerseits an den Katzenfischen erfreuen. Am Panhandle kommen außerdem mehr als 400 Vogelarten vor, darunter auch seltene Spezies, wie Zweifarbenwürger und Stummelwida. Auch Angolaturteltauben, Scherenschnabel und Negerrallen sind hier typisch. Im Okavango leben außer Krokodilen und Hippos auch Fischotter, und in den angrenzenden Auen und Sumpfgelände halten sich Sitatungas und Schirrantilopen auf. Dattelpalmen, Mukwa, Knopfdornakazien, Terminaliabäume und Papyrus bestimmen die dichte Ufervegetation.

Gefährlicher Alltag
Die Hambukushu betreiben eine kollektive, nicht ungefährliche Fischfangtechnik: Die Frauen stehen in zwei Reihen im Okavango. Die erste Reihe hält große Fischreusen unter Wasser, die zweite Gruppe treibt die Fische auf diese Reusen zu.
Auch das Ernten von Tswii, den Wasserlilien, die als Gemüse zubereitet werden, zwingt die Frauen, stundenlang im krokodilverseuchten Okavangowasser auszuharren.

Die Weiterfahrt von Etsha führt über Sepupa, Nxamaseri, wo die Zufahrt zu den Tsodilo Hills abzweigt (S. 293) und den Samochina-Veterinärzaun nach Shakawe. Auf den letzten Kilometern vor Shakawe liegen zwei Fishing Lodges (S. 290) und die „Krokovango Crocodile Farm", die man bei Interesse besuchen kann.

Shakawe, die letzte Ortschaft vor der namibischen Grenze, ist kaum mehr als ein ziemlich weitläufiges Dorf, in dessen Zentrum ein paar moderne Gebäude stehen: ein Choppies Supermarket mit Mini-ATM, die unscheinbare Saoshoko Filling Station, die Kooperative „Shakawe Basket Weavers", eine Bankfliliale und das Büro des Kuru Trust. Shakawe verfügt außerdem über einen Airstrip, und es bestehen regelmäßige Busverbindungen mit dem Golden Bridge Express nach Maun. Und damit wären die Besonderheiten Shakawes auch schon aufgezählt...

Ausreise nach Namibia: 10 km nördliche von Shakawe passiert man das Dorf Mohembo, nach weiteren 6 km ereicht man die beschauliche Grenzstation Mohembo/Muhembo. Sie ist täglich von 06.00–18.00 h geöffnet und wird hauptsächlich von Touristen frequentiert. Die Einreise nach Namibia erfolgt freundlich und sehr zügig. Weitere Strecke: siehe S. 299.

Für Einreisende aus Namibia: Die Grenzstation akzeptiert für die Bezahlung der Gebühren Pula, SA-Rand und Namibia-Dollar in bar. Es findet eine Veterinärkontrolle statt; frische Fleischprodukte dürfen nicht importiert werden.

Lake Ngami, ein Vogelparadies

Der Ngamisee wird durch die Deltaflüsse Kunyere und Nhabe bewässert und besitzt keinen Abfluss. Er ist vollkommen abhängig davon, wieviel Wasser durch das Delta strömt. Deshalb hat er sich in der Vergangenheit schon auf 1800 km² ausgedehnt und trocknet zu anderen Zeiten wiederum für Jahrzehnte völlig aus. Als David Livingstone, Oswell und Murray den See 1849 als erste Europäer besuchen durften, maß er noch etwa 800 km². Im 20 Jh. erreichte er kaum noch 250 km² bzw. blieb die meiste Zeit sogar vollkommen wasserlos, weil seine Zuflüsse trocken lagen oder durch Wasserpflanzen verstopften. Doch seit 2004 füllt sich der See wieder regelmäßig. Im Gegensatz zum Okavangodelta ist das Flachwasser des Lake Ngami trüb und brackig. Er bietet ideale Bedingungen für Tausende Zug- und Wasservögel. Hobbyornithologen sollten den See unbedingt besuchen, wenn er Wasser führt. Zufahrt: Bei GPS S 20.27.011 E 22.44.828 ab der Teerstraße nach Maun. Bei hohem Wasserstand wird die Straße von Sehitwa nach Bothatago überflutet (siehe Foto).

Unterkunft am Panhandle zwischen Etsha und Shakawe

(siehe Karte S. 286)

•Etsha Guesthouse: Einfache Rondavel kann man beim Museum in Etsha 6 mieten; Camping im Innenhof ist ebenfalls möglich. Man befindet sich hier allerdings mitten im Dorf ohne jegliche Privatsphäre.

•Nguma Island Lodge: G. Randall, P/Bag 013, Maun. Tel. 6874022, Fax 6874021, www.ngumalodge.com, email: gumacamp@dynabyte.bw. Safarizelte auf hölzernen Stelzen und ein etwas abseit gelegener Campingplatz mit eigener Bar/Restaurant an der Nguma Lagune. Unter den prächtigen alten Bäumen wirkt die Lodge wie ein Dschungelcamp. Der Campingplatz ist auch bei Overlandern beliebt. Die Zufahrt ist nördlich von Etsha 6 beschildert, Transfers ab Etsha sind ebenfalls buchbar. Es gibt ein breites Angebot an Mokorotrips, Vogelpirschfahrten und zum Fischen. Preise: All-Inclusive 190 €/DZpP und 235 €/EZ, bei HP 115 €/DZpP und 135 €/EZ. Selfcatering-Chalets 82 €/Nacht, Camping 12 € pP. Mokoromiete 95 €/Tag, Bootsmiete ab 42 €/Std. inklusive Treibstoff und Fahrer.

•Nguma Lagoon Camp: Guy Lobjoit, Suite 35, Postnet Maun. Tel./Fax 6874626, www.guma-lagoon.com, email: info@guma-lagoon.com. Idyllisch gelegenes, kleineres Fishing Camp an der Nguma Lagune mit extrem tiefsandiger, mitunter auch überfluteter Zufahrt ab Etsha 13 (nicht beschildert, es wird ein Abholservice ab Etsha angeboten). Das beschauliche Camp ist vornehmlich für Selbstfahrer und Selbstversorger gedacht, Mahlzeiten können aber arrangiert werden. Preise: Zeltchalet 67 €/Nacht, Camping 10 € pP zzgl. einer Concession Fee (35 Pula Eintritt, 30 Pula Camping). Bootsmiete ab 18 €/Std. zzgl. Treibstoff, Mokoro-Miete 80 €/Tag, es werden auch mehrtägige Mokorosafaris angeboten.

•Sepopa Swamp Stop: Tel. 71379326, Fax 71298033, www.swampstop.co.bw, email: res@swampstop.co.bw. Etwas nachlässig geführte, legere Fishing Lodge bei Sepupa (2,5 km Pkw-Zufahrt) mit Mittelklassechalets, Campingplätzen im Hintergrund, Bootsverleih und einer großen Bar. Preise: Camping 7,50 € pP, Chalets 58 €/Nacht. Bootsmiete kostet ab 22 €/Std. zzgl. Treibstoff, Mokoro-Miete 35 €/Tag.

•Shakawe Lodge: Okavango Fishing Safaris, Tel. 6860822, Fax 6860493, email: win@travelwild.co.bw. 13 km südlich von Shakawe direkt am Okavango, gelegene Fishing Lodge (Pkw-Zufahrt). Ansprechendes, schattiges Gelände mit 10 Chalets, Pool, Restaurant und Camping. Preise: Chalets auf Anfrage, Camping 10 € pP, Bootsmiete ab 24 €/Std. zzgl. Treibstoff.

•Drotsky's Cabins: Familie Drotsky, P. O. Box 115, Shakawe. Tel. 6875035, Fax 6875043, email: drotskys@info.bw. Die ältere, aber hübsche Anlage liegt 10 km südlich von Shakawe direkt am Okavango (Zufahrt mit Pkw möglich). Sie hat durch den tropischen und hohen Baumbestand einen regelrechten Dschungelcharakter, besonders die großen parzellierten Campingstellflächen (am schönsten liegt Nr. 4). Die Bungalows genießen freien Blick auf dem Okavango, ebenso die riesige hölzerne Stelzenbar, während die Campingplätze im dichten Uferbewuchs liegen. Im Angebot sind Bootstouren (ab 21 €/Std. zzgl. Treibstoff) und Ausflüge zu den Tsodilo Hills. Preise: Chalets 40 €/DZpP und 60 €/EZ, Camping 12 € pP (inkl. Feuerholz und Strom).

•Xaro Lodge: Idyllisches Zeltcamp auf einer Okavangoinsel unter Leitung von Familie Drotskys (siehe rechts), das nur per Boot ab Drotsky's Cabin erreichbar ist. Mit acht Meru-Zelten, Pool und Restaurant. Preise ab 48 €/DZpP und 65 €/EZ (nur Übernachtung).

•Nxamaseri Island Lodge: Nxamaseri Lodge Safaris, Tel. 6878015, Fax 6878016, email: info@nxamaseri.com, www.nxamaseri.com. Exklusive Fishing-Lodge für max. 12 Gäste, ideal auch für Vogelbeobachtungen. Touren zu den Tsodilo Hills und Reiten möglich. Anreise per Flug und in Ausnahmefällen per Allradfahrzeug (sehr schwierig, ab dem Dorf Nxamaseri). Vorreservierung nötig! All-Inclusive-Preise 410 €/DZpP und 620 €/EZ (für SADC-Bürger deutlich weniger).

1996 war in Ngamiland eine hoch infektiöse **Rinderlungenseuche** ausgebrochen, die zur konsequenten Notschlachtung aller 300 000 Rinder des Distrikts führte. Kein Rind durfte in Ngamiland überleben. Den entsetzten Besitzern, die sich anstandslos in ihr Schicksal fügten, wurden Entschädigungszahlungen von rund 80 Euro pro Vieh zugesprochen. Seit 1939 hatte es keinen Ausbruch der gefährlichen Rinderkrankheit mehr gegeben und die Regierung sah in dem neuerlichen Auftreten ein Einschleppen von außen, vermutlich aus Namibia. Daraufhin hat man drei neue Veterinärzäune quer durch das Land gezogen, darunter einen elektrifizierten Schutzzaun (Caprivi Fence) an der Landesgrenze zu Namibia – zu einer Zeit, als die nachbarschaftlichen Beziehungen wegen der Streitigkeiten um Sidudu Island (S. 307) sowieso nicht zum Besten standen.

Mit der Mohembo-Fähre ans Ostufer des Okavango und nach Seronga

Zwei Motorfähren halten in Botswana den Verkehr zwischen dem Westufer und dem Ostufer des Okavango aufrecht. Sie sind in Mohembo stationiert, dem kleinen Dorf 10 km nördlich von Shakawe, kurz vor der namibischen Grenze. Sie verkehren wochentags von 06.30–18.30 h, am Wochenende von 07.30–12.30 h und 14.00–16.30 h. Die Überfahrt ist kostenlos.

Am Ostufer des Okavango führt eine Schotterpiste flussabwärts, die zahlreiche Fischerdörfer miteinander verbindet und nach 100 km **Seronga**, die größte Ortschaft im nördlichen Okavangodelta, erreicht. Die kleinen Läden von Seronga und das naheliegende Mbiroba Camp stellen die einzige Versorgungs- und Übernachtungsoption auf dieser Uferseite des Okavangos dar.

• **Mbiroba Camp:** Okavango Polers Trust, P. O. Box 24, Seronga. Tel. 6876861, Fax 6876939, email: okavangodelta@botsnet.bw, www.okavangodelta .co.bw. Es handelt sich hierbei um ein erfolgreiches Community Project, das zum Ziel hat, die lokale Bevölkerung am Mekoro-Tourismus im Delta teilhaben zu lassen. Der Trust bietet ein verhältnismäßig preisgünstiges Übernachtungs- und Ausflugsangebot. Das Camp liegt 2 km südlich von Seronga direkt am Okavango (beschildert) und besteht aus doppelstöckigen A-Frame-Chalets, kleineren Rondaveln, einem Restaurant und einem schattigen Campingplatz.

Preise: Chalets mit B&B ab 45 €/DZpP, Rondavel ab 32 €/DZpP, Camping 8 € pP. Mokorofahrten kosten 85 €/Tag. Im Camp werden bei Bedarf Zelte, Kochutensilien, Schlafsäcke und Matratzen vermietet. Info für Reisende ohne Fahrzeug: Seronga liegt nur 90 Minuten per Motorboot von Sepupa entfernt. Wer die weite Anreise zu Lande scheut, sollte versuchen, sich in Sepupa übersetzen zu lassen. Fragen Sie im Sepopa Swamp Stop oder direkt im Ort beim „Hafen". In Maun wird der Ausflug auch als Fly-In-Safari angeboten.

Das einsame Gebiet zwischen Seronga und den Linyanti-Sümpfen

Elephant Country – nichts als Mopanewälder, Kalaharisand und Elefanten! Nördlich des Okavangodeltas gehört das Land den Jägern und Dickhäutern. Fototouristen verirren sich aufgrund der schwierigen Straßenbedingungen und der abweisenden Haltung der Konzessionsinhaber kaum in diese Einsamkeit.

Von Mohembo bis Seronga ist die Piste relativ gut, doch zur Weiterfahrt nach Osten benötigt man Allrad und sehr gute Bodenfreiheit. Die Fahrspuren sind von Militärfahrzeugen derart ausgefahren, dass sie selbst mit einem Unimog beschwerlich sind. Kleinere Fahrzeuge mit weniger Bodenfreiheit können die langen Tiefsandpassagen nur mit Mühe bewältigen.

Ca. 16 km hinter Seronga knickt die Sandpiste an der Stelle, wo sich der Okavango zum Delta öffnet, nach Nordosten ab in Richtung Betsha (48 km nach Seronga). 36 km darüber hinaus ist eine Weggabelung. Geradeaus führt die Piste bis an den Kwando River, nach rechts hingegen zum Northern Buffalo Vet-Fence und weiter zur Selinda Spillway und dem Chobe NP (78 km ab dem Büffelzaun). Beide Strecken liegen im Bereich riesiger Konzessions- und Jagdgebiete.

Die extrem tiefsandigen Pisten sind öffentliche Straßen, die jedermann ohne Permit befahren darf. Aber das Land beiderseits der Wege ist verpachtet, meistens zur Jagd. (Wild-)Camping ist daher verboten. Besonders im Linyantigebiet sollte man sowieso von privaten Pirschfahrten oder Wildcamping absehen, denn hier liegen mehrere Luxuscamps und sind mobile Jagd- und Fotosafaris unterwegs.

Tsodilo Hills

Mystische Inselberge, Tausende Felszeichnungen und rätselhafte Entdeckungen inmitten der flachen, weiten Buschsavanne haben die Tsodilo Hills berühmt gemacht. Forscher, Romantiker und Touristen lassen sich gleichermaßen vom Zauber der Tsodilo Hills einfangen. Die meisten Besucher beschreiben sie als magisch, geheimnisvoll und einzigartig. Ihre herausragende Bedeutung als eine Schatzkammer prähistorischer Kunst würdigte die UNESCO im Dezember 2001, indem sie die Tsodilo Hills – als erste Felsbildstätte im südlichen Afrika – auf die Liste der **Weltkulturerbe** setzte.

Visitor Centre & Museum

Nach der Ankunft sollte man zuerst das Visitor Centre besuchen. Hier versucht man im sehr sehenswerten, modernen Museum dem "Spirit ofTsodilo" gerecht zu werden. Nebenan befindet sich ein Sanitärblock mit Duschen und Toiletten. Alle Besucher werden im Visitor Centre registriert, der Besuch des Welterbe und Übernachtungen auf dem Campingplatz sind trotzdem kostenlos.

Tipp Am Eingang und beim Museum verkaufen die Buschleute hübschen Schmuck aus Naturmaterialien.

Bild oben: Post's Panel, die berühmte Felsmalerei am Female Hill

Anreise

Der Airstrip an den Tsodilo Hills ermöglicht es, das Welterbe als Tagesausflug von Maun zu besuchen, was natürlich seinen stolzen Preis hat. Günstiger wird der Ausflug, wenn man ihn als Tagestour im Geländewagen an den Lodges am Panhandle bucht. Beide Varianten sind aber nur nicht motorisierten Reisenden zu empfehlen, alle anderen sollten zumindest eine Nacht an den Hills verbringen, weil die Atmosphäre abends, wenn die letzten Sonnenstrahlen die Berge glutrot erscheinen lassen, so besonders ist.

Die Anreise auf dem Landweg galt jahrzehntelang als äußerst tiefsandige Herausforderung. Es existierten damals drei Zufahrten ab Shakawe, Nxamaseri und Sepupa, die alle gleich schwierig und zeitraubend waren. Im Zuge der UNESCO-Einstufung zum Weltkulturerbe und dem touristischen Ausbau ist 2002 die mittlere Zufahrt ab Nxamaseri zur breiten, harten Kalksandstraße ausgebaut worden (Wellblech). Die 35 km lange Piste bis zum Eingang erlaubt seither eine rasche Fahrt zu den Tsodilo Hills. Doch nicht ohne Wehmut stellt man dabei fest, dass mit der Tiefsandspur auch ein wenig von der magischen Stimmung verschwunden ist. Manche sagen, einem Ort wie Tsodilo sollte man sich nicht mit "High Speed" nähern.

Trotz der stark vereinfachten Anreise ist ein Allradfahrzeug dringend ratsam, denn innerhalb des umzäunten Gebiets fährt man noch auf den schmalen Sandspuren und passiert dabei einige weichsandige Passagen. Die alte Piste vom Eingang zum Museum und Hauptbüro ist inzwischen stark mit Sichelbusch- und Dornakaziengestrüpp eingewachsen. Wir empfehlen, sich am Eingang links zu halten und zunächst 1,9 km am Zaun entlang zu fahren, wo schließlich eine neue Piste zum Office abzweigt.

Natur & Tierwelt

Die Vegetation ist sehr vielfältig. Es wachsen Mukwa, Marula, Teakholz, Combretum, Sichelbusch, Vogelpflaume, Rote Syringa, Akazien und Blutfruchtbäume. Einige Ducker und Steinböcke leben gut versteckt im Gebüsch und werden selten gesehen. Auf Wanderungen kann man den Tsodilo-Hill-Felsengecko (*Pachydactylus tsodiloensis*) entdecken, der in dieser Region endemisch ist. Zu erkennen gibt sich der 13 cm lange Gecko an seinen gelbbraunen Streifen. Vogelfreunde haben gute Chancen, Schneeballwürger, Gelbbugpapageien, Graulärmvögel und Braundrosslinge in den Bäumen aufzuspüren.

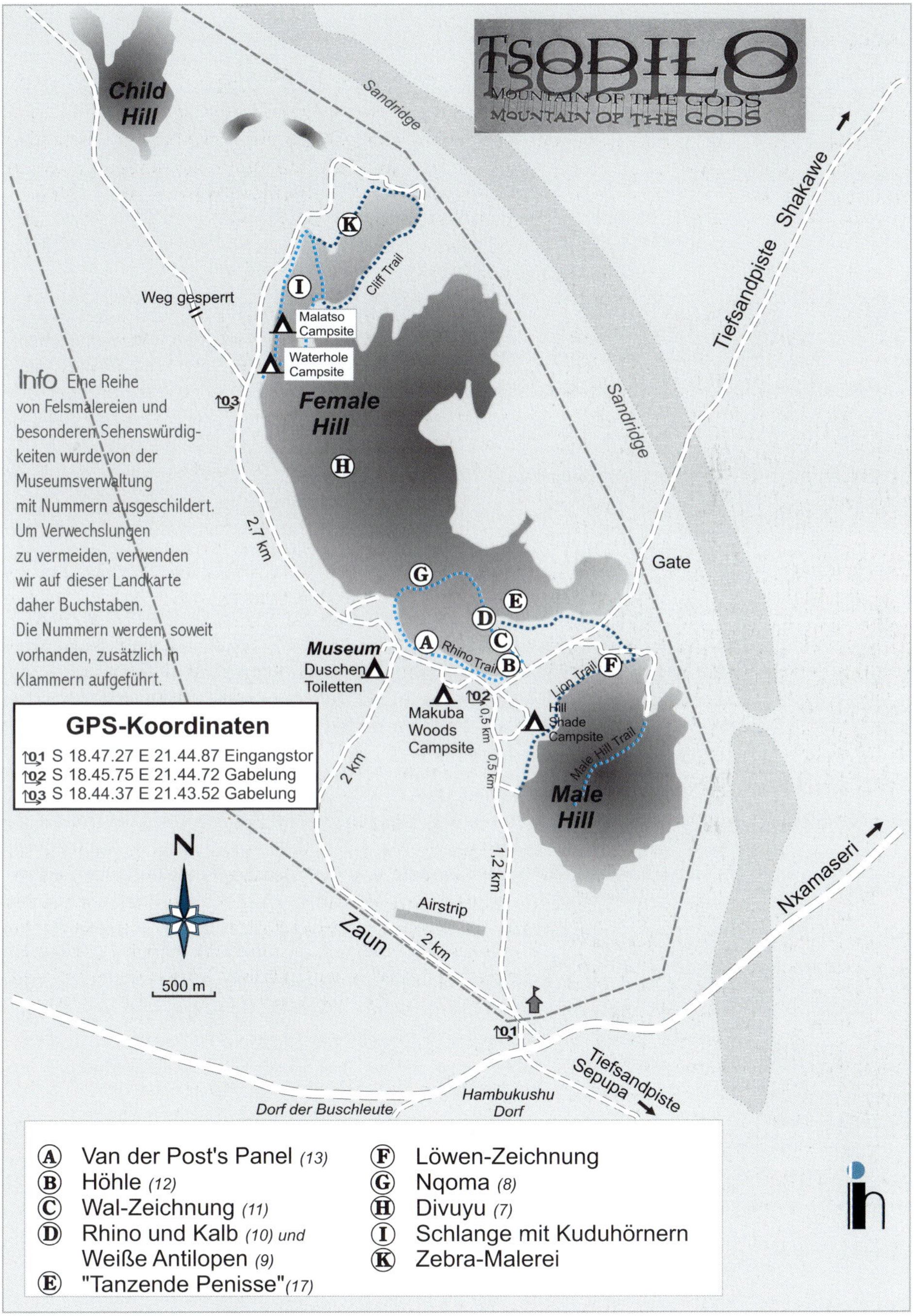

Info Eine Reihe von Felsmalereien und besonderen Sehenswürdigkeiten wurde von der Museumsverwaltung mit Nummern ausgeschildert. Um Verwechslungen zu vermeiden, verwenden wir auf dieser Landkarte daher Buchstaben. Die Nummern werden, soweit vorhanden, zusätzlich in Klammern aufgeführt.

GPS-Koordinaten

01	S 18.47.27 E 21.44.87 Eingangstor
02	S 18.45.75 E 21.44.72 Gabelung
03	S 18.44.37 E 21.43.52 Gabelung

- (A) Van der Post's Panel *(13)*
- (B) Höhle *(12)*
- (C) Wal-Zeichnung *(11)*
- (D) Rhino und Kalb *(10) und* Weiße Antilopen *(9)*
- (E) "Tanzende Penisse" *(17)*
- (F) Löwen-Zeichnung
- (G) Nqoma *(8)*
- (H) Divuyu *(7)*
- (I) Schlange mit Kuduhörnern
- (K) Zebra-Malerei

Magie und Mythos der Tsodilo Hills

Für die !Kung-Buschleute sind die Tsodilo Hills der Sitz der Götter und ein heiliger Platz. Der größte Hügel wird als Mann angesehen, der zweite kleinere ist seine Frau und der noch kleinere dahinter ist deren gemeinsames Kind. Ein wenig von den anderen entfernt liegt der vierte und kleinste Hügel. Die Legende besagt, es handele sich dabei um die verstoßene erste Frau des Mannes, der sie wegen der jüngeren Frau verlassen habe.

Historischer Rückblick

Die vier isolierten Felshügel aus glimmerartigem Quarzitschiefer entstanden bereits vor 450 Mio. Jahren und waren – Millionen von Jahren später – einst Teil des riesigen Makgadikgadisees. Vor etwa 20 000 Jahren scheint hier noch ein See mit mehreren Zuflüssen gewesen sein, wie Fischknochenfunde aus jener Zeit vermuten lassen. Die früheste Besiedlung reicht bis in die Mittelsteinzeit vor 100 000 Jahren zurück. Buschleute hielten sich seit rund 30 000 Jahren in dieser Region auf, die damals gute Fischgründe bot. Eisenverarbeitende Siedler tauchten um 500 n. Chr. auf, brachten Kleinvieh mit und traten in Handel mit den nomadisch lebenden Khoisaniden. Die Reste zweier Eisenzeitdörfer (ca. 550–800 n. Chr.) namens *Divuyu* und *Nqoma* wurden auf dem Female Hill entdeckt. Indische Glasperlen belegen glaubwürdig die weit reichenden Handelsbeziehungen aus jener vergessenen Zeit.

Über Jahrhunderte wurden mehr als **4000 Felszeichnungen** (auf einer nur rund 10 km² großen Gesamtfläche) auf diese Hügel gemalt, die meisten davon auf dem Female Hill. 350 Zeichnungen sind für Besucher zugänglich – eine Anzahl, die einen mehrtägigen Aufenthalt an den Tsodilo Hills ratsam erscheinen lässt. Die meisten Zeichnungen entstanden zwischen 800 und 1300 n. Chr., die jüngsten sind erst gute 100 Jahre alt. Dennoch weiß niemand unter den ansässigen Buschleuten und Hambukushu, wer die Bilder gemalt haben könnte. Im Gegenteil, beide

Bild oben: Male Hill, der höchste Berg an den Tsodilo Hills

Volksgruppen dementieren die Urheberschaft der Felsmalereien, verehren sie aber. Die Motive stellen häufig Tiere und Jagdszenen dar (vor allem Giraffen, Rhinos und Elenantilopen); auch Menschen kommen vor, dagegen fast keine Pflanzen. Für Statistikfreunde: Mehr als 50 % der Fundstätten zeigen Tiermotive, 35 % stellen geometrische Figuren und Zeichen dar, knapp 13 % Menschen und etwa 1,5 % sind Hand- und Fußabdrücke. Immer wieder sind es Elenantilopenbilder, die bei den Buschleuten eine sakrale, mythische Bedeutung genießen. Sonderbarerweise unterscheiden sich die Motive von denen anderer Fundorte. Bemerkenswert erscheint auch, dass die Felsmalereien an den Tsodilo Hills so isoliert liegen – erst 250 km weiter findet man wieder die ersten Felszeichnungen. Alec Campbell, ehemaliger Direktor des Nationalmuseums, betonte außerdem, die Felsbilder von Tsodilo seien so ungewöhnlich, weil ihre Motive und der Malstil eher wie Felsgravuren wirken als wie klassische Felszeichnungen.

Die erstaunliche Vielfalt der Motive und ihre Bedeutung

Schon gewusst?
Nur männliche Singzikaden machen einen schrillen Lärm, die Weibchen schweigen

Erste Feldforschungen

Die erste detaillierte Beschreibung der Felszeichnungen nahm 1893 der deutsche **Geologe Siegfried Passarge** vor. Seit jener Zeit werden die Felsbilder intensiv erforscht. Es wird vermutet, dass die weißen Zeichnungen eher von Bantuvölkern, die meist älteren roten Zeichnungen dagegen von Buschleuten gemalt worden seien. Weiße Farbe wurde durch Zinnoxyd, Kaolin, Vogelexkremente oder den Latex von Euphorbien gewonnen, gelbbraune bis rote Farbe hingegen durch Eisenoxyd. Rote Malereien finden sich viel häufiger als weiße. Die vermutlich ältesten Bilder zeigen fast nur Silhouetten-Darstellungen, die jüngeren Bilder veranschaulichen die künstlerische Entwicklung durch angedeutete Perspektiven und deutlich filigranere Motive. Obwohl auf manchen Felswänden eine Vielzahl an Bildern erscheint, handelt es sich doch fast immer um Einzeldarstellungen, die nicht miteinander im Kontext stehen.

Was die Menschen, die an den Tsodilo Hills leben, heute noch über diesen Ort denken

Nahe dem Eingangstor befindet sich ein Hambukushu-Dorf und etwas weiter entfernt leben nur noch etwa 20 !Kung-Buschleute. Beide Volksgruppen verehren die Hügel in fast religiöser Weise. Die Hambukushu glauben, mit ihren geliebten Rindern auf Female Hill zur Erde gekommen zu sein und untermauern diese Überzeugung damit, dass auf dem Female Hill rätselhafte Fußabdrücke zu sehen sind, die von Rindern stammen könnten. Die !Kung-Buschleute vermuten den Sitz ihrer Götter in den Hügeln und halten es für ein furchtbares Vergehen, in ihrer Umgebung zu jagen. Im Westen des Female Hill ist in der Felswand eine natürliche Zisterne, die stets ein wenig Wasser enthält. Hier soll eine Schlange mit Kuduhörnern leben, die man beim Vorbeigehen erst besänftigen muss, indem man einen Stein ins Wasser wirft.

Die Magie der Tsodilo Hills hat der südafrikanische **Schriftsteller Laurens van der Post** eindringlich beschrieben, der in den 1950er Jahren Expeditionen zu den Buschleuten der Kalahari unternahm und dabei auch hier verweilte. Demnach ist es ein Sakrileg, an den Tsodilo Hills zu jagen. In seinem Roman „Die verlorene Welt der Kalahari" (Diogenes Verlag) erzählt er von seinen seltsamen Erlebnissen, nachdem ein Mitglied seiner Gruppe die Warnung in den Wind schlug und nahe der Tsodilo Hills eine Antilope erlegte. Die Buschleute hatten auf diesen Frevel mit Entsetzen reagiert. Fortan hätten alle elektrischen Geräte verrückt gespielt, Kameras und Tonbänder den Dienst versagt und die Gruppe sich schließlich ehrfürchtig verzogen, ehe womöglich noch dramatischere Dinge passiert wären.

Bilder S. 296:
Elenantilopen und andere Tiere sind beliebte Motive der Felszeichnungen

Campingplätze

Am Visitor Centre und Museum befindet sich der **Main Campground** mit mehreren, auch für Gruppen geeigneten Stellflächen, Grillstellen, Betontischen und einem Sanitärblock mit heißen Duschen und Toiletten. Alle anderen ausgewiesenen Campingplätze sind dagegen vollkommen naturbelassen und bieten nur Mülltonnen und Wasserhähne.

•**Hill Shade:** Nahe dem Male Hill gelegen. Sehr ruhig, morgens lange schattig, flach.

•**Makuba Woods:** Zwei Plätze in großzügiger Entfernung voneinander, Nr. 1 ist der schönere Platz. Nahe der Straße zum Visitor Centre gelegen, im Abendlicht sehr stimmungsvoll.

•**Waterhole:** Ein Platz in tiefsandiger Hanglage, aber dafür einsam und von schönen Felsformationen umgeben.

•**Malatso:** Ein Platz am sehr einsamen Ende von Female Hill; flach mit festem Boden.

Bisher werden weder der Eintritt noch Campinggebühren in Rechnung gestellt; der Besuch der Tsodilo Hills ist gratis.

Wanderungen zu den Felsmalereien

Mehrere angelegte und teilweise präparierte Trails, bei denen man gelegentlich auch etwas klettern muss, führen zu den schönsten Felsbildstätten. Allerdings ist es nicht erlaubt, allein zu wandern. Beim Visitor Centre stehen vielmehr registrierte einheimische Wanderführer zur Verfügung, die für 50 Pula Gebühr pro Trail (und ein kleines Trinkgeld für den Guide) engagiert werden können.

Wer wenig Zeit hat, sollte sich zumindest den Female Hill ansehen, weil hier die berühmtesten und schönsten Zeichnungen zu finden sind. Die ca. 250 Gemälde am Male Hill sind viel schwieriger zu entdecken. **Post's Panel** am Female Hill kann man sogar direkt vom Fahrweg aus betrachten. Die Zeichnungen dieses Felsüberhangs wurden eingehend von Laurens van der Post, dem Autor von „The Lost World of the Kalahari", beschrieben und daher nach ihm benannt (siehe Bilder S. 271 und 292). Die Felswand wird von mutigen Kletterern gerne erklommen.

Der beliebteste Rundweg ist der **Rhino Trail**, weil er auf einer eineinhalb- bis zweistündigen Tour viele der bekanntesten Felsbilder am Female Hill ansteuert. Er führt über den Female Hill zu den rätselhaften Fußabdrücken, dann am Post's Panel vorbei und hinab ins "Tal der tanzenden Penisse", so benannt nach einen Felsüberhang mit Darstellungen von Jägern, deren Geschlechtsteile eregiert und stark vergrößert sind. In diesem Tal findet man auch die berühmte Zeichnung des weißen Nashorns mit seinem Kalb.

Der **Lion Trail** führt dagegen zur Löwenzeichnung am Male Hill. Zwischen der kleinen Höhle und der Löwenzeichnung verläuft der **Male Hill Trail**. An der Löwenzeichnung beginnend kann man den 300 m hohen Male Hill in etwa 2 Std. besteigen und von oben einen herrlichen Ausblick genießen, der sich auch ganz hervorragend für einen stilvollen Sundowner eignet.

Tipp Wer überhaupt nicht kraxeln möchte, wandert einfach am Fuße des Hügels von A nach D.

Aha Hills und Drotsky's Cave

Drotsky's Cave und die Aha Hills liegen in einem sehr einsamen Teil Botswanas. Es ist das Land der Stachelschweine und Erdferkel, in dem kaum Menschen anzutreffen sind. Für die gesamte Rundfahrt ab Tsao bis Nokaneng (342 km) müssen mindestens zwei Tage angesetzt werden. Wir empfehlen, die Tour im Konvoi von wenigstens zwei Allradfahrzeugen anzugehen. Unterwegs bestehen keine Versorgungsmöglichkeiten; Treibstoff, Lebensmittel, Wasser und Werkzeug müssen mitgeführt werden. Die Gesamtstrecke wird nur wenig befahren, vor allem der Abschnitt Tsao-Xai-Xai. Die Tour ist ganzjährig befahrbar, während der heißen und windigen Monate Oktober/November allerdings nur robusten Reisenden zu empfehlen. Am schönsten ist die Tour in der Regenzeit, wenn sich die Kalahari mit bunten Blüten schmückt und der feuchte, schwere Sand die Fahrzeuge nicht so tief einsinken lässt. Zu dieser Zeit gelingen auch außergewöhnlich vielseitige Vogelbeobachtungen (Goldbugpapageien, Königswitwen, Rotschnabelenten).

Schon gewusst?
Die Zikaden ernähren sich von Pflanzensäften

Beschreibung des Höhlenbesuchs: siehe S. 298

10 km nördlich von Tsau zweigt die breite, beschilderte Piste nach Westen ab und trifft nach 79 km auf eine südwestlich führende Piste. Diese gut befahrbare Piste dreht im weiteren Verlauf nach Westen, dann wieder nach Norden, und mündet schließlich direkt in ein fossiles Flusstal, dem man bis zu den 26 km entfernten Gcwihaba Hills und Drotsky's Höhle folgt.

Eine alternative, reizvollere schmale Sandpiste mit vielen kleinen Bodenwellen beginnt 30 km nach der Abzweigung von der Teerstraße.

Auf der Weiterfahrt von Drotzky's Cave zu den Aha Hills führt der sandige Weg durch eng stehende Dornbüsche., bis man nach 26 km auf die aus Tsao kommende Piste stößt. Die restlichen 9 km bis Xai-Xai sind gut befahrbar, weil die Straße nun wieder breiter ist. In der !Kung-San-Siedlung Xai-Xai (auch Caecae geschrieben, sprich: Kaj-Kaj) knickt die Straße um 90° nach Norden und führt als gute Gravel Road direkt nördlich auf die Berge zu.

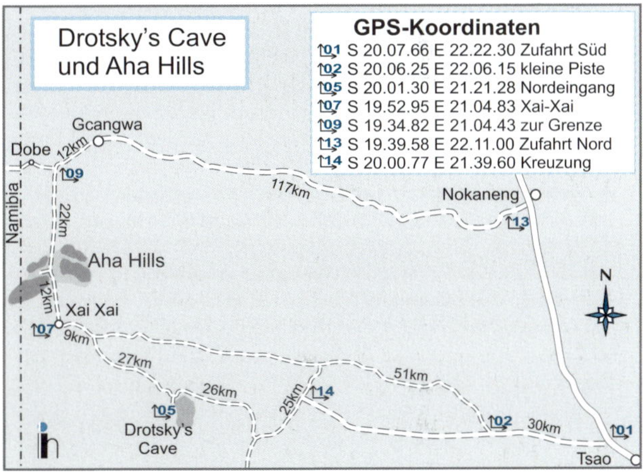

Aha Hills und die Grenzsteige für die Buschleute

Etwa 50 km nordwestlich der Tropfsteinhöhle ragen die Aha Hills als sanfte Hügel bis zu 300 m aus der flachen Umgebung. Das Kalkstein- und Dolomitgestein wird ca. 700 Millionen Jahre alt geschätzt.

13 km nördlich von Xai-Xai führt inmitten der Aha Hills links eine Piste zum "Xai-Xai Community Projekt". Zuletzt war der Platz jedoch verlassen und es ist unklar, ob das Projekt weitergeführt wird. Zum Campen ist die schattige Stelle gut geeignet.

In dieser Region leben seit langer Zeit !Kung-Buschleute. Ihr traditionelles Wohngebiet wurde durch den Grenzzaun zwischen Namibia und Botswana zweigeteilt. Um den Buschleuten dennoch freie, unbürokratische Wanderungen zwischen beiden Ländern zu ermöglichen, wurden entlang des Grenzzaunes von Zeit zu Zeit **Holzsteige zum Darüberklettern** angebracht.

Drotskys Cave (Gcwihaba Cave)

Die ca. 15 000 Jahre alte Tropfsteinhöhle befindet sich in einem unscheinbaren Hügel. Martinus Drotsky, ein Farmer aus Ghanzi, wurde 1932 von Buschleuten zu diesem extrem abgelegenen Platz geführt und sah demnach als erster Weißer die attraktive Tropfsteinhöhle. Zwei Jahre später wurde sie, inzwischen nach ihrem „Entdecker" benannt, zum Nationaldenkmal erklärt. Ihr jetziges Aussehen mit zahlreichen beeindruckenden, bis zu 10 m langen Stalagmiten und Stalagtiten hat sie vor ungefähr 2000 Jahren erlangt. Einer alten Legende nach soll hier auch irgendwo der Schatz des Hendrik van Zyl versteckt sein; aber der jähzornige Pionier muss ja für allerlei Mythen herhalten...

Besuch der Höhle: Beim Eingang, etwa 2 km vor der Höhle, müssen sich die Besucher anmelden und dürfen nur mit einem Führer die Höhle betreten. Das Höhlensystem hat zwei Zugänge. Der Haupteingang liegt gleich hinter der Schautafel des Nationalmuseums, der zweite Eingang etwa 250 m weiter entlang des Hügels (hinter dem verblichenen Metallschild). Die Haupthöhle ist etwa 500 m lang und zwischen 1,5 und 13 m hoch. Sie ist stockdunkel und geradezu unheimlich, beim südlichen Eingang wurden inzwischen allerdings Lichterketten angebracht. Die Einsamkeit wirkt erdrückend, man steigt durch dicke Staubschichten, Fledermäuse hängen an den dunklen Wänden. Nehmen Sie unbedingt mehrere Lichtquellen in die Höhle mit! Zahlreiche Korridore und Querverbindungen durchziehen das Höhlensystem. Zur Orientierung folgt man an besten den ausgelegten Nylonschnüren. Wer es nicht scheut, durch schmale, staubige Spalten zu kriechen und zu kraxeln, gelangt nach insgesamt 1,2 km zum anderen Eingang (Vorsicht: sehr schwierige Orientierung, steile Spalten, gefährlich!). In den letzten Jahren wurden an der Ostseite des Höhlenbergs noch weitere Tropfsteinhöhlengänge entdeckt, die aber bisher nicht frei zugänglich sind.

Camping: Es ist inzwischen verboten, direkt vor der Höhle zu campieren. Statt dessen wurden drei Stellflächen in der nähren Umgebung für Camping ausgewiesen, die keinerlei Einrichtungen bieten. Offiziell wird eine „Concession Fee" über 50 Pula Eintritt und 20 Pula für Camping erhoben, doch scheint dies entweder sehr locker gehandhabt zu werden, oder das Personal häufig abwesend zu sein, denn viele Besucher werden überhaupt nicht zur Kasse gebeten.

Schon gewusst?

Leberwurstbäume öffnen ihre roten Blüten nur nachts, damit sie von Fledermäusen bestäubt werden

Weiterfahrt von den Aha Hills nach Nokaneng

Die Piste durch die Aha Hills zieht bald alle Register: mal ist sie tiefsandig, stellenweise steinig, dann wieder fest. Nach 35 km trifft sie inmitten einer auffallend schönen Palmenlandschaft auf eine T-Kreuzung, an der ein einzelnes Haus steht. Hier geht es links nach **Dobe**, einem San- und Hererodorf, und zur **Grenzstation nach Namibia** weiter (9 km). Die kleine Grenze ist täglich von 07.30-16.30 h geöffnet.

Nach rechts führt der Weg dagegen über zahlreiche Tiefsandpassagen in die Ortschaft Gcangwa (12 km). Danach wechselt die eintönige Piste zwischen befestigten Abschnitten und weicheren Sandstrecken. Sie gelangt nach 118 km zur Teerstraße A35 zwischen Shakawe und Sehitwa. Die letzten 20 km davon sind gut befestigt und erlauben rasche Fahrt. Man trifft genau 100 m nördlich des Richtfunkmasts von Nokaneng auf die Teerstraße.

Von Shakawe nach Kasane: Transit durch den Caprivi (Namibia)

Die 468 km lange Strecke zwischen Shakawe und Kasane führt durch den Caprivistreifen Namibias. Der Name dieses eigentümlich schmalen Landstreifens geht auf Leo Graf von Caprivi, den auf Bismarck folgenden deutschen Reichskanzler, zurück. Der Caprivi ist ein Paradebeispiel für unlogische Grenzziehungen während der Kolonialzeit, mit denen sich das moderne Afrika noch immer plagt. Denn er ist das Ergebnis des Helgoland-Sansibar-Vertrags, den Großbritannien und das Deutsche Reich am 1. Juli 1890 unterzeichneten. Deutschland trat für diesen schmalen sumpfigen Landzipfel immerhin die Insel Sansibar ab, und das nur, um seinem (vergeblichen) Ziel, eine Landverbindung zwischen Südwestafrika und Deutsch-Ostafrika herzustellen, näherzukommen. Soviel zur Geschichte.

Die gesamte Strecke ist inklusive aller Grenzformalitäten heutzutage als Tagestour gut zu bewältigen, mit einem schnellen Wagen sogar in 5-6 Stunden zu schaffen. Wer es gemütlicher angeht, findet zahlreiche Lodges und Campingplätze entlang der Strecke.

Der Grenzübergang bei Mohembo/Muhembo (S. 289) ist täglich von 06.00–18.00 h geöffnet. Deutsche, Österreicher und Schweizer benötigen für die Einreise nach Namibia nur einen gültigen Reisepass. Fahrzeughalter müssen jedoch eine Gebühr für den obligatorischen Road Fund entrichten. Er beträgt für Motorräder und Anhänger 115 N$, für Pkws und Geländewagen 180 N$ und deutlich mehr für Lkws (Stand Ende 2009).

Auf namibischem Staatsgebiet führt die Straße nach Divundu (25 km) zunächst als Allwetter-Schotterpiste (auch für Pkws geeignet) durch den Mahangu Game Park. Für Transitfahrten werden keine Gebühren erhoben; wer Pirschfahrten in dem an Elefanten reichen Park unternehmen möchte, bezahlt 40 N$ pP plus 10 N$ pro Fahrzeug. Im Park besteht eine Geschwindigkeitsbegrenzung auf 40 km/h. Nach dem Parkausgang geht es auf Asphaltstraße weiter. Auf der kurzen Strecke bis Divundu, das am Caprivi Highway zwischen Rundu und Katima Mulilo liegt, reihen sich nun mehrere Lodges mit Campingplätzen an das Okavangoufer. Mahangu Safari Lodge, Ngepi Camp und Rainbow Lodge haben einen legeren Charakter, wogegen die gepflegte und begrünte Nunda Lodge unser persönlicher Favorit ist (www.nundaonline.com). Sie bietet hochwertige Bungalows, Safarizelte, individuelle Campingstellflächen, Bootsausflüge, ein halboffenes Restaurant und einen einladenden Pool im tropischen Garten. Übernachtungsgelegenheit findet man außerdem im winzigen Popa Falls Nationalpark mit staatlichen Chalets und Camping (kleine Stellflächen, teuer).

Divundu verfügt über eine Tankstelle und einen Supermarkt mit VISA-ATM. Von hier führt der Caprivi Highway die nächsten 300 km die meiste Zeit schnurgerade und ereignislos nach Osten. Es ist eine langweilige Fahrt durch nahezu unbesiedelte Trockenwälder. Am Kwando River, nach 194 km, liegen an beiden Ufern Safarigebiete. Ein idyllisches Camp für Allradfahrer ist das Nambwe Community Bush Camp (14 km tiefsandige Zufahrt). Nach der Kwando-Brücke erreicht man Kangola, wo man tanken und Grundnahrungsmittel einkaufen kann. Anschließend wird es wieder sehr einsam, erst kurz vor Katima Mulilo mehren sich wieder die Dörfer und Fahrzeuge. Die Stadt scheint im Zentrum fast nur aus Supermärkten und Banken zu bestehen, die auch am Wochenende geöffnet haben (Sonntags teilweise nur vormittags). In der Umgebung liegen mehrere Touristenunterkünfte. Von Katima Mulilo besteht die Möglichkeit, nach Sesheke in Zambia weiter zu reisen (Visa sind an der Grenze erhältlich).

Die Grenze zur Wiedereinreise nach Botswana in Ngoma Brigde liegt 63 km südlich von Katima Mulilo und ist täglich von 06.00-18.00 h geöffnet. 15 km vor der Grenze besteht noch eine Campinggelegenheit beim Salambala Campsite. Am Grenzposten Ngoma Bridge gibt es weder eine Bank noch eine Tankstelle. Von hier sind noch 64 km nach Kasane zu fahren. Die Asphaltstraße durchquert den Nordteil des Chobe Nationalparks und darf im Transit kostenfrei befahren werden (es ist nicht erlaubt, die Straße zu verlassen).

Schon gewusst?
Die kleinen Schmutzgeier (Neophron percnopterus) sind morgens oft die ersten Aasfresser an einem frischen Riss, weil sie als Leichtgewichte nicht die Thermik zum Fliegen brauchen

Tipp für den Caprivi-Transit: Fahren Sie nachmittags von Divundu nach Katima Mulilo, dann haben Sie die Sonne im Rücken. Für die Fahrt von Katima Mulilo nach Westen empfiehlt sich dagegen der Vormittag.

DIE CHOBE-REGION

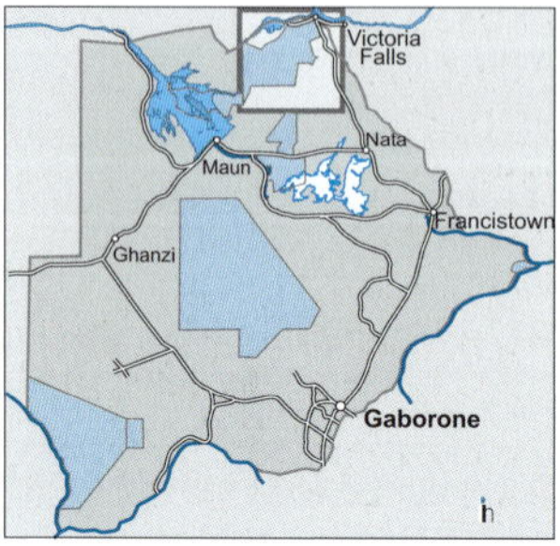

Der Nordosten Botswanas bietet großartige Sehenswürdigkeiten. Der berühmte Chobe Nationalpark und die Nähe zu den Viktoriafällen haben Kasane zu einem touristischen Drehkreuz wachsen lassen. Hier wird Ihnen alles geboten: Entlang dem Chobeufer Luxus und Komfort für Verwöhnte, am Linyanti unberührte Sumpflandschaften und am legendären Savuti Channel Wildnis pur in einer fast abweisend rauhen Umgebung. Der Chobe Nationalpark, das drittgrößte Wildschutzgebiet des Landes, ist die Heimat riesiger Elefantenherden und ein Gebiet voller landschaftlicher Kontraste.

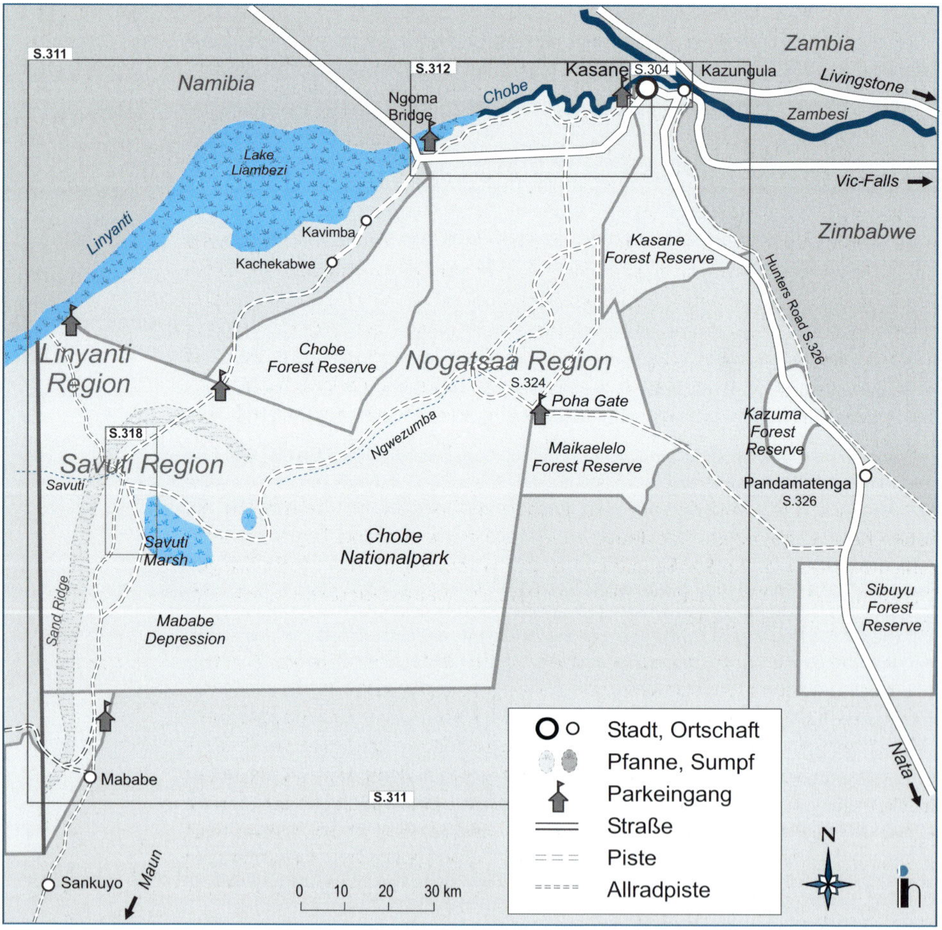

Kasane und Kazungula

Stadtentwicklung: Touristentrubel im Vierländereck

Zu Zeiten David Livingstones lag hier die Hauptstadt der Kololo, eines längst verschwundenen Volkes, das den Forscher damals zu den Viktoriafällen geführt hatte. Als dieses Gebiet 1890 dem britischen Protektorat einverleibt und zu Kronland umgewandelt wurde, war das Reich der Kololo schon zusammengebrochen, und hier lebten inzwischen die Basubya und Shua-Khoi. Jahrelang interessierte sich das „Mutterland" nicht wirklich für diesen wildreichen, schwül-sumpfigen Ort am Zusammenfluss von Chobe und Zambezi. Der erste Offizier nahm seinen Posten in Kazungula 1908 auf und setzte gleich ein Verbot der Großwildjagd durch. In den 1920ern löste die neue Siedlung Kasane das alte Kazungula als Verwaltungszentrum des Nordostens ab, blieb aber dennoch viele Jahrzehnte lang ein geruhsames, verschlafenes Nest fernab des politischen Geschehens. In den 1960er und 70er Jahren tauchten bereits Safarigäste auf, doch das riesige touristische Potential entfaltete sich erst nach 1985, als Kasane mit der Teerstraße nach Nata verkehrstechnisch an den Rest des Landes angebunden wurde. Seither strömen die Besucher aus aller Welt immer zahlreicher in die Kleinstadt. Kasane ist ein touristisches Drehkreuz geworden. Die meisten Gäste halten sich hier nur kurz zur Durchreise auf; entweder auf dem Weg zu den Viktoriafällen oder von dort kommend mit den Zielen Chobe Nationalpark und Okavangodelta.

Schon gewusst?
Die Schwarze Mamba ist die schnellste Schlange der Welt. Sie kann auf 16 km/h beschleunigen. Man nennt sie den „Gepard der Reptilien"

Man kann sagen, dass Kasane, wie Victoria Falls in Zimbabwe, heute nahezu ausschließlich vom Tourismus lebt. Wie an einer Perlenschnur säumen zahlreiche Hotels, Safarilodges, Boutiquen und Lokale die Hauptstraße entlang dem südlichen Chobeufer und konkurrieren mit geschmackvollen Anlagen und abwechslungsreichen Ausflugsprogrammen um die Gunst der Besucher. Der wildreiche Chobe Nationalpark liegt nur wenige Kilometer vor der Haustür, und der Chobe River ist ein Terrain für Wasserfreunde: Haus- und Motorboote tummeln sich praktisch den ganzen Tag auf dem trägen Strom. Die exponierte Lage am Vierländereck macht Kasane außerdem zum idealen Ausgangspunkt für Ausflüge in die Nachbarländer Namibia, Zambia und Zimbabwe.

Kazungula, der historisch ältere Ort, muss sich heute mit einem Schattendasein neben Kasane begnügen. Der deutlich beschaulichere Grenzort liegt nur 10 km östlich von Kasane. Die Straße, die beide Orte verbindet, führt an großflächigen Obstplantagen vorbei, mit denen die Gemeinde ein zweites Standbein neben dem Tourismus aufbauen möchte.

Trotz des Touristenrummels und obwohl die Uferzone allmählich flächendeckend bebaut ist, sind Kasane und Kazungula eine „Wildlife Area". Ganze Familienverbände unbedarfter Warzenschweine haben sich in den Hotelanlagen häuslich eingerichtet und spazieren ganz selbstverständlich durch die Straßen. Zebramangusten und Meerkatzen laufen durch die Gärten, und während der Trockenzeit wandern Elefantenherden vor allem in Kazungula zwischen dem Hinterland und ihren wenigen verbliebenen Tränken am Chobeufer umher. Die Touristen freut's, doch hinter den Kulissen mehren sich die Probleme. Land ist nirgends in Botswana so knapp wie hier, und der Zivilisationsmüll wird zunehmend zur Gefahr für die Wildtiere.

Info 2008 meldeten Naturschützer, rund 70 Wildtiere, darunter drei Elefanten, seien qualvoll verendet, nachdem sie Kasanes Mülldeponie nach Futter durchwühlt und Plastikabfälle verzehrt hatten

Sehenswertes in Kazungula und Kasane

Chobe Snake Park

Äußerst informativ und lehrreich, dabei aber kurzweilig und spannend, entführen die Mitarbeiter dieses Reptilienparks ihre Besucher in das Reich der Schlangen, Skorpione, Schildkröten und vieler anderer Kleintiere, wie Mangusten, Papageien und Chamäleone. Wer sich nicht scheut, darf sich sogar von einem jungen Python umarmen lassen... Bei Veröffentlichung dieses Reiseführers befand sich der Chobe Snake Park kurz vor dem Umzug von Kazungula nach Kasane (siehe Plan, S. 304). Öffnungszeiten: täglich von 09.00-11.00 h und 13.00-17.00 h, der Eintritt beträgt inklusive sehr empfehlenswerter Führung 5 € pP, ohne Führung 2 € pP.

Chobe Croc Farm

In Kazungula befindet sich neben der Kubu Lodge eine Krokodilfarm, die besichtigt werden kann. Öffnungszeiten: täglich von 10.30-12.30 h und 14.30-16.00 h. Der Eintritt beträgt 3 € pP.

Seboba Water Rapids

Östlich der Mowana Lodge muss sich der Chobe sprudelnd durch einen engen Bereich voller Inseln winden. Die Stromschnellen, die er dabei bildet, lassen manche Leute von einer Sehenswürdigkeit schwärmen, sind sie doch die einzigen Rapids dieses Landes. Unter den Ornithologen hat der Uferbereich allerdings auch einen besonderen Ruf, denn diese Stromschnellen markieren die einzige Region Botswanas, in der Weißnackenbrachschwalben, Kobalteisvögel und afrikanische Binsenrallen gesichtet wurden.

Freizeitangebote und Safaris

Game Drives und Bootsausflüge: Alle Lodges organisieren morgens und nachmittags Pirschfahrten in den Chobe Nationalpark, bei großer Nachfrage sogar in den grellen Mittagsstunden. Die Game Drives liegen je nach Anbieter und Gruppengröße zwischen 17 und 25 € pP (zzgl. Parkeintritt). Safaris im Motorboot sind häufig etwas günstiger (15-24 € pP zzgl. Parkeintritt) und besonders in den späten Nachmittagsstunden zu empfehlen. Sie überzeugen nicht nur wegen der romantischen Stimmung auf dem Chobe, auch Hobby-Ornithologen kommen vom Boot aus oftmals besser auf ihre Kosten, als bei den Pirschfahrten im Geländewagen. Auf den größeren Inseln, wie Sikoma Island, werden halbtägige Naturwanderungen unternommen (30-40 € pP). Bitte beachten Sie: Wer an einem Pauschalausflug teilnimmt, bezahlt nur 70 Pula Parkeintritt gegenüber den 120 Pula für individuell in den Park fahrende Touristen.

Victoria-Falls Daytrip: Tagesausflüge zu den Viktoriafällen (Zimbabwe) sind derzeit sehr gefragt. Man kann sie als Pauschalausflug inklusive Eintritt, Mittagessen und Rundfahrt zu den Sehenswürdigkeiten von Victoria Falls buchen (ca. 100 € pP). Alternativ kann man sich auch auf das Buchen des Transfers von Kasane nach Victoria Falls und zurück beschränken (50 € pP). Nicht vergessen: Es fallen Visakosten für Zimbabwe an (siehe S. 306 und 308/309).

Rundflüge: Rundflüge über die Choberegion bzw. über die Viktoriafälle, Savuti und den Linyanti können von fast allen Reisebüros und Lodges arrangiert werden. Außerdem gibt es „Fly In Day Trips" ins Okavangodelta. Der Tagesrundflug mit Mokorotrip und Picknick mitten im Delta kostet mind. 460 Euro pro Fluggerät, wobei bis zu fünf Passagiere mitmachen und sich dadurch die Kosten aufteilen können.

Fischen: Einheimische Touristen kommen ausgesprochen gerne zum Fischen an den Chobe. Bei vielen Hotels, wie der Chobe Safari Lodge, werden Fischausrüstung, Köder und Boote vermietet (pro Stunde etwa 25 €).

Einkaufstipps

Lebensmittel & Alltagsbedarf: Die breiteste Auswahl bieten der Choppies-Supermarkt in der neuen Water Front Mall neben der Chobe Safari Lodge und der SPAR direkt im Ortszentrum von Kasane. Neben beiden Läden gibt es auch Bottle Stores (Getränkehändler). Backwaren vertreibt der "Hot Bread Shop" im Madiba Shopping Centre mitten in Kasane. Hochwertige Fleischwaren sind in Kazungula im „Marios Meat Market“ erhältlich. Der Laden liegt an der Zufahrt zur Kubu Lodge und öffnet Mo-Fr ganztags sowie samstagvormittags. Hier kann man sich das Fleisch auch vakuumieren lassen.
Souvenirs: Zahlreiche Einkaufsmöglichkeiten bieten die Shopping Centren in Kasane und die Souvenirläden der größeren Hotels.
Autobedarf: Maxiprest (Reifendienst) und die Werkstatt „Chobe Motors“ liegen gegenüber der Engen-Tankstelle am Ortsrand von Kazungula, an der Straße nach Nata.

Schon gewusst?
Giraffen haben genau wie der Mensch sieben Halswirbel, aber ihre Zungen sind 45 cm lang

Restaurants

Die Gastronimie ist hier weitgehend auf die Hotelanlagen beschränkt. 2009 eröffnete das ansprechende Gartenrestaurant „The Old House“ am Chobeufer in Kasane, wo die Gäste im begrünten Garten oder auf einer hölzernen Stelzenbar dinieren. Als Spezialitäten gelten Pizza, Steak und frischer Fisch. Die Kubu Lodge in Kazungula serviert den Gästen abends im gepflegten Rahmen Dreigängemenüs (18 €). Wer sich lieber an einem Hotelbuffet selbst bedienen möchte, sollte in der Chobe Safari Lodge (15 €) oder der Mowana Safari Lodge (19 €) nachfragen. Beide Hotels bieten bei guten Belegungszahlen üppige Buffets.

Wichtige Adressen von A bis Z

Banken & Geldwechsel

Wechselstuben und Bankfilialen findet man im Audi Centre, im Madiba Centre hinter der Shell-Tankstelle und in der Water Front Mall. Sie nehmen US$, Euro, brit. Pfund und Rand in bar oder Reiseschecks an. Am Außenschalter der Barclay's Bank kann man mit Mastercard und VISA Geld abheben. Sa/So öffnen die Wechselstuben nur vormittags.

Notfälle

Polizeistation:	Kasane: Tel. 6250230, Kazungula: Tel. 6250326, Notruf-Tel. 999
Krankenhaus:	Kasane Hospital, President Ave., Tel. 6250333
Flugrettung:	MRI Flugrettung landesweiter Notruf 911 (siehe S. 349).

Post Office

Das Postamt befindet sich in der Hauptstraße. Öffnungszeiten: Montag bis Freitag von 08.15-12.45 h und 14.00-16.00 h. Am Samstag von 08.30-11.30 h.

Internet

Mehrere Internetcafés liegen in dem Bereich zwischen dem SPAR Supermarket und der Chobe Safari Lodge, z. B. im Audi-Centre und in der Water Front Mall.

Tourist Info

Das Department of Tourism, Tel. 6250357, in der Ortsmitte von Kasane, verteilt ein paar Prospekte. Öffnungszeiten: Mo-Fr 07.30-12.30 und 13.45-16.30 h.

Nationalpark-behörde

Das Wildlife Office, bei dem Reservierungen getätigt und Eintrittsgebühren für den Besuch von Nationalparks in Nordbotswana vorab bezahlt werden, befindet sich 6 km außerhalb von Kasane beim Sidudu Gate des Chobe NP. Es ist täglich von 06.00-18.00 h besetzt. Im selben Raum befindet sich bei Redaktionsschluss auch noch die Vertretung von Mapula Lodge, dem Pächter der Camps Savuti und Linyanti im Chobe NP.

Reiseagentur

Für Informationen zum Freizeitangebot in Kasane empfehlen wir das Reisebüro Go Wild im Garten der Chobe Safari Lodge, wo Bootsausflüge und Pirschfahrten angeboten werden.

Vorsicht!

Leider nehmen in Kazungula und Kasane die Kriminaldelikte gegenüber Touristen zu. Vereinzelt kommt es zu Autoaufbrüchen, Diebstählen und nächtlichen Einbrüchen auf den Campingplätzen. Hier ist Vorsicht geboten (nichts über Nacht im Freien stehen lassen).

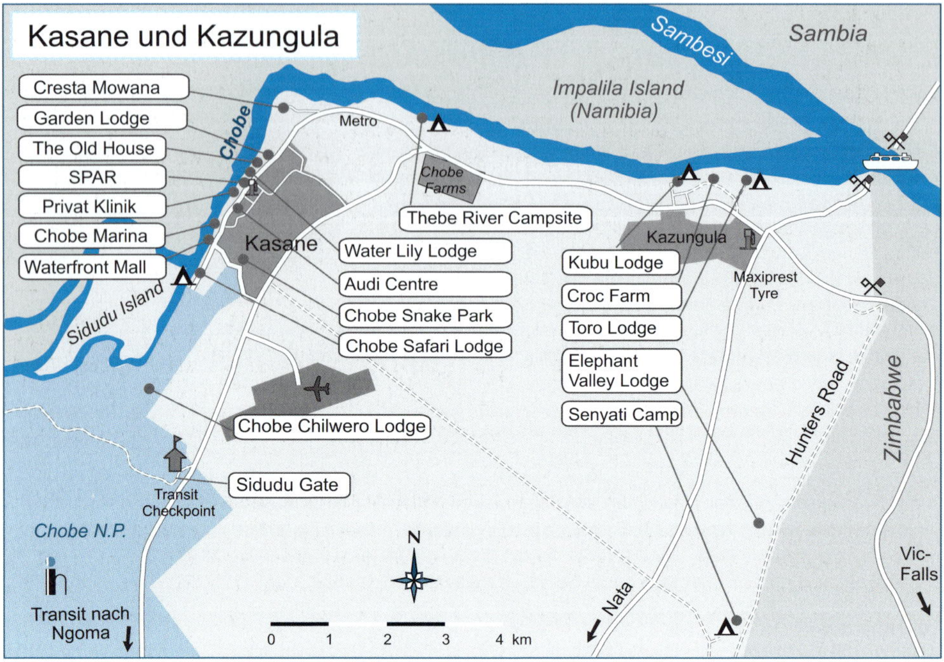

Hotels, Lodges und Camping in Kazungula und Kasane

Unterkunft in Kazungula

• **Toro Safari Lodge:** Tel. 6252694, Fax 6252695, www.torolodge.co.bw. Die in Kazungula gelegene parzellierte Bungalow- und Campinganlage verströmt einen sehr speziellen, herben Charme. Die klimatisierten Chalets nahe dem Chobe und dem Teich sind ansprechend, ebenso der Restaurantbereich. Dahinter reihen sich allerdings etwas schmucklos in Reih' und Glied zahlreiche Bungalows. Der Campingplatz residiert im staubigen rückwärtigen Bereich, bietet aber jeder Einheit individuelle Duschen/Toiletten mit Stromanschluss. Preise: Bungalows kosten 20-30 €/DZpP, 28-42 €/EZ, Camping 8 € pP, Caravans zzgl. 3 €.

• **Kubu Lodge:** P. O. Box 43, Kasane. Tel. 6250312, Fax 6251092, email: kubu@botsnet.bw, www.kubulodge.net. Diese mittelgroße Hotelanlage liegt in Kazungula inmitten eines herrlich eingewachsenen tropischen Gartens mit schattigen Schirmakazien. Die geräumigen Stelzenchalets bieten viel Privatsphäre, weil sie sich großzügig im schönen Garten verteilen. Für Individualisten und Naturfreunde ist die Kubu Lodge sicherlich erste Wahl. Auf dem großen Gelände leben ein paar halbzahme Schirrantilopen. Leider ist der angeschlossene Campingplatz weniger liebevoll gestaltet. Die Parzellen sind zwar groß und verfügen teilweise über Stromanschluss (Platz Nr. 7 liegt direkt am Ufer), aber es gibt kaum Schatten und nur einen bescheidenen Pool für die Campinggäste. Preise: Die Chalets kosten mit B&B 88 €/DZpP und 130 €/EZ, Camping 8 € pP, die einfachen A-Frames auf dem Campingplatz 26 € pP. Mittagessen wird für 10 € angeboten, das Abendmenü für 18 €.

Unterkunft in Kasane

• **Mowana Safari Lodge:** P. O. Box 266, Kasane. Tel. 6250300, Fax 6250301, email: resmowana@cresta.co.bw, www.cresta-hospitality.com. Die größte Hotelanlage am Platz ist eine feine Adresse, wirkt aber wegen der vielen Reisegruppen etwas unpersönlich. Gelungene Architektur mit üppigem Garten. Das Golfgelände ist großzügig und es gibt viele Ausflugsangebote und einen Naturpfad am Flussufer. Alle Zimmer haben Ausblick auf den Chobe. Häufig Mittagsbuffet am Pool. Preise: B&B 180 €/DZpP und 310 €/EZ, All-Inclusive 290 €/DZpP und 410 €/EZ. Für dieses Hotel gibt es regelmäßig Angebote zu günstigeren Preisen.

•**Chobe Marina Lodge:** Three Cities Group, Kasane, Tel. 6252220, Fax 6252224, www. chobemarinalodge.com. Die moderne Hotelanlage mitten in Kasane gehört mit 66 klimatisierten Zimmern, Restaurant/Bar und Pool zu den neueren Einrichtungen. Auch hier ist die Architektur gelungen, der Service allerdings nur mittelmäßig. Preise: All-Inclusive je nach Saison 185-225 €/DZpP und 277-340 €/EZ.

•**Chobe Safari Lodge:** P. O. Box 10, Kasane. Tel. 6250336, Fax 6250437, www.chobesafarilodge.com. Die beliebte Chobe Safari Lodge hat die längste Tradition und ist schon seit Jahrzehnten eine berühmte Institution am Ufer des Chobe. Sie liegt direkt am Parkrand, und Campinggäste genießen gelegentlich nächtliche Elefantenbesuche am Zaun. Seit dem Totalumbau 2007 zeigt sich das Hotel im modernen Safaristil, mit imposantem Hauptgebäude, einem tropischen Garten- und Poolbereich und gepflegten Zimmern. Viele halbzahme Tiere, wie Mangusten, Warzenschweine, Meerkatzen und Vögel, leben auf dem Gelände. Das Ausflugsangebot ist groß, außerdem gibt es hier ein Internetcafé. Preise: Die Zimmerpreise sind abhängig von der Ausstattung und der Lage. Die einfacheren Zimmer und Rondavel kosten 82 €/DZpP und 82 €/EZ, die klimatisierten Zimmer in besserer Lage kosten 92 €/DZpP und 92 €/EZ. Camping 8 € pP. Frühstück 10 €, Mittagbuffet 10 €, Abendbuffet 14 €.

•**The Garden Lodge:** Tel. 6250051, Fax 6250577, www.thegardenlodge.com. Diese kleine, sehr gemütliche Lodge mit sechs Zimmern steht unter deutscher Leitung und wird liebevoll geführt. Reisenden, die eine gepflegte Unterkunft mit ruhigem Ambiente suchen, und einen individuelleren Service erwarten, durchaus zu empfehlen. Auch hier stehen Pirschfahrten, Ausflüge und Bootsfahrten auf dem Programm. Preise: All-Inclusive 235 €/DZpP und 305 €/EZ, bei Halbpension 150 €/DZpP und 220 €/EZ.

•**Water Lily Lodge:** Janala Tours & Safaris, Tel. 6251775, E-Mail: janala@botsnet.bw, www.janalasafaris.com. Die kleine moderne Lodge in Kasane hat einen ungewöhnlichen runden Grundriss und wirkt insgesamt zu beengt und sehr zweckmäßig. Die zehn Zimmer sind klimatisiert. Es gibt einen kleinen Garten mit Pool und Bar. Als Übernachtungsstopp geeignet, aber wenig einladend für einen längeren Aufenthalt. Es werden auch hier die üblichen Aktivitäten angeboten. Preise: B&B ab 36 €/DZpP und 64 €/EZ.

•**Thebe River Campsite:** Thebe River Safaris, Tel. 6250995, Fax 6250314, email: thebe@chobenet.com. Das Camp dieses Safariunternehmens mauserte sich in den letzten Jahren zum rührigen Overlander- und Backpacker-Treffpunkt und richtet sich genau nach den Bedürfnissen dieser Klientel aus. Es bietet großzügige Stellflächen, teilweise mit Grillständen und Schattendächern, eine entsprechend legere und geräumige Bar und einen großen Pool. Die Sanitäranlagen sind sehr einfach. Für Backpacker stehen im Hostel zweckmäßige Zimmer mit Ventilatoren zur Verfügung. Ausflüge und Pirschfahrten werden ebenfalls angeboten. Preise: Zimmer mit B&B 30 €/DZpP und 58 €/EZ, Mietzelte 28 €/Nacht, Camping 8 € pP.

Unterkunft in der Peripherie

•**Senyati Safari Camp:** Louw Barnard, Tel. 71881306, www.senyatisafaricamp.co.bw. Das erst 2009 eröffnete Safaricamp im Leshoma Valley ist eine echte Bereicherung für die Region, denn es bietet Privatspähre durch seine großzügige Aufteilung, viel Komfort für Camper durch die individuellen Sanitäranlagen und Unterstände, Ruhe und vor allem echte Wildnis mit einem Wasserloch, das Elefanten, Büffel, Löwen und Hyänen besuchen. Wer hier nächtigt, braucht keine Pirschfahrten mehr zu unternehmen. Ein Platz für Selbstfahrer und Naturfreunde mit einem Schuss Savuti-Flair! Zufahrt: 8 km südlich von Kazungula an der Straße nach Nata zweigt die tiefsandige, 2 km lange Allradzufahrt nach Osten ab (deutlich beschildert). Preise: Chalets zur Selbstversorgung 22 €/DZpP, 44 €/EZ, Camping 10 € pP.

•**Elephant Valley Lodge:** Tel. Südafrika 0027-11-7811661, www.evlodge.com. Im Leshoma Valley, einem wildreichen Flusstal mit herrlichem Baumbestand, liegt dieses Luxuszeltcamp 8 km südlich von Kazungula. Es liegt mitten im Elefantengebiet und bietet richtiges Safari- und Buschambiente. Vor der Lodge befindet sich ein Wasserloch, außerdem gibt es zwei Swimmingpools. Preise: All-Inclusive je nach Saison 210-270 €/DZpP und 210-370 €/EZ.

•**Chobe Chilwero Lodge:** Sanctuary Retreats, P. O. Box 45, Kasane. www.sanctuaryretreats.com, Tel. 6862688, Fax 6863526. Vom Feinsten: Einsam und idyllisch thronen die eleganten A-Frame-Chalets der 5-Sterne-Luxusklasse direkt am Chobe NP auf einem Hügel und genießen einen herrlichen Ausblick auf den Fluss. Seit 2008 gibt es hier auch einen edlen Spa-Bereich. Preise: All-Inclusive je nach Saison 400-600 €/DZpP und 400-780 €/EZ.

Anreise und Weiterreise

Flughafen

Zum Internationalen Flughafen von Kasane, der nur wenige Kilometer vor den Toren der Stadt liegt, gibt es keinen öffentlichen Verkehrsanschluss. Die Lodges bieten den Transfer für ihre Gäste meistens gratis an. Es existieren zum Teil tägliche Flugverbindungen nach Maun, Gaborone, Johannesburg und Livingstone, die sind wegen des hohen touristischen Aufkommens oft frühzeitig ausgebucht sind. Air Botswana unterhält am Flughafen ein Reservierungsbüro (Tel. 6250161) und tritt als Agent für andere Fluggesellschaften auf. **Flugcharter:** Für Transferstrecken, wie Kasane-Maun, Kasane-Savuti und Kasane-Vic Falls lassen sich hier kleine Cessna-Flugzeuge chartern (max. 5 Passagiere).

Mietwagen

AVIS und Holiday Car Rental sind in Kasane mit eigenen Zweigstellen vertreten. Am Airport und in der Mowana Lodge befinden sich Schalter von AVIS (Tel. 6250144, Fax 6250145, email: avisbots@global.bw).

Weiterreise von Kasane und Kazungula

Grenzübergang nach Zimbabwe: Öffnungszeiten: täglich von 06.00–20.00 h. Rechnen Sie mit etwa 1-1,5 Stunden für den Grenzwechsel und die Fahrt nach Victoria Falls (60 km). Wer ohne eigenem Fahrzeug unterwegs ist, kann in den Hotels und Reiseagenturen von Kasane einen Transfer buchen (siehe S. 302). In Zimbabwe besteht Visapflicht (30 € für Deutsche, Österreicher und Schweizer). Fahrzeuge benötigen ein Zolldokument (Carnet de Passage) oder TIP und eine Kfz-Haftpflichtversicherung. Außerdem fallen 10 US$ Straßengebühr an, und Carbon Tax in Höhe von 6 bis 30 US$ (abhängig vom Hubraum).

Grenzübergang nach Sambia: Die beiden sambischen 40-Tonnen-Fähren sind täglich von Sonnenauf- bis Sonnenuntergang in Betrieb (die Grenzbeamten fertigen in der Regel auch die letzten Passagiere noch ab). Pkws kosten 15 US$, Geländewagen 20 US$, Motorräder 5 US$, zahlbar nur in Rand oder US$. Passagiere fahren umsonst. Visa für Sambia sind bei der Einreise am Grenzposten erhältlich (50 US$). Fahrzeughalter benötigen ein Carnet de Passage oder schließen eine Temporary Import Licence ab. Ferner fallen auch hier Gebühren für die Kfz-Haftpflichtversicherung, Carbon Tax und Straßenbenützung an. Auf sambischer Seite führt eine 60 km lange Teerstraße nach Livingstone, wo zahlreiche Lodges und Campingplätze sowie unfangreiche Versorgungsmöglichkeiten zur Verfügung stehen.

Grenzübergang nach Namibia: Wer nach Namibia reist, fährt zunächst durch den Chobe NP nach Ngoma Bridge. Die direkte Transitstrecke darf man kostenlos befahren (nur tagsüber erlaubt, Verlassen der Strecke verboten). Direkt nachdem man den Nationalpark durchquert hat, erreicht man den Grenzübergang Ngoma Bridge, der täglich von 06.00–18.00 h geöffnet ist. Fahrzeughalter mit nicht-namibischem Kennzeichen müssen bei der Einreise „Road Fund" bezahlen (siehe S. 299).

Weiterreise von Kasane nach Nata: siehe S. 166.

Kasane-Pandamatenga via Hunter's Road: S. 326.

Einreise nach Botswana

Bei Einreise aus Namibia nach Ngoma Bridge: Dort gibt es weder Bank noch Tankstelle. Wer direkt weiter nach Savuti/Maun reisen möchte, sollte sich unbedingt vorab in Katima Mulilo mit Pula, Treibstoff und Lebensmitteln ausstatten. Die Fahrt nach Savuti/Maun ist nur erlaubt, wenn vorab die Eintrittsgebühren für den Chobe NP bezahlt worden sind (in Maun oder Kasane).

Bei Einreise aus Zimbabwe oder Sambia: In Kazungula gibt es an den Grenzen noch die Desinfektionswannen. Hier werden einreisende Fahrzeughalter aufgefordert, durch die Desinfektionsbrühe zu fahren und nach etwaigen illegalen Fleischimporten befragt (die Einfuhr aller tierischer Frischprodukte ist verboten, siehe S. 388). Bitte beachten Sie, dass die anfallenden Fahrzeuggebühren in Pula oder Rand zu bezahlen sind (S. 361). Notfalls erlauben die Beamten dem Einreisenden, nach Kasane zum Geldwechseln zu fahren und anschließend die Gebühren an der Grenze zu begleichen.

Busse, Taxi- und Transferdienste: Zwischen Kasane und Nata bzw. Francistown bestehen regelmäßige Busverbindungen. Dagegen existieren keinerlei öffentliche Verkehrsverbindungen nach Ngoma Bridge und Maun. Die Reiseagenturen und Lodges in Kasane organisieren individuelle Autotransfers ab zwei Passagieren. Für die Strecke Kasane-Victoria Falls sollte man mit 28-35 € pP und Strecke rechnen.

Ein Dauerthema: Die Kazungulafähre

Diese Fähre ist ein Politikum: Seit Jahrzehnten wird gestritten, ob Sambia und Botswana eine gemeinsame Grenze haben. Brisant wurde die Frage, als die Länder eine gemeinsame Brücke anstrebten, um Direktexporte von Rindfleisch und anderen Gütern zwischen den unabhängigen Nachbarstaaten zu ermöglichen. Südafrika, damals noch ein Apartheidregime, das von Botswanas Transportwegeabhängigkeit profitierte, setzte alle Hebel in Bewegung, diese zu verhindern. So baute man beiderseits des Sambesi regelrechte Highways, die verbindende Brücke fehlt jedoch noch immer. Zwei gemütliche Motorfähren halten den Grenzverkehr zwischen Sambia und Botswana seit Jahrzehnten aufrecht.

Streit um Sedudu Island

Eine unscheinbare, flache Grasinsel südwestlich von Kasane ist die Ursache eines fast hundertjährigen Streits, der schließlich bis vor den Internationalen Gerichtshof in Den Haag gelangte. Die deutsch-britischen Grenzvereinbarungen von 1890 hatten die unbesiedelte Insel im Chobe dem Protektorat Betschuanaland zugesprochen. Aber die südafrikanische Verwaltung Südwestafrikas (heute Namibia) stellte das Besitzrecht in Frage und vertrat die Ansicht, die internationale Grenze verlaufe südlich von Kasikili Island, wie die Insel in Namibia genannt wird. Jahrzehntelang schwelte nun ein Streit, der mitunter kuriose Blüten trieb. Beide Staaten hissten ihre Flaggen auf der Grasinsel. Mitte der 1980er Jahre kam es zu einem dramatischen militärischen Zusammenstoß: Eine Militärstreife Botswanas stieß südlich der Insel auf Soldaten Südafrikas und eröffnete das Feuer. Die Südafrikaner hingegen waren sich ihres riskanten Manövers gar nicht bewusst gewesen, denn sie waren mit Kartenmaterial unterwegs, welches die Insel als namibisches Land auswies. Glücklicherweise eskalierte der Konflikt außer ein paar Schüssen nicht weiter, doch die Regierungen beider Länder erkannten nun die Dringlichkeit einer Einigung. Zur Untermauerung der Ansprüche stationierte Botswana ab 1987 seine Defence Force vor Ort, vordergründig um der illegalen Wilderei auf der Insel Einhalt zu gebieten. Namibia reagierte erst 1991 nach der erlangten Unabhängigkeit. Die Presse spielte den Streit um die Grasinsel zum nationalen Großereignis auf. Namibia entrüstete sich über die Beschlagnahmung der Insel und schickte ebenfalls Militär in den Caprivi. 1992 kam es darüber fast zu einem militärischen Konflikt. Säbelrasseln auf beiden Seiten wegen einer unbedeutenden Grasinsel! Also wurde eine internationale Untersuchung einberufen, um die Besitzverhältnisse zu klären. Die Kernfrage war, wo der Hauptstrom des Chobe fließt, bildet der doch die Landesgrenzen. Die Untersuchungskommission bestätigte den Anspruch Botswanas, doch Namibia akzeptierte das Ergebnis nicht. 1996 legten die Streithammel den verzwickten Fall der obersten weltlichen Instanz, dem Internationalen Gerichtshof in Den Haag, vor. Botswana warf die These vom Hauptstrom nördlich der Insel in die Waagschale; Namibia konterte, dass namibische Fischer und Hirten die Insel inzwischen bewohnen. Im Dezember 1999 legte der Gerichtshof seinen Schiedsspruch vor. 11 von 15 Richtern hatten sich für die Ansprüche Botswanas ausgesprochen, weil der Chobe nördlich von Sedudu Island deutlich tiefer ist als südlich davon. Gleichzeitig appellierten die Richter, die namibischen Siedler weiterhin auf der Insel wohnen zu lassen. In Botswana feierte die Presse das Ergebnis begeistert. Es spricht für den fairen Geist dieser Nation, dass keine Schadenfreude laut wurde, sondern Zitate, wie „Es gibt keinen Gewinner und keinen Verlierer“ und das botswanische Sprichwort „Ntwa kgoloo ke ya molomo“ (Große Schlachten werden durch den Dialog gewonnen).

Abstecher zu den Viktoriafällen

Die Viktoriafälle am Sambesi, der hier Grenze zwischen Sambia und Zimbabwe markiert, sind mit 108 m Falltiefe und 1600 m Breite der größte einheitlich in die Tiefe stürzende Wasserfall der Welt. Sie zählen zu den bedeutendsten Sehenswürdigkeiten im südlichen Afrika und gelten als touristisches Nadelöhr ersten Ranges. Auf beiden Seiten des Sambesi findet der Reisende elegante Lodges und Hotelanlagen, Campingplätze, Restaurants und allerlei Angebote für den Zeitvertreib.

Der unterschiedliche Wasserstand des Sambesi wirkt sich deutlich auf die Viktoriafälle aus. Bei Niedrigstand (November/Dezember) stürzen pro Minute weniger als 20 Mio. Liter die Fallkante hinab. 25 mal soviel, etwa 550 Millionen Liter pro Minute, sind es dagegen bei Hochwasser (April/Mai). Praktisch bedeutet das, dass Sie im April die gegenüberliegende Fallkante vor aufwirbelndem Wasser kaum sehen können, denn die Gischt steigt dann bis zu 500 m hoch und ist über 60 km weit sichtbar. Im November dagegen liegen die östlichen Fälle meist völlig trocken, so dass man auf sambischer Seite sogar entlang der Fallkante bis Livingstone Island laufen kann.

Die Viktoriafälle in Sambia

Anreise nach Sambia über die Kazungulafähre wie auf S. 306 beschrieben (bitte Einreisebedingungen beachten). Von Sambisch-Kazungula führt eine gut ausgebaute, 60 km lange Asphaltstraße nach Livingstone. Die Stadt liegt 10 km von den Viktoriafällen entfernt und bietet sehr gute Versorgungsmöglichkeiten, Banken, Tankstellen, Reiseagenturen und Weiterreisemöglichkeiten per Flug, Bahn oder Bus. Das Hotel- und Campingangebot ist groß: In der Luxusklasse z. B. die Tongabezi Lodge und der River Club, in der Mittelklasse rangieren das Sun Resort und die Maramba River Lodge, als Backpackerunterkünfte empfehlen sich Jolly Boys und Fawlty Towers, und Campinggäste kommen an der Maramba River Lodge, The Waterfront und The Bushfront unter. Unternehmungslustigen stehen Bootsausflüge, Kanufahrten, Bungee Jumping, White River Rafting und Microlight-Rundflüge auf dem Programm. Der Livingstone Game Park bietet sich für Pirschfahrten am Sambesiufer an, ferner verfügt die Stadt über zwei interessante Museen (Railway Museum und Livingstone Museum). **Besuch der Viktoriafälle:** Der Eintritt beträgt 10 US$ pP. Ein Fußweg führt zu verschiedenen Aussichtspunkten, über einen „Knife Edge" genannten schmalen Grat und in den Boiling Pot hinab. Das Wegenetz ist ein wenig kleiner als in Zimbabwe. Bei Niedrigwasserstand im November/ Dezember/Januar liegen die sambischen Fälle allerdings praktisch trocken.

Eine historische Eisenbahn- und Autobrücke verbindet die Ufer direkt vor den Fällen miteinander.

Die Viktoriafälle in Zimbabwe

Anreise von Kasane/Kazungula wie auf S. 306 beschrieben (bitte Einreisebedingungen beachten). Eine gut ausgebaute Teerstraße führt von der Grenze nach Victoria Falls (60 km). Die Kleinstadt Victoria Falls hat sich ganz auf den Tourismus eingestellt ist: Gepflegte Hotels, Backpackerunterkünfte, Souvenirläden und Reisebüros prägen das Bild. Das Hotel- und Campingangebot ist groß. Zur Luxusklasse zählen das berühmte The Victoria Falls Hotel und die Victoria Falls Safari Lodge, gehobene Mittelklasse bieten das Elephant Hills Hotel, The Kingdom und die Ilala Lodge, während das Restcamp direkt im Zentrum Chalets und Camping für Selbstversorger anbietet. Je nach Gusto kann man hier stilvoll auf der Terrasse des nostalgischen „The Victoria Falls Hotel" einen Drink nehmen und „Hightea" genießen, oder durch die vielen Läden schlendern, eine Krokodilfarm besuchen oder beim Golfspiel zwischen Warzenschweinen den Schläger schwingen. Sportliche Naturen können White Water Rafting und Bungee Jumping ausprobieren, Genießer unternehmen eine Kanufahrt, einen Sundown Cruise oder eine Pirschfahrten in den Zambezi NP. Aus der Vogelperspektive lassen sich die Fälle vom Helikopter aus bewundern.

Besuch der Viktoriafälle: Hier kostet der Eintritt 20 US$ pP, die Fälle sind täglich von 06.00–18.00 h zugänglich. Folgen Sie der Markierung zum Livingstone Memorial und dem Devils Cataract, da Sie sich dort noch außerhalb der nassen Gischt befinden. Das bronzene Livingstone Memorial zeigt den Forscher und Missionar in Überlebensgröße und wurde 99 Jahre nach seiner Entdeckung der Viktoriafälle aufgestellt. Dahinter bietet sich am Devils Cataract ein Ausblick auf die ganze Länge der Fälle. Einen direkten Blick in die tosende Tiefe kann man an dem tiefer gelegenen zweiten Aussichtspunkt werfen. Der Weg verläuft dann durch den bemerkenswerten kleinen Regenwald gegenüber der Fälle. Durch die Dauerberieselung mit Feuchtigkeit (hier fallen pro Jahr über 30 m Niederschlag, im Ort Victoria Falls dagegen nur 715 mm) hat sich ein spezieller, immergrüner Uferwald gebildet, der sich deutlich von seiner Umgebung abhebt. Der Wald ist voller Palmen, Schlingpflanzen, Fackellilien, Würgerfeigen, Farne, seltener Vögel und Schmetterlinge. Nahe der Felskante wachsen allerdings nur Gräser und niedriges Gebüsch, die dem ständigen starken Wind aus der Schlucht standhalten können. Der Fußweg bietet immer wieder faszinierende Aussichtspunkte und endet schließlich am Danger Point, der windumtosten Stelle, wo der Sambesi seinen Zickzackkurs durch die Schluchten beginnt. Zwischen März und Mai ist man auf diesem glitschigen Felsen einer heftigen Dauerdusche ausgesetzt, bei Niedrigwasser bietet er sich dagegen als Rastplatz mit Blick nach Sambia an. Ein Weg führt hier weiter durch hohes Gras zu einem Aussichtspunkt, der einen schönen Blick auf die Brücke und die waghalsigen Bungee-Jumper gewährt. Ein anderer Pfad führt direkt zum Ausgang zurück.

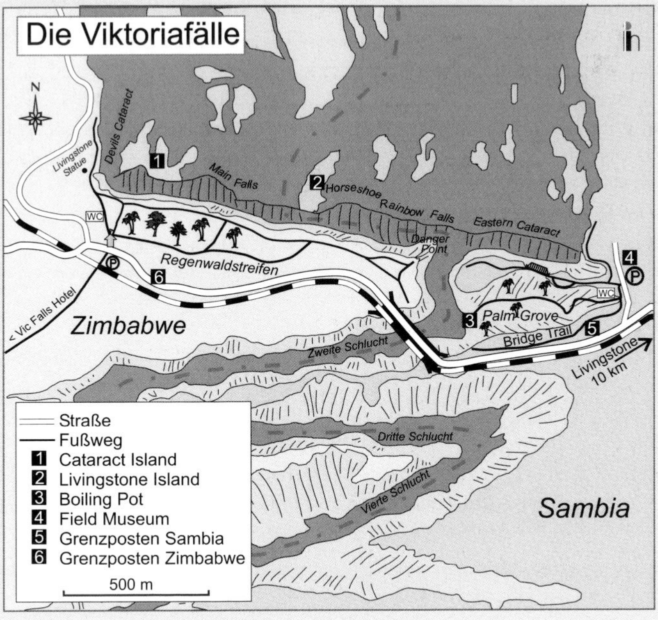

Info Detaillierte Infos für Sambia und Zimbabwe bieten die Reiseführer aus dem Ilona Hupe Verlag

Chobe Nationalpark

Dieses großflächige Schutzgebiet ist verwaltungstechnisch in vier unterschiedliche Sektionen aufgeteilt, die sich auch bezüglich ihrer touristischen Anziehungskraft und den Landschaftseindrücken deutlich voneinander unterscheiden.

Das nördliche Parkgebiet, die **Uferfront entlang dem Chobe River**, ist die mit großem Abstand am stärksten besuchte Region des Chobe Nationalparks. Die wildreichen Auen und Schwemmgrasflächen am trägen, schmalen Chobe River prägen das beliebte Safarigebiet. Das legendäre **Savuti-Gebiet** weist dagegen eine halbaride Vegetation und fossile Landschaftsformen auf. Der **Linyanti** wird mit seinen dichten Papyrussümpfen und tropischen Bäumen gern als kleine Ausführung des Okavangodeltas bezeichnet, während um **Nogatsaa** und **Tchinga** subtropische Miombo- und Mopanewälder dominieren.

Info Im gesamten Nationalpark ist Allrad erforderlich!

Die Parkentwicklung

Schon im frühen 20. Jh. setzte am Chobe River die kommerzielle Abholzung der hochwertigen Wälder und intensive Jagd ein. Zwar wurden bereits in den 1930er Jahren erste Stimmen laut, die dafür plädierten, das Gebiet unter Schutz zu stellen, doch kam es erst 1968 zur Errichtung des Chobe Nationalparks. Mit 11 698 km² ist er das drittgrößte Schutzgebiet Botswanas und erstreckt sich über unterschiedliche Vegetationszonen. Der Park wird im Norden vom Chobe River begrenzt, berührt im Westen das Sumpfgebiet am Linyanti und reicht im Südwesten bis an das Moremi Wildschutzgebiet. Die ausgeklammerte "Chobe-Enklave" zwischen Ngoma Bridge und dem Linyanti Camp war bereits in den 1960er Jahren so dicht besiedelt, dass die Region nicht mehr in den Nationalpark integriert werden konnte.

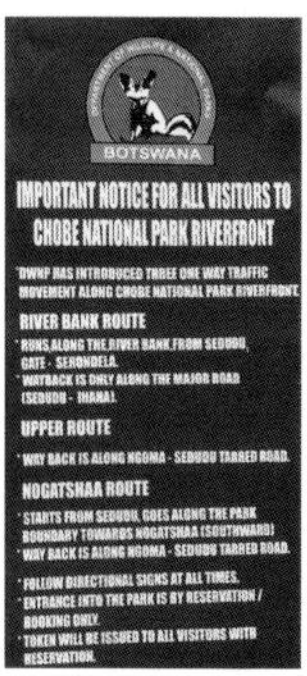

Oben: Strenge Vorschriften regulieren das hohe Touristenaufkommen an der Chobe-Uferfront

Die Tierwelt

Aufgrund seiner vielfältigen Vegetationsformen weist auch die Fauna des Nationalparks eine enorme Artenvielfalt auf. Wassergebundene Wildtiere, wie Hippos, Krokodile, Warane, Wasserböcke, Moor- und Schirrantilopen, sind ebenso zahlreich vertreten, wie klassische Busch- und Waldbewohner, zu denen Kudus, Büffel, Elen- und Pferdeantilopen zählen. Raubtiere – wie Löwen, Geparden, Leoparden und Hyänen – sind aufgrund des guten Nahrungsangebots weit verbreitet, ebenso Schabrackenschakale, Honigdachse und Afrikanische Wildhunde.

Öffnungszeiten im Chobe NP: April bis September von 06.00 h-18.30 h, Oktober bis März von 05.30 h-19.00 h

Besonders spektakulär sind die Elefantenherden im Chobe NP, halten sich hier doch die meisten Dickhäuter Botswanas auf. Weil auch der Chobe NP nicht eingezäunt ist, können die Herden sowohl innerhalb des riesigen Nationalparks als auch darüber hinaus bis in die Nachbarländer ihren saisonalen Wanderungen nachgehen. Die vielen Tausend Elefanten Nordbotswanas gelten daher als die natürlichsten Herden der Welt – nirgends sonst können sie so ungestört und frei umherziehen.

Ein weiteres großartiges Naturereignis ist die alljährliche Zebra-Wanderung, wenn bis zu 25 000 Zebras zu Beginn der Regenzeit von den Linyanti-Sümpfen zur Mababe Depression ziehen, wo sie frisches, nahrhaftes Weidegras vorfinden. Zum Ende der Regenzeit wandern sie den gleichen Weg über die Savuti-Region zurück zu den Sümpfen und Feuchtwiesen des Linyanti. Diese Massenwanderungen, bei denen die Zebras unvorstellbare Entfernungen zurücklegen, sind noch immer wenig erforscht und lassen viele (Forscher-)Fragen offen.

Schon gewusst?
Die Tsessebe-Antilope gilt als nachlässige Mutter, die ihr Junges oft unbeaufsichtigt lässt und daher großen Gefahren aussetzt

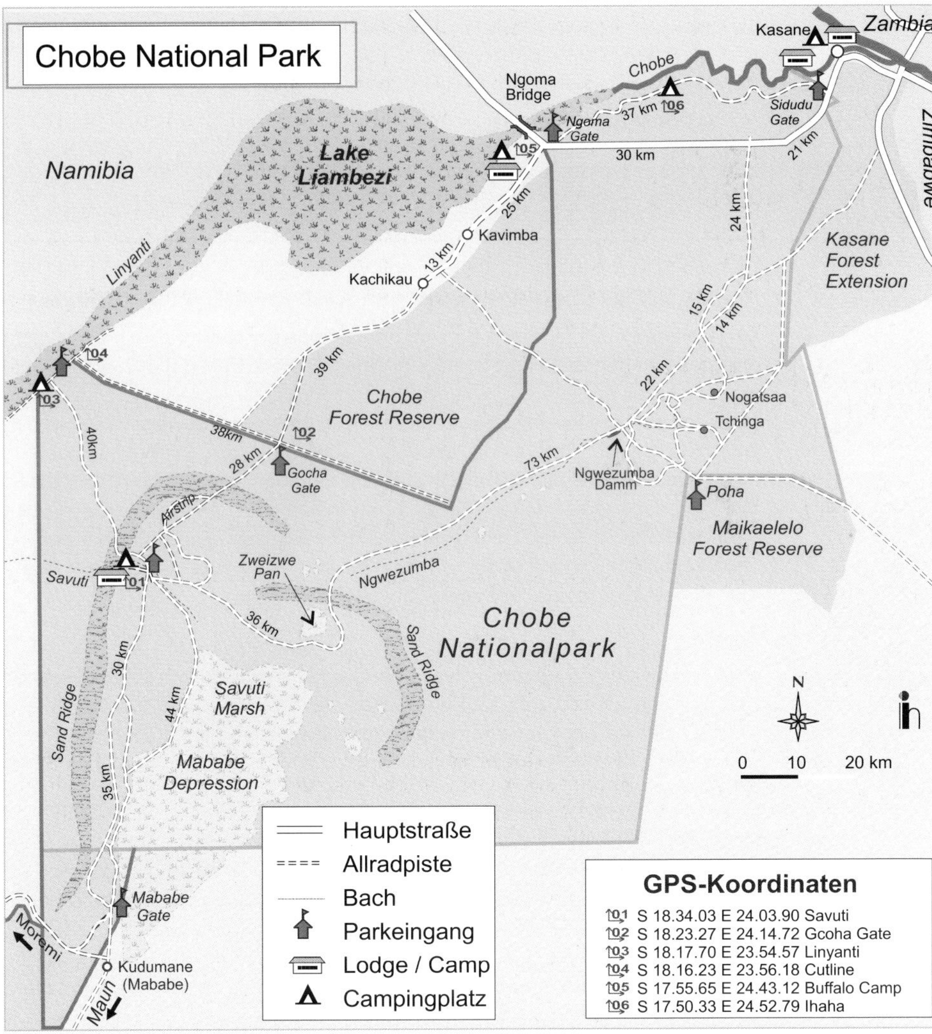

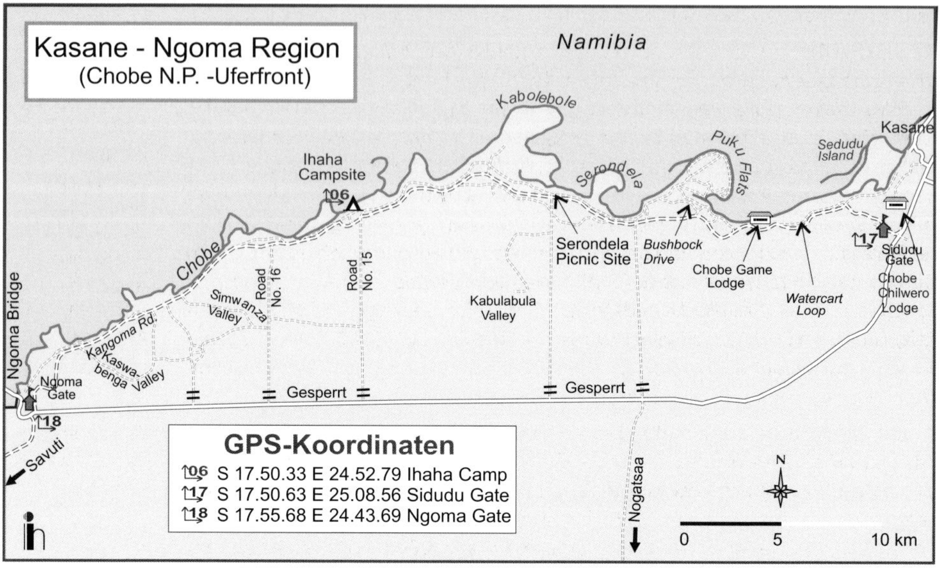

Region 1: Das Chobeufer zwischen Kasane und Ngoma Bridge

Der am besten erschlossene Bereich des Nationalparks erfreut sich eines nicht enden wollenden Besucherstroms. Ein ehrliches Wort: Hier gibt es Zustände, wie man sie sonst nur aus Kenia kennt. Die Fahrzeuge der Hotels und Lodges sind praktisch den ganzen Tag über in diesem Parkbereich unterwegs; sogar in den grellen Mittagsstunden werden Pirschfahrten unternommen. Der Wildnischarakter leidet darunter, aber wer sich gleich auf diese Situation einstellt, kann hier großartige Tiererlebnisse genießen. Die Wildtiere haben sich offenbar prima mit den Safarifahrzeugen arrangiert und zeigen eine hohe Akzeptanz gegenüber neugierigen und fotografierwütigen Touristen. Die fotografische „Ausbeute" einer Safari entlang dem Chobe River ist in aller Regel außergewöhnlich.

Anreise

Allrad und gute Bodenfreiheit sind wegen zahlreicher Tiefsandstellen nötig

Zwei Parkeingänge begrenzen diesen Bereich. 6 km südlich von Kasane liegt der Hauptzugang Sedudu Gate, und im Westen, 2 km vor dem Grenzposten Ngoma Bridge, liegt das Ngoma Gate. Beim Sedudu Gate kann man auch ohne Vorabreservierung den Tageseintritt für den Park bezahlen und einen spontanen Game Drive unternehmen.

Die Transitstrecke

Info Sedudu oder Sidudu: Beide Schreibweisen existieren für diesen Parkeingang

Die gut ausgebaute, 48 km lange Transit-Asphaltstraße zwischen Sedudu Gate und Ngoma Gate darf kostenlos befahren werden (nur tagsüber, max. 80 km/h erlaubt). Man darf keinesfalls von der Straße abweichen und muss sich bei beiden Park-Gates in entsprechende Kontrolllisten eintragen. Die eher langweilige Strecke führt durch Wald und ist kein Ersatz für eine Pirschfahrt an der Uferfront. Elefanten sieht man aber auch hier von Zeit zu Zeit.

Natur und Tierwelt

An den flachen Ufern des sanft fließenden Chobe River bilden weite Schwemmgrasflächen ausgezeichnetes Weideland für Büffel, Hippos, Rote Moorantilopen und Warzenschweine. Hieran schließt sich ein attraktiver Uferwald mit Kastanien, Mahagoni-, Mangostan- und Teakholzbäumen an, in dem sich bevorzugt Paviane, Impalas, Schirrantilopen und Elefanten aufhalten. Südlich des Flusses geht die Vegetation schließlich in Trockenwälder über, wo sich Kudus und Perlhühner wohlfühlen. Die in einer Flussschleife gelegenen Puku Flats gelten als Afrikas südlichster Bereich, in dem Pukus vorkommen. Eine weitere Besonderheit ist der Chobe-Buschbock (*Tragelaphus scriptus*). Mit etwas Glück entdeckt man hier sogar die seltenen, scheuen Greisböcke und Oribis. Es lohnt sich, das Augenmerk auf kleinere Zeitgenossen zu richten, die hier durchaus verbreitet sind, z. B. Zebramangusten, Nilwarane und Pantherschildkröten. Viele Wildtiere ziehen in der Regenzeit vom Ufer weg nach Süden ins Landesinnere.

2004 brach hier Milzbrand (Anthrax) aus, dem mehr als 450 Wildtiere, vor allem Büffel und einige Elefanten, zum Opfer fielen. Die Region rund um Ihaha musste deshalb 2004 und 2005 monatelang gesperrt werden

Die Chobe-Uferfront bietet Elefantengarantie! Man sagt, hier sei die dichteste Konzentration Afrikas mit etwa sechs Elefanten pro km². Die großen Herden halten sich besonders während der Trockenzeit am Chobe auf, wenn im Hinterland alle Wasserstellen versiegen. Die hohe Elefantenpopulation richtete in den Dürrejahren der 1990er massive Schäden an der Ufervegetation an. Bäume wurden entwurzelt, Äste abgebrochen, ganze Wälder verwüstet. Seither lösen die Vegetationsschäden immer wieder Diskussionen um das gezielte Dezimieren von Elefanten aus.

Elefanten als Gefahr für die Ufervegetation

Vogelfreunde besuchen besonders gern die Chobe-Uferfront. Hier kommen nicht nur die meisten der etwa 450 registrierten Vogelarten des Chobe Nationalparks vor, sondern auch viele Spezies, die sonst nirgendwo in Botswana gesichtet werden können. Naturgemäß besiedeln besonders viele Wasser- und Watvögel das Chobeufer. Zwischen Oktober und März überwintern am Chobe außerdem sehr viele Zugvögel aus dem Norden.

Schon gewusst?
In tieferen Gewässern reiten Hippobabies huckepack auf den Rücken ihrer Mütter

Ein wenig störend sind die namibischen Rinder und Fischerhütten, auf die der Blick über den Chobe besonders im westlichen Teil, bei Ihaha, immer wieder fällt. Dafür ist diese Gegend weniger überlaufen als der östlich Parkbereich nahe dem Sidudu Gate.

Der Chobe River: Ein Fluss mit wechselnden Namen

Dieser bemerkenswerte Fluss, nach dem der drittgrößte Nationalpark des Landes benannt wurde, wechselt während seines langen Weges aus Angola bis zur Mündung in den Sambesi immer wieder seinen Namen. Seine Quelle liegt im angolanischen Hochland, wo die Flüsse Utembo und Cuando sich zum **Kwando** vereinen, der auf seinem Weg nach Süden den Caprivi durchströmt, bis er auf eine Erdspalte trifft (Selinda Spillway), die ihn zu einem 90°- Knick nach Nordosten zwingt. An dieser Stelle verzweigt sich der Fluss zu einem fast 900 km² großen Sumpfgelände und wird jetzt **Linyanti** genannt. Auf seinem Weg nach Nordosten erreicht der Linyanti das Bett des ausgetrockneten Lake Liambezi und heißt von nun an **Itenge**. Etwa bei Ngoma Bridge kristallisiert sich aus der feuchten Schwemmebene wieder deutlich ein Fluss – nun heißt er **Chobe** und fließt gemächlich nach Osten, wo er sich bei Kasane schließlich mit dem Sambesi vereint.

Tipps für die Pirschfahrten

Die besten Wildbeobachtungen macht man am Chobeufer, wo zahlreiche Loops und Wegschleifen abwechslungsreiche Pirschfahrten ermöglichen. Es existiert eine Verordnung, der zufolge die „River Bank"-Route direkt am Chobeufer nur vom Gate in Richtung Serondela gefahren werden dürfe, und der Rückweg zum Ausgang auf der inneren Waldpiste zu fahren sei. Die Einbahnstraßen-Regel soll verhindern, dass Fahrzeuge bei Gegenverkehr im Tiefsand auf der River Bank-Strecke hängen bleiben.

Schon gewusst?
Tsessebe-Antilopen benützen eine Gemeinschaftstoilette

Zur klassische Uferszenerie am Chobe zählen neben trinkenden Elefanten auch Hippos an Land, im Schlamm suhlende Warzenschweine, umhertollende Meerkatzen und allerlei Wasservögel, z. B. Waffenkiebitze, Marabus, Nimmersattstörche und Heilige Ibisse.

Viele geführte Pirschfahrten beschränken sich auf den Bereich zwichen dem Sedudu Gate und dem Serondela Picnic Site. Je weiter man von dort westlich in Richtung Ihaha und darüber hinaus bis Ngoma Gate fährt, um so ruhiger wird es; allerdings halten sich erfahrungsgemäß auch weniger Tiere im Westteil auf. Besonders die Elefanten favoritisieren offenbar klar die Gegend zwischen Serondela und der Chobe Game Lodge. Dort sowie beim Bushbock Drive (der besser Elephant Drive heißen müsste) und der „Stretch Point"-Area tummeln sich mitunter Hunderte Dickhäuter. Selbst Herden mit Kälbern reagieren erstaunlich furchtlos auf die vielen Safariautos.

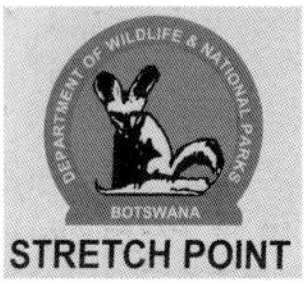

Oben: Beim Stretch Point" darf man aussteigen , in der Nähe gibt es auch eine Toilette.
Bilder rechts: Ihaha Campsite, Kämpfende Giraffen, Serondela Picknickplatz

Der Picknickplatz Serondela liegt am Hochufer des Chobe und bietet den Besuchern neben Toiletten mehrere sonnige Betontische und die hohe Wahrscheinlichkeit, von Elefanten besucht zu werden. Bis Ende der 1990er Jahre der Ihaha Campsite errichtet wurde, lag hier der staatliche Campingplatz. Seither wird Serondela als Rastplatz genutzt.

Wer Botswanas einzige Pukus sehen möchte, sollte sich in die Flussschleife „Puku Flats" begeben. Nur dort bestehen Chancen, die zierlichen Grasantilopen zu entdecken. In Sambia, dem nördliche Nachbarn Botswanas, zählen Pukus zu den verbreiteten Böcken entlang grasbewachsener Flüsse, doch ihr Lebensraum reicht nicht südlich über den Sambesi.

Der Park beherbergt stattliche Büffelherden mit jeweils Hunderten von Tieren. Sehr gute Beobachtungschancen bietet die Region beim Ihaha Camp. Kudus, die scheuen Waldbewohner, halten sich dagegen gerne in der Nähe des Sedudu Gates auf. Zebras, Giraffen, Pferde- und Rappenantilopen kommen nachmittags gerne zum Trinken an den Chobe.

Die Ruinen von Serondela und das einsame Grab von Pop Lamont

Serondela war einmal eine kleine Siedlung für die Familien der Arbeiter einer Sägemühle, die hier am Ufer des Chobe River lag. Durch die Einstufung des Gebietes zum neuen Chobe Nationalpark musste diese Holzmühle 1968 still gelegt werden. Alle Holzarbeiter wurden mit ihren Familien nach Kasane umgesiedelt. Doch einer weigerte sich, Serondela zu verlassen: Der frühere Manager der Mühle, „Pop" William Lamont. Der störrische Greis erwirkte tatsächlich eine Sondergenehmigung und verharrte ganz allein zwischen den Ruinen der alten Mühle. Freunde und Familienangehörige aus Kasane versorgten den alten Mann gelegentlich mit Nahrungsmitteln oder fuhren ihn zur Tea Time nach Kasane. Doch ließ er sich stets noch am gleichen Tag zurück in sein einsames Haus in Serondela bringen. 1974 starb Pop Lamont. Sein Grab und eine Gebäuderuine sind heute noch östlich des Serondela Picnic-Sites zu sehen.

Unterkunft im Nordteil des Chobe NP (am Chobeufer)

•**Chobe Game Lodge:** P. O. Box 32, Kasane. Tel. 6250340, Fax 6250280, www.chobegamelodge.com. Luxuslodge von Desert&Delta Safaris. Die hotelähnliche, schattige Anlage mit 47 klimatisierten Zimmern, Fitnessraum und schönem Poolbereich liegt mitten im Nationalpark leicht erhöht über dem wildreichen Chobeufer. Alle Suiten haben jeweils einen eigenen Pool. Hier haben schon Liz Taylor und Richard Burton eine ihrer Hochzeitsreisen verbracht. Preise: All-Inclusive je nach Saison 290-490 €/DZpP und 290-640 €/EZ, Suiten 440-950 €/DZpP und 440-1100 €/EZ.

•**Muchenje Safari Lodge:** P/Bag K31, Kasane. Tel./Fax 62360013/62300014, email: info@muchenje.com, www.muchenje.com. Die Luxuslodge für max. 20 Gäste liegt ca. 3 km westlich von Ngoma Bridge mit Blick auf den Chobe. Nicht ganz so spektakuläre Lage, da der Besucherblick hier wie in Ihaha auf namibische Rinderherden fällt. Dafür steht sie unter sehr freundlicher, engagierter Leitung. Preise: All-Inclusive je nach Saison 240-340 €/DZpP und 350-480 €/EZ.

Camping

•**Ihaha Campsite:** Der bisher staatliche, von der Wildlife-Behörde geführte Campingplatz liegt mitten im Nationalpark am flachen Chobeufer mit weitem Ausblick in die Ebene und auf ein paar namibische Fischerhütten und Rinder am gegenüberliegenden Chobeufer. Ihaha verfügt über zehn großzügig verteilte Stellplätze und drei weitere Reserveplätze, die sich alle entlang dem Ufer reihen. Die beiden Sanitärgebäude sind mit solarbeheizten Duschen und Toiletten ausgestattet, die Campingstellflächen bieten Grillstellen und Betontische. Den schöneren Ausblick auf den meandernden Chobe und die untergehenden Sonne gewähren die Plätze Nr. 6 bis 10. Besonders ansprechend liegen die Nr. 2, 7 und 9. Wer gerne nahe der Sanitäranlagen campiert, sollte die Nr. 4 oder 7 reservieren. Ihaha liegt weniger in einer Elefanten- als in einer Büffelgegend, die hier sogar mitten durch das Camp stapfen. Zu den direkten Stellplatzbesuchern zählen neben diebischen Pavianen harmlose Schopffrankoline, Sand- und Perlhühner. Ein paar Hippos residieren im Fluss und grasen oft schon tagsüber am Ufer vor dem Campingplatz.

In der Vergangenheit sind nächtliche Autoaufbrüche vorgekommen. Seither patroullieren die Wildhüter verstärkt. Im Oktober 2009 sind die Campingplätze privatisiert worden. Der neue Betreiber dieses Campsites hatte bei Redaktionsschluss allerdings noch keine Kontaktadresse bekanntgegeben. Siehe dazu S. 364ff.

Bild oben: Typisch Savuti: Gedränge am Wassertümpel

Region 2: Savuti

Savuti ist eigentlich eine Legende – manche sagen gar, es sei der beste Platz Afrikas für Elefantenbeobachtungen. Savuti steht für Wildnis extrem, Afrika pur, Härte und Romantik zugleich. Ganz egal, wie Sie Savuti empfinden, es wird sicherlich ein unvergessliches Erlebnis.

Anreise

Die Savuti-Region ist nur mit Allradfahrzeugen oder per Flug erreichbar. Die Zufahrten und Wege in Savuti sind für ihre extrem tiefsandigen Passagen berüchtigt. Zwischen Maun und Kasane existieren keine Tankstellen – führen Sie ausreichend Treibstoff mit (erhöhter Spritverbrauch im Sand)!

Nordzufahrt: Von Kasane nach Savuti (171 km)

Info Kurz vor Kavimba liegt ein Veterinär-Checkpoint. Die Ausfuhr von Fleisch ist nur mit Kaufbeleg und Ausfuhrerlaubnis der Wildüter am Ngoma Gate erlaubt

Durchqueren Sie zunächst die Uferfront des Chobe NP, entweder entlang der Uferstraße oder über die Transitroute (S. 312). Am Ngoma Gate treffen beide Straßen zusammen. Kurz danach kommt eine Abzweigung. Geradeaus geht es zur Grenze nach Namibia, links auf harter Schotterstraße nach Kachekabwe/Kachikau. Die Straße verläuft südlich des meistens ausgetrockneten Lake Liambezi durch das Siedlungsgebiet der Basubya. Nach 26 km durchfahren Sie **Kavimba**, ein freundliches, pittoreskes Dorf mit beeindruckenden Baobabs. 13 km weiter erreichen Sie **Kachikau**, die größte Ortschaft der Chobe-Enklave, wo der Chobe Craft Shop mit hübschen Korbwaren und den letzten eisgekühlten Getränken auf Besucher wartet. Ab hier wird der Straßenzustand deutlich schlechter. Die Weiterfahrt führt durch das einsame Chobe Forest Reserve, die Piste ist nun tiefsandig und ausgefahren. 82 km nach der Abzweigung bei Ngoma Bridge erreicht man das Gocha Gate zum Chobe Nationalpark und passiert 7 km weiter die Gocha Hills. Wenig später wird es noch einmal tiefsandig, weil man eine Sandridge überqueren muss. Auch die restliche Strecke bleibt sandig, allerdings weniger schwierig als die Fahrt durch das Forstreservat. 115 km nach Ngoma Gate erreicht man den Savuti Channel.

Alternativ kann man auch die Zufahrt von Kasane über Nogatsaa und Tchinga wählen. Diese 30 km längere Strecke wird aber kaum befahren. Da sie nicht ganz so tiefsandig ist, stellt sie durchaus eine Alternativstrecke dar (siehe Nogatsaa und Tchinga, S. 324). Nach Regenfällen ist sie allerdings wegen rasch entstehender schlammiger Passagen häufig unbefahrbar.

Info Auch wenn man die Strecke Maun-Kasane im Transit befahren will, fallen für die Savuti-Region Parkgebühren an

Südzufahrt: Von Maun nach Savuti (197 km)

Von Maun kommend ist die Straße zunächst bis Shorobe geteert (28 km), danach geht es auf breiter, staubiger Sand-Schotterpiste mit zahlreichen Spurrillen weiter (Beschreibung S. 275). Nach 19 km durchquert man ein Veterinärgatter und erreicht 1,5 km weiter eine Gabelung. Die Direktverbindung zum Bayei-Dorf Sankuyo zweigt hier rechts ab (nach links ginge es zum Moremi WR). 1 km nördlich von Sankuyo gabelt sich die Piste erneut. Links zieht die Borderline Road kerzengerade nach Norden, rechts führt die Hauptpiste weiter. Nach 9 km überquert man die breite Schneiße der Ost-West-Cutline, danach sind noch 20 zum Teil tiefsandige Kilometer bis Mababe-Village zurückzulegen, auf denen man die Magwikhwe Sandridge überquert. Unterwegs besteht Übernachtungsgelegenheit im Mankwe Bush Camp, der Mogothlo Safari Lodge und dem Dizhaana Campsite (siehe S. 253). 1 km nördlich von Mababe liegt kurz hinter einem Flussbett die entscheidende Gabelung zwischen Moremi North Gate/Khwai Village und Chobe NP/Savuti (rechts halten!). Nach 10 km mündet eine Piste vom Moremi North Gate ein, 1,4 km weiter liegt das Mababe Gate des Chobe NP. Achtung: Seit 2009 müssen alle Besucher und Transitfahrer bereits im Vorfeld den Eintritt für den Chobe NP bezahlt haben, sonst werden sie nicht eingelassen (S. 364ff).

Info Wer auf der Borderline Road nach Norden fährt, sollte sich bewusst sein, dass am Ende der tiefe Khwai River zu durchqueren ist

Weiterfahrt ab dem Gate: 21 km weiter nördlich gabelt sich die Straße. Links führt die "Sandridge-Road" über 53 sehr sandige Kilometer nach Savuti. Rechts verläuft die Piste durch die Mababe-Senke und lässt sich – außer nach Regenfällen, wenn sie verschlammt – deutlich einfacher befahren. Die 60 km lange Strecke durch die Mababe-Senke ist außerdem landschaftlich interessanter.

Schon gewusst?
Die Gottesanbeterin vertilgt das Männchen bereits mitten im Paarungsakt. Während sie den Kopf verschlingt, läuft im Schwanz des Männchens mittels eines "Notprogramms" die Zeugung noch weiter

Anreise vom North Gate des Moremi Wildschutzgebietes

Um vom North Gate des Moremi WR zum Mababe Gate zu gelangen, fahren Sie durch die wildreiche Bilderbuchlandschaft entlang des nördlichen Khwai-Ufers nach Nordosten, bis Sie nach 12 km an eine Gabelung kommen. Fahren Sie rechts weiterhin entlang des Khwai (links geht es zu den Linyantisümpfen), jetzt allerdings in südöstlicher Richtung. Ignorieren Sie nach 8,5 km die Abzweigung der Borderline Road am Beginn des Chobe NP und halten Sie sich weiter auf der Hauptspur. Der Weg wendet sich schließlich vom Khwai River ab und trifft nach 7 km durch dichten Busch auf eine beschilderte Gabelung zum Chobe NP (nach links abzweigen). Nun folgt die Überquerung der extrem tiefsandigen Magwikhwe Sandridge, auf der sich lange Tiefsandfelder mit "Black Cotton Soil" und Mopanewald abwechseln. Nach 11 km erreicht man die Straße zwischen Maun und dem Mababe Gate, das 1,4 km nördlich dieser Gabelung liegt (siehe oben).
Beschreibung von Savuti zum North Gate: S. 275

Info 2009 wurde mit dem Bau einer neuen Straße zwischen Khwai Village und dem Mababe Gate begonnen, deren Fertigstellung jedoch unbekannt ist

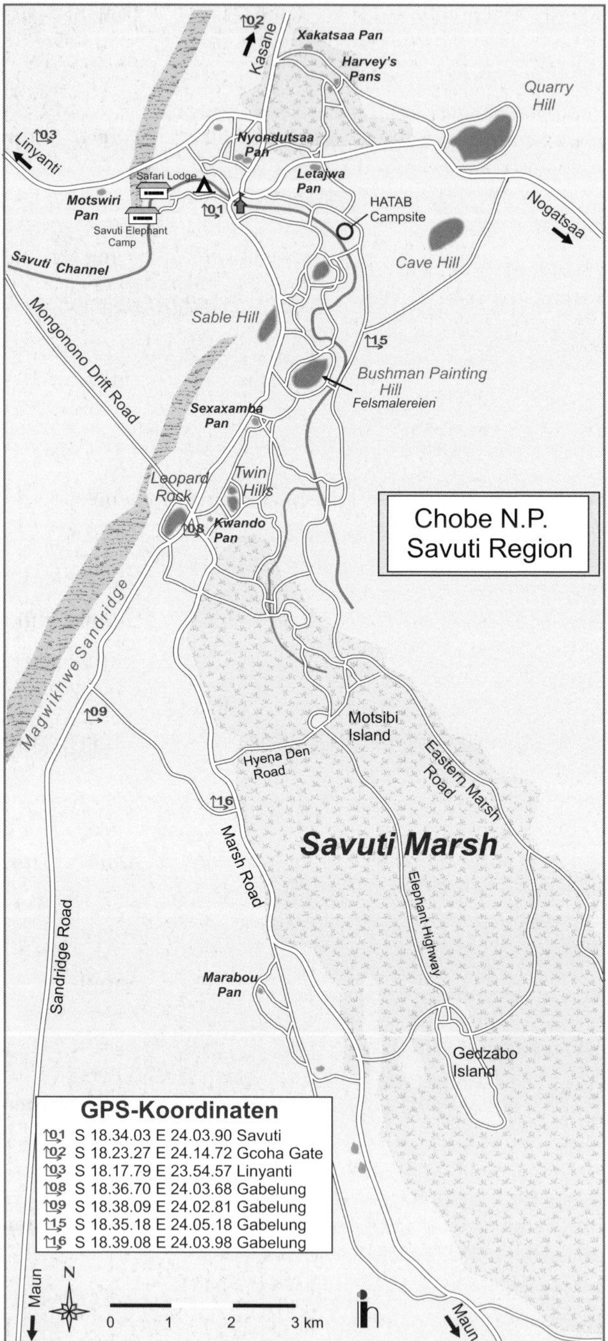

Natur und Vegetation

Ein extremes, sehr trockenes Klima mit kalten Nächten und großer Tageshitze bestimmt die spärlich bewachsene Savuti-Region. Geologisch lässt sie sich in fünf Bereiche aufteilen:

Mababe Depression: Diese extrem platte Senke ist ein Überbleibsel des gigantischen Makgadikgadisees, der bis vor ca. 30 000 Jahren weite Teile Botswanas, wie die Makgadikgadi-Pfannen, den Boteti, den Ngamisee und einen Teil des Okavangodeltas, bedeckte. Die Oberfläche der Senke besteht aus lehmiger Erde, die nach Regenfällen unbefahrbar wird. Während der Regenzeit sprießt auf der Mababe Depression sehr nahrhaftes Gras, welches Tausende Zebras, Gnus, Büffel und Kuhantilopen zum Weiden anlockt. Nur sehr sporadisch bewässern der Savuti und der Ngwezumba diese Senke. Einzelne Akazien, Gelbholzbäume und Bitterbusch bilden die einzigen Bauminseln in der flachen Grassavanne.

Magwikhwe Ridge: Westlich der Mababe-Senke verläuft eine etwa 20 m hohe, 180 m breite und 100 km lange Sandaufwerfung. Hier lag einmal das Westufer des großen Sees, dessen Ränder auf Satellitenbildern noch deutlich zu erkennen sind. Jenseits dieser Sandridge schließen sich unzählige fossile Dünenzüge an, in denen vor langer Zeit möglicherweise Lagunen Wasser hielten.

Gubatsa Hills: Die kaum 100 m hohen „Seven Hills of Savuti" sind die einzigen Felserhöhungen der Mababe-Senke. Das Dolomitgestein ist fast 900 Mio. Jahre alt. Schroffe Felsenklippen entstanden durch die Brandung der Wellen. Kleine runde, vom Wasser abgeschliffene Steine am Fuße der Hügel sind Zeugnisse aus der Zeit des großen Sees. An den Hügeln wachsen Weiße Seringebäume und Papierrinden-Albizien mit leuchtend weißen Stämmen.

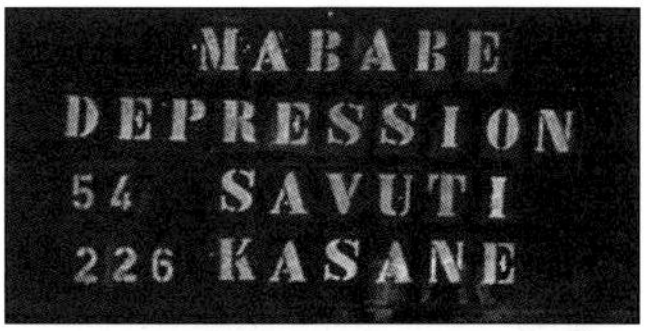

Savuti-Kanal: Unabhängig von guten oder schlechten Regenjahren floss der Savuti in den letzten 150 Jahren nur sehr unregelmäßig. Soweit überliefert, führte der Fluss zwischen 1850 und 1880 Wasser zur Mababe-Senke. Dann trocknete er plötzlich aus, und aus dem Tierparadies wurde eine wüstenhafte, karge Region. Während dieser Zeit wuchsen Kameldornbäume im Kanal. 1957 begann der Savuti überraschend wieder zu fließen, allerdings nur bis 1965. Die Kameldornakazien ertranken im stehenden Wasser, zurück blieben bis heute ihre toten Gerippe. Zwei Jahre später kehrte das Wasser wieder. 1982 vertrocknete der Savuti abermals. 26 Jahre später, im Jahr 2008, floss dann erneut erstmals wieder Wasser im Savutikanal. Einige Wissenschaftler vermuten, dass tektonische Verschiebungen für den unberechenbaren Wechsel verantwortlich sind; andere glauben, wuchernder Papyrus verstopfe ganz einfach von Zeit zu Zeit den Zufluss in den Savuti.

Savuti-Marsch: Der Savuti führt – wenn er denn fließt – sein Wasser etwa 100 km weit nach Osten, dringt durch eine Spalte der Sandridge und ergießt sich in die Savuti-Marsch, der tiefsten Stelle der Mababe-Senke. Die toten Bäume der Savuti-Marsch sind, wie auch im Kanal, bei einer nach langer Trockenheit einsetzenden Flut abgestorben.

Was Touristen heute als faszinierendes Spektakel erleben, war früher ein lebensgefährliches Wagnis, wie folgende Geschichte lehrt:

Die Tragödie der Missionare Helmore und Price

David Livingstones Berichte vom Ngamisee und den Kololo am Chobe waren in England mit großem Interesse aufgenommen worden (siehe S. 146f). Schon wenige Jahre später fasste die Londoner Missionsgesellschaft den Entschluss, am Chobe eine erste Missionsstation zu gründen. Trotz der bekannten Malariagefahr und Tsetsefliegenplage wählten sie dafür eine unerfahrene Gruppe mit Frauen und Kindern aus: Henry Helmore mit Ehefrau und vier kleinen Kindern und den Afrika-Neuling Roger Price mit seiner schwangeren Frau.

Begleitet von einigen Afrikanern verließ die kleine Gruppe am 8. Juli 1859 Kuruman in Südafrika. Ihre Ochsenwagen waren völlig überladen, die Ausrüstung mangelhaft. Die Reise in den unbekannten Norden wurde bald zur Tortur. Den Chobe erreichten die erschöpften Missionare erst nach 165 Tagen im Februar 1860. Und dort verweigerten die Kololo den unglückseligen Missionaren aus unbekannten Gründen die von Dr. Livingstone so gepriesene Gastfreundschaft. Rasch spitzte sich die Lage im Lager der geschwächten Europäer zu: Zuerst starb das jüngste Kind der Helmores, zwei Tage später das Neugeborene der Familie Price. Kurze Zeit später schieden Mrs. Helmore, das zweite ihrer Kinder und einige Afrikaner ihrer Gefolgschaft dahin. Als schließlich auch Henry Helmore sterbend zusammenbrach und die Expeditionsmannschaft innerhalb eines Monats acht Tote zu beklagen hatte, traten das Ehepaar Price und die beiden überlebenden Helmore-Kinder Hals über Kopf den Rückweg an. Unter der Führung des unerfahrenen Roger Price gerieten die Verzweifelten in Tsetse-verseuchtes Gebiet und irrten wochenlang in der Mababe Depression umher. Im Juli 1860 musste der junge Missionar auch seine Frau in der abweisenden Mababe-Senke begraben. Mit den allerletzten Kräften schlug sich Roger Price mit den beiden Kindern bis an den Thamalakane durch, wo die drei erstmals wieder auf Menschen trafen und aus ihrer Not gerettet wurden.

Die Tierwelt

Schon gewusst?
Giraffenkot ist extrem trocken, weil die Langhälse oft nur die Flüssigkeit aus ihrer Akazienkost zu sich nehmen

Elefantenbullen, die sich an den wenigen Wasserlöchern tummeln, Impalas, Gnus und Antilopen, die im Hintergrund verharren und auf eine Gelegenheit warten, selbst an das Wasserloch zu kommen; Löwen, die im Umkreis dieser Wasserstellen gelangweilt das Treiben beobachten – so zeigt sich Savuti in der Trockenzeit. Berühmt sind Savutis stattliche **Elefantenbullen**, halb nomadisch lebende **Löwen** und starke Hyänenrudel mit jeweils bis zu 50 **Tüpfelhyänen** und fast 100 km^2 großen Revieren. Außerdem leben hier Schakale, Wildhunde, Leoparden und Geparden.

Mehr als 300 Vogelarten sind registriert worden. Während der Regenzeit halten sich viele Zugvögel, wie der Abdimstorch oder Scharlachspinte, rund um Savuti auf. Auch der Milchuhu wird hier gerne gesehen.

Wildbeobachtungen

Tipp In der löchrigen Schutzmauer des Campingplatz-Sanitärgebäudes siedeln Fuchsmangusten

Info Spektakulär ist Savuti zwischen August und Oktober. In der feuchten Jahreszeit ist der Besuch manchmal enttäuschend

Während der heißen, trockenen Monate vor dem Regen zeigt sich Savuti wie oben beschrieben. Sehr gute Plätze für Wildbeobachtungen sind dann die künstlichen Bohrlöcher, Harvey's Pan, Marabou-Pan und die Savuti-Marsch. Während der Regenzeit wandern die Elefantenbullen allerdings ab. Dafür ziehen jetzt Elefantenkühe mit ihren Kälbern durch, und Tausende Zebras, Gnus und Tsessebe-Kuhantilopen wandern von den Linyanti-Sümpfen zu den Weidegründen der Mababe-Senke. Zu ihnen gesellen sich Giraffen, Strauße, Riesentrappen, Schakale und Löffelhunde. Ungefähr im April kehren die Antilopen wieder an den Linyanti zurück. In dieser Zeit, wenn der Buschwald frisches Blattwerk trägt und genügend feuchte Senken den Tieren Wasser liefern, ist es ziemlich ruhig in Savuti.

In Savuti macht die Wildnis auch nicht vor der Luxuslodge oder dem Campingplatz halt. Fast jede Nacht streifen hier Elefanten durch die Camps oder durchkämmen hungrige Hyänen die Stellplätze. Verlieren Sie bitte nie den Respekt vor diesen Tieren, auch wenn sie nahezu zahm erscheinen mögen. Sie sind es nicht. Elefanten sind in Savuti tatsächlich an Menschen und Fahrzeuge gewöhnt und kommen oft sehr nahe an Autos heran. Verhalten Sie sich unbedingt defensiv, verlassen Sie keinesfalls das Fahrzeug und hupen Sie nicht. All das könnte den Riesen reizen.

Bild rechts: Streitlustige Elefanten

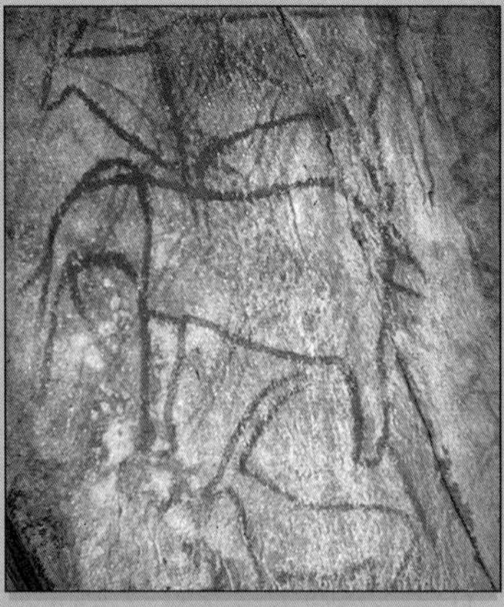

Felsmalereien in Savuti

Mehr als 20 Felsbildstätten wurden in Savuti entdeckt, von denen nur wenige öffentlich zugänglich sind. An der Ostflanke des Tsonxhwaa-Hill (auch Bushman-Painting-Hill genannt) können Interessierte relativ unkompliziert eine Stätte mit sehr schönen Tierzeichnungen besuchen. Die klaren Darstellungen von einem Elefanten, einer Giraffe und je einer Elen- und Rappenantilope sind schätzungsweise vor 3000 – 4000 Jahren von Buschleuten gezeichnet worden.

Beginnend an der Umkehrschleife am Osthang des Hügels führt ein kleiner Pfad die Felsen hinauf. Das letzte Wegstück muss man über rutschige Felsblöcke steigen, doch der Aufstieg lohnt die Mühe, denn die Felszeichnungen und der weite Blick über die Mababe Depression sind beeindruckend. Dies ist übrigens die einzige Stelle in Savuti, wo man das Fahrzeug verlassen darf.

Unterkunft in Savuti

•**Savute Safari Lodge:** Desert & Delta Safaris (siehe S. 338). Eine elegante Luxuslodge unter riesigen Kameldornakazien mit zwölf verschwenderisch großen, strohgedeckten Chalets mit riesigen Fensterfronten, die keine Wünsche offen lässt. Stilvolles Ambiente, alles sehr gediegen und trotzdem mitten in der Wildnis – der pure Luxus! Preise: All-Inclusive je nach Saison 290-490 €/DZpP und 290-640 €/EZ.

•**Savute Elephant Camp:** Orient-Express-Safaris (siehe S. 339). Die sehr geräumigen Luxuszelthäuser mit privater Veranda und hochwertiger, ansprechender Ausstattung liegen direkt an einer Steilkante des sandigen Savutikanals. Der große Pool bietet freien Blick auf die Flussbettszenerie. Max. 24 Gäste. Preise: All-Inclusive je nach Saison 390-660 €/DZpP und 390-820 €/EZ.

Camping

•**Savuti Campsite:** Mapula Lodge, P. O. Box 22149, Boseja, Maun, Tel. 6865365/6865366, Fax 6865367, email: mapulalodge@info.bw. Der legendäre staatliche Campingplatz in Savuti wurde im Oktober 2009 privatisiert (siehe S. 364). Zehn reguläre und drei Reservestellplätze liegen großzügig verteilt am Savutikanal. Die Sanitäranlage mit solarbeheizten Duschen und Toiletten wird mit einem mächtigen Schutzwall gegen Wildtiere gesichert, ansonsten ist der Campingplatz offen und wird regelmäßig von Elefanten, Hyänen und Pavianen besucht (lassen Sie auch nachts keine Lebensmittel im Freien!). Die Wasserhähne an den Stellflächen sind "paviansicher": man muss in das Plastikrohr greifen, um den Hahn aufzudrehen. Am schönsten liegen die Plätze 1, 2 und 4, wobei Nr. 1 und 4 weit von den Toiletten entfernt sind.

Einzelbeschreibung der Stellflächen:

Nr. 1:	Ausblick, tw. Schatten, leichte Hanglage
Nr. 2:	tw. Schatten, Ausblick, flach,
Nr. 3:	Schatten, nahe Toilette, tiefsandig
Nr. 4:	Hanglage mit gutem Ausblick
Nr. 5:	großer, schattiger Platz im Busch
Nr. 6:	halbschattig und flach
Nr. 7:	kaum Schatten, sehr nahe der Straße
Nr. 8:	Schatten, nahe der Straße, kein Tiefsand
Nr. 9:	tiefsandig, halbschattig, nahe der Straße
Nr. 10:	viel Schatten, nahe Straße und Eingang

Preise: Camping kostet 50 US$ pP; für Kinder bzw. Bürger aus SADC-Staaten die Hälfte.

Des einen Schrecken war des anderen Himmelreich: Voller Elefantendung, ohne Toiletten, aber mit der einmaligen Gelegenheit, Aug' in Aug' mit einem Elefanten zu duschen – so wurde der Campingplatz in Savuti früher der berühmteste in ganz Botswana. Tag und Nacht liefen Elefanten quer über den Platz. Auf der Suche nach Wasser bedienten sich die Dickhäuter bei den Wasserleitungen der Toiletten und Duschen. Die Abwasserrohre rissen sie kurzerhand heraus, und danach floss das Duschwasser aus einem Loch in der Duschwand direkt in die Rüssel der wartenden Elefanten. Nachdem selbst Elektrozäune die durstigen Elefanten nicht fernhalten konnten, wurde der Campingplatz 1994 geschlossen und „elefantensicher" renoviert. Die bastionsartig mit hohen Wällen und Zäunen geschützte Anlage können die Dickhäuter (bisher) nicht überwinden. So wird heute niemand mehr beim Duschen durch zum Anfassen nahe Elefanten behindert, aber einen Teil seines legendären Rufs hat Savuti dafür eingebüßt.

Region 3: Die Linyanti- Sümpfe

Es gibt einen jagdfreien Korridor zwischen dem Linyanti-Gebiet und dem Moremi WR

Der Uferbereich des Linyanti gilt als Schmuckstück im Chobe NP. Die tropische Sumpflandschaft bildet einen krassen Gegensatz zu Savuti und könnte als eine 900 km² kleine Miniaturausgabe des Okavangodeltas durchgehen. Beiderseits des schmalen Nationalpark-Streifens, der die kleinste der vier Sektionen des Chobe NP darstellt, liegen Konzessionsgebiete und private Naturreservate, wie das „Selinda Reservat", in denen sich einige wenige, höchst luxuriöse und exklusive Zeltcamps verteilen. Im weiteren Umfeld schließen sich Jagdgebiete an. Individualtouristen müssen mit dem Nationalparkstreifen Vorlieb nehmen; alle anderen Gebiete sind nicht öffentlich zugänglich.

Anreise

Am schwierigsten befahren sich Tiefsandstrecken in der heißen, späten Trockenzeit

Der Linyanti liegt 40 km von Savuti entfernt. Allrad brauchen Sie vor allem für die ersten 14 km. Bereits nach 2 km muss eine tiefe, sandige Senke durchfahren werden. 5 km weiter ist eine Gabelung, an der man sich rechts halten muss. Kurze Zeit später beginnt der schwierigste Abschnitt, eine 4 km lange Sandstrecke. Hier gibt es allerdings Umfahrungen quer durch das Gebüsch. Die restlichen 24 km bis an den Linyanti sind gut befahrbar und führen durch dichten Mopanewald. Da der Nationalpark am Linyantiufer nur 7 km breit ist und neben der Zufahrt nur eine einzige Uferstraße existiert, bestehen kaum Möglichkeiten für Pirschfahrten.

Natur und Tierwelt

Dichte **Papyrus- und Riedgrassümpfe** begrenzen die klaren Wasserläufe, an den Ufern schließen sich große, schattenspendende Bäume an. Häufig kommen Marula-, Bleiholz- und Regenbäume vor, außerdem Leberwurstbäume und Mangostan. Hinter dem Uferwald findet man dichten Mopanewald. Besonders viele Tiere halten sich zwischen Juni und August in der Linyanti-Region auf. Zebras wandern zu Tausenden zwischen der Mababe-Senke und den Linyantisümpfen (S. 311). Auf der 40 km langen Zufahrt von Savuti überquert man immer wieder ihre breiten Wanderpfade. Sehr häufig sind auch Elefanten, Kudus, Impalas, Löwen, Hyänen und Hippos. Mitunter kann man sogar Sitatungas entdecken. Buschhörnchen, Paviane und ausgesprochen viele Vögel lassen sich direkt am Camp beobachten. Wegen der nahen Jagdgebiete sind die Wildtiere hier jedoch etwas scheuer als in den anderen Gebieten des Chobe Nationalparks.

Bild oben: Idyllische Szene am Linyanti

Die Wilderei in der Linyanti-Chobe-Region

Etwa 100-200 Elefanten werden alljährlich in der Linyanti-Chobe-Region gewildert. Jenseits der Grenze in Namibia sieht die Situation noch schlechter aus, daher halten sich die meisten Elefanten nur nachts zum Fressen im namibischen Caprivigebiet auf und verbringen die Tageszeit lieber in Botswana. Einheiten der Botswana Defense Force patrouillieren seit Jahren mit Motorbooten entlang der Grenze, um Wilderer abzufangen. Problematisch wirkt sich das mangelnde Verständnis der ansässigen Bevölkerung aus. Die Menschen empfinden es als ungerecht, Wildtiere nicht jagen zu dürfen, während in ihren Augen riesige Landstriche für fremde Touristen reserviert werden. Löwen (die ihre Rinder anfallen) und Elefanten (die nachts ihre Felder plündern) werden staatlich geschützt, obwohl gleichzeitig in den Dörfern der Bevölkerungsdruck und die Armut zunehmen... Die lokalen, armen Bevölkerungsschichten haben daher nur wenig Verständnis für den Tierschutz.

Schon gewusst?
Löwen sind im Durchschnitt nur bei jeder fünften Jagd erfolgreich

Unterkunft am Linyanti

Siehe Karte S. 286 („Lodges und Camps am Okavango“)

Bitte beachten Sie, dass für die Luxuscamps eine Anreise per Charterflug vorgesehen ist. Selbstfahrer dürfen die Camps nur bei bestätigter Vorausbuchung und mit genauer Routenbeschreibung vom Anbieter eigenständig anfahren (extrem tiefsandige Streckenbedingungen).

•**Kings Pool Camp:** Wilderness Safaris (S. 339). Luxuscamp mit zehn erhöhten Zelten und traumhaftem Ausblick am Linyanti, in dem König Gustav von Schweden und Königin Silvia ihre Hochzeitsreise einst verbrachten. Preise: All-Inclusive je nach Saison ab 680-980€/DZpP und 820-1140€/EZ.

•**Linyanti Discovery Camp:** Wilderness Safaris (S. 339). Ein etwas östlich von King's Pool am Savuti Channal gelegenes kleineres Zeltcamp für max. 8 Gäste. Exklusive Nutzung, das Camp kann nicht direkt gebucht werden.

•**Savuti Camp:** Wilderness Safaris (S. 339). Einsam zwischen Linyanti und Chobe-Parkgrenze am Savutikanal gelegen, verfügt dieses exklusive Zeltcamp über ein eigenes Wasserloch vor dem Camp. Sieben Luxuszelte für max. 14 Gäste und ein Swimmingspool. Preise: All-Inclusive je nach Saison ab 540-640 €/DZpP und 425-790 €/EZ.

•**Duma Tau Camp:** Wilderness Safaris (S. 339). Ein attraktives Luxuszeltcamp für max. 20 Gäste nahe dem Zusammenfluss von Savuti Channel und Linyanti River. Mit kleinem Pool und strohgedeckter Lounge unter prächtigen Uferwaldbäumen am Südostrand der Sümpfe. Preise: All-Inclusive je nach Saison ab 425-640 €/DZpP und 540-790 €/EZ.

•**Zarafa Camp at Zibadianja:** Wilderness Safaris (S. 339). Vom Feinsten! Das elitäre Luxuszeltcamp für max. acht Personen liegt an der Südseite der Zibalianja Lagune im Osten der Selinda Spillway, und wurde erst Mitte 2008 errichtet. Preise: All-Inclusive je nach Saison ab 680-980€/DZpP und 820-1140€/EZ.

•**Selinda Camp:** Wilderness Safaris (S. 339). Dieses luxuriöse Zeltcamp im Selinda Reserve nahe der Selinda Spillway nimmt in neun Zelten max. 18 Gäste auf. Mehrtägige Walking Safaris mit Übernachtungen in kleinen "Trails Camps" sind von hier aus möglich. Selinda Camp ist auch hervorragend zum Fischen geeignet. Preise: All-Inclusive je nach Saison ab 520-690 €/DZpP und 660-830 €/EZ.

•**Motswiri Camp:** Linyanti Explorations (S. 339) und www.selindareserve.com. Ein idyllisch und einsam im Westteil des Selinda Reserves nahe der Selinda Spillway gelegenes, kleines Luxuscamp mit fünf Meru-Zelten (max. 8 Gäste), das nur komplett vermietet wird. Pro Nacht liegt der Preis für das ganze Camp bei 1670 €.

•**Kwando Lebala Camp:** Kwando Safaris (S. 339). Das Vorzeigecamp von Kwando Safaris liegt in einem sehr wildreichen Gebiet inmitten offener Flutebenen, Grassavannen und Palmen. Es bietet acht elegante Zelte. Preise: All-Inclusive je nach Saison ab 360-680 €/DZpP und 360-860 €/EZ.

•**Kwando Lagoon Camp:** Kwando Safaris (S. 339). Etwa 30 km nördlich des Lebala Camps genießt dieses Camp eine reizvolle Lage direkt am Kwando River (am Westrand der Sümpfe). Auch hier gibt es acht luxuriöse Zelte unter hohen Uferbäumen, außerdem einen Pool. Bootsfahrten auf dem Kwando stehen hoch im Kurs. Preise: All-Inclusive je nach Saison ab 340-610 €/DZpP und 340-790 €/EZ.

Linyanti Campsite: Mapula Lodge, P. O. Box 22149, Boseja, Maun, Tel. 6865365/6865366, Fax 6865367, email: mapulalodge@info.bw. Der kleine staatliche Campingplatz am Linyanti wurde im Oktober 2009 privatisiert (siehe S. 364). Er liegt in dem schmalen Uferbereich des Nationalparks unter riesigen Uferbäumen. Leider werden die Sanitäranlagen von Zeit zu Zeit von Elefanten demoliert. Preise: Camping kostet 50 US$ pP; für Kinder bzw. Bürger aus SADC-Staaten die Hälfte.

Region 4: Nogatsaa und Tchinga

Schon gewusst?
Die lästigen winzigen Fliegen, die einem tagsüber um den Kopf schwirren, nennt man "Mopane-Flies"

Für Nogatsaa hatte man einmal große Pläne: Hier sollte ein schönes Bungalowcamp errichtet werden und viele Besucher in diese abgelegene Region locken. Doch alles kam anders – drei der vier Bungalows, in denen niemals ein Tourist gewohnt hat, wurden 1992 von marodierenden Elefanten zerstört. Der Ngwezumba-Damm war bereits 1988 durch starke Regenfälle eingebrochen. Unmotivierte Wildhüter und die Militärpräsenz durch Anti-Poaching-Programme taten ein übriges, um Touristen von hier fernzuhalten. Schon seit Jahren soll alles wieder besser werden, denn man möchte die vielen Besucher der Chobe-Uferfront auch auf andere interessante Gebiete des Nationalparks verteilen. Deswegen sollen neue Bohrlöcher in diesem Gebiet eine ganzjährige Wasserversorgung der Wildtiere ermöglichen. Pläne wären also da, an der Umsetzung fehlt es aber. Und so schläft die Region weiterhin ihren Dornröschenschlaf und wartet geduldig auf die viel gelobten besseren Zeiten, die da kommen sollen.

Anreise

Zufahrt von Savuti

Alle Straßen in die Nogatsaa-Region werden selten befahren und erfordern Allrad. Die Zufahrt von Savuti führt die ersten 40 km durch Mopanebusch, ehe es in der Zweizwe-Region entlang der Pfannen sandig wird. Nachdem man eine Sandridge und anschließend das Flussbett des Ngwezumba überquert hat, verläuft die Weiterfahrt immer parallel zum Flusstal. Die abwechslungsreiche Strecke ist reizvoll. Nach insgesamt 114 km erreicht man den ehemaligen Ngwezumba-Damm und das Wegenetz rund um die beiden ehemaligen Camps. Bitte beachten Sie: Nach Regenfällen kann man die Strecke zwischen Savuti und Nogatsaa wegen vieler schlammiger Passagen nicht mehr befahren.

Zufahrt von Kasane

Von Kasane kommend zweigt die Zufahrt 17 km westlich vom Sidudu Gate von der geteerten Transitstraße ab. Das ehemalige Nantanga Scout Camp ist nicht mehr besetzt. Nach 23 km gabelt sich der sandige Weg, doch beide Strecken treffen

Bild unten: Impalas

nach 14 bzw. 15 km wieder aufeinander. 10 km weiter erreicht man das alte Nogatsaa Camp.

Zufahrt von Pandamatenga zum Poha Gate

Vor wenigen Jahren wurde mit der Errichtung des Poha Gates eine neue Zufahrt in den Nationalpark ermöglicht. Die Zufahrt beginnt 21 km südlich von Pandamatenga direkt außerhalb des Weidezauns bei GPS S 18.43.217 E 25.36.294. Die 72 km lange, sehr tiefsandige und wenig abwechslungsreiche Strecke führt zunächst parallel zum Weidezaun nach Westen und trifft danach bei GPS S 18.42.643 E 25.28.180 auf die Cutline Road eines Forstgebietes, die bis zum Poha Gate führt.

Bild oben: Die Vegetation der Chobe-Wälder wird geprägt von Mopane und Falschem Mopane

Unterkunft

Vor vielen Jahren existierten einmal die staatlichen Campingplätze Nogatsaa und Tchinga, doch sind sie schon lange geschlossen. Die letzten Jahre gab es immer wieder Gerüchte, man wolle sie wieder aufbauen, aber seit der Privatisierung der landesweiten Nationalparkcamps im Oktober 2009 sind solche Pläne wohl vom Tisch. Es gibt auch keine privaten Camps oder Lodges in dieser Region.

Natur & Tierwelt

Unzählige Lehmpfannen und dichter Mopane-, Combretum- und Miombowald kennzeichnen diese Region. Der Ngwezumba hat sich in vielen Jahren ein tiefes Tal gegraben, er fließt jedoch nur sehr periodisch. Die meiste Zeit bilden sich in seinem Flussbett nur einzelne Pools. Außer der Solarpumpe am Nogatsaa Scout Camp funktioniert keines der künstlichen Bohrlöcher mehr. Doch nach stärkeren Regenfällen halten viele Pfannen monatelang Wasser, z. B. die Kwikamba Pan. Dies ist dann die ideale Zeit, um hier auf Safari zu gehen. Man kann stundenlang an einer Wasserstelle stehen und die vorbeiziehenden Tiere beobachten.

Schon gewusst?
Elefanten ziehen im Laufe ihres Lebens bis zu 150 000 km über's Land, das entspricht vier mal dem Erdumfang

Wegen der dichten Laubwälder leben in diesem Gebiet viele Pferde-, Rappen-, Elen- und Schirrantilopen, außerdem zahlreiche Elefanten, Riedböcke, Steinantilopen, Oribis und Raubtiere, wie Löwen und Leoparden. Die letzten freilebenden **Nashörner** Botswanas kamen aus dieser Region, wurden inzwischen aber zu ihrem Schutz ins Khama Rhino Sanctuary überführt. Wenn die Pfannen mit Wasser gefüllt sind, ziehen Hunderte Wasservögel heran. Es ist geplant, durch neue Pumpen eine ganzjährige Wasserversorgung sicherzustellen, damit die Wildtiere auch während der Trockenzeit in Nogatsaa bleiben.

Singzikade

Es gibt hier in den Mopane-Trockenwäldern der Kalaharirandzonen noch ein kleines Insekt, das kurz vor der Regenzeit mit einem ziemlichen Lärm auf sich aufmerksam macht: **Singzikaden**, die lautesten Insekten der Welt. Doch nur die männlichen Tiere produzieren diesen unglaublich schrillen Lärm. Schon der griechische Dichter Xenarchos soll gerufen haben „Glücklich leben die Zikaden, denn sie haben stumme Weiber"...

Die Hunter's Road

Info George Westbeech und seine Leute sind verantwortlich dafür, dass im Barotseland (Westsambia) die Elefanten ausgerottet wurden. Ihre Stoßzähne wurden zu Tausenden über diese Hunter's Road nach Süden geschafft.

Oben: Ein typischer Markierungsstein in Botswana

Schon gewusst?
Fledertiere vertilgen bis zu 1200 Insekten pro Stunde

Die Hunter's Road ist eine der ältesten Straßen des Landes. Sie erhielt diesen Namen wegen des intensiven Elfenbeinhandels, der hier im 19. Jh. praktiziert worden ist. In jenen Tagen führte nur eine schmale Ochsenwagenspur vom zivilisierten Süden Afrikas in diese wildreichen Gefilde am Sambesi. Der Weg folgte einer unscheinbaren Wasserscheide nach Norden und wurde viele Jahre später maßgebend für die Grenzziehung zwischen Betschuanaland (Botswana) und Südrhodesien (Zimbabwe). Noch heute markiert die Hunter's Road den Grenzverlauf beider Staaten. Beiderseits der Grenze liegen ausgedehnte Wildschutz- und Jagdgebiete.

Als die ersten Expeditionsreisenden, Missionare, Glücksritter und Großwildjäger über diese Hunter's Road in den unbekannten Norden aufbrachen, gründete der exzentrische Jäger George Westbeech 1871 eine kleine Handelsniederlassung mit dem wohlklingenden Namen **Pandamatenga** (was soviel bedeutet, wie „The Tree where Trade is done"). Die Niederlassung lag seinerzeit geschickt an der nördlichsten Stelle, den die Reisenden mit ihren Ochsenkarren erreichen konnten, bevor sie in die Tsetsefliegenzone gerieten (siehe rechts). Heute erinnert in der beschaulichen Ortschaft, die 100 km südlich von Kazungula an der Straße nach Nata liegt, kaum noch etwas an seine vergangene Bedeutung und den großen Elefantenjäger, der sich gründete. Es gibt eine Tankstelle, einen bescheidenen Laden, zwei Touristenunterkünfte und eine kleine Grenzstation nach Zimbabwe (täglich von 08.00-16.00 h geöffnet). Die historische Hunter's Road zwischen Ramokgwebane und Kazungula kann man befahren, ohne Grenzformalitäten abzuwickeln. Als Alternative zur Teerstraße ist die alte Strecke durchaus interessant, weil sie durch eine reizvolle, wildreiche Wildnis führt und mit zahlreichen Pfannen bestückt ist. Nach starken Regenfällen halten viele dieser Pfannen monatelang Wasser und sind eine wertvolle Wasserquelle für Wildtiere, wie Elefanten, Büffel, Antilopen und Löwen. Die beste Reisezeit ist daher auch zwischen April und Juli, wenn sich viele Wildtiere an den wassergefüllten Pfannen aufhalten. Während der Regenzeit sollte man die Strecke meiden, weil sich die Passagen mit schwarzer Lehmerde bei Nässe in berüchtigte Schlammfelder verwandeln.

Die einsame Strecke sollte nur mit Allradfahrzeugen befahren werden

Der südliche Teil der Hunter's Road, von Ramokgwebane bis Pandamatenga, ist sehr tiefsandig und wellig. Wir empfehlen daher, nur den kleineren nördlichen Teil zu befahren. Man fährt dazu in Pandamatenga bis zur Grenzstation vor. Direkt vor den markierten Parkplätzen an der Grenze zweigt links die Hunter's Road als unmarkierte Piste ab, die sich sogleich nach Norden wendet (sie ist heute als Cutline Road bekannt). Die Fahrspur verläuft nun stets entlang der vereinzelten Grenzmarkierungen bis Kazungula. Jenseits der Grenze läuft eine zimbabwische Piste direkt parallel. Nach 17 km kommt man an einem zimbabwischen Wachturm vorbei, bei KM 21 markiert ein Schild den Beginn des Kazuma Pan NP in Zimbabwe. 3 km weiter öffnet sich die buschige Landschaft zu einer weiten Grasebene mit einzelnen Bäumen und Palmen – die **Kazuma Pan**. Hier befindet sich auf Zimbabwe-Seite eine künstliche Wasserstelle für Wildtiere. Bei KM 28 erreicht man eine kleine Bauminsel, gerät anschließend aber wieder auf die offene Graspfanne. Deren Ende ist bei KM 39,5 erreicht, und die Piste verschwindet in dichtem Mopanegestrüpp. 4 km weiter durchquert man die kleine Nanyani Pan, nach weiteren 7 km die größere Misses Pan und bei KM 64 die Kakulwane Pan. Danach bleibt es buschig bis bei KM 81 das **Leshoma Vlei** beginnt. Der Weg folgt nun stets dem Trockenflussbett in einer sanft hügeligen Landschaft und mündet bei KM 87 in eine breite Schotterpiste. Hier kann man links nach **Leshoma Village** und weiter zur Teerstraße nach Kazungula fahren. Hält man sich aber rechts, führt die Schotterstraße direkt zu einem Steinbruch (Quarry). Rechts des Steinbruchs verläuft die Hunter's Road um den umzäunten Bereich und bleibt im breiten Leshoma-Flussbett. Die letzten 12 km bis zu den Grenzgebäuden von Kazungula führen durch eine herrliche Vegetation mit hohen Bäumen.

Die **Gesamtstrecke** der Hunter's Road zwischen Pandamatenga und Kazungula beträgt ziemlich genau 100 km und lässt sich gemütlich in 3-4 Std. bewältigen. Von Kazungula kommend beginnt die unbeschilderte Piste direkt am Teerende vor den Pflastersteinen an der Grenzstation (sie zieht den Hang hinauf zu einem viereckigen Wassertank).

Die **Orientierung** ist durch die Parallelpiste in Zimbabwe recht einfach. Ein Grenzwechsel zur Zimbabwepiste ist nicht erlaubt, wird aber vermutlich regelmäßig praktiziert, weil dieser Weg einen festen Belag hat und somit besser befahrbar ist. Vor allem zwischen dem Nordende der Kazuma Pan und Kakulwane Pan wurde die Botswanapiste von Elefanten arg zertreten und zwingt zu langsamer Fahrt. Die landschaftlich schönsten Abschnitte bilden die Kazuma Pan, das Leshoma Vlei mit seinem herrlichen Akazienwald und die letzten 10 km im Flussbett des Leshoma.

Unterkunft bei Pandamatenga

- **Panda Rest Camp:** Tel. 71622268. Das einfache Camp liegt 1 km nördlich der Pandamatenga-Abzweigung an der Straße nach Kazungula. Es bietet eine Bar mit Restaurantbetrieb, Zimmer für 10-15 €/DZpP und 25 €/EZ und Campinggelegenheit im hinteren Bereich für 4 € pP. Als Übernachtungsplatz akzeptabel, aber wenig anheimelnd.
- **Touch of Africa Safari Lodge:** Tel. 6256340, www.touchofafrica.tv. 5 km nördlich der Pandamatenga-Abzweigung liegt diese persönlich geführte Mittelklasselodge direkt an der Straße nach Kazungula. Sie steht unter österreichischer Leitung (deutschsprachig), bietet ein Restaurant mit Bar und einen kleinen Pool. Es werden auch Pirschfahrten zur Kazuma Pan angeboten. Preise: Die Chalets kosten 30 €/DZpP und 52 €/EZ, einfache Hütten 16 €/DZpP und 25 €/EZ, Camping 5 € pP (leider wenig Schatten).

Weitere Übernachtungsgelegenheiten an der Hunter's Road

Im Leshoma Vlei: Senyati Safari Camp, Elephant Valley Lodge, S. 305

Richtung Nata: Elephant Sands Camp, S. 164.

George Westbeech, der berühmte Elefantenjäger

Der Brite George Westbeech gelangte 1862 als Händler nach Matabeleland. Die Ära des Elfenbeinhandels hatte damals ihren Höhepunkt bereits überschritten, und ab 1870 waren die Elefanten im südlichen Afrika außerhalb der Tsetsefliegengebiete praktisch ausgerottet. Doch in den Tsetse-verseuchten Regionen konnte die Elefantenjagd nicht im bisherigen großen Stil mit Pferden und Ochsenwagen durchgeführt werden. Diesen Umstand nützte der clevere George Westbeech aus, denn er sandte seine Jagdtrupps bereits mit afrikanischen Soldaten zu Fuß auf Elefantenjagd, während sich alle anderen von diesen Gebieten noch fern hielten. Westbeech besuchte als einer der ersten Europäer die Lozi im Barotseland (heute Westsambia) und erwarb die königliche Genehmigung, in den tierreichen Gebieten nördlich des Sambesi Elefanten zu schießen. In den folgenden Jahren brachte er alljährlich 10 bis 15 Tonnen Elfenbein nach Süden und gründete in Pandamatenga, Leshomo und Kazungula Lagerplätze und Versorgungsstationen. Westbeech wurde so rasch der einflussreichste Mann und größte Elfenbeinhändler der ganzen Region. Pandamatenga blieb sein wichtigster Stützpunkt, lag er doch am südlichen Rand der Tsetsefliegenzone. Bis hierhin konnten die Ochsengespanne ungefährdet fahren. Westbeechs Einfluss und seine Ortskenntnis sicherten ihm bald ein zweites Einkommen durch allerlei Jäger, Händler und Missionare, die entlang der Hunter's Road zu ihm nach Pandamatenga reisten, und sich dort mit Trägern und Führern ausstatten ließen, um den Fußmarsch nach Norden anzutreten. Die meisten dieser Touren organisierte George Westbeech selbst; er führte auch die ersten Touristen zu den Viktoriafällen, die ja auch schon im 19. Jh. bis ins Innere Afrikas vordrangen.

Botswanas 100 000 Elefanten: Ein Problem oder die Rettung ihrer Art?

Durch das CITES-Abkommen waren die Elefanten 1989 auf die Liste der vom Aussterben bedrohten Tierarten gestellt und weltweit der Handel mit Elfenbein verboten worden. Mehrere Staaten des südlichen Afrika protestierten gegen diesen internationalen Bann und gründeten die Organisation SACIM (South African Centre for Ivory Marketing). Die SACIM argumentiert, dass ihre Mitgliedstaaten über gesunde, keineswegs gefährdete Elefantenpopulationen verfügen und ein Verbot des profitablen Elfenbeinhandels nicht gerechtfertigt sei.

Die 10. Internationale Artenschutzkonferenz (Harare, im Juni 1997) hob schließlich das generelle Handelsverbot auf. Sie stufte den Afrikanischen Elefant in Botswana, Zimbabwe und Namibia – hier leben etwa 150 000 Elefanten – nicht mehr als vom Aussterben bedroht, sondern nur noch als gefährdet ein. Die drei Länder durften seit 1999 Elfenbein an Japan verkaufen. Tierschützer in aller Welt bewerteten diese Entscheidung als herben Rückschlag und befürchteten, dass dieser eingeschränkte Bann dem illegalen Handel und maßloser Wilderei wieder alle Türen öffnen werde. Die Entwicklung in den Ländern, vor allem in Zimbabwe und Kenya, gibt ihnen Recht. Tausende Elefanten sind dort seit 1997 wieder der Wilderei zum Opfer gefallen. Dennoch haben Botswana, Südafrika, Namibia und Zimbabwe bei der letzten Artenschutzkonferenz im Juni 2007 in Den Haag das Recht erhalten, einmalig 200 Tonnen Elfenbein an die beiden einzigen Abnahmeinteressenten, Japan und China, zu veräußern. Diesem Verkauf soll ein neunjähriges weltweites Handelsverbot folgen.

Ein zusätzlicher Konfliktpunkt ist das Problem der **Umweltzerstörung** durch Elefanten. Es bestehen gegensätzliche Ansichten darüber, ob der Mensch zum Schutz der Natur gegen eine übermäßige Vermehrung der Elefanten eingreifen müsse, oder ob langfristig die Natur selbst eine Lösung schafft, indem z. B. bei stark überbeanspruchter Vegetation die Geburtenzahl der Elefanten absinkt. In Südafrika wurde im Kruger Nationalpark jahrelang **Culling** – das gezielte, jährliche Abschießen (Keulen) von Elefantenherden – betrieben. Alljährlich wurden einige Hundert Elefanten abgeschossen, um die Population auf einem bestimmten Level zu halten. Fleisch, Haut, Haare und Elfenbein der getöteten Elefanten wurden gewinnbringend veräußert. Auch in Botswana gibt es Befürworter einer solchen Lösung. Insbesondere die schweren Vegetationsschäden entlang des Chobe werden als Argument für Culling angeführt. Botswanas Regierung gibt pro Jahr rund 2500 Elefanten für **Jagdsafaris** in den entsprechenden Gebieten zum Abschuss frei; eine Zahl, die in etwa der jährlichen Geburtenrate entspricht. Während die friedlichen Dickhäuter auf dem ganzen Kontinent bedroht sind, haben Botswana und seine Nachbarn zu viele, und entledigen sich ihrer auf diese gewinnträchtige Weise.

Es gibt natürlich auch folgenden Gedanken: Wenn in wenigen Ländern viel zu viele Elefanten sind und in vielen anderen Ländern Afrikas viel zu wenige, warum siedelt man sie dann nicht einfach dorthin um? Vereinzelt kommen solche Aktionen auch vor, wie z.B. die 300 Dickhäuter, die Botswana 2001 dem angolanischen Quissama Nationalpark spendete. Aber Aufwand und Kosten solcher Maßnahmen sind sehr hoch und daher von großzügiger internationaler Finanzhilfe abhängig. Außerdem können Elefanten ziemlich dickköpfig sein: Im Great Limpopo Transfrontier Park, dem mosambikanischen Pendant zum südafrikanischen Krüger Park, sind die zwangsumgesiedelten Dickhäuter mehrheitlich immer wieder zurück gelaufen, bis das Projekt eingestellt wurde. So bleiben **Elefanten-Umsiedlungen** wohl seltene Ausnahmen.

Botswana scheut bisher die Empörung der internationalen Öffentlichkeit und Einschnitte im Tourismus, die eintreten würden, wenn das Land sein „Elefantenproblem" wie Südafrika durch die Keulung von ganzen Elefantenherden lösen wollte. Deshalb schlägt die Regierung einen anderen Weg ein: Die Tiere sollen wieder sicheren Lebensraum in den Nachbarländern finden und so freiwillig den Kalaharistaat verlassen. Deshalb strebt sie auch die Schaffung grenzüberschreitender Schutzparks an, wie z. B. das etwas utopische Projekt des **Kaza Parks** (Kavango-Zambezi Transfrontier Conservation Area), der sich mit einer Ausdehnung von der Größe Italiens über fünf Staaten erstrecken soll. Weil ein beträchtlicher Anteil davon in der mininverseuchten angolanischen Cuando-Cubanga-Provinz liegen wird, unterstützt Botswana die Räumung der Landminen mit dem Fernziel, dass die Elefanten eines Tages vom Chobe wieder in ihre traditionellen Lebensräume ausweichen können.

SERVICE UND REISEINFOS

PLANUNG VOR DER REISE

GESUNDHEITSVORSORGE

RUND UMS GELD

WICHTIGE HINWEISE UND ADRESSEN

ANREISE NACH BOTSWANA

TRANSPORT VOR ORT

NATIONALPARKS IN BOTSWANA

REISETIPPS FÜR DEN ALLTAG IN AFRIKA

INFORMATIONEN VON A BIS Z S. 384

Service & Infos

PLANUNG VOR DER REISE

Klima

Botswanas subtropisches Kontinentalklima gilt allgemein als angenehm und gesund. Die Trockenheit des Landes beruht auf seiner großen Entfernung zu den Ozeanen. Feuchte Luftmassen regnen sich zumeist bereits in den Bergregionen, die Botswana umgeben, ab.

Die Jahresniederschläge nehmen von durchschnittlich 700 mm im Norden auf unter 250 mm im Südwesten des Landes deutlich ab. Sie entstehen zwischen November und April durch heranziehende feuchte Luftmassen aus Äquatorialafrika. Regen fällt dann meist in kurzen, heftigen Schauern. Wegen der hohen Temperaturen und starken Winde verdunstet ein Großteil des Regenwassers bereits in der Luft, der Rest versickert an der sandigen Oberfläche schnell. Bleiben die feuchten Luftströmungen aus, entsteht über Botswana Hochdruckeinfluss mit wolkenlosem Himmel. Diese enormen jährlichen Niederschlagsschwankungen führen regelmäßig zu Dürreperioden, zum Beispiel im Khutse Game Reserve: Während der Regenzeit 1995/1996 fielen dort 600 mm Regen; 1996/1997 – in einer durchschnittlich guten Regensaison – dagegen nur 375 mm.

Der **Winter** Botswanas von Mai bis September gilt als Trockenzeit. Die Tagestemperaturen erreichen angenehme 20–25° C, die Tage sind sonnig, der Himmel strahlend blau. Abends kühlt es außer im Deltabereich merklich ab, und nachts können die Temperaturen sogar bis an den Nullpunkt sinken. In der Kalahari sind in der kalten Jahreszeit selbst Frostnächte keine Seltenheit.

Ab September steigen die Temperaturen wieder an und es setzt eine starke Thermik ein – Stürme, Windhosen und Staubwalzen sind Zeichen der ankommenden warmen Luftmassen. Erste energiegeladene Gewitterschauer können örtlich Überschwemmungen anrichten und regen das Pflanzenwachstum an.

Ab November beginnt allmählich die **sommerliche Regenzeit** mit heißen Temperaturen und länger anhaltenden Regenfällen. Allerdings fallen die Niederschläge regional sehr unterschiedlich. Im Norden Botswanas gilt der Februar als Hauptregenmonat. Im Osten und Südosten kennt man drei Regenperioden: Der erste Regen fällt bereits im Oktober, danach erst wieder Ende November. Von Mitte Dezember bis in den Februar bleibt es oft heiß und trocken, ehe der Regen im März und April noch einmal einsetzt. Auch während der Regenzeit kommt es nach heftigen Wolkenbrüchen immer wieder zu stunden- oder tagelang anhaltendem Sonnenschein.

Klimatabelle (durchschnittliche Mittelwerte)

Ort Höhenmeter	Kasane 914 m	Maun 924 m	Gaborone 1007 m	Francistown 1004 m	Ghanzi 1131 m
Januar					
Tiefsttemperatur	19,6° C	19,5° C	18,0° C	18,6° C	18,1° C
Höchsttemperatur	30,7° C	32,0° C	32,5° C	31,0° C	32,3° C
Niederschlag	160 mm	105 mm	90 mm	109 mm	83 mm
April					
Tiefsttemperatur	15,2° C	13,5° C	11,0° C	12,2° C	11,6° C
Höchsttemperatur	30,1° C	31,0° C	28,0° C	28,3° C	28,0° C
Niederschlag	20 mm	25 mm	45 mm	20 mm	32 mm
Juli					
Tiefsttemperatur	06,5° C	05,5° C	02,4° C	05,0° C	03,0° C
Höchsttemperatur	26,6° C	25,1° C	22,4° C	23,6° C	23,0° C
Niederschlag	<5 mm	<5 mm	<5 mm	<5 mm	<5 mm
Oktober					
Tiefsttemperatur	18,0° C	17,0° C	14,0° C	13,8° C	14,0° C
Höchsttemperatur	34,8° C	35,0° C	31,5° C	31,2° C	31,5° C
Niederschlag	20 mm	15 mm	45 mm	25 mm	25 mm
Niederschläge/Jahr	707 mm	471 mm	477 mm	450 mm	453 mm
Regentage /Jahr	62	69	53	45	59

siehe auch Seite 332: Klimadiagramme

Die Wahl der Reisezeit

Botswana ist ganzjährig bereisbar, denn jede Saison hat ihre speziellen Vorzüge. Die Regenzeit verursacht zwar einerseits starke Einschränkungen im Okavangodelta, bietet dafür aber grandiose Eindrücke in der Kalahari. Wichtig ist, zu beachten, dass in Botswana der Sommer unserer Winterzeit entspricht, und der südliche Winter in unsere europäische Sommerperiode fällt. Im Folgenden gehen wir auf die drei Saisonzeiten Botswanas ein, detaillierte Hinweise zur besten Reisezeit findet man jedoch zusätzlich im Reiseteil beim jeweiligen Gebiet/Nationalpark.

• April / Mai bis August: „Der Südwinter“

Die trockenen Monate direkt nach der Regenzeit zeichnen sich durch angenehme Tagestemperaturen zwischen 20 und 26°C aus; die Nächte können allerdings extrem frisch werden (Frostgefahr in der Kalahari!). Im Mai müssen Sie in der Kalahari mit Nachttemperaturen von 5-10° rechnen, im Okavangodelta von 11-14°. In den kältesten Monaten Juni und Juli sinken die Nachttemperaturen sogar nahe null Grad. Tierbeobachtungen werden durch das hoch stehende Gras in dieser Zeit etwas erschwert. Im Okavangodelta schwillt zwischen April und Juli die Flut an und dehnt das Flutgebiet auf seine maximale Größe aus. Juli und August sind günstige Monate zum Fischen und für Vogelbeobachtungen am Panhandle.

• Ende August bis November „Der Frühsommer“

Für Safaris im Okavangodelta, Moremi WR und Chobe NP eignen sich die trockenen und heißen Monate von Ende August bis in den November besonders. Wildtiere müssen sich nun an den verbliebenen Wasserstellen sammeln und kommen jetzt mitunter nahe an die Camps

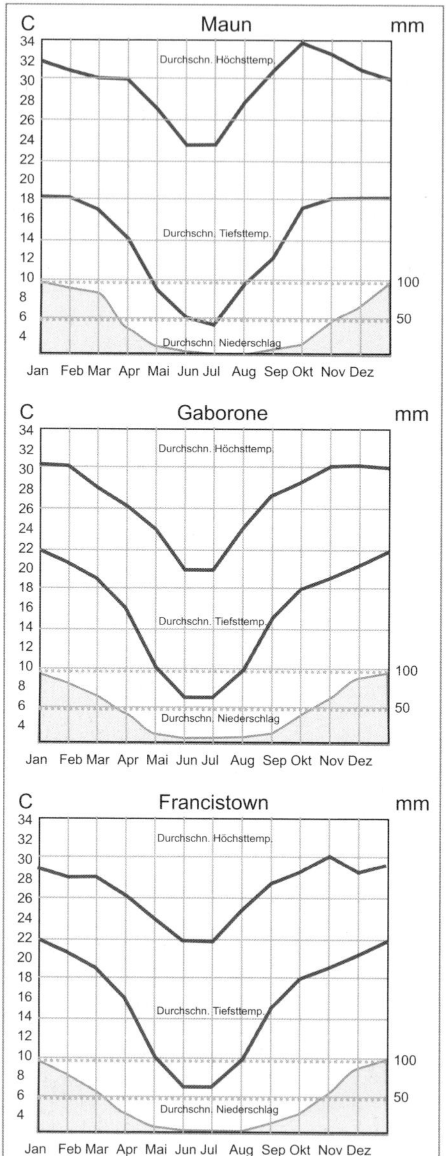

heran. Spektakuläre Tiererlebnisse fallen deshalb meist in diese Jahreszeit, in der die Landschaft unter sengender Hitze (regelmäßig über 30°, teilweise auch über 40°C) austrocknet. Die Nächte kühlen dennoch rasch ab, je nach Wassernähe sinken die Temperaturen auf ca. 25° im Delta und bis auf 12°C in der zentralen Kalahari. Für die trockenen Kalahariregionen sind diese Monate wegen der starken, heißen Westwinde und der ausgedörrten, schattenlosen Landschaft, die nun fast abweisend wirkt, weniger attraktiv.

• Ende November bis März / April „Die sommerliche Regenzeit“

Die Regenzeit setzt ein mit vereinzelten schweren Gewittern und Wolkenbrüchen, denen tagelange Schönwetterperioden folgen. Das Reisen ist in der Frühphase der Regenzeit noch kaum beeinträchtigt, bietet aber die Vorzüge der bereits ergrünenden Vegetation und des Rückgangs der extrem heißen Temperaturen vom Oktober/November (die Temperaturen liegen bei 30°C, an bedeckten Tagen kühler). Dies macht gerade den Dezember zu einem attraktiven Reisemonat in Botswana. Erst im Januar/Februar steigern sich Dauer und Häufigkeit der Regenfälle. Es kann in diesen Wochen sogar täglich regnen. Aber bei weitem nicht überall, sondern meistens regional. Am stärksten im Norden, im Okavan-godelta und entlang des Linyanti und Chobe. Am niedrigsten fallen die Niederschläge in der zentralen und südwestlichen Kalahari aus. Hier lässt es sich auch mitten in der Regenzeit reisen. Tiefsandpisten lassen sich in der feuchten Jahreszeit sogar besser befahren, weil die Fahrzeuge nicht so tief einsinken.

Landschaftlich ist Botswana während der Regenzeit besonders attraktiv. Die Bäume tragen frische Blätter, das Gras sprießt, die ausgedörrte Kalahari verwandelt sich in ein phantastisches Blütenmeer. Die Vogelwelt wird nun auch noch um die Zugvögel aus dem Norden bereichert. Daher sind die feuchten Monate die schönste Zeit, um in den Parks der Kalahari Tiere zu beobachten.

Im Okavangodelta, Moremi WR und Chobe NP haben zur Regenzeit jedoch manche Camps geschlossen, denn hier regnet es jetzt am stärksten. Das Delta schrumpft in dieser Zeit trotzdem zu seiner geringsten Größe (weil der Wasserstand im Delta von den Zuflüssen im angolanischen Hochland abhängt). Viele Pisten werden in der Regenzeit zumindest vorübergehend unpassierbar.

Zeitflexiblen Reisenden empfehlen wir, die südafrikanischen Ferienzeiten zu meiden, in denen die Parks in Botswana oft überfüllt sind: ca. 6 Wochen im Dezember/Januar, 3 Wochen im Juni/Juli, 2 Wochen zu Ostern und 10 Tage im September/Oktober.

Die Wahl des Verkehrsmittels

1) Mietwagen bzw. eigenes Auto

Botswana ist ein Allrad-Land! Ein Geländefahrzeug bietet ohne Zweifel die ideale Reisemöglichkeit in diesem tiefsandigen, weiten Land. Zwar sind die Hauptstraßen überwiegend geteert und in gutem Zustand, doch sobald man „in den Busch" geht, Nationalparks oder die Kalahari besuchen möchte, ist ein Allradfahrzeug dringend zu empfehlen, für etliche Strecken sogar unumgänglich. Eine hohe Bodenfreiheit des Fahrzeuges ist dabei genauso wichtig wie der Vierradantrieb, da man überwiegend mit tief ausgefahrenen Sandpisten rechnen muss. Außerdem stellt ein Auto die einzige Möglichkeit dar, in die Nationalparks und Schutzgebiete zu gelangen; Fußgängern, Fahrrad- und Motorradfahrern ist der Zutritt untersagt. Das Autofahren ist in Botswana recht unkompliziert, das Verkehrsaufkommen dünn und die Tankstellenversorgung auf den Fernstrecken ausreichend. Weitere Infos für Autofahrer: siehe S. 361, 378.

Mietwagen werden in den größeren Städten Botswanas angeboten. Dennoch empfiehlt es sich, bereits vor Reisebeginn einen Wagen zu reservieren. Dies ist oftmals preiswerter und zudem sicherer, um den gewünschten Wagen auch zu bekommen. Günstiger und vielfältiger als in Botswana ist das Leihwagenangebot in den Nachbarstaaten Südafrika und Namibia. Viele Botswanareisende mieten ihre Fahrzeug denn auch in Johannesburg oder Windhoek an, von wo aus sie dann innerhalb eines Tages auf guten Teerstraßen das Reiseziel Botswana erreichen. Im Internet-Zeitalter organisieren sich zahlreiche Interessenten selbständig ein Fahrzeug in Afrika, was Vor- und Nachteile haben kann. Zwar ergattern findige Preisfüchse so manches Spezial-Mietwagenangebot in Nebensaisonzeiten und haben viel Verhandlungsspielraum, wenn es um eine längere Mietdauer geht (ab 4 Wochen). Aber mit der Selbstbuchung vor Ort steigt auch das Risiko, im etwaigen Schadensfall in Probleme zu geraten, vor allem bei kleineren, regionalen Unternehmen. Deshalb ist dort besonders wichtig, auch das sog. Kleingedruckte genau zu vergleichen. Wer auf Nummer Sicher gehen möchte, reserviert bei einem heimischen Reiseveranstalter, von denen wir die auf S. 334 genannten empfehlen können.

Besonders beliebt und für Botswana durchaus sinnvoll sind (Allrad-)Fahrzeuge mit Campingausstattung und Dachzelt(en), wodurch man wiederum bei den Übernachtungskosten sparen kann. Auch die komplette Campingausrüstung, wie Kocher, Kühlbox, Stühle, Tisch und Geschirr, werden bei den meisten Mietwagenanbietern gleich mit offeriert.

Die **Preise** für Mietwagen variieren je nach Mietdauer und Fahrzeugmodell. Für einem Toyota 4X4 Hilux Single Cab liegt der Tagessatz zwischen 65 und 95 , mit Campingausstattung rund 20 % darüber. Dieser Preis beinhaltet unbegrenzte Freikilometer sowie eine Teilkasko-, Unfall- und Diebstahlversicherung mit 20% Selbstbehalt. Wegen der großen Entfernungen empfiehlt es sich, einen Vertrag ohne Kilometergeld abzuschließen. Nicht wenige Touristen fahren auf einem dreiwöchigen Mietwagen-Trip 5000 bis 8000 km. Bitte beachten: Die meisten Anbieter berechnen zusätzliche Gebühren für Einwegmieten.

Wohin kann ich mit einem normalen PKW (ohne Allrad) reisen?

Die Entscheidung zwischen einem normalen PKW und einem Allrad-Geländewagen fällt vielen Reisenden schwer. Wenn die Kosten keine Rolle spielen, würden wir grundsätzlich ein Allradfahrzeug empfehlen, um sorglos durch Botswana zu reisen. Doch auch mit einem preiswerten Pkw lässt sich eine schöne Rundreise zusammenstellen. So kann man den Südosten Botswanas und den Norden über Francistown und Nata (mit Nata Bird Sanctuary) bis nach Kasane im Pkw prima bereisen. Auch der Abstecher zum Khama Rhino Reserve ist möglich. In Kasane kann man sich dann für die beim Mietwagen eingesparten Kosten Bootsausflüge und geführte Pirschfahrten in den Chobe NP gönnen. Die Weiterfahrt nach Livingstone (Zambia), Victoria Falls (Zimbabwe) oder Ngoma Bridge entlang der geteerten Transitroute durch den Chobe NP sind unproblematisch (von hier geht es aber ohne Allrad nicht weiter in Richtung Savuti und Maun!). Nach Maun gelangen Sie dagegen auf bester Teerstraße von Nata aus oder entlang dem Panhandle von Shakawe aus. Sowohl in Shakawe als auch in Maun haben Sie die Möglichkeit, das Fahrzeug bei einer Lodge unterzustellen und sich für ein paar Tage ins Okavangodelta fliegen zu lassen bzw. einen mehrtägigen Mokoro-Trip zu unternehmen. Die Strecke zwischen Maun und Ghanzi ist ebenfalls durchgehend geteert. Von Ghanzi geht es auf guten Teerstraßen sowohl nach Windhoek (Namibia) als in den Süden des Landes bis Lobatse und Gaborone. Den Kgalagadi Transfrontier NP können Pkw-Reisende auf südafrikanischer Seite bereisen, wo die Pisten keinen Allradantrieb erfordern.

Adressen von Mietwagen-Anbietern

in Deutschland:

- **Nature Trekking:** Armin & Petra Bischoff GbR, Hauptstraße 29, D - 73110 Hattenhofen. Tel. 07164-14261, Fax 07164-909460. email: service@nature-trekking.com; Internet: www.nature-trekking.com. Unsere Empfehlung: Große Auswahl an Camping- und Allradfahrzeugen bei engagiertem Service und mit viel KnowHow.
- **Anja Ostermann:** Kleverstr. 67, D - 40477 Düsseldorf, Tel./Fax 0211-5143032, www.suedafrika-spezialist.de. Reiseveranstalter für Südafrika mit Mietwagen (Allrad und Pkws), mit denen man auch nach Botswana reisen darf.
- **AVIS:** Zimmersmühlenweg 21, D - 61437 Oberursel. Tel. 01805-557755, Fax 217711, Internet: www.avis.de. Internationale Verleihfirma, auch in Botswana, Südafrika und Namibia vertreten.
- **Hertz:** Ginnheimer Str. 4, D - 65760 Eschborn, Tel. 01805-333535, Fax 06196-937289, Internet: www.hertz.com. Internationale Verleihfirma, auch in Botswana, Südafrika und Namibia vertreten.
- **Europcar:** Postfach 620240, D - 22402 Hamburg, Tel. 01805-800000, Fax 040-52018613, Internet: www.europcar.de. Internationale Verleihfirma, auch im südlichen Afrika vertreten.

in Botswana:

- **AVIS Botswana:** email: reservations@avis.co.za, www.avis.co.za. In Gaborone Tel. 3913093, Fax 3912205. Internationales Unternehmen mit Zweigstellen in Gaborone, Maun, Kasane und Francistown (siehe im Reiseteil).
- **Travelwise:** Gaborone, Dennis Todd Office Park, Fairgrounds, Tel. 3903244, email: margaret.mcdonald@bw.hrgworldwide.com. (Reiseagentur mit Mietwagenangeboten)
- **Imperial Car Rentals/Hertz:** Internationales Unternehmen, in Gaborone zweifach vertreten: Flughafen Gaborone, Tel. 3952280, Fax 3904460. Stadtbüro: The Mall, Tel. 3907233 und 3951804, Fax 3912280.
- **Budget Rent-A-Car:** Gaborone, Seretse Khama Road, Tel. 3902030, Fax 3902028, email: botswana@budget.co.za, www.budget.com.

in Namibia:

- **Camping Car Hire:** 36 Joule St., Windhoek, Namibia. Tel. 00264-61-237756, Fax-Durchwahl 237757. email: carhire@mweb.com.na; Internet: www.camping-carhire.de.
- **ASCO Car Hire:** P.O.B. 40214, Windhoek, Tel. 00264-61-233064, Fax 232245 (dt. Leitung), email: info@ascocarhire.com, www.ascocarhire.com
- **Leopard Tours:** P. O. Box 90633, Windhoek, Tel. 00264-61-236113, Fax 236111, email: leopard@leopardtours.com, www.leopardtours.com. Fam. Hausner (österr. Leitung).

in Südafrika:

- **Buffalo Campers:** P. O. Box 536, 2162 North Riding, Johannesburg, Südafrika. Tel. 0027-11-0210385, Fax 86-6064307, email: campers@ buffalo.co.za, Internet: www.buffalo.co.za. Allradfahrzeuge mit Campingausstattung.
- **4x4 Camper:** Rolf Burkhardt, Jet Park in Kempton Park, Johannesburg, Südafrika. Tel. 0027-82-8888438, email: info@4x4camper.com, 4x4camper@gmx.com. Toyota Hilux Doppelkabiner und Landrover mit Campingausstattung. Unter engagierter deutscher Leitung.
- **Campers Corner Rentals:** P. O. Box 48191, Roosevelt Park 2129, Südafrika. Tel. 0027-11-7879105, Fax-Durchwahl 7892327, email: campers@iafrica.com; www.campers.co.za. Hier werden neben Allradfahrzeugen auch Motorräder und Wohnmobile angeboten.
- **Bushlore Africa:** P. O. Box 552, Randburg, Südafrika, Tel. 0027-11-7925300, Fax 7923930, email: info@bushlore.com, Internet: www.bushlore.com. Bietet Pkws, Wohnmobile und Allradfahrzeuge mit Campingausstattung an.
- **Britz Afrika:** P. O. Box 4300, Kempton Park, 1620, Johannesburg, Südafrika, Tel. 0027-11-3961860, Fax 3961937, email info@britz.co.za, www.britz.co.za. Überregional operierendes Unternehmen mit Sitz in Südafrika, aber auch Zweigstellen in Maun und Victoria Falls (Zimbabwe).
- **Maui:** 173 Tulbagh Road, Kempton Park, Johannesburg, SA. Tel. 0027-11-3961445, Fax-Durchwahl 3961757, email: maui@iafrica.com, Internet: www. maui-rentals.com Fahrzeugdepots in Johannesburg, Kapstadt, Windhoek, Harare und Victoria Falls.

Tipps & Infos:

Worauf Mietwagenfahrer achten sollten

- **Mietvoraussetzungen**: Das Mindestalter beträgt je nach Mietwagenanbieter 21–25 Jahre. Voraussetzung sind der Nationale und ein Internationaler Führerschein sowie der Besitz einer Kreditkarte, mit der die Kaution hinterlegt wird.
- **Versicherungen**: Die Haftpflichtversicherung (Third Party Insurance) ist zwingend vorgeschrieben. Zusätzlich werden in der Regel eine Unfallversicherung (Personal Accident Insurance) und eine Diebstahlversicherung (Theft Protection) abgeschlossen. Darüber hinaus wird eine Voll- oder Teilkaskoversicherung (Collision Damage Waiver) angeboten.
- **Fahrzeugausrüstung**: Der Mietwagen sollte unbedingt mit zwei Ersatzrädern und Ersatzbenzinkanistern ausgestattet sein. Ferner gehören folgende Ausrüstungsgegenstände ins Auto: Wagenheber, Radmutterkreuz, Elektrokompressor oder Handpumpe für die Reifen, Spaten, Starthilfekabel, Abschleppseil/Bergegurt, Werkzeugkasten und Fahrzeughandbuch. Als Ersatzteile bzw. Betriebsmittel sollten ein Keilriemen, Bremsflüssigkeit, Motoröl und ggf. Schläuche mitgeführt werden. Für extreme Touren in die Wildnis müssen genügend Kanister für Sprit und Trinkwasser zur Verfügung stehen.
- **Bei Vertragsabschluss klären**: Wie verhält sich der Vermieter bei Pannen; inwieweit besteht ein Rückholservice; schließt die Versicherung irgendwelche Regionen/Gebiete aus, und welche Schäden, z. B. an der Windschutzscheibe, sind abgedeckt? Lassen Sie sich für gewünschte Grenzüberschreitungen ein schriftliches Permit Ihres Vermieters ausstellen!
- **Bei Vertragsabschluss schriftlich verankern**: Etwaige Fahrzeugschäden, damit man nicht später dafür zur Verantwortung gezogen wird; die aktuelle Kilometerzahl; ggf. Einwegmieten; ggf. Permit für Grenzübertritte und entsprechende Versicherungsunterlagen.
- **Fahrzeugcheck bei Abholung**: Wagenheber, Allradantrieb, Kupplung und Bremsen auf ihre Funktionsfähigkeit prüfen; Bereifung des Fahrzeugs, Wasserstand, Batterie und Ölstand checken. Falls vorhanden, den Inhalt der Camping-Gasflasche prüfen.

Bitte beachten Sie auch die Hinweise für Autofahrer, S. 378 und den Grenzübertritt mit Mietwagen, S. 361.

2) Motorrad & Fahrrad

Zwar ist das Land flach, was jedoch nicht zu der Annahme verleiten sollte, dass es sich für einen Fahrradurlaub eignet. Vielmehr sind die immensen Entfernungen zwischen den Ortschaften, die eintönigen Teerstraßen und tiefsandigen Pisten handfeste Argumente, von dieser Reiseart in Botswana Abstand zu nehmen. Ähnliches trifft für Motorradfahrer zu. Sowohl Fahrrad- als auch Motorradfahrern bleibt der Zutritt zu allen Nationalparks verwehrt. Offroad- und Enduro-Freaks können natürlich in diesem riesigen Kalahari-Sandkasten auf ihre Kosten kommen.

3) Öffentliche Verkehrsmittel: Busse, Bahn und per Anhalter

Für Rucksackreisende ist Botswana zwar ein sicheres, aber nicht gerade billiges Reiseland. Das Angebot an öffentlichen Verkehrsmitteln ist mittelmäßig und weitgehend auf den Osten des Landes beschränkt. Vor allem die Nationalparks sind öffentlich kaum zu erreichen, der Zutritt wird außerdem nur mit einem Fahrzeug gestattet. Im Westen geht es manchmal nur mit Trampen weiter, und das erfordert viel Geduld und Optimismus. Auf abgelegenen, tiefsandigen Pisten hat man schlechte Chancen, per Anhalter mitgenommen zu werden, denn die wenigen Fahrzeuge sind oft voll beladen, und die Fahrer haben wenig Ambitionen, ihr Ladegewicht weiter zu erhöhen. Auf gängigen Fernstrecken wird von den Anhaltern eine Fahrtkostenbeteiligung erwartet.

Wer ohne eigenem Fahrzeug durch Botswana reist, wird zwangsläufig auf viele typische und besonders schöne Erlebnisse verzichten müssen, weil ihm der Zugang zu den abgelegenen Schutzgebieten verwehrt bleibt. Daher wäre es sicherlich sinnvoll, sich zumindest für einen Teil des Aufenthalts einer organisierten Safarigruppe anzuschließen (z. B. Campingsafari oder Mokoro-Trip, die vor Ort gebucht werden können).

Bus- und Bahnverbindungen werden jeweils im Reiseteil genannt, s. auch S. 362.

4) Pauschal mit einer Reiseagentur

Botswana bietet ein ziemlich breites Angebot an organisierten Safaris und Rundreisen. Hier wird vom einfachen Lkw für Budget-Traveller (man nennt diese Reisegruppen in Afrika „Overlander") bis zur „Luxussafari á la Hemingway" praktisch alles angeboten. Wer nicht schon vor Reisebeginn bucht, kann sich seine Safari auch problemlos in den touristischen Zentren Botswanas zusammenstellen, insbesondere in Maun. Safaris werden oft auch grenzüberschreitend angeboten, z. B. ab Victoria Falls / bis Maun bzw. ab Windhoek / bis Maun.

Außer den persönlichen Gegenständen, einer Taschenlampe und ggf. einem Schlafsack werden in der Regel alle Bedarfsmittel von der Reiseagentur gestellt. Die meisten Touren finden in englischer Sprache statt. Zumindest bei den anspruchsvolleren Touren werden die Safaris von geschulten und kompetenten Tour-Guides begleitet.

Günstigste Preisklasse, „Budget Safaris":

Die preisgünstigste organisierte Botswanareise ist die klassische Campingsafari, die es in unterschiedlichen Varianten gibt. Man kann sich einem Unternehmen anschließen, das mehrwöchige Rundreisen durch das südliche Afrika anbietet, z. B. Drifters. Alternativ wählt man einen Reiseveranstalter für reine Botswanareisen, z. B. Southern Cross Safaris. Für eine 15-tägige Rundreise durch Botswana sollten etwa 2100-2300 Euro angesetzt werden. Für die klassische 10-Tage-Tour von Maun bis Victoria Falls (mit Okavangodelta, Moremi WR und Savuti) sollte man mit 1400-1800 Euro rechnen, 8 Tage in der Zentralkalahari und dem Okavangodelta kosten etwa ebensoviel. Bei Campingsafaris wird außer Schlafsäcken und Taschenlampen die komplette Ausrüstung gestellt. Man erwartet von den Reisegästen in der Regel etwas Mithilfe beim Spülen und eigenständigen Zeltaufbau. Teamgeist und eine lockere Einstellung sollten hier nicht fehlen. In den Nationalparks campieren die Gruppen meistens auf den HATAB-Camps, die den Reiseveranstaltern aus Botswana vorbehalten sind.

Alternativ kann man in Maun eine mehrtägige sog. Catering-Safari reservieren. Hierbei werden nur der Transport zu einer Insel im Delta (die bei einigen Anbietern außerhalb des Schutzgebietes liegt) und ein einheimischer Führer zur Verfügung gestellt. Der Gast muss bei solchen Touren alles selbst dabei haben (Zelt, Schlafsack, Lebensmittel) bzw. beim Veranstalter zusätzlich mieten. Ein dreitägiger Mokoro-Trip mit Pirschwanderungen kostet komplett etwa 130 Euro (bei min. 4 Pers./max. 10 Pers.). Ein Nachteil dieser preiswerten Ausflüge ist, dass vielfach nur ungelernte und wenig motivierte Guides den Gast begleiten, was dessen Eindrücke erheblich schmälern kann (siehe auch S. 348 und 281).

Seit einigen Jahren werden in Maun auch Campingsafaris in die Parks der Kalahari unternommen. Für eine viertägige Tour sollte man wenigstens 750 Euro ansetzten, während der Hochsaison (Juli bis Oktober, manchmal auch bis Dezember) kommt oftmals noch ein Zuschlag von 50 bis 100 Euro hinzu.

Mittlere Preisklasse, „Solide Rundreisen":

Kombinierte Camping- und Lodgesafaris, bei denen man mal auf Campingplätzen und mal in einfacheren Lodges nächtigt, und Luxus-Campingsafaris mit gehobenen Standard und Service sind schon deutlich teurer (rechnen Sie mit 200-300 Euro pro Tag). Solche Reisen zeichnen sich durch kleine Gruppengrößen, professionelle Reiseleiter, dienstbares Personal und gehobene Küche aus. Eine zweiwöchige Rundreise kostet bei Campingübernachtungen ab 2500 Euro, bei kombinierten oder reinen Lodgesafaris mindestens 3900 Euro. Der Einzelzimmerzuschlag, der bei reinen Campingtouren sehr gering ist, schlägt bei den Lodgesafaris bereits deutlich zu Buche.

Gehobene Preisklasse, die „Verwöhnsafari":

In diese Kategorie fallen Safaris von Lodge zu Lodge mit sehr kleinen Gruppen bis max. 7 Personen und einem ausgezeichneten, erfahrenen Safariguide. Traditionell besucht man hierbei die verschiedenen Camps eines Unternehmens, z. B. von Desert & Delta Safaris. Die Transfers zwischen den einzelnen Camps erfolgen meistens per Flug. 2 Nächte in einem Camp kosten ab/bis Maun etwa 1000 Euro, 5 Nächte in zwei verschiedenen Camps ca. 2300 Euro, 7 Nächte in dreierlei Camps ca. 2600 Euro. Der EZ-Zuschlag beträgt dabei zusätzlich rund 100-170 Euro pro Tag.

Luxusklasse in der Wildnis:

Gerne verwirklichen die Reiseveranstalter individuelle Wünsche und arbeiten auch maßgeschneiderte Safaris für höchste Ansprüche und mit ganz besonderem Service inmitten der Wildnis aus. Solche Luxus-Privatreisen, hierzulande "Tailor Made Safaris" genannt, kosten pro Tag und Person mindestens 350-500 Euro. Zur Crème de la Crème zählt das Abu Camp, wo Wildbeobachtungen auf gezähmten Elefanten stattfinden.

Info: Während der Hochsaison von Juli bis Oktober/November werden die Preise im Okavangodelta teilweise um bis zu 25 % angehoben. Die edlen Lodges arbeiten meistens mit unterschiedlichen Preistabellen und haben dabei viel Spielraum, um bei mangelnder Auslastung mit günstigen Angeboten zu locken.

Europäische Reiseveranstalter für Botswana-Reisen

Travel Team Africa: Adolph-Roemer-Str. 25, 38678 Clausthal Zellerfeld, Tel. 05323-93710, Fax 937119, email: Info@TravelTeam.de, www.travelteam.de

Jacana Reisen: Willibaldstr. 27, 80689 München, Tel. 089-5808041, Fax 5808504, email: jacana@t-online.de, www.jacana.de

Out of Africa: Fürstenrieder Str. 217, 81377 München, Tel. 089-71940401, Fax 71940403, email: outofafrica@t-online.de

Outback Africa: Am Südhang 10, 08645 Bad Elster, Tel. 037437-53804, Fax 53805, email: info@outbackafrica.de, www.outbackafrica.de

Geo Tours: Bernd Spreckels, Schopstr. 17, 20255 Hamburg, Tel. 040-4919832, Fax 4903227, email: bgeotours@aol.com, www.geo-tours.de

Hauser Exkursionen: Marienstr. 17, 80331 München, Tel. 089-23500630, Fax 2913714. www.hauser-exkursionen.de

Bwana Tucke-Tucke Touren: Asternweg 4, 25551 Hohenlockstedt, Tel. 04826-5208, Fax 3371, www.bwana.de

Studiosus Reisen: Postfach 500609, D-80976 München, Tel. 089-500600, Fax 50060100, email: tours@studiosus.com, www.studiosus.com

DUMA Reisen: Ulmer Str. 355, D-70327 Stuttgart, Tel. 0711-8386580, Fax 8386582, www.duma-naturreisen.de

Abendsonne Afrika: Zur unteren Mühle 1, 89290 Buch, www.abensonneafrika.de, Tel. 07343-929780, Fax 929781

Knecht Reisen: Rohrerstr. 100, 5001 Aarau, Schweiz, Tel. 0041-62-8347131, Fax 8347100, www.knecht-reisen.ch

Gebeco GmbH: Holzkoppelweg 19, D-24118 Kiel, Tel. 0431-54460, Fax 5446111, www.gebeco.de.

Windrose Fernreise GmbH: Neue Grünstr. 28, 10179 Berlin, Tel. 030-2017210, Fax 030-20172117, email: info@windrose.de, www.windrose.de

Wikinger Reisen: Kölner Str. 20, 58135 Hagen, Tel. 02331-904785, Fax 904704, www.wikinger-reisen.de

Rotel Tours: Postfach, 94100 Tittling, Tel. 08504-4040, Fax 4926, www.rotel.de

Afrika Plus Reisen: Partnachstr. 6, 81373 München, Tel. 089-7266940, Fax 7296444, www.afrikaplus.de

SA Landprogramm: Blumenstr. 9, 90530 Wendelstein, Tel. 09129-26453, Fax 26658, www.suedafrika-reisen.de

Rotunda Tours: Geroldstr. 20, CH 8010 Zürich, Schweiz, Tel. +41-44-3864666, Fax 3864688, www.rotunda.ch.

Explo Tours: 83102 Ostermünchen, Tel. 08065-9150, Fax 9152, www.explo-tours.de

African Special Tours: Gronauer Weg 31, 61118 Bad Vilbel, Tel. 06101-583053, Fax 583054, www.ast-reisen.de

Karawane Reisen: Postfach 909, 71609 Ludwigsburg, Tel. 07141-28480, Fax 284825, www.karawane.de

Trails Natur- und Erlebnisreisen: Bahnhofstraße 47, 87435 Kempten, Tel. 08 31-1 53 59, Fax 1 28 54, www.trails-reisen.de

aft - afrika tours individuell & steiner reisen: Alpenveilchen-Str. 56, 80689 München, Tel. 089-2323960, Fax 23239623, www.afrika-tours.de

Zingg Event Travel: Langmoosstr. 16. CH-8135 Langnau am Albis, Schweiz, Tel. 0041-1-7092010, Fax 7092050, www.zinggsafaris.com

Ikarus Reisen: Postfach 1220, 61452 Königstein, Tel. 06174-290251, Fax 22952, www.ikarus.com

Afrika Reisedienst: Sexauerstr. 8, 81827 München, Tel. 089-43909537, Fax 43909538, www.afrikareisedienst.de

Uhambo E Africa: Siegesstr. 1, 30175 Hannover, Tel. 0511-284940, Fax 2849444 , www.uhambo.de

Afrikareisen Eggestein: 37075 Göttingen, Goßlerstr. 35, Tel./Fax 0551-3793750, www. unterwegsinafrika.de

Albatros-Tours: Altengassweg 13, 64625 Bensheim, Tel. 06251-2294, Fax 64457, www.albatros-tours.com

Diamir Erlebnisreisen: Loschwitzer Str. 58, 01309 Dresden, Tel. 0351-31 20 77, Fax 31 20 76, www.diamir.de

Dertour GmbH: Emil-von-Behring-Str. 6, 60439 Frankfurt, Tel. 069-958800, Fax 95881010, www.dertour.de

Lernidee Erlebnisreisen: Eisenacher Straße 11, 10777 Berlin, Tel. 030-7860000, Fax 7865596, www.lernidee.de

Reiseservice Afrika: Bauseweinallee 4a, 81247 München, Tel. 089-8119015, Fax 8112753, email: katalog@reiseservice-africa.de, www.reiseservice-africa.de

Olifants Tours GmbH: Wilhelmshauser Str. 3, D-28870 Fischerhude, Tel. 04293- 789889, Fax 789882, www.olifants.de

Venter Tours: Friedrich-Engels-Ring 27, 17033 Neubrandenburg, Tel. 0395-5553185, Fax 5553189, www.ventertours.de

Elefant - Tours: Wippertstr. 2, 79100 Freiburg, Tel. 0761-55655935, Fax 55655939, www.elefant-tours.de

Örtliche Agenturen für Lodges, Camps und Safaris

Preisklasse: L = Luxus, M = Mittelklasse, P = Preiswert

Adventure Safaris: Privat Bag 352, Gaborone. Tel. 3700166, Fax 3700168, www.adventure-safaris.com. (Exklusive Campingsafaris) Preise: M

African Horseback Safaris: P. O. Box 20538, Maun, Tel./Fax 6863154, email: safaris@africanhorseback.com, Internet: www.africanhorseback.com. (Reitsafaris, Macatoo Camp) Preise: L

Afroventures: siehe CCAfrica Safari Destinations

Audi Camp Safaris: P/Bag 28, Maun, Tel. 6860599, Fax 6865388, email: info@okavangocamp.com. Internet: www.okavangocamp.com. (Audi Camp, Mokorotrips ins Delta, mehrtägige Campingsafaris). Preise: M

Bush Ways Safaris: P./Bag 342, Maun, Frau Carina Grüniger, Tel. 6863685, Fax 6800937, www.bushways.com. (Rundreisen und Safaris) Preise: P/M/L

CCAfrica Safari Destinations (Afroventures): P. O. Box 323, Kasane. Tel./Fax 6250340 email: info@ccafrica.com, www.ccafrica.com. In Südafrika: P/Bag X 27, Benmore, Johannesburg 2010, South Africa. Tel. 0027-11-8094300, Fax 0027-11-8094400, email: webenquiries@ccafrica.com. (Zeltsafaris, Fly-In-Safaris, Nxabega Lodge, Sandibe Lodge). Preise: M / L

Cresta Hospitality: Gaborone. Tel. 3912431, Fax 3975376 email: reservations@cresta.co.bw, www.cresta-hospitality.com. Südafrika: Pretoria, Tel. 0027-11-8811200, Fax 11-8811222, email: reservations@crestahotels.com (Cresta Lodge, Presidents Hotel, Riley's Hotel, Marang Hotel, Thapama Hotel, Bosele Hotel, Botsalo Hotel, Mowana Lodge) Preise: M / L

Crocodile Camp Safaris: P. O. Box 46, Maun. Tel. 6800222, Fax 6860040, email: crocamp@info.bw, www.crocodilecamp.com (Crocodile Camp, Gunn's Camp, Makgadikgadi Camp, Mokorotrips, Safaris)

Desert & Delta Safaris: P/Bag 310, Maun. Tel. 6861243, Fax 6861791 email: ddsres@botsnet.bw, www.desertdelta.com. Südafrika: P.O.Box 1200, Paulshof, 2056, Südafrika. Tel. 0027-118073720, Fax 8073480. (Camps Moremi, Okavango, Xugana Island und Lodges Savute Safari Lodge, Chobe Game Lodge, Leroo la Tau Lodge) Preise: L

Drifters: P. O. Box 4712, Cresta, Johannesburg, South Africa. Tel. 0027-11-8881160, Fax 0027-11-8881020, email: drifters@drifters.co.za, www. drifters.co.za, (Mobile Campingsafaris). Preise: P

Drotsky's Cabins: P.O.Box 115, Shakawe, Tel. 6875035, Fax 6875043, (Drotsky's Cabins, Xaro Lodge, Makwena Lodge, Touren zu den Tsodilo Hills). Preise: P/M

Drumbeat Safaris: P. O. Box 20228, Maun, Tel./ Fax 6863096, email: drumbeat@dynabyte.bw, www.drumbeatsafaris.com. (Mobile Luxussafaris) Preise: L

Eco Africa Botswana: P/Bag 371, Maun, Tel. 6862427, www.ecoafrica.com, email: ecoafricasafaris@dynabyte.bw, . (Touren für Kleingruppen mit Spezialinteressen, wie Kultur, Ökologie). Preise: L

Elephant Back Safaris: P./Bag 332, Maun. Tel. 6861260, Fax 6861005, www.elephant-back-safaris.com, email: ebs@info.bw. (Abu's Camp, Elefantenreiten im Delta) L

Footprints in Africa Safaris: P/Bag 502609, Gaborone, Tel./Fax 3922030, email: footprintsafaris@yahoo.com, und in SA: 425 Farenden street, Clydesdale, Pretoria, Tel. 0027-12-3432524. www.footprintsinafrica.com. (Südafrikanische Reiseagentur und Vermittler von Lodges)

Gamtrackers: siehe Orient-Express-Safaris

Ghanzi Trail Blazers: Ghanzi, Tel./Fax 6596169, email: jabuttler@global.bw. (San-Begegnungen). Preise: P/M

Go Wild Tours & Safaris: P. O. Box 56, Kasane. Tel. 6251297, Fax 6250468, email: go.wild@info.bw, (Reiseagentur für Safaris und Camps, wie Shakawe Lodge) Preise: P/M

Grassland Safaris: Neeltje de Graaff, Ghanzi, Tel. 72104270, Fax 72809270, email: degraaff@it.bw, www.grasslandlodge.com. (San-Begegnungen) M/L

Hartley's Safaris: P/Bag 48, Maun, Tel. 6861806, Fax 6860528, email: info@hartleys.co.za, www.hartleys.co.za. In Südafrika: P. O. Box 69859, Bryanston 2021, South Africa. Tel. 0027-11-7081893, Fax 0027-11-7081596, (Reisevermittler für Lodges und Touren in Botswana) Preise: L

Janala Tours & Safaris: Kasane, Tel. 6251775, www.janalasafaris.com. (Water Lily Lodge) Preise M

Kalahari Sunset Safaris: P. O. Box 651, Ghanzi, Tel. 72964333, Fax 596959, www.kalaharisunset.com. (Khurrthum Khwe Camp, San-Begegnungen) L

Karibu Safaris: Privat Bag 39, Maun. Tel. 6861225, Internet: www.karibu.co.za. (Mobile Zeltsafaris mit gehobenem Standard). Preise: M

Ker & Downey: P. O. Box 27, Maun. Tel. 6860375, Fax 6861282, email: info@kerdowney.bw, www.kerdowneybotswana.com. (Shinde Island Camp, Machaba Camp, Camp Kanana, Camp Okuti, Camp Savannah, Edo's) Preise: L

Kgori Safaris: P/Bag 146, Maun, Tel. 6865788, Fax 6865787, email: mankwe@info.bw, www.mankwe.com. (Mankwe Bush Lodge, Mogotlho Lodge, Mboma Island, Campingsafaris in Nordbotswana). Preise: M/L

Kwando Safaris: P. O. Box 550, Maun, Tel. 6861449, Fax 6861457, email: info@kwando.co.za, www.kwando.co.za (Kwando Lagoon Camp, Kwando Lebala Camp, Little Kwara Camp) Preise: L

Linyanti Explorations: P. O. Box 22, Kasane. Tel. 6250505, Fax 6250352, email: info@selindareserve.com, www.selindareserve.com. (Zibalianja Camp, Selinda Lodge, Motswiri Camp) L

Lloyd Wilmot Safaris: P. O. Box 37, Maun. Tel./Fax 6862615, email: lloydlws@botsnet.bw Internet: www.wilmotsafaris.com (Safaris) Preise: M/L

Lodges of Botswana: P. O. Box 39, Maun. Tel. 6861154, Fax 6860589, email: info@lodgesofbotswana.com, www.lodgesofbotswana.com. In Südafrika: P. O. Box 3666, Rivonia, South Africa (Oddball's, Delta Camp) L

Maplanga Africa: P. O. Box 210, Maun, Tel./Fax 6863011, email: info@maplanga.co.za, www.maplanga.co.za. Tel. SA 0027-11-7941446(preiswerte Campingtouren). Preise: P/M

Moremi Safaris & Tours: Privat Bag 26, Maun. Tel. 6860351, email: botswana@moremi.co.za, info@moremi-safaris.com, Fax 6860571, Internet: www.moremi-safaris.com. In Südafrika: P. O. Box 2757, Cramerview, 2060, South Africa. Tel. 0027-11-4633999 Fax 0027-11-4633564. Vertretung in der BRD: A. Lindstedt, Am Südhang 25, 32760 Detmold, Tel./Fax 05231-47820. (Xakanaxa Camp) Preise: L

Okavango Horse Safaris: P/Bag 23, Maun. Tel. 6861671, Internet: www.okavangohorse.com, email: safaris@okavangohorse.com, Fax 6861672. (Reitsafaris im Delta, Kulwana Camp, Mokolwane Camp, Kiri Fly Camp) Preise: L

Okavango Tours & Safaris: siehe Lodges of Botswana

Okavango Wilderness Safaris: siehe Wilderness Safaris

Orient-Express-Safaris (ehemals Gametrackers)**:** P. O. Box 100, Maun. Tel. 6860302, Fax 6860153. In Südafrika: P. O. Box 786432, Sandton 2146, Tel: 0027-21-4831600, Fax 4225045, email: reservations@orient-express-safaris.com, Internet: www.orient-express-safaris.co.za. (Khwai River Lodge, Eagle Island Camp, Savute Elephant Camp) Preise: L

Papadi Safaris & Tours: Maun, Tel. 71620855, www.papadisafaris.co.bw. In Südafrika: P.O.Box 841, Sundowner, 2161, Johannesburg. Tel. 0027-82-4634680, Fax 4783486, email: papadi@info.bw. (Rundreisen in Kleingruppen). Preise: M/L

Penduka Safaris: P. O. Box 66, Maun. Tel. 6864539, Fax 6864540, email: safaris@penduka.com.na, Internet: www.pendukasafaris.co.na. (Rundreisen, Sitatunga Camp). Preise: M/L

Sanctuary Lodges: P./Bag X 45, Maun. Tel. 6862688, email: southernafrica@sanctuarylodges.com, Fax 6863526, Internet: www.sanctuarylodges.com. (Chiefs Camp, Stanley's Camp, Baines Camp, Chobe Chilwero Lodge) Preise: L

Uncharted Africa Safaris: P. O. Box 173, Francistown, Tel. 2412277, email: safari@capecairo.com, Fax 2413458, www.capecairo.com. In Südafrika: P. O. Box 1996, Northriding 2162, Tel. 0027-11-4629448, Fax 4629447. (Jack's Camp, San Camp Makgadikgadi-Salzpfannen) speziell: Quad-Bike-Fahrten Buschmann-Trips, Kubu Island, Zeltsafaris) Preise: L

Wilderness Safaris: Privat Bag 14, Maun. Tel. 6860086, Fax 6860632. In Südafrika: P. O. Box 651171, Benmore 2010, SA, Tel. 0027-11-8841458, Fax 8836255, email: enquiry@wilderness.co.za, Internet: www.wilderness-safaris.com. (Abu Camp/Villa Okavango, Selinda Camp, Mombo Camp & Little Mombo Camp, Chitabe Lediba Camp, Duba Plains Camp, Xigera Camp, Vumbura Camp, Jao Camp, Kwetsani Camp, Zarafa Camp, Kings Pool Camp, Duma Tau Camp, Savuti Camp, Tubu Tree Camp, Jacana Camp) Preise: L

Die Unterkünfte: Hotel, Lodge oder Camping

Gaborone, Francistown, Lobatse, Kasane, Maun und Selebi-Phikwe verfügen über gute bis sehr gute Hotels mit internationalem Standard. Im Okavangodelta und am Chobe befinden sich exklusive Lodges und Camps, die sich durch ihre exponierte Lage, sehr persönlichen Service und ein ausgefeiltes Ausflugsprogramm auszeichnen. Im Luxus- und First-Class-Bereich ist das Angebot verwirrend groß, die Mittelklasse ist dagegen nur schwach vertreten, und typische Backpackerunterkünfte fehlen fast gänzlich. Camping stellt für viele nicht nur die preisgünstigste, sondern auch beliebteste Variante dar, erfordert aber eine entsprechende Grundausrüstung.

Hotel / Guesthouse

In Botswanas größeren Städten und Ortschaften findet der Reisende Hotels von allgemein gutem bis gehobenem Standard, die vielfach für den Geschäftsreisenden zugeschnitten sind. Unsere persönliche Empfehlung für ein ausgezeichnetes Preisleistungsverhältnis und freundlichen Service gilt der Cresta-Hotelgruppe, die in mehreren Städten vertreten ist. „B&B Guest House" nennt sich die hiesige Variante der Frühstückspension und bildet ein beliebtes Segment im Mittelklassebereich. Die Abrechnung von Hotels und Gästehäusern erfolgt meist in US$ oder Pula.

Safari Lodges & Camps

Unter einer klassischen afrikanischen Lodge versteht man eine kleine Anlage aus riedgedeckten Chalets oder Bungalows, die sich locker um einen halboffenen zentralen Aufenthaltsraum (Lapa oder Boma genannt) gruppieren. Oftmals ersetzen hochwertige Safarizelte die Bungalows. Sie sind vorzugsweise kunstvoll, aber rustikal aus natürlichen Baustoffen gefertigt (viel Holz und Stroh finden Verwendung) und liegen einsam und idyllisch in der Wildnis. Für nur 10-18 Gäste konzipiert, schaffen die engagierten Manager und ihre zahlreichen Helfer mitten im Busch ein perfektes Klischeebild, lassen den uralten Traum von der Romantik Afrikas wahr werden. Hier dreht sich alles um die Natur und die Tiere, werden die Gäste mit Aufmerksamkeit verwöhnt und umsichtig an die „Gefahren Afrikas" heran geführt, ohne dabei je auf das komfortable, bisweilen auch elitäre Ambiente verzichten zu müssen. So viel Exklusivität hat ihren stolzen Preis, denn die kostenintensiven Transportwege in die Wildnis und der hohe Personalaufwand für wenige Gäste schlagen sich im Preis nieder. Dabei bleiben die Anlagen eher zweckmäßig und die kulinarischen Freuden gut bürgerlich; Luxuseinrichtungen und meterlange Buffets wie z. B. in Asien, sollte man trotz des Preises nicht erwarten.

Safarilodges müssen fast ausnahmslos vorreserviert werden und grenzen sich bewusst vom Individualreisenden ab. Hier kann man keinesfalls „auf ein Bier" vorbei schauen. Das Vorreservierungssystem geht so weit, dass Lodgemanager oft gar nicht einmal die Preise ihrer Unterkunft kennen, weil alles vom Büro in Maun oder Johannesburg aus geregelt wird. Die Preise weichen dann auch stark voneinander ab; so kann man günstige „Packages" (Angebote für mehrere Tage bzw. mehrere Camps eines Unternehmens) ergattern oder bei europäischen Veranstaltern billiger buchen als direkt vor Ort. Hier lohnen sich Preisvergleiche, vor allem in der Nebensaison. Einmal in der Lodge angekommen, kann man kaum noch Geld ausgeben, denn üblich ist das All-Inclusive-System (Vollpension, alle Aktivitäten inklusive). Unterschiede gibt es bei den Getränken, dem Wäschedienst (Laundry) und der An- und Abreise (Transfers), die teilweise inklusive sind, manchmal aber auch extra abgerechnet werden. Alle Zahlungen vor Ort sind dann üblicherweise in US$ zu tätigen.

Camping

Camping ist nicht nur eine Preisalternative, sondern bei vielen Reisenden aus Überzeugung die erste Wahl. Vor allem, wenn man im eigenen Fahrzeug mit Grundausstattung zum Campen und Kochen unterwegs ist, gönnt man sich mit dieser Reiseart die ganz große persönliche Freiheit und die Nähe zur Natur. Die botswanischen Nationalparks bieten Individualreisenden nur die Campingoption; andere Unterkünfte fehlen, wenn man von den exklusiven Lodges in einigen Gebieten absieht. Besonders bewähren sich Dachzelte (auf dem Fahrzeugdach aufgeschraubte Klappzelte), die durch ihren Abstand zum Boden vor allerlei kleinen und größeren Tieren schützen.

Die Campingplätze der Städte sind in der Regel ausgestattet mit akzeptablen Sanitäreinrichtungen, wie z. B. Warmwasserduschen, mit Bar, Restaurant, teilweise Stromanschluss und Grillstellen. Darüber hinaus stehen hier oftmals **Chalets** oder **Bungalows zur Selbstversorgung** zur Verfügung (mit Kochnische, Kühlschrank, Kocher, Strom). Staatliche Campsites in den Nationalparks sind einfach, sie werden aber allmählich ausgebaut (siehe S. 364). Wildcampen ist überall im Land außerhalb der Schutzgebiete möglich, und fast immer ist ein einsames Plätzchen problemlos zu finden.

Wie sicher ist (Wild-)Camping in Botswana?

Zur persönlichen Sicherheit vor kriminellen Übergriffen: In den einsamen Weiten Botswanas sind kaum menschliche Übergriffe zu erwarten und bisher auch nicht bekannt geworden (wir gehen davon aus, dass sich niemand in Sichtweite städtischer Vororte ausbreitet). Obwohl ebenfalls unwahrscheinlich, wird man nachts eher von Wildtieren besucht werden. Beachten Sie daher bitte die Verhaltenstipps auf S. 382f. Es ist wichtig, das Nachtlager niemals auf Wildtier-Pfaden (Elefanten, Flusspferde) aufzuschlagen und nach Einbruch der Dunkelheit nicht mehr zu Fuß das Camp zu verlassen. Man nächtigt grundsätzlich nur im Auto oder geschlossenen Zelt, keinesfalls unter freiem Himmel. Namibia-erfahrene Reisende werden noch eine viel zitierte Warnung kennen: Campen Sie nie in trockenen Flussbetten! Innerhalb weniger Stunden können diese nach (durchaus weit entfernten) Regenfällen zu reißenden Bächen anschwellen.

Die Reiseplanung ist immer eine individuelle Angelegenheit und unterliegt den persönlichen Neigungen. Empfehlungen sollten daher nur als Richtwerte angesehen werden. Wir raten ganz grob zu folgender Aufenthaltsdauer je Besichtigungspunkt oder Nationalpark:

Chobe NP	3-5	Nächte
Moremi WR	4-6	Nächte
Okavangodelta	4	Nächte
Tsodilo Hills	1-2	Nächte
Panhandle	2-3	Nächte
Aha Hills/Drotsky's Cave	2-3	Nächte
Makgadikgadi & Nxai Pan	3-4	Nächte
Kubu Island	1	Nacht
CKGR	4-6	Nächte
Khutse GR	2-3	Nächte
Kgalagadi Transfrontier Park	4-6	Nächte
Khama Rhino Reserve	1-2	Nächte
Tuli Block	2	Nächte
Nata Bird Sanctuary	1	Nacht
Gaborone	1-2	Nächte
Maun	1-2	Nächte
Kasane	1-2	Nächte

Reiserouten–Planung

Gestalten Sie das Reiseprogramm möglichst abwechslungsreich. Die Vielfalt Botswanas lässt sich am besten entdecken, wenn man neben dem Okavangodelta auch trockene Kalahariregionen, wie Savuti, die Makgadikgadi-Salzpfannen oder die Zentralkalahari besucht.

In einem Nationalpark sollte man immer mindestens zwei, besser drei bis fünf Nächte bleiben. Im Okavangodelta empfiehlt es sich für einen breiteren Gesamteindruck, nach einigen Tagen das Camp zu wechseln.

Wenn Vogelbeobachtungen den Schwerpunkt Ihrer Reise darstellen, sollten Sie die Region Kasane/Kazungula unbedingt besuchen (beste Zeit: Oktober bis April). Außerdem sind Panhandle, Okavangodelta und Kalahari (Kalahari Transfrontier Park) sehr empfehlenswert.

Kulturell Interessierte besuchen die Tswana-Ortschaften Mochudi, Molepolole, Kanye und Serowe, ferner Etsha am Panhandle und die San-Siedlungen um Ghanzi, Hukuntsi, an den Tsodilo Hills und den Aha Hills.

Auch sportlich aktive Reisen sind in Botswana möglich: Reiten im Delta und Quadbike-Fahren auf der Ntwetwe Pan, Motorradtrips über die Salzpfannen, Wandern an den Tsodilo Hills, Bootstouren auf dem Okavango...

Planen Sie lieber großzügig, als zu gedrängt. Klimawechsel und Kulturschock wollen erst verdaut werden, an manchen Plätzen möchte man spontan länger bleiben als ursprünglich geplant. Planen Sie auch Puffertage ein!

Reisen mit Kindern

Generell spricht nichts dagegen, mit Kindern nach Botswana zu reisen, wie es viele Familien aus Südafrika praktizieren. Familien mit Kindern reisen fast immer mit einem Auto, was sie unabhängig macht und viel Proviant und Gepäck mitzunehmen ermöglicht. Diese Vorteile wiegen bei Kleinkindern um so stärker, denn die Versorgung mit kleinkindgerechten Lebensmitteln oder Windeln ist außerhalb der Großstädte sehr dünn.

Afrikaner sind ausgesprochen kinderfreundlich und begegnen ihnen überall geduldig und liebevoll. Die Eindrücke, die eine Botswanareise bei Kindern hinterlassen kann, zählt sicherlich zu den großartigsten Erlebnissen. Kinder zeigen gerade Tieren gegenüber eine starke Faszination. Nicht von der Hand zu weisen ist jedoch die medizinische Lücke bei ausgedehnten Reisen ins Landesinnere und in den Naturschutzzonen. Eine intensive Gesundheitsvorbereitung und eine gute Reisekrankenversicherung, möglichst auch der Abschluss einer Flugrettungsversicherung, sind anzuraten. Ferner sollte man sich bewusst sein, dass Kinder in Wildgebieten viel stärker gefährdet sind als Erwachsene (Paviane oder Hyänen attackieren Kinder eher als Erwachsene). Hier ist die volle Aufmerksamkeit und Eigenverantwortung der Eltern gefordert. Übrigens: Die meisten Lodges und Camps in den wildreichen Nationalparks nehmen aus Sicherheitsgründen und wegen der Unruhe, die Kinder erzeugen, keine kleineren Kinder (unter 12 Jahren) auf.

Frauen allein unterwegs

Alleinreisende Frauen werden in Botswana in der Regel frei von Belästigungen reisen, wenn sie sich an ein paar Standardverhaltensweisen halten: Keine aufreizende Kleidung zu wählen, sondern z. B. die Beine bedeckt halten und auf einen allzu freizügigen Ausschnitt verzichten, der vielleicht falsch verstanden werden könnte. Nur tagsüber unterwegs sein, nächtliche Fahrten oder Spaziergänge meiden, und möglichst nicht per Anhalter fahren, vor allem nicht auf einsamen Strecken. Bei Männerbekanntschaften Zurückhaltung üben und sich eher reserviert geben. Diese Regeln gelten im Grunde weltweit. Botswana hat – wie viele Länder im südlichen Afrika – einen guten Ruf bei alleinreisenden Frauen, da hier die Toleranz und Achtung gegenüber fremden Frauen auch ohne männlicher Begleitung hoch ist. Einheimische Frauen führen hier oft einen sehr selbständigen Alltag, indem sie resolut Farmen bewirtschaften, rustikale Fahrzeuge steuern und – die weißen Frauen eher – als Arbeitgeber auftreten. So hat sich das Bild der selbstbewussten (weißen) Frau in Afrika verankert und erleichtert die Stellung ihrer Geschlechtsgenossinnen auf Reisen. Erfahrene weibliche Afrikareisende erfinden beim Small Talk mit Einheimischen dennoch gerne einen Ehemann und Kinder, die nur gerade abwesend sind, wodurch die Situation für Afrikaner viel mehr allgemeinverständliche Normalität erhält, als die Geschichte einer selbstbewussten emanzipierten Single-Frau. Denn Familie und Mutterschaft gelten hier unangefochten als wichtigste Eckpunkte im Leben einer Frau.

Reiseausrüstung

Tipp Wer auf seiner Reise mit kleinen Zubringerflügen unterwegs ist, z. B. zu einer Lodge im Okavangodelta, sollte die Gepäckbeschränkung auf 10-12 kg pP im Auge behalten (es besteht die Möglichkeit, überzähliges Gepäck im örtlichen Büro des Veranstalters unterzustellen). Verwenden Sie keine sperrigen Hartschalenkoffer, die auf einer Botswanareise denkbar unpraktisch sind und leicht beschädigt werden. Am besten eignen sich weiche Reisetaschen, die staubfest und abwaschbar sind.

Persönliche Dokumente

Wichtigstes Dokument: der gültige Reisepass. Packen Sie ferner den Internationalen Impfpass und ggf. den Internationalen Führerschein ein. Von allen Dokumenten sollte man Kopien dabei haben und stets an getrennten Plätzen verwahren. Flugtickets nicht vergessen und wichtige Rufnummern für Notfälle (die Servicenummern der Kreditkarten, der Auslandskrankenversicherung etc). Empfehlungen zur Reisekasse: siehe S. 350.

Kleidung & Kleideretikette

Generell eignen sich für eine Botswanareise leichte Sommerkleidung und (für kalte Nächte) ein dicker, wärmender Pulli bzw. eine entsprechende Jacke. Auf Safari kleidet man sich salopp **in gedeckten Naturfarben** und trägt knöchelhohe, bequeme Lauf- oder Wanderschuhe. Großer Beliebtheit erfreut sich das khakifarbene Safarioutfit, das man z. B. in den Boutiquen und Hotelläden vor Ort erstehen kann. Campingreisende sollten nicht vergessen, Badeschlappen mitzunehmen, die auch nass werden dürfen, etwa unter der Dusche. Sonnenhut, Badekleidung und Regenschutz nicht vergessen! Auch in den Lodges trägt man legere Kleidung, Abendgarderobe ist dort unpassend. In den Hotels und Restaurants der großen Städte wird nach Sonnenuntergang der sog. Formal Dress erwartet, d. h. lange Hose und möglichst Jackett und Krawatte für Herren, keine Jeans oder Shorts. Frauen können auf Safari problemlos Shorts tragen.

Sonstiges

- Fotoausrüstung mit Ersatzbatterien und Filmen
- Ladegerät für Kameraakkus
- Fernglas, Sonnenbrille, Kopfbedeckung, Taschenlampe, Feuerzeug, Taschenmesser, Flaschenöffner, Wasserflasche, Nähzeug, Adapter für Steckdosen, Wörterbuch, Landkarten, Reiseführer, Lesestoff, Reiseapotheke
- Bei Bedarf Ersatzteile, Mikropur (Tabletten oder Pulver) zur Entkeimung des Trinkwassers, Zelt, Schlafsack und Moskitonetz (für die Tropen empfohlene Maschenweite: 1,2x1,2 mm bzw. 180-200 mesh/square inch)
- Für Mokorofahrten sind ein Regenschirm als Sonnenschutz und wasserdichte Taschen für die Fotoausrüstung eine hilfreiche Sache

Geschenke & Mitbringsel

Im modernen Botswana gibt es weniger Gelegenheiten, Geschenke zu verteilen, als in vielen anderen Ländern Afrikas. Der hohe Lebensstandard vieler Batswana lässt das Verteilen von wohlmeinenden Mitbringseln, wie Kleidung und Schreibstifte, manchmal etwas unpassend erscheinen. Nicht so bei den Buschleuten, die im Gegensatz zu den Batswana häufig in großer Armut leben und Kleidung, Schuhe, aber auch Alltagsgegenstände, gerne annehmen.

Verteilen Sie ihre Geschenke aber bitte nicht wahllos, sondern nur an Menschen, mit denen Sie in Beziehung stehen (dem Wildhüter nach der Safari; der Frau, die Ihre Wäsche gewaschen hat; Kindern, die Holz gesammelt und ein Lagerfeuer gemacht haben). Es gilt stets abzuwägen zwischen einer möglicherweise sogar beschämenden, peinlichen Situation für den Beschenkten und sinnvoller Hilfsbereitschaft. Auch sollte man bedenken, dass allzu freigiebiges Schenken die Bettelei fördert. Deswegen ist ausgerechnet das beliebte Beschenken von Kindern kritisch: nicht selten verzichten Kinder auf den Schulbesuch, wenn sie die Touristen als einträgliche Geldquelle entdeckt haben. Damit entsteht ein nicht beabsichtigter, aber dennoch verheerender Kreislauf. Wer einem Kind etwas Gutes tun möchte, sollte deshalb lieber seine Mutter beschenken.

GPS-Satellitennavigation

Grundsätzlich sind die in diesem Reiseführer beschriebenen Touren aufgrund unserer detaillierten Routen- und Wegbeschreibungen auch ohne eine GPS-Ausrüstung (Satellitennavigationsgerät) machbar. Dennoch erweisen sich die GPS-Geräte zur Absicherung auf anspruchsvollen, einsamen Routen, zur Orientierung in der Wildnis und auch zum Auffinden abseits gelegener Orte als ungemein nützlich. Wir veröffentlichen daher in diesem Buch zahlreiche eigens ermittelte, sinnvolle Koordinaten (im Text bzw. auf den Landkarten). Alle GPS-Angaben folgen dem Kartendatum WGS 84. Zur Vereinfachung haben wir die letzte Ziffer gerundet. Geringfügige Abweichungen von ca. bis zu 30 m sind aufgrund von Messungenauigkeiten nicht auszuschließen.

Darüber hinaus haben wir eine GPS-Daten-CD für Botswana zusammengestellt. Für Extremtouren in Botswanas Wildnis bietet diese Daten-CD Hunderte weitere eigens ermittelte GPS-Daten, zahlreiche Detailskizzen und zusätzliche Extremroutenbeschreibungen. Detaillierte Informationen zu den Inhalten finden Sie auf den Seiten 399/400 sowie im Internet: http://www.hupeverlag.de/Botswana/GPS-CD_Botswana/gps-cd_botswana.html (mit Leseprobe).

Wie kommt es zu abweichenden KM-Entfernungsangaben im Buch, auf fremden Landkarten, auf Wegweisern und dem eigenen Tacho?

✘ Beginn- und Endpunkt wurden unterschiedlich gemessen (z. B. am Ortseingang, im Ortszentrum oder am Ortsausgang).

✘ Umrechnungsfehler auf Landkarten (z. B. von Meilen zu Kilometerangaben).

✘ Wegweiser werden manchmal nicht ausgetauscht, obwohl sich die Straßenführung inzwischen veränderte.

✘ Tachoabweichungen von bis zu 5 % sind bei allen Fahrzeugen normal.

✘ Die meisten der im Buch genannten Entfernungen wurden mit unseren eigenen Fahrzeugen ermittelt. Häufig lagen unsere Messungen dabei etwas niedriger, als die Wegweiser und Schilder am Straßenrand ausgewiesen hatten.

GESUNDHEITSVORSORGE

Auch der schönste Urlaub ist verdorben, wenn man unterwegs krank wird. Bevor Sie nach Botswana reisen, sollten Sie deshalb an einen **Besuch beim Tropenarzt** denken, besonders wenn es sich um Ihre erste Reise ins subtropische Ausland handelt.

Zu einer rundum gesunden Afrikareise gehört zunächst auch eine **„gesunde Lebenseinstellung"**. Medien und umsatzorientierte Apotheker zeichnen gelegentlich ein überzogenes Bild von den Gefahren Afrikas. Ein gesunder Mensch mit intaktem Immunsystem wird auch in Afrika mit allerlei Bakterien und Viren fertig bzw. kommt auf einer durchschnittlichen Reise mit Vielem gar nicht in Berührung. Auch die psychische Einstellung und das Zutrauen in den eigenen Körper sind von Bedeutung. Viele Krankheiten lassen sich durch ein **vernünftiges, vorbeugendes Verhalten** vermeiden. Dazu zählen: Sich vor zu starker Sonneneinstrahlung schützen, täglich auf genügend Flüssigkeitszufuhr achten (über den Durst hinaus trinken, damit der Urin stets hell gefärbt ist), auf Nahrungsmittel von zweifelhafter Herkunft verzichten, kein ungefiltertes Wasser zu sich nehmen (auch nicht zum Zähneputzen), selbst kleine Wunden Ernst nehmen, für ausreichend Schlaf sorgen, bei Unpässlichkeit (Magenproblemen) Ruhepausen einlegen, krassen Temperaturunterschieden mit angemessener Kleidung begegnen und nur gut durchgebratenes Fleisch zu sich nehmen. Darüber hinaus sollte man sich natürlich unbedingt über typische Krankheiten im südlichen Afrika informieren und entsprechend vorbeugen. Das zentrale Thema Nr. 1 ist sicherlich die Frage nach der Malariagefahr und -vorsorge.

Malaria

Malaria ist eine Blutinfektion, die durch den Stich der infizierten, weiblichen Anopheles-Mücke übertragen wird. Während die Mücke Ihr Blut abzapft, dringen die Malariaparasiten in die Blutbahn und wandern in die Leber. Dort vermehren sie sich, werden von Zeit zu Zeit ausgeschüttet (Fieberattacke) und zerstören die roten Blutkörperchen. Es gibt **vier Malariaarten**: Malaria Tertiana, Malaria Quartana, Malaria Ovale und Malaria Tropica. Die drei ersten Arten verbleiben in der Leber und können bei Nichtbehandlung zur chronischen Erkrankung führen. Lebensgefährlich und leider auch die häufigste Erkrankung in Afrika, ist die **Malaria Tropica**. Wenn die Diagnose rechtzeitig gestellt wird. ist jedoch jede Malaria behandelbar und heilbar. Pro Jahr werden in der BRD rund 900 „importierte" Malariainfektionen gemeldet, wovon ein großer Teil im tropischen Afrika erworben wurde. In Botswana ist Malaria überwiegend auf die feuchten Gebieten des Nordens beschränkt. Während und nach der Regenzeit ist das Risiko deutlich stärker als zum Ende der Trockenzeit. **Der beste Schutz vor Malaria ist die Vorbeugung:** Mückenstiche vermeiden, unbedeckte Hautstellen mit Insektenschutzmitteln einreiben (von Zuhause mitbringen oder vor Ort besorgen, z. B. „Peaceful Sleep", ein preiswertes, wirksames Spray bzw. Repellent), Moskitospiralen verwenden, abends hautbedeckende Kleidung tragen, sich in moskitogeschützten Räumen aufhalten und unter einem Moskitonetz schlafen (dies wird in Lodges und Camps normalerweise gestellt, auch bei gemieteten Dachzelten gehört es zur Standard-Ausstattung).

Zur medikamentösen Vorbeugung (**Prophylaxe**) wird von deutschen Ärzten die Einnahme von Mefloquin (Lariam) empfohlen (hoher Schutz vor Malaria Tropica, aber nur bis zu 3 Monate lang anwendbar, da starke Nebenwirkungen und evtl. auch Unverträglichkeit), die WHO empfiehlt eine Kombination aus Chloroquin (Resochin) und Proguanil (Paludrine). Für Kurzzeitreisen bis zu 4 Wochen gibt es auch das teurere Medikament Malarone, welches ähnlich guten Schutz bietet wie Lariam, aber deutlich weniger Nebenwirkungen verursacht. Viele Reisende (vor allem Viel- und Langzeitreisende) bevorzugen, auf medikamentöse Vorbeugung zu verzichten, und dafür ein Stand-By-Präparat mitzunehmen, welches bei malariaverdächtigen Symptomen eingenommen wird. Dazu eignen sich Medikamente wie Malarone oder Lariam. Seit einiger Zeit stehen auch die Heilmittel Artenam und Riamed zur Verfügung. Näheres zum Thema Malaria finden Sie außerdem auf unserer Homepage www.hupeverlag.de. Die Entscheidung über die Art der Prophylaxe muss aufgrund der Reisezeit, des konkreten Reiseziels, der Reisedauer und auch des Reisestils individuell – am besten nach Absprache mit einem **versierten Facharzt** – getroffen werden. Das größte Malariarisiko besteht zwischen Januar und Mai, das geringste zwischen Juli und Oktober. Die trockenen Kalaharigebiete sind nahezu ganzjährig moskitofrei. Eine Prophylaxe bietet keinen 100%igen Malariaschutz; doch eine trotzdem ausbrechende Erkrankung verläuft dann meistens etwas flacher. Leider vergrößert eine Prophylaxe aber auch das Risiko der Spätdiagnose, weil die Erreger schlechter im Blut identifizierbar sind. Der goldene Weg wurde also noch nicht gefunden, was die Malaria angeht, und erfordert eine eigenverantwortliche Entscheidung des Reisenden.

Kommt es zu einer **Malariainfektion**, treten die ersten Symptome 8 bis 20 Tage nach dem Mückenstich auf. Typisch sind vor allem hohe Fieberanfälle, die nach einigen Stunden wieder abklingen. Weitere Symptome sind Kopf- und Gliederschmerzen, schweres Krankheitsgefühl, aber auch Brustschmerzen und Schüttelfrost-Schwitzanfälle. Einzige sichere Diagnose ist der Nachweis von Parasiten im Blut. Die örtlichen Krankenhäuser sind meistens rasch in der Lage, eine Malariainfektion zu diagnostizieren. Generell wird hier pragmatisch gehandelt nach dem Motto: jedes unklare Fieber gibt Anlass zu Malariaverdacht, bis das Gegenteil bewiesen ist. Folglich schreitet man im Zweifelsfall lieber auch ohne „Beweis" zur Malariabehandlung, als durch lange Untersuchungen Zeit zu verlieren. Da eine Prophylaxe das Ausbrechen der Malaria unter Umständen nur verzögert, kann es auch noch Wochen nach der Rückkehr aus Botswana zur Erkrankung kommen. Wenden Sie sich deshalb bei fiebrigen Krankheitsanzeichen gleich an einen Tropenfacharzt, um eine mögliche Fehldiagnose zu vermeiden. Sicherheitshalber sollten Sie bei entsprechenden Krankheitsfällen Ihren Arzt auch noch nach mehreren Monaten auf die zurückliegende Urlaubsreise aufmerksam machen.

Bilharziose

Bilharziose ist eine chronische Infektionskrankheit, die man sich weltweit in tropischen Regionen in stehendem oder leicht fließendem Süßwasser mit Uferbewuchs einhandeln kann. In dieser Umgebung lebt eine spezielle Wasserschnecke, die als Zwischenwirt der Erreger fungiert. Als torpedoförmige Zerkarien lösen sie sich von der Wasserschnecke, um im Wasser menschliche Haut aufzuspüren und unbemerkt zu durchbohren. Über die Venen nisten sie sich dort im Darm oder der Blase ein und wachsen zu Würmern heran, die bis zu 15 Jahre lang überleben können. Die Symptome einer chronischen Infektion sind Fieber, Schwachheit und erst sehr spät blutiger Urin. Bei Touristen wird eine Erkrankung meistens erst bemerkt, wenn routinemäßig nach einer Fernreise eine Untersuchung beim Facharzt gemacht wird (Antikörper sind aber erst mehrere Wochen nach der Infektion erkennbar). Die recht unkomplizierte Behandlung besteht heute aus einer Einmaldosierung mit dem Medikament Biltricide. Um eine Schistosomiasis-Infektion zu vermeiden, sollten Sie nicht in stehenden oder nur schwach fließenden Gewässern baden. Das Okavangodelta gilt teilweise als infiziert und in anderen Bereichen als unbedenklich; eine verbindliche Aussage wird aber auch vor Ort niemand treffen können.

Gelbsucht / Leberentzündung

Hepatitis A wird durch mangelnde Hygiene und infizierte Nahrungsmittel (Wasser, Salate, Obst) übertragen. Die Leberinfektion ist nicht lebensbedrohlich, aber langwierig in der Ausheilung. Die schwerwiegendere, seltenere Hepatitis B (Serumhepatitis) wird dagegen durch direkten Blutkontakt oder den Austausch von Körperflüssigkeiten übertragen. Neben den allgemein gültigen Vorsorgemaßnahmen besteht die Möglichkeit einer passiven Immunisierung gegen Hepatitis A für einige Monate durch die Injektion von Immunglobulinen (Stärkung des Immunsystems).

Daneben gibt es eine aktive Immunisierung durch den Impfstoff Twinrix. Dies ist eine Doppelschutzimpfung für Hepatitis A und B. Es handelt sich dabei um eine Dreifachinjektion (die zweite Injektion nach 1 Monat, die dritte nach 6 bis 12 Monaten), die zwar teuer ist (pro Injektion ca. 70 Euro), aber dafür 100 % igen Schutz gegen beide Krankheitsformen für bis zu 10 Jahren gewährt.

Gelbfieber

Die schwere Leberinfektion, eine häufig tödlich verlaufende Virusinfektion, wird durch die Aedes-Stechmücke übertragen. Die Inkubationszeit beträgt 3 bis 6 Tage, die Symptome sind Erbrechen, Kopf- und Gliederschmerzen, hohes Fieber, Schüttelfrost und innere Blutungen. Für Touristen besteht nur ein geringes Infektionsrisiko, hauptsächlich in Dschungelgebieten. Durch die sehr empfohlene Schutzimpfung sollte man sich bei Reisen in solche Gebiete sicherheitshalber vor der Krankheit schützen (10-Jahres-Schutz). Lt. WHO gilt Botswana als gelbfieberfrei (wie auch Namibia, Südafrika und Zimbabwe). Bei Einreise aus einem Infektionsgebiet (z. B. Ost- und Zentralafrika) nach Botswana ist die Schutzimpfung jedoch vorgeschrieben. Theoretisch zählt auch Westsambia zu den Risikogebieten, doch wird bei Einreise aus Sambia (Kazungula) nach Botswana in der Regel nicht nach einer Impfbescheinigung gefragt.

Cholera

Die Bazillus-Infektion überträgt sich durch unzureichende Hygieneverhältnisse und unsauberes Wasser. Sie gilt als Armutskrankheit. In sehr unterentwickelten Lebensbereichen (Slums) breitet sie sich schnell als Epidemie aus, in hygienisch einwandfreier Umgebung kommt sie praktisch nicht vor. Die Symptome sind starker Durchfall mit Erbrechen und Bauchkrämpfen, die Behandlung erfolgt mittels Antibiotika. Die Schutzimpfung gilt als umstritten und hat unangenehme Nebenwirkungen. Das Infektionsrisiko eines Touristen wird nur auf 1:500 000 geschätzt.

Weitere Krankheiten

Tollwut ist eine lebensgefährliche Infektion, die durch den Biss eines infizierten Tieres auf den Menschen übertragen wird. Der beste Schutz ist Vorbeugung. Tollwutbefallene Tiere verhalten sich auffällig: Zahme Haustiere werden aggressiv und scheu, Wildtiere wirken ungewöhnlich zahm. Sich vorbeugend gegen Tollwut zu impfen, wird vor allem Tierpflegern und Tierärzten in betroffenen Ländern angeraten.

Seit einigen Jahren ist die **Tuberkulose** wieder auf dem Vormarsch, weil sie eine typische Folgeerkrankung bei Aidspatienten ist. Eine Übertragung kann nur bei lang anhaltendem Kontakt und geschwächtem Immunsystem erfolgen, daher gelten Urlauber als wenig gefährdet.

Die Infektionskrankheit **Typhus** kann auf ähnliche Weise wie die Cholera ausgelöst werden. Umsichtige Selbstversorger sind kaum gefährdet, an Typhus zu erkranken, Rucksackreisende sind eher betroffen. Es gibt eine Schluckimpfung mit Impfschutz von ca. sechs Monaten.

Vor **Diphtherie** und **Tetanus**, gefährlichen Krankheiten, die in Europa ebenso vorkommen, sollte man sich unbedingt auch ohne Afrikareise alle 10 Jahre per Impfung schützen. Gegen **Polio** (Kinderlähmung) sollte man ebenfalls die Grundimmunisierung auffrischen.

Durchfall gehört zu den häufigsten Krankheitserscheinungen bei Fernreisen. Es handelt sich in den meisten Fällen um harmlose Reaktionen des Körpers (z. B. bei ungewohnter Nahrung, Klimabelastungen) oder um bakterielle Infektionen (z. B. bei unreinem Wasser). Viel trinken! Normaler Reisedurchfall verschwindet nach zwei bis vier Tagen, sonst ist ein Arztbesuch notwendig.

Aufgrund der hohen **AIDS**-Rate in Botswana sollte man sich hier mehr denn je vor einer Übertragung der Immunschwächekrankheit in Acht nehmen. Geschlechtsverkehr mit Unbekannten birgt ein hohes Risiko, sich dabei selbst zu infizieren. Eine Übertragung durch Mückenstiche ist nicht bekannt, auch durch normale soziale Kontakte kann man sich nicht anstecken. Die Gefahr geht allein vom Austausch von Körperflüssigkeiten aus, durch Sex, Bluttransfusionen oder infizierte Nadeln und Spritzen. Landesweit werden im medizinischen Bereich normalerweise sterile Einwegspritzen verwendet, man kann sich vorsichtshalber zusätzlich noch einige Spritzen von zu Hause mitbringen.

Viel schneller als man erwartet, handelt man sich auch in Afrika eine **Erkältung** ein. Meist werden die starken Temperaturrückgänge in der Nacht unterschätzt oder zu exzessiv von der Klimaanlage Gebrauch gemacht.

Meningokokken-Meningitis: Dieser Tröpfcheninfektion, die von Zeit zu Zeit in einigen Ländern Schwarzafrikas epidemieartig ausbricht, aber in Botswana nicht verbreitet ist, lässt sich bei Bedarf durch eine Schutzimpfung begegnen.

Erkrankungen mit dem **Ebola-Virus** treten immer wieder als örtlich begrenzte Epidemien in West- und Zentralafrika auf (1995 in Zaire, 2000 in Uganda, jedoch noch nie im südlichen Afrika). Für Reisende besteht grundsätzlich nur ein sehr geringes Risiko, da die Infektionen ausschließlich bei engem Kontakt mit infektiösen Ausscheidungen erfolgt.

Die **Schlafkrankheit** ist eine Trypanosomen-Infektion, die durch die **Tsetsefliege** (Glossina species) übertragen wird. Sie bricht allerdings bei Menschen nur sehr selten aus und führt auch erst nach Monaten bis Jahren zu schweren Krankheitserscheinungen. Der schubartige Krankheitsverlauf beginnt mit Schlaflosigkeit und Reizbarkeit, wandelt sich später in Apathie und Schlafsucht und nach Jahren folgen geistige Umnachtung und körperlicher Verfall. Die Krankheit ist mit Medikamenten behandelbar. Schutz vor den aggressiven Tsetsefliegen bietet angepasstes Verhalten: helle Kleidung, Insektenschutzmittel verwenden, wenig Bewegung, Rauch (Rauchen oder Moskitospiralen aufstellen). Die Tsetsefliege ist in Botswana auf Teile des Okavangodeltas beschränkt. Sie tritt nur tagsüber auf und ist ähnlich den Moskitos in der trockenen, heißen Jahreszeit seltener. In Botswana sind schon seit Jahren keine Schlafkrankheitsfälle mehr aufgetreten.

Genereller Hinweis: Da sich die empfohlenen Vorsorgemaßnahmen jederzeit ändern können, empfehlen wir, etwa 6-8 Wochen vor Reiseantritt bei einem Tropenfacharzt bzw. den **Tropeninstituten** in Berlin (Tel. 030-301166), München (089-21803517), Heidelberg (Tel. 06221-562905), Tübingen (Tel. 07071-2060), Leipzig (Tel. 0341-9724971) oder Hamburg (Tel. 040-311820) nach aktuellen Informationen zu fragen. Für Österreich: Wien, Tel. 01-40490360, für die Schweiz: Basel, Tel. 061-2848111

Service & Infos

Viele Menschen fürchten sich unbegründet sehr stark vor **Schlangenbissen**. In der Regel wird man kaum einer Schlange begegnen, da sie rechtzeitig die Flucht ergreift. Sollte es dennoch zu einem Schlangenbiss kommen, den jede Schlange nur zur Verteidigung ausführt, wäre es von großem Vorteil, die Schlange zu identifizieren. Nur wenige Schlangen Botswanas sind für den Menschen lebensgefährlich giftig, und ihr Gift wirkt auf unterschiedliche Weise. Kobras, Mambas, Trugnattern und Vipern sind im südlichen Afrika mit etwa 40 Arten vertreten, von denen einige harmlos, andere gefährlich bis tödlich giftig sind. Außer der Puffotter flüchten alle Schlangen, sobald man sich ihnen nähert und greifen nur im Verteidigungsfall an. Ein Großteil aller schweren Unfälle passiert durch die sehr träge **Puffotter**, deren Gift eine zellenzerstörende Wirkung hat, weil sie sich anstelle zu flüchten bewegungslos zu tarnen versucht. Kommt man ihr unbemerkt zu nahe, greift sie schließlich an. Kobras und Mambas haben dagegen ein fatales Nervengift, und das Gift von Boomslang und Vipern wirkt hemotoxisch (es wird die Blutgerinnung zerstört). Falsche Behandlungsmethoden können ein Schlangenbissopfer daher mitunter mehr gefährden als der eigentliche Biss. Am wichtigsten ist es, das Opfer ruhig zu stellen, damit sich die Blutzirkulation verlangsamt. Der Patient sollte viel Flüssigkeit zu sich nehmen. Ferner können in Erste-Hilfe-Geübte ggf. bei dem betroffenen Körperteil eine Stauung anlegen (frisches Blut kann in den gebissenen Körperteil fließen, infiziertes Blut aber nicht zum Herz zurück). Laien dürfen die Wunde nur vorsichtig säubern (nicht aufschneiden oder aussaugen!), verbinden und möglichst kühl halten. Nun gilt es, den Verletzten schnellstmöglich in eine Klinik zu bringen. Schlangenserum mitzunehmen empfiehlt sich schon aus organisatorischen Gründen nicht (es muss konstant gekühlt werden), und kann auch nur eingesetzt werden, wenn die Schlange eindeutig identifiziert wurde. Dies wiederum ist in den meisten Fällen sehr schwierig, da Giftschlangen in den verschiedenen Lebensstadien in zahlreichen Farbvariationen auftreten. Eine grobe Richtlinie: Schlangen mit Querstreifen oder Ringelmuster sind meist giftige Arten, während längs gestreifte Schlangen eher harmlos sind. Schlangen, die ihren Oberkörper aufrichten und drohend „fauchen" sind eher den gefährlichen, sehr giftigen Arten zuzurechnen. Giftige Vipern, zu denen auch die Puffotter zählt, erkennt man am kurzen, dicken Körper und einem dreieckigen Kopf.

Auch die nachtaktiven **Skorpione** greifen nur an, wenn sie sich bedroht fühlen. Sie scheinen in windigen Nächten aktiver zu sein als bei Windstille. Rund 100 verschiedene Arten kommen im südlichen Afrika vor. Der Stich ist für gesunde Erwachsene nicht lebensbedrohlich, aber sehr schmerzhaft. Um zu vermeiden, dass ein Skorpion auf nächtlicher Wanderung es sich im warmen Schuh gemütlich macht, lässt man grundsätzlich keine Schuhe im Freien stehen bzw. klopft sie vor dem Anziehen aus. Bei Walking Safaris kann man sich evtl. **Zeckenbisse** einhandeln. Dagegen – und gegen Schlangen und Skorpione – schützen hohe Schuhe bzw. Stiefel und Socken.

Verhalten bei Biss- und Stichwunden

Die meisten Schlangenbisse sind nicht tödlich. Die Bissstelle schmerzt und schwillt an. Wenn viel Gift injiziert wurde, kommt es zu Übelkeit, Erbrechen, Kopfschmerzen und Herzjagen. Panikreaktionen und Schockzustand sind oft gefährlicher als das Gift selbst, daher ist oberste Priorität: Ruhe bewahren! Wenn man die Schlange nicht identifizieren kann, gilt als grobe Faustregel:

<u>Bissstelle stark geschwollen und schmerzhaft:</u> Vermutlich ein Blut- und Gewebegift; eher Puffotter/Viper (Vgl. Bild S. 105). Keine Stauung anlegen, sofort zum Arzt.

<u>Kaum Schwellung oder Blutung, unscheinbare Wunde:</u> Vermutlich ein Nervengift; eher Kobra/Mamba. Oberhalb der Bisswunde sofort Stauung anlegen (frisches Blut kann in den gebissenen Körperteil fließen, infiziertes Blut aber nicht zum Herz), notfalls abbinden. Sofort zum Arzt, es zählt jede Stunde!

Sonstige Maßnahmen: Wunde mit desinfizierender Lösung reinigen. Sog. Schlangensets (kleine Sauggeräte zum Absaugen der Wunde) eignen sich zur Anwendung innerhalb der ersten fünf Minuten nach dem Biss. Niemals eine Wunde mit dem Mund absaugen! Betroffenen ruhig stellen, er sollte möglichst viel trinken.

Info: Das Indemnity-Formular

In vielen Luxusherbergen in der afrikanischen Wildnis – und somit häufig in Botswana – sichern sich die Hoteliers und Lodge-Betreiber gegen etwaige Entschädigungsansprüche ihrer Gäste ab. Sie unterbreiten jedem Ankommenden ein entsprechendes zu unterschreibendes Formular, das sie gegen bestimmte Schadensansprüche seitens der Kunden absichert. Im Klartext ist damit gemeint: Man begibt sich auf eigenes Risiko in diese Wildnis. Bei Schlangenbissen, Wildtier-Attacken etc. gibt es keine Entschädigung. Selbstverständlich unternehmen die Betreiber dennoch alles in ihrer Macht stehende, um dem unerfahrenen Fremden einen sicheren Aufenthalt zu garantieren. Weil es aber keine 100%ige Sicherheit in der Wildnis gibt, und jeder Einzelne eine Mitverantwortung trägt, lassen sich die Hoteliers dies durch die Unterschrift des Gastes bestätigen.

Wie man auf Reisen gesund bleibt

Essen & Trinken

Ein bekanntes Sprichwort zur Ernährung in tropischen Gefilden lautet: „Cook it, boil it, peel it - or leave it"; zu deutsch: Was du nicht kochen oder schälen kannst, solltest du nicht essen. Mit dieser strikten Einstellung, die quasi alle frischen, nicht schälbaren Salate und Früchte verbietet, liegt man gewiss im sicheren Bereich. Aber so streng muss man es nicht angehen. Sehr gründlich in sauberem Wasser gewaschene Lebensmittel dürfen durchaus auch dann auf den Speisezettel, wenn sie sich nicht schälen oder vorher kochen lassen. Aus eigener Erfahrung können wir bestätigen, uns bisher im südlichen Afrika keine gesundheitlichen Beschwerden durch den Verzehr von z. B. (selbst zubereiteten) grünen Salaten eingehandelt zu haben.

Viele Reisende meiden frische Eier. Unserer Erfahrung nach sind die Eier aus den städtischen Supermärkten unproblematisch; von Eiern, die auf offenen Märkten stundenlang in der Sonne liegen, sollte man die Finger lassen. Beim Fleisch gewöhnt man sich an, es stets gut durchgebraten zu verzehren. Wer sich selbst versorgt, achtet beim Einkauf auf Frische und Geruch der Waren und verzichtet im Zweifelsfall lieber.

Die Herkunft der Lebensmittel ist freilich nicht erkennbar beim Besuch von Restaurants. Hier gilt die alte Regel: Riecht es gut aus der Küche? Hat das Lokal Besucher oder ist es leer? Muss man hier warten, bis die Speisen serviert werden (ein Zeichen für frische Zubereitung), oder kommt das bestellte Gericht augenblicklich? Empfehlungen oder Warnungen von anderen Touristen sind präventiv hilfreich.

Wasser - Gefahrenquelle Nr. 1

Mindestens so vorsichtig wie beim Essen sollte man bei der Wahl des Trink- und Brauchwassers sein, weil man sich über verunreinigtes Wasser am schnellsten Krankheiten einhandeln kann. Das Leitungswasser in Botswana ist für den daran nicht gewöhnten europäischen Organismus nicht unbedenklich trinkbar! Es muss daher stets abgekocht bzw. durch Zugabe von Micropur-Pulver oder -Tabletten entkeimt werden. Für den täglichen Wasserbedarf wird in den Städten des Landes stilles Mineralwasser in handlichen Plastikflaschen und Kanistern verkauft, seltener jedoch auf dem Lande. Die Umsicht mit dem Wasser darf freilich nicht beim Zähneputzen vernachlässigt werden. Es gilt: nur Mineralwasser oder vorab gereinigtes Wasser darf in den Mund gelangen!

Man verzichtet also auch strikt auf Eiswürfel in kühlen Getränken – ganz egal, wo man sich aufhält. Ebenso lässt man die Finger von Speiseeis. Auch wenn es einen gut durchgefrorenen Eindruck macht, könnte es zwischenzeitlich schon angetaut gewesen sein. Die notwendige durchgehende Kühlkette ist in einem (sub-) tropischen Land nicht immer gewährleistet.

Ein wichtiger Rat ist jedoch von den Tropen vollkommen unabhängig: Viel trinken! Wer Durst verspürt, hat eigentlich schon einen Mangel, den der Körper anzeigt – gesund ist, stets so viel zu trinken, dass sich kein Durstgefühl einstellt. Deswegen sollte man auch immer eine gefüllte Trinkflasche bei sich haben.

Gefahren durch Wildtiere

Die Wahrscheinlichkeit, mit einem tollwütigen Tier in Kontakt zu kommen, mag gering sein. Da man sie aber nicht ausschließen kann, sollte man als vorsichtiger Reisender unbekannte Tiere nicht anfassen oder füttern. Hautverletzungen durch Tierbisse können sich auch ohne **Tollwutgefahr** leicht infizieren, sie müssen daher besonders sorgfältig ausgewaschen werden.

Begegnungen mit **Schlangen** sind in der Regel viel seltener, als Touristen glauben, da die Reptilien fast immer frühzeitig die Flucht ergreifen, sobald sie durch die Bodenvibration eine Störung spüren. Kommt es dennoch zu einer unerwarteten Begegnung, verhält man sich möglichst ruhig, zieht sich langsam zurück und gibt der Schlange damit Gelegenheit, blitzartig die Flucht zu ergreifen (s. S. 347). Vorsicht beim **Feuerholzsuchen**: Äste immer erst mit dem Fuß anstoßen, da sich in Astlöchern gerne **Skorpione** aufhalten.

Wie man sich in Wildgebieten gegenüber Elefanten, Raubkatzen und anderen Tieren verhält, wird auf S. 382 beschrieben. Die größte gesundheitliche Gefahr geht allerdings tatsächlich von den unscheinbaren Insekten aus. Das Risiko einer Malariainfektion ist bei nachlässig angewandten Vorsichtsmaßnahmen ungleich größer, als das, irgendwelchen Krokodilen, Löwen oder tollwütigen Elefanten über den Weg zu laufen!

Ufer, Strand und Wasser

Man sollte sich angewöhnen, in Afrika **niemals barfuß** zu laufen. Zum einen kommen immer wieder einmal Sandflöhe vor, die zwar nicht gefährlich sind, aber lästig in der Ausheilung, wenn sie ihre Eier unter der Fußsohlenhaut ablegen. Außerdem riskiert man barfuß auch unliebsame Verletzungen durch Dornen etc.

Flussufer und Tümpel können theoretisch stets von **Krokodilen** bewohnt sein. Krokodilattacken auf Touristen sind glücklicherweise selten, denn der Kraft und Reaktionsschnelligkeit dieser Panzerechsen sind Menschen in der Regel nicht gewachsen. Allen Gewässern nähert man sich daher mit Vorsicht, erkundigt sich evtl. bei den Einheimischen nach möglichen Wildtieren und badet dort nicht ahnungslos!

Flusspferde sind seltener und auffälliger als Krokodile. Für Kanufahrer im Okavangodelta stellen sie eine Gefahr dar, da sie mitunter Boote und Menschen angreifen, die sich ihrem Territorium nähern.

Notfall-Vorsorge

Um im Falle eines Notfalls im Ausland versicherungstechnisch abgedeckt zu sein, sollte jeder Reisende eine **Auslandskrankenversicherung** abschließen. Sie wird von zahlreichen Versicherern angeboten, die Jahresgebühren sind mit rund 15 Euro sehr günstig. Vergleichen Sie aber vor Abschluss die Leistungen. Wichtig für Afrikareisende sind ein kostenloser **Rückholservice** und die Erstattung möglichst hoher **Bergungskosten**. Gerade bei den Bergungskosten haben viele Reisende, die sich ausreichend versichert glauben, eine klaffende Lücke. Denn die Bergung/Evakuierung eines Verletzten aus der abgelegenen Wildnis kann teuer werden, wenn man sich vorstellt, dass der Einsatz von Kleinflugzeugen oder einem Helikopter erforderlich werden kann. Um sich gegen solche unkalkulierbaren Kosten abzudecken, kann man sich zusätzlich für die Reisedauer bei einem lokalen Versicherer anmelden.

In Botswana übernimmt Medical Rescue International (**MRI**) die Bergung Verletzter mit firmeneigenen Kleinflugzeugen und Krankenwagen. Mitglieder können im Bedarfsfall eine Evakuierung per Funk oder Mobiltelefon anfordern. Viele Lodges und örtliche Reiseagenturen versichern ihre Gäste pauschal bei MRI, daher lohnt es sich, bei Reisebuchung danach zu fragen (Adresse von MRI: siehe Gaborone, S. 136).

Wer vor Ort medizinische Leistungen in Anspruch nimmt, muss die Kosten zunächst selbst begleichen und reicht nach Rückkehr die ausführliche Rechnung des Arztes bei der Versicherung ein (auf der Rechnung muss neben der Adresse des Rechnungstellers der Name des Patienten, das Datum, die Behandlung und die Währung vermerkt sein). Bei stationärem Aufenthalt in einem Krankenhaus ist der Versicherer sofort zu informieren. In solchen Fällen werden die Kosten meistens direkt zwischen der Versicherung und dem Krankenhaus abgerechnet.

Reisemedizinische Informationen im Internet: www.fit-for-travel.de, www.reisevorsorge.de, www.meine-gesundheit.de

Empfehlungen zur Reiseapotheke

(Vorschläge zum Inhalt einer Notfallapotheke gemäß dem Bayerischem Gesundheitsamt)

Beschwerden	Substanz (Medikament)
Fieber, Entzündung, Schmerzen	Paracetamol, Acetylsalicylsäure (Aspirin)
Insektenstiche	diverse Repellentien, Chlorphenoxamin-Creme
Kreislaufanregung	Etilefrin, Norfenefrin
Durchfall	Elektrolyt-Glukose-Präperate, Hefe-Präperate, Loperamid (Imodium)
Erbrechen & Übelkeit	Metoclopramid (Paspertin)
Bauchkrämpfe	Butylscopolamid
Augenentzündung	Tetrazyklin-Augentropfen
Harnwegsinfektionen	Antibiotika, Nieren-Blasentee
Malaria	siehe S. 314f
Ohrenentzündung	Acetylsalicylsäure (Aspirin), Phenazon

Außerdem: Kleine Schere, Sicherheitsnadeln, Rasierklinge, Fieberthermometer, Pinzette, Pflaster, Verbandszeug, Desinfektionsmittel, ggf. Allergie- und Magentabletten, Magnesiumpräparat, evtl. Einwegspritzen und alle Medikamente, die Sie regelmäßig einnehmen.

RUND UMS GELD

Reisekosten & Preisgefüge

Botswana ist kein Billigreiseland, sondern erfordert eine solide gefüllte Reisekasse. Im diesem Buch werden bei den Reisebeschreibungen alle anfallenden Kosten und Preise für Unterkünfte, Verkehrsmittel, Eintritte etc. genannt. Auch folgende Übersicht ist hilfreich:

Anreise: Die Flugpreise variieren je nach Saison und Fluggesellschaft enorm, hier lohnt es sich, in Reisebüros oder im Internet nach Sondertarifen zu forschen. Im Durchschnitt kostet ein günstiger Flug in der Touristenklasse zwischen 900 und 1100 Euro. Pauschalreisen werden im deutschsprachigen Raum ab rund 1800 Euro angeboten, nach oben sind keine Grenzen gesetzt. Flugkosten innerhalb des südlichen Afrikas werden ab S. 358 beschrieben.

Unterkünfte: Insgesamt liegen die Preise für Unterkünfte eher hoch. In den Stadthotels existiert eine vielfältige, meist faire Auswahl (siehe Reiseteil), während die Safarilodges in der Regel als teuer bis sehr teuer einzustufen sind (hier beinhalten die All-Inclusive-Preise aber Vollpension, oftmals inklusive aller – auch alkoholischer – Getränke, Pirschfahrten und Ausflüge nach freier Wahl, in manchen Fällen auch inklusive der Transfers). Für diese exklusiven Lodges muss man mindestens 250-350 Euro pro Tag ansetzen, häufig deutlich mehr. Dies ist sicherlich mit ein Grund, warum Campingtouren so beliebt sind. Für Camping sollte man ca. 10-25 Euro pP und Tag ansetzen. Alle Unterkünfte, wie Lodges, Hotels, Campingplätze und Gästehäuser, werden jeweils mit Adresse und Preisinformation im Reiseteil vorgestellt.

Leider ist auch in Botswana bei hochwertigen Touristenunterkünften (Safarilodges) eine **zweigleisige Preispolitik** verbreitet. Besonders in Touristenzentren verlangen Luxus-Unterkünfte von Ausländern (Foreigners) zum Teil gesalzene Preise, während für die gleichen Leistungen Einheimische (Residents) und Besucher aus den Nachbarstaaten (SADC-Residents) deutlich weniger bezahlen. Dieses diskriminierende Preismodell wird damit begründet, dass Europäer mehr verdienen als die Bürger im südlichen Afrika. Wer die Staffelpreispolitik nicht unterstützen möchte, findet durchaus auch ein paar Hotels und Lodges im Mittelklassebereich, die ihren Service zu den gleichen Preisen für alle Gäste anbieten. Einfachere Hotels und Campingplätze haben sowieso einheitliche Preise. In Nebensaisonzeiten (auch „Green Season" genannt) kommt es vor, dass die teuren Luxuslodges, wenn sie nicht ausgelastet sind, auch Europäern eine günstige Resident-Rate anbieten.

Ein Wort zu den sog. **All-Inclusive-Preisen** der exklusiven Safarilodges: Diese beinhalten Vollpension, oftmals inklusive aller (auch alkoholischer) Getränke, Pirschfahrten und Ausflüge nach freier Wahl (in der Regel zwei „Activities" pro Tag), teilweise auch der Transfers und der NP-Gebühren. Hier sollte man genau erfragen, was das All-Inclusive-Angebot jeweils abdeckt. Im Vergleich zu den Vollpensionspreisen erscheint der Zuschlag für die Activities in manchen Fällen recht hoch; ein gründlicher Vergleich der Angebote lohnt sich.

Info Einige Luxuslodges und Firstclasshotels praktizieren eine extrem gedehnte Preispolitik. Diese Lodges vergeben teilweise zu günstigen Raten Kontingente an Reiseveranstalter, verlangen aber gleichzeitig bei Preisanfragen von Individualreisenden deutlich höhere Preise. Dieser Umstand erschwert auch uns eine realistische Preisangabe im Reiseführer. Je edler eine Unterkunft, umso breiter scheint oft die Preisspanne – zur Veröffentlichung werden in der Regel nur die höchsten Raten freigegeben.

Wir nennen in diesem Reiseführer stets die Raten, welche uns die Anbieter direkt mitgeteilt haben. Leider können beim Umrechnen von Pula-Angaben in Euro bzw. von US$ in Euro Schwankungen auftreten, wenn z. B. eine Lodge plötzlich Euro von Touristen erwartet, um den schwachen Pula auszugleichen, uns aber zuvor den Pula-Preis nannte...

Zum Verständnis unserer Preisangaben:
100 Euro/DZpP: Preis pro Person im Doppelzimmer
100 Euro pro DZ: Zimmerpreis für das DZ

Verkehrsmittel: Öffentliche Verkehrsmittel, sofern es sich um Busse und die Bahn handelt, sind in Botswana preiswert, Inlandflüge dagegen verhältnismäßig teuer. Auch für einen Allrad-Mietwagen muss man 70-120 Euro pro Tag ansetzen (siehe auch S. 333), der schwankende Spritpreis liegt dafür deutlich unter dem Niveau Deutschlands. Nützt man die Möglichkeit, mit einem entsprechenden Mietwagen sich selbst zu versorgen und auf Campingplätzen zu nächtigen, spart diese Reiseart bei den Gesamtkosten viel ein.

Gastronomie: Restaurantpreise liegen in der Regel leicht unterhalb dem heimischen Niveau. Lebensmittel können Selbstversorger günstiger erstehen als in Deutschland. Vor allem Fleisch ist preiswert (1 kg Filet für ca. 6 Euro), Getränkedosen, wie Coke oder Bier, kosten ca. 0,60 Euro.

Die Preisauszeichnungen im Reiseführer: Mal in Pula, Euro und US$

In diesem Reiseführer begegnen Ihnen Preisangaben in Euro, Pula und US$.

Die meisten „laufenden Kosten" müssen in Botswana in der Landeswährung Pula beglichen werden. So z. B. Lebensmittel, Restaurantbesuche, Treibstoff, Fahrkarten, preiswerte Unterkünfte.

Hochwertige touristische Angebote, wie Luxuslodges, Rundreisen, Ausflüge, Mietwagen und Flugpreise, nennen wir bevorzugt in Euro. Dies erleichtert einerseits die persönliche Kalkulation von hohen Reisekosten, trägt aber auch dem Faktum Rechnung, dass solche Leistungen in Botswana in der Regel in „Harter Währung" ausgewiesen werden (Euro, Rand, US$). Manchmal, insbesondere bei den Übernachtungsplätzen, kann man für die Zahlung zwischen unterschiedlichen Währungen auswählen, und so einfach den jeweils günstigeren Kurs nehmen, sofern man über Bargeld in diesen Währungen verfügt.

Nach den starken Kursschwankungen der letzten Jahre wurden US$-Preise immer schwieriger nachvollziehbar, weshalb wir uns entschlossen, US$ nur noch bei den wenigen Kosten anzugeben, die auch in dieser Währung bezahlt werden müssen/sollten.

Bitte beachten Sie: Die Währungssprünge im Zuge der globalen Finanzkrise können unterjährig zu stark schwankenden oder abweichenden Preisen vor Ort führen. Zahlreiche Hoteliers und Dienstleister weisen ausdrücklich auf die Möglichkeit von Preisänderungen (in jede Richtung) hin.

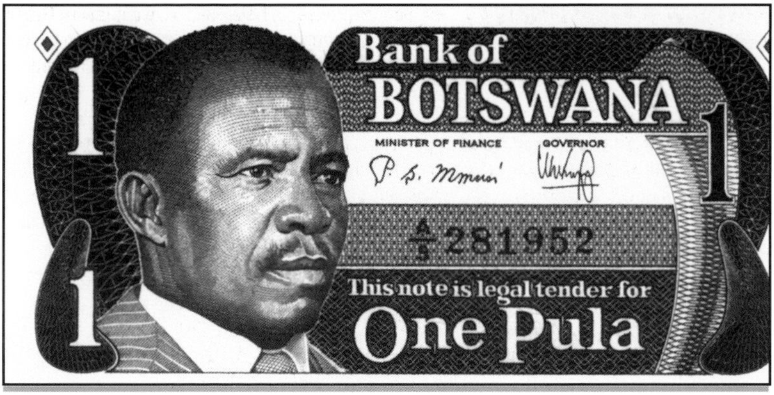

Pula bedeutet Regen. Und ist zugleich eine schöne und passende Bezeichnung für die Landeswährung von Botswana. Mit dieser Ein-Plua-Note kommt man heutzutage allerdings nicht mehr allzu weit.

Service & Infos

Die Landeswährung

Währungseinheit ist der Pula (das bedeutet Regen). 1 Pula (P) entspricht 100 Thebe (t). Es gibt Münzen zu 1, 2, 5, 10, 25 und 50 Thebe sowie zu 1, 2 und 5 Pula. 2009 wurden neue Geldscheine in Umlauf gebracht. Es gibt Noten zu 1, 2, 5, 10, 20, 50 und 100 Pula, und seit 2009 auch einen Schein über 200 Pula. Alle alten Scheine sind auch weiterhin gültig.

Die Inflationsrate des Pula ist gering. Stand bei Redaktionsschluss im Dezember 2009: 100 Pula entsprechen 10,02 Euro bzw. 1 Euro entspricht 9,97 Pula.

Der Pula gilt als stabile, starke und selbstbewusste Währung. Die Ein- und Ausfuhr der Landeswährung ist nur bis max. 500 Pula erlaubt. Einfuhr von Fremdwährung ist unbeschränkt möglich, muss aber deklariert werden. Heben Sie alle Umtauschbelege auf, falls Sie bei der Ausreise danach gefragt werden sollten.

Anerkannte Devisen und Zahlungsmittel

Kreditkarten

Visa-Card und teilweise auch Diners und Mastercard werden in den meisten Hotels, Restaurants und Geschäften akzeptiert. Kreditkarten werden in Botswana sogar stärker eingesetzt als in Deutschland. Allerdings: Nur an einzelnen größeren Tankstellen ist eine Kreditkartenzahlung möglich, ansonsten erwarten Tankstellen Pula in bar.

Gegen – zum Teil allerdings hohe – Gebühr besteht die Möglichkeit, bei Bankschaltern Bargeld abzuheben (VISA-Card-Besitzer können an den Automaten der Barclay's Bank bis zu 2000 Pula pro Tag abheben). Für Fluganreisende hilfreich: Der ATM-Schalter beim Flughafen Maun akzeptiert EC-Karten.

In ländlichen Regionen, wo keine Bank vertreten ist, bieten manche Supermärkte und Tankstellen „Mini-ATM"s. Bei diesen Automaten kann man mit der Kreditkarte (VISA, Mastercard, American Express) Kleinbeträge abheben.

Tipp Bei Verlust der Kreditkarte sollte man diese umgehend sperren Lassen. Die Telefonnummer dafür lautet: +49-116116.

Devisen

Als **Devisen** sind US$, Euro und SA-Rand am nützlichsten und werden sowohl von den Banken als auch den Wechselstuben anerkannt. Es ist allerdings nur sehr beschränkt möglich, im Land direkt mit US$, Euro oder gar Namibia-Dollar zu bezahlen (viel eher noch in Rand). Lediglich Firstclasshotels, Lodges und Reiseagenturen stellen üblicherweise ihre Rechnungen in harten Währungen aus. Theoretisch kann man auch die Eintrittsgebühren der Nationalparks in Devisen begleichen (siehe S. 365). Ansonsten bezahlt man in Botswana praktisch alles in Pula. So besteht für Reisende eine gewisse Dringlichkeit, sich direkt nach der Einreise in Botswana die Landeswährung zu beschaffen.

Reiseschecks

Reiseschecks werden immer unbeliebter. Wechselstuben lehnen Schecks in der Regel ganz ab oder bieten deutlich schlechtere Wechselkurse. Banken akzeptieren Schecks teilweise auch nur noch gegen Vorlage der Kaufbelege.

Auf der Reise

Geldwechsel in Botswana

Für den **Bargeldtausch** gilt: Banken bieten meistens einen etwas höheren Wechselkurs als die freien Wechselstuben, dafür berechnen sie aber rund 2,5-5 % Kommission bzw. eine Mindestgebühr. Dadurch ergibt sich, dass kleinere Beträge meistens günstiger in Wechselstuben getauscht werden, größere Geldsummen aber bei den Banken bessere Raten erzielen. Hier hilft nur ein genauer Preisvergleich. Auch kommt es vor, dass Wechselstuben Kommission verlangen, ohne zuvor darauf hinzuweisen. Hotels wechseln generell zu schlechteren Umtauschkursen als Banken oder Wechselstuben.

Ein kleiner Tipp: Über Jahre haben wir registriert, dass die Wechselstuben in Maun meistens schlechtere Umtauschkurse bieten, als z. B. Kasane.

Es ist fast immer günstiger und einfacher, Pula erst in Botswana einzuwechseln. In den Nachbarländern sind Pula in den meisten grenznahen Städten erhältlich: Plumtree und Victoria Falls (Zimbabwe), Windhoek (Namibia), Zeerust, Potgietersrus und Johannesburg (Südafrika), Livingstone (Sambia). Autofahrer sollten kleinere Beträge in SA-Rand bei sich haben, um z. B. die Autoversicherung und die Straßenbenützungsgebühr an der Grenze bezahlen zu können (dort wird die Zahlung nur in bar mit Pula oder Rand akzeptiert).

Die Öffnungszeiten der Banken sind uneinheitlich. Die meisten öffnen wochentags zwischen 08.00 und 08.30 h, viele schließen erst gegen 15.30 h. Samstags haben sie meist von 08.00/08.30 h bis 10.45/12.00 h geöffnet.

Aufbewahrung des Geldes

Die großen Geldbeträge trägt man am sichersten direkt am Körper (Bauchgürtel, Brustbeutel etc.) und hält zusätzlich einen kleineren Betrag griffbereit in einer Geldbörse. So muss man nicht vor Zuschauern an sein Geldversteck und kann im Falle eines – in Botswana glücklicherweise sehr unwahrscheinlichen – Raubüberfalls diese bereitwillig aushändigen. Vor Ort nimmt man zur Verwahrung der persönlichen Dokumente und Finanzen den Hotelsafe in Anspruch (niemals unbewacht im Zimmer lassen). Autoreisenden bieten sich zahlreiche knifflige und individuelle Versteckmöglichkeiten, die dem Handschuhfach unbedingt vorzuziehen sind.

Handeln – wie man auf Märkten einkauft

Supermärkte, Restaurants und Geschäfte haben in Botswana Festpreise. Nur auf den Souvenirmärkten wird der Preis von Andenken aller Art und Kunsthandwerk noch ausgehandelt. Das ist dort gängige Praxis und für die Beteiligten in aller Regel eine Art Volkssport. Feilschen ist also kein Zeichen von Geiz, sondern sozusagen des Käufers Verpflichtung. Die Preise sind sehr variabel und hängen von der Tagesstimmung und der aktuellen finanziellen Situation des Händlers ab. Die meisten Afrikaner sind äußerst geschickte Kaufleute, die eine Menge Show bei den Verhandlungen einsetzen und viel Menschenkenntnis beweisen.

Wie viel man jeweils vom angebotenen ersten Preis herunter handeln kann, lässt sich nicht pauschal sagen. Die oft empfohlene Richtlinie, wonach der reelle Preis ca. 50-70 % des ersten Angebots beträgt, halten wir für irreführend. Sie mag in touristischen Regionen ihre Berechtigung finden, wo die Preise durch ahnungslose Urlauber teilweise astronomisch in die Höhe schnellen (z. B. in Khwai Village für Korbwaren). Man kann in einer Stadt den zehnfachen Preis des reellen Wertes genannt bekommen und an der nächsten Straßenecke plötzlich den ehrlichen Einheimischenpreis erhalten, der kaum noch Spielraum für das Handeln lässt. Hier hilft einfach nur Fingerspitzengefühl. Am besten fragt man mehrere Händler auf unterschiedlichen Märkten nach den Preisen für die begehrte Ware und prägt sich das Preisgefüge ein. So erhält man mit der Zeit eine Vorstellung vom Preisniveau. Unserer Erfahrung nach neigen Männer stärker zum Fordern überhöhter Preise als Frauen. Alles in allem gilt es, den schwierigen Mittelweg zu finden zwischen dem pedantischen Geizkragen, der den Afrikanern die Freude, an einem ahnungslosen Touristen ein wenig besser als sonst zu verdienen, nicht gönnt und dem naiven Grünschnabel, der sich unverhältnismäßig stark "übers Ohr hauen lässt".

Service & Infos

WICHTIGE HINWEISE UND ADRESSEN

Einreisebestimmungen

Deutsche, Österreicher und Schweizer benötigen für einen Aufenthalt bis zu 90 Tagen kein Visum, sondern nur einen Reisepass (mindestens 6 Monate Gültigkeit ab dem Einreisedatum). Gelegentlich wird bei der Einreise nach ausreichenden Geldmitteln gefragt bzw. ein Rückflugticket verlangt. Bei der Einreise aus einem Gelbfieber-Infektionsgebiet (Zentral- und Ostafrika) wird ein Gelbfieber-Impfnachweis verlangt.

Normalerweise stellt der Beamte bei der Einreise eine Aufenthaltsberechtigung bis zu 30 Tagen aus. Wer eine längere Zeit im Lande bleibt, muss sich das Besuchervisum in einem Immigration Office verlängern lassen (in Gaborone, Maun, Francistown etc.). Die Ein- und Ausreiseabwicklung von Touristen erfolgt in der Regel sehr zuvorkommend, Kontrollen sind selten.

Bei Aufenthalten länger als drei Monaten richtet man sich an den Chief Immigration Officer, P. O. Box 942, Gaborone, Tel. 00267-39611300.

Jagdwaffen, Boote und Haustiere unterliegen der Genehmigungspflicht, ehe sie eingeführt werden dürfen. Für Haustiere ist der Director of Animal Health and Production, P. Bag 0032, Gaborone, Tel. 00267-3994232, zuständig. Wer Pflanzen einführen möchte, wendet sich an den Chief Agricultural Research Officer, bei der Einfuhr von Booten an das Department of Water Affairs, beide in Gaborone.

Strenge Regeln bestehen auch bei der Einfuhr von Lebensmitteln und größeren Mengen Treibstoff (siehe Zollbestimmungen, S. 388).

Einreiseprozedur

Für Touristen verläuft die Einreiseprozedur nach Botswana sehr zügig und korrekt. Man begibt sich zuerst an den „Immigration"-Schalter, wo der Reisepass abgestempelt und eine entsprechende Reisedauer eingetragen wird. Anschließend sind ggf. am „Customs"-Schalter (Zoll) diverse Formalitäten für Fahrzeuge auszufüllen und zu erledigen (siehe dazu S. 361). Motorisierte Reisende erhalten an den Landesgrenzen einen „Gate-Pass", der vom Immigration-Beamten ausgestellt und dort sowie beim Zoll abgestempelt wird. Beim Verlassen des Grenzgeländes gibt man diesen kleinen Papierstreifen dem Kontrolleur, der anhand der Stempel erkennen kann, dass alle Formalitäten erledigt wurden.

Diplomatische Vertretungen Botswanas

In Europa

Embassy of Botswana
169, Avenue de Tervuren
B – 1150 Brüssel, **BELGIEN**
Tel. 0032-2-7356110/7352070
Fax 7356318, email: embasofbotswana@yahoo.co.uk
Mo-Fr von 09.00-13.00 h und 14.15-17.00 h
Zuständigkeit für die EU und die Schweiz.

Botswana Permanant Mission to the United Nations
80, rue de Lausanne
CH – 1202 Genf, Schweiz
Tel. 0041-22-9061060, Fax 0041-22-9061061

Honorarkonsulat von Botswana
Herr Paul Eckler
Berzeliusstr. 45, D – 22113 Hamburg
Tel. 040-7326191 / Fax 040-7328506
Di und Do von 11.00–13.00 h
Zuständigkeit: Norddeutschland

Honorarkonsulat von Botswana
Herr Wolf von Bila
Kieselei 42, D – 40883 Ratingen
Tel. 02102-896434
Di und Do von 10.00-12.00 h
Zuständigkeit: Mittel- und Süddeutschland

In Afrika

Südafrika: Botswana High Commission: 24 Amos Street, Colbyn, P. O. Box 57034, Arcadia, 0007 Pretoria. Tel. 0027-12-3424761, Fax 3421845. Außerdem gibt es Generalkonsulate in Johannesburg (Tel. 0027-11-4033748, Fax 4031286) und Cape Town (Tel. 0027-21-211045, Fax 211046).

Namibia: Botswana High Commission. 101 Klein Windhoek, P.O.Box 20359, Windhoek. Tel. 00264-61-221941, Fax 236034.

Zambia: Botswana High Commission. 5201 Pandeit Nehru Road, Diplomatic Triangle, P.O.Box 31910, Lusaka. Tel. 00260-1-252058, Fax 253895.

Zimbabwe: Botswana High Commission. 22 Philips Ave., Belgravia, P.O.Box 563, Harare. Tel. 00263-4-729551, Fax 721360.

Auswärtiges Amt:
Werderscher Markt 1, D - 10117 Berlin
Tel. 030-5000-0, Fax 030-500-3402,
www.auswaertiges-amt.de

Europäische Vertretungen in Botswana

Botschaft der Bundesrepublik Deutschland
3rd floor Professional House / BBS Mall
Broadhurst, Segoditshane Way, P. O. Box 315,
Gaborone. Mo-Fr von 09.00-12.00 h
Tel. 00267-3953143/3953806/3953143
Fax 00267-3953038/3913626
www.gaborone.diplo.de

Honorarkonsulat von Deutschland
Karl-Heinz Gimpel, (c/o Crocodile Safaris)
Moremi Road, Maun, email: khg@info.bw
Tel. 00267-6860265, Fax 00267-6860793

Botschaft der Republik Österreich
1109 Duncan Street, Momentum Office Park
0011 Brooklyn/Pretoria, P. O. Box 95572,
Waterkloof, Pretoria, 0135 South Africa
(keine eigene Vertretung in Botswana)
Tel. 0027-12-462483/463364
Fax 0027-12-462483/461151

Honorarkonsulat von Österreich
Fairgrounds Holdings Park, P.O.Box 335, Gaborone
Tel. 00267-3952638, Fax 3953876

Delegation of the European Commission
Plot 68, North Ring Road, P.O.Box 1253, Gaborone
Tel. 00267-3914455, Fax 3913626

Konsulat der Schweiz
Flying Mission, Village, Plot 5268,
Gaborone. Tel/Fax 00267-3956462

Schweizerische Botschaft
0083 Pretoria, 818 George Ave., 2121 South Africa
Tel. 0027-12-436707, Fax 0027-12-436771

Touristisch relevante Adressen

Botswana Tourism Board

Privat Bag 275, Fairground Office Park, Gaborone.
Tel. 00267-3913111, Fax 3959220.

Botswana Tourism Board Deutschland

Karl-Marx-Allee 91 A, 10243 Berlin,
Tel. 030-42084943, www.botswanatourism.de

DWNP (Department of Wildlife and National Parks)

P. O. Box 131, Gaborone.
Tel. 00267-3180774, Fax 00267-3180775, 3932205
email: dwnp@gov.bw, dwnp.parrogabs@gov.bw

sowie in Maun: P. O. Box 20364, Boseja, Maun.
Tel. 00267-6861265, Fax 00267-6861264

Gefahren auf Reisen – die persönliche Sicherheit

Wer eine Reise in fremde Länder unternimmt, stellt sich mitunter auch die Frage nach dem möglichen Sicherheitsrisiko eines solchen Unternehmens. Deshalb haben wir die Rubrik „persönliche Sicherheit" in diesen Reiseführer mit aufgenommen.

Botswana zählt glücklicherweise nicht nur allgemein zu den sicheren, angenehmen Reiseländern im südlichen Afrika – wir schätzen das Land sogar als das rundum sicherste Reiseziel der Region ein in Bezug auf Kriminaldelikte. Beobachtet man einmal mit welcher Gelassenheit z. B. in Maun vor Supermärkten Autos mit offenen Fenstern parken, offenbart sich hier schon eine Vertrauensseligkeit, die in anderen afrikanischen Ländern so nicht mehr existiert. Allerdings sind auch in Maun in letzter Zeit mehrfach Diebstahlsdelikte und Autoaufbrüche bei Touristen vorgekommen. Wir wollen daher einige klassische Gefahren für Reisende ansprechen.

Am ehesten wird der Tourist in Botswana wohl mit dem klassischen **Diebstahl** konfrontiert. Der unauffällige Gelegenheitsdiebstahl ohne Gewaltandrohung, der schnelle Klau, ist die häufigste Form der Schädigung im südlichen Afrika. Also kein aggressiver Angriff, sondern ganz einfach ein unbemerktes Verschwinden von Hab und Gut. Um die Situation besser einzuschätzen, sollte man sich einmal in die Einheimischen versetzen. Für die meisten Afrikaner ist ganz einfach jeder Tourist steinreich. Schon der Umstand, sich eine Reise um die halbe Welt um des Reisens willen leisten zu können, weist jeden Tourist als reich aus. Allein die Summe, die ein Tourist bei sich hat, ist mehr Geld, als viele Afrikaner jemals verdienen werden. Es ist also vollkommen unsinnig zu glauben, dass man als Jugendlicher mit alten Klamotten und einem schmalen Reisebudget weniger zur Zielscheibe potentieller Diebe werden könnte als ein wohlhabender Urlauber. Seien Sie sich bewusst, dass Sie stets auffallen, wo immer Sie auftauchen, und möglicherweise Begehrlichkeiten wecken, um diesen durch umsichtiges Verhalten vorzubeugen. Touristen sind schließlich weltweit leicht erkennbare und ziemlich gut kalkulierbare Opfer, denn sie sind in der Regel ortsunkundig, häufig gutgläubig und fast immer unbewaffnet.

Vor allem im Gedränge auf Bahnhöfen, Bushaltestellen und städtischen Märkten ist oberste Vorsicht vor geschickten Langfingern geboten. Auf Märkte geht man also ohne jegliche Wertsachen, ohne größere Bargeldbestände, Schlüssel und Dokumente. An den Bushaltestellen haben Rucksackreisende meistens ihr gesamtes Gepäck dabei und können sich in dieser Situation nur durch erhöhte Aufmerksamkeit und vorausschauendes Verhalten schützen. Auch typische Touristenecken erhöhen das Risiko, Opfer von Taschendiebstahl zu werden. Steht ein Hotelsafe zur Verfügung, verwahrt man alle Dokumente und die größeren Geldbestände dort. Wer seine Wertsachen mit sich führen muss, sollte diese grundsätzlich direkt am Körper tragen. Dazu eignen sich versteckte Bauchgurte noch besser als Brustbeutel, weil diese leichter erkannt werden. Man sollte das Bargeld sogar in mehrere Einzelposten aufteilen. Auf keinen Fall darf man sein Versteck in der Öffentlichkeit zeigen. Deswegen hält man stets eine Geldbörse bereit mit ausreichend Geldmitteln für den Tag. Sollte diese gestohlen werden, ist der Verlust nicht allzu hoch. Alle verzichtbaren Wertsachen bleiben sowieso zu Hause, haben auf Reisen in Afrika nichts verloren.

Bewaffnete Überfälle auf Touristen sind in Botswana glücklicherweise äußerst selten. Wer jemals Opfer eines offenen Raubangriffs wird, sollte sich sofort bereitwillig von seinen Wertsachen trennen. "Lieber 5 Minuten lang ein Feigling, als ein Leben lang tot" lautet ein weises Sprichwort. Wer in solchen Fällen vorgesorgt hat, die Wertsachen am Körper trägt und griffbereit einen einigermaßen gefüllten Geldbeutel aushändigen kann, hat eine gute Chance, nur den Geldbeutel zu verlieren.

Kriminologen wissen längst, dass es einen bestimmten **Opfertypus** gibt, der Gewaltdelikte magisch anzuziehen scheint, während andere Personen sicher und unbelästigt gleiche Situationen erleben können. Potentielle Opfer wirken unsicher, ängstlich und schwach. Für den Reisenden heißt dies, sich möglichst immer zuversichtlich und selbstbewusst zu geben. Man strahlt aus, die Situation im Griff zu haben. Vor allem alleinreisende Frauen sollten sich dieses Verhalten zu eigen machen. Erfahrene Reisende gehen sogar in fremden Städten, wo sie die Orientierung verloren haben, so weit, nicht hilflos mit dem Stadtplan durch die Gegend zu laufen, sondern nur von Zeit zu Zeit unauffällig nach Weg und Ziel zu forschen. Provokantes Gehabe und Zurschaustellung der körperlichen Leistungskraft ist natürlich auch nicht der gewünschte Weg, vielmehr geht es darum, unauffällig, entspannt und souverän aufzutreten.

Die persönliche Sicherheit kann natürlich auch durch **eigenes Fehlverhalten** beeinträchtigt werden. Beim Reisen in unterentwickelten Ländern sollte man immer im Gedächtnis behalten, wie verheerend z. B. ein Sportunfall enden kann. Reiten, Klettern und Motorrad fahren ist nur etwas für Geübte! Anfängererfahrungen macht man lieber zu Hause, wo etwaige Unfälle sachgerecht behandelt werden können. In Botswana und anderen Ländern beenden selbst harmlose Unfälle, wie Verstauchungen oder Knochenbrüche, rasch eine lang ersehnte und teure Fernreise.

Besondere Verhaltenshinweise gelten für Alleinreisende in den Weiten der **Kalahari** und an den **Salzpfannen**, die auf S. 380 beschrieben werden. So darf man sich bei Autopannen nie zu Fuß vom Fahrzeug entfernen, um Hilfe zu suchen. Ein Auto wird viel eher entdeckt als ein einzelner Mensch, auch auf sehr entlegenen Routen kommt von Zeit zu Zeit irgend jemand vorbei. Ein ortsunkundiger Fußgänger geht ein großes Risiko ein, sich zu verirren, zu verdursten oder gefährlichen Wildtieren zu begegnen. Grundvoraussetzung für jede Fahrt in die Wildnis muss also ein großzügiger Wasservorat sein (pro Kopf und Tag mindestens 5 Liter), dann kann man in Notfällen auch ohne Lebensgefahr beim Auto auf Hilfe warten.

Mitunter unterschätzen Touristen den Okavango und planen unbekümmert mehrtägige alleinige Schlauchbootfahrten im Delta. Drohen hier zwar kaum Gefahren durch reißendes Gewässer oder Strömung, so ist das **Okavangodelta** dennoch eine riesige Wildnis voller Krokodile, Flusspferde, Raubtiere und Elefanten! Ungeübte verlieren rasch die Orientierung in diesem unendlichen Labyrinth aus Kanälen und Inseln. Bei Unfällen ist man völlig auf sich allein gestellt und hat kaum Hilfe von außen zu erwarten. Solche individuellen Abenteuer sollten deshalb lieber in Flüssen mit weniger gefährlicher Umgebung unternommen werden.

Wo immer man in Botswana die freie Natur aufsucht, begibt man sich in eine für uns ungewohnte Wildnis. Umsichtigkeit, ein defensives, vorausschauendes Verhalten und erhöhte Aufmerksamkeit sollte man sich antrainieren. **Nachts** bleibt man grundsätzlich im Camp und läuft nicht ungeschützt durch die Dunkelheit. Den Anweisungen des in der Regel erfahrenen Safari-Reiseleiters ist unbedingt Folge zu leisten. Weitere Tipps siehe auch S. 382.

Info "United Global Peace Index" 2009: Von 140 Ländern liegt Botswana an 34. Stelle in der Liste der "friedlichsten Länder der Welt" (die USA liegen nur auf Platz 83).

Häufige Wildtier-Besuche auf Campingplätzen

- **AFFEN:** (in allen Camps im Moremi WR sowie dem Ihaha Camp, Chobe NP) Paviane und Meerkatzen klauen tagsüber Lebensmittel; sie scheuen sich auch nicht, offene Zelte und Autos zu plündern.

- **ELEFANTEN:** (besonders Moremi WR und Chobe NP) Nachts durchstreifen sie gelegentlich die Camps und fressen Laub und Früchte von Bäumen, zum Teil direkt neben Autos und Zelten. Sie sind nicht angriffslustig, wollen aber in Ruhe gelassen werden (nicht mit Taschenlampen anleuchten, sich einfach ruhig verhalten).

- **HYÄNEN:** (besonders im Moremi WR und Chobe NP) Nachts, häufig bereits wenige Minuten, nachdem man sich zu Bett begeben hat, durchsuchen sie den Platz nach Essensresten. Dabei zerbeißen sie auch herumliegende Schuhe oder Plastikbehälter etc. Sie sind schreckhaft, und sobald sie sich entdeckt fühlen, ziehen sie sich vorübergehend zurück. Bisher ist kein Fall bekannt geworden, bei dem Hyänen oder andere Wildtiere Menschen in geschlossenen Zelten gefährdet oder attackiert hätten. Akute Gefahr besteht aber, wenn man in offenen Zelten oder gar ungeschützt unter freiem Himmel schläft.

- **LÖWEN:** Löwenbesuche sind auf Campingplätzen seltener als Hyänenbesuche. Es gilt auch hier: Nur in geschlossenen Zelten ist man vor Löwenangriffen sicher. Ansonsten gebührt ihnen größter Respekt!

ANREISE NACH BOTSWANA

Internationale Flugverbindungen

Derzeit bestehen zwischen europäischen Flughäfen und Botswana keine Direktflüge. Alle Flugverbindungen erfordern zumindest einmal Umzusteigen, zumeist in Johannesburg (Südafrika) oder Windhoek (Namibia). Dennoch ist Botswana täglich über zahlreiche Flugverbindungen gut, sicher und bequem erreichbar.

Die beste Umsteigeverbindung nach Botswana besteht via Johannesburg, dessen Airport täglich von zahlreichen Fluggesellschaften, wie Lufthansa, British Airways, Swiss, KLM, Emirates und der SAA, angeflogen wird. Von dort fliegt man nach kurzem Aufenthalt weiter mit Air Botswana, Comair oder South African Airways (SAA). Flüge nach Johannesburg ab Europa sind in günstigen Reisebüros je nach Saison bereits ab 630,00 Euro erhältlich, werden aber zur Hauptreisezeit deutlich teurer. Einige Beispiele:

- KLM fliegt täglich via Amsterdam nach Johannesburg (JNB) ab 640,00 Euro
- British Airways (BA) fliegt ebenfalls täglich via London nach JNB ab 650,00 Euro
- SAA fliegt täglich direkt ab München und ab Frankfurt nach Johannesburg. Von dort besteht die Weiterflugmöglichkeit nach Gaborone, Maun und Francistown.
- Lufthansa fliegt die Strecke Frankfurt - Johannesburg täglich und bietet Weiterflüge mit SAA (Codesharing).
- Air Namibia bedient die Strecke Frankfurt-Windhoek viermal wöchentlich, mit Weiterfluggelegenheit nach Maun.
- LTU fliegt wöchentlich von München nach Windhoek, von dort Weiterflugmöglichkeit nach Maun.

Flugverbindungen innerhalb Afrikas

Regional werden vier internationale Flughäfen des Landes (Gaborone, Maun, Tuli "Limpopo Valley Airfield" und Kasane) von zahlreichen Städten angeflogen. Einige Beispiele:

Ab Johannesburg (Südafrika):	mehrmals täglich nach Gaborone, täglich nach Maun und zweimal wöchentlich nach Francistown
Ab Harare (Zimbabwe):	Dreimal wöchentlich direkt nach Gaborone
Ab Windhoek (Namibia):	Viermal wöchentlich direkt nach Maun
Ab Nairobi (Kenia):	Einmal wöchentlich nach Gaborone (via Lusaka)

Bild oben: Die Kazungula-Fähre über den Sambesi

Die Preise für regionale Flüge (grenzüberschreitende Flüge innerhalb Afrikas) sind verhältnismäßig teuer. Hier wird es deutlich günstiger, wenn man diese Flüge mit dem Langstreckenflug ab Europa kombiniert, denn viele Fluggesellschaften bieten zu günstigen Tarifen regionale Zusatzstrecken an; z. B. kosten regionale Strecken der SAA weniger, wenn man den gesamten Flug mit dieser Fluggesellschaft bucht. Wer dagegen kurzfristig vor Ort einen regionalen Flug reserviert, ergattert manchmal auch günstige Sonderangebote.

Prozedur am Flughafen

Bei der Ankunft am Flughafen von Botswana begibt man sich zunächst zur "Immigration" und lässt sich die gewünschte Aufenthaltsdauer in den Reisepass stempeln. Anschließend muss man den Zoll passieren und dafür eine vorgedruckte Zolldeklaration ausfüllen (siehe die Einreisebestimmungen auf S. 354). Die Ein- und Ausreiseabwicklung von Touristen erfolgt in der Regel sehr zuvorkommend, intensive Kontrollen sind selten.

Taxi am Flughafen

Gaborone: Der Sir Seretse Khama International Airport liegt ca. 15 km von Gaborone entfernt. Da insgesamt nur wenige Taxis zur Verfügung stehen (ca. 12 kostet die Fahrt in die Stadt) und keine öffentlichen Verkehrsmittel in die Stadt existieren, arrangieren die größeren Stadthotels Flughafentransfers für ihre Gäste. Manchmal können Individualreisende gegen eine Gebühr mitfahren.

Kasane: Der abseits gelegene Flughafen wird ebenfalls kaum von Taxis versorgt. Gäste mit Hotelreservierung werden abgeholt, Individualreisende sollten – in Ermangelung von Alternativen – die Transferbusse oder andere Reisende um eine Mitfahrgelegenheit bitten.

Maun: Der Flughafen von Maun liegt quasi mitten in der Stadt und somit kann man bequem zu Fuß ins Zentrum laufen. Hotelgäste werden auch hier von der jeweiligen Lodge oder dem Safariunternehmen abgeholt.

Tuli: Wer hier mitten in den privaten Wildschutzgebieten des Tuli Blocks landet, wird von seinem Gastgeber (eine der Lodges) persönlich abgeholt. Keine Taxis vorhanden.

Anreise auf dem Landweg

Im Reiseteil werden alle Grenzübergänge detailliert beschrieben. Hier eine Übersicht: (Öffnungszeiten der Grenzen: siehe S. 363)

Anreise von Südafrika

Zahlreiche Grenzstationen ermöglichen den einfachen Grenzwechsel zwischen Südafrika und Botswana. Die Grenzposten zwischen Johannesburg/Pretoria und Lobatse/Gaborone werden rege bis stark frequentiert. Beide Staaten gehören der südafrikanischen Zollunion an, wodurch bis auf wenige Ausnahmen keine Zollkontrollen stattfinden. Zu den Ausnahmen gehören länderspezifische Bestimmungen, wie z. B. die Einfuhr von Treibstoff.

Per Bus: Zwischen Johannesburg und Gaborone verkehren täglich zahlreiche Fernstrecken- und Minibusse. Während größere Reisebusse häufig frühmorgens zwischen 05.00 h und 06.00 h starten, fahren private Minibusse den ganzen Tag über, sobald genügend Fahrgäste zusammenkommen. In Backpacker-Kreisen beliebt ist der Service von Intercape Mainliner, der täglich ab 14.30 h von Johannesburg nach Gaborone (an 21.10 h) fährt mit Staffelpreisen ab 18 pro Strecke. Man kann sogar online reservieren unter www.intercape.co.za.

Per Bahn: Nur einmal pro Woche fährt ein Nachtzug zwischen Johannesburg und Gaborone (dienstags von Johannesburg nach Gaborone, mittwochs zurück). Die Preise liegen bei ca. 37 in der 1. Klasse (4-Bett-Schlafwagen), 32 in der 2. Klasse (6-Bett-Liegewagen), 11 in der 3. Klasse (nur Sitzplätze). Info + Reservierung: Botswana Railways, P. O. Box 125, Gaborone. Tel. 411375/ 3900163, Fax 3974360.

Der südafrikanische Blue Train, ein mobiles Luxushotel (www.bluetrain.co.za), fährt gelegentlich über Botswana nach Zimbabwe.

Anreise von Namibia

Zwischen Namibia und Botswana bestehen vier Grenzübergänge. Am häufigsten wird die Grenze Mamuno/ Buitepos auf der Fernstrecke zwischen Windhoek und Ghanzi frequentiert. Hier bieten sich neben Busverbindungen auch gute Mitfahrgelegenheiten.

Früher beförderte Intercape Mainliner mehrmals wöchentlich Passagiere zwischen Windhoek und Gaborone, doch wurde diese Strecke inzwischen eingestellt. Soweit uns bekannt ist, existiert derzeit kein regelmäßiger Busverkehr nach festem Fahrplan entlang dieser Strecke. Zu den anderen Grenzübergängen im Norden Namibias, Dobe, Mohembo und Ngoma Bridge, gibt es keine öffentlichen Verkehrsmittel, diese Grenzen dienen hauptsächlich dem touristischen Privatverkehr. Auf der Strecke Katima Mulilo–Kasane via Ngoma Bridge kann man bei den regionalen Touristenlodges individuelle Transferbusse mieten.

Die zehnstündige Busfahrt zwischen Windhoek und Maun ist in Maun in den Reiseagenturen und Lodges buchbar, z. B. im Audi Camp. Der Bus fährt derzeit mittwochs von Windhoek nach Maun und montags in der Gegenrichtung. Unterwegs werden Stopps mit Zu- und Ausstiegsmöglichkeit in Gobabis und Ghanzi eingelegt.

Anreise von Zimbabwe

Die beiden wichtigsten Grenzposten sind Ramokgwebane/Plumtree zwischen Francistown und Bulawayo sowie Kazungula zwischen Kasane und Victoria Falls. Der kleine Grenzübergang in Pandamatenga spielt nur eine sehr untergeordnete Rolle, lässt sich aber gut in eine Safari-Rundreise durch beide Länder einbauen. Auf Botswana-Seite gibt es dort keinen Zoll, Touristen können dennoch problemlos die Grenze passieren (in beiden Richtungen, auch mit Fahrzeug).

Per Bus: Expressbusse, die überwiegend nachts unterwegs sind, fahren täglich von Harare und Bulawayo nach Gaborone bzw. Francistown. Zwischen Bulawayo und Francistown sind mehrmals täglich Mini- und Omnibusse in beiden Richtungen unterwegs.

Zwischen Victoria Falls und Kasane setzen örtliche Reiseveranstalter und Lodges Transferbusse für Pauschalreisende ein. Individualreisende können diese Transferleistungen auf Anfrage und gegen Bezahlung auch in Anspruch nehmen.

Info für Autofahrer: Bei Einreise aus Zimbabwe (Plumtree/ Francistown): Die Tankstelle an der Grenze akzeptiert Pula, US$ und SA-Rand, aber keine Kreditkarten.

Per Bahn: Seit 2006 fährt jeden Di/Do/Sa ein moderner Zug von Francistown nach Bulawayo (Abfahrt 09.00 h, Ankunft 15.00 h), und jeden Mo/Mi/Fr von dort zurück (Abfahrt 09.30 h, Ankunft 15.00 h, Preis ab 5). Die Grenzformalitäten kann man im Zug erledigen, und unterwegs werden die Passagiere mit TV unterhalten.

Anreise von Sambia

Die einzige Grenze zwischen beiden Ländern – die sich lediglich für ein paar Hundert Meter am Sambesi berühren – liegt in Kazungula. Zwischen Sonnenauf- und Sonnenuntergang pendeln zwei Motorfähren zwischen beiden Uferseiten. Seit viele Lkw-Fernfahrer und Touristen das krisengebeutelte Land Zimbabwe meiden, hat dieser Grenzübergang, der Zimbabwe umgeht, deutlich mehr Zulauf bekommen.

Der sambische Grenzposten, ebenfalls Kazungula genannt, liegt dem botswanischen Ort Kazungula direkt gegenüber und befindet sich 60 km westlich der touristischen Hauptstadt Sambias, Livingstone. Die Grenze liegt neben der Teerstraße zwischen Livingstone und Sesheke. Nichtmotorisierten Reisenden bieten sich zahlreiche Sammeltaxis entlang dieser Strecke an.
Leider verlaufen die Grenzformalitäten auf sambischer Seite zunehmend chaotischer und unberechenbarer, was die Gebührenphantasie der Grenzer angeht. Auch das Büro der Fährgesellschaft, wo man die Überfahrt in bar in US$ oder SA-Rand bezahlen muss, liegt bei den sambischen Grenzbehörden. Rechnen Sie als Autofahrer für den Grenzübertritt nach Botswana mit ein bis drei Stunden, wobei die Formalitäten in Botswana nur wenige Minuten dauern. Siehe auch S. 306.

Anreise mit einem Mietwagen oder eigenem Auto

Für die Einreise mit einem Fahrzeug verlangen die Behörden in Botswana folgende Dokumente:

Anreise mit einem Mietwagen: Wer mit einem Mietwagen aus einem der Nachbarstaaten nach Botswana einreisen möchte, braucht eine schriftliche Genehmigung der Verleihfirma (Letter of Authorization), den manche Firmen kostenfrei ausstellen, andere jedoch dem Kunden in Rechnung stellen. Handelt es sich um einen Grenzübergang zwischen der Südafrikanischen Zollunion (zu dem Botswana gehört) und einem Drittland, wie Zambia, so ist für die vorübergehende zollfreie Einfuhr des Wagens ein Importdokument (Temporary Import Permit) an der Grenze auszustellen, das bei der späteren Ausreise aus Botswana vom Zoll wieder eingesammelt wird.

Anreise mit einem Privatfahrzeug: Fahrzeughalter von Privatfahrzeugen reisen am unkompliziertesten mit dem Importdokument Carnet de Passages, welches für Deutsche die ADAC-Zentrale, Am Westpark 8, D-81373 München, ausstellt (gegen Gebühr und Bürgschaft). Für Österreich und die Schweiz sind deren jeweilige Automobilklubs zuständig. Info: http://www1.adac.de/ReiseService/tourset_reisefuehrer/tipps/default.asp.
Außerdem ist der Internationale Zulassungsschein mitzuführen.

Weitere Angaben für Mietwagen- und Privatfahrer: Bei der Einreise nach Botswana muss für jedes Fahrzeug beim Zoll (Customs-Schalter) eine Kfz-Haftpflichtversicherung (Third Party Insurance, Motor Vehicle Insurance) abgeschlossen werden, deren Gebühr derzeit bei einer Mindestdauer von drei Monaten 50 Pula beträgt. Zugleich stellt der Zöllner die obligatorischen Straßenbenützungsgebühren „Short Term Permit" für 60 Pula und „Road Safety Levy Fee" für 20 Pula aus (Trailer jeweils zzgl. 20 Pula). Während das Short Term Permit bei jeder Einreise nach Botswana erneut anfällt, besitzt die Road Safety Levy Fee eine Gültigkeit bis zum Ende des Kalenderjahres. Halten Sie für diese Beträge Pula oder süafrikanische Rand in bar bereit, weil die Zahlung nur in diesen beiden Währungen akzeptiert wird.

Ein Internationaler Führerschein ist grundsätzlich Pflicht für den Fahrer.

Bis vor mehreren Jahren mussten Autofahrer bei der Einreise durch Wannen mit brauner Desinfektionsbrühe fahren und laufen, die eine Verbreitung gefürchteter Tierseuchen, wie MKS, verhindern sollte. Dieses Verfahren wurde inzwischen an den meisten Grenzposten eingestellt, in Kazungula und Ngoma Bridge wird man aber meistens noch dazu aufgefordert (mitunter sogar inklusive Kühlschrankkontrolle nach Milch-/Fleischprodukten).

Eine Besonderheit bei Auto-Grenzgängern ist der **Gate Pass**; ein kleiner Zettel, der beim Immigration Officer mit dem Autokennzeichen und der Anzahl der Fahrzeuginsassen beschrieben und anschließend von ihm und dem Zöllner abgestempelt wird. Der Beamte an der Grenzschranke sammelt diesen Zettel schließlich wieder ein, nachdem er durch die Stempel erkennen konnte, dass der Fahrer seinen Pflichten bei Immigration und Zoll nachgekommen ist.

Botswana gehört mit Südafrika, Namibia, Swaziland und Lesotho der **Südafrikanischen Zollunion** an. Innerhalb der Gemeinschaft werden an den Grenzen kein Temporary Import Permit oder Carnet de Passages benötigt.

Besondere Lebensmittel- und Treibstoffvorschriften Botswanas: siehe Zoll, S. 388.

TRANSPORT VOR ORT

Das Inlandflugnetz

Linienflüge

Air Botswana, die staatliche Fluglinie, bedient täglich die Strecke zwischen der Hauptstadt Gaborone und Maun und sechs mal wöchentlich zwischen Gaborone und Francistown. Zwischen Kasane und Gaborone und Kasane und Maun bestehen ebenfalls dreimal wöchentlich Flugverbindungen.

Air Botswana: www.airbotswana.com, Tel. 3952812, Fax 3974801. Telefonnummern der Flughäfen: siehe im Reiseteil.

Charterflüge

Unzählige kleine Chartermaschinen übernehmen die touristischen Flugstrecken zu den Lodges im Okavangodelta und in die Nationalparks. Sie sind vor allem in Maun stationiert und können dort, wie auch in Gaborone, Francistown und Kasane, relativ problemlos gechartert werden. Am häufigsten werden einmotorige CESSNA-Propellerflugzeuge eingesetzt, die 1 bis 6 Passagiere aufnehmen können. Man bezahlt immer das ganze Flugzeug, unabhängig von der Anzahl der Fluggäste. Demzufolge lohnt es sich, für einen geplanten Delta-Rundflug oder einen Ausflug zu den Tsodilo Hills, eine Kleingruppe Gleichgesinnter zusammenzustellen. Üblicherweise wird nach Flugstunden abgerechnet (ab 160 /Stunde). Die Strecke Maun – Kasane wird bei Chartergesellschaften ab ca. 270 pP angeboten. Die Adressen von Charterfluggesellschaften werden im Reiseteil genannt. Wichtig zu wissen: Bei Charterflügen besteht eine Gewichtsbegrenzung fürs Gepäck (meist 10-12 kg pro Person).

Bahnverbindungen

Leider bestehen seit April 2009 keine Bahnverbindungen mehr innerhalb Botswanas. Damals wurde die tägliche Verbindung zwischen Lobatse / Gaborone und Francistown ersatzlos gestrichen.

Busverbindungen

Die meisten Fernstrecken des Landes werden von modernen Überlandbussen frequentiert. Besonders stark ist das Angebot auf den Strecken Gaborone – Francistown und Francistown – Maun. Mindestens einmal täglich fährt ein Bus zwischen Francistown und Kasane. Zwischen Ghanzi und Lobatse/Gaborone verkehren mehrmals wöchentlich Busse entlang dem Transkalahari-Highway.

Achtung: Zwischen Maun und Kasane auf direkter Route via Savuti und Ngoma Bridge existieren keinerlei öffentliche Verkehrsverbindungen. Außerdem existieren keine öffentlichen Verkehrsverbindungen zu den Nationalparks und Schutzgebieten Botswanas.

Die meisten Fernstreckenbusse in Botswana haben einen guten Wartungszustand. Allerdings ist ihre Unfallhäufigkeit auf den langen, einsamen Strecken erstaunlich hoch, besonders bei Fahrten in der Dunkelheit, was vielfach auf die hohe Geschwindigkeit und Gefahren, wie Wildwechsel und unbeleuchtete Hindernisse auf der Straße zurückgeführt wird.

Auf den meisten Strecken sind diese Busse voll besetzt. Daher besorgt man sich den Fahrschein möglichst schon am Vortag an der jeweiligen Busstation, wo man auch die häufig wechselnden Abfahrtszeiten erfährt. Während der Fahrt legen die Busse regelmäßige Tankstopps bei Raststätten ein, wo sich die Passagiere verpflegen können.

Mietwagen

Botswana bereist man idealerweise mit einem eigenen (Gelände-)Fahrzeug, denn viele landschaftliche Schönheiten lassen sich ohne Gefährt kaum erreichen. Die Hauptstraßen sind überwiegend in gutem bis sehr gutem Zustand, während die meisten Wege in den Nationalparks ein Geländefahrzeug mit hoher Bodenfreiheit erfordern. Infos zu Mietwagenanbietern und den Bedingungen: Seite 333.

Bild oben: Erster Blick auf Botswana von der Kazungula-Fähre

Öffnungszeiten der Grenzübergänge

Südafrika:		
Pont Drift - Mashatu (Tuli)	(Flussbett-Querung)	08.00-16.00 h
Platjan (Bobonong)	(Flussbett-Querung)	08.00-16.00 h
Zanzibar (Selebi-Phikwe)	(Flussbett-Querung)	08.00-16.00 h
Martin's Drift (Palapye)	(Brücke)	08.00-22.00 h
Parr's Halt - Stockpoort (Mahalapye)	(Flussbett-Querung)	08.00-18.00 h
Sikwane - Deerdepoort (Mochudi)	(Brücke)	07.00-19.00 h
Tlokweng - Kopfontein (Gaborone)	(Teerstraße)	06.00-24.00 h
Ramotswa-Swartkoppie	(Teerstraße)	07.00-19.00 h
Poineer Gate-Skilpadshek (Lobatse)	(Teerstraße)	06.00-22.00 h
Ramatlabana	(Teerstraße)	06.00-20.00 h
Phitshane Molopo-Makgwebi Stad	(Piste)	07.30-16.30 h
Hereford/Bray	(Flussbett-Querung)	08.00-16.00 h
Makopong	(Flussbett-Querung)	08.00-16.00 h
Tshabong/McCarthy's Rust	(Flussbett-Querung)	08.00-18.00 h
Middlepits	(Flussbett-Querung)	08.00-18.00 h
Bokspits	(Sandpiste)	08.00-16.00 h
Two Rivers/Twee Rivieren (KTP)	(Piste im Nationalpark)	06.00-18.00 h
Namibia:		
Mamuno-Transkalahari	(Teerstraße)	07.00-24.00 h
Mohembo	(Schotterpiste)	07.00-18.00 h
Ngoma Bridge	(Brücke)	07.00-18.00 h
Dobe/Tsumkwe	(Allradpiste)	07.00-16.00 h
Zimbabwe:		
Kazungula	(Teerstraße)	06.00-18.00 h
Pandamatenga	(Piste)	08.00-16.00 h
Ramokgwebana	(Teerstraße)	06.00-20.00 h
Sambia:		
Kazungula	(Motorfähre)	06.00-18.00 h

Die **Flughäfen** Botswanas haben täglich zwischen 06.00 und 18.00 h geöffnet, Gaborone bis 22.00 h.

Die Öffnungszeiten kleinerer Grenzen variieren gelegentlich um bis zu eine Stunde (teilweise von den Jahrezeiten abhängig).

NATIONALPARKS IN BOTSWANA

Um es gleich offen zu sagen: Botswana macht es Individualreisenden und Selbstfahrern nicht einfach, wenn es darum geht, die Nationalparks und Wildschutzgebiete des Landes kennenzulernen. In den letzten zehn Jahren wurden Schritt für Schritt strengere Regeln für die Parkbesuche eingeführt, im Jahr 2009 folgte schließlich die Privatisierung der Übernachtungsplätze in den Parks. Seither herrscht Konfussion bei den Touristen und viel Ratlosigkeit und Frust bei den Wildhütern.

Trotz unserer persönlichen Besuche bei verschiedenen Büros der Wildschutzbehörde im Jahr 2009 (zuletzt noch im November dieses Jahres) konnten wir die jetzt geltende Buchungssituation nicht restlos klären. Selbst die Beamten in den Reservierungsbüros des DWNP sind noch nicht besser aufgeklärt. Darüberhinaus hat eines der Unternehmen, die seit Oktober 2009 die Camps im Moremi WR und Chobe NP übernommen haben, bisher nicht einmal eine Kontaktadresse oder Telefonnummer... Wir geben hiermit den Stand der Lage bei Redaktionsschluss im Dezember 2009 wieder:

Alle Parkbesuche müssen im Voraus gebucht und bezahlt werden (Eintritte und Übernachtungen). An den Parkeingängen sind keine Zahlungen mehr möglich. Einzige Ausnahmen: Sedudu Gate im Chobe NP und Two Rivers Gate im KTP dürfen selbständig Besucherpermits ausstellen und Zahlungen annehmen. Es wurde uns an mehreren Parkeingängen versichert, dass Besuchern ohne gültigem, im Voraus bezahlten Beleg der Parkzugang sonst überall verwehrt wird – selbst an so einsamen Orten, wie dem Eingang zur Mabuasehube-Sektion.

Um eine Parkreservierung zu tätigen, richtet man sich an das zuständige Büro des „Department of Wildlife and National Parks“ (DWNP). Für die nördlichen Parks Nxai Pan, Makgadikgadi Pan, Moremi und Chobe ist das Büro in Maun zuständig; alle anderen Parks in der Kalahari werden vom Hauptstadtbüro in Gaborone verwaltet. Bis zu einem Jahr im Voraus werden Reservierungen angenommen. Dazu richten Sie Ihre Anfrage am besten schriftlich per Fax oder Email an das jeweilige Büro. Folgende Angaben benötigen die Reservierungsstellen: Anzahl und Status der Personen (Kinder, Erwachsene, Resident oder Non-Resident), Namen der Reisenden, exakte Reisedaten, Nennung des Parks und ggf. der Campingplätze, die noch vom DWNP verwaltet werden. Es ist hilfreich, für die Rückantwort deutlich sichtbar eine Fax-Nummer und eine Emailadresse zu nennen. Sollten Sie nicht innerhalb weniger Tage eine Rückmeldung erhalten, empfehlen wir ein kurzes Telefonat mit dem betroffenen Reservierungsbüro, wodurch in der Regel alle Unklarheiten rasch beseitigt werden können. Von Zeit zu Zeit sind die Kontaktnummern der beiden Büros schwer erreichbar und man muss mehrere Versuche unternehmen, um eine freie Leitung zu erhalten. Wenn eine Reservierung möglich ist, sendet das Büro eine provisorische Buchungsbestätigung mit Referenznummer, Gesamtpreis und dem Termin, bis zu dem die Reservierung gehalten wird. Bis dahin haben Sie Zeit, per Kreditkarte (VISA oder Mastercard) oder durch eine Auslandsüberweisung Vorkasse zu leisten. Sobald der Betrag beim DWNP eingegangen ist, sendet das Büro per Post eine amtliche Bestätigung. Dieses System ist umständlich, funktioniert aber ganz zuverlässig.

Reservierungsadressen des DWNP

Parks and Reserves Reservation Office,
P. O. Box 131, Millennium Park, Gaborone.
Tel. 00267-3180774, Fax 00267-3932205/3180775
email: dwnp@gov.bw
Öffnungszeiten: Mo-Sa 07.30-12.30 h, 13.45-16.30 h

Parks and Reserves Reservation Office,
P. O. Box 20364, Boseja, Maun.
Tel. 00267-6860368/6861265, Fax 00267-6861264.
Öffnungszeiten: Mo-Sa 07.30-16.30 h, Sa 7.30-12.45 h und 13.45-16.30 h, So 07.30-12.45 h

Wer kurzfristig reserviert, darf seine Zahlung auch bei einem so genannten „Central Pay Point“ leisten, worunter die Wildlife-Büros folgender Städte in Botswana zu verstehen sind:

- Die beiden DWNP-Offices in Gaborone und Maun.
- Kasane: Am Sedudu Gate zum Chobe NP.
- Two Rivers: Am Haupteingang in den KTP.
- Ghanzi: Im Sexanana Way, der gegenüber dem Ministry of Home Affairs/Immigration von der Hauptstraße im Ortszentrum abzweigt. GPS: S: 21.41.864, E: 21.38.777
- Kang: Direkt im Ort an der ersten Kreuzung, linke Straßenseite.
- Letlhakane: Im RAC-Gebäude gegenüber dem SPAR mitten im Ortszentrum.
- Francistown: Im Ntshe House gegenüber der Thapama Lodge am südlichen Kreisel der Stadt.

Die Wildhüter an den Pay Points sind angehalten, Touristen bei Parkreservierungen behilflich zu sein, sie müssen dazu aber in Maun bzw. Gaborone anrufen. Die Öffnungszeiten dieser Büros sind Mo-Fr 07.30-16.30 h. Theoretisch besteht die Möglichkeit, in diesen Büros mit Kreditkarte (VISA, Mastercard) zu bezahlen, aber die Praxis lehrt, dass man sich darauf nicht verlassen darf. Zu oft sind die Kartenlesegeräte „out of order".

Unsere Recherchen in den Parks und bei den "Central Pay Points" haben insgesamt ein uneinheitliches Bild ergeben. Während z. B. im Nxai Pan NP Besucher, die ihren Aufenthalt im Park verlängern möchten, chancenlos sind und den Park pünktlich verlassen müssen (sie sollen nach Maun fahren, dort erneut bezahlen und dann in den Park zurückfahren), handhaben die Wildhüter im CKGR solche Fälle großzügiger und schicken die Besucher dann zur Nachzahlung zum nächsten "Pay Point". Das gleiche gilt für die 11-Uhr- Regel zum Verlassen der Parks. Wir erhielten die Erklärung, es gäbe da unterschiedliche Auslegungen und man solle sich möglichst beim jeweiligen Parkeingang direkt erkundigen. Die Parks und die "Central Pay Points" in Kasane, Ghanzi, Tshabong etc. sind bisher nicht mit dem Computersystem der Behörde vernetzt. Ihr Handlungsspielraum wurde mit der neuen Regelung deutlich eingeschnitten.

Alle Nationalparks und Schutzgebiete Botswanas sind offiziell ganzjährig geöffnet, doch mussten einige Parks in den letzten Jahren wetterbedingt zeitweise geschlossen werden. Die Gebiete Savuti und Linyanti im Chobe NP und das Moremi WR sind mitunter nach starken Regenfällen oder bei außergewöhnlicher Okavangoflut unzugänglich. Das ist nicht nur ärgerlich, sondern sogar teuer für den Reisenden, wenn er bereits eine Parkreservierung getätigt hat. Eine Erstattung der Kosten ist nicht vorgesehen, maximal eine Verschiebung der Reservierung auf einen späteren Zeitpunkt oder auf einen anderen Park.

Zutritt zu den Schutzgebieten und Parks wird nur motorisierten Gästen gestattet, nicht jedoch Fußgängern, Fahrrad- oder Motorradfahrern.

Professionelle Campingsafari-Anbieter mit Registrierung in Botswana benützen in der Regel so genannte HATAB-Campsites oder BOGA-Campsites, wo sie abseits der übrigen Individualtouristen mit ihren Reisegruppen campieren.

Nationalpark-Gebühren (in Pula pro Tag)

Eintritt: (in Pula/pro Tag)	**Citizen** (Bürger Botswanas)	**Resident** (wohnhaft in Botswana)	**Non Resident** (Tourist)
Erwachsene	10	30	120*)
Jugendliche 8-17 J.	5	15	60*)
Kinder unter 8 J.	Gratis	Gratis	Gratis
Campinggebühren: (in den vom DWNP noch verwalteten Campsites)			
Erwachsene	5	20	30
Jugendliche 8-17 J.	2,50	10	15
Kinder unter 8 J.	Gratis	Gratis	Gratis
Fahrzeuggebühren:		Botswana-Registrierung	ausländ. Registrierung
unter 3,5 t Gewicht		10	50
Gewicht 3,5-7,0 t		500	1000
über 7,0 t Gewicht		800	1500
Sonderfall: Kgalagadi Transfrontier Park			
Eintritt:	20	20	20
Camping:	5	20	30
Fahrzeuge:	4	4	4

*) Non-Residents, die mit einem örtlichen Reiseanbieter in den Park reisen, müssen nur 70 Pula pro Erwachsenem und 35 Pula pro Kind Eintritt bezahlen.

Service & Infos

Das Reservieren von Campingplätzen

Ein Teil der Campsites in den Parks untersteht (bisher noch) dem DWNP und wird dort, wie zuvor beschrieben, gebucht. Die bereits privatisierten Plätze müssen auf die gleiche Weise vorab reserviert werden.

Bigfoot Tours: Mrs. Pauline, Extention 10, Plot 2930, Pudulogo Crescent, Gaborone.
Tel. 3953360, email: bigfoot@gbs.co.bw

Alle Campsites im Khutse GR und zahlreiche Campsites im CKGR (siehe S. 369) wurden an Bigfoot Tours in Gaborone übergeben. Die betroffenen Campsites im CKGR sind Piper Pan, Sunday Pan, Letiahau und Passarge Valley, Lekhubu und Motopi Pan. Bigfoot Tours hat für diese Camps die Campinggebühr von 30 Pula auf 100 Pula pP/Tag erhöht. Mit den Übernachtungen berechnet Bigfoot Tours auch die Eintrittsgebühren in den Park. Die Buchungsabwicklung verläuft wie beim DWNP.

Xomae Group Ltd: P. O. Box 20975, Maun, Tel./Fax 6862221, email: xomaesites@botsnet.bw.

Das Büro liegt etwas versteckt nahe dem Flughafen von Maun. Öffnungszeiten: Mo-Fr 08.00–17.00 h, Sa 08.00–16.30 h und So 08.00–12.00 h. Xomae Group ist Agent für Nxai Pan NP (inklusive Baines Baobabs), Third Bridge Campsite und die Wilderness Islands (Moremi WR). Auch hier wurden die Preise deutlich angehoben: Camping kostet 150 Pula pP; für Kinder die Hälfte. Eine Übernachtung auf den Wilderness Islands (während einer Bootstour von der Mboma Boat Station, siehe S. 277) kostet 400 Pula pP. Zahlbar auch per VISA und in Euro, US$ und Rand. Eine getätigte Reservierung muss bis sechs Wochen vor Reisedatum bezahlt werden (VISA-Card oder Auslandsüberweisung). Keine Kostenerstattung bei Storno, die Reservierung kann bis ein Jahr verspätet in Anspruch genommen werden. Das Unternehmen stellt nur die Übernachtungskosten in Rechnung, die Eintrittsgebühren müssen dann noch extra beim DWNP bezahlt werden.

Mapula Lodge: P. O. Box 22149, Boseja, Maun.
Tel. 6865365/6865366, Fax 6865367,
email: mapulalodge@info.bw.

Der Agent für die Camps Savuti, Linyanti (Chobe NP) und Khwai/North Gate (Moremi WR) hat ein Büro in der Mophane Road neben der Tourismusbehörde in Maun. Öffnungszeiten: Mo-Fr 08.00–17.00 h, Sa 08.00–15.00 h und So 08.00–13.00 h. Die neuen Preise sind gesalzen: Camping kostet 50 US$ pP; für Kinder bzw. Bürger aus SADC-Staaten die Hälfte. Nach der Reservierung wird Vorauskasse durch eine Auslandsüberweisung erwartet (bisher keine Kreditkartenzahlung möglich). Mapula Lodge akzeptiert bei max. sechs Personen auch drei Fahrzeuge pro Stellplatz. Auch dieser Agent stellt nur die Übernachtungskosten in Rechnung. Die Eintrittsgebühren für den Nationalpark müssen dann noch extra beim DWNP bezahlt werden.

Auch für die bisher nicht vergebenen Campingplätze, z. B. in Khumaga und im KTP, werden dem Vernehmen nach Investoren gesucht. Die Campsites South Gate und Xakanaxa im Moremi WR und Ihaha im Chobe NP sind offiziell an eine Firma namens IT.com vergeben, die allerdings bisher nicht in Erscheinung getreten ist. Diese Camps werden daher bis auf Weiteres vom DWNP verwaltet.

Die stark frequentierten Parks Moremi und Chobe sollte man während der Hochsaison von August bis Oktober sowie zu Weihnachten und Ostern unbedingt frühzeitig reservieren. Für die Zentralkalahari (CKGR und Khutse) bestehen Engpässe zu Weihnachten und Ostern, wenn viele Südafrikaner in die Kalahari reisen. Während der Nebensaison sollte eine Reservierung in allen Parks unproblematisch sein. Nun möchte oder kann nicht jeder Reisende schon im Vorfeld die genauen Reisedaten festlegen. In einem solchen Fall – aber auch, wenn man eine Absage wegen Überbuchung erhalten hat – sollte man direkt vor Ort in Maun oder Gaborone die Reservierungsbüros aufsuchen und dort kurzfristig buchen (manchmal werden reservierte Plätze storniert und sind kurzfristig wieder verfügbar).

Leider kommt es immer wieder zu leer stehenden Camps, weil manche Leute und örtliche Safari-Veranstalter monatelang im Voraus prophylaktisch Plätze blocken, die sie womöglich nicht in Anspruch nehmen. Beim Wildlife Department gelten die Parks dann als ausgebucht und Interessenten werden abgewiesen, obwohl durchaus noch Plätze frei wären.

Bitte beachten Sie: Die Privatisierung der Campingplätze ist noch nicht abgeschlossen und es sind weitere Veränderungen im Zuständigkeitsbereich und der Buchungsabwicklung zu erwarten. Aktuelle Neuigkeiten können Sie jederzeit im Internet einsehen auf unserer Website unter http://www.hupeverlag.de/Botswana/News_Botswana/news_botswana.html

Öffnungszeiten der Parks

Dezember/Januar/Februar: 05.30 h–19.30 h
März/April/Mai: 06.00 h–19.00 h
Juni/Juli/August: 06.30 h–18.30 h
September/Oktober/November: 06.00 h–19.00 h
Mitunter variieren die Öffnungszeiten der Parks, sie sind dann an den Parkzugängen ausgeschrieben.

Was tun, wenn es heißt, die Campsites in den Parks sind „fully booked"?

In den Saisonzeiten der jeweiligen Parks (Chobe/Moremi zwischen Juli und Oktober, die Kalaharigebiete zu Ferienzeiten und Ostern) sollte man frühzeitig buchen. Denn leider kommt es häufig vor, dass man beim Vorreservieren von Campingplätzen in den Parks und Reservaten nur die lapidare Antwort „sorry, this Camp is fully booked" erhält.

Früher konnten sich die Botswana-Reisenden oft vor Ort noch behelfen, weil sich die Wildhüter sehr hilfsbereit gegenüber Individualreisenden gezeigt haben. Doch darauf kann man seit der Privatisierung der Campingplätze nicht mehr spekulieren. Wer ohne gültige Reservierung an einem Parkeingang erscheint, muss damit rechnen, zurückgeschickt zu werden. Nur zwei Parkeingänge sind befugt und organisatorisch auch in derLage, Parkeintritte zu berechnen und zu kassieren: Sedudu Gate am Chobe NP in Kasane und Two Rivers Gate in den Kgalagadi Transfrontier Park. Alle anderen Gates wurden praktisch degradiert zu reinen Kontrollposten.

Was bleiben also für Möglichkeiten, wenn man bei einer Reservierungsanfrage eine abschlägige Mitteilung bekommt?

1) Nochmals hartnäckig nachfragen. Eventuell sind alternative Campingplätze frei. Möglicherweise ist der Campingplatz frei, wenn man einige Tage früher oder später bucht.

2) Zu einem späteren Zeitpunkt erneut nachfragen. Manchmal werden Reservierungen wieder zurückgegeben bzw. verfallen, wenn der Gast nicht bis zum Ablauf einer Frist Vorkasse leistet. Bei Xomae Group Ltd. (Nxai Pan, Third Bridge im Moremi WR) sind das z. B. sechs Wochen vor dem Reisetermin.

3) Wenn es vor dem Reiseantritt nicht klappt, kann man versuchen, kurzfristig noch in Botswana eine Reservierung zu erhalten. In Maun sind die Büros des DWNP, der Xomae Group Ltd. und der Mapula Lodge täglich geöffnet, in Gaborone sind die zuständigen Büros nur wochentags erreichbar. Hilfsbereit sind auch die Wildhüter am Sedudu Gate in Kasane.

4) Vielleicht trifft man vorher z. B. in Maun auf sympathische Individualreisende mit einer Reservierung, der man sich anschließen darf (ohne dabei andere Leute zu einem Zugeständnis zu nötigen!). Jeder Stellplatz kann mit max. zwei Fahrzeugen und sechs Personen belegt werden. Es besteht also die Möglichkeit, beim betreffenden Reservierungsbüro die bestehende Buchung zu erweitern.

5) Man stellt sich von vornherein auf einen Tagesbesuch ein und reist abends wieder aus. Auch der muss vor der Einreise in den Park reserviert und bezahlt werden, aber es gibt keine Zugangsbeschränkung für Tagesbesucher.

6) Vielleicht sollte man aber auch die gewünschte Reiseroute ändern und andere Parks besuchen.

Tipp: Wann immer Sie sich um die Hilfsbereitschaft der örtlichen Reservierungsbeamten oder Wildhüter bemühen, sollten Sie großen Wert auf einen höflichen, korrekten Umgangston legen. Wer herumkommandiert, meckert oder schimpft, hat eigentlich schon verloren. Vielmehr gilt es, an das Verständnis für die unglückliche Lage des Besuchers und komplizierte Situation bei den Reservierungen zu appellieren. Kehren Sie nicht den wohlhabenden Weißen heraus, sondern erzählen Sie eher zerknirscht, wie sehr Sie sich auf das Land und diesen Park gefreut haben, und dass Sie extra aus Europa gekommen sind, um die Naturschönheiten ihres Landes zu erleben. Es zeigt sich immer wieder, dass „Notlösungen" und engagierte Hilfsbereitschaft stark vom persönlichen Auftreten und diplomatischen Geschick des Reisenden abhängen. Auf gar keinen Fall sollte man Angebote korrupter Art machen; dies ist für beide Seiten illegal und schadet allen nach Ihnen Reisenden!

Die Campingplätze in den Nationalparks

Bis zur Privatisierung im Jahr 2009 waren alle Campingplätze in Nationalparks und Schutzgebieten der Wildlife-Behörde unterstellt. Einige dieser Plätze wurden in den letzten Jahren noch renoviert und besser ausgebaut, vor allem im nördlichen Botswana und im Kgalagadi Transfrontier Park. Die Camps im Chobe NP, Moremi WR und teilweise auch im KTP bieten inzwischen solarbeheizte Sanitäreinrichtungen mit Duschen, fließend Wasser, Abfallbehälter, Grillstellen und gelegentlich Betontische und -bänke. In der Kalahari sind die meisten Camps dagegen noch spärlich ausgestattet, bestehen manchmal sogar nur aus einem Hinweisschild. Luxuscampingplätze wie in Südafrika oder Namibia, mit Pool, Restaurant oder Kiosk, darf man hier nirgends erwarten.

CKGR, Mabuasehube und Khutse GR: Es kommt vor, dass die Beschilderung einzelner Stellplätze vertauscht wird, verloren geht oder bei Buschbränden vernichtet wird (gelegentlich brennen auch die Duschen und Toiletten ab). Manche Touristen verwechseln ihre Reservierung, andere stellen sich sogar wissentlich auf einen falschen Platz, weil er ihnen besser gefällt.

Allen Plätzen gleich ist ihre exponierte Lage mitten in der Wildnis, ohne Umzäunung oder anderen Schutz gegen Wildtiere. Deshalb ist überall erhöhte Vorsicht angebracht. Nachts laufen immer wieder Tiere durch die Campingplätze. Tagsüber stellen vor allem räuberische Affenhorden eine Belästigung dar. Niemals sollte man Lebensmittel im Freien oder im Zelt lassen. Abends bleibt man tunlichst am eigenen Platz und genießt das Lagerfeuer in der dunklen, stillen Nacht. Die einzelnen Stellplätze sind oft so großzügig verteilt, dass man seine Nachbarn kaum sieht oder hört. Dahinter steht die Absicht, den Besuchern möglichst viel Privatsphäre und Ruhe zu bieten.

Ein Tipp zu den solarbeheizten Duschen: Morgens gibt es nach kühlen Nächten kein heißes Wasser. Duschen Sie lieber abends, wenn die Sonne das Wasser kräftig erwärmt hat!

Ausstattungssymbole:

W = Wasser vorhanden, **T** = Toilette, **G** = Grillstelle, **B** = Betontisch, **D** = Dusche bzw. Duschvorrichtung ohne Wasser in der Kalahari, **S** = Schattendach/Unterstand. Wenn nur teilweise vorhanden (nicht auf allen Stellflächen), sind die Buchstaben in Klammern gesetzt

Moremi Wildlife Reserve

Anzahl	Campingplatz	Typische Wildtiere und Besonderheiten	Ausstattung	Buchungsagent
10	South Gate	gelegentlich Wild Dogs, Hyänen	WTGBD	DWNP in Maun
10	Third Bridge	Wild Dogs, Löwen, Hyänen, Paviane	WTGBD	Xomae Ltd.
10	Xakanaxa	Elefanten, Hyänen, Vögel, Buschhörnchen	WTGBD	DWNP in Maun
10	North Gate	Elefanten, Hyänen, Affen	WTGBD	Mapula Lodge

Chobe Nationalpark

Anzahl	Campingplatz	Typische Wildtiere und Besonderheiten	Ausstattung	Buchungsagent
10	Ihaha	Büffel, Paviane, Hippos, Vögel	WTGBD	DWNP in Maun
10	Savuti	Elefanten, Hyänen, Löwen	WTGBD	Mapula Lodge
3	Linyanti	Elefanten, einsame Traumlage	WTGBD	Mapula Lodge

Nxai Pan Nationalpark

Anzahl	Campingplatz	Typische Wildtiere und Besonderheiten	Ausstattung	Buchungsagent
6	South Camp	Honigdachse, Vögel	WT(GB)D	Xomae Ltd.
3	Baines Baobab	Eulen, extrem stimmungsvoll	—	Xomae Ltd.

Makgadikgadi Pan Nationalpark

Anzahl	Campingplätze	Typische Wildtiere und Besonderheiten	Ausstattung	Buchungsagent
5	Khumaga	Zebras, Elefanten, hohe Bäume	WT(GB)D	DWNP in Maun
2	Njuca Hill	weiter Rundblick, sehr einsam	TD	DWNP in Maun

Kgalagadi Transfrontier Park

Anzahl	Campingplatz	Typische Wildtiere und Besonderheiten	Ausstattung	Buchungsagent
4	Two Rivers	Springböcke, Löwen, direkt am Gate	WTGBDS	DWNP Gaborone
6	Rooiputs	Oryx, Löwen	TGBS	DWNP Gaborone
3	Polentswa	einsam, Löwen und Geparden	GBS	DWNP Gaborone
2	Kaa Gate	nahe dem Gate, nur eine Notlösung	WTGBDS	DWNP Gaborone
5	Swartpan/ Gnus Gnus Pan	stimmungsvoll und einsam	(WG)	DWNP Gaborone

Mabuasehube Sektion (im KTP)

Anzahl	Campingplatz	Typische Wildtiere und Besonderheiten	Ausstattung	Buchungsagent
4	Mabuasehube Pan	wildreich, guter View auf rote Pfanne	(WTGBS)	DWNP Gaborone
2	Mpayathutlwa Pan	einsam, guter Ausblick	(WD)TGBS	DWNP Gaborone
2	Khiding Pan	etwas buschig, View auf Pan	G(TBS)	DWNP Gaborone
2	Lesholoago Pan	wildreich, guter View	(W)TGBS	DWNP Gaborone
2	Monamodi Pans	mittelmäßig	(WTGS)	DWNP Gaborone
2	Bosobogolo Pan	wildreich, guter View	(WTD)GBS	DWNP Gaborone
3	Parkeingang	direkt am Gate, nur eine Notlösung	WTDGBS	DWNP Gaborone

Khutse Game Reserve

Anzahl	Campingplatz	Typische Wildtiere und Besonderheiten	Ausstattung	Buchungsagent
10	Khutse Pan	wildreich, Camps liegen nah beieinander	TGD	Bigfoot
2	Mahurushele Pan	eher unattraktiv im Gebüsch	—	Bigfoot
1	Sekushuwe Pan	sehr einsam gelegen, großer Baum	—	Bigfoot
4	Khankhe Pan	stimmungsvoll	—	Bigfoot
4	Molose Pan	einsam, wildreich	TGD	Bigfoot
4	Moreswe Pan	wildreich, besonders stimmungsvoll	TGD	Bigfoot

Central Kalahari Game Reserve

Anzahl	Campingplatz	Typische Wildtiere und Besonderheiten	Ausstattung	Buchungsagent
6	Deception Valley	Steinböcke, Riesentrappen	TGD	DWNP Gaborone
4	Kori Pan	Schakale, Springhasen, Ausblick	TGD	DWNP Gaborone
2	Lekhubu	Oryx	—	Bigfoot
1	Letiahau	Oryx, Springböcke	—	Bigfoot
4	Sunday Pan	wildreich, guter View	(TD)G	Bigfoot
3	Passarge Valley	stimmungsvoll, weiter Rundblick	(TD)G	Bigfoot
2	Piper Pan	Springhasen, Karakals, Schakale	(TD)G	Bigfoot
1	Tau Pan	Oryx, Springböcke	TGD	DWNP Gaborone
1	Phokoje Pan	Springhasen, sehr einsam	TGD	DWNP Gaborone
1	Xade	wenig attraktiv	—	DWNP Gaborone
3	Motopi Pan	Campsites existieren noch nicht	—	DWNP Gaborone
1	Bape	Strauße	—	DWNP Gaborone
1	Xaxa	Campsite wird nicht aktiv angeboten	—	DWNP Gaborone

REISE-TIPPS FÜR DEN ALLTAG IN BOTSWANA

1: Begegnung mit den Menschen

Durch Botswana zu reisen, ohne mit seiner afrikanischen Bevölkerung in näheren Kontakt zu treten, ist durchaus möglich und bei vielen Reisenden auch gängig. Das Land ist dünn besiedelt, die Bevölkerung in einer stolzen Art zurückhaltend und viele Touristen offensichtlich unsicher, scheu und ein wenig hilflos bei ihren ungewohnten ersten Begegnungen mit dem afrikanischen Kulturkreis.

Botswana hat, wie die meisten afrikanischen Länder, unterschiedliche Ethnien, die sich zum Teil deutlich voneinander unterscheiden. Ob Sie die stolzen, reservierten Batswana betrachten, ob Ihnen stille, melancholisch-traurige Buschleute begegnen oder lebensfrohe Bantuvölker, wie die Hambukushu und Bayei – es sollte immer eine Herausforderung sein, aus solchen Begegnungen persönliche Erfahrungen zu ziehen.

An Touristen hat man sich in Botswana durchaus gewöhnt, und hält die reisefreudigen Fremden für liebenswert naiv, neugierig und überwiegend freundlich. Dass gerade Europäer – gegenüber weißen Südafrikanern – oftmals großes Interesse an den Lebensumständen der Afrikaner zeigen, wird meist sehr positiv bewertet. Insbesondere im wirtschaftlich schwach entwickelten Ngamiland ist der Safaritourismus der mit Abstand größte Arbeitgeber. Die Jobs als Poler, Guide, Koch, Zimmermädchen, Korbflechterin u.s.w. ernähren viele Familien. Touristen gelten hier weniger als Plage, denn als eine freundliche, unermesslich reiche Existenzsicherung. Dabei unterscheiden sich die Bürger Botswanas doch grundlegend von vielen anderen Völkern Afrikas. Die Menschen wirken hier eher vornehm reserviert und stolz, bei Weitem nicht so „afrikanisch fröhlich und offenherzig", wie das viele Reisende erwarten. Mit dieser eher ungewohnt selbstbewussten und höflich-korrekten Wesensart sind Aussagen zu erklären, wonach die Bürger Botswanas mitunter als arrogant und reserviert bezeichnet werden. Doch dieses Urteil wird den Menschen nicht gerecht, die ihre Gastfreundschaft und Herzlichkeit lediglich anfänglich hinter einer zurückhaltenden, würdevollen Haltung verbergen. Wir möchten Sie gerne animieren, vorurteilsfrei auf die Reise zu gehen. Ängstliche Zurückhaltung wäre ebenso unangebracht wie ein zu offenherziges Anbiedern und das wahllose Verteilen von Almosen. Wer positiv auf die Menschen zugeht, wird auch rasch eine lockere, freundliche Atmosphäre gegenseitiger Achtung herstellen.

Traditionelle Umgangsformen

Das Verhalten der Menschen untereinander ist stark vom **Statusbewusstsein** geprägt. Respekt vor Älteren und Autoritäten wird stets vorausgesetzt. Der Rangniedere hat z. B. zu warten, bis er vom Ranghöheren begrüßt wird. Außerdem bilden eine ausgiebige Begrüßung und die Nachfrage nach dem gegenseitigen Wohlergehen eine wichtige Einleitung zu jedem Gespräch. Gibt man sich die Hand oder reicht man sich einen Gegenstand, ist es ein Zeichen der Höflichkeit, wenn man eine Hand ausstreckt und die andere dabei an den Ellbogen des ausgestreckten Armes führt.

Die äußere Ruhe zu verlieren ist geradezu verpönt. Außerdem gibt es hier die uns fremde Neigung, einem Fragenden die Antwort zu geben, die dieser vermutlich gerne hören möchte – sei es die Wahrheit oder nicht! Dies ist keinesfalls heimtückisch zu verstehen, sondern zeigt das Bemühen des Befragten, den Fremden nicht brüskieren oder enttäuschen zu wollen und im Zweifelsfalle manchmal lieber eine möglicherweise unwahre Antwort zu geben. Für den Alltag empfiehlt sich daher, keine Suggestivfragen zu stellen, die solche Situationen auslösen könnten. So fragt man nach einer Wegrichtung nicht „Geht es da lang nach ...?", sondern lieber „Wohin führt dieser Weg?".

Zärtlichkeiten zwischen Männern und Frauen in der Öffentlichkeit sind ein Tabu. Eng umschlungene Touristenpaare fallen auf, wirken in der afrikanischen Kultur unanständig. Statt dessen schlendern Männer gelegentlich Händchenhaltend über die Straßen, was hier ein Zeichen der Freundschaft ist, und nicht auf die – gesellschaftlich sehr geächtete – Homosexualität deutet.

Außerhalb der Safarigebiete ist **ordentliche Kleidung** ein Zeichen des Respekts gegenüber dem Gastland. Offenkundig wohlhabende Touristen – denn wer sich einen Urlaub leisten kann, ist für Afrikaner reich – in zerrissener, verdreckter oder nachlässiger Kleidung werden mit Unverständnis zur Kenntnis genommen. In der afrikanischen Gesellschaft ist es üblich, die persönliche wirtschaftliche oder soziale Stellung mit sichtbaren Attributen zu unterstreichen; durchaus auch, um sich als gebildeter oder erfolgreicher Bürger von der großen Masse abzusetzen. Wohlstand und Großstadtleben haben besonders in Gaborone ihre sichtbaren Auswirkungen auf die Kleidung. Die Jugend ist westlich-modisch gekleidet und gibt sich lässig; junge Mädchen tragen knappe Miniröcke und zeigen sich selbstbewusst figurbetont.

Bild oben: Die junge Haupstädterin verkauft Orangen am Straßenrand

Touristen und das **Fotografieren** gehören wohl weltweit zusammen. Wo immer Touristen in Afrika auftauchen, wollen sie die exotische, wilde Welt auf Zelluloid bannen. In manchen Regionen stellen sich die Menschen begeistert in Pose, um mit auf das Bild zu kommen. Anderswo sind sie stolz und fühlen sich geehrt, wenn man sie fotografieren möchte. Es gibt aber gerade in Botswana auch viele Menschen, die nicht fotografiert werden wollen bzw. nicht als Fotomotiv vorgeführt werden möchten. Sie empfinden die Fotografierwut als Angriff auf ihre Privatsphäre und persönliche Würde. Dies ist unbedingt zu respektieren.

Da Englischkenntnisse in Botswana weit verbreitet sind, sollte eine einfache verbale Verständigung in den meisten Fällen möglich sein. **Sprachschwierigkeiten** sind eigentlich kein echtes Argument, um mangelnde Kontaktbereitschaft zu erklären. Wer sich Mühe gibt, wird notfalls ohne Worte auskommen und den Menschen dennoch ein Lächeln abringen. Es gibt Leute, die können ohne eine gemeinsame Sprache stundenlang miteinander kommunizieren. Afrikaner zeigen die Bereitschaft dazu fast immer, während wir diese Spontaneität und Situationskomik kaum je gelernt haben. Versuchen Sie ruhig ungeniert, sich notfalls mit Gesten verständlich zu machen. Eine große Hilfe können Bilder und Bücher darstellen.

2: "Dumela" – Verständigung in Botswana

Mit Englischkenntnissen reist man recht problemlos durch Botswana, denn als Amtssprache findet Englisch in weiten Bevölkerungskreisen eine sehr breite Akzeptanz. Niemand erwartet hier von Touristen Kenntnisse in Setswana. Aus diesem Grund nennen wir auch nur eine sehr kleine Wortauswahl. Allerdings werden dem Reisenden Grußformeln in Setswana begegnen, die hier stärker verbreitet sind, als das englische „Good Morning" und „Good Afternoon". Für viele Einheimischen ist es ein Zeichen höflichen Respekts, wenn auch Touristen in Setswana grüßen. Das wichtigste Wort, das es zu lernen gilt, hießt „Dumela". Es wird wie im Deutschen ausgesprochen, mit der Betonung auf der zweiten Silbe.

Dumela	Hallo! Guten Tag! *(traditionelle Grußformel)*
Dumela, Rra.	Guten Tag, der Herr!
Dumela, Mma.	Guten Tag, verehrte Dame!

Rra und Mma werden sehr oft als höfliche Anrede an den Gruß oder an einen Satz angehängt.

Kea itumela	Danke
Tswee Tswee	Bitte
Ee / Nya	Ja / Nein
Mma	Mutter, Frau *(höfliche Anrede)*
Rra	Vater, Herr *(höfliche Anrede)*
Go Siame!	Gut! Ok! Alles klar!
O tsogile jang?	Wie geht es Dir /Ihnen?
Ke tsogila sentle	Es geht mir gut.
Ke kopa...	Ich bitte um...
Sala Sentle / Salang sentle	Auf Wiedersehen *(Einzahl / Mehrzahl)*
Pula	direkte Bedeutung: Regen *(bezeichnet aber auch die Währungseinheit und wird ebenso als Gruß verwendet)*
Modimo	Gott
Lekgoa / Makgoa	Weiße/ Weißer *(Ein- und Mehrzahl)*
Motswana / Batswana	Bürger Botswanas *(Ein- und Mehrzahl)*
Ke bo kae?	Wieviel kostet das?
Kae...?	Wo..?
Leng...?	Wann...?
Jang...?	Wie...?
Mang...?	Wer...?
Eng...?	Was...?

Die Aussprache der Buchstaben und Silben weist folgende Besonderheiten auf:

„o"	kann unterschiedlich wie „o" oder „u" gesprochen werden	
„g" „kg"	„ch"	stärker aspiriertes „ch"
„h"	bleibt stumm. Bei „kh", „ph", „th" und „sh" werden nur „k",„p",„t" und „s" gesprochen	
„r"	rollendes, lautes „r"	
„ts"/ „tsh"	„tz" / „tsch"	

Alle anderen Buchstaben werden ähnlich wie im Deutschen ausgesprochen.

Betonung

In Setswana liegt die Betonung bei zweisilbigen Worten meist auf der 1. Silbe (Pula), bei mehrsilbigen Worten auf der vorletzten Silbe (Lolwapa).

Service & Infos

Typische Ausdrücke & Begriffe im Englisch-sprachigen Südlichen Afrika

Ablution Block	Sanitäreinrichtung (auf einem Campingplatz)
A-Frame Chalet	Chalet mit dem langgezogenen Spitzdach, wie ein „A“
B&B	Bed and Breakfast, Frühstückspension
Biltong	Trockenfleisch in Streifen, Spezialität aus Südafrika
Boerewors	„Burenwurst“, fettreiche, gerollte Grillwurst
Boma / Lapa	Haupthaus, zentraler Mittelplatz (z. B. auf einer Lodge)
Braai	Grillen, Barbecue (südafrikanischer Begriff)
Bucket Shower	Buschdusche (Warmwasserdusche aus Kanistergestell)
Bush	Wildnis
Bushveld	Dornstrauchsavanne
Campsite	Camping- oder Zeltplatz
Caretaker	Aufseher, Platzwart bzw. Hausmeister
Clearance, High	Bodenfreiheit (hohe)
Depression	Senke
Drift	trockene Furt
Ensuite	Zimmer „ensuite“ bedeutet mit eigenem Bad/WC
Four Wheel Drive	Allradantrieb
Fullboard	Vollpension
Game	Wild(-tiere)
Game Drive	Pirschfahrt zur Wildbeobachtung
Game Reserve	Wildreservat / Schutzgebiet
Gate	Eingangstor
GPS	Global-Positioning-System (Satellitennavigation)
Guide	Reiseleiter, Safari-Leiter
Hide	Beobachtungsstand
Kgosi	Chief/Häuptling der Tswana
Kgotla	Tswana-Verhandlungsplatz bzw. Diskussionsforum
Kill	Riss eines Raubtieres
Kraal	traditionelle, umschlossene Wohneinheit
Lift	Mitfahrgelegenheit
Mealie-Meal	Maismehl
Mokoro/Mekoro	Einbaum im Okavangodelta (Ein- und Mehrzahl)
Night Drive	Abend-Pirschfahrt im Dunkeln
Pan	Pfanne (Salz- oder Graspfanne)
peri peri	sehr scharf (Peperoni)
Poler	Bootsführer im Mokoro
Robot	Ampel (anstelle von "traffic lights")
Rondavel	runde Hütte/Ferienhaus
Roundabout	Kreisverkehr
Samoosa	indische, dreieckige Teigtasche mit Füllung
Sandridge	Sandaufwerfung, fossiler Dünenzug
Sirloin	Lendensteak
Soda Water	Mineralwasser mit Kohlensäure
Tea Garden	Kiosk mit Sitzplätzen, einfaches Gartenlokal
Township	schwarzes Wohnviertel
Veld	Grasebene, Savanne
Vlei	Sumpfebene
Warden	oberster Parkwächter
Workshop	Werkstatt

3.) Die kulinarische Versorgung in Botswana

Als Tourist in Botswana

Die Küche Botswanas orientiert sich stark an der Südafrikanischen. Besonders gern wird gegrillt, was man im südlichen Afrika 'Braai' nennt (ein Afrikaans-Ausdruck). Das Fleisch ist in Botswana allerdings häufig unerwartet zäh, da die beste Fleischqualität exportiert wird und für den einheimischen Markt anscheinend nur die altersschwachen Tiere bleiben (!). Wer sich lieber „grün" ernährt, findet auf den weit verbreiteten Buffets auch Alternativen zum Fleischverzehr. Kartoffeln und Reis bilden die klassischen Beilagen zum Fleisch; Nudeln sind etwas seltener, aber durchaus im Kommen. Im Okavangodelta und am Panhandle bekommt man auch frischen Fisch (Brassen, Katzenfische).

Das Frühstück fällt mit Ei, Speck, Bohnen und Toast verhältnismäßig üppig aus und sättigt notfalls bis zum Abend. Die Mittagsmahlzeit ist daher auch meistens etwas kleiner. Am Abend wird dann gerne mit mehreren Gängen oder Buffets diniert bzw. ein Braai veranstaltet. Dazu fließt traditionell viel Bier. Als Dessert werden tropische Früchte, süße, englische Cakes und Puddings gereicht.

Die **Getränke**: Tee wird nach englischen Maßstäben zubereitet und schmeckt ausgezeichnet. Kaffee ist auch überall zu bekommen. Tagsüber haben sich Softdrinks, wie Sprite und Coke, durchgesetzt. Ein beliebtes, sehr erfrischendes alkoholfreies Getränk ist der **Rock Shandy**, der zu gleichen Teilen aus Sodawasser und Lime-Juice besteht. Ansonsten trinkt man vor allem Importbiere aus Südafrika und Namibia, wie Castle, Amstel, Lion und Windhoek. Ausgezeichnete Weine aus Südafrika werden in Hotels und größeren Supermärkten angeboten, haben aber ihren Preis. An der Bar trinkt man ebenfalls Bier, Whiskey oder Liköre, wie z.B. Amarula. Kohlensäurehaltiges Wasser heißt übrigens Soda Water, und unter Mineral Water versteht man ein Stilles Wasser. Gekühlte Dosengetränke sind in Botswana für ein afrikanisches Land ungewöhnlich weit verbreitet und auch in abgelegenen Regionen erhältlich.

Die einheimische Küche sieht anders aus: In vielen ärmeren Familien gibt es morgens, mittags und abends *Mealie-Meal*, eine Art Maisbrei, oder *Mabele*, den Hirsebrei. Abwechslung bringt oft nur die Beilage (Fleisch, Soße, Gemüse oder Fisch). Diese Beilagen heißen zusammengefasst *Relish*. Gemüse ist rar und teuer, und zu Trinken gibt es meist nur Wasser. Weit verbreitetes Lieblingsgetränk ist Bier. In den Städten breiten sich neuerdings Fast-Food-Restaurantketten aus, die bei den Batswana sehr beliebt sind. Besonders gern isst man hier auch gebratene Hühner. Ein traditionelles Gericht, das heute in Restaurants gerne Touristen zum Probieren angeboten wird, sind getrocknete Mopaneraupen. **Biltong** ist ein getrocknetes Wild- oder Rindfleisch, das als Zwischenmahlzeit beliebt und eine Spezialität Südafrikas ist. Als Delikatessen gelten Krokodilfleisch, das tatsächlich besser schmeckt als man vermutet, und Wildgerichte, wie Impala Stew, Büffelbraten, Elen- und Zebrasteak.

In den **Restaurants**: Landesweit dominiert die Internationale Küche. Fleischgerichte bilden den Schwerpunkt jeder Mahlzeit. In den Städten ist eine rasante Zunahme der Fast Food-Schnellrestaurants zu verzeichnen. Reichhaltige Buffets werden in größeren Hotels und einigen Restaurants zum Festpreis angeboten, Kaffee oder Tee am Ende der Mahlzeit sind meistens darin eingeschlossen. In Restaurants hat der **Kellner** kein Geld bei sich. Statt dessen geht er mit dem Geld zur Kasse und bringt wenig später das Wechselgeld zurück.

Tipps für die Lagerung

Als reisetaugliche Vorratsbehälter für Lebensmittel eignen sich verschraubbare Plastikdosen sehr gut, weil sie leicht, stoßunempfindlich und dicht sind.

Tiefkühlbeutel schützen die Kühlbox vor tropfendem Fleisch, denn erfahrungsgemäß sind einfache Plastikfolien an den Nähten häufig undicht.

Frisches Obst und Gemüse sowie empfindliche Brotwaren lagert man am Besten in einem halboffenen Naturkorb (die es vor Ort auf den Märkten zu kaufen gibt).

Die Situation für Selbstversorger

Selbstversorger finden in den Städten Botswanas eine Lebensmittelversorgung auf hohem hygienischen Niveau. Südafrikanische Lebensmittelketten haben in den meisten Provinzhauptstädten Filialen eröffnet und damit das Nahrungsmittelangebot massiv angehoben. Die meisten Waren, wie Obst, Gemüse, Konserven und Getränke, werden aus Südafrika eingeführt und sind zwar etwas teurer als im Herkunftsland, im Schnitt aber immer noch günstiger oder vom Preis her ähnlich wie in Deutschland.

In allen größeren Städten des Südens, wie Gaborone, Lobatse, Molepolole, Kanye, Serowe, und in Francistown, Ghanzi und Maun bestehen ausgezeichnete Versorgungsmöglichkeiten, die kaum einen Kaufwunsch unerfüllt lassen. Auch in Kleinstädten, wie Kasane, hat sich das Lebensmittelangebot deutlich verbessert.

Schmäler wird das Angebot in den Supermarktregalen in kleinen Ortschaften und abgelegenen Regionen, wie z. B. in Shakawe, Gweta und Nata. Zwar sind auch dort Konserven und abgepackte, haltbare Artikel erhältlich, aber nur sehr wenige Frischwaren, wie Obst, Gemüse, Eier, Milchprodukte und Fleischwaren (mit Ausnahme von gefrorenen Hühnchen). Übrigens verkaufen die wenigsten Supermärkte alkoholische Getränke, wie Bier und Wein. Diese bekommt man nur in den "Bottle Stores".

Bei Milch- und Fleischprodukten sind allerdings die **Veterinärkontrollen** zu beachten, sonst droht die Konfiszierung (insbesondere auf den Strecken Nata-Maun und Ghanzi-Maun für aus Maun kommende Fahrzeuge). Bei den Kontrollen wird meistens der Inhalt des Kühlschranks überprüft. Siehe auch S. 379 und 388.

Ein paar Tipps für die weitere Küchenausstattung

Dinge, die man besser von zu Hause mit bringt:

Ihre bevorzugten Gewürze, wie Salatkräuter, Paprikagewürz, Pfeffer
Hochwertigen (Balsamico)-Essig,
Fertigsoßen und Fertigsuppen (gibt es vor Ort, schmecken aber ungewohnt)
Cappuccino/Espresso-Portionspackungen, Trinkschokolade
Kartoffelpürre-Pulver, abgepackte Fertigkuchen (z.B. hitzebeständige Sorten in Alufolie verpackt), abgepacktes Schwarzbrot (Pumpernickel),
Müsliriegel, Vitamintabletten für Getränke
evtl. Gulaschkonserven, bzw. Schmalzfleischkonserven, die man verfeinern und zu Nudeln oder Reis servieren kann
Streichwurst in Frühstücksportionen, Speck und Rauchfleisch verpackt,
evtl. H-Sahne für feine Soßen

Dinge, die man gut vor Ort besorgen kann:

Currymischungen und andere indische Gewürze
Grillsoßen, Tee, löslicher Kaffee, Milchpulver
Speiseöl, Zucker, Nudeln, Reis, Marmelade und Honig

Bild oben: Germsquashes sind eine beliebte Kürbisart im südlichen Afrika, die wie Kartoffeln 20 Minuten gekocht oder in Alufolie in der Glut gegrillt werden. Das faserige Fruchtfleisch schmeckt leicht gesalzen ganz hervorragend

Oben: Flambierte Rinderfilet-Medaillons in Cognac-Sahne-Soße

Buschküche – Kochen am offenen Feuer

Kochen am offenen Feuer, das macht in Afrika besonders viel Spaß und bietet echte Lagerfeuerromantik. In einigen Nationalparks Botswanas stehen „Braai-Plätze" (Grillvorrichtungen) wie in Südafrika, Namibia oder Zimbabwe zur Verfügung, anderswo richtet man sich eine Feuerstelle am Boden. Leider können wegen der großen Hitze und dem starken Verrußen keine normalen Töpfe und Pfannen verwendet werden, sondern man benötigt schweres, hitzebeständiges **Kochgeschirr**, wie z. B. die Emailletöpfe der Fa. Kango, die in Botswana in vielen größeren Supermärkten angeboten werden.

Als **Grundausstattung** für das erfolgreiche Kochen am Lagerfeuer empfehlen wir:
Einen mittelgroßen Topf, eine Pfanne, Bratenwender, Arbeitshandschuhe zum Anfassen der heißen Töpfe, einen stabilen Grillrost (wird im südlichen Afrika in Supermärkten verkauft), Grillanzünder, Feuerzeug und Alufolie.

Feuerholz: In Botswana wird Feuerholz manchmal an Tankstellen verkauft. Ansonsten sammelt man selbst tagsüber trockene Äste und Zweige in waldreichen Gegenden am Wegesrand. Aber bitte kein frisches Holz abschlagen und stets Vorsicht vor Skorpionen! Offenkundig per Axt abgeschlagene und zum Trocknen liegen gelassene Äste gehören den Einheimischen und dürfen nicht entwendet werden. Nur Holz, welches knackt, brennt auch gut; biegsames Holz ist noch zu feucht. Idealerweise hat man auch einen Sack Grillkohle dabei (wird an Tankstellen und in Supermärkten verkauft). Wer in die Kalahari reist, sollte sich vorher mit Brennholz eindecken, denn dort ist das Sammeln verboten (und wäre auch ziemlich unergiebig). Macht man wegen fehlender Grillplätze ein individuelles Kochfeuer am Boden, so entfernt man zuerst ringsum alles brennbare Gehölz und Gras, um ein unkontrolliertes Ausbreiten der Flammen zu verhindern. Dann gilt es, kein Pfadfinder-getreues Lager- oder gar Sonnwendfeuer zu entfachen, sondern ein kleines, mit ruhiger Flamme brennendes **Kochfeuer**. Pyromanen mag das enttäuschen, doch es spart Holz, bleibt besser unter Kontrolle und ist dann auch vernünftig regulierbar zum Kochen.

Brandschutz: Unterschätzen Sie bitte nicht die Gefahr von Buschbränden. Vor Verlassen des Camps muss jedes Feuer unbedingt gelöscht und möglichst mit Sand bedeckt werden, damit es sich nicht durch einen Windstoß erneut entfachen kann.

Kulinarische Anregungen für die Buschküche

- Eier mit Speck und Zwiebeln sind besonders schmackhaft mit Bratkartoffeln
- Steak (T-Bone oder Sirloin) gegrillt, mit gekochten Germsquashes (Kürbisart, siehe Bild S. 375) und Kartoffeln in Alufolie, dazu etwas Butter
- Mais–Thunfisch–Salat: Mais- und Thunfischkonserven gibt es vor Ort (darauf achten, dass man nicht Cream-Mais-Dosen, sondern körnigen Mais kauft). Dazu Zwiebeln und, falls vorhanden, auch grüne Paprikaschoten. Gewürzt mit Salz, Pfeffer, etwas Öl, Zitronensaft oder Essig
- Afrikanischer Farmersalat aus frisch geraspeltem Weißkraut und Karotten
- Reisfleisch: Reis, Zwiebel, Paprika, Frühstücksspeck (Bacon) oder Rindfleisch, Mais, Tomaten (evtl. aus der Dose). Gewürzt mit Knoblauch, Paprika, Chillis
- Afrikanisches Gulasch: Kartoffeln, Paprika oder Bohnen, viele Zwiebeln, Tomaten und Fleisch. Kräftig würzen mit Knoblauch, Chillis, Paprika, Salz.
- Kartoffelsalat, frisch zubereitet mit Kartoffeln, Salatgurken, Zwiebeln und Gemüsebrühe
- Griechischer Salat: In Botswana bekommt man in den Supermärkten oft frischen Blattsalat, Oliven und Feta-Käse. Zusammen mit Paprikaschoten, Tomaten, Gurken und Zwiebeln ensteht rasch ein feiner Griechischer Salat.
- Reis-Thunfisch-Salat mit sehr klein geschnittener Zwiebel, Salz, Pfeffer und Curry gewürzt
- Nudelreste (Spaghetti) eignen sich gut mit Salz, Pfeffer und Butter abgeröstet zum Frühstück
- Gegrillte Hähnchenteile mit Gemüse-Risootto
- Hühnertopf mit Kartoffeln, Zwiebeln, Paprikaschoten, Tomaten, Knoblauch, Oregano, Thymian und Basilikum
- Weißbrot: Schmeckt besser, wenn man es am Feuer kurz röstet. Besonders gut als Knoblauchbrot zum gegrillten Steak
- Maiskolben: Kochen bis sie weich sind, mit Salz, Pfeffer und Butter servieren
- Gurkensalat ist immer eine erfrischende Beilage
- Süße Verführung: Banane in Honig gebacken
- Als sättigende Zwischenmahlzeit eignet sich Käse mit Salzgebäck
- Zum Frühstück: H-Milch mit Getreideprodukten (Corn Flakes etc.)
- Tipp: Südafrikanisches Roggenbrot der Fa. Astoria (nach diversen deutschen Rezepten gebacken) ist eine erfreuliche Abwechslung zum Weißbrot-Einerlei. Die sehr lange haltbaren Brote gibt es u. a. bei den SPAR-Filialen.
- **Germsquashes** und **Butternut:** Weit verbreitete afrikanische Kürbisarten (s. Bild S. 375), sehr lange auch ohne Kühlung haltbar, die ca. 20 Min. gekocht werden müssen (zuvor halbieren und die Kerne entfernen). Passen gut zu Kartoffeln und Fleischgerichten. Leicht salzen oder mit Zimt bestreuen.

Info: Damit das Essen nicht zum Reinfall wird: Prüfen Sie vor dem Kochen unbedingt das Wasser auf Verunreinigungen und Eigengeschmack! Wasser kann manchmal nach Chlor schmecken, salzig sein oder modrig stinken, je nach dem, woher es geschöpft wird. Selbstversorger sollten deshalb stets größere Wasserreserven von guter Qualität mitführen.

Service & Infos

4: Tipps & Infos für Autofahrer

Sandpiste, Salzpfanne oder Schlammschlacht: Anforderungen an Fahrzeug und Fahrer

Autofahren in Botswana ist Reiz und Herausforderung zugleich. Sandige Kalaharipisten zu bewältigen, Allrad und Differenzialsperren einzusetzen und den Wagen über einfachste Holzbrücken und durch Dornengestrüpp zu lenken, gehört für viele – uns eingeschlossen – zu den Höhepunkten einer Botswanareise. Bevor man sich in das große Abenteuer stürzt, sollte man jedoch unbedingt einige Verhaltens- und Vorsichtsmaßnahmen kennen.

Verkehrsregeln in Botswana

Höchstgeschwindigkeit auf Hauptstraßen: 120 km/h, für Gespanne 80 km/h. Höchstgeschwindigkeit in Ortschaften: 60 km/h. Höchstgeschwindigkeit in Nationalparks und Schutzgebieten: 40 km/h.

Es besteht Anschnallpflicht und es herrscht Linksverkehr.

Es gilt trotz Linksverkehr die Rechts-vor-Links-Regel.

Kreisverkehr: In den Städten gibt es anstelle von Kreuzungen zahlreiche „Circles" bzw. „Roundabouts". Die Fahrzeuge im Kreisverkehr haben Vorfahrt gegenüber denen, die in den Kreisverkehr einbiegen wollen.

Wenn an einer Kreuzung jede Zufahrtsstraße ein Stoppschild hat, darf derjenige zuerst losfahren, der als Erster die Kreuzung erreichte.

Verkehrskontrollen sind vor allem im Süden gängig; auf allen Hauptstraßen werden auch regelmäßig Radarkontrollen durchgeführt. Empfindliche Bußgelder drohen bei Geschwindigkeitsübertretungen.

Typische Gefahren für Autofahrer

Nachtfahrten: Fahren Sie grundsätzlich nicht nachts. Besonders die Hauptstraßen gelten wegen des hohen Risikos, bei schlechter Sicht Menschen, Eselkarren oder freilaufende Tiere zu überfahren, als gefährlich. Auch Straßenschäden, wie Schlaglöcher oder unbefestigte Seitenränder, sind im Dunkeln kaum zu erkennen.

Schleudergefahr auf Pisten: Wenn man ins Schleudern gerät, auf keinen Fall eine Vollbremsung einlegen! Lenken Sie sehr vorsichtig gegen und lassen Sie den Wagen langsam auslaufen (siehe auch S. 380f).

Fahren im Konvoi: Wenn man mit zwei Fahrzeugen unterwegs ist, muss der Hintermann stets aufpassen, ob Passanten, Fahrradfahrer oder Tiere, die vor dem ersten Wagen ausgewichen sind, nicht plötzlich wieder zur Straßenmitte laufen, weil sie das zweite Fahrzeug nicht wahrgenommen haben.

Verhalten von Tieren auf der Fahrbahn

Bei Überlandfahrten in Botswana ist stets mit Tieren auf den Straßen oder mit Wildwechsel zu rechnen:

Esel werden ihrem Ruf gerecht und bleiben teilweise stoisch mitten im Weg stehen. Sie gehen nur selten zur Seite, Autos müssen ihnen ausweichen.

Rinder entfernen sich nur langsam. Als Herdentiere folgen sie einander, oft ist ein Abbremsen notwendig.

Ziegen entfernen sich in der Regel rechtzeitig zum nächstgelegenen Straßenrand. Vorsicht jedoch bei jungen Ziegen.

Hunde können Autos schlecht einschätzen und entfernen sich häufig zu spät von der Fahrbahn. Vorsicht!

Hühner rennen panisch davon, drehen aber manchmal während der Flucht wieder um, um zurück auf die Straße zu laufen.

Affen rennen schon in weiter Entfernung davon.

Checkliste für Ersatzteile & Werkzeug

Ersatzteile: 2 Ersatzräder, Starthilfekabel mit Klemmen, Sicherungen, Keilriemen, Zündkerzen, Ölfilter, Treibstoff-Filter, Motoröl, Zündkontakte/Verteilerfinger

Bergungshilfen: Bergegurt/Abschleppseil, Spaten/Axt, Schäkel

Werkzeug für Reifenpannen: Radmutterkreuz, Wagenheber, Holzunterlage, 12-Volt-Kompressor oder Handluftpumpe, Reifenflickzeug, Reifendruckprüfer

Sonstiges Werkzeug: Draht, Isolierband, Stromkabel, Schlauchschellen, Schrauben & Muttern, Gummischlauch, Klebstoff, Dichtmasse, Kriechöl, Spanngurte, Taschenlampe, Batteriemessgerät

Ratschläge für Autotouristen in Botswana

Die **Treibstoffversorgung** ist im Osten Botswana sehr gut, Engpässe gibt es dagegen in der Kalahari und nördlich von Maun (nach Kasane und Shakawe). Für sehr abgelegene Touren sollte man daher eine Reichweite von 1000 km einplanen. In den Nationalparks ist kein Sprit erhältlich. Am besten gewöhnt man sich an, bei jeder Gelegenheit aufzutanken. Die Tankstellen haben in Städten oft rund um die Uhr durchgehend geöffnet, in abgelegenen Regionen jedoch nur tagsüber von Montagmorgen bis Samstagnachmittag. Bedenken Sie bei der Planung, dass der Spritverbrauch auf Erd- und Sandstraßen mitunter deutlich höher als auf Asphaltstraßen ist. Kalkulieren Sie entsprechende Treibstoffreserven ein. Einige Tankstellen, vor allem entlang der großen „Highways", akzeptieren die Zahlung in Rand, manche auch Kreditkarten, alle anderen erwarten Pula in bar. Der Benzinpreis beträgt etwa 0,60 Euro/l, Diesel liegt bei 0,65 Euro/l (Dezember 2009).

Auf Überlandstraßen sind viele Lkws, Busse und andere Fahrzeuge mit **hoher Geschwindigkeit** unterwegs. Die langen, geraden Strecken durch eintönige Buschlandschaften verführen zum Rasen. Viele schwere Unfälle durch unerwartete Schlaglöcher, Wildwechsel, riskante Überholmanöver und Ausbrüche durch Schleudern lassen sich auf überhöhtes Tempo zurückführen. Rechnen Sie bei Gegenverkehr immer mit überhöhter Geschwindigkeit und einem übermüdeten Fahrer, der womöglich auch Kurven schneidet. Außerdem scheint auf den Fernstraßen das Recht des Größeren zu gelten: Busse und Lkws beanspruchen oft mehr als die Hälfte der Fahrbahn. Als kleineres Fahrzeug sollte man immer defensiv fahren und vorsichtig ausweichen können.

In Afrika legen viele Fahrer bei Pannen **statt Warndreiecke**n Zweige an den Straßenrand und verhindern ein Abrollen des Fahrzeugs durch das Unterlegen von **große**n **Steine**n. Diese bleiben oft auch dann noch liegen, wenn das hängengebliebene Fahrzeug schon wieder weitergefahren ist.

Überholen Sie Hindernisse stets langsam. Oft sind die Seitenstreifen nicht befestigt und führen bei hoher Geschwindigkeit zum Ausbrechen des Fahrzeugs. Es ist mitunter schwierig, aus Tiefsandspuren auszubrechen, z. B. um Hindernissen oder Gegenverkehr auszuweichen. Fahren Sie daher grundsätzlich defensiv und vorsichtig. Unerwartete Schlaglöcher, unbefestigte Randstreifen und heimtückische Bodenwellen erfordern Ihre Aufmerksamkeit.

Planen Sie nicht zu **lange Tagesetappen**. Pistenfahrten strengen an, eintönige Teerstraßen ermüden – in beiden Fällen lässt die Reaktionsfähigkeit des Fahrers nach.

Wenn der **Motor** zu **überhitzen** droht, hilft es, das Warmluftgebläse einzuschalten.

Allgemeine Wartungs- und Vorsichtsmaßnahmen: Wer sich mit einem Auto in Botswanas Wildnis begibt, sollte zumindest Grundkenntnisse der Fahrzeugtechnik beherrschen, um kleinere Pannen selbst beheben zu können. Zu den regelmäßig anfallenden Wartungsmaßnahmen gehört es, die Bremsen und den Reifenzustand regelmäßig zu prüfen. Eine Reifenpanne bei hoher Geschwindigkeit kann insbesondere bei Schlauchreifen verheerende Auswirkungen haben. Auch der Luftfilter sollte regelmäßig überprüft und ausgeklopft bzw. mit einem Kompressor ausgeblasen werden.

Bei Pannen: Entfernen Sie sich nicht zu Fuß vom Auto, sondern warten Sie, bis ein anderes Fahrzeug oder Hilfe eintrifft! Ein liegengebliebenes Fahrzeug ist leichter zu finden als ein verirrter Fußgänger.

Veterinärzäune: Hier muss man anhalten, das Fahrzeug wird registriert und ggf. findet eine Kontrolle der mitgeführten Lebensmittel statt (durch Befragung und/oder Kühlschrankkontrolle). Entdeckte Fleischprodukte, die nicht den Tierzaun passieren dürfen, werden dann konfisziert bzw. man darf erst nach deren Verzehr weiterreisen (siehe dazu S. 388).

Legen Sie die typisch deutsche **Autofahrer-Mentalität** ab und führen Sie sich stets vor Augen, welch verheerende Folgen ein Autounfall in der Wildnis Botswanas haben kann.

Besondere fahrtechnische Anforderungen: Unterwegs auf Afrikas Pisten

1) Fahren auf tiefsandigen Pisten

Lange Sandstrecken befährt man langsam im untersetzten Gang und ggf. mit vermindertem Reifendruck. Unsere Erfahrung: Bereits mäßig reduzierter Reifendruck – vorne um 30 %, hinten um 50 % – hilft auf Tiefsandstrecken enorm. Schalten inmitten von Tiefsandfeldern ist möglichst zu vermeiden, indem man bereits mit dem richtigen Gang und der passenden Drehzahl (nicht untertourig, aber auch nicht extrem aufs Gas gehen) in den Tiefsandbereich fährt. Wer stecken bleibt, weil er nicht im richtigen Gang war: erst zurücksetzen und dann im niedrigen Gang starten. Lenken Sie nicht übertrieben, die Räder suchen sich bei tiefsandigen Spuren von allein den Weg.

Sanddünen bewältigen: Im 2. Gang Untersetzung und Allrad mit Schwung anfahren und ohne zu Schalten (u. U. Reifendruck reduzieren).

2) Im Sand steckengeblieben?

Folgende Maßnahmen sind anzuwenden:

1) Schaufeln (vor den Reifen, wenn der Wagen aufsitzt auch unter dem Fahrzeug), bei Bedarf auch die Mittelspur vor dem Wagen etwas abtragen
2) Reifendruck auf ca. 0,8-1,0 bar reduzieren
3) Wenn möglich, kurz zurücksetzen, um den Wagen freizustellen. Mitfahrer dabei anschieben lassen
4) Sobald ein Reifen durchdreht: stoppen! Erneut Sand schaufeln
5) Falls vorhanden, Differentialsperre(n) zuschalten
6) Notfalls Wagen an einer Seite hochbocken und Sandblech oder Hölzer unterlegen
7) Schließlich zügig mit Anschieben, Allrad und Sperren durchfahren
8) Anschließend Reifendruck wieder erhöhen, da sonst Gefahr droht, die Reifen durch Dornen und Wurzeln aufzuschlitzen.

3) Fahren auf Schotterpisten (Gravel Road)

Wellblech-Rüttelpisten sind zwar nervenzerreißend, aber am sichersten ganz langsam zu fahren. Nur Fahrer mit ausreichend Pistenerfahrung dürfen sich in höhere Geschwindigkeitsbereiche vorwagen. Geschwindigkeiten über 80 km/h sind lebensgefährlich! Schlechte Stoßdämpfer wirken sich auf Schotterpisten besonders fatal aus. Der Wagen kann blitzartig ausbrechen und unkontrollierbar werden; nicht selten kommt es dann zu Überschlägen. Halten Sie auf allen Pisten immer genügend Abstand zum Vordermann und verzichten Sie auf riskante Überholmanöver bei schlechter Sicht (z. B. hohen Staubwolken). Es besteht auf Schotterpisten erhöhte Steinschlaggefahr während des Überholens und bei Gegenverkehr.

4) Fahren auf Salzpfannen

- Fahren Sie nur auf den Fahrspuren anderer Leute, niemals querfeldein, denn ohne Ankündigung kann der harte Boden einbrechen!
- Bleiben Sie auf der Salzpfanne nicht grundlos stehen, sondern fahren Sie zügig und gleichmäßig.
- Sicherheitshalber sollte man Salzpfannen stets im Allradmodus befahren.
- Fahren Sie stets im Konvoi und mit Kompass oder GPS-Navigationsgerät. Denken Sie bei solchen Touren an ausreichend Wasser und Treibstoff (der Spritverbrauch erhöht sich auf dem harten Untergrund jedoch nicht).
- Fahren Sie niemals während oder nach Regenfällen über eine Salzpfanne! Der feste Belag wird zu weichem Schlamm, aus dem Sie Ihr Fahrzeug kaum befreien können. Meiden Sie die offenen Pfannen generell in der Regenzeit.
- Vorsicht vor dunklen Flecken auf dem Boden, da diese feuchte Stellen ankündigen.
- Sollten Sie in schlammige oder lockere Bereiche geraten, auf keinen Fall abrupt bremsen oder das Lenkrad einschlagen! Lassen Sie den Wagen langsam ausrollen, versuchen Sie dabei vorsichtig, das Auto aus der Gefahrenzone in Richtung Festland zu lenken (ohne hektische Kurven).
- Verlassen Sie bei Pannen nicht Ihr Auto, um Hilfe zu holen. Ein liegengebliebenes Fahrzeug wird viel leichter entdeckt als ein verirrter Fußgänger.

5) Fahren auf Kalahari-Grasflächen

Während der Regenzeit wächst das Gras der Kalahari mitunter selbst auf dem Mittelgrad der Fahrspuren bis 1 m hoch. Befährt man dieses Grasmeer, so streift man dabei die Grassamen ab und diese können den Kühler verstopfen. Eine Überhitzung des Motors ist die Folge, im schlimmsten Fall droht sogar ein Motorbrand. Vorbeugend empfiehlt es sich, den Kühlergrill mit einem Gaze-Netz zu schützen, in dem die Grassamen hängenbleiben. Zudem verfängt sich das Gras am Fahrzeugboden und kann durch den heißen Motor oder Auspuff eine Selbstentzündung auslösen. Während der Fahrt sollte regelmäßig der prüfende Blick auf die Temperaturanzeige wandern. Von Zeit zu Zeit sind die Grassamen aus dem Gaze oder direkt aus dem Kühler zu entfernen.

6) Fahren auf Erd- und Sandpisten

Bei Fahrten auf kleinen Pisten durch dichten Busch ist auf spitze Wurzeln und Baumstümpfe Acht zu geben, die im Nu die Reifen aufschlitzen können. Ähnliches passiert auch leicht bei trockenem Dorngestrüpp.

Querrillen und tiefe Löcher auf den Pisten erlauben oft nur ein langsames Vorankommen. Nach Regenfällen sind Erdstraßen gefährlich glitschig, ihre Oberfläche wird zur "Schmierseife" und birgt bei schnellerer Fahrt unerwartete Schleudergefahr.

Sand-Schotterpisten mit zahlreichen Spurrillen, wie z. B. zwischen Maun und dem Moremi WR, bergen eine besonders große Schleudergefahr. Vor allem bei zu hoher Geschwindigkeit (ab 70 km/h) kann es den Wagen in Sekundenschnelle durch Spurrillen oder in Weichsandpassagen verziehen. Der Wagen kommt von der Piste ab und überschlägt sich möglicherweise sogar. Vor dieser Gefahr schützt nur vorsichtiges Fahrverhalten. Also Fuß vom Gas nehmen und die Strecke lieber gemütlich fahren!

7) Schlammstrecken befahren

Im Gegensatz zum Tiefsandfahren sollte man bei Schlammstrecken den Reifendruck nicht reduzieren. Evtl. kann man die schlammigen Spuren vor der Durchfahrt mit Ästen auslegen. Schlammstellen befährt man im Schritttempo. Vorsicht: Auch vermeintlich abgetrocknete Schlammpassagen können unter der trockenen Oberfläche immer noch weich sein. Außerhalb der Regenzeit sind Schlammstellen glücklicherweise selten.

8) Wasserdurchfahrten

Bevor man sein Auto in überspülte Furten oder Tümpel lenkt, sollte man die Fahrspur untersuchen. Vorausgehend und mit einem Stecken kann man ertasten, ob der Untergrund fest ist und wie tief das Wasser wird. Schließlich durchquert man die Wasserstelle im Allradmodus zügig, aber ohne Hast. Hauptsächliche Gefahr ist ein Steckenbleiben inmitten des Gewässers, wodurch Wasser in den Motor dringen und diesen beschädigen könnte. Im Zweifelsfalle kehrt man besser um und verzichtet auf das feuchte Abenteuer.

Geländefahrzeuge: mit Allradantrieb und "Diff Lock" umgehen

Allradmodus (4x4)

Bei den meisten Geländewagen kann man zwischen dem normalen Zweiradantrieb und dem Vierradantrieb wählen. Durch einen einfachen Riegelmechanismus werden auch die Vorderräder angetrieben. Man schaltet den Allradmodus nur bei Bedarf dazu, weil das Fahren mit 4x4-Antrieb deutlich mehr Treibstoff verbraucht. Bei Fahrzeugen mit manuellen Freilaufnaben empfiehlt es sich, bei abwechslungsreichen Wegstrecken, wo sich Allradpassagen mit normal befahrbaren Abschnitten abwechseln, die Freilaufnaben auf die Position „Locked“ einzustellen. Bei schneller Fahrt auf guten Straßen müssen die Naben dagegen immer auf „Free“ eingestellt sein (also auf reinen Zweiradantrieb).

Zusätzlich wird zwischen „4 WD High“ und „4 WD Low“ unterschieden. „Low“ bezeichnet eine Getriebeuntersetzung zum Anfahren in extrem steilem Gelände oder zum Befreien aus Tiefsand und Schlamm. Die Übersetzung „High“ wird für das konstante Fahren im Allradantrieb verwendet.

VW-Allradbusse (Synchro) haben einen integrierten Allradmodus, der sich bei Bedarf automatisch zu- und abschaltet.

Differenzialsperren

Das kurzfristige Einsetzen der „Diff Locks“ verhindert erfolgreich das Durchdrehen einzelner Räder und kann in kniffligen Situationen wahre Wunder wirken. Bei starken Steigungen im Gelände, bei Schlamm oder Tiefsand geben die Sperren dem Fahrzeug manchmal gerade den nötigen Halt, um sich aus der Problemsituation zu befreien. Differentialsperren dürfen jedoch nur kurz eingesetzt werden, denn sie machen das Fahrzeug schwer manövrierfähig. Das Lenken ist stark eingeschränkt, und mit den vorderen Sperren ist quasi nur noch ein Geradeausfahren möglich.

Achtung Mietwagenfahrer: Da es unterschiedliche Allradsysteme gibt, ist es wichtig, sich beim Mietwagenanbieter vor Antritt der Reise kundig zu machen. **Ein Allrad funktioniert nicht, wenn die Freilaufnaben auf „Free“ oder „Unlocked“ stehen!**

5: Auf Safari: Wie verhält man sich in der Wildnis?

Verhaltenstipps

- Auf einer Safari möglichst farblich dezente **Kleidung** tragen (Naturfarben, keine knalligen Farbtöne; dunkle Farben ziehen Tsetsefliegen stärker an als helle Töne). Sonnenschutz und Kopfbedeckung nicht vergessen!
- Bei **Pirschfahrten** und im Camp verhält man sich möglichst leise und defensiv. Lassen Sie sich nicht täuschen; wenn Sie keine Tiere sehen, heißt das nicht, dass Sie nicht selbst genau beobachtet werden! Auf den Campingplätzen sollte man auf seine Nachbarn Rücksicht nehmen, die vermutlich nicht in den Park gereist sind, um der lauten Kassettenmusik oder nächtlichen Trinkorgien in der Nachbarschaft zu lauschen.
- **Vogelfreunde** kommen oft direkt in den Camps auf ihre Kosten. Viele Vögel haben sich an die Anwesenheit der Menschen gewöhnt und kommen nahe heran. Das gleiche passiert auch bei Buschhörnchen, Mangusten, Warzenschweinen u.s.w.
- Ganz, ganz wichtig: **Niemals** im offenen Zelt oder unter freiem Himmel schlafen! Es ist noch kein Fall bekannt geworden, bei dem Wildtiere ein geschlossenes Zelt attackiert und Menschen gefährdet hätten. Dagegen führt leichtsinniges Verhalten, wie das Schlafen im unverschlossenen Zelt, leider immer wieder zu Todesfällen, weil Raubtiere Schlafende aus dem Zelt zerren.
- An **Flussufern** ist wegen der Krokodile und Hippos immer erhöhte Vorsicht geboten (Schwimmen verboten).
- Lassen Sie über Nacht keine **Nahrungsmittel** im Freien liegen und deponieren Sie diese auch nicht im Zelt, sondern ausschließlich im Fahrzeug. Nachts können die Gerüche Hyänen und Elefanten anlocken, tagsüber richten Meerkatzen und Paviane ein Chaos an, um an die begehrten Nahrungsmittel zu gelangen. Hyänen zerbeißen übrigens auch Kühlboxen und Schuhe.
- **Versorgung**: In den Parks sind keine Lebensmittel und Treibstoff erhältlich. Auch Pannendienste, Wechselstuben und öffentliche Verkehrsmittel sucht man vergebens. Man ist folglich auf sich allein gestellt und muss auf entsprechende Ausrüstung und großzügige Reserven (vor allem bei Sprit und Wasser) achten.
- Dass man seinen **Abfall** überall dort, wo keine Abfallbehälter zur Verfügung stehen, wieder mitnimmt, sollte selbstverständlich sein.
- **Wildtier-Gefahren**: Alle Tiere haben eine Fluchtdistanz, die man nicht unterschreiten darf. Reizen oder provozieren Sie sie nicht! Kommt es trotzdem einmal zu unliebsamen Begegnungen, ziehen Sie sich langsam und ruhig zurück, auf keinen Fall rennend. Einzelne Büffel können sehr aggressiv und gefährlich sein, wenn sie aufgeschreckt werden. Bei Elefantenkühen mit Kälbern ist immer respektvolle Distanz zu halten (siehe rechts).
- **Joggen** Sie niemals im Busch und entfernen Sie sich nicht allein vom Camp oder Auto. Achten Sie ganz besonders auf **kleine Kinder**, deren Rennen oder Schreien Raubtiere reizen kann.
- Bei der Einreise in die Parks der Kalahari empfiehlt es sich, bei den Wildhütern nachzufragen, wo sich derzeit Wildtiere aufhalten. Denn nach größeren Buschbränden ziehen die Tiere in andere Regionen, und zurück bleibt eine trostlose, einsame Landschaft.
- **Buschbrände** werden im trockenen Gestrüpp durch kleinste Funken ausgelöst. Lagerfeuer sind deshalb vor Verlassen des Camps stets sorgfältig zu löschen. Vorsicht mit Zigarettenkippen!
- Sammeln Sie **Feuerholz** rechtzeitig und nur von bereits abgestorbenen Bäumen. In den Kalahari-Parks ist das Holzsammeln aber verboten.
- **Hilfsbereitschaft** im Busch ist eine wichtige, manchmal lebensrettende Grundregel. Es ist selbstverständlich, sich gegenseitig in der Wildnis bei Pannen oder Krankheitsfällen zu helfen.
- **Schlangen** wird man wenige sehen. Fest auftreten lässt die Erde vibrieren, so dass sich fast alle Schlangen rechtzeitig zurückziehen (außer der Puffotter, die sehr träge ist). Besten Schutz gegen Bisse und Stiche von Schlangen, Skorpionen, Spinnen oder Zecken bieten feste, knöchelhohe Schuhe. Eiserne Regel: Im Busch niemals barfuß laufen! Siehe auch S. 356f.

Ungeschützte Begegnung mit Wildtieren

Elefanten: Handelt es sich um eine Herde mit Kälbern, der man zu nahe gekommen ist, ist sofortiger langsamer Rückzug angesagt, hier besteht höchste Gefahr! Bullen sind weit weniger aggressiv und selbstsicherer. Elefantenattacken passieren meist, weil der Mensch die Körpersprache des Elefanten nicht richtig eingeschätzt hat. Fächelnde Ohren und ein schwingender Rüssel sind noch keine Gefahr. Ein verärgerter Elefant legt die Ohren an und den Rüssel nach unten. Spätestens dann, wenn dunkle Feuchtigkeit aus der Drüse zwischen Augen und Ohren tritt, wird es ernst und es ist mit einem Angriff zu rechnen. Fordern Sie sie nie heraus, denn wütende Elefanten laufen sehr viel schneller, als ein Mensch flüchten kann.

Büffel: Die bulligen Tiere sind in Gemeinschaft sehr viel friedfertiger als alleine. Größere Herden flüchten meist vor dem Mensch, ein Einzelgänger zögert jedoch nicht, bei vermeintlicher Gefahr sofort einen Angriff zu starten. Bei unerwarteten Begegnungen daher sogleich den Rückzug antreten, notfalls auf einen Baum flüchten!

Flusspferde: Kanuten müssen sich vor ihnen sehr in Acht nehmen, Fußgänger begegnen ihnen kaum. An Land grasende Hippos werden nur aggressiv, wenn sie ihren Fluchtweg abgeschnitten wähnen. Also sich nie zwischen einem Hippo und seinem Gewässer aufhalten!

Löwen: Für alle Großkatzen gilt: Der natürliche Trieb, davon zu rennen, ist die schlechteste Wahl in einer prekären Situation. Wenn Sie Löwen begegnen, sofort stehenbleiben und einen langsamen Rückzug einleiten. Bleiben Sie als Gruppe eng beisammen, zeigen Sie weder Angst noch Aggression. Sollte es zu einem Angriff kommen, versuchen Sie die Tiere mit Lärm und drohenden Bewegungen (sich größer machen) abzuschrecken.

In den Nationalparks und Schutzgebieten Botswanas wurden zum Schutz von Natur, Tierwelt und Besuchern verschiedene Regeln aufgestellt, deren Einhaltung für ein beschwerdefreies Reisen in der fremden Umgebung notwendig ist.

Für **Autofahrer**: Höchstgeschwindigkeit ist 40 km/h, querfeldein zu Fahren und Fahren nach Sonnenuntergang sind nicht erlaubt. Tiere haben generell Vorfahrt.

Haustiere, Jagdwaffen, Motor- und Fahrräder dürfen nicht in die Nationalparks mitgenommen werden.

Tiere und Pflanzen sind geschützt. Füttern und Belästigen der Wildtiere ist streng verboten. Fischen ist nur mit Permit des DWNP erlaubt.

Camping ist nur an ausgewiesenen Campingplätzen zulässig.

INFORMATIONEN VON A BIS Z

Service & Infos

Ärzte und Apotheken

Nur in den Städten besteht eine gute Versorgung durch Krankenhäuser, Ärzte und Apotheken. In ländlichen Regionen findet man in der Regel an den *Health Centers* ärztliche Hilfe (siehe *Gesundheitswesen*). In Notfällen bietet MRI-Botswana für Mitglieder einen hervorragenden Flugrettungsdienst (Notfall-Tel. 911, S. 349), der landesweite Notruf für Rettungsdienste lautet 997.

Reisende sollten eine Notfallapotheke und Medikamente, die sie regelmäßig brauchen, mitnehmen. In ernsten Fällen kann man sich nach Südafrika oder nach Hause evakuieren lassen (unbedingt vor der Reise eine gute Auslandskrankenversicherung abschließen, siehe S. 349). Medizinische Behandlung und Medikamente werden in Botswana direkt abgerechnet, müssen also vom Patienten beglichen werden. Nach der Rückkehr kann man diese Ausgaben von der Versicherung einfordern. Dafür muss die Rechnung mit Adresse der Klinik oder des Arztes, Name des Patienten, Datum, Währungseinheit und der Diagnose und Behandlung versehen sein. Die Behandlungskosten in Botswana liegen in der Regel deutlich unter denen in Westeuropa.

Airporttax

In Botswana werden derzeit keine Fluggastgebühren erhoben. Die Ausreisesteuer (ca. 25 Pula) ist in Flugscheinen üblicherweise bereits integriert.

Camping

Camping stellt eine beliebte Alternative zu den meist teuren Safarilodges dar. Die verschiedenen NP-Camps werden auf S. 364f vorgestellt. In den Städten und touristischen Zentren gibt es private Campingplätze, die häufig einem Hotel oder Bungalowcamp angeschlossen sind. Wildcampen ist im dünn besiedelten Landesinneren relativ unproblematisch (siehe S. 341).

Eintrittspreise der Nationalparks

Eintrittspreise siehe Seite 365.

Bitte beachten Sie, dass bei organisierten, mehrtägigen Safaris die Eintrittspreise mitunter nicht inkludiert sind. Die Gebühren sind für Einheimische und im Land lebende Ausländer deutlich niedriger. Auch Reiseagenturen bezahlen für Ihre ausländischen Reisegäste einen reduzierten Satz gegenüber den Individualreisenden.

Feiertage

01.+ 02. Januar:	Neujahr
März/April:	Karfreitag, Karsamstag, Ostersonntag und -montag
1. Mai:	Labour Day (Tag der Arbeit)
im Mai:	Himmelfahrtstag (Ascension Day)l
1. Juli:	Sir Seretse Khama Day
3. Mo+ Di im Juli:	President's Day
1. Mo. im August:	Tag der Bauern
30. Sept./ 01. Okt.:	Unabhängigkeitstag (Botswana Day)
25.+26. Dezember:	Christmas Day, Boxing Day

Fällt ein Feiertag auf einen Sonntag, so wird er am Montag nachgeholt. Schulen, Banken, Ämter und Behörden haben an Feiertagen geschlossen, Supermärkte und Tankstellen feiertags in der Regel die gleichen Öffnungszeiten wie an Sonntagen (also teilweise geschlossen, teilweise zumindest vormittags geöffnet).

Ferienzeiten

Schulferien in Botswana: Anfang Dezember bis Mitte Januar, 14 Tage zu Ostern, Mitte Juni bis Mitte Juli und 10 Tage im Oktober. Zu Weihnachten und Ostern herrscht in den Nationalparks (besonders in der Kalahari) Hochbetrieb wegen der zahlreichen Südafrikaner.

Fotografieren

Die besten Lichtverhältnisse zum Fotografieren bieten die Monate von Ende der Regenzeit bis in den August. Für die diesige Luft, die ab August/September einsetzt, empfiehlt sich der Einsatz eines Polfilters. Auch leisten UV-Filter gute Dienste; und bei Sonnenuntergang oder Teleaufnahmen erzielt man mit einem Stativ gute Ergebnisse. Portraits von Afrikanern gelingen am Besten mit Blitzlicht (auch bei Tage). Die schönsten Aufnahmen entstehen morgens oder spät nachmittags, wenn die schräg stehende Sonne alles in ein sanftes Licht taucht. Wir empfehlen, ausreichend Filmmaterial und Ersatzbatterien mitzubringen. Vor Ort sind diese Dinge nur in größeren Städten zu bekommen und darüber hinaus möglicherweise überaltet. Da Botswana ein heißes, staubiges Reiseland ist, muss man auch an entsprechenden Staub- und Hitzeschutz für die Fotoausrüstung denken. Wasserdichte Schutzbehälter sind für Mokorofahrten im Okavangodelta nützlich.

Zum Thema Fotomotive: Im weitesten Sinne militärische Einrichtungen, wie Bahnhöfe, Flughäfen, Regierungssitze sowie alle militärischen Fahrzeuge, Personen und Gebäude, dürfen nicht fotografiert werden. An dieser Stelle möchten wir daran appellieren, Menschen stets umsichtig und erst nach erteilter Erlaubnis zu fotografieren. Die meisten Afrikaner lassen sich gerne fotografieren, wenn man sie höflich fragt. Ein Nein muss man aber ebenso akzeptieren. Der ab und zu auftauchenden Forderung, für das Foto zu bezahlen, sollte man nicht nachgeben, sondern lieber auf die Aufnahme verzichten. Erinnerungsfotos sind freiwillige Geschenke, die alle Beteiligten ehren, aber kein Geschäft. Eine riesige Freude macht man den Fotografierten, wenn man später einen Abzug der Bilder schickt. Leider wird dies aber allzu oft versprochen und nicht eingehalten. Bieten Sie dies also nur an, wenn Sie auch ernsthaft dazu bereit sind. Wer eine Sofortbildkamera dabei hat, erntet meist helle Begeisterung, wenn man sofort ein Foto davon verschenken kann.

Geldwechsel

Öffnungszeiten der Banken:
uneinheitlich, aber typischerweise

Mo–Fr:	08.15–12.45 h oder 08.30-15.30 h
Sa:	08.15–10.45 h oder 08.00-11.00 h

In größeren Städten haben viele Banken auch nachmittags bis 15.00 h/15.30 h geöffnet. Wechselstuben (Maun, Kasane, Gaborone) öffnen in der Regel ganztags, manche auch am Wochenende. Siehe S. 352.

GPS-Daten für Botswana

GPS-Daten für Botswana auf CD: siehe S. 343 und 399. Die Botswana-GPS-CD aus dem HUPE-Verlag ist eine Ergänzung zum Buch für Reisende, die abgelegene Touren in die Wildnis planen. Sie beinhaltet auf Recherchen ermittelte Wegpunkte, zusätzliche Extremstreckenbeschreibungen, Tracks und detaillierte Landkarten bzw. Wegskizzen, die den Rahmen eines Reiseführers sprengen würden.

Grenzen

Grenzöffnungszeiten und Infos zur Grenzabwicklung siehe S. 360, 361 und 363. Die Landesgrenzen werden jeweils einzeln im Reiseteil beschrieben.

Hotels & Lodges

Nähere Erläuterungen zum Reservieren der Lodges und Camps im Okavangodelta finden Sie auf S. 282, Adressen von Reiseagenturen auf S. 338. Alle anderen Unterkünfte (Hotels, Camps, Campingplätze) werden im Reiseteil beim jeweiligen Ort verzeichnet.

Internet

Auf der Website **www.hupeverlag.de** veröffentlichen wir touristisch relevante, Botswana betreffende Neuigkeiten oder Änderungen und nennen empfehlenswerte, ausgewählte Links zu anderen Botswana-Pages. Außerdem steht via Internet unser kostenloser Hupe-News-Service zur Verfügung. Die Internetadressen der Reiseanbieter und örtlichen Camps oder Lodges werden jeweils im Reiseteil dieses Buches genannt.

Gerade in den afrikanischen Ländern, die so oft unter schlecht funktionierenden Telefonleitungen leiden, bildet das Internet eine hervorragende und viel genützte Kommunikationsform. Die meisten Reiseanbieter, Hoteliers oder Campingplatzbesitzer sind inzwischen über das Internet erreichbar. Internetcafés sind derzeit aber noch weitgehend auf touristische Orte beschränkt und werden jeweils im Reiseteil genannt. Backpackerunterkünfte bieten zunehmend auch einen email-Service für Reisende an.

Jagdsafaris

Zwischen Mitte März und Mitte November werden in ausgewiesenen Jagdgebieten (rund um die Nationalparks) professionelle Jagdsafaris durchgeführt. Es bestehen feste Abschussquoten, und nur mit Lizenz dürfen Tierarten, wie Leoparden, Büffel, Zebras, Warzenschweine und zahlreiche Antilopen, geschossen werden. Manche Tierarten sind gesetzlich geschützt, z. B. Giraffen, Hippos,

Geparden und Braune Hyänen. Jagdsafaris kosten neben den jeweiligen Lizenzgebühren ca. 2000 Euro pro Tag. Die Jagdreisen-Anbieter (Safari South, Hunter's Africa, Vira Safari, Vogeljagd: Bird Safaris am Ngamisee) stellen ihre abgelegenen Camps außerhalb der Jagdsaison teilweise für Fotosafaris zur Verfügung.

Kleidung

Siehe Ausrüstung, S. 343

Landkarten

Beim *Department of Survey* in Gaborone gibt es detailliertes Kartenmaterial. Empfehlenswert sind ansonsten die *Shell-Map of Botswana* (mit GPS-Daten) und die vier *Shell*-Detailkarten Moremi, Chobe, Okavango und KTP. Vor Ort sind diese in Buchläden, Hotels und diversen Shell-Tankstellen erhältlich. Wer sie schon für die Reiseplanung einsetzen möchte, kann sie bei einigen Geographischen Spezialbuchhandlungen oder direkt bei uns beziehen (www.hupeverlag.de). Literatur- und Kartenliste: S. 389.

Mahlzeiten

Siehe Praxistipps, S. 374.

Maße und Gewichte

In den letzten Jahren setzten sich zunehmend die metrischen Maße und Gewichte durch. Ältere Landkarten oder Bücher verwenden aber noch die englischen Maßeinheiten.

1 mile	=	1,609	km
1 foot	=	30,480	cm
1 square mile	=	2,590	km^2
1 gallon (brit.)	=	4,546	l
1 acre	=	40,470	a bzw. 4046,8 m^2

Die Formel zur Umrechnung von Fahrenheit in Grad Celsius lautet:

Fahrenheit minus 32, multipliziert mit 5, dividiert durch 9 ergibt den Wert in Grad Celsius.

F	32	41	50	59	68	77	86	95	104
C	0	5	10	15	20	25	30	35	40

Notruf

Landesweite Notrufnummern:

Polizei:	999
Feuerwehr:	998
Rettungswagen	997
Medizinischer Notruf	911
MRI-Flugrettung	3901601

Öffnungszeiten

Geschäfte:	Mo–Fr:	08.15–13.00 h
	und	14.30–17.00 h
	(teilweise auch durchgehend)	
	Sa:	08.00–13.00 h
Supermärkte:	Mo–Sa:	08.00–17.00 h
	und Sonntagvormittag,	
	in Großstädten auch bis 20.00 h	
Ämter/Behörden:	Mo–Fr:	07.30–12.30 h
	und	13.45–16.30 h
Post:	Mo–Fr:	08.15–12.45 h
	und	14.00–16.00 h
	Sa:	08.30–11.30 h
Tankstellen:		
Großstädte/Highways:		07.00-24.00 h,
	teilweise auch 24 Std./tgl.	
auf dem Lande:	Mo-Fr:	07.00-18.00 h
	Sa:	07.00–12.00 h

Da es keine vorgeschriebenen Geschäftszeiten gibt, haben manche Läden deutlich länger und auch am Sonntag geöffnet (besonders Lebensmittelgeschäfte).

Öffnungszeiten der Banken /Wechselstuben: siehe Geldwechsel und Rund ums Geld, S. 350ff.

Post

Die Post ist unter der Woche von 08.15–12.45 h und 14.00–16.00 h, am Samstag von 08.30–11.30 h geöffnet. Die Gebühren für Briefe und Postkarten nach Europa sind sehr niedrig, der Service ist recht zuverlässig.

Luftpostbriefe nach Europa sind etwa eine Woche unterwegs, wenn man sie in größeren Städten zur Post bringt. An abgelegeneren Orten kann es ein Vielfaches länger dauern.

Preise, Geld und Währung

Wir haben uns bemüht, möglichst immer die Währung anzugeben, in der man den Betrag bezahlt. Da direkt in Botswana anfallende Gebühren fast ausschließlich in der Landeswährung beglichen werden müssen, haben wir die Preise dort in Pula vermerkt. Der Pula ist relativ stabil, aktuelle Wechselkurse veröffentlichen wir monatlich auf unserer Homepage www.hupeverlag.de.

Hotel- und Mietwagenpreise zeichnen wir dagegen in Euro aus, um die Kostenplanung zu erleichtern. Zum allgemeinen Preisgefüge und Besonderheiten in Botswana siehe S. 350 ff.

Sicherheit

Botswana gilt erfreulicherweise als eines der sichersten Reiseziele Afrikas. Dies wiegt um so schwerer im Vergleich zur hohen Kriminalitätsrate Südafrikas. Gewaltdelikte gegen Touristen sind so gut wie unbekannt. In städtischen Zentren wie Gaborone sollte man dennoch vor Taschendieben auf der Hut sein, außerdem lässt man in Städten sein (meist voll bepacktes) Fahrzeug grundsätzlich nicht unbeaufsichtigt stehen (siehe auch S. 356).

Souvenirs

Klassische Souvenirs aus Botswana sind die hervorragenden Korbwaren der Hambukushu und Bayei, die z. B. von *Botswanacraft* und in großen Hotels verkauft werden. Im Südosten des Landes stellen einige Töpfereien schöne Tonwaren her. Lederwaren und Perlenketten sind typische Erzeugnisse der Buschleute, die man vor allem in Ghanzi, Maun und an den Tsodilo Hills erstehen kann. Hinweise findet man jeweils im Reiseteil.

Stromversorgung

In Botswana gibt es 220/240 Wechselstrom. Es werden englische 3-Pol-Stecker verwendet (möglichst einen entsprechenden Adapter mitbringen).

Die meisten Lodges in den Nationalparks haben keinen Stromanschluss. Häufig wird ein Generator eingesetzt, der manchmal nur für die Abendstunden aktiviert wird. Es gehört bei allen Safaris eine Taschenlampe ins Gepäck. Zum Aufladen von Videoakkus ist u. U. ein Ladegrät für den Anschluss ans Auto-Bordnetz vorteilhaft.

Taxi

Taxis gibt es nur in den größeren Städten, man erkennt sie an den blauen Nummernschildern. Es ist üblich, während der Fahrt weitere Passagiere aufzunehmen (wer das nicht will, muss mehr bezahlen). Die Preise müssen ausgehandelt werden, da Taxameter außerhalb Gaborones so gut wie unbekannt sind.

Telefon

Botswana verfügt über ein modernes Telefonsystem. Zwei unterschiedliche Betreiber unterhalten öffentliche Münz- und Kartentelefone, mit denen man auch **Überseegespräche** führen kann. Telefonkarten kauft man in Läden, Hotels oder Tankstellen. Kosten: Pro Minute ca. 2 Euro. Abends nach 20 Uhr, am Samstagnachmittag und am Sonntag um 20 % billiger.

Handys: Botswanas Städte sind inzwischen gut vernetzt. Mit dem deutschen D2-Netz, T-Mobile, O2 und E-plus kann man in den meisten Städten und Ortschaften sowie einem Radius von etwa 20 km telefonieren.

Telefonieren von Botswana nach Europa: Die Vorwahl für Deutschland ist 0049, für Österreich 0043, in die Schweiz 0041.

Vorwahl nach Botswana (aus der BRD/CH/A): 00267, danach eine Teilnehmernummer aus 7 Ziffern, von denen die ersten 3 Ziffern die jeweilige Region definieren.

Info: Alle bisherigen 6-stelligen Teilnehmernummern in Botswana sind auf 7 Stellen erweitert worden. Meistens wurde an zweiter Position eine zusätzliche Ziffer eingefügt, z.B. die "8" in Ngamiland und "9" in Gaborone.

Tipp: Günstiger telefoniert man mit SIM-Karten von Botswana Vista, Mascom oder be.mobile. 3-Minuten-Gespräche ins deutsche Festnetz kosten ca. 1 Euro.

Touristeninformation

Tourism Division, Privat Bag 0047, Gaborone, Botswana. Tel. 353024 / 313314, Fax 308675. Zentral in der Mall gelegen. Einen kleinen Stand der Touristeninformation findet man im Flughafen von Maun. Ferner möchten wir auf die zahlreichen Internet-Informationsquellen verweisen, zu denen wir ausgewählte Links auf unserer Homepage www.hupeverlag.de anbieten.

Trampen

Trampen ist nicht sehr verbreitet und wegen der weiten Entfernungen zwischen den Ortschaften und dem allgemein geringen Verkehrsaufkommen eher schwierig. Nicht-Motorisierte dürfen generell nicht in die Nationalparks einreisen. Siehe auch S. 335 (Reiseart).

Trinkgeld

Hotels und Restaurants berechnen in der Regel einen Bedienungszuschlag von 10 %. Es ist üblich, die Rechnung ein wenig aufzurunden bzw. das Wechselgeld oder einen Teil davon (z. B. die Münzen) beim Verlassen des Lokals auf dem Tisch liegen zu lassen.

Safarilodges stellen häufig eine sog. Tippbox auf, damit alle Angestellten gleichermaßen am Trinkgeld beteiligt werden. Safari-Guides, Mokoro-Polern oder Fahrern, zu denen man direkten Kontakt hatte, gibt man gerne extra ein Trinkgeld, wobei die Geste stets freiwillig ist und die Höhe des Betrags von der Leistung abhängen sollte.

Setzen Sie Ihre Gabe in Relation zu einem hiesigen Durchschnittsgehalt von rund 200-300 Euro pro Monat, um eine der Situation angemessene Lösung zu finden.

Bei Taxifahrern rundet man den Betrag leicht auf zu einer glatten Summe.

Veterinärkontrollen

An diesen Kontrollpunkten werden in erster Linie Tier- und Fleischtransporte überprüft, aber auch Privatfahrzeuge nach Fleischprodukten durchsucht. Als grobe Faustregel gilt: Aus der Nordhälfte Botswanas darf man quasi keinerlei Frischfleisch nach Süden ausführen. Strenge Kontrollen finden oft an den Veterinärkontrollen der Provinzgrenzen Ngamilands und zwischen Francistown und Nata statt. Die Kontrollen unterliegen häufigen Änderungen. Für Hunde ist ebenfalls eine Veterinär-Reiseerlaubnis ("Movement Permit") nötig.

Seit 2003 sind an den Vet-Kontrollposten an den Grenzen Ngamilands häufig auch Verkehrspolizisten stationiert.

Wasser

In den Städten ist das Leitungswasser stark gechlort und gilt als trinkbar. Dennoch sollte es sicherheitshalber abgekocht oder gefiltert werden. Sehr nützlich sind Mikropurtabletten oder -pulver, die das Wasser entkeimen. In den städtischen Supermärkten wird Sodawasser in praktischen Plastikflaschen zu 1 bis 5 l verkauft.

Chobe NP: In Savuti wird ausgezeichnetes Grundwasser gepumpt, während der Ihaha Campsite derzeit nur über zum Trinken und Kochen ungeeignetes Wasser verfügt.

Tipp: In den Supermärkten größerer Ortschaften sollte man sich mit den praktischen 5-Liter-Trinkwasserkanistern eindecken. Siehe auch „Gesundheit auf Reisen: Wasser“ auf S. 348.

Zeitungen

Einzige Tageszeitung Botswanas ist die „Daily News“. Wöchentlich erscheinen die „Gazette“, „Midweek Sun“, „Botswana Guardian“ und „Mmegi - The Reporter“. In Ngamiland existiert das Wochenblatt „Ngami Times“.

Jeden Freitag werden die kostenlosen, für Touristen interessanten Blätter „Botswana Advertiser“ in Gaborone und „Northern Advertiser“ in Francistown angeboten. Ausländische Zeitungen und Zeitschriften werden hauptsächlich aus Südafrika eingeführt und sind in guten Stadthotels und dem Botswana Book Centre erhältlich („The Star“, „Business Day“). Monatlich werden die Afrikamagazine „New African“ und „African Business“ veröffentlicht, vierteljährlich erscheint das informative BBC-Produkt „Focus on Africa“.

Zeitverschiebung & Sonnenstunden

In Botswana gilt MEZ + 1 Stunde. Während der mitteleuropäischen Sommerzeit besteht also kein Zeitunterschied, im Winterhalbjahr ist uns Botswana um eine Stunde voraus.

Tageslicht hat das Land im Juni/Juli zwischen ca. 06.30 und 17.30 h, im Dezember von ca. 05.00 bis 19.00 h. Sonnenauf- und untergang erfolgen rasch mit kurzen Dämmerungszeiten.

Zoll

Alle Gegenstände des persönlichen Bedarfs dürfen zollfrei eingeführt werden. Dazu zählen, neben Kleidung und Toilettenartikeln, auch die Fotoausrüstung mit Filmen, Videokamera, Fernglas, Reiseschreibmaschine, Kofferradio, Kinderwagen, Sport- und Campingausrüstung. Bei Fragen richtet man sich an das *Department of Customs and Excise* in Gaborone, Tel. 00267-3922855.

Obwohl Botswana neben Südafrika, Namibia, Swaziland und Lesotho Mitglied der Südafrikanischen Zollunion ist, bestehen diverse Sonderregelungen. So dürfen offiziell keine größeren Mengen Treibstoff in Kanistern mitgeführt werden. Jagdwaffen dürfen nur mit Lizenz eingeführt werden, für Haustiere wird neben der Tollwutimpfung ein amtstierärztliches Zeugnis verlangt. Die Einfuhr von jeglichem **Frischfleisch** und **Milchprodukten** aus Namibia, Sambia und Zimbabwe ist derzeit verboten. Aus Südafrika darf Schweinefleisch nur mit einem "Import Permit" eingeführt werden, Rindfleisch mit einem "Interzonal Permit" Auch Feuerholz darf offiziell in beiden Richtungen nicht mit über die Grenze. Vorsicht: Die Lebensmittelbestimmungen können sich jederzeit ändern.

Für die Heimreise: Deutsche Zollbestimmungen bei der Rückkehr aus Afrika: Bei der Einreise nach Deutschland dürfen Person 200 Zigaretten, 2 l Wein, 1 l Spirituosen, 50 ml Parfüm und 500 g Kaffee zollfrei einführen (Freigrenze: 430). Es besteht Einfuhrverbot für alle Fleischprodukte aus afrikanischen Ländern.

Achtung bei der **Einfuhr von Trophäen** und geschützten Produkten (alle Elefantenprodukte, Reptillederprodukte, Schildkrötenteile etc): Vor Ort (Botswana) ist eine Ausfuhrgenehmigung erforderlich, um Trophäen legal aus dem Land zu exportieren. Aber trotz dieser afrikanischen Ausfuhrgenehmigung macht man sich wegen des Artenschutzgesetzes sehr schnell bei der Einfuhr solcher Produkte in die EU strafbar! Vorsicht ist vor angeblich echten CITES-Zertifikaten geboten (Ausfuhrgenehmigungen), die manche Händler ausstellen, denn diese werden vom EU-Zoll nicht anerkannt, wenn es sich um ein streng geschütztes Produkt handelt.

Weitere Informationen zum Thema Artenschutz und Zoll erhalten Sie im Internet unter www.ofd-nuernberg.de (Oberfinanzdirektion Nürnberg) und www.bfn.de (Bundesamt für Naturschutz, Tel. 0228-95430).

Empfehlenswerte Literatur und Landkarten

(e) = Englischsprachig (d) = Deutschsprachige Literatur

Reiseführer

- Main, Michael: African Adventurer's Guide to Botswana (2002): Struik Publishers, Cape Town. (e)
- Roodt, Veronica: Shell Tourist Giude to Botswana (2008): Shell, Gaborone. (e)
- Hardy, Paula: Botswana and Namibia (2007): Lonely Planet Publishers, Australia. (e)
- Pfotenhauer, Linda (1994): Botswana – Africa's last Wilderness: Longman Botswana, Gaborone. (e)
- McCrea, B. & Pinchuk, T.: The Rough Guide to Zimbabwe & Botswana (1996): Rough Guides, London. (e)
- Comley, Peter: Traveller's Guide to Botswana (1995): Pula Press, Gaborone. (e)
- Discovering Botswana (2001): Boraro Promotions, Ramotswa, Botswana.
- Landschaftsführer Namibia mit Botswana: Dumont Buchverlag, Köln. (d)
- GEO Special: Namibia und Botswana (05/2008): Gruner + Jahr AG, Hamburg. (d)
- Horst, Prof. Dieter: Botswana, 4 WD-Routen/Kalahari (1997): Eigenverlag (d)
- A. Klinke: Botswana, 4 WD-Routen und GPS-Daten (2003): transgeo, Eigenverlag, Vogteistr. 10, D-50670 Köln. Tel. 0221-9123730, Fax 9123731. (d)
- Vachal, Manfred (2010): Botswana GPS-Daten-CD, Ilona Hupe Verlag, München. Extremrouten-beschreibungen mit Detailmaps und zahlreichen GPS-Daten (siehe auch S. 343 und S. 399). (d)

Bildbände und Kalender

- Lanting, Frans: Okavango. Afrikas letztes Paradies (1995): Tecklenborg Verlag. (d)
- Martin, Michael und Schetar-Köthe, Daniela: Südliches Afrika (1997): Rosenheimer Verlagshaus. (d)
- Schmidt, Ludwig: Panoramakalender Südliches Afrika 2010 (2009): Linnemann. (d)

Pflanzen und Tiere (Bestimmungsführer)

- Main, Michael (1996): Kalahari – Life's Variaty in Dune and Delta: Southern Book Publishers, South Afrika. Unser Tipp: Sehr empfehlenswerte Literatur! (e)
- Kremnitz, Walter: Kalahari – Aus dem Pflanzenreich (1988): Ambro Lacus Verlag, Frieding-Andechs (d)
- Roodt, Veronica: Trees of the Okavango Delta: Shell Field Guide, Gaborone. (e)
- Roodt, Veronica: Plants of the Okavango Delta: Shell Field Guide, Gaborone. (e)
- Palgrave, Keith Coates (1993): Trees of Southern Africa, Struik Verlag, Cape Town, South Africa. Unser Tipp für Botanik-Freunde: Der dicke Wälzer ist die Bibel für die Bäume im südlichen Afrika. Sehr empfehlenswert! (e)
- Säugetiere Afrikas (1977), BLV Bestimmungsbuch, München. (d)
- Pflanzenreich der Tropen (1981): Schröder Verlag, Leichlingen. (d)
- Frandsen, Robin: Säugetiere des südlichen Afrika (1993): Sandton, South Africa. (d)
- Smithers, Reay: Land Mammals of Southern Africa (1996): Southern Book Publ., SA. (e)
- Stuart, Christ & Tilde: Field Guide to the Mammals of Southern Africa (2007): Struik-Verlag, Cape Town, South Africa. Unser Tipp für die anspruchsvolle Tierbestimmung. (e)
- Barlow, T. & Wisniewski, W.: Kosmos Naturreiseführer Südliches Afrika (1998): Kosmos Verlag (d)
- Aiken, Bruce: The Lions and Elephants of the Chobe. Struik Publishers, Cape Town, South Africa. (e)
- Auerbach, Ronald: Reptiles of Gaborone. Botswana Book Centre, Gaborone. (e)
- Walker, Clive: Signs of the Wild. Struik Publishers. Cape Town, South Africa. Tipp: Sehr interessant für alle, die auch aus den Spuren lesen wollen... (e)
- Van der Walt, Pieter: The Kalahari and its plants (1999): South Africa. Schwerpunkt Kgalagadi Transfrontier Park. (e)

- Carruthers, Vincent: Fauna und Flora im südlichen Afrika (2008): Struik Verlag, South Africa. Tipp: Sehr gutes deutschsprachiges Bestimmungsbuch für die Tier- und Pflanzenwelt. Unser Tipp! (d)

Ornithologie - Vogelbestimmung

- Penry, Huw: Bird Atlas of Botswana (1994): University of Kwazulu Natal Press, South Africa. (e)
- Sinclair, Ian: The larger illustrated Guide to Birds of Southern Africa (2005): Struik, South Africa. (e)
- Newman, Kenneth: Birds of Botswana (1999): Southern Book Publishers, South Afrika. (e)

Lindsay, Gordon: Roberts' Birds of Southern Africa (2005), CTP Book Printers, Cape Town. Natürlich unser Tipp: Sehr empfehlenswert, da sehr ausführlich und eine Koryphäe der Ornithologie! (e)

- Sinclair, Ian: Sasol Birds of Southern Africa (2002): Struik Publishers, Cape Town. Ebenfalls unser Tipp, denn als Field Guide unschlagbar. (e)
- Field Guide to Roberts' Birds of Southern Africa (1996), CTP Book Printers, Cape Town. Der Field Guide zum dicken Vogelbuch von Roberts. (e)
- Newman, Kenneth: Birds of Southern Africa (2006): Macmillan, UK. Tipp: Sehr empfehlenswert! (e)
- Lindsay, Gordon: "Roberts' Birds of Southern Africa" (2005), CTP Book Printers, Cape Town. Unser Tipp: Sehr empfehlenswert! (e)
- Sinclair, Ian: Field Guide to the Birds of Southern Africa (1996): Struik-Verlag, Cape Town. Unser Tipp: Sehr empfehlenswert und übersichtlich als Feld-Bestimmungsbuch! (e)
- Carruthers, Vincent: Fauna und Flora im südlichen Afrika (2008): Struik Verlag, South Africa. Tipp: Sehr gutes deutschsprachiges Bestimmungsbuch für die Tier- und Pflanzenwelt (auch die gängigen Vögel am touristischen Wegesrand). Unser Tipp! (d)

Geschichte

- Building a Nation (1996): Longman Botswana, Gaborone, Botswana. (e)
- Birth of Botswana (1995): Longman Botswana, Gaborone, Botswana. (e)
- History of Botswana (2003): Macmillan Botswana, Gaborone, Botswana. (e)
- Geschichte Afrikas (1997): Iliffe, John. C. H. Beck Verlag, München. (d)
- Wotte, Herbert (1973): David Livingstone: Brockhaus, Leipzig. (e)
- Ki-Zerbo, Joseph (1981): Die Geschichte Schwarz-Afrikas: Fischer Verlag, Frankfurt. (e)
- Pakenham, Thomas: The Scramble for Africa. (1992): Avon Books, New York. (e)
- Ansprenger, Franz: Politische Geschichte Afrikas im 20. Jh. (1992): Beck'sche Reihe. (d)
- Tlou, Thomas: A history of Ngamiland: 1750 to 1906. Macmillan, Gaborone, Botswana. (e)

Allgemeines (Wirtschaft, Gesellschaft)

- Wissenschaftliche Länderkunden, Band 39 (1994): Namibia - Botswana, Wissenschaftliche Buchgesellschaft Darmstadt. (d)
- Länderbericht Botswana: Statistisches Bundesamt, Wiesbaden. (d)
- Explizit: Frauen in Afrika (1993): Horlemann Verlag, Bad Honnef. (d)
- National Geographic, Botswana, Ausgabe Dezember 1990, Washington D. C., USA. (e)
- Entwicklung am Rande der Apartheid (1989): Institut für Afrika-Kunde, Hamburg. (d)
- Larsson A. und V.: Traditional Tswana-Housing (1984), Stockholm, Schweden. (e)
- Botswana - Alltagswelten im Umbruch (1999): Dt. Gesellschaft der Freunde Botswanas, LIT Verlag, Münster. (d)
- Main, Michael: Botswana - Culture Smart! (2007): A quick guide to customs & etiquette. Kuperard. (e)
- Krüger, Fred: Botswana - Alltagswelten im Umbruch (2000): LIT Verlag, Münster. (d)

Romane und Reiseberichte

- Alverson, Marianne: Unser Dorf in Afrika (1990): Autobiografie einer US-Entwicklungshelferin in der Tswana-Gesellschaft. Rowolth Verlag, Reinbek. (d)
- Owens, Mark und Delia, Cry of the Kalahari (1994): Harper Collins Publishers, London (e) sowie deutschsprachig unter „Der Ruf der Kalahari“, Bertelsmann, München, 1987 (derzeit vergriffen). Unser Tipp zur Einstimmung auf die Zentralkalahari! (e/d)
- Uhl, W. A.: Kalahari hautnah. Die Welt der !Kung-Buschmänner (1994): Oertel und Spoerer, Reutlingen (d)
- Kremnitz, Walter: Kalahari – Expeditionen zu den letzten Buschleuten im südlichen Afrika (1992): Ambro Lacus Verlag, Frieding-Andechs (d)
- van der Post, Laurens: im Diogenes Verlag, Zürich, erschienen folgende deutsche Übersetzungen: Die ver-

lorene Welt der Kalahari (1995), Das dunkle Auge Afrikas (1994), Durchs große Durstland müsst ihr ziehn' (1996), Das Herz des kleinen Jägers (1995), Der Jäger und der Wal (1998), Wenn Stern auf Stern aus der Milchstraße fällt (1995) u. a. Unser Tipp: Einfühlsame Weltliteratur ! (d)

- Head, Bessie: im Lamuv Verlag, Göttingen, erschienen folgende deutsche Übersetzungen: Maru (1998), Orangen und Zitronen. Geschichten von Zärtlichkeit und Macht (1999), RegenWolkenZeit (2000) und Sternenwende (1997). Literatur aus Botswana, die das Land verstehen hilft. (d)
- Mc Call Smith, Alexander: Ein Krokodil für Mma Ramotswa (2001): Nymphenburger Verlag, München. Humorvoller Krimi mit und über eine Detektivin aus Gaborone. Es wurden inzwischen noch mehrere Nachfolgegeschichten veröffentlicht. (d)
- Randall, Will: Ein Engländer in Botswana (2006): Goldmann Verlag, München. Humoristische und zumindest teilweise autobiographische Erzählung eines Briten, der in Kasane vorübergehend eine Grundschule leitet. (d)
- Polson Burnie, Gladys: Footloose Fools in Africa (2004): Eigenverlag. Autobiographie. (e)

Landkarten für Botswana

- Shell Tourist Map of Botswana, Veronica Roodt, Shell, Gaborone (2008). Straßenkarte mit Einzelkarten der Nationalparks
- Shell Map of the Chobe National Park, Veronica Roodt, Shell, Gaborone (2008)
- Shell Map of the Moremi Wildlife Reserve, Veronica Roodt, Shell, Gaborone (2008)
- Shell Map of Okavangodelta and Linyanti, Veronica Roodt, Shell, Gaborone (2008)
- Shell Map of Kgalagadi Transfrontier Park, Veronica Roodt, Shell, Gaborone (2008)
- Botswana 1:1 000 000, Reise-Know-How (2004), Straßenkarte mit GPS-Daten
- ContiMap, Mike Main (2001), Maßstab 1:1 100 000, Continental. Straßenkarte mit GPS-Daten.
- Botswana 1:1,75 Mio., Freytag & Berndt, Wien. Straßenkarte mit Gaborone-Stadtplan.
- Michelin-Karte 955: Afrikas Süden, 1:4 Mio., Michelin, Paris. Sehr verlässliche, aber doch etwas zu grobe Straßenkarte.
- Afrika Süd 1:4 Mio., RV-Verlag, München. Übersichtskarte südliches Afrika.
- Südafrika, Namibia & Botswana, 1:2 Mio., RV-Verlag, München.
- Zimbabwe, Botswana & Namibia Travel Atlas, Lonely Planet Publication. Straßenatlas für das südliche Afrika.
- Botswana Map Pack: B&T Directories, Gaborone, Botswana. Stadtpläne für Botswana, nur vor Ort erhältlich.

Wir empfehlen die erstgenannten fünf **Shell-Maps**, die neben exakter Kartographie auch detaillierte Karten für die Nationalparks und zahlreiche GPS-Koordinaten beinhalten. Die Karten sind vor Ort bei Buchländen und Tankstellen erhältich, in manchen deutschen und schweizerischen Geobuchläden, beim Internetversand Namibiana Buchdepot und direkt beim Ilona Hupe Verlag (siehe www.hupeverlag.de im Online-Shop).

Wer noch detailliertere topographische Karten benötigt, wird entweder beim Department of Mapping and Surveys in Gaborone (s. S. 133) fündig oder greift auf russische Generalstabskarten zurück (erhältlich bei Fa. DÄRR, München, allerdings auf kyrillisch).

Service & Infos

A

B

C

D

Service & Infos

H

I

J

K

Service & Infos

Service & Infos

Botswana-Offraod-CD mit GPS-Daten

Die GPS-Daten-CD richtet sich speziell an Offroad-Fahrer, die den Komfort schätzen, Wegpunkte direkt über den PC in ihr GPS-Gerät zu laden.

Die CD beinhaltet zahlreiche PDF-Seiten mit Detailkarten, Streckenbeschreibung und GPS-Daten zu folgenden Regionen in Botswana:

Moremi WR:	Die Zufahrten, Umfahrungen und Hauptwege im Park außerdem die Camps (mit Track) Vom Khwai River nach Seronga
Zentralkalahari:	CKGR: Das neue Tsau Gate (mit Track) CKGR: Wege zur Piper Pan (mit Track) CKGR: Alle Campingplätze
Panhandle:	Drotzkys Cave und Aha Hills (mit Track) Tsodilo Hills
Region Kgalagadi Transfrontier Park (KTP):	
KTP:	Zufahrt zum neuen Kaa Gate (mit Track)
KTP:	Nossob-Mabuasehube-Transit Kaa Kalahari Concession/Western Woodlands (mit Track) Kokotsha Piste und Goa Piste
Khutse GR	
Chobe NP:	Wege nach Savuti (mit Track) Old Cattle Trail Hunters Road (südlicher und nördlicher Teil)
Salzpfannen:	Kubu Island mit Zufahrten (mit Track) Quer durch die Salzpfannen mit Kubu Island, Letlhakane, Chapman's Baobab, Mopipi, Gabasadi Island etc. (mit Track) Nxai Pan und Makgadikgadi NP

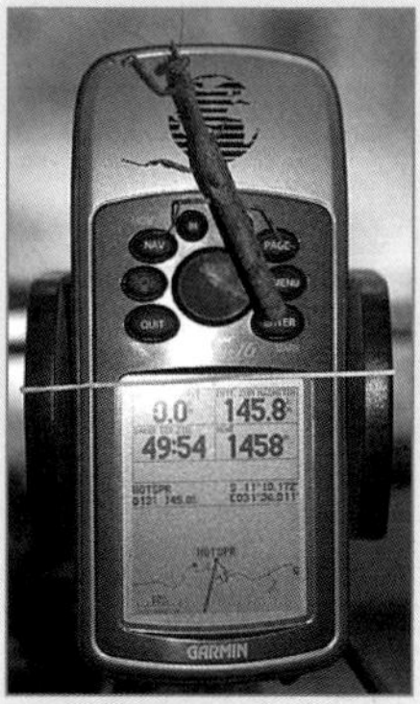

außerdem:
Manyana Felszeichnungen und Livingstone Tree

Tabellarische Liste von 335 GPS-Punkten

Zusammen mit den Detailkarten und den GPS-Daten gibt es für jede Strecke eine sehr detaillierte Wegbeschreibung, denn: Ein GPS-Punkt ohne genaue Karte oder Beschreibung ist nutzlos.

Um einen möglichst realistischen Eindruck von den fahrerischen Herausforderungen zu vermitteln, wurde die CD mit vielen Fotos der beschriebenen Pisten ergänzt.

Die Offroad-GPS-Daten-CD ist nur direkt beim Verlag erhältlich (www.hupeverlag.de), nicht im Buchhandel. Weitere Infos und eine Leseprobe finden sie unter:

http://www.hupeverlag.de/Botswana/GPS-CD_Botswana/gps-cd_botswana.html